FORSCHUNGEN ZUR DDR-GESELLSCHAFT

Ilko-Sascha Kowalczuk

Legitimation eines neuen Staates

Parteiarbeiter an der historischen Front
Geschichtswissenschaft in der SBZ/DDR
1945 bis 1961

Ch. Links Verlag, Berlin

Gedruckt mit freundlicher Unterstützung der Hans-Böckler-Stiftung und des Stifterverbandes für die Deutsche Wissenschaft.

Die Deutsche Bibliothek – CIP-Einheitsaufnahme

Ilko-Sascha Kowalczuk :
Legitimation eines neuen Staates : Parteiarbeiter an der historischen Front. Geschichtswissenschaft in der SBZ/DDR 1945 bis 1961 Ilko-Sascha Kowalczuk. – 1. Aufl. – Berlin : Links, 1997
(Forschungen zur DDR-Gesellschaft)
ISBN 3-86153-130-5
NE: GT

1. Auflage, Mai 1997
© Christoph Links Verlag – LinksDruck GmbH
Zehdenicker Straße 1, 10119 Berlin, Telefon (030) 449 00 21
Umschlaggestaltung: KahaneDesign, Berlin
Satz: Ch. Links Verlag
Druck- und Bindearbeiten: WB-Druck, Rieden am Forggensee

ISBN 3-86153-130-5

Inhalt

Das zweite Leben der DDR-Geschichtswissenschaft.
Einleitung 9

Legitimation als Grundproblem der kommunistischen
Diktatur 24

Hypotheken 1945:
Die Vorgeschichte der DDR-Geschichtswissenschaft 31

Geschichtswissenschaft in der Zeit der nationalsozialistischen
Diktatur 31
Geschichte als Legitimationsinstanz in der kommunistischen
Ideologie 37

Irrweg einer Nation. Der historisch-politische »Diskurs«
im Nachkriegsdeutschland und die Beiträge der Marxisten-
Leninisten 1945–1948 48

Der Irrweg und die Lehren aus der Geschichte 49
Zwischen Irrweg und Daseinsverfehlung 57
Pluralistischer Meinungsstreit? Der *Aufbau* 71
Geschichtswissenschaft als Tagespolitik. Das *Neue Deutschland* 74

Hochschulpolitik zwischen Kriegsende und Mauerbau 83

Der Sturm auf die Festung Wissenschaft.
Grundlinien der SED-Hochschulpolitik zwischen
Kriegsende und II. Parteikonferenz 1952 83
    Ziele des Umgestaltungsprozesses an den Universitäten 88
    – Die »Säuberung« des Lehrkörpers 89
    – Eine neue Studentenschaft 92
    – Der strukturelle Umbau der Hohen Schulen 98
    – Der Kampf gegen »Bürgerliches« 102

Strategien zur Eroberung der Universitäten	104
– Der SED-Hochschulausschuß	104
– »Zuckerbrötchen« für Wissenschaftler	107
– Der eiserne Kehrbesen gegen Teile der Studentenschaft	110
– Die Revolutionierung der Universitäten. Zusammenfassung	114
Die Verteidigung der Festung Wissenschaft: 1953 – 1961	116
Der 17. Juni 1953	118
– Der Volksaufstand und die Hochschulintelligenz	122
Frost, Tauwetter, Frost. Die Hochschulen zwischen den Krisen 1953 – 1961	135
– Diskussionen: Der XX. Parteitag und die Folgen	138
– Diskussionen und Aktionen: Der Herbst 1956	141
– Abrechnung: Nach der 30. Tagung des ZK der SED Anfang 1957	143
Der Sozialismus und die Hochschulen	146

Historische Forschung in der SBZ/DDR zwischen Kriegsende und Mauerbau 147

Die Zeit der Suche. Oder: Die planlose Phase 1945 – 1950	147
Die Konstituierung der DDR-Geschichtswissenschaft 1950 –1961	163
Die erste Etappe bis 1955	163
Die Biographien der DDR-Historiker	178
– »Bau auf, bau auf ...« Die erste DDR-Historikergeneration	179
– »Hämmer, die das Eisen schmieden, kühn geführt von kluger Hand.« Die zweite DDR-Historikergeneration	184
Wissenschaft contra Politik. Felder der politischen Auseinandersetzung	193
– Westdeutsche und ostdeutsche Historiker zwischen Konfrontation und Kooperation	194
– Dialogversuche in der DDR	201
– Andersdenkende und *Abweichler*	206
Wissenschaft contra Propaganda. Die ersten wissenschaftlichen Arbeiten	211
»Für eine kämpferische Geschichtswissenschaft«. Die Historiker im Krisenjahr 1953	219
Die zweite Etappe der Konstituierung: 1955 bis zum Mauerbau	229
Der Geschichtsbeschluß des SED-Politbüros von 1955	229
Tauwetter vor dem XX. Parteitag. Eine SED-Historikerkonferenz im Januar 1956	236

Die Umsetzung des »Geschichtsbeschlusses« 240
– Koordinierung und Zentralisierung 241
– Das Institut für Geschichte an der DAW 247
– Das Lehrbuch für deutsche Geschichte 254
– Zwischen nationaler Abgrenzung und internationalem
 Anerkennungskampf 260
– Die marxistisch-leninistischen Geschichtsforschungen
 bis zum Mauerbau 285
Die Folgen des XX. Parteitages in der
DDR-Geschichtswissenschaft 288
– Die Historiker an der Humboldt-Universität zu Berlin 290
– Die Historiker an der Karl-Marx-Universität Leipzig 293
– Die Historiker an der Martin-Luther-Universität Halle 299
– Die Historiker in Jena, Rostock und Greifswald 304
– Die Historiker an der Deutschen Akademie der
 Wissenschaften 306
– Die Zeitschrift für Geschichtswissenschaft 309
– Die Historiker anderer Historischer Einrichtungen 312
Resümee 316
Die Historiker der DDR, die Mauer und die deutsche Nation 319
Die Historiker und der Bau der Mauer 319
Die deutsche Nation und die SED-Historiker nach dem 332
Mauerbau

Das Scheitern der DDR-Geschichtswissenschaft 342

Anhang 349

Verzeichnis der zitierten Literatur 349
Abkürzungsverzeichnis 394
Personenregister 397
Angaben zum Autor 407

Das zweite Leben
der DDR-Geschichtswissenschaft. Einleitung

Frage: *Was ist am Sozialismus am schwersten vorherzusehen?*
Antwort: *Die Vergangenheit.*

Die DDR-Geschichtswissenschaft ist seit 1990 Gegenstand historischer Forschungen und politischer Auseinandersetzungen. Sie existiert nicht mehr, ebensowenig wie der Staat, der sie hervorbrachte, die DDR, und die Partei, der sie weitgehend verpflichtet war, die SED. So wie die Existenz der DDR an die Moskauer Führung, an unterschiedliche Formen von Repressalien sowie seit 1961 an die Mauer gebunden war, erwies sich die Geschichtswissenschaft dieses Staates als Bestandteil der SED-Diktatur. Mit dem Fall der SED-Herrschaft zerfiel die DDR-Geschichtswissenschaft. Allerdings ging die Staatshistoriographie keineswegs geräuschlos unter.[1] Nach dem Fall der Mauer entbrannte um die DDR-Geschichtswissenschaft, um die Historiker und ihre Produkte, ein heftiger Streit, der zwar nicht beigelegt wurde, aber in den letzten Monaten an Schärfe verloren hat.[2]

Im Kern ging es dabei um die Frage, welche ostdeutschen Historiker in von der öffentlichen Hand finanzierten Institutionen weiterarbeiten dürfen.[3] Eine kleine Gruppe, die sich um den Anfang 1990 gegründeten Unabhängigen Historiker-Verband (UHV) sammelte,[4] forderte beharrlich, daß nachweislich politisch belastete und an politisch motivierten Verfolgungen beteiligte Historiker sowie solche, die in ihren wissenschaftlichen Arbeiten kontinuierlich fälschten, logen und unterschlugen, nicht weiter an Hochschuleinrichtungen, Akademien und anderen öffentlich finanzierten Forschungs- und Lehreinrichtungen tätig sein dürften. Vielmehr käme es darauf an, benachteiligten Historikern eine großzügige Chance einzuräumen. Außerdem sei es dringend angeraten, solche Personen zu fördern

---

1 Im Gegensatz zur Einschätzung von Sabrow: Parteiliches Wissenschaftsideal und historische Forschungspraxis, S. 225.
2 Dokumentiert sind die Auseinandersetzungen u. a. in folgenden Sammelbänden, die die wichtigsten Aussagen repräsentieren: Eckert/Küttler/Seeber (Hrsg.): Krise – Umbruch – Neubeginn; Eckert/Kowalczuk/Stark (Hrsg.): Hure oder Muse? Klio in der DDR; Eckert/Kowalczuk/Poppe (Hrsg.): Wer schreibt die DDR-Geschichte, Jarausch (Hrsg.): Zwischen Parteilichkeit und Professionalität; Jarausch/Middell (Hrsg.): Nach dem Erdbeben; Umstrittene Geschichte.
3 Freilich sind einige der Meinung, daß eine solche Frage lediglich den Fragesteller selbst disqualifizieren würde (Sabrow: DDR-Bild im Perspektivenwandel, S. 248). Spätere Generationen werden hoffentlich einmal fragen, warum ausgerechnet viele Historiker an der historisch-politischen Debatte *mit Konsequenzen* nicht interessiert waren und statt dessen den Schlußstrichbefürwortern zur Hand gingen.
4 Vgl. zum UHV neben Eckert/Kowalczuk/Stark (Hrsg.): Hure oder Muse? Klio in der DDR, den Abriß bis 1993 von Kowalczuk: Der Unabhängige Historiker-Verband.

und dadurch zu rehabilitieren, die nicht studieren durften oder vorzeitig exmatrikuliert wurden.

Diese und ähnliche Forderungen erfuhren in der deutschen Öffentlichkeit ein starkes Echo, ohne daß sie jedoch umgesetzt worden wären. Vielmehr zeigte sich im Laufe der vielschichtigen Evaluierungs- und Reformprozesse, daß formale Abschlüsse, Titel und Veröffentlichungslisten aus DDR-Zeiten noch 1990 ein unerwartet hohes Gewicht eingeräumt bekamen. Dafür existierten verschiedenartige Gründe. Von nicht unerheblicher Bedeutung war dabei, daß sich die Evaluierung, Abwicklung und Reformierung der Historischen Forschungs- und Lehrinstitute unter der Verantwortung von angesehenen westdeutschen Historikern vollzog. Das hatten auch ostdeutsche Reformkräfte gefordert. Nicht vorauszusehen waren allerdings die Konsequenzen. Denn zumeist überraschte ostdeutsche Beobachter und Teilnehmer dieser Prozesse, daß der allgemeine Kenntnisstand über die DDR-Geschichtswissenschaft noch viel geringer war, als erwartet werden konnte. Dem Evaluierungsverfahren wurde ein Wissenschaftsverständnis zugrunde gelegt, das sich an westlichen Wissenschaftsparadigmen orientierte.[5] Durch dieses Verfahren beschieden die Evaluatoren den Wissenschaften in der DDR Gleichrangigkeit in der scientific community und verzichteten zugleich auf unkonventionelle Fördermöglichkeiten von ehemals Benachteiligten. Die beteiligten westdeutschen Historiker erwiesen sich zwar zumeist als subtile Kenner der wissenschaftlichen Werke ihrer engeren ostdeutschen Fachkollegen, aber das waren zumeist nur die professoralen Reisekader. Um Wissens- und Kenntnisstände zu erweitern, um einen tieferen Einblick in die Strukturen, Mechanismen und politischen Implikationen der DDR-Geschichtswissenschaft zu gewinnen, arbeiteten die westdeutschen Evaluatoren nicht selten besonders eng mit jenen ostdeutschen Kollegen zusammen, die sie schon aus der Zeit von vor 1989 kannten. Von dort war es nicht weit zu der Einigung, möglichst vor- und außerwissenschaftliche Kriterien aus der Überprüfung auszuklammern. Hinzu trat die allmähliche Installierung westlicher Rechtsnormen, was, so sehr dies zu begrüßen war, zur Folge hatte, daß die spezifischen Rahmenbedingungen von Wissenschaft in der DDR mehr und mehr für den Evaluierungsprozeß an Bedeutung verloren. An der Humboldt-Universität zu Berlin zum Beispiel war die Situation durch Abwicklungsbeschluß und seine per Gerichtsentscheid erfolgte Rücknahme derart unübersichtlich, daß die Mitarbeiter der ehemaligen Sektion Geschichte mehrmals die Prozedur einer Evaluierung über sich ergehen lassen mußten. Als Zwischenergebnis entstand die groteske Situation, daß mehr oder weniger zwei Historische Institute zeitweise nebeneinander existierten. In der einen Struktur arbeiteten die neuberufenen

---

5 Vgl. z. B. mehrere Beiträge in Kocka: Vereinigungskrise; eine prinzipielle Kritik enthält schon Kowalczuk: Die DDR-Historiker und die deutsche Nation, S. 24.

Historiker, in der anderen diejenigen, die sich trotz vorgeschlagener Kündigung in ihre alten Arbeitsverträge – wenn auch nur für einige Jahre – zurückklagten.[6]

Es geht hier nicht darum, die vielschichtigen und komplizierten Umbau- und Evaluierungsprozesse nachzuzeichnen.[7] Die gestalteten sich beinahe an jeder Universität anders, wobei die Institute der AdW noch einen besonderen Status einnahmen, weil sie zum 31. Dezember 1991 ersatzlos geschlossen wurden. Der damit im Zusammenhang stehende Streit um den Forschungsschwerpunkt »Zeithistorische Studien Potsdam« ist bekannt.[8]

Der Reformierungsprozeß der ostdeutschen Geschichtswissenschaft war der Ausgangspunkt für die Entstehung der vorliegenden Studie. Ich beteiligte mich zwischen 1990 und 1994 am Umbau der Historischen Lehre und Forschung an der Humboldt-Universität zu Berlin. Als Mitglied verschiedener Gremien und Kommissionen konnte ich nach 1990 Einblick sowohl in das Innenleben der alten Sektion Geschichte als auch in den Neuaufbau eines Universitätsinstituts nach westlichen Standards nehmen. Vor allem die Arbeit in der Struktur- und Berufungskommission Geschichte (SBK), die gemeinsam von Berliner Senat und der Universitätsleitung eingesetzt worden war, weckte mein Interesse an einer tiefergehenden Beschäftigung mit der DDR-Geschichtswissenschaft. Bis zur Revolution 1989 war ich lediglich Konsument der geschichtswissenschaftlichen Produktionen ostdeutscher Historiker. Das Innenleben blieb mir weitgehend verschlossen. Obwohl die westdeutschen Historiker in der SBK mir gegenüber zweifelsohne Vorteile im Wissensstand über die wissenschaftlichen Produktionen ihrer Kollegen besaßen, glaube ich, diesen Nachteil zumindest deswegen verkleinert zu haben, weil mir aus dem eigenen lebensgeschichtlichen Hintergrund die Produktionsbedingungen in der DDR geläufiger waren. Die Mischung der Kommission ist dadurch komplettiert worden, daß in ihr auch Historiker mitarbeiteten, die selbst viele Jahre lang an unterschiedlichen Stellen in der DDR-Geschichtswissenschaft tätig gewesen waren. In der SBK erfuhr ich, daß eine Zusammenarbeit am effizientesten dort möglich ist, wo zwischen Ost- und Westdeutschen im Gespräch gemeinsam nach Lösungen gesucht wird. Ich glaube, alle Mitglieder der SBK haben diese Atmosphäre als äußerst produktiv empfunden, wenngleich den meisten sicherlich bewußt wurde, welche großen Wissens- und Kenntnislücken über die DDR-Geschichtswissenschaft allgemein herrschten.

---

6   Vgl. dazu Kowalczuk: »Geschichtswissenschaft – Heute«; Ritter: Der Neuaufbau der Geschichtswissenschaft; dazu kritisch, aus der Sicht eines Betroffenen, Pätzold: What New Start?; sowie als Entgegnung Ritter: The Reconstruction of History.
7   Das scheint mittlerweile eine eigene Forschungsrichtung geworden zu sein, zumindest ist die dazu vorliegende Literatur kaum noch überschaubar.
8   Vgl. die wichtigsten Beiträge in Eckert/Kowalczuk/Stark (Hrsg.): Hure oder Muse? Klio in der DDR, S. 260–307.

Eine nächste Motivation für die Erarbeitung dieser Studie bestand in den seit 1990 geführten Debatten um die Geschichte der DDR-Geschichtswissenschaft. Die Diskussionen rankten sich zumeist um personelle Fragen. Es entwickelte sich ein moralisch geprägter Diskurs, der seine Berechtigung hatte, dem aber zunehmend die nötige Substanz fehlte, weil die meisten Teilnehmer überwiegend nur aus den eigenen Erfahrungen schöpften.[9] Politisch verständlich, aber den Diskurs nicht bereichernd, kam hinzu, daß sich die Auseinandersetzungen vor allem auf die siebziger und achtziger Jahre bezogen. Der politische Diskurs war nötig für die Tagesaufgaben. Der wissenschaftlichen Auseinandersetzung jedoch brachte er nur insofern etwas, als er überhaupt die DDR-Geschichtswissenschaft in einer größeren Öffentlichkeit thematisierte.

1990 habe ich angefangen, mich intensiver mit der DDR-Historiographie zu beschäftigen, wobei ich mich vor allem auf die Arbeit in den Archiven konzentrierte. Ursprünglich ging es mir nicht darum, eine Geschichte der DDR-Geschichtswissenschaft zu schreiben. Vielmehr entsprang dem allgemeinen Interesse der Wunsch, mehr über jene Zeitabschnitte zu erfahren, die sowohl im Evaluierungsprozeß als auch in der politischen Diskussion kaum thematisiert worden sind. Im Zuge der Beschäftigung erkannte ich, daß vor allem in den ersten beiden Jahrzehnten der DDR-Geschichte die Grundlegung der marxistisch-leninistischen Geschichtswissenschaft erfolgte. Mir schien dieser Zeitabschnitt auch deshalb besonders reizvoll, weil er zwar ein aktuelles Thema behandelte, aber dennoch emotionsloser debattiert und erforscht werden konnte.

In den Archiven zeigte sich, daß die vielfältige Literatur zur DDR-Geschichtswissenschaft aus den Federn von SED-Historikern nur bedingt wissenschaftlich brauchbar war. Einerseits stellten sie wichtiges Faktenmaterial zur Verfügung, andererseits aber waren fast durchweg alle Arbeiten von Fälschungen, Lügen, Entstellungen und Unterlassungen geprägt. Das hing damit zusammen, daß die Geschichte der DDR-Geschichtswissenschaft ein Spezialbereich der Neuesten Geschichte darstellte und unter direkter Anleitung, Kontrolle und Organisation der Akademie für Gesellschaftswissenschaften beim ZK der SED stand. Vor allem dort sowie am Zentralinstitut für Geschichte der AdW und an der Karl-Marx-Universität Leipzig beschäftigten sich SED-Historiker mit ihrer eigenen Disziplin. Die von ihnen vorgelegten Produkte waren in einem hohen Ma-

---

9 Es existieren mittlerweile eine Reihe von Versuchen, die Diskurse um die DDR-Geschichte zu »typologisieren«. Diese Versuche leiden in aller Regel daran, daß die jeweiligen Verfasser zwar bemüht sind, »objektiv« zu argumentieren und allen Diskursteilnehmern Gerechtigkeit widerfahren zu lassen, aber unterm Strich kommt stets dabei heraus, daß die »wahre Wissenschaft« nur vom »eigenen Lager« betrieben würde; vgl. aus der Fülle der Arbeiten z. B. Ernst: Between »Investigative History« and Solid Research; Jarausch: Die DDR denken; Kleßmann/Sabrow: Zeitgeschichte in Deutschland nach 1989; Sabrow: Schwierigkeiten mit der Historisierung.

ße der SED-Geschichtspolitik verbunden, so daß sie heute vor allem Zeugnis vom Ideologisierungsgrad der Geschichtswissenschaft ablegen.[10]

Im Gegensatz zu den Arbeiten ostdeutscher Historiker existieren von ihren westdeutschen Kollegen eine Reihe bemerkenswerter Studien zur Historiographie in der DDR. Die Erforschung der DDR-Geschichtswissenschaft erfolgte in Westdeutschland in drei Phasen. Die erste Phase begann in den frühen fünfziger Jahren. Sie war geprägt durch eine kritische Auseinandersetzung mit den inhaltlichen Zielsetzungen und den ersten empirischen Arbeiten der DDR-Geschichtswissenschaft. Ihren Niederschlag fand das zum Beispiel in den Spalten des *SBZ-Archivs*. Der Duktus der Beiträge war eindeutig: Die Parteilichkeit der DDR-Geschichtsforschung prangerten diejenigen, die sich überhaupt mit der ostdeutschen Geschichtsschreibung beschäftigten, offen an.[11] Dennoch betonten manche Autoren schon in dieser Phase, daß das marxistisch-leninistische Geschichtsbild wegen seines universalen Anspruches eine Herausforderung für den Westen darstelle.[12] In den sechziger Jahren schloß sich die zweite Phase an, in der sich westdeutsche Historiker stärker mit einzelnen thematischen Aspekten beschäftigten. Die zweite Phase fällt gegenüber der ersten schon allein wegen der moderateren Sprache auf.[13] Zugleich betonten westdeutsche Historiker nun viel stärker die methodischen und inhaltlichen Herausforderungen, die das marxistisch-leninistische Geschichtskonzept böte. Im Zeichen der neuen Ostpolitik erschienen seit den siebziger Jahren zunehmend Studien, die den Professionalisierungstendenzen[14] in der DDR-Geschichtswissenschaft nachspürten. Diese dritte Phase war weitgehend von der systemimmanenten Betrach-

---

10 Vgl. im Literaturverzeichnis die erwähnten Arbeiten z. B. von folgenden Historikern: Lutz-Dieter Behrendt; Werner Berthold; Gerald Diesener; Uwe Fischer; Horst Haun; Helmut Heinz; Heinz Heitzer; Horst Helas; Günter Katsch; Klaus Kinner; Gerhard Lozek; Walter Schmidt.
11 Vgl. z. B. Beck: Die Geschichte der Weimarer Republik; Kopp: Historiker diskutieren über Dogmen; Ders.: Die Wendung zur »nationalen« Geschichtsbetrachtung; Ders.: Die Lassalle-Frage; Timm: Das Fach Geschichte in Forschung und Lehre in der Sowjetischen Besatzungszone; Weber: Manipulationen mit der Geschichte; Ders.: Die SED sucht neue Traditionen; Ders.: Die Novemberrevolution und die SED; Ders.: Dichtung und Wahrheit.
12 Rauch: Das sowjetische und sowjetzonale Geschichtsbild, S. 347.
13 Wegweisend Nipperdey: Die Reformation als Problem der marxistischen Geschichtswissenschaft; Kocka: Zur jüngeren marxistischen Sozialgeschichte; vgl. weiter z. B. Decker: Die Novemberrevolution und die Geschichtswissenschaft in der DDR; Dorpalen: Die Revolution von 1848 in der Geschichtsschreibung der DDR; Kielmansegg: Erster Weltkrieg und marxistische Geschichtsschreibung; Kittsteiner: Bewußtseinsbildung, Parteilichkeit, dialektischer und historischer Materialismus; Riese: Die Reformation in der Historiographie der DDR; Riesenberger: Geschichte und Geschichtsunterricht in der DDR.
14 Jüngst wurde darauf hingewiesen, daß der »Professions«-Begriff, der auch in den Debatten um die ostdeutsche Historiographie einen wichtigen Stellenwert einnimmt, »für sozialistische Gesellschaften sowjetischer Prägung nur von begrenztem Nutzten ist« (Augustine: Frustrierte Technokraten, S. 53).

tungsweise gekennzeichnet.[15] Neben unzähligen Artikeln publizierten eine Vielzahl verschiedener Autoren Monographien, die sich mit ausgewählten Bereichen der DDR-Historiographie befaßten. In dieser Phase differenzierten die Autoren stärker als früher. Zugleich betonten sie häufiger die Gleichrangigkeit der DDR-Geschichtswissenschaft in der internationalen Wissenschaftsgemeinschaft.[16]

Bei einem Vergleich mit den überlieferten Archivmaterialien fiel auf, daß trotz bemerkenswerter Beiträge wichtige Prozesse, Vorgänge und Entscheidungen ohne das nötige Archivmaterial unterbelichtet blieben oder nicht erkannt werden konnten. Das war freilich der besonderen deutsch-deutschen Forschungssituation geschuldet. Deshalb verlegten sich die meisten Autoren in den siebziger und achtziger Jahren auch sinnvollerweise darauf, die DDR-Geschichtswissenschaft allein anhand ihrer Produkte zu analysieren. Die politische Funktion und die Stellung im gesellschaftlichen System, die internen Auseinandersetzungen, die Ideologisierung, die legitimatorische Absicht, die Rekrutierungspraxis sowie die Relationen und Bedingungen geschichtswissenschaftlichen Arbeitens in der DDR sind dabei zunehmend aus dem Blick geraten. Die DDR-Geschichtswissenschaft erschien mehr und mehr als beliebiger Teil in der »Ökumene der Historiker«.[17]

Daß dem freilich dann doch nicht so war, zeigte sich nach dem Fall der Mauer. Obwohl die meisten westlichen Beobachter nach 1989 den hohen Belastungsgrad der Historischen Forschung in der DDR anerkannten, konnten sie offenbar den besonderen Charakter der DDR-Geschichtswissenschaft als legitimatorischer Wissenschaft nicht erkennen. Die ostdeutschen Kollegen, die man gerade noch in München, London oder New York getroffen und mit denen man dort disputiert hatte, konnten nicht ohne weiteres nur deshalb »fallengelassen« werden, weil der eine vielleicht ein paar Studenten aus politischen Gründen drangsaliert, der andere für das MfS gearbeitet und der nächste wissenschaftlich wenig geleistet hatte. Das hätte ja auch bedeutet, daß man die eigene »Politik der friedlichen

---

15 Grundlegend dafür Ludz: Entwurf einer soziologischen Theorie totalitär verfaßter Gesellschaften; Ders.: Parteielite im Wandel; sowie als übergreifende Darstellungen, die dem Ansatz weitgehend verpflichtet sind, Glaeßner: Die andere deutsche Republik; Meuschel: Legitimation und Parteiherrschaft; Thomas: Modell DDR.
16 Vgl. aus der Vielzahl folgende Studien, die das breite Spektrum andeuten, Alexander: Geschichte, Partei und Wissenschaft; Buxhoeveden: Geschichtswissenschaft und Politik in der DDR; Dorpalen: German History in Marxist Perspective; Harstick: Marxistisches Geschichtsbild und nationale Tradition; Heydemann: Geschichtswissenschaft im geteilten Deutschland; Neuhäußer-Wespy: Die SED und die deutsche Geschichte; Rumpler: Parteilichkeit und Objektivität als Theorieproblem der DDR-Historie; Schradi: Die DDR-Geschichtswissenschaft und das bürgerliche Erbe; Schütte: Zeitgeschichte und Politik; Thamer: Nationalsozialismus und Faschismus in der DDR-Historiographie; Weber: Neue Tendenzen?; Ders.: Geschichte als Instrument der Politik; Ders.: Die SED und die Geschichte der Komintern.
17 Freilich gibt es Studien, die das Gegenteil belegen würden. Exemplarisch vgl. dafür die Arbeiten von Hermann Weber.

Koexistenz« hätte hinterfragen müssen. Dabei geht es hier nicht darum, diese Politik bis 1989 zu kritisieren. Es muß aber die Frage erlaubt sein, warum das Interesse für die »führenden Historiker« nach 1989 für den außenstehenden Betrachter ungebrochen schien. Warum hat man sich nicht wenigstens jetzt um diejenigen bemüht, die man eigentlich schon vor 1989 einladen wollte, die aber nicht kommen durften, weswegen man sich dann, so ein häufig vorgebrachtes Argument, mit den »bekannten Historikern« arrangierte, um das Verhältnis nicht zu belasten?

Nun geht es hier nicht darum, die Substanz solcher Argumentationslinien zu diskutieren. Dieses besondere deutsch-deutsche Historikerverhältnis bedarf einer gründlichen Aufarbeitung. Eine Aufgabe, die im Ergebnis eventuelle Folgelasten für den Prozeß der deutschen Einigung zur Diskussion stellen könnte. Aber zu konstatieren bleibt allemal, daß das westliche Establishment aus Politik und Wissenschaft vorrangig mit den Systemträgern verkehrte.[18] Dieses Faktum wird sicherlich noch jahrelang die deutsche Öffentlichkeit bewegen, weil sich der Umgang mit diktatorialen Gesellschaftssystemen trotz der spezifischen deutsch-deutschen Erfahrungen nur wenig verändert hat.

Auch aus diesem Grund ist es dringend vonnöten, empirische Darstellungen über Teilbereiche der SED-Diktatur zu erarbeiten. Dabei geht es nicht vordergründig um eventuelle Lerneffekte, sondern darum, grundlegende Linien und Prozesse aufzuzeigen, die für die Analyse der jüngsten Geschichte unabdingbar sind. So absurd es klingen mag: Aber je weiter die DDR-Geschichte zurückliegt, desto mehr wird sie zur Vergangenheit aller Deutschen. Die Widersprüche im Prozeß der deutschen Einheit lassen sich nicht erklären ohne subtile Kenntnis der DDR-Geschichte. Damit dürfen freilich nicht alle Fehler, Ungerechtigkeiten und Unsinnigkeiten der Jahre seit 1990 entschuldigt werden, aber einiges läßt sich damit leichter erklären. Als 1990 viele hofften, daß aus »zwei Deutschlands« eine veränderte Republik entstehen würde, hatte man zwei Dinge nicht vorausgesehen: Seilschaften im Osten und Borniertheit im Westen. Wenn am 1. Januar 1996 der Chefintendant des ZDF in einem Gespräch zum neuen Jahr zu bester Sendezeit von »denen« und von »uns« spricht, womit er Ostdeutsche einerseits und Westdeutsche andererseits meint, dann ist das lediglich ein symbolträchtiger Ausdruck dessen, was noch immer mit dem Graben, der der Mauer folgte, beschrieben werden muß.

Die Geschichtswissenschaft trägt an ihrer spezifischen Aufgabe, historische und gegenwärtige Entwicklungen einzuordnen, zu erklären und zu beschreiben. Das wird ihr um so einfacher fallen, je mehr sie sich über ihre eigene Geschichte im klaren ist. Die deutsche Geschichtswissenschaft

---

18 Für die deutsche Geschichtswissenschaft legen davon – aus einer Fülle von Beispielen – u. a. folgende zwei Sammelbände, die auch für den Kontext des vorliegendes Bandes von Interesse sind, ein beredtes Zeugnis ab: Erben deutscher Geschichte; Schulin (Hrsg.): Deutsche Geschichtswissenschaft nach dem II. Weltkrieg.

der neunziger Jahre ist ein Produkt der westlichen und östlichen Historiographie. Das betrifft weniger methodische, inhaltliche, personelle oder strukturelle Veränderungen. Die sind in Freiburg, Mannheim oder Bremen kaum spürbar. Die aus der DDR-Geschichtswissenschaft resultierenden Belastungen für die Vereinigung beider Geschichtswissenschaften haften jedoch als Hypothek der gesamten deutschen Geschichtswissenschaft an, ob der einzelne Historiker in Bielefeld, München oder Düsseldorf das nun wahrnimmt oder nicht.

Die vorliegende Studie setzt sich zum Ziel, einige von diesen Hypotheken aufzudecken und darzustellen. Es geht hier nicht darum, Verständnis wecken zu wollen. Vielmehr besteht das Erkenntnisziel der Monographie darin, die spezifischen Produktionsbedingungen, die politischen Rahmenbedingungen und die gesellschaftliche Verortung der DDR-Geschichtswissenschaft anhand einschlägiger Archivalien deutlich zu machen. Es geht darum, das Besondere und Unverwechselbare der Historiographie im SED-Staat offenzulegen.

Die Studie betritt insofern Neuland, als erstmalig auf gesicherter empirischer Grundlage der gesamte Konstituierungsprozeß der DDR-Geschichtswissenschaft nachgezeichnet werden kann. In diesem Prozeß schälten sich die tragenden Elemente der historischen Forschung in der DDR heraus. Die anschließenden Veränderungen müssen andere Untersuchungen analysieren. Der Autor vertritt jedoch die These, daß die entscheidenden Entwicklungen und Weichenstellungen, die der DDR-Geschichtswissenschaft bis 1989 ihr Gepräge gaben, bis ungefähr 1961 fest verankert waren.

In der vorliegenden Untersuchung entwickelt der Verfasser teilweise Thesen, die zum bisherigen Forschungsstand konträr liegen. So wird zum Beispiel gezeigt, daß die marxistisch-leninistische Geschichtswissenschaft Anfang der fünfziger Jahre in einem weitaus höheren Maße verankert war, als bislang angenommen wurde. Das hängt auch damit zusammen, daß die DDR-Geschichtswissenschaft als komplexes Gebilde behandelt wird, das über Universitäten hinausreicht.

Allerdings ist es nicht das vordergründige Ziel, fortwährend neue Thesen präsentieren zu wollen. Hier geht es vielmehr darum, die Durchsetzung des Marxismus-Leninismus in einer speziellen Wissenschaftsdisziplin so komplex und vielschichtig wie möglich darzustellen. Dabei bleibt es nicht aus, beschreibend zu erzählen, was nach Ansicht des Autors dominant ist. Kritiker werden dem entgegenhalten können, daß zwar Wissen aus der Senke gehoben wird, aber neue Erkenntnisse zuweilen verschüttet bleiben. Diesen möglichen Vorwurf möchte der Autor gar nicht erst entkräften, weil es gerade sein Ziel ist, in der Ebene zu verharren. Denn es können durchaus gemischte Gefühle aufkommen angesichts der Situation, daß gegenwärtig die »großen Erklärungen« nicht selten auf ungesicherter Grundlage basieren. Insofern versteht sich das vorliegende Buch als empirischer Beitrag zur Grundlagenforschung über die DDR-Gesellschaft, die SED und eine ihrer wichtigsten Wissenschaftsdisziplinen, die Geschichtswissenschaft. Gleichwohl muß betont werden, daß eine Geschichte der DDR-Geschichtswissenschaft nicht den Anspruch erheben kann, exemplarisch für die Geschichte der Wissenschaften in der DDR stehen zu wollen. Die Geschichtswissenschaft oder allgemeiner die Gesellschaftswissenschaften stellen einen Sonderfall, freilich einen äußerst gewichtigen, innerhalb der DDR-Wissenschaftsgeschichte dar. Sie waren zuerst legitimatorische Wissenschaftstypen. Die Legitimation des kommunistischen Staates war ihre Hauptaufgabe, auf philosophischem, wirtschaftlichem, juristischem und last but not least historischem Gebiet.

Die Monographie fußt vorrangig auf Unterlagen, die im ehemaligen SED-Archiv überliefert sind. Hinzu kommen Unterlagen anderer Archive, die aber längst nicht so systematisch und umfassend ausgewertet wurden. Das hängt nicht mit Zeitproblemen zusammen, sondern mit der Erkenntnis, daß im zentralistischen SED-Staat die entscheidende Macht vom ZK-Apparat ausging. Hinzu kommt, daß die Unterlagen der SED vielfältige Entstehungsgeschichten haben und deshalb, auch nach einem Vergleich mit Unterlagen aus Akademie-, Universitäts- und Bundesarchiven, relativ komplex und detailliert Entscheidungsfindungs- und Umsetzungsprozesse rekonstruieren lassen. Daß dabei wissenschaftliche Quellenkritik unabdingbar ist, bedürfte eigentlich keiner Erwähnung, wenn dies die gegenwärtige Diskussionskultur nicht erfordern würde.

Besonders erwähnen möchte ich, daß sich mir die Gelegenheit bot, im Archiv des »Verbandes der Historiker Deutschlands«, das das Max-Planck-Institut Göttingen beherbergt, arbeiten zu dürfen. Schon vor einigen Jahren zählten diese Materialien zur Grundlage zweier wichtiger Monographien.[19] Nun war es erstmals möglich, diesen Unterlagen ostdeutsche Archivalien zur Seite bzw. entgegenzustellen.

Zu den unveröffentlichten Materialien kommen Tageszeitungen und Fachjournale hinzu, die – in einigen Fällen wie beim *Neuen Deutschland*, der *Zeitschrift für Geschichtswissenschaft*, dem *Aufbau* oder dem *Forum* relativ komplett – mit unterschiedlichem Ertrag für den fraglichen Zeitraum ausgewertet wurden.

Die Studie ist nicht nur Archivalien verpflichtet. Selbstverständlich ist die Forschungsliteratur, sowohl ost- wie westdeutscher Herkunft, herangezogen worden. Die ist jeweils dort ausgewiesen, wo auf sie Bezug genommen wird bzw. wo andere Auffassungen vertreten werden. Von den Arbeiten, die bis 1989 erschienen sind, haben dem Verfasser vor allem die Beiträge aus den fünfziger und sechziger Jahren nützliche Hinweise und

---

19 Vgl. Schulze: Deutsche Geschichtswissenschaft nach 1945; Worschech: Der Weg der deutschen Geschichtswissenschaft in die institutionelle Spaltung.

Anregungen vermittelt. Besonders sei Alexander Fischers früher Aufsatz hervorgehoben, der noch immer eine der besten Analysen der frühen Nachkriegsentwicklung darstellt.[20] Als anregend und äußerst hilfreich erwies sich die beeindruckende Monographie Winfried Schulzes über die (west)deutsche Geschichtswissenschaft bis in die späten fünfziger Jahre.[21] Diese Arbeit ist die bislang umfangreichste, einschlägige Studie, in der jedoch die DDR-Geschichtswissenschaft nur im Beziehungsgeflecht zum Verband der Historiker Deutschlands (VHD) betrachtet wird. Wegen der Quellen, die Schulze zur Verfügung standen bzw. nicht zur Verfügung standen, ist das allerdings nachvollziehbar.[22]

Nach dem Systemzusammenbruch stand die Forschung zur DDR-Geschichtswissenschaft keineswegs am Anfang, aber durch die günstige Archivlage behandelten die Forscher nun neue Fragestellungen.[23] Ging es bisher vorrangig um die innerwissenschaftliche Entwicklung, so steht jetzt die Stellung der Geschichtswissenschaft im politischen System der DDR stärker im Vordergrund. Davon zeugen zum Beispiel neben einer Vielzahl von allgemeinen Arbeiten verschiedene biographische Beiträge,[24] Arbeiten über die Historischen Institute der Leipziger Universität,[25] das Museum für Deutsche Geschichte,[26] die Historischen Institute der Akademie der Wissenschaften,[27] die Zusammenarbeit mit dem Ministerium für Staatssicherheit[28] oder das Verhalten der Historiker 1953[29]. Mehrere Kon-

---

20 Vgl. Fischer: Der Weg zur Gleichschaltung der sowjetzonalen Geschichtswissenschaft 1945–1949; darauf später basierend Ders.: Neubeginn in der Geschichtswissenschaft.
21 Vgl. Schulze: Deutsche Geschichtswissenschaft nach 1945.
22 Die einseitge Quellenlage spiegelt auch die Arbeit von Worschech: Der Weg der deutschen Geschichtswissenschaft in die institutionelle Spaltung.
23 Das trifft nicht auf alle Arbeiten zu; vgl. etwa folgende Beispiele, die aber schon vor 1990 im wesentlichen fertiggestellt waren: Brinks: Die DDR-Geschichtswissenschaft auf dem Weg zur deutschen Einheit; Willing: Althistorische Forschung in der DDR; vgl. die Kritik dazu von Kowalczuk: Zwei neue Bücher zur Geschichtswissenschaft in der DDR; sowie zu Brinks: Eckert: (Rezension), und zu Willing: Nippel: (Rezension); Schuller: (Rezension).
24 Vgl. v. a. Didczuneit: Heinrich Sproemberg; Ders.: Geschichtswissenschaft in Leipzig; Schäfer: Karl Griewank; vgl. zudem autobiographisch motivierte Beiträge, Blaschke: Geschichtswissenschaft im SED-Staat; Eckert/Günther/Wolle: »Klassengegner gelungen einzudringen ...«; Klein: Dokumente aus den Anfängen der ZfG; Kuczynski: Frost nach dem Tauwetter; Engelberg, in: Grimm: Was von den Träumen blieb; Markov, in: ebenda; »Wenn jemand seinen Kopf bewußt hinhielt ...«.
25 Vgl. v. a. Didczuneit: »Für eine wirkliche deutsche Geschichte«; Ders.: Geschichtswissenschaft an der Universität Leipzig; Hoyer: Zur Entwicklung der historischen Institute der Universität Leipzig; Ders.: Die historischen Institute der Universität Leipzig.
26 Vgl. Pfundt: Die Gründung des Museums für Deutsche Geschichte in der DDR; Dies.: Die Gründung des Museums für Deutsche Geschichte.
27 Vgl. z. B. Sabrow: Parteiliches Wissenschaftsideal und historische Forschungspraxis; Ders: Geschichte als Herrschaftsdiskurs; Ders.: Zwischen Ökumene und Diaspora; Walther: Fritz Hartung und die Umgestaltung der historischen Forschung.
28 Hier hat bislang vor allem Rainer Eckert wichtige Erkenntnisse in mehreren Arbeiten geliefert, zuletzt erschienen von ihm dazu: Wissenschaft mit den Augen der Staatssicherheit; Die DDR-Historiker im Auge der Staatssicherheit.
29 Vgl. Kowalczuk: Die Historiker der DDR und der 17. Juni 1953.

ferenzen über die DDR-Geschichtswissenschaft sind in Sammelbänden dokumentiert.[30] Sie zeugen davon, daß sich eine Reihe von Historikern empirisch mit den ersten beiden Jahrzehnten der DDR-Geschichtswissenschaft beschäftigt. An größeren Studien liegen zwei bislang unveröffentlichte Manuskripte vor, in denen die Autoren die Konstituierung der DDR-Geschichtswissenschaft an Universitäten und Akademien und im Beziehungsgeflecht zum zentralen Parteiapparat untersuchen.[31] Hinzu kommt eine Dissertation, in der umfassend, präzise und auf sehr breiter empirischer Grundlage die einzelnen Etappen des Konstituierungsprozesses der marxistisch-leninistischen Geschichtswissenschaft an einer ausgewählten Universität nachgezeichnet werden.[32] Schließlich erschien in Finnland eine Monographie, deren Autor behauptet, daß es die erste sei, »in der die Dokumente der SED zur Geschichtspolitik systematisch« ausgewertet wurden.[33] Eine Prüfung des Anmerkungsapparates ergab jedoch, daß der Autor nur sporadisch Akten ausgewertet, die neue Forschungsliteratur lediglich begrenzt wahrgenommen hat und sich seine Analyse tatsächlich nur auf Veröffentlichungen und Interviews stützt. Nach der deutschen Zusammenfassung zu schließen, verkennt er die politische und ideologische Bedeutung der DDR-Geschichtswissenschaft.[34]

Die der DDR-Geschichtswissenschaft gegenüberstehende traditionelle Geschichtswissenschaft wird in der vorliegenden Untersuchung als »bürgerlich« bezeichnet.[35] Auch ihre Vertreter werden so charakterisiert. Problematisch an der Kennzeichnung »bürgerlich« ist vor allem, daß sie in der kommunistischen Klassenkampfrhetorik als diffuses, weitgehend unbestimmtes Element Verwendung fand.[36] Dennoch soll das Attribut benutzt werden, um diejenigen in der SBZ/DDR zusammenfassend zu bezeichnen, die sich entweder dem Machtanspruch der Kommunisten

---

30 Vgl. z. B. Corni/Sabrow (Hrsg.): Die Mauern der Geschichte; Eckert/Kowalczuk/Poppe (Hrsg.): Wer schreibt die DDR-Geschichte?; Jarausch/Middell (Hrsg.): Nach dem Erdbeben; Sabrow/Walther (Hrsg.): Historische Forschung und sozialistische Diktatur.
31 Vgl. Neuhäußer-Wespy: Geschichte der Historiographie der DDR; Zumschlinge: Geschichte der Historiographie der DDR. Neuhäußer-Wespys Studie soll demnächst publiziert werden. Die wesentlichen Ergebnisse sind bereits in folgenden Aufsätzen von ihm veröffentlicht: Der Parteiapparat als zentrale Lenkungsinstanz der Geschichtswissenschaft der DDR; Die »Zeitschrift für Geschichtswissenschaft« 1956/57; Geschichtswissenschaft unter der SED-Diktatur. (Die Studie erschien mittlerweile, vgl. Ders.: Die SED und die Historie, konnte aber – weil sich das vorliegende Buch bereits im Druck befand – nicht mehr berücksichtigt werden.)
32 Vgl. Didczuneit: Geschichtswissenschaft an der Universität Leipzig.
33 Hentilä: Jaettu Saksa, jaettu historia, S. 398 (deutsche Zusammenfassung, S. 397–415).
34 Vgl. ebenda, S. 397–415. Allerdings müßte das selbstverständlich im Text konkret nachgewiesen werden, wozu ich wegen fehlender finnischer Sprachkenntnisse aber nicht in der Lage bin.
35 Zuweilen wird auch zwischen »neuer« und »alter« Intelligenz – ebenfalls Quellenbegriffe – unterschieden.
36 Prinzipiell zu dieser Begrifflichkeit mit der relevanten Literatur vgl. Siegrist: Ende der Bürgerlichkeit.

19

weitgehend entzogen haben oder den Traditionen wissenschaftlichen Arbeitens und Denkens verbunden blieben, insgesamt also mit ihren Verhaltens- und Bewußtseinsformen dem kommunistischen Okkupationsanspruch widerstanden oder zu widerstehen versuchten.[37] Sie lehnten das teleologische Weltbild der Kommunisten und den Marxismus-*Leninismus* als vermeintliche wissenschaftliche Methode unmißverständlich ab. Als »bürgerliche« Historiker werden auch pauschal jene bezeichnet, die ihre Ausbildung bereits vor 1945 beendet hatten und zumindest distanziert bzw. passiv dem neuen Regime gegenüberstanden.

Die Monographie gliedert sich in sechs unterschiedlich gewichtete Abschnitte. Im ersten Kapitel geht es um das prinzipielle legitimatorische Defizit kommunistischer Diktaturen. Damit wird zum einen der interpretatorische Rahmen der Studie offengelegt. Zum anderen soll dieses Kapitel den Hintergrund verdeutlichen, der der Beschäftigung mit der Geschichtswissenschaft in den ehemals kommunistischen Staaten die besondere Relevanz verleiht. Obwohl ich mich auf die SBZ/DDR beschränke, gelten die prinzipiellen Aussagen insgesamt für kommunistische Staaten.[38] Dabei ist freilich zu berücksichtigen, daß die Qualität der in den einzelnen Ländern betriebenen Historiographie sehr unterschiedlich war und die DDR-Geschichtswissenschaft – freundlich ausgedrückt – auch innerhalb des *sozialistischen Lagers* zu keiner Zeit ernsthaft um einen Spitzenplatz kämpfen konnte.[39] Das zweite Kapitel stellt knapp und skizzenhaft Grundlinien der Geschichtswissenschaft in der nationalsozialistischen Diktatur dar, wobei der hauptsächliche Schwerpunkt auf denjenigen Historikern liegt, die nach 1945 für die DDR-Geschichtswissenschaft Bedeutung erlangen sollten. Außerdem werden wesentliche Punkte des kommunistischen Geschichtsverständnisses und der Geschichtspolitik angesprochen. Das folgende Kapitel widmet sich dem historisch-politischen Nachkriegsdiskurs. Allerdings wird dieser nicht in seiner gesamten Breite behandelt,[40] sondern es wird lediglich auf die Beiträge kommunistischer Publizisten eingegangen. Das geschieht ausführlich, weil dieser Teil des Nachkriegsdiskurses bislang in seiner Breite unbekannt war. Zugleich zeigt er die ideologischen und politischen Vorgaben an die »neue Geschichtswissenschaft« auf. Im vierten Kapitel steht die SED-Hochschulpolitik als äußerer Rahmen der Wissenschaftsentwicklung im Mittelpunkt. Hier geht es darum, Grundlinien aufzuzeigen, die für das Verständnis der

---

37 Siehe ebenda, S. 552–553; 561–562.
38 Vgl. z. B. Papacostea: Captive Clio; auch Davies: Perestrojka und Geschichte.
39 Als Überblick vgl. z. B.: Historiography of the Countries of Eastern Europe; sowie als Innenblick: Kende: Zensur in Ungarn.
40 Vgl. dazu z. B. Schulze: Deutsche Geschichtswissenschaft nach 1945, S. 46–76; Wippermann: »Deutsche Katastrophe« oder »Diktatur des Finanzkapitals«; Ders.: Friedrich Meineckes *Die deutsche Katastrophe*; sowie zuletzt: Faulenbach: Die deutsche Geschichtsschreibung nach der Diktatur Hitlers.

Entwicklung der Geschichtswissenschaft unerläßlich sind. Keineswegs bestand der Anspruch darin, die gesamte Hochschulentwicklung nachzeichnen oder gar analysieren zu wollen. Daran schließt sich der Hauptteil an, der der DDR-Geschichtswissenschaft zwischen 1945 und 1961 gilt. Erstens wird die *planlose Phase* zwischen 1945 und 1950 beschrieben. Zweitens steht die Konstituierungsphase der DDR-Geschichtswissenschaft im Mittelpunkt, wobei diese Phase in zwei Etappen, einmal bis 1955 und zum anderen 1955 bis 1961, untergliedert wird. Zwischen beiden Abschnitten gilt das Interesse dem politischen Verhalten der Historiker im Krisenjahr 1953. Das Kapitel schließt schließlich eine Betrachtung über die Historiker und die Mauer ab. Am Schluß der Monographie steht ein knappes Resümee.

Der Aufbau folgt den Binnenzäsuren der DDR-Geschichtswissenschaft. Die Konstituierung erstreckte sich ungefähr von 1950 bis 1958/61, wobei mit dem Jahr 1955 eine Zwischenzäsur zu konstatieren ist. Der Zeitraum bis 1950 war zwar geprägt vom Willen, eine marxistisch-leninistische Historiographie zu schaffen, wegen des Fehlens geeigneter Konzepte konnte er aber nur planlos und sporadisch, von einzelnen Personen abhängend, umgesetzt werden. Ausführlich ist das Verhalten der Historiker in den Krisenjahren 1953, 1956/58 und 1961 dargestellt. Hier ergibt sich die Möglichkeit, anhand gesellschaftlicher Krisen zu untersuchen, inwieweit und wie intensiv die »neue Geschichtswissenschaft« bereits konstituiert und etabliert war. Außerdem lassen sich die *Erfolge* des Konstituierungsprozesses vor dieser Folie verdeutlichen.

Der Autor war bemüht, die Entwicklung der DDR-Geschichtswissenschaft in gesamthistorische Prozesse einzubetten. Nur vor dem Hintergrund der allgemeinen Nachkriegsgeschichte werden die Entwicklungen überhaupt erklärbar. Daraus resultiert auch der zeitliche Rahmen: 1945 und 1961 als Zäsuren der DDR- und der gesamtdeutschen Geschichte markieren den Anfangs- und Endpunkt der Darstellung. Die in diesem Zeitraum gewählten Binnenzäsuren folgen der innerwissenschaftlichen Entwicklung, wobei der Zusammenhang zu politischen Prozessen in der Studie selbst deutlich wird.

Die Arbeit behandelt nicht erschöpfend die DDR-Geschichtswissenschaft bis 1961. Weitere Detailstudien oder Untersuchungen zu einzelnen Institutionen, Personen oder speziellen Fachgebieten der Historiographie werden das von mir entworfene Bild ergänzen, korrigieren, verwerfen oder auch bestätigen. Vielleicht kann die vorliegende Arbeit dazu anregen, gerade weil sie nur die dominanten Linien, Prozesse und Entwicklungen nachzeichnet. Ausgeblendet bleibt zum Beispiel die Auseinandersetzung mit den produzierten Schriften. Das war von vornherein nicht im Konzept vorgesehen, da es hier um die politische Formung einer Wissenschaftsdisziplin und ihre Einbindung ins politische und gesellschaftliche System geht. In diesem Zusammenhang ist zu erwähnen, daß Unterlagen des MfS nicht berücksichtigt wurden. Das hängt mit den komplizierten Zugangsmöglichkeiten zusammen. Im übrigen erwies es sich nur an wenigen Stellen als bedauerlich, daß mir bis zur Fertigstellung ein systematischer Einblick in die diesbezüglichen Hinterlassenschaften des Staatssicherheitsdienstes der DDR nicht möglich war. Das MfS spielte – von Ausnahmen abgesehen – in den fünfziger Jahren in der DDR-Geschichtswissenschaft noch nicht die Rolle wie dann in den siebziger und achtziger Jahren.

Die Entstehung dieser Arbeit ist eng mit dem Systemzusammenbruch der DDR verbunden. Ohne diesen wären die Archive geschlossen geblieben, ohne diesen hätte es keine über Jahre andauernde Debatte über die DDR-Geschichtswissenschaft gegeben. Mir selbst wäre auch kaum die Möglichkeit zuteil geworden, die DDR-Geschichtswissenschaft und SED-Historiker aus ganz unterschiedlichen Perspektiven kennenzulernen. Daher gilt mein Dank vielen Personen und Einrichtungen, die ich hier nicht alle namentlich nennen möchte. Erwähnt seien die Mitarbeiter der »Stiftung Archiv der Parteien und Massenorganisationen der DDR im Bundesarchiv«. Sodann gilt mein besonderer Dank den Mitgliedern der Struktur- und Berufungskommission Geschichte der HUB, die zwar am Entstehen der Untersuchung selbst nicht beteiligt waren, die mir aber durch ihren Sachverstand und die Ausgewogenheit ihres Urteils während der mehrjährigen gemeinsamen Arbeit in der Kommission unzählige Anregungen gaben. Letztlich motivierte mich diese gemeinsame Arbeit sehr stark für ein solches Unterfangen. Nicht zuletzt die Mitglieder der SBK haben mir gezeigt, daß der Beruf eines Historikers vor allem Freude und Spaß bereiten kann und darüber zuweilen die Mühen der Ebene in Vergessenheit geraten können. Schließlich seien meine Kollegen vom Unabhängigen Historiker-Verband erwähnt, denen ich neben unzähligen Hilfestellungen und anregenden Gesprächen vor allem die Einsicht verdanke, daß Geschichtswissenschaft auch eine gesellschaftspolitische Funktion zu erfüllen hat, zu der man sich offen bekennen kann.

Zum Schluß sei mir gestattet, dieses Buch meiner Familie und meinen Freunden zu widmen. Neben meiner lieben Susan, unserem Sohn Maximilian, meinem Freund Uwe und meiner Mutter waren meine Gedanken in den letzten Monaten und Jahren besonders häufig bei meinem Vater, der 1992 tödlich verunglückte.

Editorische Notiz

In die Fußnoten der vorliegenden Arbeit fanden nur unvollständige bibliographische Angaben bei Publikationen Eingang. In aller Regel bestehen sie aus dem Nachnamen des Verfassers, dem Kurztitel der Arbeit und eventuell aus Seitenzahlen. Die korrekten und vollständigen bibliographischen Angaben lassen sich über das alphabetisch geordnete Literaturverzeichnis erschließen. In dieses Verzeichnis sind sämtliche erwähnte Publikationen aufgenommen worden mit Ausnahme von Zeitungsartikeln. Zitierte Archivalien sind in den Fußnoten komplett verzeichnet. Auf ein Quellenverzeichnis ist verzichtet worden, weil es angesichts der Fülle der ausgewerteten archivalischen Bestände erheblichen Platz beansprucht hätte. In das Personenregister wurden alle im Text sowie jene in den Fußnoten erwähnten Personen aufgenommen, die als zeithistorisch handelnde angesehen werden müssen und für den Kontext der Darstellung von Bedeutung sind. Schließlich sei darauf hingewiesen, daß sich alle verwendeten Abkürzungen über das Abkürzungsverzeichnis im Anhang des Buches entschlüsseln lassen.

Legitimation als Grundproblem
der kommunistischen Diktatur

Im Jahre 1788, ein Jahr vor der Französischen Revolution, erließ der französische König im Kampf gegen die Einberufung einer Nationalversammlung eine Deklaration, die die Macht der Krone bestätigen sollte. Darin hieß es, »daß allein dem König die souveräne Gewalt in seinem Reich zukommt; – daß die Ausübung der Macht allein vor Gott zu verantworten ist; – daß nur die gegenseitige Verpflichtung des Königs und seiner Untertanen das Fortbestehen dieser Verbindung sichern kann; – daß es im Interesse der Nation liegt, daß die Rechte ihres Führers auf keine Weise beschnitten werden; – daß der König der oberste Herrscher der Nation ist und mit ihr eins; – schließlich, daß die Macht der Gesetzgebung einzig und ungeteilt bei der Person des Souveräns liegt«.[1] Die vom französischen König einprägsam formulierten Kernsätze monarchischer Herrschaftslegitimation unterscheiden sich prinzipiell von jenen Rechtfertigungsmustern, die die Vertreter der demokratischen Herrschaftsform vorbringen. »Die Fiktion demokratischer Legitimität beruht ... darauf, daß das Volk als Träger bestimmter kultureller Werte fungiert, die in ihrer Gesamtheit eine grundsätzlich von allen akzeptierte gesellschaftliche und staatliche Ordnung ermöglichen.«[2] Demokratie ist dabei nicht nur als Systembeschreibung oder als Herrschaftsform zu begreifen, sondern zugleich als ein Verhaltensprinzip.[3]

Die Ausführungen des französischen Königs stehen nicht zufällig am Beginn dieses Abschnittes. Denn so sehr sie auch im Gegensatz zu demokratischen Grundsätzen stehen, so sehr ähneln sie einigen Herrschaftsprinzipien kommunistischer Diktaturen. Es wären an der Deklaration zwei Veränderungen vorzunehmen. Erstens müßte für *König* jeweils *die Partei* und zweitens für *Gott* die *Geschichte* eingesetzt werden. Damit ist aber keineswegs einer Gleichsetzung von Absolutismus und Kommunismus das Wort geredet.[4] Die graduellen Unterschiede sind offenkundig. Der gemeinsame Nenner ließe sich in ihrer Ablehnung demokratischer Herrschaftsformen finden, wobei diese Ablehnung historisch ganz unterschiedlich zu erklären wäre. Wenn man Max Webers drei reine Typen der

---

1 Zit. in Lenk: Probleme der Demokratie, S. 936–937.
2 Ebenda, S. 937. Dort auch insgesamt ein profunder Überblick über die Demokratie-Diskussion.
3 Vgl. ebenda, S. 938–944.
4 Vgl. Ruffmann: Autokratie, Absolutismus, Totalitarismus.

legitimen Herrschaft heranzieht,[5] wird man nur mit Mühe der kommunistischen Herrschaft Legitimität bescheinigen können.[6] Während der Absolutismus eine Mischform aus *traditioneller* und *charismatischer* Herrschaft darstellte, könnte der Kommunismus weder dem Idealtyp *charismatische* Herrschaft noch einer wie auch immer gearteten Mischform zugeordnet werden.[7] Weber, der den Begriff *Charisma* ausdrücklich wertfrei verwendet, benutzt ihn zur Kennzeichnung außergewöhnlicher Gaben, die etwa Krisensituationen aktiv meistern und überwinden lassen, die *prophetisch* aufrütteln und *Wunder* vollbringen lassen, die zwar nicht vom charismatischen Herrscher vollbracht, dafür diesem aber allgemein zugeschrieben werden. Entscheidend an den Qualitäten eines Herrschers »ist nur, ob sie als Charisma galten und *wirkten*, d. h. Anerkennung fanden«.[8]

Schließt man sich dieser Lesart an und akzeptiert ganz allgemein Webers Typologie, kommt man kaum umhin, festzustellen, daß sich zumindest sein Ansatz für eine theoretische Analyse des realen Kommunismus als nicht ausreichend erweist.[9] Das hängt mit einem Grundsatz des Leninismus zusammen, der in der Praxis alle von Moskau abhängigen kommunistischen Staaten prägt: In Lenins Staatstheorie war die *historisch-politische Notwendigkeit* entwickelt worden, daß eine avantgardistische Partei, die »Partei neuen Typus«, das Proletariat führen und die Macht im revolutionierten Staat ausüben müsse. Die Notwendigkeit war damit begründet worden, daß nur ein Stoßtrupp der Arbeiterklasse am Beginn des revolutionären Prozesses über das entsprechende historische Bewußtsein verfüge und sich ein solches bei der Masse der ehemals Unterdrückten erst im Laufe der Machtausübung herausbilde.

Diese Konsequenz bedeutete, daß die Diktatur des Proletariats nicht nur über die ehemals Herrschenden ausgeübt wurde, sondern ebenso über diejenigen, die schon zuvor zu den Unterdrückten gezählt und denen das *richtige* Klassenbewußtsein gefehlt hatte, um nicht nur *objektiv*, sondern auch aktiv an der Machtausübung *ihrer Klasse* partizipieren zu können. Ein anderer zentraler Punkt betrifft die Frage der Gewalt. Dabei sind zwei Ebenen zu unterscheiden. Zum einen die Ebene, auf der sich die Gewalt gegen die *Ausbeuterklassen* sowohl im eigenen wie im fremden Land richtet. Zum anderen ist Gewalt als Mittel postuliert worden, um Mitglieder der eigenen Klasse zu unterdrücken, wenn sie sich nicht der Avantgardepartei bedingungslos beugten. Ein bekanntes Beispiel für eine solche Unterdrückung aus der Frühzeit des realen Kommunismus stellt der Kronstädter Aufstand 1921 dar, ein Beispiel, dem Hunderte andere mit Millio-

---

5 Vgl. Weber: Die drei reinen Typen der legitimen Herrschaft.
6 Vgl. auch Meuschel: Legitimation und Parteiherrschaft, S. 22.
7 Im Gegensatz zu Meuschel, die eine »Mischung aus charismatischen und rationalen Legitimitätsansprüchen« ausmacht, ebenda, S. 25.
8 Weber: Die drei reinen Typen der legitimen Herrschaft, S. 483.
9 Vgl. syntheseartig v. a. Furet: Das Ende der Illusion; Malia: Vollstreckter Wahn.

nen von Opfern folgten. Der französische Historiker François Furet schrieb: »Das Besondere an der russischen Revolution im 20. Jahrhundert ... ist, daß sie nur einen Anfang hat und unaufhörlich weitergeht.«[10] Das eingeführte System ließ weder Platz für die Erfahrungen des Volkes noch für eine etwaige Wahl. »Die Politik, die verfolgt wird, kann sich zwar verändern, jedoch wird sie immer von derselben Partei und denselben Männern bestimmt. Die Oktoberrevolution besteht also fort, insofern als die Macht immer in den Händen derer bleibt, die sie ausgelöst haben.«[11]

Das wirft die Frage auf, wie eine solche Politik gerechtfertigt werden konnte und warum ihr viele Millionen Menschen fasziniert erlegen waren. Mit Gewalt allein hätte das kommunistische System nicht sieben Jahrzehnte überleben können. Denn so viele Menschen sich auch selbst an der Gewalt in den kommunistischen Diktaturen beteiligt haben mögen, ob nun als Partei- und Regierungsverantwortliche, als Mitarbeiter im Unterdrückungsapparat oder einfach nur als unscheinbare Parteimitglieder, die mit ihrer Stimme die Verfolgung Andersdenkender unterstützten, die meisten beugten sich eher gruppendynamischen Zwängen oder *höheren Einsichten,* als daß man sie prinzipiell den Verfechtern von Gewaltanwendung gegenüber anderen Personen zurechnen müßte. Warum haben so viele mitgemacht, warum so viele geschwiegen, warum so wenige sich offen und unmißverständlich aufgelehnt?

Diese Frage ist nicht nur im Zusammenhang mit dem Kommunismus relevant. Gerade anhand der vor allem in Deutschland, aber auch in den USA heftig geführten Debatte um das Buch *Hitlers willige Vollstrecker* von Daniel Jonah Goldhagen zeigte sich, daß dieselben Fragen auch für den Nationalsozialismus gelten und längst nicht überzeugend geklärt sind. Man kann diese Fragen nicht beantworten, ohne auf die jeweiligen konkreten historischen Abläufe einzugehen. Wollte man das Verhalten und die Motivationen der vielen Täter vergleichen, etwa zwischen solch unterschiedlichen Ereignissen wie den Massakern in Ruanda, dem Holocaust, dem nigerianischen Bürgerkrieg (Biafra), dem Archipel Gulag, dem türkischen Ausrottungsfeldzug gegenüber den Armeniern, der Kolonisierung Afrikas und Lateinamerikas oder den nordamerikanischen Massenmorden an den Völkern der Indianern käme man sicherlich nicht aus, ohne Methoden der Psychologie, Soziologie, Ethnologie, Geschichts- und Politikwissenschaft miteinander zu verbinden. Aber genauso wie sich Gemeinsamkeiten feststellen ließen, die keineswegs zu einer Aufrechnung der Opfer führen dürfen, genauso ließen sich spezifische und graduelle Unterschiede konstatieren. Ein Unterschied, der nicht unerheblich ist, besteht in den verschiedenen Anlässen und Gründen, die zu Gewaltakten führen.

---

10 Furet: Das Ende der Illusion, S. 138.
11 Ebenda, S. 139.

Denn nur bei den wenigsten Herrschaftsformen ist die Anwendung konkreter Gewalt gegenüber bestimmten sozialen oder ethnischen Gruppen von vornherein und ohne Umschweife als ein Mittel der Machtausübung postuliert worden. Nicht einmal die grausamsten Verbrecher der modernen Weltgeschichte, die Nationalsozialisten, haben die Verfolgung und Ausrottung der Juden, Sinti, Roma oder Homosexuellen offensiv vor 1933 als eines ihrer Ziele in den Vordergrund gestellt. Das ließ sich vor 1933 nur mit einem außergewöhnlichen Blickwinkel erahnen, einem Blickwinkel, der den meisten Wählern und internationalen Beobachtern fehlte. Obwohl die Gewalt als legitimes Mittel zur Durchsetzung bestimmter Interessen immanenter Bestandteil der nationalsozialistischen Ideologie war, ging die kommunistische Ideologie in ihrer Gewaltankündigung weitaus konkreter vor. Erst wurde das *Absterben* bestimmter Klassen und Schichten *vorhergesagt*, was später dadurch ersetzt wurde, daß der Begriff *Absterben* durch *Ausmerzen, Ausrotten etc.* ausgetauscht wurde. Hinzu trat die Vorstellung von einer monolithischen Partei, die auf einem homogenisierten Volk basierte, was die Konsequenz in sich barg, jede organisierte Gegenstimme aus dem eigenen Lager ebenso zu verfolgen wie die ehedem zum *Ausrotten* freigegebenen Gruppen.

Nun stellt sich die Frage, auf der Grundlage welcher Einstellungen und Überzeugungen solche Politik betrieben werden kann. Ganz unterschiedliche Geschichtsverläufe zeigen, daß die apostrophierten Programme zuerst pragmatischen Politiküberlegungen entsprangen. Gerade dieser Pragmatismus, der oft genug in der neueren Geschichte als *Populismus* die Wählerschaft zu täuschen in der Lage war, führte zu Auseinandersetzungen, deren Ende oft nicht vorhersehbar war. Auch beim Kommunismus konnte dessen konkrete Ergebnisse kaum jemand vorhersehen. Aber dem Kommunismus ermangelte es im Gegensatz zu anderen totalitären Bewegungen seit jeher an Pragmatismus. Dazu war er weitgehend unfähig, weil er seine Prämissen aus einem ganz anderen Zusammenhang bezog. Denn sowohl die geistesgeschichtliche Idee als auch das konkrete System wurden als das Ergebnis wissenschaftlicher Erkenntnisse ausgegeben. Und genau in diesem Punkt unterschied sich das kommunistische System von jedem anderen, vom nationalsozialistischen deswegen, weil dieses es nicht fertigbrachte, über Postulate hinauszugelangen; denn der Anspruch, über ein wissenschaftliches Weltbild zu verfügen, war ebenso gegeben.

Die *wissenschaftliche* Geschichts- und Gesellschaftserkenntnis der Kommunisten basierte auf einem Modell, wonach es in der gesellschaftlichen Entwicklung Gesetze gebe, ähnlich denen der Natur. Die wichtigste Theorie dabei war die sogenannte Formationstheorie, nach der es einen gesetzmäßigen Verlauf in der gesellschaftlichen Entwicklung gebe, die zum Schlußpunkt den Kommunismus habe.

Das Theoriengebäude der Kommunisten, ob nun *Marxismus-Leninismus* oder *dialektischer und historischer Materialismus* genannt, war in einem hohen Maße Ideologie. Es hatte den Zweck, zuerst die Machterringung, dann den Machtausbau und schließlich die ewige Sicherung der Herrschaft theoretisch zu begründen und zu legitimieren. Dabei kam der Geschichtswissenschaft ein exklusiver Platz zu, weil es ihre hauptsächlichste Aufgabe war, zu begründen und zu beweisen, daß erstens der im Marxismus-Leninismus vorgegebene Geschichtsverlauf den historischen Tatsachen entspreche und daß zweitens die augenblickliche Situation der Gesellschaft genau mit den Prognosen und Theorien des Marxismus-Leninismus übereinstimme.

Nun ist schließlich noch zu fragen, inwiefern dieses legitimatorische Unterfangen überhaupt Erfolg haben konnte. Aus dem Blickwinkel der Gegenwart könnte einfach festgestellt werden, es hatte gar keinen Erfolg. Dem steht gegenüber, daß das gesamte 20. Jahrhundert nicht zuletzt ein Jahrhundert des Kommunismus war. Thesenartig läßt sich formulieren, daß gerade die einfachen Antworten, die der Marxismus-Leninismus auf noch so komplizierte Fragen bot, der Anziehungskraft nicht nur nicht entbehrten, sondern ihn geradezu zur Faszination werden ließen. Das hatte viele Gründe, fünf seien erwähnt. Erstens übte die soziale Utopie, die der Marxismus-Leninismus zu vertreten vorgab, eine universelle Anziehungskraft aus. Paradoxerweise blieb sie sogar bestehen, als sich längst herausgestellt hatte, daß die soziale Entwicklung im Ostblock mit der im *absterbenden Kapitalismus* nicht nur nicht Schritt halten konnte, sondern zudem hinter die eigenen Ansprüche weit zurückfiel. Zweitens bot sich der Marxismus-Leninismus – und mit ihm die *Partei neuen Typus* – als Ersatzreligion bzw. Ersatzkirche an. Das hing einerseits mit einer voranschreitenden Entchristlichung und Säkularisierung der Gesellschaften zusammen (sehr verschieden in den einzelnen Ländern!), andererseits aber damit, daß der Marxismus-Leninismus auch nicht mehr als eine Heilslehre anbot, die nicht zuletzt von jenen bereitwillig angenommen wurde, die sich enttäuscht von ihrer Kirche abgewendet hatten und nach neuen globalen und möglichst einfachen Erklärungsmustern suchten. Drittens wäre ein nächster Grund, daß der Marxismus-Leninismus eine Revolutionierung der gesamten Gesellschaft versprach, von der jeder profitieren könnte. Als vierte Ursache seien die konkreten zeithistorischen Umstände erwähnt, die zum Aufstieg der kommunistischen Ideen wie auch der nationalsozialistischen entscheidend beitrugen. »Beide Weltbilder waren im Kern apokalyptisch, d. h. von endzeitlichen Unheils- und Heilserwartungen bestimmt, wobei im Zentrum die Ängste und Erwartungen standen, die die immer mehr sich beschleunigenden, überstürzenden Entwicklungen der kapitalistischen Weltwirtschaft, der modernen Wissenschaften und der begleitenden sozialen und kulturellen Umbrüche provozierten.«[12] Das Aufkommen und die Verbreitung dieser Ideen war also eng mit der Ende des

---

12 Koenen: Bolschewismus und Nationalsozialismus, S. 174.

19. Jahrhunderts einsetzenden Globalisierung, Pluralisierung und Individualisierung des gesellschaftlichen Lebens verbunden. Die Inkubationsphase war abgeschlossen, als der Erste Weltkrieg ausbrach. Dieser schließlich bewirkte nicht nur eine Radikalisierung der Protagonisten, sondern schuf als eine Konsequenz zugleich die notwendige Massenbasis, um diesen Ideen zur traurigen materiellen Gewalt zu verhelfen. Schließlich sei fünftens auf eine weiteres Phänomen hingewiesen, daß durchaus die Anziehungskraft des Marxismus-Leninismus verstärkte. Milovan Djilas schrieb in seinem einflußreichen Buch *Die neue Klasse*: »Der dialektische Materialismus ist möglicherweise exklusiver als irgendeine andere Weltanschauung der Gegenwart. Er bringt seine Anhänger in eine Lage, die es ihnen unmöglich macht, einen anderen Standpunkt einzunehmen.«[13]

Warum sich aber schließlich so viele für die Diktatur einspannen ließen, steht nochmals auf einem anderen Blatt. Hier kommen mindestens zwei Dinge zusammen. Zum einen ist dabei der konkrete historische Ort zu berücksichtigen, der oft genug überhaupt keine Wahl ließ bzw. keine Alternativen anbot. Zum anderen darf nicht übersehen werden, daß sich viele Menschen soziale und politische Aufstiegsmöglichkeiten versprachen, die sie oftmals auch nutzen konnten, sei es um den Preis der Selbstverleugnung, sei es um den Preis, anderen damit geschadet zu haben, sei es um den Preis, gerade die auch vom Marxismus apostrophierte Emanzipation und Freiheit freiwillig verraten zu haben. Schließlich darf nicht übersehen werden, daß der Kommunismus zwar eine aktive Anhängerschaft hatte, die Millionen von Menschen in der gesamten Welt umfaßte. Aber in den Ländern, in denen die kommunistischen Parteien herrschten, konnten sich die Machthaber stets nur auf eine Minderheit der Bevölkerung stützen. Wenn die Mehrheit auch keine aktiven Gegner des Systems waren, so war sie auch niemals eine Stütze des Systems. Die kommunistischen Führer wußten, daß das von ihnen stets als Handlungssubjekt ausgegebene Volk in Wahrheit eine von ihnen mystifizierte Größe war. Vor dieser hatten sie Angst. Nicht zuletzt deshalb konnten sie ihre Macht niemals mittels Wahlen zur Disposition stellen und sich auf diesem Weg legitimieren lassen. Es war eine *Macht ohne Mandat*.[14] Die einzige Legitimation, auf die sie sich berufen konnten, waren sogenannte Geschichtserkenntnisse. Das war freilich auch nur eine Scheinlegitimation, weil diese ja keiner *objektiven Erkenntnis* entsprungen waren, sondern dem eigens zur Machterringung und Machterhaltung geschaffenen ideologischen Gebäude. Insofern beanspruchte Geschichtsforschung im Kommunismus – neben anderen gesellschaftswissenschaftlichen Disziplinen – eine besonders herausgehobene Funktion. Sie war ex cathedra auf ein politisches Dienstverhältnis zur Macht degradiert worden. Im folgenden wird zu zei-

---

13 Djilas: Die neue Klasse, S. 139.
14 Richert: Macht ohne Mandat.

gen sein, inwiefern den Kommunisten das tatsächlich gelang, wie die Umsetzung dieser Ansprüche erfolgte, welche Widerstände existierten und schließlich, ob es überhaupt gelang, das System historisch zu legitimieren, also, ob ein relevanter Bevölkerungsanteil diese Art der Legitimierung akzeptierte bzw. trug.

Hypotheken 1945: Die Vorgeschichte der DDR-Geschichtswissenschaft

Nur mit erheblichen Einschränkungen ist die Entwicklung der ostdeutschen Geschichtswissenschaft zu verstehen, wenn man nicht wenigstens in groben Umrissen die Stellung der Geschichtswissenschaft im nationalsozialistischen Deutschland einerseits[1] und den Umgang mit Geschichte in der kommunistischen Ideologie bis 1945 andererseits[2] skizziert. Die historische Forschung in Deutschland bis 1945 bildete insofern einen wichtigen Ausgangspunkt für die DDR-Geschichtswissenschaft, als sie den vordergründigen Anlaß bot, über die Kritik an ihr eine neue Geschichtswissenschaft zu begründen. Die Stellung der Geschichte in der kommunistischen Ideologie sowie der Blick auf die Bedeutung der Geschichtspropaganda im kommunistischen Selbstverständnis verweisen auf historische Wurzeln der DDR-Geschichtswissenschaft. Beides wird im folgenden kurz abgehandelt, wobei nur wenige dominierende Linien skizziert werden.

Geschichtswissenschaft in der Zeit der nationalsozialistischen Diktatur

Die moderne Geschichtswissenschaft spielte in Deutschland im 19. Jahrhundert eine überragende Rolle.[3] Die deutsche Historiographie war führend in der Welt und galt wegen ihrer vielfältigen methodischen und inhaltlichen Ausrichtung als beispielhaft und wegweisend. Im deutschen Kaiserreich »hatten die Historiker«, wie Thomas Nipperdey schrieb, »einen besonderen Einfluß auf die Zeit- und Lebensinterpretation, sie waren Identitätspräsentierer, Erklärer, Sinndeuter und Zukunftsformer«.[4] Beim Ausbruch des Ersten Weltkrieges zählten viele Historiker zu den Verfechtern der »Ideen von 1914«.[5] Nach der Niederlage von 1918

---

1 Schulze: Deutsche Geschichtswissenschaft nach 1945, S. 31.
2 Der Ansatz bei Brinks: Die DDR-Geschichtswissenschaft auf dem Weg zur deutschen Einheit. Allerdings konzentriert sich der Autor lediglich auf einige deutsche Traditionen – ohne jedoch auf die KPD einzugehen – und blendet die wichtigen sowjetischen Entwicklungen, die Vorbildcharakter besaßen, aus.
3 Schulin: Geschichtswissenschaft in unserem Jahrhundert, S. 23–24.
4 Nipperdey: Deutsche Geschichte 1866–1918. Erster Band, S. 592.
5 Vgl. dazu u. a. Bruch: Krieg und Frieden; Jansen: Professoren und Politik; Schwabe: Wissenschaft und Kriegsmoral.

»herrschten Trotzreaktionen vor«.[6] Die Historiker an den deutschen Universitäten mühten sich mehrheitlich, die Idee des deutschen Reiches und dessen Wiederaufstieg historisch zu legitimieren.[7] Statt aufklärender Zeitgeschichtsforschung dominierten Versuche zur Widerlegung des Kriegsschuldvorwurfs. Die meisten Historiker lehnten die Revolution von 1918 ebenso wie deren Ergebnisse ab.[8] Nationalkonservative, nationalistische oder kaisertreue Hochschullehrer beherrschten die Geschichtswissenschaft. Liberale, verfassungstreue Historiker wie der »Vernunftrepublikaner« Friedrich Meinecke oder entschieden demokratische Historiker wie Walther Goetz, Veit Valentin, Ludwig Bergsträsser oder Johannes Ziekursch, aber erst recht sozialistische Historiker – soweit sie sich überhaupt behaupten konnten – zählten in der Weimarer Republik zu einer Minorität innerhalb ihrer Disziplin.[9] Die Hochschulen blieben während der Weimarer Republik die »geistige Leibgarde der Hohenzollern«[10] – quasi aus Trotz auch nach deren Sturz.[11] 1933 herrschte in der deutschen Historikerschaft weitverbreitetes Einverständnis mit dem neuen Regime vor. Viele hofften auf eine neue deutsche Großmacht.[12]

Obwohl schon während der Weimarer Republik einige Historiker der NSDAP beigetreten waren,[13] gab es beim Machtantritt der Nationalsozialisten keinen Ordinarius für Geschichte, der der NSDAP angehörte.[14] Nach 1933 erhielten allerdings einige NSDAP-Mitglieder Lehrstühle für Geschichte bzw. bereits etablierte Historiker traten nun dieser Partei bei.[15]

Die formale Mitgliedschaft in der NSDAP taugt jedoch kaum als Indikator für die tatsächliche Haltung der Historiker. Immerhin war ein so exponierter Anhänger der nationalsozialistischen Ideologie wie der Berliner Ordinarius für Alte Geschichte, Wilhelm Weber,[16] während der natio-

---

6 Schulin: Geschichtswissenschaft in unserem Jahrhundert, S. 24.
7 Salewski: Geschichte und Geschichtswissenschaft, S. 33.
8 Vgl. Töpner: Gelehrte Politiker und politisierende Gelehrte.
9 Vgl. Döring: Der Weimarer Kreis; Faulenbach: Ideologie des deutschen Weges; Schleier: Die bürgerliche deutsche Geschichtsschreibung.
10 Emil Du Bois-Reymond als Rektor am 3. August 1870 in der Aula der Berliner Universität: »Nun wohl, die Berliner Universität, dem Palast des Königs gegenüber einquartiert, ist durch ihre Stiftungsurkunde das geistige Leibregiment des Hauses *Hohenzollern*.« Du Bois-Reymond: Über den deutschen Krieg, S. 45; vgl. auch von Wilamowitz-Moellendorf: Neujahr 1900.
11 Zusammenfassend Heiber: Universität unterm Hakenkreuz (Kapitel 1: Prolog in Weimar).
12 Vgl. Bracher: Die Gleichschaltung der deutschen Universität; Werner: Das NS-Geschichtsbild und die deutsche Geschichtswissenschaft.
13 Vgl. Schleier: Die bürgerliche deutsche Geschichtsschreibung, S. 27; Heiber: Universität unterm Hakenkreuz, S. 413.
14 Vgl. Rothfels: Die Geschichtswissenschaft in den dreißiger Jahren, S. 92; Schulze: Deutsche Geschichtswissenschaft nach 1945, S. 34; Volkmann: Deutsche Historiker im Umgang mit Drittem Reich und Zweitem Weltkrieg, S. 861.
15 Schulze: Deutsche Geschichtswissenschaft nach 1945, S. 34.
16 Vgl. Christ: Römische Geschichte, S. 210–224; Losemann: Nationalsozialismus und Antike, S. 74.

nalsozialistischen Herrschaft nicht in der NSDAP.[17] Beamte der Sicherheitspolizei vermerkten dennoch über Weber, daß er einer der wenigen Altertumsforscher sei, »welche diese Wissenschaft im Sinne der nationalsozialistischen Weltanschauung zu pflegen sich bemühen ...«.[18] Auch der zeitweise wichtigste Vertreter einer »nationalsozialistischen Geschichtswissenschaft«, Walter Frank, war niemals Mitglied der NSDAP.[19]

Die beiden Beispiele deuten auf ein Phänomen hin, das die Historikerschaft kennzeichnete.[20] Die Mehrheit der Historiker »huldigte, was den nationalen Kern in der NS-Doktrin anging, seit langem verwandten Idealen«.[21] Das war den meisten Historikern jedoch nicht bewußt, »weil sie sich – und das ist eine traurige Tatsache«, wie Georg Iggers feststellte, »ebenso wie der Großteil der Bevölkerung weitgehend mit dem Regime identifizierten«.[22] Dennoch darf nicht übersehen werden, daß die Nationalsozialisten mehr Geschichtswissenschaftler nach 1933 aus ihren Positionen vertrieben oder zur Emigration zwangen, als bisher bekannt war.[23] Davon waren vor allem Demokraten, Linksliberale und jüdische Historiker betroffen,[24] darunter bedeutende Fachvertreter wie zum Beispiel Hajo Holborn, Ernst Kantorowicz oder Hans Rosenberg. Allerdings entwickelte sich die Geschichtswissenschaft nicht zu einer »Exilwissenschaft« wie etwa die Soziologie.[25] Von den verfolgten – mehr oder weniger etablierten – Historikern ist im Zusammenhang mit der vorliegenden Studie vor allem der Leipziger Privatdozent Georg Sacke zu erwähnen. Sacke, ein Osteuropahistoriker, war zwar kein Mitglied der KPD, aber die Nationalsozialisten entließen ihn wegen seiner »marxistischen Auffassung historischer

---

17 Chef der Sicherheitspolizei und des SD an den Leiter der Parteikanzlei, betr. Prof. Wilhelm Weber, o. D. Bundesarchiv-Zwischenarchiv Dahlwitz-Hoppegarten, ZB 7079, Akte 5 (Personalakte Weber). Schleier dagegen führt Weber als einen derjenigen an, die schon vor 1933 der NSDAP angehört hätten (Schleier: Die bürgerliche deutsche Geschichtsschreibung, S. 27). In einer Akte der Humboldt-Universität von 1945/46 wird Weber wiederum als eine der wenigen Ausnahmen am Historischen Institut genannt, die in der NSDAP gewesen seien. UA der HUB, Nr. 8 (Phil. Fak.).
18 Chef der Sicherheitspolizei und des SD an den Leiter der Parteikanzlei, betr. Prof. Wilhelm Weber, o. D. Bundesarchiv-Zwischenarchiv Dahlwitz-Hoppegarten, ZB 7079, Akte 5 (Personalakte Weber).
19 Schulze: Walter Frank, S. 69.
20 Als Beispiel für ein Historisches Universitätsinstitut vgl. die Untersuchung von Borowsky: Geschichtswissenschaft an der Hamburger Universität 1933 bis 1945.
21 Werner: Die deutsche Historiographie unter Hitler, S. 87. Volkmann spricht von »ausgeprägten Affinitäten zum Nationalsozialismus«; vgl. Volkmann: Deutsche Historiker im Umgang mit Drittem Reich und Zweitem Weltkrieg, S. 862.
22 Iggers: Geschichtswissenschaft und autoritärer Staat, S. 125; vgl. auch Ders.: Geschichtswissenschaft in der ehemaligen DDR, S. 58.
23 Schönwalder: Historiker und Politik, S. 73.
24 Vgl. z. B. ebenda, S. 68–74.
25 Zur Emigration vgl. z. B. Hoffmann: Deutsch-jüdische Geschichtswissenschaft in der Emigration; Iggers: Die deutschen Historiker in der Emigration; Lehmann/Sheehan (Ed.): An Interrupted Past; allg. Fischer: Die Emigration von Wissenschaftlern nach 1933. Zur Soziologie vgl. Dahrendorf: Soziologie und Nationalsozialismus; Rammstedt: Theorie und Empirie des Volksfeindes.; Ders.: Deutsche Soziologie 1933–1945.

Probleme« und verhafteten ihn wegen Unterstützung des kommunistischen Widerstands. Er kam am 25. April 1945 auf einem Häftlingstransport aus dem Konzentrationslager Neuengamme ums Leben.[26] Dieser Leipziger Historiker zählte wohl noch am ehesten potentiell zu denjenigen, die von den verfolgten Historikern nach 1945 einen Platz in der ostdeutschen Geschichtswissenschaft hätten einnehmen können.[27] Denn im Gegensatz zu ihm hätten vermutlich sowohl der vormalige KPD-Reichstagsabgeordnete Arthur Rosenberg[28] als auch der schon ältere Gustav Mayer[29] gerade wegen ihrer linksdemokratischen, sozialistischen Einstellung in der SBZ/DDR kaum eine neue Existenz finden können.[30]

Allerdings gab es verfolgte Nachwuchshistoriker, die später in der SBZ/DDR Bedeutung erlangten.[31] So promovierte Walter Markov an der Bonner Universität 1934 mit einer Arbeit über »Serbien zwischen Österreich und Rußland 1897–1908«. Im selben Jahr trat er der KPD bei und gründete eine Widerstandsgruppe. 1935 verhafteten ihn die Nationalsozialisten und verurteilten ihn zu zwölf Jahren Zuchthaus. Das Ende der nationalsozialistischen Diktatur erlebte Markov im Zuchthaus Siegburg, wo er maßgeblich an der Selbstbefreiung beteiligt war.[32] Im selben Jahr wie Markov promovierte Ernst Engelberg mit einer Studie über die deutsche Sozialdemokratie und die Sozialpolitik Bismarcks. Engelberg trat der KPD bereits 1930 bei. Noch im Jahr seiner Promotion, deren formelle Bestätigung Engelberg erst nach Kriegsende ausgehändigt bekam,[33] verhafteten die Nationalsozialisten auch ihn. Nach eineinhalb Jahren Zuchthaus emigrierte er 1935 in die Schweiz. Von dort ging er in die Türkei, wo er zwischen 1941 und 1947 als Lektor an der Universität Istanbul arbeitete.[34]

Das waren die beiden exponiertesten Kommunisten, die schon vor 1945 in Geschichte promovierten und nach 1945 einflußreiche Positionen innerhalb der DDR-Geschichtswissenschaft besetzen sollten. Erweitert man den engen Kreis der tatsächlich ausgebildeten Historiker um diejenigen

---

26 Vgl. Geyer: Georg Sacke; sowie zusammenfassend Kleßmann: Osteuropaforschung und Lebensraumpolitik im Dritten Reich, S. 362.
27 Vgl. Unger: Georg Sacke – Ein Kämpfer gegen den Faschismus; hier findet sich auch eine Bibliographie der Schriften Sackes.
28 Vgl. Berding: Arthur Rosenberg.
29 Vgl. Wehler: Gustav Mayer.
30 Hier fügt sich auch ein, daß beide in der DDR kaum rezipiert worden sind. Rosenberg als *Renegat* war gewissermaßen eine *persona non grata*. Mayer lag nicht im engen Korsett der orthodoxen Marx-Engels-Forschung; vgl. aber Schleier: Zu Gustav Mayers Wirken und Geschichtsauffassung; Pätzold: Gustav Mayer.
31 Iggers wies auf vier Personen hin; vgl. Die deutschen Historiker in der Emigration, S. 108.
32 Vgl. Markov: Zwiesprache mit dem Jahrhundert; Ders. in: Grimm: Was von den Träumen blieb, S. 80–83.
33 Protokoll der Fakultätssitzung vom 8. Mai 1946. UA der HUB, Nr. 1 (Phil. Fak.), Bl. 76, 80; Protokoll der Fakultätssitzung vom 19. Juni 1946. Ebenda, Bl. 90.
34 Vgl. Engelberg, in: Grimm: Was von den Träumen blieb, S. 29–30.

Verfolgten, die nach 1945 maßgeblichen Anteil am Aufbau einer marxistisch-leninistischen Geschichtswissenschaft in der SBZ/DDR hatten, stellt man fest, daß ein beachtlicher Teil der Gründergeneration zu den Verfolgten des nationalsozialistischen Regimes zählte. Neben ausgebildeten Akademikern wie Jürgen Kuczynski, der 1925 promoviert hatte und 1930 der KPD beigetreten war,[35] sowie Alfred Meusel, einziger späterer Marxist-Leninist[36] unter den Historikern, der schon 1930 eine ordentliche Professur (für Volkswirtschaftslehre und Soziologie an der TH Aachen) erhalten hatte,[37] zählten zu den künftigen SED-Historikern beispielsweise Emigranten wie Rudolf Lindau,[38] Hans Mottek,[39] Karl Obermann,[40] Albert Schreiner[41] und der Österreicher Leo Stern.[42] Schließlich darf nicht unerwähnt bleiben, daß die Nationalsozialisten Walter Bartel,[43] Erich Paterna[44] und Heinrich Scheel[45] in Zuchthäusern und Konzentrationslagern eingesperrt hatten.[46]

Damit sind die wichtigsten Vertreter der ersten DDR-Historikergeneration genannt. Es wird deutlich, daß außer Meusel kein bereits an einer Universität gelehrt habender Wissenschaftler zu diesem Kreis zählte. Das entsprach einerseits dem politischen Trend der deutschen Geschichtswissenschaft bis 1945 und andererseits dem anvisierten radikalen Bruch mit deutschen Wissenschaftstraditionen in der SBZ.

*

Tatsächlich gab es 1933 keinen Bruch in der historischen Forschung, sondern erst nach 1945. Zwar versuchten die Nationalsozialisten, die Wissenschaft zu funktionalisieren, aber davon blieb die Geschichtswissenschaft weitgehend unberührt. Die Machthaber bemühten sich um eine neue, eine rassische, eine »deutsche Geschichtswissenschaft«.[47] Sie vermochten es jedoch nur bedingt, die traditionellen Forschungseinrichtungen zu beein-

---

35 Vgl. z. B. Kuczynski: Memoiren; zu seiner Biographie nach 1945 vgl. Ders.: 60 Jahre Konjunkturforscher; Ders.: Schwierige Jahre; Ders.: Kurze Bilanz eines langen Lebens; Ders.: »Ein linientreuer Dissident«; Ders.: Frost nach dem Tauwetter; Ders.: »Nicht ohne Einfluß«; Ders.: Ein hoffnungsloser Fall von Optimismus?; Ders.: Ein Leben in der Wissenschaft der DDR.
36 Meusel trat erst 1937 der KPD bei.
37 Vgl. zur Biographie aus SED-Sicht Streisand: Alfred Meusels Weg; Haun: Alfred Meusel.
38 Zur Biographie vgl. ZfG 16(1968), S. 1061.
39 Zur Biographie vgl. ZfG 33(1985), S. 845–846.
40 Zur Biographie vgl. ZfG 35(1987), S. 1012–1013.
41 Vgl. zur Biographie aus SED-Sicht Petzold: Albert Schreiner.
42 Vgl. zur Biographie aus SED-Sicht Hübner (Hrsg.): Leo Stern im Dienst der Wissenschaft und sozialistischen Politik; Leo Stern: Festkolloquium; Grau: Leo Stern.
43 Vgl. aus SED-Sicht zur Biographie Heitzer: Walter Bartels Beitrag.
44 Vgl. zur Biographie aus SED-Sicht Pätzold: Erich Paterna.
45 Vgl. Scheel: Vor den Schranken des Reichskriegsgerichts.
46 Zu den Kurzbiographien vgl. auch: Wer war wer in der DDR.
47 Hier ist vor allem das Reichsinstitut zu erwähnen; vgl. Heiber: Walter Frank und sein Reichsinstitut.

flussen.[48] Tatsächlich gelang es den Nationalsozialisten nicht, ein ihren Bedürfnissen entsprechendes Geschichtsbild zu entwerfen. Hierin lag ein wesentlicher Unterschied zwischen nationalsozialistischer und marxistisch-leninistischer Ideologie. Während erstere auf rassischen Gesichtspunkten basierte und dementsprechender Einfluß auf das Geschichtsbild ausgeübt werden sollte, begründete sich das Selbstverständnis der marxistisch-leninistischen Ideologie aus der Geschichte überhaupt. Tatsächlich blieb, zumindest im Kreis der Universitätshistoriker zwischen 1933 und 1945, »die völlige wissenschaftliche Selbstpreisgabe an das rassische Geschichtsbild der Partei«[49] die Ausnahme. Das war auch deshalb so, weil *das* Geschichtsbild der Nationalsozialisten überhaupt nicht existierte.[50] Allerdings erfüllten die Historiker »die elementaren Bedürfnisse des nationalsozialistischen Staates«,[51] weil sie mehrheitlich Geschichtsbilder vertraten, »welche die Aufnahmebereitschaft für das Ideengut der Nationalsozialisten förderten und einen Unrechtsstaat annehmbar machten«.[52] Daneben aber haben Historiker auch zwischen 1933 und 1945 wissenschaftlich produktiv gearbeitet, was auf einen fortbestehenden – wenn auch eingeschränkten – Wissenschaftspluralismus schließen läßt.[53]

Davon zu trennen ist jedoch das politische Verhalten der Historiker. Obwohl nur in relativ wenigen wissenschaftlichen Werken der nationalsozialistische Geist spürbar wurde,[54] bewiesen verschiedene Forscher, daß die Historikerschaft sich keineswegs nur der »unpolitischen Forschung« hingab.[55] Nicht nur, daß die deutsche Geschichtswissenschaft für die Legitimierung des Systems und der Kriege verfügbar war,[56] Historiker un-

48 Vgl. z. B. Franz: Das Geschichtsbild des Nationalsozialismus. Franz bekennt, daß er selbst Nationalsozialist gewesen sei (S. 106), verschweigt aber, daß er an exponierter Stelle bei der Reichsführung-SS und beim Amt Rosenberg tätig gewesen war. Dennoch ist seiner Darstellung weitgehend zuzustimmen; vgl. weiter z. B. Mommsen: Die Geschichtswissenschaft und die Soziologie unter dem Nationalsozialismus, S. 66–69, 73–84.
49 Schreiner: Führertum, Rasse, Reich, S. 232–233; so z. B. auch Franz: Das Geschichtsbild des Nationalsozialismus, S. 107; tendenziell auch Schulze: Deutsche Geschichtswissenschaft nach 1945, S. 43; sowie Werner: Die deutsche Historiographie unter Hitler, S. 94; vgl. ferner Faulenbach: Die »nationale Revolution«; Mommsen: Die Geschichtswissenschaft und die Soziologie unter dem Nationalsozialismus; Schieder: Die deutsche Geschichtswissenschaft im Spiegel des NS.
50 Vgl. Schönwalder: Historiker und Politik, S. 79–82.
51 Schulze: Deutsche Geschichtswissenschaft nach 1945, S. 43.
52 Schreiner: Führertum, Rasse, Reich, S. 233.
53 Vgl. die »Bilanz« der Forschung, Ritter/Holtzmann (Hrsg.): Die deutsche Geschichtswissenschaft im Zweiten Weltkrieg; sehr kritisch dazu Geiss: Die westdeutsche Geschichtswissenschaft seit 1945, S. 426–431.
54 Dazu zählen z. B. verschiedene Schriften von Schachermeyr wie: Indogermanen und Orient; aber auch z. B. Steding: Das Reich. Diesem Buch aber beispielsweise sprach jedoch Günther Franz (Das Geschichtsbild des Nationalsozialismus, S. 103) seinen nationalsozialistischen Charakter ab, was zumindest auf die Schwierigkeit der Bewertung hinweist.
55 Vgl. zusammenfassend dazu Mommsen: Die Geschichtswissenschaft und die Soziologie unter dem Nationalsozialismus.
56 Vgl. Werner: Machtstaat und nationale Dynamik in den Konzeptionen der deutschen Historiographie, S. 356.

terstützten darüber hinaus mittels politischer Reden, Vorträge und Artikel die Kriegs- und Eroberungspolitik.[57] Gerade die nationalsozialistische *Ostexpansion* erfreute sich der publizistischen Unterstützung durch viele Historiker.[58] Insofern bedeutete das Jahr 1945 für die deutsche Geschichtswissenschaft einen nachhaltigen Einschnitt, ohne daß dieser (im Westen) gleich offen zutage trat.[59] Die deutsche Geschichtswissenschaft war 1945 ohne Zweifel politisch in einem höheren Maße belastet, als es die Betroffenen wahrhaben wollten. Eine Reihe hervorragender Fachvertreter der westdeutschen Historiographie, wie beispielsweise Theodor Schieder oder Karl Dietrich Erdmann, um nur zwei der bekanntesten Historiker zu nennen, waren – wie jüngere Publikationen zeigen – belastet.[60] Dagegen waren Vertreter der nationalsozialistischen Geschichts- und Expansionsideologie, wie etwa der Leipziger Osteuropahistoriker Eberhard Wolfgramm,[61] in der ostdeutschen Geschichtswissenschaft eindeutige Ausnahmen.[62]

Geschichte als Legitimationsinstanz in der kommunistischen Ideologie

In der DDR ist die Geschichte der marxistisch-leninistischen Geschichtswissenschaft ein wichtiger Zweig der historischen Forschungen gewesen. Ausgangspunkt der Forschungen war dabei die Annahme, daß die Wurzeln der DDR-Geschichtswissenschaft zu Marx und Engels hinführen.[63] Die »wissenschaftliche Geschichtsschreibung« hätte überhaupt erst mit der Veröffentlichung des Kommunistischen Manifests begonnen.[64] Es

57 Vgl. Schönwalder: Historiker und Politik.
58 Vgl. grundlegend Burleigh: Germany Turns Eastwards; sowie weiter Camphausen: Die wissenschaftliche historische Rußlandforschung im Dritten Reich; Ebbinghaus/Roth: Vorläufer des »Generalplans Ost«; Kleßmann: Osteuropaforschung und Lebensraumpolitik im Dritten Reich; Volkmann: Deutsche Historiker im Umgang mit Drittem Reich und Zweitem Weltkrieg.
59 Vgl. Schleier: Epochen der deutschen Geschichtsschreibung, spez. S. 145–149. Allerdings verwundert Schleiers »problemlose« Einordnung der DDR-Geschichtswissenschaft in die »vier großen Epochen der deutschen Geschichtsschreibung«; vgl. dagegen noch seine früheren, marxistisch-leninistischen Darstellungen, z. B. Ders.: Geschichte der Geschichtswissenschaft; vgl. weiter z. B. Schulin: Geschichtswissenschaft in unserem Jahrhundert, S. 23–28.
60 Vgl. Ebbinghaus/Roth: Vorläufer des »Generalplans Ost«; Kröger/Thimme: Die Geschichtsbilder des Historikers Karl Dietrich Erdmann; prinzipiell vgl. Burleigh: Germany Turns Eastwards; Schönwalder: Historiker und Politik.
61 Vgl. Burleigh: »Herr G. wird übles schreiben.«. The Historical Conference in Trier and the Politics of Ostforschung, S. 5, Anm. 8.
62 Das gilt hier nur für die DDR-Geschichtswissenschaft; vgl. demgegenüber z. B. Ehemalige Nationalsozialisten in Pankows Diensten; Kappelt: Braunbuch DDR.
63 Berthold (Hrsg.): Zur Geschichte der marxistischen Geschichtswissenschaft, Band 2, S. 534–535.
64 Heitzer/Küttler: Eine Revolution im Geschichtsdenken, S. 30; vgl. auch Heitzer: Über das Geschichtsbild von Karl Marx und Friedrich Engels.

stand für die Vertreter dieser Sicht außer Frage, daß sich schon während der Weimarer Republik eine deutsche marxistisch-leninistische Geschichtswissenschaft entwickelt habe.[65] Zu den theoretischen Wegbereitern zählten neben Karl Marx und Friedrich Engels zum Beispiel Franz Mehring, August Bebel, Wladimir I. Lenin, Georgij Plechanow, Ernst Thälmann, Hermann Duncker, Karl Liebknecht, Edwin Hoernle, Wilhelm Pieck, Anton Ackermann, Walter Ulbricht sowie, die frühe Phase ihres Schaffens betreffend, Eduard Bernstein und Karl Kautsky. Josef W. Stalin war nur bis Mitte der fünfziger Jahre Bestandteil dieser Aufzählung. Dabei hat kein zweiter den Konstituierungsprozeß der DDR-Geschichtswissenschaft ideologisch nachhaltiger beeinflußt. Tatsächlich haben die Genannten nicht nur das kommunistische Geschichtsbild ihrer Zeit maßgeblich beeinflußt, sondern zudem nachhaltig auf die DDR-Geschichtswissenschaft eingewirkt.

*

Marx und Engels kritisierten mehrfach, daß die Geschichtsschreibung bisher »nur politische Haupt- und Staatsaktionen und religiöse und überhaupt theoretische Kämpfe« berücksichtigte.[66] Sie wollten statt dessen zeigen, »daß alle bisherige Geschichte sich in Klassengegensätzen und Klassenkämpfen« bewegte.[67] Das bedeutete, daß »die ganze bisherige Geschichte einer neuen Untersuchung zu unterwerfen« sei.[68] Die Grundlage dafür böte die Erkenntnis vom »Bewegungsgesetz der menschlichen Geschichte«, wie Franz Mehring schrieb,[69] das heißt die Entdeckung des Gesetzes über den Ablauf der Gesellschaftsformationen.[70]

65 Auf eine ausführliche Bibliographie des umfangreichen Schrifttums und der zahlreichen unveröffentlichten Dissertationen muß hier verzichtet werden; vgl. aber die wichtigsten Werke: Berthold: Marxistisches Geschichtsbild; Ders./Katsch/Kinner: Zur Geschichte der marxistisch-leninistischen deutschen Geschichtswissenschaft; Dies. (Hrsg.): Geschichte des Marxismus-Leninismus und der marxistisch-leninistischen Geschichtswissenschaft 1917–1945; Berthold (Hrsg.): Zur Geschichte der marxistischen Geschichtswissenschaft; Kinner: Marxistische deutsche Geschichtswissenschaft; Zur Geschichte der marxistisch-leninistischen Geschichtswissenschaft; siehe weiter u. a. folgende Forschungsberichte: Berthold/Küttler/Lozek/Meier/Schleier: Forschungen zu Theorie, Methodologie und Geschichte der Geschichtswissenschaft; Behrendt: Zur Erforschung der Geschichte der sowjetischen Geschichtswissenschaft durch Historiker der DDR; Katsch/Loesdau/Schleier: Forschungen zur Geschichte der Geschichtsschreibung, -theorie und -methodologie, spez. S. 35–37; Schmidt: Forschungen zur Geschichte der marxistisch-leninistischen Geschichtswissenschaft.
66 Marx/Engels: Die deutsche Ideologie, S. 39.
67 Engels: Karl Marx, S. 103.
68 Ders.: Die Entwicklung des Sozialismus von der Utopie zur Wissenschaft, S. 208.
69 Mehring: Über den historischen Materialismus, S. 26.
70 Die materialistische Geschichtsauffassung nach Marx findet sich zusammengefaßt in: Zur Kritik der Politischen Ökonomie, S. 8–10. Die Formationstheorie spielte in der DDR-Geschichtswissenschaft die überragende Rolle. Das Schrifttum dazu ist kaum überschaubar; vgl. zwei der wichtigsten Werke: Engelberg/Küttler (Hrsg.): Formationstheorie und Geschichte; Eichhorn I/Küttler: »... daß Vernunft in der Geschichte sei«. Ein geradezu klassisches Beispiel, wie die Gesellschaftsformationstheorie den jeweili-

Die beiden Begründer des »wissenschaftlichen« Kommunismus unterschieden sich von den meisten ihrer *Nachfolger* schon allein dadurch, daß sie *sowohl* als Politiker *wie* als Wissenschaftler tätig waren. Daraus erklärt sich auch, warum bei ihnen Geschichte noch viel stärker einen Erkenntnisgegenstand darstellt.[71] Zwar prophezeiten sie, daß in der kommunistischen Gesellschaft »die Gegenwart über die Vergangenheit« herrschen werde,[72] aber damit war eine Zukunftsvision an sich gemeint.

Inwieweit schon Marx und Engels mit ihren Schriften Ideengeber für spätere diktatorische und ideologische Entwicklungen waren, ist hier nicht Gegenstand der Betrachtung.[73] Festzuhalten bleibt aber, daß sie durch die Festschreibung teleologischer gesellschaftlicher Entwicklungsgesetze einerseits und die konkrete Zuweisung handlungsanweisender Politikstrategien andererseits *Siegesgewißheit* und *Fortschrittsoptimismus* bei ihren Nachkommen erzeugten.[74] Allerdings sind Marx und Engels darauf keineswegs zu reduzieren. Denn sie entwickelten eine kritische Geschichtstheorie, die auch in der Gegenwart kaum etwas von ihrer methodischen Herausforderung und ihrer Reflexionskraft eingebüßt hat.[75] Beide können zwar kaum als Fachhistoriker bezeichnet werden, waren aber *auch* Historiker.[76]

Der Funktionswandel des historischen Materialismus von einer kritischen Geschichtstheorie zum integralen Bestandteil einer Weltanschauung setzte mit dem Beginn des 20. Jahrhunderts ein, zuerst allerdings nicht in Deutschland, sondern in Rußland mit den folgenreichen Arbeiten Lenins. In Deutschland hat sich neben Karl Kautsky und Eduard Bernstein vor allem Franz Mehring bemüht, den historischen Materialismus im Anschluß an Marx als Methode anzuwenden.[77] Mehring war nicht nur in der Historikerschaft ein Außenseiter, sondern auch in der Arbeiterbewegung. Zwar haben seine Vorlesungen, Artikel und Bücher jahrzehntelang zum festen Bestandteil der Arbeiterweiterbildung gezählt,[78] aber mit der Handhabung des historischen Materialismus als kritischer Methode blieb er

---

gen politischen Gegebenheiten angepaßt wurde, bietet der Aufsatz von Brendler/Küttler: Die Einheit von Sozialismus und Kommunismus.
71 Vgl. z. B. teilweise Küttler (Hrsg.): Das geschichtswissenschaftliche Erbe von Karl Marx; Jaeck: Genesis und Notwendigkeit.
72 Marx/Engels: Manifest der Kommunistischen Partei, S. 476.
73 Vgl. dazu z. B. Malia: Vollstreckter Wahn, v. a. S. 35–69.
74 Die »Revolution als Lokomotive der Geschichte« rechtfertigte Gewalt als legitimes Mittel kommunistischer Politik.
75 Vgl. z. B. das ausgewogene Urteil von Iggers: Geschichtswissenschaft im 20. Jahrhundert, S. 63–73; von einer betroffenen und verteidigenden, dennoch anregenden Position aus Küttler: Marxistische Geschichtswissenschaft heute.
76 Aus der Literatur vgl. die prägnanten Zusammenfassungen von Groh: Karl Marx; Steinberg: Friedrich Engels.
77 Vgl. Steinberg: Karl Kautsky und Eduard Bernstein; Grebing/Kramme: Franz Mehring.
78 Hier müssen vor allem folgende Werke von Franz Mehring genannt werden: Karl Marx (ursprünglich 1918); Die Lessing-Legende (ursprünglich 1891/92); Deutsche Geschichte vom Ausgange des Mittelalters (ursprünglich 1910); Die deutsche Sozialdemokratie.

auch innerhalb der Arbeiterbewegung neben solchen Historikern wie Arthur Rosenberg, Gustav Mayer oder Paul Kampffmeyer eine Ausnahme. Es wäre jedoch verfehlt, Mehring zu bescheinigen, er hätte im Marxismus lediglich eine Methode, nicht aber eine Weltanschauung gesehen. Gerade in seinen historiographischen Arbeiten kommt die bewußte Verbindung von Politik und Geschichtsschreibung zum Ausdruck.[79] Geschichte fungierte bei Mehring als Begründung für aktuelle Politik.

Wenn man die Entwicklung der deutschen marxistischen Geschichtsbetrachtung zwischen der Mitte des 19. Jahrhunderts und 1917/19 resümiert, bleibt festzustellen, daß sowohl die Klassiker als auch die revolutionäre Sozialdemokratie eine »Zwei-Linien-Sicht auf die deutsche Geschichte« vertraten.[80] Sie unterschieden die deutsche Geschichte in eine progressive und eine reaktionäre Linie. Zur ersten Linie zählten der Bauernkrieg, die 1848er Revolution und die Novemberrevolution. Trotz differenzierter Betrachtungen gehörten Luther, Friedrich II., Bismarck und Preußen zur reaktionären Linie. Hier wird eine Argumentation erkennbar, die Vertreter verschiedener politischer Richtungen noch Jahrzehnte als »Miseretheorie«[81] verfochten haben.

Entsprechend ihrem theoretischen Ansatz hinterfragten die SED-Historiker, die sich mit der marxistisch-leninistischen »Geschichtswissenschaft« zwischen 1917 und 1945 befaßten,[82] niemals den Begriff »Geschichts*wissenschaft*«. Vielmehr schien ihnen selbstverständlich, daß jede Auseinandersetzung mit der Geschichte auf marxistisch-leninistischer Grundlage eine wissenschaftliche Auseinandersetzung an sich sei. Das hing nicht etwa mit einem inflationären Gebrauch des Wissenschaftsbegriffs zusammen, sondern ging auf die Selbsteinschätzung zurück, wonach das gesamte politische Handeln der kommunistischen Partei als wissenschaftlich an sich zu definieren sei. Marxismus-Leninismus gebrauchten die Kommunisten als Synonym für »Wissenschaft«.

Daraus erklärt sich, warum vorrangig Politiker zu den »Vätern der DDR-Geschichtswissenschaft« zählten. Lenin etwa, der wichtigste Theoretiker und Praktiker der realen kommunistischen Bewegung, schätzten

---

79 Vgl. zusammenfassend Brinks: Die DDR-Geschichtswissenschaft auf dem Weg zur deutschen Einheit, S. 65–86.
80 Ebenda, S. 88.
81 Der *Miserebegriff* entstammte dem zeitgenössischen Vokabular Marx' und Engels'; vgl. ebenda, S. 31; Berthold: Zur Geschichte der internationalen und deutschen marxistisch-leninistischen Geschichtswissenschaft, S. 34.
82 Vgl. vor allem Berthold: Marxistisches Geschichtsbild; Ders./Katsch/Kinner: Zur Geschichte der marxistisch-leninistischen deutschen Geschichtswissenschaft; Dies. (Hrsg.): Geschichte des Marxismus-Leninismus und der marxistisch-leninistischen Geschichtswissenschaft; Berthold (Hrsg.): Zur Geschichte der marxistischen Geschichtswissenschaft; Kinner: Marxistische deutsche Geschichtswissenschaft; Küttler: Geschichte und Methode im Werk Lenins; Ders.: Zur Geschichte der marxistisch-leninistischen Geschichtswissenschaft.

die DDR-Historiker in seiner »Bedeutung für die Geschichtswissenschaft« als »wahrhaft universal« ein.[83] Tatsächlich aber muß man Lenin bescheinigen, daß er, wie Hans-Ulrich Wehler einmal sagte, »als Historiker oder Sozialtheoretiker ... (lediglich) das Niveau eines mittelmäßigen Schülers von Gustav Schmoller« hatte.[84] Mit Lenin begann eine Tradition, die fortan kommunistischer Geschichtsbetrachtung innewohnen sollte. Die Funktionäre benutzten geschichtliche Ereignisse und Prozesse, um politische Strategien und Taktiken oder auch neue Theorien zu begründen. Die Kommunisten degradierten Geschichte zu einem Instrument, daß nicht der Erkenntnis, sondern politischen Kalkülen oder Machtansprüchen diente. In Rußland benutzten die Bolschewiki zudem Geschichte erstmals, um die errichtete Diktatur historisch zu legitimieren.[85]

*

Mit der russischen Revolution 1917 und der Gründung der KPD 1919 gewann innerhalb der kommunistischen Arbeiterbewegung ein Umgang mit der Geschichte die Oberhand, der wissenschaftliche Ansprüche nahezu vollkommen zurückdrängte. Die Ansätze einer wissenschaftlichen Auseinandersetzung mit der Geschichte auf materialistischer Grundlage beseitigten die Kommunisten zugunsten einer politischen Instrumentalisierung der Geschichte. Im Prinzip ist es innerhalb der kommunistischen Bewegung zum Stillstand historischer Erkenntnisgewinnung gekommen. Sowohl in Sowjetrußland als auch in Deutschland verstanden sich zwar die kommunistischen Funktionäre als Wissenschaftler, als Historiker, aber wissenschaftliche Arbeit unter Beachtung allgemein anerkannter Wissenschaftsstandards leisteten sie nicht.

Die Geschichtswissenschaft unterlag anfangs in der Sowjetunion noch keiner direkten Parteikontrolle, war aber praktisch von der marxistischen »Pokrowskij-Schule« beherrscht. Der Historiker Michail N. Pokrowskij, seit 1918 stellvertretender Volkskommissar für Volksbildung, beschrieb die russische Geschichte als mechanisches Produkt der Entwicklung der Produktionsmittel und des Klassenkampfes. Selbst ein marxistischer Historiker von Rang, betrieb er aktiv die Ausschaltung bürgerlicher Historikerkollegen.[86] 1931 schrieb Stalin schließlich in einem Brief an die Redaktion der Zeitschrift *Proletarskaja Revoljucija* den Bewertungsmaßstab jeder künftigen Geschichtsschreibung fest: Lenin und die Partei haben

---

83 Berthold (Hrsg.): Zur Geschichte der marxistischen Geschichtswissenschaft, Band 1, S. 149; vgl. auch Küttler: Lenins Formationsanalyse; Ders.: Geschichte und Methode im Werk Lenins; Weißel (Hrsg.): W. I. Lenin und die Geschichtswissenschaft.
84 So auf einer Podiumsdiskussion Anfang 1992, zit. in: Kowalczuk (Hrsg.): Paradigmen deutscher Geschichtswissenschaft, S. 256. Für eine andere Sicht vgl. Meyer: Lenins Imperialismustheorie.
85 Malia: Vollstrecker Wahn, S. 272–273.
86 Vgl. Mirskaja: Stalinismus und Wissenschaft, S. 53.

immer Recht gehabt.[87] Daran schloß sich eine Verbindung der Parteigeschichte mit der vorrevolutionären Geschichte Rußlands an. Damit einher ging die Eliminierung der Schule Pokrowskjis. Der historische Zugriff Pokrowskjis hob nicht die besondere Rolle von Führerpersönlichkeiten hervor, und daher auch nicht die von Stalin. Ende der dreißiger Jahre galt die Pokrowskij-Schule als »Bande von Spionen und Diversanten, Agenten und Spitzeln des Weltimperialismus, Verschwörer und Mörder«.[88] Unter Stalin bekam die »neue« Geschichtsschreibung den Auftrag, die Entstehung eines zentralistischen russischen Imperiums als Fortschritt darzustellen.[89] Die sowjetrussische Geschichtsschreibung war auf die Bedürfnisse der Machthaber zugeschnitten worden. Dem steht freilich nicht entgegen, daß auf »entlegenen Feldern« der Historiographie auch weiterhin Historiker anspruchsvolle Studien erarbeiteten.

In Deutschland folgte die KPD dem sowjetischen Kurs auch auf dem Gebiet der Geschichtsideologie. Im Oktober 1925 formulierte Ernst Thälmann in der *Roten Fahne* einprägsam, wozu die Beschäftigung mit der Geschichte vonnöten sei: »Wenn wir heute der zweijährigen Wiederkehr des Hamburger Straßenkampfes gedenken, so geschieht das nicht aus dem bloßen Anlaß, daß der Kalendertag 23. Oktober wiederkehrt. Jubiläen sind für die Kommunisten und den klassenbewußten Teil des Proletariats nicht leere Gedenktage, sondern Richtlinien für den Klassenkampf, Leitfäden für die Aktion. Gerade die politische Situation, in der wir heute stehen, fordert mit gebieterischem Zwang von uns, daß wir die geschichtliche Bedeutung und die Lehren des Hamburger Aufstandes vollkommen klar erkennen.«[90]

Das Zitat macht deutlich, wozu die KPD-Führung Geschichte benötigte. Zum einen begründete auch sie den politischen Tageskampf historisch. Zum anderen versuchte die KPD-Führung, in den eigenen Reihen historisches Bewußtsein und Traditionsempfinden zu stiften.[91] Es ist für die Zeit bis 1933 festzuhalten, daß innerhalb der kommunistisch dominierten Arbeiterbewegung, zumal in der KPD, von Geschichtswissenschaft keine Rede sein kann.[92] Was es gab, war einerseits Geschichtspropaganda und

---

87 Stalin: Über einige Fragen der Geschichte des Bolschewismus, in: Ders.: Fragen des Leninismus, S. 489–503.
88 Zit. in: Mirskaja: Stalinismus und Wissenschaft, S. 53.
89 Aus der umfangreichen Literatur vgl. zum vorstehenden u. a. Barber: Soviet Historians in Crisis; Enteen: The Soviet Scholar-Bureaucrat.
90 Thälmann: Die Lehren des Hamburger Aufstandes, S. 254.
91 Das wird aber auch deutlich in den von SED-Historikern angefertigten Studien; vgl. aus dem bisher noch nicht aufgeführten Schrifttum z. B. Kinner: Zur Herausbildung und Rolle des marxistisch-leninistischen Geschichtsbildes in der KPD; Ders.: Die Entstehung der KPD.
92 Kuczynski konstatierte 1982, daß »die zweite Kultur auf gesellschaftlichem Gebiet in Deutschland kaum Lohnendes als schöpferische Leistungen zwischen 1919 und 1932 hervorbrachte«. Kuczynski: Geschichte des Alltags, Band 5, S. 252; dem widersprach man heftig, vgl. Kinner: Der Kampf der KPD, S. 41.

andererseits eine Geschichtsideologie, die die teleologische Weltsicht mit der Zukunftsvision der Kommunisten verband. Die Geschichte avancierte zu einer moralischen Instanz, aus der Lehren für den aktuellen Klassenkampf zu ziehen seien. Zugleich bedingte der selektive und zudem propagandistische Umgang mit der Geschichte katastrophale Einschätzungen der aktuellen Lage. Der Kampf der Kommunisten gegen die Sozialdemokratie und die partielle und temporäre Zusammenarbeit mit den Nationalsozialisten stellen dafür nur die bekanntesten Beispiele dar.[93] In den Archiven lassen sich zudem Indizien dafür finden, daß Teile der deutschen kommunistischen Führung die tatsächliche Gefahr des Nationalsozialismus verkannten. Darüber hinaus scheint es auch innerhalb der KPD keine echte Auseinandersetzung mit den programmatischen Vorstellungen der NSDAP-Führung gegeben zu haben. Die Unkenntnis nationalsozialistischer Ziele einschließlich deren historischer Dimensionen verdeutlicht ein Ausschnitt aus einem Gefängnisbrief Ernst Thälmanns an seine Frau vom 15. November 1935. Der Vorsitzende der KPD schrieb unter anderem: »Warum werden wir in letzter Zeit mit den Juden in einen Topf geworfen? Warum wird behauptet, daß unsere Bewegung von Juden geleitet wurde? Warum wird gesagt, daß die Kommunistische Internationale mit dem Sitz in Moskau von Juden geführt wird? Nur Tatsachen und die Wirklichkeit sollen sprechen! In der hundert Mitglieder starken ehemaligen Reichstagsfraktion der KPD gab es keinen Juden und keine Jüdin; ebenfalls nicht in der ehemaligen preußischen Landtagsfraktion der KPD. (Bei einem einzigen Mitgliede der preußischen Landtagsfraktion bin ich mir im Zweifel, ob er ein Jude oder Nichtjude ist.) In der ehemaligen letzten Führung der KPD gibt es keinen Juden oder eine Jüdin. Unter den ehemaligen 28 Pol-Leitern der KPD in allen Bezirken Deutschlands gibt es keinen Juden. Alle ehemaligen Führer der kommunistischen Parteien in Europa, mit Ausnahme der ungarischen Partei, sind keine Juden. In der Spitze der Staatsführung der Sowjet-Union gib es keinen Juden.«[94] Dieser Brief Thälmanns ist um so bemerkenswerter, als er kein Kassiber, sondern ein durch die Amtspost des Gefängnisses befördertes Schreiben darstellte. Man könnte vermuten, der KPD-Führer wollte sich in dem noch in der Schwebe befindlichen Verfahren indirekt *verteidigen*, da er davon ausgehen mußte, daß seine Post von den »Gesetzeshütern« akribisch gelesen werden würde. Wenn das auch eine Rolle gespielt haben könnte, fällt dennoch auch in anderen unveröffentlichten Briefen Thälmanns auf, daß es dem *Arbeiterführer* an der Kenntnis nationalsozialistischer Ziele sowie an deren historischen Dimensionen offenkundig mangelte. Daß die inhaltlichen Aussagen seines Briefes nicht stimmten, ist dagegen »fast verständ-

---

93 Vgl. v. a. Winkler: Der Weg in die Katastrophe.
94 Ernst Thälmann an seine Frau Rosa, 15.11.1935. SAPMO B-Arch, NY 4003/20Ü, Bl. 39v.

lich«. Die zitierte Passage veröffentlichten die Funktionäre in der DDR wie vieles andere von Thälmann niemals.[95] Das meiste Material aus der Haftzeit Thälmanns wurde »überarbeitet«, gefälscht und nur gekürzt publiziert. Von einer in den fünfziger Jahren geplanten dreibändigen Werksausgabe mit Schriften und Reden Thälmanns erschienen nur die ersten zwei Bände, die die Jahre 1919 bis 1928 umfaßten.[96]

Das statische Geschichtsbild kommunistischer Funktionäre verhärtete sich während der nationalsozialistischen Diktatur. Vor allem nach dem VII. Weltkongreß der Kommunistischen Internationale 1935, auf dem Dimitroff den Faschismus bindend »definierte«,[97] intensivierte sich die geschichtspropagandistische Arbeit der deutschen Kommunisten im Ausland.[98] Die proklamierte Einheitsfrontpolitik verlangte förmlich nach historischen Begründungen. Im Zentrum der Auseinandersetzungen stand neben den proletarischen und bürgerlichen Revolutionen und der Geschichte der Bolschewiki[99] nun vor allem die nationalsozialistische Geschichtsideologie.[100] Hinzu kamen Diskussionen um den Charakter der deutschen Geschichte. In Anlehnung an zeitgenössisches Vokabular von Marx und Engels stand dabei die Frage im Mittelpunkt, ob die deutsche Geschichte eine Geschichte der Misere sei. Dabei bedienten sich die KPD-Funktionäre der schon erwähnten »Zwei-Linien-Theorie«. Auf der einen Seite standen die progressiven Volksbewegungen, auf der anderen stand die reaktionäre Politik der Herrschenden. Die häufig von Werner Berthold vorgetragene These, wonach die KPD-Führung gegen die Miseretheorie aufgetreten sei, ist nicht haltbar.[101] Die Absichten der KPD-Führung waren offenkundig: Gerade weil die deutsche Geschichte bisher *miserabel* gewesen sei, müsse historisch begründet eine neue Gesell-

---

95 Vgl. dazu Grübel: Realsozialistische Schönschrift; Gabelmann: Thälmann ist niemals gefallen?
96 Dazu: Bericht über die Sitzung vom 10. August 1956 über die Vorlage zum III. Band der Reden und Aufsätze des Gen. Thälmann, 13.8.1956. SAPMO B-Arch, DY 30, IV 2/907/18.
97 Pieck/Dimitroff/Togliatti: Die Offensive des Faschismus, S. 87. Diese Faschismusdefinition hatte in der DDR-Geschichtswissenschaft bis 1989/90 Bestand.
98 Das untersuchten bisher ausschließlich SED-Historiker, deren Arbeiten aber nur eingeschränkt brauchbar sind; vgl. v. a. Berthold: Marxistisches Geschichtsbild; Ders./ Katsch/Kinner: Zur Geschichte der marxistisch-leninistischen deutschen Geschichtswissenschaft; Dies. (Hrsg.): Geschichte des Marxismus-Leninismus und der marxistisch-leninistischen Geschichtswissenschaft; Berthold (Hrsg.): Zur Geschichte der marxistischen Geschichtswissenschaft.
99 Siehe z. B. Ulbricht: Zur Geschichte der deutschen Arbeiterbewegung, S. 236–241.
100 Vgl. Berthold: Zum Kampf der Führung der KPD gegen die faschistische Geschichtsideologie, S. 692–693.
101 Z. B. ebenda; Ders.: Marxistisches Geschichtsbild; Ders./Katsch/Kinner: Zur Geschichte der marxistisch-leninistischen deutschen Geschichtswissenschaft, S. 122–131; Berthold: Marxistisch-leninistische Geschichtswissenschaft im Kampf gegen den Faschismus, S. 481–482; zuletzt Lozek: Die deutsche Geschichte 1917/18 bis 1945, S. 203.

schaftsordnung errichtet werden.[102] Allerdings, und insofern haben Berthold und andere wiederum Recht, wandte sich die KPD-Führung gegen die Auffassung, die deutsche Geschichte sei allein eine Miseregeschichte. Vielmehr erhob ihre Miseresicht universalistischen Anspruch, weshalb sich die KPD-Führung auch stets gegen solche Thesen wie die vom »deutschen Sonderweg« aussprach.

Die marxistisch-leninistische Geschichtspropaganda in Deutschland gewann allerdings während der nationalsozialistischen Herrschaft an Gewicht. Das hing zunächst damit zusammen, daß deutsche Kommunisten in viele Regionen der Welt emigrieren mußten. Neben der Sowjetunion (die wichtigsten KPD-Funktionäre, auch der Österreicher Leo Stern sowie Rudolf Lindau) propagierten deutsche Kommunisten vor allem in London (u. a. Jürgen Kuczynski, Alfred Meusel), in Mexiko (u. a. Alexander Abusch, Paul Merker[103]) und in den USA (u. a. Karl Obermann, Albert Schreiner) ihre Geschichtssicht. Ein weiterer Grund für die zunehmende Bedeutung der kommunistischen Geschichtspropaganda lag in den äußeren Umständen begründet. Die Errichtung der Hitlerherrschaft, die Vorbereitung des Krieges, die Annexionen, die Verfolgungen und Konzentrationslager sowie schließlich der Ausbruch des Zweiten Weltkrieges schienen nicht nur der kommunistischen Geschichtsdeutung Recht zu geben, sondern auch ihre Zukunftsvision gewann trotz der Schauprozesse in Moskau an Attraktivität. Schließlich gewann die kommunistische Geschichtspropaganda während des Krieges eine bedingte Breitenwirkung. Über Flugblätter, Radiosendungen und vor allem über die Schulungsarbeit des »Nationalkomitees ›Freies Deutschland‹« erreichten die Kommunisten viele deutsche Soldaten, die sich in sowjetischer Gefangenschaft befanden.[104] Dieser Problemkomplex bedarf noch eingehender Untersuchungen,[105] um die realen Wirkungen zu ermitteln. Offenkundig nutzte diese Tätigkeit aber den kommunistischen Funktionären für ihr Selbstverständnis. Das behandelte Themenspektrum war breit gefächert und reichte von den Germanen, Karl dem Großen über neuzeitliche Volksbewegungen, Revolutionen und der Geschichte der kommunistischen Bewegung und Parteien bis in die unmittelbare Gegenwart.

Bedeutsam für die Entwicklung nach 1945 waren vor allem Arbeiten zur »Geschichte der deutschen Arbeiterbewegung«. Dazu zählen umfang-

---

102 Beispielhaft die Arbeiten von Ulbricht: Zur Geschichte der deutschen Arbeiterbewegung.
103 Merker veröffentlichte während dieser Zeit zum Beispiel die Bücher »Weimar – eine Lehre und Mahnung« und »Das Dritte Reich und sein Ende« (vgl. Abusch: Die deutsche Katastrophe, S. 6).
104 Vgl. Ueberschär (Hrsg.): Das Nationalkomitee »Freies Deutschland« und der Bund Deutscher Offiziere.
105 Vgl. die entsprechenden Arbeiten marxistisch-leninistischer Herkunft, z. B. Berthold: Marxistisches Geschichtsbild; Diesener: Zur Geschichtspropaganda und zum Geschichtsdenken im Nationalkomitee »Freies Deutschland«; Ders.: Geschichtspropaganda im Nationalkomitee »Freies Deutschland«; Ders.: Historisches in der Zeitung »Freies Deutschland«.

reiche Manuskripte beispielsweise über Ernst Thälmann und die Geschichte der KPD.[106] Diese Ausarbeitungen veröffentlichte die kommunistische Führung allerdings zumeist nicht. Noch 1952 begründete Rudolf Lindau, ein treuer Mitkämpfer Thälmanns und damals selbst mit einer Thälmann-Biographie beschäftigt,[107] in einem Schreiben an Walter Ulbricht, warum die Biographie von Wilhelm Florin über Thälmann nicht erscheinen dürfe: »Stalins entscheidender Anteil an der Entwicklung der KPD [bis 1932 – d. Verf.], seine Rolle als ihr und Ernst Thälmanns Ratgeber tritt nicht in Erscheinung.«[108] Die Arbeiten waren dennoch bedeutungsvoll, weil sie Vorstudien darstellten, die die Grundlage für schnelle, »politisch einwandfreie« Publikationen nach 1945 boten.

Von direkter praktischer Bedeutung erwies sich schließlich die Konzipierung von Richtlinien für den Geschichtsunterricht an den deutschen Schulen.[109] Die KPD-Führung leitete diese Arbeit ein, als sie am 6. Februar 1944 den Beschluß faßte, »zur Durcharbeitung einer Reihe politischer Probleme des Kampfes für den Sturz Hitlers und der Gestaltung des neuen Deutschlands« eine Arbeitskommission und bei Bedarf spezielle Unterkommissionen zu einzelnen Sachgebieten zu bilden.[110] Der »Arbeitskommission« gehörten die wichtigsten Repräsentanten und Spezialisten der KPD-Führung an.[111] Diese Gruppe hatte den Auftrag, konzeptionelle Vorbereitungen für die Nachkriegszeit zu treffen. Ein Schwerpunkt kam dabei der »ideologischen Umerziehung des deutschen Volkes« zu.[112] In einem programmatischen Vortrag faßte der einflußreiche Kulturfunktionär Johannes R. Becher am 25. September 1944 in der Arbeitskommission der KPD-Führung die wichtigsten Aufgaben der künftigen Kulturpolitik zusammen.[113] Er führte aus, daß die Totalniederlage eine Totalkritik auf allen Gebieten erfordere. Die Umerziehungsarbeit müsse sich vor allem auf die Kriegsschuldfrage, die Geschichte der NSDAP, die geschichtliche Bedeutung Hitlers, die »Kritik der Geschichte der letzten dreißig Jahre« sowie auf die »gesamte Kritik der deutschen Geschichte« konzentrieren.

---

106 Wilhelm Florin: Ernst Thälmann (MS. 1939). SAPMO B-Arch, NY 4182/1371, Bl. 8–219; Rudolf Grätz: Geschichte der KPD; Lage der Arbeiterklasse während des I. Weltkrieges; Die Arbeiterbewegung im imperialistischen Deutschland (1943). Ebenda, NY 4182/824, Bl. 2–498. Im SED-Archiv sind vor allem im Historischen Archiv der KPD sowie in den Nachlässen von Ulbricht, Pieck, Ackermann, Hoernle u. a. Materialien aus jener Zeit überliefert.
107 Ebenda, IV 2/907/129.
108 Rudolf Lindau an Walter Ulbricht, 20.2.1952. Ebenda, NY 4182/1371, Bl. 3.
109 Vgl. neben Berthold: Marxistisches Geschichtsbild; auch Ders.: Die Ausarbeitung von »Richtlinien für den Unterricht in deutscher Geschichte«; Ders.: Die Konzipierung von Richtlinien für den Unterricht in deutscher Geschichte.
110 Zit. in: »Nach Hitler kommen wir«, S. 77.
111 Vgl. ebenda, S. 77–83.
112 Handschriftliche Ausarbeitung Wilhelm Pieck, o. D. (1944). SAPMO B-Arch, NY 4036/499, Bl. 13; abgedruckt in: »Nach Hitler kommen wir«, S. 133–134.
113 SAPMO B-Arch, NY 4036/499, Bl. 175–177; abgedruckt in: »Nach Hitler kommen wir«, S. 233–237.

Der Kulturpolitiker und Schriftsteller betonte, daß bei der Umerziehungsarbeit einem neuen Geschichtsbild eine herausgehobene Stellung zukomme. Deshalb gelte es, vor allem die Lehrerschaft einschließlich der Hochschullehrer zu gewinnen. Dabei stünden primär solche Fächer wie Pädagogik, Philosophie und Geschichte im Vordergrund. Becher notierte: »Wer die Schulbücher schreibt, schreibt Geschichte.«[114]

Die Richtlinien für den künftigen Geschichtsunterricht orientierten, soweit sie bekannt sind, auf die gesamte deutsche Geschichte. Allerdings offenbaren schon sie, daß entgegen der von Marx geforderten und von KPD-Funktionären verfochtenen These die politische über die soziale Geschichte in der Geschichtsvermittlung eindeutig dominieren würde.[115]

Der Vollständigkeit halber muß erwähnt werden, daß einige deutsche Kommunisten in westlichen Exilländern historische Probleme geschichtswissenschaftlich bearbeiteten. Hier ist vor allem an die ab 1942 in London erschienene *Short History of Labour Conditions under Industrial Capitalism* von Jürgen Kuczynski zu erinnern. Karl Obermann, der seit 1936 der KPD angehörte, arbeitete seit dem Beginn der vierziger Jahre über die 1848er Revolution. Er schrieb zum Beispiel eine Teilbiographie über einen Liberalen, die 1947 in New York erschien. Diese Beispiele zeigen, daß trotz der im kommunistischen Lager dominierenden Geschichtssicht auch vor 1945 Ansätze existierten, den historischen Materialismus über die Geschichtspropaganda hinaus als wissenschaftliche Methode ernst zu nehmen.

Fassen wir zusammen: Bis 1945 existierte in Deutschland keine marxistisch-leninistische Geschichtswissenschaft. Geschichte benutzten die KPD-Funktionäre, um strategische Ziele propagandistisch zu begründen. Der Vergangenheit galt nicht ihr Erkenntnisinteresse.[116] Ihrem Selbstverständnis nach betrieben sie Geschichts*wissenschaft*, weil nur der Marxismus-Leninismus methodisch und politisch das Instrumentarium bereitstellte, überhaupt wissenschaftlich arbeiten zu können.[117] Zwischen Wissenschaft und Politik existierte für sie weder ein Gegensatz noch ein Widerspruch. Wissenschaft und Politik stellten für die kommunistischen Funktionäre eine unlösbare Einheit dar. Objektiv, wissenschaftlich und »wahr« konnte nur sein, was marxistisch-leninistisch begründet und durch die oberste Definitionsmacht, die Parteiführung, gebilligt und als offizielle Parteilinie anerkannt war. Deutsche marxistisch-leninistische Historiker gab es bis 1945 fast überhaupt nicht.

---

114 SAPMO B-Arch, NY 4036/499, Bl. 176; abgedruckt in: »Nach Hitler kommen wir«, S. 235.
115 Vgl. die Dokumente bei Berthold: Marxistisches Geschichtsbild, S. 132–133; 145–146.
116 Vgl. auch Hofer: Geschichte zwischen Philosophie und Politik, S. 140–148.
117 Später verwendete Werner Berthold *den* Wissenschaftsbegriff in einem engeren und einem weiteren Sinne. Er kam zu der Schlußfolgerung, daß im weiteren Sinne auch die bürgerliche Geschichtsschreibung Wissenschaft sei; vgl. Berthold: Zur Entwicklung der marxistisch-leninistischen Geschichtswissenschaft, S. 332–333.

Irrweg einer Nation.
Der historisch-politische »Diskurs« im Nachkriegsdeutschland und die Beiträge der Marxisten-Leninisten 1945–1948

Nach dem Zusammenbruch der nationalsozialistischen Diktatur entbrannte in Deutschland ein Streit über die Ursachen, die zur Herrschaft der NSDAP geführt hatten.[1] Die Ergebnisse dieser Debatte mündeten später in die Feststellung, daß es 1945 in der deutschen Historiographie keinen wirklichen »Nullpunkt« gegeben habe.[2] Dennoch leitete die Diskussion eine Entwicklung der deutschen Geschichtswissenschaft ein, die zu einer stärkeren Anwendung von sozialwissenschaftlichen Methoden führte. Daraus resultierten neue Fragestellungen und ein höheres Reflexionsniveau.[3] Eine einflußreiche historische und politische Debatte gerade der letzten Jahrzehnte, die nicht zuletzt durch die Geschichte des Nationalsozialismus neuen Nährboden erhielt, ging um die Frage, ob ein *deutscher Sonderweg* in der Geschichte der letzten zwei Jahrhunderte existierte.[4]

Der Nachkriegsdiskurs deutscher Historiker, Publizisten und Politiker ist weitgehend bekannt und ausführlich analysiert worden.[5] Allerdings sind zumeist jene Beiträge ausgeblendet bzw. unterbelichtet geblieben, die von Autoren aus der SBZ stammten.[6] Lediglich die Schriften von Alexander Abusch und Ernst Niekisch fanden Beachtung.[7] Im folgenden werden wesentliche Tendenzen der Geschichtsdebatte in der SBZ untersucht. Dabei steht im Mittelpunkt der Aufmerksamkeit, die hauptsächlichsten Strömungen, ihre wichtigsten Vertreter und zwei der wichtigsten Publikations-

---

1 Vgl. z. B. Faulenbach: Deutsche Geschichtswissenschaft nach den beiden Weltkriegen; Mommsen: Haupttendenzen nach 1945; Schulze: Deutsche Geschichtswissenschaft nach 1945, S. 46–76.
2 Vgl. z. B. Mommsen: Haupttendenzen nach 1945, S. 112; Schulze: Der Neubeginn der deutschen Geschichtswissenschaft nach 1945, S. 37; Schumann: Gerhard Ritter und die deutsche Geschichtswissenschaft, S. 402.
3 Vgl. Schulze: Der Wandel des Allgemeinen.
4 Vgl. dazu u.v. a. Deutscher Sonderweg; Faulenbach: Ideologie des deutschen Weges; Kocka: Deutsche Geschichte vor Hitler; Ders.: Der »deutsche Sonderweg« in der Diskussion; Moeller: The Kaiserreich Recast?; Ritter: Neuere Sozialgeschichte in der Bundesrepublik, S. 54–55; Winkler: Der deutsche Sonderweg; sowie prägnant Wehler: Deutsche Gesellschaftsgeschichte, S. 461–486 (hier auch die gesamte relevante Forschungsliteratur, S. 1381–1384).
5 Neben den in Anm. 1 genannten Arbeiten vgl. zuletzt Faulenbach: Die deutsche Geschichtsschreibung nach der Diktatur Hitlers.
6 Eine Ausnahme bildet z. B. Wippermann: »Deutsche Katastrophe« oder »Diktatur des Finanzkapitals«?; sowie aus der älteren Literatur Lange: Wissenschaft im totalitären Staat, passim.
7 Vgl. als jüngstes Beispiel Volkmann: Deutsche Historiker im Umgang mit Drittem Reich und Zweitem Weltkrieg, der auch noch Markov berücksichtigt.

organe vorzustellen. Es geht vor allem darum, die Kontinuitäten und Brüche zu den kommunistischen Geschichtsdeutungen von vor 1945 darzustellen. Hinzu kommt, daß diese historisch-politische von Marxisten-Leninisten getragene Debatte einführt in die geistige Atmosphäre der SBZ und wesentliche Grundpfeiler aufzeigt, auf denen die *neue* Geschichtswissenschaft basierte.

Der Irrweg und die Lehren aus der Geschichte

Auf dem 15. Parteitag der KPD im April 1946 forderte Anton Ackermann, daß die Kommunisten ihre »Haltung zur deutschen Geschichte und zur Geschichte überhaupt« überprüfen müßten.[8] Bislang habe man sich nur mit den revolutionären Kämpfen des Volkes beschäftigt. Nun stünden neue Aufgaben bevor, weshalb »an alle fortschrittlichen Traditionen« angeknüpft, »alle wahrhaft großen Geister, alle fortschrittlichen Leistungen« anerkannt und gewürdigt werden müßten, »um mit desto größerer Energie alle reaktionären Züge in der Vergangenheit unseres Volkes aufzudecken und die reaktionären Geschichtslügen und Entstellungen für alle Geschichtsepochen zu entlarven. Es ist klar, daß sich hier für den marxistischen Historiker ein neues, weites und segensreiches Betätigungsfeld erschließt.«[9] Nur der Marxismus, der auf Marx, Engels, Lenin und Stalin basiere, könne den richtigen Weg weisen.[10]

Im wesentlichen bemühten sich die kommunistischen Funktionäre auf fünf Wegen, ein neues Geschichtsbild zu propagieren. Erstens versuchten sie, unbelastete bürgerliche Historiker zu gewinnen bzw. für ihre Zwecke zu vereinnahmen. Die Herausbildung einer marxistisch-leninistischen Historikerschaft war zweitens ein wichtiges Ziel ihrer Universitätspolitik.[11] Drittens veranlaßten sie die vorhandenen marxistisch-leninistischen Gesellschaftswissenschaftler und Publizisten, historische Darstellungen zu veröffentlichen. Sie publizierten viertens selbst historische Schriften und gaben fünftens »klassische« Texte heraus.

Letzteres erwies sich als die einfachste Möglichkeit, um theoretische und historische Grundlagen der marxistisch-leninistischen Ideologie zu propagieren. In den ersten Nachkriegsjahren erschienen Werke von Marx, Engels, Lenin und Stalin. Diese Schriften ergänzten Broschüren und Bücher solch unterschiedlicher Autoren wie Georgji W. Plechanow[12], Rudolf

---

8 Bericht über die Verhandlungen des 15. Parteitages der KPD, S. 110; vgl. auch: Um die Erneuerung der deutschen Kultur.
9 Bericht über die Verhandlungen des 15. Parteitages der KPD, S. 110–111.
10 Ebenda, S. 100.
11 Beide Punkte sind Gegenstände der folgenden Kapitel.
12 Über die Rolle der Persönlichkeit; Beitrag zur Geschichte des Materialismus.

Hilferding[13], August Bebel[14], Rosa Luxemburg[15] oder Franz Mehring[16]. Hinzu kamen marxistisch-leninistische Geschichtswerke sowjetischer Autoren. Diese Bücher behandelten zum Beispiel die Oktoberrevolution, die Geschichte der Diplomatie, die russische Geschichte vor 1917, den Komsomol oder den Zweiten Weltkrieg. Hervorzuheben sind Lehrbücher für Schulen und Hochschulen, die die Geschichte der UdSSR (3 Bände), die Geschichte des Altertums, des Mittelalters sowie der Neuzeit (2 Bände) darstellten.[17] Schließlich wurden Werke übersetzt und verlegt, die beispielsweise einzelnen Persönlichkeiten der russischen Geschichte[18] oder theoretischen Fragen der marxistisch-leninistischen Weltanschauung[19] galten.

Diese Publikationen gab die SED-Führung heraus, um in Deutschland überhaupt Texte der Klassiker verfügbar zu haben, um die marxistisch-leninistische Geschichtssicht zu propagieren und um die deutschen Leser mit den Grundzügen der sowjetischen und russischen Geschichte vertraut zu machen. Wenn die kommunistische Führung Texte herausgab, die nicht in das enge Korsett der marxistisch-leninistischen Doktrin paßten, wies sie den Leser in ausführlichen Einleitungen darauf hin. Fred Oelßner, neben Ackermann in den vierziger Jahren der wichtigste Theoretiker der SED, schrieb im Vorwort zu Hilferdings *Finanzkapital*, daß die vorhandenen »theoretischen Irrtümer« den Autor daran gehindert hätten, »die neue Epoche des Kapitalismus ganz zu erfassen«.[20] Deshalb blieb es Lenin vorbehalten, das neue Stadium des Kapitalismus, den Imperialismus, zu erklären. Dennoch sei Hilferdings Buch ein »unerläßliches Hilfsmittel zum Verständnis unserer Epoche«.[21]

Die Funktionäre wollten mit diesen Texten zeigen, daß es nicht die Aufgabe sei, »nach neuen Geschichtsauffassungen zu suchen«, sondern die Notwendigkeit bestünde, »die materialistische Geschichtsauffassung gründlich zu studieren und ... richtig anzuwenden«.[22] Nur mit dieser Geschichtsauffassung könne »in der Geschichtswissenschaft der Schutt« weggeräumt werden, »den die Nazi-›Historiker‹ zu Bergen getürmt haben«.[23] Fred Oelßner, der Einleitungen für eine Reihe von *klassischen*

---

13 Das Finanzkapital.
14 Aus meinem Leben.
15 Briefe aus dem Gefängnis.
16 Historische Aufsätze; Über den historischen Materialismus; Deutsche Geschichte vom Ausgange des Mittelalters.
17 Genaue bibliographische Nachweise finden sich bei Behrendt: Zur Hilfe der sowjetischen Geschichtswissenschaft, S. 210–212.
18 Vgl. z. B. Brodskij: W. G. Belinskij.
19 Vgl. z. B. Rosental: Materialistische und idealistische Weltanschauung; Glasser: Über die Arbeitsmethoden der Klassiker; Chaßchatschich: Über die Erkennbarkeit der Welt.
20 Fred Oelßner: Vorwort zur Neuauflage, in: Hilferding: Das Finanzkapital., S. XXXIX.
21 Ebenda, S. XLI.
22 Ders.: Vorwort, in: Mehring: Über den historischen Materialismus, S. 22.
23 Ders.: Vorwort, in: Mehring: Historische Aufsätze, S. III; vgl. dazu auch die Rezension N.: Deutsche Vergangenheit – Deutsche Gegenwart.

Büchern schrieb, suggerierte, daß die »Geschichtsfälschungen der Nazis« auf den Abhandlungen der bürgerlichen Historiker aufgebaut hätten. Die »Nazi-Historiker« vollendeten lediglich die Geschichtskonzeptionen, die bis 1933 in Deutschland dominiert hatten.[24] An die Stelle der bisherigen Geschichtsforschungen müsse nun die »wahre Geschichtswissenschaft«[25] treten, die auf dem historischen Materialismus beruhe. Die Funktion von Geschichtswissenschaft beschrieben die Funktionäre eindeutig: aus der Geschichte müsse gelernt, müßten die Lehren für die Gegenwart abgeleitet werden.[26] Nur die marxistisch-leninistische Geschichtswissenschaft, die die Funktionäre in den ersten Jahren noch verschleiert als materialistische bezeichneten, könne den Anspruch auf Objektivität und Wahrheitsfindung erheben, weil die »Richtigkeit dieser Geschichtsauffassung ... durch die Tatsache bewiesen« sei, daß alle historischen Prognosen der »letzten hundert Jahre ... sich als wahr und richtig erwiesen haben«.[27]

Es blieb nicht nur bei solchen programmatischen Ankündigungen. Hochrangige kommunistische Funktionäre veröffentlichen historische Arbeiten, von denen nachhaltige Impulse für die Etablierung einer marxistisch-leninistischen Geschichtswissenschaft in Deutschland ausgingen. Die kommunistische Argumentation kam niemals ohne historische Analogien aus. Da nicht nur die Geschichte gesetzmäßig verlaufe, sondern zudem die kommunistische Politik der gesetzmäßigen historischen Entwicklung entspringe, lag es auf der Hand, daß die kommunistischen Funktionäre stets bemüht waren, all ihr Trachten und Tun historisch einzubetten. Der Funktionswandel nach 1945 zeigte sich darin, daß sich die kommunistische Führung selbst zur »Siegerin der Geschichte« erklärte.[28]

Den Anspruch, ein gänzlich neues Geschichtsbild zu entwickeln, erfüllten die selbsternannten Historiker aber nur bedingt. Denn obwohl sie darauf orientierten, die gesamte Geschichte neu zu betrachten, veröffentlichten sie selbst fast ausschließlich Werke, die der deutschen Geschichte des 20. Jahrhunderts gewidmet waren. Vor allem die Schriften von Walter Ulbricht, eines *Ostemigranten*,[29] und Albert Norden, eines *Westemigranten*,[30] gilt es besonders zu berücksichtigen.

Von Walter Ulbrichts Arbeiten aus der unmittelbaren Nachkriegszeit erlangte vor allem seine mehrfach aufgelegte *Legende vom ›deutschen Sozialismus‹* Bedeutung.[31] Ulbricht betonte wiederholt, daß der Weg zum

---

24 Fred Oelßner: Vorwort, in: Mehring: Historische Aufsätze, S. III.
25 Anton Ackermann: Die gegenwärtige Lage Deutschlands und ihre Bedeutung für die Geschichtswissenschaft, Vortrag vom 26.5.1946. SAPMO B-Arch, NY 4109/13, Bl. 56.
26 Fred Oelßner: Vorwort, in: Mehring: Historische Aufsätze, S. III.
27 Ebenda, S. IV.
28 Vgl. z. B. Walter Ulbricht, in: Bericht über die Verhandlungen des 15. Parteitages der KPD, S. 36.
29 Vgl. zur Biographie Podewin: Walter Ulbricht.
30 Vgl. dessen geschönte Autobiographie: Ereignisse und Erlebtes.
31 Ulbricht: Die Legende vom »deutschen Sozialismus« (in späteren Auflagen lautete der Titel: Der faschistische deutsche Imperialismus).

deutschen Faschismus nicht unvermeidlich gewesen sei. Allerdings hätte nach dem Ersten Weltkrieg »die Macht des deutschen Imperialismus« gebrochen werden müssen. Die »Herrschaft des preußischen Militarismus, der Rüstungsindustriellen und ihrer Handlanger« war aber nicht beseitigt worden.[32] In seiner *Legende vom ›deutschen Sozialismus‹* beschreibt Ulbricht, wie *die Industriellen* Hitler die Macht übertrugen und welche sozialen und politischen Folgen die nationalsozialistische Herrschaft für die Bevölkerung hatte. Der spezifische Ansatz Ulbrichts, eine radikale Abrechnung mit dem Hitlerregime zu betreiben, war insofern legitim, als er sich zum Ziel setzte, die Janusköpfigkeit der nationalsozialistischen Sozialpolitik zu entlarven.[33] Gerade in der Nachkriegszeit herrschte in weiten Teilen der deutschen Bevölkerung Unkenntnis über das Wesen des Nationalsozialismus. Insbesondere verklärten viele Deutsche die sozialen und wirtschaftlichen Entwicklungen während des *Dritten Reiches*. Das wird allein daran deutlich, daß sich noch im Juli 1952 42 Prozent der befragten Westdeutschen über Hjalmar Schacht positiv äußerten, über Hermann Göring taten dies 37 Prozent, über Adolf Hitler 24 Prozent.[34] In Ostdeutschland werden die Menschen kaum anders empfunden haben.

Ulbricht vermochte es jedoch nicht, eine beweiskräftige Analyse vorzulegen.[35] Auf der Basis der Imperialismustheorie Lenins[36] und der Faschismusdefinition Dimitroffs[37] entwickelte er statt dessen die These, daß nicht nur die Industriellen Hitler zur Macht verholfen, sondern daß sie selbst die Wirtschaft und die Staatsführung zwischen 1933 und 1945 kommandiert hätten. Ulbricht stützte seine Argumentation allerdings teilweise auf zweifelhaftes empirisches Material. So schrieb er zum Beispiel: »1932 waren 44,7 Prozent der Industriearbeiter voll arbeitslos, und der übrige Teil war nur bei Kurzarbeit beschäftigt.«[38] Demnach hätte 1932 die Industrieproduktion, die wegen der schweren Krise ohnehin erheblich zurückgegangen war, fast vollständig darniederliegen müssen, weil nur knapp die Hälfte der Arbeitnehmer überhaupt noch, und auch noch verkürzt, arbeitete. Tatsächlich kann man davon ausgehen, daß im Jahresdurchschnitt etwa 32 Prozent der Arbeiter arbeitslos waren und etwa

---

32 Ulbricht: Das Programm der antifaschistisch-demokratischen Ordnung. Rede auf der ersten Funktionärskonferenz der KPD Groß-Berlin, 25.6.1945, in: Ders.: Zur Geschichte der deutschen Arbeiterbewegung, S. 429.
33 Vgl. dazu in vergleichbarer Absicht und von einem ähnlichen Standpunkt aus, aber zeitgenössisch gesehen überzeugender, Rehberg: Hitler und die NSDAP in Wort und Tat.
34 Winkler: Nationalismus, Nationalstaat und nationale Frage, S. 15.
35 Wippermann: Friedrich Meineckes *Die deutsche Katastrophe*, S. 109.
36 Vgl. Lenin: Der Imperialismus als höchstes Stadium des Kapitalismus. Die Schrift erschien separat in deutscher Übersetzung zuerst 1920 und nach dem Krieg 1946.
37 Die entscheidende Rede Dimitroffs ist abgedruckt in: Pieck/Dimitroff/Togliatti: Die Offensive des Faschismus, S. 85–178, siehe v. a. S. 87–92.
38 Ulbricht: Die Legende vom »deutschen Sozialismus«, S. 5.

ebenso viele verkürzt arbeiten mußten.[39] Schließlich liegt der Schrift nicht nur die Motivation zugrunde, die sozialökonomischen Ursachen des Hitlerfaschismus bloßzulegen und die Folgerichtigkeit der Entwicklung zur *höchsten Form des Imperialismus, dem Faschismus*, aufzuzeigen, sondern gleichzeitig die historische Notwendigkeit zu begründen, die bisherigen gesellschaftlichen Verhältnisse grundlegend zu verändern.[40]

Zwar wiesen auch andere Autoren wie etwa Friedrich Meinecke, Hans Brühl und Fritz Harzendorf auf die Bedeutung »schwerindustrieller Gönner und Geldgeber« hin,[41] aber selbst SED-Mitglieder wie Alexander Abusch oder Ernst Niekisch betonten, daß dies nur ein Aspekt der Erklärung sein könne.[42] Das verhinderte jedoch nicht, daß Ulbrichts Deutung zur offiziellen Geschichtssicht in der SBZ und der DDR avancierte.[43] Zeitgenössische Rezensenten, die politisch auf der von Ulbricht vertretenen Linie lagen, begrüßten die *Legende vom ›deutschen Sozialismus‹*. Manche warfen auch neue Fragen auf, die die propagandistischen Absichten Ulbrichts zwar keineswegs entlarvten, aber doch bemüht waren, tiefer zu loten. Jürgen Kuczynski zum Beispiel nahm Ulbrichts Schrift zum Anlaß, um zu fragen, »wie eine rapide wirtschaftliche und eine unendlich langsame politische Bewegung nebeneinander herlaufen« konnten.[44] Zwar hatte Kuczynski schon die Antwort parat, die durch »die Haltung der Monopolisten im Westen« symbolisiert sei, aber immerhin deutete sich an, daß auch Marxisten-Leninisten – außerhalb der engeren kommunistischen Führung – über die These vom *deutschen Sonderweg* nachdachten.

Zu den ideologischen Köpfen innerhalb der SED zählte Albert Norden. Norden, der seit 1921 der KPD angehörte, arbeitete während der Weimarer Republik vor allem in Redaktionen kommunistischer Zeitungen, so zwischen 1931 und 1933 als stellvertretender Chefredakteur der *Roten Fahne*. Nach 1933 emigrierte er in verschiedene Länder, zuletzt in die USA. Mehrere seiner Familienangehörigen kamen in Konzentrationslagern ums Leben. 1945 veröffentlichte er in den USA gemeinsam mit Gerhart Eisler und Albert Schreiner ein Buch über die deutsche Geschichte,[45] nachdem er bereits drei Jahre zuvor eine Schrift *about the German people and its rulers* publiziert hatte.[46] Norden kehrte 1946 aus dem Exil in die

---

39 Zum Problem vgl. Winkler: Der Weg in die Katastrophe, S. 56–76; zusammenfassend Kolb: Die Weimarer Republik, S. 119–120.
40 Ulbricht: Die Legende vom »deutschen Sozialismus«, S. 91.
41 Brühl: Irrweg deutscher Geschichte; Harzendorf: So kam es; Meinecke: Die deutsche Katastrophe.
42 Abusch: Der Irrweg einer Nation; Niekisch: Deutsche Daseinsverfehlung.
43 Werner Berthold schrieb beispielsweise: »Die damalige Gegenwartserkenntnis konnte als Geschichtserkenntnis übernommen werden.« (Ders.: Die Stellungnahme der KPD zu aktuellen Grundfragen der deutschen Geschichte 1945/46, S. 1329).
44 Kuczynski: Die Legende vom »deutschen Sozialismus«.
45 Eisler/Norden/Schreiner: The lesson of Germany.
46 Ein Publikationsverzeichnis seiner selbständigen Schriften findet sich in: Norden: Ereignisse und Erlebtes, S. 269–270.

SBZ zurück, wo er vor allem in der Medienpolitik tätig war. 1952 erhielt er – ohne je ein Studium absolviert zu haben – einen Lehrstuhl für Neuere Geschichte an der Humboldt-Universität zu Berlin. Wenige Jahre darauf wurde er Mitglied und Sekretär des ZK der SED (1955) bzw. Politbüromitglied (1958).

Norden schrieb, aufbauend auf den Schriften aus der Exilzeit, ein Buch über die *Lehren deutscher Geschichte*.[47] Seine Absicht war es, »die unheilvolle Rolle des Finanzkapitals und seiner junkerlichen Verbündeten bei der Gestaltung der deutschen Politik« offenzulegen.[48] Der Funktionär erwies sich ebensowenig wie Ulbricht als in der Lage, die theoretischen Dogmen der *reinen Lehre* zugunsten einer historischen Analyse zurückzustellen.[49] Norden versucht, den Aufstieg des Nationalsozialismus historisch zu erklären, indem er ausführlich die wirtschaftliche und politische Entwicklung seit der Reichseinigung referiert. Es ist bemerkenswert, daß er zwar auf leninistischer Grundlage argumentiert, aber letztlich einen *deutschen Sonderweg* als spezifische *imperialistische* Entwicklung anerkennt. Norden argumentierte durchaus mit Thesen, die die Intellektuellen im Nachkriegsdeutschland übergreifend diskutierten. So habe erst Napoleon den »ärgsten feudalen Schutt« weggeräumt. Das Bürgertum »verkaufte« aber 1848 sein »revolutionäres Erstgeburtsrecht zugunsten eines Kompromisses mit den feudalen Gewalten«.[50] Schließlich verriet die Bourgeoisie ab den sechziger Jahren des vorigen Jahrhunderts gänzlich ihre Ideale. Lediglich der sozialistischen Bewegung blieb es vorbehalten, die Politik der Herrschenden zu brandmarken und zu bekämpfen. Die folgende wirtschaftliche Entwicklung, von der das Volk keinen Vorteil hatte,[51] war durch die politische, die imperialistische Ausrichtung bedingt. Die Monopole übernahmen allmählich die Macht. Die opportunistische Haltung der Sozialdemokratie und die Spaltung der Arbeiterbewegung erleichterten den Monopolen ihre Machtausübung zudem in den folgenden Jahrzehnten. Die Weimarer Republik schließlich mußte untergehen, weil »die ökonomischen Grundlagen der Reaktion« ebenso unangetastet blieben wie das »Militärinstrument des Staates«.[52]

Es ist erstaunlich, daß Norden im Gegensatz zu Ulbricht nicht nur das Verhalten der Sozialdemokraten, sondern ebenso das der Kommunisten kritisiert: »In einem Augenblick, wo der faschistische Angriff auf der ganzen Linie gegen die bürgerlich-demokratischen Errungenschaften von 1918 vorgetragen wurde, war es utopisch, als Alternative gegen den drohenden Faschismus die Losung der ›Diktatur des Proletariats‹ und des

---

47 Ders.: Lehren deutscher Geschichte.
48 Ebenda, S. 5.
49 Vgl. auch Ders.: Der Rathenau-Mord und seine Lehren.
50 Ders.: Lehren deutscher Geschichte, S. 8.
51 Ebenda, S. 11.
52 Ebenda, S. 100.

Sozialismus auszugeben, da die Mehrheit des Proletariats offensichtlich nicht bereit war, dafür zu kämpfen.«[53] In einer Deutlichkeit, die die SED-Führung später unterband, schrieb Norden: »Die Aufgabe bestand darin, alles und alle für die Erhaltung der Demokratie zu sammeln ... Indem sie aber bei ihrer Tagespropaganda das Schwergewicht auf ihre Endziele legten, gelangten die Kommunisten zu einer starren und dogmatischen Haltung, die ein selbstgeschaffenes Hindernis für die von ihnen gewünschte Einheit des Handelns mit der anderen Arbeiterpartei wurde.«[54] Daß ein wichtiger kommunistischer Funktionär in der Nachkriegszeit betonte, daß SPD und KPD *gleichberechtigt* Schuld seien am Scheitern der Einheitsfront,[55] kam schon fast dem Renegatentum gleich. Aber dieses *Renegatentum* entsprach durchaus der Strategie und Taktik der SED-Führung bis Ende 1947/Anfang 1948. Noch galt Ackermanns These vom »besonderen deutschen Weg zum Sozialismus«, noch war offiziell die »Partei neuen Typus« nicht verkündet worden, noch mußte der Anschein gewahrt bleiben, daß deutsche Sozialdemokraten und deutsche Kommunisten gleichberechtigt an der Entwicklung der SED mitwirken könnten.[56]

Allerdings heißt das Buch *Lehren aus der Geschichte*, worauf die Konzeption auch hinausläuft. Daher müsse eine Lehre aus dem Bruderkampf sein, daß sich die deutsche Arbeiterklasse niemals wieder spalte.[57] Vor dem Hintergrund der gerade in der SBZ vollzogenen Zwangsvereinigung zwischen SPD und KPD gewinnt diese Einschätzung Nordens einen ganz anderen Stellenwert. Faktisch waren die Arbeiterparteien aufgrund der totalitären Ausrichtung der Kommunisten seit 1945 ebenso gespalten wie vor 1933. Diese Unversöhnlichkeit galt es zumindest im Osten zu kaschieren.

Schließlich tritt in dieser Schrift die gesellschaftspolitische Absicht der kommunistischen Funktionäre deutlicher als in anderen Publikationen hervor. Norden resümiert, daß im Frühjahr 1947 in der SBZ »das Produktionsniveau ... etwa doppel so hoch ist wie das im übrigen Deutschland«.[58] Der Grund für diese Entwicklung liege darin, »daß das Monopol der industriellen und agrarischen Großbesitzer gebrochen und eine vom Allgemeinwohl der Bevölkerung und den Notwendigkeiten eines friedlichen demokratischen Aufbaus diktierte Wirtschaftspolitik eingeschlagen worden ist«.[59] Die Demagogie ist offenkundig. Erstaunlich ist nun aber,

---

53 Ebenda, S. 101.
54 Ebenda, S. 101–102.
55 Ebenda, S. 102.
56 Zur SED vgl. mit der Forschungsliteratur Kowalczuk: »Wir werden siegen, weil uns der große Stalin führt!«, S. 176–191; Malycha: Partei vor Stalins Gnaden?
57 Norden: Lehren deutscher Geschichte, S. 268.
58 Ebenda, S. 263. Zur wirtschaftlichen Entwicklung im Nachkriegsdeutschland vgl. das wichtigste Schrifttum in: Morsey: Die Bundesrepublik Deutschland; Weber: Die DDR 1945–1990; sowie als neueren wichtigen Beitrag Karlsch: Allein bezahlt?
59 Norden: Lehren deutscher Geschichte, S. 263.

daß Norden 1947 – also noch vor dem *offiziellen* Politikumschwung 1948 – unumwunden ausspricht, daß eine friedliche, demokratische und wohlhabende Zukunft der Deutschen nur möglich sei, wenn ein Deutschland »im Geist des Sozialismus« entstünde.[60] Nun mag man einwenden, daß auch andere in der Nachkriegszeit den Sozialismus propagierten. Nur, und dies gilt es zu beachten, hatte ein moskautreuer Kommunist wie Norden bei der Verwendung des Wortes *Sozialismus* niemals etwas anderes im Sinn als ein Sowjetdeutschland. Die Bedeutung dieser Aussage gewinnt dadurch weiter an Gewicht, daß Norden zur kommunistischen Nomenklatur zählte und zum Zeitpunkt der Niederschrift Pressechef der Deutschen Wirtschaftskommission in der SBZ war.

Norden publizierte auch in den folgenden Jahren historische Abhandlungen. Die waren dadurch gekennzeichnet, daß sie uneingeschränkt der Ulbrichtschen Geschichtskonzeption verpflichtet waren. Norden degradierte Geschichte vollständig zu einem Instrument, mit dem die eigene Herrschaft legitimiert, der Imperialismus entlarvt und die Politik der SED *wissenschaftlich* begründet werden sollte.[61]

Die historisch-politische Argumentation Nordens formulierten einflußreiche Funktionäre wenig später in eine Forderung an die Geschichtswissenschaft um. Die Historiker hätten »den wissenschaftlichen Nachweis zu führen, wie sich die Vereinigung der beiden Kräfte der Arbeiterbewegung mit Notwendigkeit ergab und welche besonderen Aufgaben vor den deutschen Sozialisten stehen, um die Einheit zu festigen und erweitern«.[62] Anhand solcher Forderungen zeigte sich, daß die kommunistischen Machthaber in den ersten Nachkriegsjahren lediglich an *Geschichten* interessiert waren, die ihre Gegenwart legitimieren sollten. Insbesondere sollten die 1848er Revolution, die Novemberrevolution, die Geschichte der KPD und die Geschichte der deutschen Arbeiterbewegung Gegenstand einer neuen Geschichtsschreibung sein. Die Schriften der Funktionäre zu diesen Themen sind geschichtspropagandistische Werke, die weder wissenschaftlichen Ansprüchen noch populärwissenschaftlicher Solidität genügen. Ob nun beispielsweise Wilhelm Pieck über die Geschichte der KPD,[63] Walter Ulbricht über Ernst Thälmann,[64] Otto Grotewohl über die Novemberrevolution[65] schrieb oder der SED-Parteivorstand historische Thesen[66] her-

---

60 Ebenda, S. 268–269.
61 Vgl. Ders.: So werden Kriege gemacht; Ders.: Um die Nation.
62 Oelßner: Der Marxismus der Gegenwart und seine Kritiker, S. 295.
63 Pieck: Zur Geschichte der KPD.
64 Ulbricht: Gedenkrede, gehalten am 18. August 1949, in: Bredel: Ernst Thälmann, S. 11–24.
65 Grotewohl: Dreißig Jahre später; vgl. dagegen noch seine Ausführungen von 1945: Wo stehen wir, wohin gehen wir.
66 Die Novemberrevolution und ihre Lehren für die deutsche Arbeiterbewegung. Entschließung des Parteivorstandes vom 16.9.1948, in: Dokumente der SED. Band 2, S. 100–116; Manifest. Zur Goethe-Feier der deutschen Nation. Parteivorstand am

ausgab, es lief stets auf dasselbe hinaus: Der Gipfelpunkt deutscher Geschichte bahne sich dort an, wo die SED herrsche. Geschichte war für die kommunistischen Funktionäre nicht Bildungsmacht, sondern Legitimationsinstanz.

Zwischen Irrweg und Daseinsverfehlung

Von linken Positionen aus haben sich nach 1945 nicht nur kommunistische Funktionäre zur Geschichte und zu den Ursachen der deutschen Katastrophe geäußert, sondern ebenso ihnen verbundene Publizisten, unter ihnen Historiker und Philosophen. In der Forschung fanden bisher vor allem die Bücher von Alexander Abusch und Ernst Niekisch Beachtung.[67] Im folgenden geht es zum einen um eine vergleichende Betrachtung der Bücher Abuschs und Niekischs. Zum anderen wird die Bandbreite der behandelten Themen aufgezeigt, um die thematischen Schwerpunkte der »neuen Geschichtswissenschaft«[68] zwischen 1945 und 1950 herauszustellen. Die betrachteten Autoren stehen exemplarisch für bestimmte Richtungen oder Nuancen innerhalb der kommunistischen Nachkriegsdiskussion.

*

Abusch und Niekisch schrieben ihre Schriften ähnlich wie Meinecke seine *Deutsche Katastrophe* ohne verfügbare Materialbasis, das heißt aus dem Kopf nieder. Abusch publizierte den *Irrweg* bereits 1945 im mexikanischen Exil, ohne auf eine Publikationsmöglichkeit in Deutschland zu hoffen.[69] Im Gegensatz dazu veröffentlichte Niekisch die *Daseinsverfehlung* ausdrücklich für eine deutsche Leserschaft.

Alexander Abusch, von Beruf kaufmännischer Angestellter, trat 1919 der KPD bei und zählte seit 1926 zur stalinistischen »Thälmann-Fraktion«. Von 1921 an arbeitete er in der KPD-Presse, so zum Beispiel von 1930 bis 1932 als Chefredakteur der *Roten Fahne*. Nach der Machtergreifung der Nationalsozialisten emigrierte er. In der Emigration war er unter anderem Mitherausgeber des Braunbuchs *Reichstagsbrand*.[70] 1941 emigrierte er

---

28.8.1949, in: ebenda, S. 311–312; Zum 33. Jahrestag der Großen Sozialistischen Oktoberrevolution. Beschluß des Sekretariats des ZK vom 4.11.1950, in: ebenda. Band 3, S. 249–260.

67 Abusch: Der Irrweg einer Nation; Niekisch: Deutsche Daseinsverfehlung; vgl. dazu z. B. Berthold: Marxistisches Geschichtsbild, S. 193–197; Brinks: Die DDR-Geschichtswissenschaft auf dem Weg zur deutschen Einheit, S. 99–108.

68 So der Titel eines Buches von Eckermann 1950: Neue Geschichtswissenschaft. Das Buch stieß auf harsche Kritik [vgl. Geschichte in der Schule 3(1950)7, S. 8–11; Aufbau 6(1950), S. 656–659]. Eckermann reichte beim ZK der SED eine Selbstkritik im Frühjahr 1950 ein (BAP, R 3, 1598, Bl. 312), die Verantwortlichen zogen es wieder ein (vgl. auch Timm: Das Fach Geschichte in Forschung und Lehre, S. 24, Anm. 21).

69 Abusch: Mit offenem Visier, S. 158.

70 Das ist dem *Braunbuch* aber nicht zu entnehmen, da dort lediglich der Verfasser des

von Frankreich nach Mexiko, wo er als Chefredakteur der Zeitschrift *Freies Deutschland* arbeitete. Im Jahre 1946 kehrte er nach Deutschland zurück und arbeitete im Kulturbund. Die SED-Führung berief ihn 1948 zum Mitglied des SED-Parteivorstandes. Im Zuge der Vorbereitung von Schauprozessen enthob sie Abusch 1950 sämtlicher Ämter, rehabilitierte ihn aber ein Jahr später. Zwischen 1951 und 1956 arbeitete er als GI »Ernst« für das MfS,[71] 1953 kurzzeitig in der ZK-Abteilung Kultur, um schließlich 1954 ins Ministerium für Kultur zu wechseln. Seit 1956 war er Mitglied des ZK der SED und seit 1958 Mitglied der Volkskammer. Beide Funktionen übte er bis zu seinem Tod 1982 aus. Von 1958 bis 1961 war Abusch Kulturminister und anschließend bis 1971 stellvertretender Vorsitzender des DDR-Ministerrates.[72]

Ernst Niekischs Leben verlief keineswegs so geradlinig wie das von Abusch – jedenfalls nicht im Sinne einer kommunistischen Musterbiographie. Niekisch trat 1917 der SPD bei, wechselte 1919 zur USPD und 1922 erneut zur SPD. Er arbeitete von 1907 bis 1918 als Volksschullehrer und war unter anderem zur Zeit der bayerischen Räterepublik 1919 Mitglied des Zentralen Arbeiter- und Soldatenrates in München, weswegen er zu zwei Jahren Festungshaft verurteilt wurde. 1921 war er im bayerischen Landtag zeitweise Fraktionsvorsitzender der USPD. Niekisch galt seit Mitte der zwanziger Jahre als Nationalbolschewist. Er war Eigentümer des in Dresden ansässigen Verlages »Der Widerstand« und Chefredakteur der gleichnamigen Zeitschrift. Gerade in ihren Spalten, aber auch in selbständigen Publikationen, warnte er frühzeitig vor den Nationalsozialisten und den von ihnen ausgehenden Gefahren. 1937 verurteilten ihn die braunen Machthaber zu lebenslanger Haft. Nach der Befreiung aus dem Zuchthaus Brandenburg-Görden war der *Nationalbolschewist* Leiter einer Volkshochschule in Berlin. 1946 trat er der SED bei, war Mitbegründer des Kulturbundes und erhielt 1948 eine ordentliche Professur an der Berliner Universität. Dort leitete er zugleich das neugegründete Institut zur Erforschung des Imperialismus. Obwohl Niekisch bis 1958 Mitglied des Präsidialrates des Kulturbundes blieb, brach er nach dem 17. Juni 1953 mit dem SED-Regime. Die westdeutschen Behörden verweigerten ihm, der stets im Westteil Berlins wohnte, eine Wiedergutmachungsrente als Verfolgter des NS-Regimes. Das wog um so schlimmer, als die Haftzeit bei Niekisch, der ohnehin krank war, dauerhafte gesundheitliche Schäden verursacht hatte.[73]

Vorwortes (Lord Marley) und der Gestalter des Einbandentwurfes (John Heartfield) verzeichnet sind; vgl. Braunbuch über Reichstagsbrand.
71 Vgl. Walther: Sicherungsbereich Literatur, passim.
72 Zur Biographie vgl. Abusch: Der Deckname; Ders.: Mit offenem Visier.
73 Zur Biographie vgl. Niekisch: Erinnerungen eines deutschen Revolutionärs; Kabermann: Widerstand und Entscheidung eines deutschen Revolutionärs; Sauermann: Ernst

Die Diskussion in der sogenannten Stunde Null beherrschte die Frage, ob oder seit wann innerhalb der deutschen Geschichte eine Kontinuitätslinie existierte, die mit einer *gewissen* Folgerichtigkeit zum 30. Januar 1933 geführt habe. Die Antworten darauf waren unterschiedlich. Daß der Nationalsozialismus an die Macht gelangen konnte, begründeten viele Zeitgenossen damit, daß sich die deutsche Entwicklung von der in Westeuropa stark unterschied und daher *falsch* verlaufen sei.

Abusch und Niekisch bewegten sich innerhalb dieses Interpretationsrahmens. Sie betonten die unterschiedliche Entwicklung Deutschlands gegenüber Westeuropa, die sich vor allem darin äußerte, daß vorindustrielle Eliten die politische Macht behielten und demzufolge das Bürgertum seine »historische Mission« nicht zu erfüllen vermochte. Den historischen Ausgangspunkt dafür sahen beide in Entwicklungen des 16. Jahrhunderts.[74] Insofern hingen sie der These an, nach der es eine *unübersehbare Linie* von Luther zu Hitler gab.

Beide Autoren identifizierten zwar Deutschland nicht mit Preußen, sahen aber in Deutschland ein vergrößertes Preußen, wo »Kasernenhofdisziplin« und »Gewalt« zu den Tugenden obrigkeitsstaatlichen und staatsbürgerlichen Denkens und Verhaltens geworden waren. »Preußen sollte in seinem Gesamtzustand«, schrieb Niekisch, »eine große Kaserne sein; soldatische Regel und Zucht wurden innerhalb Preußens zur Richtschnur jedweder menschlicher Existenz.«[75] Das Wesen des preußisch-deutschen Militarismus liege gerade darin begründet, daß militärische Lebensformen das gesamte gesellschaftliche Leben durchdringen.[76] Dieser »Preußengeist«, hieß es ergänzend bei Abusch, »war eine entscheidende ... reaktionäre Quelle des Nazigeistes.«[77] Die gesellschaftliche Unterwerfung unter den »deutsch-preußischen Militarismus« sei eine der Hauptursachen für den Aufstieg des Nationalsozialismus gewesen. Ideologiegemäß wird bei diesen Autoren der organisierten Arbeiterbewegung die Rolle als Trägerin alternativer gesellschaftlicher Entwicklungen zugewiesen. Beide trafen sich in ihrer Kritik an Ferdinand Lassalle, *dem Spalter* der Arbeiterklasse. Bei Abusch heißt es: »Mögen einst alle Wege nach Rom geführt haben, nicht alle deutschen Wege mußten unvermeidlich zu Hitler führen. [...] Sieben Jahrzehnte der deutschen Arbeiterbewegung waren ein Weg zu manchen Höhepunkten, ein Abirren auf falsche Pfade und schließlich der

---

    Niekisch; sowie Pittwald: Zur Entwicklung völkischen Denkens in der deutschen Arbeiterbewegung.
74 Abusch: Der Irrweg einer Nation, S. 17, 29; Niekisch: Deutsche Daseinsverfehlung, S. 14–15, 56.
75 Niekisch: Deutsche Daseinsverfehlung, S. 21.
76 Ebenda, S. 23–24. Abusch schreibt: »Zur Welt dieses Typs gehörten der Kasernenhof mit dem ›Kadavergehorsam‹, die leuteschinderische Allmacht des Feldwebels, übertragen auf den gesamten ehrfurchtgebietenden Staatsapparat: jeder Polizist und jeder Beamte ein ziviler Feldwebel.« Abusch: Der Irrweg einer Nation, S. 188.
77 Abusch: Der Irrweg einer Nation, S. 30.

Sturz unter Hitlers Gewalt. [...] Es war Verrat an einer geschichtlichen Aufgabe, der auch verhängnisvoll für die ganze Nation und für die Menschheit wurde. Die Quelle dieses Verrats lag in den lassalleanischen Ideen, die das spätere Eindringen der imperialistischen Ideologie in die deutsche Arbeiterklasse vorbereitet hatten.«[78] Niekisch stellte fest, daß das *Kommunistische Manifest* wie eine »Posaune des Gerichts« wirkte, »deren Töne dem deutschen Bürgertum den eigenen revolutionären Weg verekelten und die bürgerlichen Schichten in den Arm des preußisch-militaristischen Junkertums jagten«.[79] Lassalle schließlich verzweifelte an der »eigenständigen revolutionären Kraft des Bürgertums« und versuchte die Arbeiterschaft zu überreden, sich in den Dienst »der preußischen Sendung« zu stellen. »Marx (jedoch) durchschaute das Wesen der Lassalleschen Politik, die dahin trieb, die Arbeiterbewegung ebenso der preußischen Führung auszuliefern, wie sich das deutsche Bürgertum ihr bereits freiwillig ausgeliefert hatte.«[80]

Die Deutung der Machtübertragung an die Nationalsozialisten wich bei beiden Autoren insofern von gängigen kommunistischen Erklärungsmustern ab, als sie in der Unterstützung durch die »Finanzoligarchie« nur einen Erklärungsansatz erkannten.[81] Daß sie spezifisch deutsche Ursachen anerkannten, zeigt ihr Ansatz, Unterschiede zur westeuropäischen Entwicklung aufzuzeigen. Insofern bedeutete für sie der Nationalsozialismus (»Faschismus«) keine Erscheinung, die gleichbedeutend mit einer eventuellen Entwicklungsstufe des Kapitalismus war, wie es der VII. Weltkongreß der Kommunistischen Internationale *festgelegt* hatte.

Niekischs Betrachtung der deutschen Geschichte ist durchgängig vom *Miseregedanken* getragen. Die Begriffe »Reformation«, »preußischer Militarismus«, »Romantik«, »deutscher Idealismus«, »Obrigkeitsstaat«, »Pangermanismus« etc. fügen sich bei ihm zu einem Geschichtsbild zusammen, das folgerichtig den Nationalsozialismus als Schlußpunkt haben mußte. »Der Ertrag der ganzen deutschen Geschichte erweist sich als ein schreckliches Nichts; wo aber das Nichts das letzte Wort ist, da ist das ganze Dasein, das dahin führte, verfehlt.«[82]

Auch die Betrachtung Abuschs ist vom *Miseregedanken* der deutschen Geschichte getragen, aber bei ihm bekommen »historische Alternativen« einen größeren Platz eingeräumt. Diese *Alternativen* entsprachen jedoch oftmals mehr dem Wunschdenken kommunistischer Ideologie als der historischen Realität. Zusammenfassend schreibt er: »Die Geschichte des deutschen Volkes ist die Geschichte eines durch Gewalt politisch rück-

---

78 Ebenda, S. 204–205, s. a. S. 231.
79 Niekisch: Deutsche Daseinsverfehlung, S. 47, 48.
80 Ebenda, S. 50, s. a. S. 60.
81 Abusch: Der Irrweg einer Nation, S. 199–202, 240–241; Niekisch: Deutsche Daseinsverfehlung, S. 79–81.
82 Niekisch: Deutsche Daseinsverfehlung, S. 86.

ständig gemachten Volkes. [...] Durch ein halbes Jahrtausend ... ziehen sich zwei Tendenzen durch Deutschlands Geschichte: das Bemühen reaktionärer Gewalthaber um die Behauptung ihrer Macht – und das Ringen fortschrittlicher Volksklassen um eine freie deutsche Nation.«[83] Bei Abusch zeigt sich deutlich die schon in den zwanziger Jahren von der KPD-Führung verfochtene »Zwei-Linien-Theorie«.[84]

Beide Bücher fanden eine wohlwollende Aufnahme in den offiziellen Publikationsorganen der SED. Im *Neuen Deutschland* feierte Paul Merker Abuschs Buch als einen »der wertvollsten Beiträge zum Studium der wirklichen deutschen Geschichte«.[85] In der theoretischen Monatszeitschrift der SED *Einheit* würdigte der Rezensent Niekischs Schrift ebenfalls als gewichtigen Beitrag zur notwendigen Geschichtsrevision.[86] Gerade Niekischs Buch zeige, »wie wenig *wir* zu revidieren haben, was die theoretischen Grundanschauungen und die Erkenntnis der grundlegenden Tendenz angeht. Es gilt nur, die alten Ergebnisse marxistischer Forschung neu zusammenzustellen und zu ergänzen, um eine wirkliche geistige Brücke von der Vergangenheit zum Heute zu schlagen.«[87]

Um den Bau dieser Brücke bemühten sich neben Niekisch und Abusch eine Vielzahl weiterer kommunistischer Publizisten. Rudolf Lindau beispielsweise, seit 1906 Mitglied der SPD und seit 1919 in der KPD, in der er von Beginn an wichtige Funktionen ausübte, veröffentlichte 1947 eine kleine geschichtspropagandistische Schrift, in der er beweisen wollte, daß die Einheit der Arbeiterklasse die Voraussetzung für den Aufbau einer sozialistischen Gesellschaft sei.[88] Lindau meinte zudem vor SED-Funktionären in Chemnitz und Schwerin, das »unerschöpfliche Lehrbuch, aus dem wir zwar nicht fertige Rezepte, aber in Überfülle die Anleitung entnehmen können, wie unsere Aufgaben zu lösen sind«, sei die unter der Regie von Stalin in den dreißiger Jahren entstandene *Geschichte der KPdSU(B)*.[89] Damit umriß er frühzeitig die eigentlichen Orientierungspunkte geschichtswissenschaftlicher Arbeiten in der SBZ/DDR. Hier zeigt sich ebenso wie beispielsweise bei Norden, daß schon während der oft als

---

83 Abusch: Der Irrweg einer Nation, S. 252.
84 Vgl. oben S. 40.
85 Paul Merker: Der Irrweg einer Nation, in: ND vom 7.9.1946; vgl. auch Johansen: Der Irrweg einer Nation; St.: Der Irrweg der deutschen Nation.
86 Niekisch publizierte auch später eine Vielzahl von Schriften, die sich mit dieser Problematik auseinandersetzen. Hinzuweisen ist auf ein Buch, welches er schon in den dreißiger Jahren geschrieben und nach dem Untergang des *Dritten Reiches* überarbeitet und vollendet hatte. Darin werden eine Reihe seiner Thesen ausführlicher untersucht, aber vor allem gilt es der Zeit zwischen 1933 und 1937; vgl. Niekisch: Das Reich der niederen Dämonen.
87 Jenssen: Revision unseres Geschichtsbildes?, S. 127 (Hervorhebung vom Verf.).
88 Lindau: Probleme der Geschichte der deutschen Arbeiterbewegung; vgl. auch Ders.: Aus der Geschichte des Kampfes der deutschen Arbeiterklasse. März 1848; Ders.: Zur Vorgeschichte und Geschichte der deutschen Novemberrevolution.
89 Ders.: Probleme der Geschichte der deutschen Arbeiterbewegung, S. 55.

»antifaschistisch-demokratisch« bezeichneten Periode von 1945 bis 1948 die Kommunisten ihre wahren Absichten öffentlich vertraten.

Von den bekannten Wissenschaftlern haben sich Jürgen Kuczynski und Alfred Meusel an der Nachkriegsdebatte beteiligt. Kuczynski war der erste, der nach 1945 mit größeren wissenschaftlichen Darstellungen vornehmlich wirtschaftshistorischer Art in Erscheinung trat.[90] Seine Schriften unterschieden sich bei aller gerechtfertigten Kritik[91] schon allein deshalb von den Schriften seiner Genossen, weil ihnen ein reichhaltiges empirisches Material zugrunde lag. Kuczynski prognostizierte freilich Jahr für Jahr den Untergang des kapitalistischen Systems. In der unmittelbaren Nachkriegszeit kam noch hinzu, daß er in seinen zahlreichen Schriften explizit die Enteignungen in Industrie und Landwirtschaft als notwendige Konsequenz der Geschichte verteidigte.[92]

Alfred Meusel stand dahinter nicht zurück. Allerdings zeichneten sich dessen erste Nachkriegspublikationen kaum durch eine solche Kompetenz wie Kuczynskis Arbeiten aus. Meusel, seit 1937 in der KPD, erlangte beim Etablierungsprozeß der marxistisch-leninistischen Geschichtswissenschaft eine wichtige Bedeutung. Wer hätte sich für die »neue Geschichtswissenschaft« besser als Aushängeschild und *Akzeptanzfaktor* geeignet als ein ordentlicher Professor, der schon in der Weimarer Republik Lehrstuhlinhaber war? Hinzu kam, daß er kein Hehl daraus machte, weshalb er sich nunmehr als Historiker betätigen wollte. In einem Brief an die Deutsche Zentralverwaltung für Volksbildung, den er noch im Londoner Exil schrieb, betonte er am 24. Juli 1946, daß er sich »mit den Mitteln der wissenschaftlichen Erkenntnis für den Aufbau eines besseren Deutschland einsetzen« wolle.[93] Obwohl zu diesem Zeitpunkt für ihn noch nicht ganz klar war, ob er »*nur* Geschichte lesen werde oder *nur* Nationalökonomie, oder beides«[94], traf er die Entscheidung, nach Berlin zurückzukehren statt nach Aachen, wo ihn die Universität im Februar 1946 wieder in sein altes Amt einführen wollte.[95] 1949 teilte er dem Herausgeber des Jahrbuches für Sozialwissenschaften mit, daß er sich mit Geschichte beschäftige, weil er seine Vermutung bestätigt sähe, »dass sich die Erfolge des Nationalsozialismus unmöglich aus den 15 Jahren seit dem Ende des ersten Weltkrieges erklären liessen, sondern dass er wesentlich tiefere Wurzeln in der deutschen Geschichte haben müsste«.[96]

90 Zur Bibliographie bis 1988 der mittlerweile rund 4.000 Veröffentlichungen von Jürgen Kuczynski vgl.: JBfWG Sonderband 1974, S. 133–247; JBfWG 1979/II, S. 39–85; JBfWG Sonderband 1984, S. 215–249; JBfWG 1979/II, S. 107–143.
91 Von der zeitgenössischen Kritik vgl. z. B. (positiv) Aust: Die soziale Krankheitsgeschichte des deutschen Volkes; (negativ) Kampffmeyer: Arbeiterschicksal in Zahlen.
92 Vgl. z. B. Kuczynski: Monopolisten und Junker; Ders.: Studien zur Geschichte des deutschen Imperialismus; Ders.: Die Theorie der Lage der Arbeiter.
93 Alfred Meusel an DZfV, 24.7.1946. ABBAdW, NL Meusel, Nr. 108.
94 Alfred Meusel an Fladung, 29.7.1946. Ebenda.
95 Ebenda; Alfred Meusel an O. Scholz (ein Mithäftling von 1933), 6.5.1947. Ebenda.
96 Alfred Meusel an A. Predöhl, 30.8.1949. Ebenda, Nr. 105.

Meusels Beiträge aus der Nachkriegszeit bewegen sich im Rahmen der kommunistischen Diskussion und fallen weder durch besondere Originalität noch durch ausgefallene Thesen auf. Die Spaltung der Arbeiterbewegung war danach das Werk der Sozialdemokratie, die Philosophie Hegels sei nunmehr im dialektischen Materialismus »aufgegangen«, Nietzsche sei der wichtigste Ideengeber der deutschen Faschisten gewesen, und der gesellschaftliche Neuaufbau verlange nach einer neuen Intelligenz, die im Volk verwurzelt sein müsse.[97] Meusel, der ebenfalls den Gedanken von der deutschen Misere vertrat,[98] schrieb über die 1848er Revolution, sie sei einerseits dem Verrat des Bürgertums zum Opfer gefallen und stünde andererseits beispielhaft für die positiven Traditionen deutscher Geschichte. Meusel meinte, getreu dem kommunistischen Grundsatz, der Geschichte stets tagespolitische Aspekte zu verleihen: »Auf die kürzeste Formel gebracht, hatte die Revolution zwei Aufgaben zu erfüllen: Erstens die Macht des Adels in Staat und Gesellschaft zu brechen, zweitens einen einheitlichen deutschen Nationalstaat zu schaffen. Von diesen beiden Aufgaben ist die eine bis jetzt in einem Teil Deutschlands, in der sowjetischen Besatzungszone, gelöst, die andere ist unerfüllt geblieben, und ihre Lösung ist heute dringender denn je.«[99] In einer anderen Schrift setzte Meusel sich mit dem historischen *Kampf um die nationale Einheit in Deutschland* (1947) auseinander. Meusel vertrat hierin vehement die Ansicht, daß die Zukunft Deutschlands nur in einem einheitlichen »demokratischen« Nationalstaat begründet liege. Allerdings sei angesichts der deutschen Misere offenkundig, daß lediglich die »in der sowjetischen Besatzungszone ergriffenen Maßnahmen ... den Weg, der zu diesem Ziel führt«, aufzeigen.[100]

Der wichtigste Unterschied zu jenen Darstellungen, die die Kommunisten vor 1945 publiziert hatten, war, daß jetzt »die Sieger« ihre Geschichte schrieben und propagierten. Johannes R. Becher, kaum aus dem sowjetischen Exil zurück, sagte auf der Gründungsversammlung des Kulturbundes,[101] daß die gesamte deutsche Geschichte »in Frage gestellt« ist, und forderte, daß sie »neu überprüft und neu beantwortet werden« müsse.[102] Einen gesamtdeutschen parteiübergreifenden Konsens formulierte Becher, als er meinte: »Der deutschen Tragödien haben wir es in unserer Geschichte genug, übergenug, wir wollen endlich Schluß machen mit deut-

---

97 Meusel: Intelligenz und Volk.
98 Ders.: Die deutsche Revolution von 1848, S. 7.
99 Ebenda, S. 23. Diese Schrift basierte offensichtlich auf einem Vortrag, den Meusel am 7. Februar 1948 vor dem SED-Hochschulausschuß gehalten hatte. 4. Tagung des Zentralen Hochschulausschusses der SED, 7./8.2.1948. SAPMO B-Arch, DY 30, IV 2/904/6, Bl. 405.
100 Meusel: Kampf um die nationale Einheit, S. 24.
101 Vgl. v. a. Dietrich: Politik und Kultur in der Sowjetischen Besatzungszone; Heider: Politik – Kultur – Kulturbund.
102 Manifest und Ansprachen, S. 35.

schen Tragödien – ein für allemal. Für immer ein Ende machen mit dem stumpfsinnigen Strammstehen, mit duldendem Gehorsam, mit unserer verfluchten Knechtseligkeit!«[103] Allerdings strebten die wenigsten deutschen Intellektuellen der Nachkriegszeit ein Sowjetdeutschland an wie der dichtende Politiker Becher.[104]

Neben den Arbeiten von Meusel, Kuczynski, Lindau, Abusch oder Niekisch erschienen andere, die sich sowohl inhaltlich mit Geschichte als auch systematisch mit der *neuen* Geschichtswissenschaft beschäftigten.[105] Stellvertretend seien drei weitere Autoren hervorgehoben, die typisch für das Spektrum der Debatte sind.

Als erstes Beispiel ist eine Schrift von Wilhelm Girnus zu nennen, die auf einem Vortrag vom September 1945 basiert. Unter dem Titel *Wer macht Geschichte?* unterzog Girnus »vor der antifaschistischen Jugend in Weimar« die faschistischen Geschichtsfälschungen einer Kritik. Girnus, zum Zeitpunkt des Vortrages Leiter der Abteilung Volksbildung in der thüringischen Landesverwaltung, hatte Malerei und Kunstgeschichte studiert. Seit 1929 gehörte er der KPD an. Während der nationalsozialistischen Diktatur war er bis auf wenige Monate in Zuchthäusern und Konzentrationslagern eingesperrt. In der DDR war er unter anderem stellvertretender Chefredakteur des *Neuen Deutschland* (1949–1953), Staatssekretär für Hoch- und Fachschulwesen (1957–1962), Professor für Literatur an der Humboldt-Universität zu Berlin (1962–1971) sowie zwischen 1964 und 1981 Chefredakteur der Literaturzeitschrift *Sinn und Form*.

Girnus' Schrift ist nicht nur ein sehr frühes – und weitgehend unbeachtetes[106] – Zeugnis marxistisch-leninistischer Geschichtsauffassung nach 1945. Zugleich steht sie für einen der wenigen Versuche, die historisch-materialistische Geschichtsbetrachtung anhand einer Kritik der nationalsozialistischen Geschichtsauffassungen darzustellen. Am Beispiel der *unvermeidlichen Warum-Fragen* wies er der Geschichtswissenschaft ihre allgemeine Aufgabe zu: »Warum gibt es überhaupt eine Entwicklung der Menschheit? Ist die Menschheit denn nicht immer so gewesen wie heute? [...] Warum ... verändert sie sich? Sind die Gründe dieser Entwicklung und

---

103 Ebenda, S. 35–36.
104 Zur historischen Einordnung Bechers vgl. Müller (Hrsg.): Die Säuberung.
105 Vgl. z. B. weiter, mit unterschiedlichen Positionen, Hanstein: Von Luther bis Hitler; Ders.: Deutschland oder deutsche Länder?; Kämpf: Die Revolte der Instinkte. Diese Werke, wie auch andere, wurden hier nicht berücksichtigt, weil sie für den Gesamtkontext der Darstellung nur eine untergeordnete Rolle spielen. Dennoch sei darauf hingewiesen, daß von Hansteins Schriften zeitweise sehr verbreitet waren. Von Hanstein, der Mitglied der CDU und des Kulturbundes war und von 1951 bis 1955 in der DDR im Zuchthaus saß, vertrat eine Argumentation, wonach es eine direkte Linie von Luther zu Hitler gab.
106 Soweit ich sehe, ist diese Schrift lediglich von Alexander Fischer (Der Weg zur Gleichschaltung der sowjetzonalen Geschichtswissenschaft, S. 167) ansatzweise ausgewertet worden.

Veränderung innerhalb der menschlichen Gesellschaft aufzuspüren?«[107] Girnus bemühte sich zudem, nationalsozialistische Autoren zu widerlegen, wobei er neben Rosenberg, Hitler oder Ley auch – wie zu jener Zeit üblich – Oswald Spengler heranzog. Er stellte heraus, daß deren Geschichtsauffassung »rassisch« determiniert sei. In dieser biologistischen Geschichtsbetrachtung seien »alle Anlagen für eine ganz bestimmte Entwicklungsrichtung von vornherein im Keime gegeben«.[108] Das widerspreche aber dem »Wesen der Geschichte«, denn das bestehe gerade in der »ständige[n] Umbildung alles Bestehenden«.[109] In diesem Zusammenhang argumentierte Girnus, daß die menschliche Geschichte ein »Stück Naturgeschichte« sei, was wiederum erfordere, »die Gesetzmäßigkeiten dieser Entwicklung und ihre Zusammenhänge aufzufinden«.[110] Insofern könne behauptet werden, so Girnus, daß die These, »Geschichte (sei) kein gesetzmäßiger Prozeß«, zu dem Schluß führe, »daß es keine Geschichtswissenschaft gibt«.[111] Sein Umkehrschluß lautet, daß nur dort von Wissenschaft die Rede sein könne, wo die Existenz gesellschaftlicher Gesetze anerkannt werde.

Im zweiten Teil seines Vortrages beschäftigte sich Girnus mit der »Rolle der Persönlichkeiten in der Geschichte«. Auch hier ist der Ausgangspunkt die vermeintlich *nazistische* Auffassung, daß *große Männer* Geschichte machen und die Masse von diesen beliebig gelenkt werden könne. Gleichzeitig zeigt Girnus die historische Dimension dieser Anschauung auf, die aus seiner Sicht mit Hitler geradlinig den Gipfelpunkt erreicht hatte. Wiederum kommt er zu dem Schluß, daß Entwicklung nicht von einzelnen, sondern vom *Zusammentreffen* der historischen Gesetzmäßigkeit, dem Handeln der Masse und der »genialen« Führer, die die Gesetzmäßigkeiten kennen, abhänge. Girnus schreibt: »So hoch man die Genialität Lenins einschätzen mag – und es ist schwer, Vergleichsmaßstäbe für seine Bedeutung zu finden –, er allein hat die Revolution nicht gemacht, er allein hat die Geschichte nicht in völlig neue Bahnen geworfen, sondern er hat die Geschichte zusammen mit den Millionen Arbeitern und Bauern gemacht; und was ihn vor den anderen auszeichnet, ist die Tatsache, daß er diese Ereignisse klar vorausgesehen und sie vor unnötigen Abirrungen und Verzögerungen bewahrt hat.«[112]

Obwohl die Schrift von Girnus nicht die übliche standardisierte Sprache aufweist, ist sie nicht mehr als ein geschichtspropagandistisches Pamphlet. Hier begegnet uns die kommunistische Sprache der unmittelbaren Nachkriegszeit, die liberal und seriös mit Goethe argumentiert: »Beim Zerstö-

---

107 Girnus: Wer macht Geschichte?, S. 4.
108 Ebenda, S. 7.
109 Ebenda.
110 Ebenda, S. 9.
111 Ebenda, S. 10.
112 Ebenda, S. 22.

ren gelten alle falschen Argumente, beim Aufbauen keineswegs. Was nicht wahr ist, baut nicht.«[113] Ein solches Zitat war nach Kriegsende geeignet, die Situation zu spiegeln. Denn die Zerstörung war ersichtlich und die Sehnsucht nach einem Neuanfang weitverbreitet. Mit dem zerstörten Deutschland auf der einen Seite und dem zwar ebenso zerstörten, aber dafür siegreichen und mithin ideologisch überlegenen Sowjetrußland auf der anderen Seite ließ sich argumentieren, wie der Neuaufbau auszusehen, an welchem Vorbild er sich zu orientieren hätte. Nicht ungeschickt stellte der Autor die nationalsozialistische Ideologie der historisch-materialistischen Weltanschauung entgegen. Das erwies sich insofern als eine kluge Argumentation, als der Massenmord der *unvermeidlichen Geschichtsentwicklung* gegenübergestellt werden konnte. Es blieb, sich zu entscheiden: entweder immer wieder der Barbarei ausgesetzt zu werden oder dem *objektiven* Entwicklungsgesetz Folge zu leisten und dem Gesetz selbst zum Durchbruch zu verhelfen.

Während es Girnus' Arbeit trotz des Plädoyers für die Stalinsche Lesart des Marxismus nicht an intellektueller Argumentationskraft mangelte, zeichneten sich die Arbeiten des Philosophen Rugard Otto Gropp durch einen unverhohlenen Dogmatismus aus. Gropp, der seit 1929 der KPD angehörte, hatte Germanistik, Geschichte, Philosophie und Kunstgeschichte studiert. 1941 verhafteten ihn die Nationalsozialisten. Er erlebte die Befreiung im Konzentrationslager Sachsenhausen. Gropp zählte zur ersten Generation der sogenannten DDR-Kaderphilosophen. 1948 promovierte und 1952 habilitierte er über Fragen des »idealistischen Historismus« und der marxistisch-leninistischen Geschichtsmethodologie. Nach seiner Habilitation war er Philosophieprofessor an der Universität Halle. 1960 wechselte er an das Berliner Akademieinstitut für Philosophie.[114]

Gropp war einer der wenigen ostdeutschen Philosophen, die sich direkt an der Debatte um den deutschen *Irrweg* beteiligten. Seine Beiträge, die vornehmlich in parteieigenen Zeitschriften erschienen, waren vor allem darauf gerichtet, den historischen Materialismus als die einzig allgemeingültige Geschichtsauffassung darzustellen. Damit bewegte er sich zwar im Rahmen dessen, was auch die meisten anderen leninistischen Autoren ausdrückten. Aber Gropp symbolisierte insofern einen kleineren radikalen Flügel innerhalb der Wissenschaftlergemeinschaft, als nur die wenigsten diese Meinung so offen und aggressiv vortrugen.

Seit Marx und Engels, so Gropp, sei das »Geschichtsrätsel« gelöst, was von der »offiziellen Wissenschaft übergangen worden (ist), weil sie [die Lösung – d. Verf.] den bürgerlichen Interessen widersprach«.[115] Gropp

---

113 Zit. ebenda, S. 29; vgl. Goethe: Gedenkausgabe, Band 9, S. 616 (Maximen und Reflexionen).
114 Zur Biographie vgl. Philosophenlexikon, S. 325–326. Zur Einordnung Gropps vgl. Kapferer: Das Feindbild der marxistisch-leninistischen Philosophie.
115 Gropp: Geschichts- als Gesellschaftsproblematik, S. 651.

vertrat einen vulgärmarxistischen Ansatz, der zugleich Teleologie kritisierte und sich selbst teleologischer Deutung bediente. »Die Problematik der Geschichte liegt in nichts anderem begründet als darin, daß die gesellschaftliche Entwicklung unabhängig vom Willen und Bewußtsein der Menschen verläuft.«[116] Die Geschichte sei ein objektiver Prozeß, der unabhängig vom Willen der Menschen verlaufe. Die Menschen können lediglich insofern in diesen Prozeß eingreifen, als sie die vermeintliche Objektivität und Unabänderlichkeit der Entwicklung anerkennen. Die Geschichtstheorie, die dieses Rätsel gelöst hätte, sei der historische Materialismus.[117] Der Schlüssel war die Erkenntnis, daß »alle überlieferte Geschichte die Geschichte von Klassenkämpfen« sei.[118] In immer neuen Varianten *entlarvte* Gropp alle bisherige Geschichtswissenschaft als »Wissenschaft ohne Inhalt«.[119] Die Gesellschafts- und Geschichtslehre des historischen Materialismus sei nicht nur in sich geschlossen, sondern zudem die einzige Methode, Wahrheit und Objektivität ermitteln zu können. Daher war es auch folgerichtig, daß Gropp in seiner Kritik an der bürgerlichen Geschichtswissenschaft zu dem Schluß kam, daß das »wissenschaftliche moment der geschichte ... außerhalb der spezifischen quellenforschung« liegt.[120]

Gropps Beiträge verdeutlichen in ihrer Konsequenz, daß der historische Materialismus als Ideologie und Methode das geeignete Instrument darstellte, jede Politik zu rechtfertigen. Die Späne, die beim Hobeln fielen, waren unvermeidlich. Denn wer sich dem Strom der Geschichte entgegenzustellen wagte, den spülte der Lauf der Geschichte ganz einfach hinweg.

Ein junger marxistisch-leninistischer Historiker beschäftigte sich in der unmittelbaren Nachkriegszeit mit ähnlichen Fragen. Allerdings kam er zu weniger radikalen Schlüssen. Es geht um Walter Markov, der nach seiner Befreiung aus dem Zuchthaus Siegburg Mitbegründer des Kulturbundes und der FDJ in Bonn wurde. 1946 berief ihn die Universität Leipzig auf Druck der SED zum Geschichtsdozenten. Nachdem er 1947 unter ungeklärten Umständen habilitiert hatte, erhielt er 1949 einen Lehrstuhl. 1951 schloß ihn die SED wegen angeblichen *Objektivismus* und *Titoismus* aus ihren Reihen aus.[121] Markov, der nie wieder der SED beitrat, aber »Kommunist ohne Parteibuch« blieb,[122] behielt dennoch alle wissenschaftlichen Ämter und avancierte schon bald zu einem der wichtigsten

---

116 Ebenda, S. 651–652.
117 Ebenda, S. 655.
118 Ebenda, S. 656.
119 Ders.: Die abstrakte Geschichtsbehandlung, S. 743.
120 Ders.: Voraussetzungen und aufbau der geschichtswissenschaft, S. 21 (Kleinschreibung im Original).
121 Markov: Zwiesprache mit dem Jahrhundert, S. 196–201.
122 Ebenda, S. 201; vgl. auch Didczuneit: Walter Markov und die SED-Bezirksleitung Leipzig, S. 46–47; Grab: Walter Markovs Weg und Werk, S. 18.

Vertreter der marxistisch-leninistischen Geschichtswissenschaft in der DDR.[123]

Am 24. September 1946 veröffentlichte Markov in der *Fuldaer Volkszeitung* einen Beitrag über den *Nutzen der Historie*.[124] Im Tenor der Zeit[125] erklärte er, daß das bisherige Geschichtsbild »reuevoll revidiert« werde müsse.[126] Bisher sei keine Epoche der Versuchung entgangen, Geschichtsklitterung zu betreiben. Es werde ihr auch keine jemals entgehen können, wenn »die Methode nicht zu ihrer meßbar strengen Trennung führt«.[127] Markov konstatierte zudem, daß »unsere unfertige Gesellschaftsordnung« über »kein fertiges Geschichtsbild« verfügen könne.[128] Allerdings – »soviel Sozialismus ist 1946 nicht mehr wegzudenken«[129] – müsse in Zukunft die Geschichtsforschung gesamtgesellschaftlich fühlen und die individuellen Pfade überwinden. »Es hat darum nicht den geringsten Zweck, die vom Liberalismus herkommende bürgerliche Geschichtsauffassung und den auf Marx fußenden historischen Materialismus durcheinanderzubringen. Beide mögen ihre Chancen wahren. Es wird sich weisen (sic), wer die bessere Arbeit leistet.«[130] Markov sprach sich deutlich für einen Wettstreit konkurrierender Methoden aus, allerdings – was die Forschung oft genug übersah – mit dem Ziel, daß »am Ende« der Sieger auch tatsächlich allein im Ring zurückbleiben möge.

Ein Jahr später nahm er die Gedanken erneut auf.[131] Dieser Beitrag im *Forum* fand in der westlichen Forschung starke Beachtung, weil er »abseits parteilichen Engagements und vordergründiger Polemik zumindest die Absicht ernsthaften Wettbewerbs« anzeigte.[132] Tatsächlich schrieb Markov sehr deutlich: »Niemand wird den Wunsch hegen, den historischen Materialismus für seine Unterdrückung in anderen Teilen Deutschlands durch ein Monopol in der Ostzone zu entschädigen; es sei denn, daß er ihn vorsätzlich durch Inzucht ruinieren möchte. Zu fordern ist für alle deutschen Universitäten der freie Wettstreit beider Theorien, die Verpflichtung, sich mit ihm bekannt zu machen.«[133] Kein anderer kommunistischer Publizist hat auf einem *friedlichen Wettstreit der Ideen* so insistiert wie Markov. Bedingt war sein Engagement sicherlich dadurch,

---

123 Vgl. aus der Sicht seiner Freunde und Schüler: »Wenn jemand seinen Kopf bewußt hinhielt ...«.
124 Abgedruckt bei Markov: Kognak und Königsmörder, S. 21–24.
125 Aus der vielfältigen, bisher noch nicht erwähnten Literatur vgl. z. B. Weber: Abschied von der bisherigen Geschichte.
126 Markov: Vom Nutzen der Historie, in: Ders.: Kognak und Königsmörder, S. 21.
127 Ebenda.
128 Ebenda, S. 23.
129 Ebenda, S. 22.
130 Ebenda, S. 23.
131 Ders.: Historia docet?, in: Ders.: Kognak und Königsmörder, S. 15–20.
132 Fischer: Der Weg zur Gleichschaltung der sowjetzonalen Geschichtswissenschaft, S. 162.
133 Markov: Historia docet?, in: Ders.: Kognak und Königsmörder, S. 19–20.

daß er die nationalsozialistische Zeit über in Deutschland – wenn auch eingesperrt – verblieben war, daß er erst relativ spät zur KPD fand und offenbar die *Volksfrontpolitik* ernster genommen hatte als andere Kommunisten. Auch sein universitärer Hintergrund und seine anfängliche Hoffnung, eine berufliche Anstellung in den Westzonen zu erlangen, dürften dabei eine Rolle gespielt haben.

Dennoch bewegte sich Markov mit seiner Argumentation durchaus auf der offiziellen Linie. Denn in den ersten Jahren ging es zunächst einmal darum, die dank der sowjetischen Besatzungsmacht errungenen Positionen an den Universitäten zu behaupten und dem Marxismus-Leninismus als *wissenschaftlicher* Methode überhaupt Anerkennung zu verschaffen. Insofern setzte Markov lediglich eine Strategie um, derer sich auch führende SED-Funktionäre bedienten. Er mußte dies um so stärker tun, als die Position von Marxisten-Leninisten an den Universitäten zwar nicht gefährdet, aber 1947 noch so instabil war, daß sie sich selbst aus der Isolation befreien mußten. Auch deshalb wies er der deutschen Geschichtswissenschaft Aufgaben zu, die über »die Entnazifizierung des Philosophen von Sanssouci und des Eisernen Kanzlers« hinausgingen. Die Geschichtsforschung »kann sich«, schrieb er, »nicht mit Kind und Kegel auf einige Lieblingsthesen, etwa 1525, 1848 und 1933, stürzen; vielmehr tut ihr not, die ganze Weite universeller Bezogenheit zu erschließen«.[134] Das klang aus Markovs Feder durchaus glaubwürdiger als von SED-Funktionären. Zugleich richtete der Autor scharfe polemische Angriffe gegen Friedrich Meinecke und Gerhard Ritter.[135] In Meineckes *Katastrophe* sah Markov lediglich eine Schrift, die den Leser nicht weiterbringt »als zum Beweinen seiner bürgerlichen Daseinsverfehlung«.[136] Zwar wären Meineckes und Ritters Schriften durch »Stilniveau und intime Stoffbeherrschung« gekennzeichnet, diese könnten aber nicht die charakteristische »Sterilität« und »Blässe zukunftsweisender Resultate« überspielen. Dagegen seien die Schriften etwa von Abusch, Niekisch oder Girnus wegweisend. Gerade aus der Gegenüberstellung dieser Bücher, die »einen unmittelbaren Vergleich« freilich nicht zulassen, wird nicht nur Markovs Position deutlich, sondern ebenso sein taktisches Kalkül.

Nach dem ersten öffentlichen Zusammentreffen zwischen Markov und den wichtigsten Vertretern der (west)deutschen Geschichtswissenschaft auf dem Münchener Historikertag 1949 schrieb Markov einen längeren Artikel über die deutsche Geschichtsschreibung.[137] Dieser Beitrag ent-

---

134 Ebenda, S. 19.
135 Meinecke: Die deutsche Katastrophe; Ritter: Geschichte als Bildungsmacht; vgl. zur Biographie Schulin: Friedrich Meinecke; Erbe (Hrsg.): Friedrich Meinecke heute; Blänsdorf: Gerhard Ritter 1942–1950; Dorpalen: Gerhard Ritter; Ritter: Ein politischer Historiker in seinen Briefen (ausführliche Einleitung des Hrsg.).
136 Markov: Historia docet?, in: Ders.: Kognak und Königsmörder, S. 18.
137 Ders.: Zur Krise der deutschen Geschichtsschreibung.

stand als unmittelbare Reaktion darauf, daß es in München zu keiner echten Diskussion zwischen den Vertretern der »beiden« Theorien gekommen war.[138] Markov unterzog die gesamte bürgerliche Geschichtsforschung einer scharfen Kritik, wobei er sich besonders der Repräsentanten der westdeutschen Geschichtswissenschaft annahm. Er versuchte aufzuzeigen, daß deren Ergebnisse teilweise faschistisch, teilweise banal, teilweise absurd seien. Ohne daß er es aussprach, hatte er damit den angeblich angedachten Methodenwettstreit beiseite gelegt. Es konnte, da alles andere in die Irre führe, nur eine wissenschaftliche Methode geben: den Marxismus-Leninismus.[139]

Der Strategie und Taktik der Kommunisten entsprach es in den ersten Nachkriegsjahren bis Anfang/Mitte 1948, ihre gesellschaftspolitischen Zielvorstellungen weitgehend zu verschleiern. Statt dessen bemühten sie sich, in der Öffentlichkeit immer wieder zu behaupten, eine demokratische Gesellschaft anzustreben, die zwar einen Bruch mit deutschen Traditionen bedeute, aber keineswegs alles negieren müßte. Und gerade in dieser Zeit beteuerten sie immer wieder, daß sie kein Sowjetdeutschland anstreben würden. Bisher ist schon deutlich geworden, daß sie es in dieser Zeit nicht immer vermochten, ihre wahren Ziele zu verbergen. In den nächsten Kapiteln wird anhand internen Materials dieses Wechselspiel von Strategie und Taktik noch zu zeigen sein. Zuvor stehen aber zwei ostdeutsche Periodika im Mittelpunkt, in denen ebenfalls Beiträge zur historisch-politischen Debatte abgedruckt wurden. Sowohl die Monatszeitschrift *Aufbau* als auch die Tageszeitung *Neues Deutschland* hatten in der SBZ wichtige Funktionen zu erfüllen. Gerade weil sie eine unterschiedliche Ausrichtung und einen voneinander abweichenden Stil vertraten sowie eine qualitativ verschiedenartige Breitenwirkung besaßen, beide aber dennoch von den Kommunisten gelenkt wurden, läßt sich an ihnen anschaulich das strategische und taktische Vorgehen der KPD/SED darstellen.

Der *Aufbau* bietet sich für die Untersuchung an, weil er als überparteilich galt und bürgerlichen Autoren zumindest bescheidene Möglichkeiten einräumte, sich innerhalb der SBZ zu Wort zu melden. Er hatte zudem zum Beispiel gegenüber dem *Forum* den Vorteil, daß er nicht auf das universitäre Milieu beschränkt blieb.[140] Das *Neue Deutschland* firmierte dagegen von vornherein offiziell als Tageszeitung der SED.

---

138 Kowalczuk: »Wo gehobelt wird, da fallen Späne«, S. 313; Schulze: Deutsche Geschichtswissenschaft nach 1945, S. 172.
139 Vgl. ausführlicher Lange: Wissenschaft im totalitären Staat, S. 171–173.
140 Vgl. etwa die Diskussion um die Zukunft der deutschen Universität im 1. Jahrgang des Forum 1947. Daran beteiligten sich u. a. Heinrich Deiters, Ossip K. Flechtheim, Nicolai Hartmann, Werner Krauss, Jürgen Kuczynski, Theodor Litt, Friedrich Meinecke, Erich Rothacker, Alfred Weber.

Pluralistischer Meinungsstreit? Der *Aufbau*

Im September 1945 erschien der erste Heft des *Aufbau*, einer *Kulturpolitischen Monatsschrift*.[141] Der *Aufbau* fungierte als Organ des Kulturbundes. Ab Juli 1946 gab der Kulturbund außerdem die Wochenzeitung *Sonntag* heraus, von der sich die Kulturbundleitung eine höhere Breitenwirkung erhoffte, als sie der *Aufbau* erlangen konnte.[142] Die Monatszeitschrift erweist sich bei näherer Betrachtung als ein sich liberal gebendes Periodikum, das eindeutige Präferenzen vertrat. Obwohl in den ersten Jahrgängen eine Vielzahl nichtkommunistischer Intellektueller zu Wort kamen, kontrollierten kommunistische Publizisten die Ausrichtung der Zeitschrift. Wenn Alexander Abusch über Friedrich Meineckes *Deutsche Katastrophe* anmerkte, daß sich an diesem Buch zeige, daß das »Handwerkszeug des besten, umfassendsten und ehrlichsten idealistischen Historikers ... sich als unzulänglich« erweise, »einen historischen Prozeß in seiner Allseitigkeit zu erforschen und darzustellen«,[143] wird dies deutlich.

Im April 1946 fragte Jürgen Kuczynski im *Aufbau* rhetorisch, »Warum studieren wir deutsche Wirtschaftsgeschichte«?[144] Er stellte fest, daß historische Forschung »ein sehr bestimmtes, ganz der Gegenwart verbundenes Ziel« besitze.[145] Kuczynski ließ in diesem Beitrag keinen Zweifel daran, daß die wirtschaftshistorischen Erfahrungen zu einer neuen Wirtschafts- und damit Gesellschaftsform führen müßten,[146] wofür die in der SBZ vollzogene Bodenreform der erste Schritt sei. In einem drei Monate später publizierten Beitrag kam er zu der Schlußfolgerung, daß der Primat der Außenpolitik den »Blick des deutschen Historikers« von den Problemen der Innenpolitik ablenkte.[147] Anhand der die Geschichtswissenschaft allgemein beschäftigenden Frage, was der Primat in der modernen Geschichte sei – Innen- versus Außenpolitik –, versuchte Kuczynski, den Marxismus-Leninismus als wissenschaftliche Methode aufzuwerten. Da die Lehre vom Primat der Außenpolitik die »wahren Kräfte«, das Volk, nicht zum Zuge kommen lasse, müsse die Geschichtswissenschaft eine grundlegende Wende vollziehen: die Hinwendung zu den Volksmassen. Kuczynski ging soweit, zu erklären, daß der Primat der Außenpolitik letztlich daran schuld sei, daß »es diesen Verbrechern« überhaupt gelungen ist, an die Macht zu gelangen.[148] Der Wirtschaftshistoriker verdeut-

---

141 Knapp zum *Aufbau* Heider: Politik – Kultur – Kulturbund, S. 200–202.
142 Vgl. zum *Sonntag* Blaum: Kunst und Politik. Diese Studie ist allerdings nur bedingt brauchbar, weil die Autorin eine inhaltliche Auseinandersetzung mit den Beiträgen unterläßt.
143 Abusch: Die deutsche Katastrophe, S. 5.
144 Kuczynski: Warum studieren wir deutsche Wirtschaftsgeschichte.
145 Ebenda, S. 356.
146 Ebenda, S. 357.
147 Ders.: Betrachtungen zur deutschen Geschichtsschreibung, S. 745.
148 Ebenda, S. 747.

lichte, was er Anfang 1947 an anderer Stelle äußerte: Universitätslehrer hätten »Propagandisten des Fortschritts« zu sein.[149] Das Synonym für Fortschritt aber bedeutete in der SBZ nichts anderes als die sowjetrussische Entwicklung.

In einer Diskussion mit Alexander Abusch und dem Schriftsteller Günther Birkenfeld betonte Jürgen Kuczynski, »daß ein ganzer Teil dessen, was wir bisher unter deutscher Geschichte verstanden haben, bei dem neuen Bild, das wir formen wollen, stark schrumpfen wird«.[150] Abusch pflichtete ihm bei und meinte, daß das neue Geschichtsbild eine Geschichte des Volkes sein müsse.[151] Damit war ein Konsens formuliert, den auch Birkenfeld teilte: Das Volk müsse nunmehr in das Geschichtsbild Eingang finden, ohne daß allerdings – und hier unterschied er sich von seinen zwei Kontrahenten – die Ideen- und Geistesgeschichte vernachlässigt werden dürfe. Vielmehr komme es auf eine Vernetzung an.[152]

In diesem Zusammenhang ist ein Disput von 1947 erwähnenswert, an dem neben Abusch und Birkenfeld unter anderen auch Meusel teilnahm. Meusel sprach sich dort – im Gegensatz zu eigenen anderen Stellungnahmen – für die These vom deutschen Sonderweg aus: »Eine andere Form nahm die Krise in Deutschland an. Weil Deutschland als Nation so spät, so unvollkommen und in einer für die demokratische Durchbildung der Deutschen so überaus schädlichen Weise geeint wurde, weil der deutsche Kapitalismus an die Tafel trat, als die Welt eigentlich schon verteilt war, haben die fortschrittlichen Gedanken des Bürgertums niemals wirklich Wurzel geschlagen.«[153] Meusel nahm damit zu dieser Zeit ähnlich wie Norden oder auch partiell Kuczynski Außenseiterpositionen innerhalb der marxistisch-leninistischen Debatte ein – Positionen, die sie schnell *überwanden*.

Neben solchen prinzipiellen Beiträgen publizierte der *Aufbau* auch Artikel, die sich mit spezielleren Problemen befaßten. Ernst Niekisch setzte sich in einem der ersten Hefte mit Friedrich Nietzsche auseinander, wobei er den Philosophen als direkten Vorläufer des Nationalsozialismus einordnete.[154] Breiten Raum nahmen Abhandlungen ein, die sich direkt mit nationalsozialistischen Erscheinungen beschäftigten, wobei die Autoren zumeist Entwicklungen sichtbar machten, die aus ihrer Sicht zum Nationalsozialismus hingeführt hatten. So mechanistisch und ahistorisch diese Gedanken teilweise anmuten, so zeittypisch waren sie allerdings.[155] Zudem

---

149 Ders.: Soll der Universitätslehrer Propaganda treiben?, S. 62; vgl. auch Erkes: Warum muß der Hochschullehrer Antifaschist sein?, S. 903.
150 Um die Erneuerung des Geschichtsbildes, S. 244.
151 Ebenda, S. 245.
152 Ebenda, S. 246.
153 Gibt es eine besondere deutsche geistige Krise?, S. 316.
154 Niekisch: Im Vorraum des Faschismus.
155 Vgl. z. B. Bauer: Der Einbruch des Antisemitismus; Huhn: »Militaristischer Sozialismus«; Kantorowicz: Der Reichstagsbrand; Köhler: Die Vorbereitung des Zweiten Weltkrieges; Herrle: Nationalsozialismus und Altertumswissenschaft; Erkes: Rassentheorien und Völkerkunde; Ders.: Die nationalsozialistische Christenverfolgung.

fällt in diesem Zusammenhang bei vielen Autoren auf, daß sie von ihrer radikalen Kritik am Nationalsozialismus und ihrer Sehnsucht nach einer neuen friedlichen Gesellschaft nicht automatisch zu dem Schluß gelangten, es gelte nun, eine an der Sowjetunion orientierte Gesellschaft aufzubauen.

Einen anderen Schwerpunkt bildeten Artikel zur Revolutionsgeschichte. Karl Obermann schrieb Beiträge zur Situation in Deutschland während der französischen Revolution von 1789 sowie zur deutschen 1848er Revolution.[156] Obermann, der zu jener Zeit an einer großen Studie über die 1848er Revolution arbeitete,[157] betonte in beiden Arbeiten den allgemeinen Drang nach Freiheit. Während er sich in diesen Artikeln eher einer herkömmlichen Geschichtsschreibung und -methode bediente, die publizistisch zonenübergreifend Anwendung fand,[158] betonte Alfred Meusel ähnlich wie in seiner schon besprochenen Broschüre, daß die »verratene« Revolution von 1848 nun unter veränderten gesellschaftlichen Vorzeichen zu Ende geführt werden müsse.[159] Diesen Wunsch Meusels teilten durchaus Autoren anderer weltanschaulicher Herkunft. Allerdings versuchten die Kommunisten – und mit ihnen Meusel –, die 1848er Revolution für ihre Zielvorstellungen zu instrumentalisieren. Nur ein Deutschland, in dem die gesellschaftspolitischen Vorstellungen der marxistisch-leninistischen Partei zum Tragen kommen, könne als Ort betrachtet werden, in dem die Ideale der 1848er Revolution aufgehoben werden.[160]

Offensichtlich, und zumindest Obermann legt diesen Schluß nahe, mußte nicht jedes KPD-Mitglied zwangsläufig Geschichtswissenschaft mit Geschichtspropaganda vermischen. Es war durchaus möglich, trotz eines eindeutigen politischen Bekenntnisses wissenschaftlich seriös zu arbeiten. Das zeigt sich auch, wenn man etwa Kuczynskis Studien über Lujo Brentano und Friedrich List mit Obermanns Beitrag über Samuel Pufendorf vergleicht.[161] Während Kuczynski deutlich bemüht ist, die Biographien der von ihm behandelten Personen für tagespolitische Erwägungen nutzbar zu machen, betont Obermann stärker als andere Leninisten allgemeine universelle Ansprüche. Kuczynski kritisierte dann auch 1947, daß in den historischen Studien »die Verbindung der Geschichte mit der Gegenwart und ihren historischen Problemen etwas vernachlässigt« würde.[162]

---

156 Obermann: Deutsche Jugend zur Zeit der französischen Revolution; Ders.: Am Vorabend der Revolution von 1848.
157 Vgl. Ders.: Die deutschen Arbeiter in der Revolution von 1848; Ders.: Einheit und Freiheit.
158 Vgl. etwa dazu folgende »westliche« Schriften aus dem Jubiläumsjahr 1948: Berliner Revolutions-Kalender 1848/1948; Smolka: Die deutsche Revolution 1848.
159 Meusel: Nationale Probleme in der deutschen Revolution.
160 Vgl. Von der Paulskirche bis zum Volkskongreß. Beschluß des SED-Parteivorstandes vom 15. Januar 1948, in: Dokumente der SED. Band 1, S. 265–270.
161 Kuczynski: Friedrich List; Ders.: Ein Beispiel für die Wissenschaft; Obermann: Vorkämpfer der Menschenrechte.
162 Stenographische Niederschrift über die Hochschulkonferenz der SED am 13./14.9.1947. SAPMO B-Arch, DY 30, IV 2/904/6, Bl. 131–132.

Fragen nach dem historischen Ort und dem historischen Weg Deutschlands standen in den ersten Jahrgängen des *Aufbau* im Mittelpunkt. Obwohl im betrachteten Zeitraum durchaus eine inhaltliche Auseinandersetzung mit den Schriften des *Gegners* stattfand, stand die prinzipielle Einschätzung schon vorher fest. Ein Autor, der nicht auf dem Boden des Leninismus stand, konnte ganz unmöglich zu richtigen Analysen gelangen. Dieser Einschätzung steht auch nicht entgegen, daß im *Aufbau* Autoren unterschiedlicher Weltanschauung zu Wort kamen. Gerade dadurch konnte die Zeitschrift den Eindruck erwecken, sie sei *unabhängig* und parteiübergreifend.[163] Tatsächlich erweist sich der *Aufbau* bei näherer Betrachtung als ein Funktionselement in der SED-Kulturpolitik, mit dem die angebliche kulturpolitische Liberalität unterstrichen werden konnte.

Geschichtswissenschaft als Tagespolitik. Das *Neue Deutschland*

Die Tageszeitung *Neues Deutschland* erschien erstmals nach der Zwangsvereinigung von KPD und SPD am 23. April 1946. Im Untertitel nannte sie sich *Zentralorgan der Sozialistischen Einheitspartei Deutschlands*. Erst am 26. Juli 1950, nach Beendigung des III. Parteitages der SED, lautete der Untertitel *Zentralorgan des Zentralkomitees der SED*. Das *Neue Deutschland* erfüllte seit seinem ersten Erscheinen faktisch die Funktion eines staatlichen Amts-, ja Gesetzblattes. Schon seit dem 15. Mai 1945 gab die Sowjetische Militäradministration in Deutschland die Tageszeitung *Tägliche Rundschau* heraus, die aber vorrangig als Amtsblatt der sowjetischen Besatzer fungierte. Wenn bis zum 7. Oktober 1949, was offizielle Bekanntmachungen betraf, zumindest eine gewisse Gleichrangigkeit beider Zeitungen bestand, erlosch sie nach der Gründung der DDR zugunsten des *Neuen Deutschland*.[164] Das kann aber keineswegs darüber hinwegtäuschen, daß das *Neue Deutschland* gerade in den ersten Jahren ähnlich wie die SED-Führung unter direkter Kontrolle, Anleitung und Beobachtung der »sowjetischen Genossen« stand. Freilich existierte kein Interessengegensatz.

Die Bedeutung des *Neuen Deutschland* im politischen System der SBZ/DDR bedarf kaum näherer Erläuterungen. Die wichtige Rolle, die historische Artikel in dieser Tageszeitung spielten, hängt mit dem Marxismus-Leninismus zusammen, der seine Lehren selbst als Ausdruck historischer Folgerichtigkeit verstand. In kaum einem anderen Blatt der SBZ/DDR trat die enge Verflechtung von Politik und Geschichtsschreibung so zutage wie im *Neuen Deutschland*.

---

163 Dieser Eindruck wird auch heute noch zuweilen kolportiert; vgl. etwa Schulz: Leserbrief zum Beitrag von Natalija Timofejewa, S. 71.
164 Bisher ist das *Neue Deutschland* kaum erforscht worden; vgl. z. B. Meiners: Die doppelte Deutschlandpolitik.

Nachfolgend werden resümierend einige Tendenzen erörtert, die die historische Aufarbeitung in den ersten drei Jahrgängen des *Neuen Deutschland* betreffen.[165] Ausgeblendet bleiben Beiträge sowjetischer Herkunft. Um das Spektrum sowohl der im *Neuen Deutschland* vertretenen Autoren als auch der behandelten Themen zu kennzeichnen, sind beispielhaft drei Autoren ausgewählt worden.

Drei Themen beherrschten in den ersten drei Jahren die Geschichtsbeiträge des *Neuen Deutschland*: erstens die Geschichte der deutschen Arbeiterbewegung, zweitens die Geschichte des Nationalsozialismus und drittens die 1848er Revolution.[166] Zu den wichtigsten Autoren der ersten drei Jahrgänge zählten Rudolf Lindau, Walter Bartel und Karl Obermann.

Rudolf Lindau hatte schon im sowjetischen Exil eine Reihe von Arbeiten zur kommunistischen Parteigeschichte veröffentlicht. Nachdem er seit Kriegsende politischer Mitarbeiter im ZK der KPD war, berief ihn die SED 1946 zum ersten Direktor ihrer Parteihochschule »Karl Marx«. Dieses Amt übte er bis 1950 aus, ehe ihn die SED-Führung ablöste und er als wissenschaftlicher Mitarbeiter am Marx-Engels-Lenin-Institut, dem späteren Institut für Marxismus-Leninismus, arbeitete. Lindau schrieb im *Neuen Deutschland* vor allem Beiträge zur Geschichte der Arbeiterbewegung. Aber ob er nun beispielsweise über die Geschichte des 1. Mai, über Karl Liebknecht, August Bebel, den Kapp-Putsch, Clara Zetkin, Franz Mehring oder auch über den 14. Juli 1789 schrieb,[167] es lief stets auf dasselbe hinaus: »Die Schaffung der Sozialistischen Einheitspartei war ein Ereignis von geschichtlicher Bedeutung. Die Einheit der Arbeiterklasse ganz Deutschlands muß und wird erkämpft werden. Die Einheit der Arbeiterklasse ist der Fels, auf dem die Zukunft erbaut wird.«[168] Aus Lindaus Beiträgen ist klar ersichtlich, daß die Kommunisten nach 1945 zwar die Geschichte der Arbeiterbewegung als ihr ureigenstes *Forschungsfeld* deklarierten, aber kaum Forschungen betrieben. Vielmehr ging es darum, die Geschichte als legitimatorische Instanz für die aktuelle Strategie und Taktik zu strapazieren.[169]

---

165 In den anderen Tageszeitungen sah es offensichtlich nicht anders aus; vgl. dazu aus SED-Sicht Gericke: Der Beitrag der Presse.
166 Damit ist nicht unterstellt, daß nicht auch andere Themen behandelt wurden, wie etwa Thomas Münzer (14.5.1946), Martin Luther (3.10.1946), Thomas Paine (30.1.1947), der schwäbische Städtebund im 14. Jahrhundert (4.2.1947), die Städte im 15. Jahrhundert (20.5.1947) oder Lenin (21.1.1949).
167 In der genannten Reihenfolge erschienen die Beiträge im ND vom 1.5.1946; 13.8.1946; 21.12.1946; 13.3.1947; 5.7.1947, 28.1.1949; 13.7.1947.
168 Rudolf Lindau: Die Furcht vor der Einheit der Arbeiterklasse, in: ND vom 22.4.1947.
169 Das wird aus fast allen Beiträgen deutlich, die dieser Thematik gewidmet waren; vgl. z. B. weiter Walter Bartel: »Nieder mit dem Krieg«. Zum 30. Jahrestag des Zuchthausurteils gegen Karl Liebknecht (28.6.1946); Ders.: Die historischen Ereignisse vom

Die Arbeiten zum zweiten Themenschwerpunkt, zur Geschichte des Nationalsozialismus, behandelten fast ausschließlich den kommunistischen Widerstand gegen das Regime. In den ersten drei Jahrgängen des *Neuen Deutschland* waren das vor allem, ja nahezu ausnahmslos, Beiträge von Walter Bartel über den antifaschistischen Widerstandskampf im Konzentrationslager Buchenwald.[170]

Walter Bartel, seit 1923 Mitglied der KPD, verurteilten die Nationalsozialisten 1933 wegen »Vorbereitung zum Hochverrat« zu 27 Monaten Zuchthaus. Nach der Verbüßung der Haftstrafe emigrierte er in die ČSR, wo ihn seine Genossen »wegen Feigheit« aus der KPD ausschlossen: Bartel unterschrieb nach seiner Haftentlassung eine Verpflichtungserklärung für die Gestapo.[171] 1939 verhafteten ihn die Nationalsozialisten erneut, und er kam ins Konzentrationslager Buchenwald. Dort wurde er Mitglied der dreiköpfigen illegalen KPD-Leitung und 1943 Vorsitzender des illegalen Internationalen Lagerkomitees.[172] Nach 1946 arbeitete Bartel als persönlicher Referent Wilhelm Piecks in dessen Kanzlei. Vor dem 17. Juni enthob ihn die SED-Führung im Zusammenhang mit der »Dahlem-Affäre« und einer Überprüfung kommunistischer Funktionshäftlinge im Konzentrationslager Buchenwald seiner Position.[173] Zwischen 1953 und 1957 lehrte er als Geschichtsprofessor an der Leipziger Universität, wo er 1957 promovierte. Nach seiner Promotion leitete er als Nachfolger von Karl Bittel das Deutsche Institut für Zeitgeschichte. Aus fachlichen und ideologischen Gründen löste ihn 1962 Stefan Doernberg ab.[174] Bis zu seiner Emeritierung war Bartel an der Humboldt-Universität, zuletzt als ordentlicher Geschichtsprofessor, tätig.

    9. November 1918 (9.11.1946); Hermann Wendel: Bebel und Liebknecht im Hochverratsprozeß (11.3.1947); Fritz Köhler: Berlin: Herz der deutschen Arbeiterbewegung (20.9.1947); Ders.: Der Trennungsstrich zwischen den »alten Achtundvierzigern« (12.3. u. 13.3.1948); Walter Nimtz: 100 Jahre Pariser Juni-Kämpfe (24.6.1948).

170 Eine Ausnahme wäre zum Beispiel Karl Schirdewan: Welche Kräfte kämpften gegen Hitler? Ein Tatsachenbericht zur deutschen Geschichte. Aus Anlaß des 20. Juli 1944 (19.7.1947).

171 Vgl. dazu Niethammer u. a. (Hrsg.): Der »gesäuberte« Antifaschismus, S. 129, S. 403–404.

172 Vgl. dazu insbesondere ebenda. In bezug auf Bartel enthält die Einleitung der Herausgeber insofern einen Fehler, als das Deutsche Institut für Zeitgeschichte (DIZ) *1962* nicht geschlossen wurde, wie es heißt, »weil die SED an einer Zeitgeschichte außerhalb der Parteigeschichte in dieser Phase wenig Interesse hatte«. (S. 131) Vielmehr wurde das DIZ *1971* mit dem Deutschen Wirtschaftsinstitut zum Institut für Internationale Politik und Wirtschaft zusammengelegt. Schließlich war das DIZ im eigentlichen Sinne auch niemals eine Forschungsstelle für *Zeitgeschichte,* sondern es widmete sich der politischen Dokumentation und der aktuellen Entwicklung *imperialistischer* Länder.

173 Vgl. ebenda, S. 131, 412–448; Overesch: Buchenwald und die DDR, S. 287–294.

174 Information über ernste Fehler und Schwächen, die in der Arbeit des Genossen Prof. Dr. Walter Bartel aufgetreten sind, 18.1.1962. SAPMO B-Arch, DY 30, IV 2/904/149, Bl. 217–227; Abt. Wissenschaften, Vorlage an das Sekretariat des ZK der SED, Betr. Abberufung des Gen. Prof. Dr. Walter Bartel als Direktor des DIZ, 17.4.1962. Ebenda, Bl. 255–256; vgl. unten S. 312–313.

Bartel schrieb kurz nach Kriegsende die ersten Artikel im *Neuen Deutschland* über den Widerstandskampf im Konzentrationslager Buchenwald, deren Grundaussagen später die SED-Forschung in unzähligen *wissenschaftlichen* Studien und nicht minder wenigen Erlebnisberichten *bestätigte*.[175] Er suggerierte eine einheitliche Kampfgemeinschaft von Konzentrationären, die es so tatsächlich niemals gegeben hat.[176] Solidarität sei das oberste Gebot gewesen.[177] Diese Gemeinschaft sei von den Kommunisten angeführt worden, wobei sich insbesondere die deutschen Kommunisten als Samariter erwiesen hätten.[178] Der *Kampfgeist* der Kommunisten war selbstverständlich niemals getrübt.[179] Erstaunlich an Bartels Beiträgen war ein Zwischenton, der erahnen ließ, was wir heute wissen. So schrieb er in einem Artikel, daß die Antifaschisten ihren Kampf gegen das Regime durch Zuchthaus und Lagerhaft nicht unterbrachen. Der Grundsatz »antifaschistischer Kader«, und hiermit sind Kommunisten gemeint, lautete: »Solidarität schützt das Leben«.[180] Bartel schrieb, daß sich die Konzentrationäre nach Landsmannschaften organisiert gehabt, was ebenfalls nur für die Kommunisten zutraf. Weiter heißt es dann wörtlich: »Wenn sich herausstellte, daß ein Neuangekommener ein Antifaschist war, stand er von dem Moment an unter dem Schutz der antifaschistischen Gemeinschaft des Lagers. Diese Gemeinschaft sorgte für Kleidung und Nahrung, verschaffte ihm nach Möglichkeit ein seinem körperlichen Befinden und seinen Fähigkeiten angepaßtes Kommando. Das richtige Arbeitskommando allein rettete vielen Tausenden das Leben.«[181] Bartel verschwieg, daß das Überleben der *richtigen Kader* zuweilen die *falschen Kader* das Leben kostete.

Bartels Beiträge sollten nicht mit unserem heutigen Wissen interpretiert und ihrer Zeitbezogenheit beraubt werden. Psychologisch ist es sogar verständlich, daß sich viele ehemalige Häftlinge nach 1945 über die inneren Verhältnisse und die Lagerhierarchien ausschwiegen. Aber, und deshalb sind diese Artikel für die Untersuchung bedeutungsvoll, hier wird ein

---

175 Vgl. z. B. Drobisch: Widerstand in Buchenwald; allg. dazu Overesch: Buchenwald und die DDR.
176 Z. B. Bartel: Maifeier 1945 in Buchenwald (1.5.1946). Zur Situation und Atmosphäre im Lager, auch für das folgende, vgl. die Dokumente bei Niethammer u. a. (Hrsg.): Der »gesäuberte« Antifaschismus.
177 Z. B. Bartel: Das gestohlene Schwein. So ging es in Buchenwald zu – 10 Tage nichts zu essen und zu trinken (13.9.1947).
178 Z. B. Ders.: Kampf hinter Mauern und Stacheldraht (22.9.1946, Berliner Beilage). Inwieweit der *SS-Staat* von Eugen Kogon, 1946 erstmals erschienen, in Ostdeutschland rezipiert wurde, läßt sich kaum ermitteln. Aber immerhin stellte Kogon, dessen Buch die westliche Sicht prägte, ein deutliches Gegenstück zu Bartels Geschichten dar. Zur Situation in Konzentrationslagern allg. sehr instruktiv Sofsky: Die Ordnung des Terrors; eine vergleichende Perspektive bietet Kaminski: Konzentrationslager 1896 bis heute.
179 Z. B. Bartel: Der 7. November im KZ (7.11.1947).
180 Ders.: Kampf hinter Mauern und Stacheldraht (22.9.1946, Berliner Beilage).
181 Ebenda.

Spezifikum des ostdeutschen Umganges mit Geschichte sichtbar. Zum einen wurde, wenn schon nicht gelogen, so doch Geschichte bewußt entstellt. Das wiegt deshalb schwer, weil es nicht in einem privaten Anzeigenblatt geschah, sondern im amtlichen Organ der SED-Führung, die von den tatsächlichen Zuständen in den Lagern teilweise aus eigener Erfahrung, aber noch viel mehr aus den vorgenommenen Untersuchungen wußte.[182] Zum anderen erfuhren die Kommunisten eine historische Überhöhung, die nicht nur die Wirklichkeit verzerrte, sondern zugleich – und hier liegt der eigentliche Hauptzweck – ihre besondere Herausgehobenheit im Nachkriegsdeutschland rechtfertigen sollte. Der Nimbus entschiedene, ja, die entschiedensten Widerstandskämpfer gewesen zu sein, egal unter welchen Umständen, sollte nicht nur ihre gesellschaftspolitischen Absichten legitimieren, sondern zugleich stille Duldung im Volk bewirken. Es war in der Tat eine selbstgeschaffene Basis, die der Faszination und volkspädagogischen Anziehungskraft – teilweise auch im Westen – nicht entbehrte und die die SED-Führung auch niemals wieder aufgab. Nichts durfte den von Bartel mitgeschaffenen Buchenwald-Mythos stören. Als zum Beispiel das *Komitee der Antifaschistischen Widerstandskämpfer der DDR* 1980 zwei Dokumente fand, in denen direkt nach Kriegsende deutsche Kommunisten über das Verhalten ihrer Genossen im Konzentrationslager Sachsenhausen berichteten, ordnete Erich Honecker die *Versenkung* dieser Materialien im SED-Archiv an. Ironischerweise landeten sie im Archivbestand »Büro Ulbricht«; Ulbricht war damals seit sieben Jahren tot.[183]

Einen weiteren Schwerpunkt bildeten Beiträge, die den Revolutionen und insbesondere der deutschen Märzrevolution gewidmet waren. Ein Satz aus einem Artikel könnte als Slogan der 1948 von der SED-Führung entfachten Kampagne zur 100. Wiederkehr der Märzrevolution gedient haben: »Das Jahr 1848 ist eine Mahnung für 1948.«[184] Nicht nur, daß das *Neue Deutschland* wochenlang Beiträge publizierte, die Bezug auf die 1848er Revolution nahmen. Am 18. und 19. März 1948 tagte in Berlin, historisch einfallsreich inszeniert, der II. Volkskongreß, der einen Volksentscheid über die Einheit Deutschlands forderte. Der SED-Hochschulausschuß

---

182 Vgl. Niethammer u. a. (Hrsg.): Der »gesäuberte« Antifaschismus.
183 Bericht über die innerparteilichen Auseinandersetzungen im Konzentrationslager Sachsenhausen, 1.8.1945. SAPMO B-Arch, DY 30, I IV 2/202/459; Kurt Müller/Ottomar Geschke/Hans Pointer/Max Reimann/Karl Raddatz: Der Kampf um die Partei und die Parteilinie, 16.5.1945. Ebenda. Das Anschreiben an Honecker vom 2.10.1980 befindet sich ebenfalls. Honecker, der über den Verbleib entscheiden sollte, zeichnete das Schreiben am 3.10.1980 ab und gab seine Anweisung offenbar mündlich weiter; vgl. auch Biereigel: Gedenkende Trauer und schmerzende Fragen. Der Autor berichtet von einem weiteren, ähnlichen Dokument. Die beiden von mir aufgeführten zitiert er nicht nach dem Archiv, sondern aus privater Quelle.
184 Obermann: Der »Bund« gegen die deutsche Einheit 1815/48 (10.4.1948).

widmete eine seiner Tagungen der 1848er Revolution.[185] Und schließlich verkündete die SMAD am 17. März aus Anlaß des Jubiläums eine Teilamnestie.[186] An der Kampagne in den Medien zum Jubiläum beteiligten sich eine Reihe der wichtigsten marxistisch-leninistischen Publizisten, unter ihnen zum Beispiel Jürgen Kuczynski, Heinrich Deiters, Alexander Abusch, Alfred Meusel, Kurt Hager (unter dem Pseudonym Felix Albin) und Karl Obermann. Zumeist stand am Ende der Artikel die Forderung nach einer »unteilbaren deutschen demokratischen Republik«.[187]

Die Autoren betonten vor allem, daß die *Einheit* Deutschlands vonnöten sei, um überhaupt (nach der Bodenreform, der Enteignung etc.) *Freiheit* erlangen zu können. Dabei stellten sie zumeist ebenso heraus, daß die SED die eigentliche Sachverwalterin der 1848 verspielten Möglichkeiten sei und die Ideale der Revolution nun wenigstens in einem Teil Deutschlands Realität werden lasse. Konkret hieß das, *Einheit* und *Freiheit* seien letztlich nur unter Hegemonie der SED möglich. Die Feinde des deutschen Volkes dagegen versuchten, »genau wie damals ... durch die Zersplitterung Deutschlands ihre Herrschaft zu sichern«.[188] Der Pädagoge Heinrich Deiters, seit 1946 Professor an der Berliner Universität, fügte hinzu: »Die deutsche Geschichtsschreibung war überwiegend konservativ, wenn nicht reaktionär, und entspricht schon deshalb unseren Bedürfnissen nicht mehr. Sie gibt uns auf unsere Fragen an die Vergangenheit keine Antworten oder falsche. [...] Die Geschichte ... ist die Lehrmeisterin des Lebens.«[189] Auch in den Westzonen gedachte man 1948 vielfältig der Märzrevolution. Dort stellte man ebenfalls aktuelle Bezüge sowie *Einheit* und *Freiheit* als maßgebliche Traditionslinien heraus. Die »Feiern« unterschieden sich jedoch dadurch, daß im Westen der 1848er Revolution »pluralistisch« gedacht wurde, während in der SBZ der Tenor einheitlich auf die Belange der SED ausgerichtet war.

Das trifft auch auf die Arbeiten Karl Obermanns zu. Obermann zog im *Neuen Deutschland* pflichtgemäß parteiliche Schlußfolgerungen. Das tat er nicht gegen seinen Willen, wie seine Biographie zeigt. Obermann hatte an der Kölner Universität als Gasthörer Soziologie und Wirtschaftsgeschichte studiert. 1931 trat er der SPD bei und war kurzzeitig Mitglied der SAP. Nach dem Machtantritt Hitlers emigrierte er nach Frankreich, wo er als freier Journalist arbeitete und zugleich als Gasthörer an der Sorbonne studierte. 1936 nahm ihn die KPD als Mitglied auf. Während seiner französischen Emigration publizierte er erste kleinere historische Aufsätze.

---

185 4. Tagung des Zentralen Hochschulausschusses der SED, 7./8.2.1948. SAPMO B-Arch, DY 30, IV 2/904/6, Bl. 405–427.
186 ND vom 18.3.1948, S. 1.
187 Abusch: Die Metternich-Ära und die Triebkräfte der 48er Revolution (17.3.1948).
188 Obermann: Der »Bund« gegen die deutsche Einheit 1815/48 (10.4.1948).
189 Deiters: Die Lehren von 1848, 4. Teil (17.3.1948, die anderen Teile erschienen am 13.3., 14.3., 16.3.1948).

Nach seiner Internierung zwischen 1939 und 1941 emigrierte er in die USA, wo er zwischen 1943 und 1946 als Redakteur der antifaschistischen Zeitschrift *The German American* arbeitete. Im Oktober 1946 kehrte er nach Deutschland zurück, allerdings über die Sowjetunion. In Berlin angekommen, übertrug ihm die SED das Amt des Redakteurs der Hochschulzeitschrift *Forum*. 1950 promovierte er als einer der ersten marxistisch-leninistischen Historiker nach dem Krieg überhaupt. Seine an der Humboldt-Universität zu Berlin verteidigte Arbeit beschäftigte sich mit der Märzrevolution. Im selben Jahr nahm er eine Professur an der Brandenburgischen Landeshochschule Potsdam wahr. Nach seiner Habilitation, die den deutsch-amerikanischen Beziehungen während der Weimarer Republik galt, erhielt er einen Ruf als Professor an die Humboldt-Universität zu Berlin, wo er bis zu seiner Emeritierung blieb. Obermann, einer der höchstdekorierten Historiker der DDR, erlangte vor allem als erster Direktor des Instituts für Geschichte der DAW, dessen Leitung er nebenamtlich zwischen 1956 und 1960 übernommen hatte, administrative Bedeutung.

Obermanns Arbeiten unterschieden sich von denen seiner Kollegen. Sowohl das subtile Quellenstudium als auch sein zumeist sachlicher Sprachstil hoben ihn aus der kleinen Gruppe marxistisch-leninistischer Historiker der ersten Entwicklungsphase deutlich hervor. Das hinderte ihn allerdings nicht daran, Geschichte zu entstellen. So behauptete er, Karl Marx wäre der Führer des europäischen Proletariats während der Revolutionen von 1848 gewesen.[190] Gerade in publizistischen Beiträgen tritt der propagandistische Charakter des marxistisch-leninistischen Geschichtsverständnisses deutlich zutage. Dem entzog sich auch Obermann nicht. So kommt er in einem Beitrag zu dem damals unspektakulären Schluß, daß die Junker und Industriellen auf den »preußischen Bajonetten ... ihr Herrschaftssystem in Deutschland« begründeten.[191] Von dort sei es aber ein »direkter Weg zu den Folterkammern der Gestapo« gewesen. Schließlich brachte der März 1947 die Auflösung Preußens,»welches mit seinem militaristisch-bürokratischen Regierungssystem Deutschland beherrscht und ins Unglück gestürzt hat«. Obermann fährt fort: »Doch die Träger und Vertreter dieses preußischen Systems sitzen heute in Bayern, in Hannover, in den Ländern und Provinzen Westdeutschlands, und versuchen erneut die Bemühungen des deutschen Volkes um Einheit und Freiheit zu torpedieren. Konsequente Entnazifizierung und Entmilitarisierung, Bodenreform und Enteignung der Großbetriebe sind die wichtigsten Voraussetzungen der ›Entpreußung‹ Deutschlands, der Sicherung einer demokratischen Entwicklung Deutschlands, die 1848 versäumt wurde.«

---

190 Obermann: Die erste deutsche Arbeiterbewegung bis zum »Kommunistischen Manifest«, Teil II (19.2.1948; 1. Teil: 18.2.1948).
191 Ders.: März 1848 – März 1947 (18.3.1947).

Die historisch-politischen Beiträge jener Autoren, die der kommunistischen Ideologie nahestanden, zeigten: Geschichte war nicht *Bildungsmacht*[192], sondern *Lehrmacht*, aus der die Kommunisten teleologisch sowohl die gesellschaftliche Entwicklung als auch die Politik ihrer Partei begründeten. Das Themen- und Deutungsspektrum marxistisch-leninistischer Autoren war durchaus vielschichtig, blieb aber insgesamt der dogmatischen Lesart verbunden. Mit historischen Persönlichkeiten wie etwa Luther, Nietzsche, Spengler, Friedrich II. oder Bismarck setzten sich die kommunistischen Autoren ebenso intensiv auseinander wie bürgerliche Publizisten. Am historisch-politischen Diskurs in der Nachkriegszeit nahmen zwei gegensätzliche Lager teil: auf der einen Seite die Nicht-Marxisten-Leninisten, auf der anderen die Marxisten-Leninisten. Direkte Diskussionen zwischen ihnen gab es kaum. Die Absichten der marxistisch-leninistischen Wissenschaftler waren schon zum damaligen Zeitpunkt offenkundig: »Ein Geschichtsschreiber, der sich selbst für völlig objektiv hält, beweist damit nur, daß er keine Ahnung von seinem eigenen historischen Standort hat.«[193] Dieses Ansinnen aber war den marxistisch-leninistischen Publizisten durch die von ihnen vertretene Ideologie ebenso vorgegeben wie den kommunistischen Funktionären. Die partiellen Unterschiede in der Bewertung einzelner historischer Ereignisse durch die kommunistischen Autoren, von denen hier die Rede war, entsprangen zumeist unterschiedlichen biographischen Erfahrungshorizonten bzw. veränderten politischen Rahmenbedingungen. Westemigranten erwiesen sich in der unmittelbaren Nachkriegszeit oftmals als flexibler und weniger dogmatisch als ihre aus der Sowjetunion zurückgekehrten Genossen. Letztere aber dominierten die politische Szenerie in der SBZ, weshalb den Westemigranten oft genug nur die Alternative Anpassung oder Weggang blieb. Die überwiegende Mehrheit paßte sich an.

Der unterschiedliche biographische Hintergrund erklärt aber nicht allein verschiedenartige Geschichtsbetrachtungen. Vielmehr muß noch in Betracht gezogen werden, daß in der unmittelbaren Nachkriegszeit bis etwa 1948 die SED-Führung offiziell darauf bedacht war, einen kulturpolitischen Pluralismus zu fördern. Das eigentliche Ziel aber der kommunistischen Politik, einen Staat unter Hegemonie der kommunistischen Partei zu begründen, trat schon damals dem Zeitgenossen in Publikationen leninistischer Autoren entgegen, am deutlichsten im *Neuen Deutschland*.

Von einem Diskurs im kommunistischen Lager aber, wie in der Überschrift des Kapitels suggeriert, konnte keine Rede sein. Denn schon zu diesem Zeitpunkt existierten in den Debatten in der SBZ weder eine prin-

---

192 So der Titel des einflußreichen Buches von Ritter: Geschichte als Bildungsmacht.
193 Scheidt: Neue Wege der Geschichtsbetrachtung, S. 6.

zipielle Offenheit, was den Ausgang der Diskussionen betraf, noch ein Pluralismus, was die Meinungen und die Teilnehmer anging. Beides aber sind zwei Grundvoraussetzungen für einen *Diskurs*.[194]

---

[194] Zu einer anderen Einschätzung kommen die Autoren folgenden Buches, die einen Diskurs-Begriff verwenden, der sich leicht gegen eine Vielzahl anderer Begriffe austauschen ließe; vgl. Land/Possekel: Namenlose Stimmen waren uns voraus, S. 15–16. Allerdings verfolgen sie mit ihrem »weiten Diskurs-Begriff«, der im Prinzip keinerlei Beschränkung erfährt, offenkundig das Ziel, bestimmte Personengruppen der DDR-Geschichte zu exkulpieren bzw. die zahlreichen *Debatten* in hermetisch abgeriegelten Räumen als eine Normalität von Diskursen erscheinen zu lassen.

Hochschulpolitik
zwischen Kriegsende und Mauerbau[1]

Der Sturm auf die Festung Wissenschaft.
Grundlinien der SED-Hochschulpolitik zwischen Kriegsende
und II. Parteikonferenz 1952

Am Anfang der neuen Gesellschaft in Deutschland stand das Ende der nationalsozialistischen Schreckensherrschaft. Der 8. Mai 1945 ist eine Zäsur welthistorischen Ranges. Die Welt wurde in zwei gegensätzliche Lager getrennt. Noch war der *Eiserne Vorhang* eine nur mäßig bewachte Demarkationslinie, die Deutschland in zwei Teile schnitt. Über vierzig Jahre symbolisierte das geteilte Deutschland die globale Systemauseinandersetzung zwischen *Ost* und *West*.

Diese Trennung existierte faktisch bereits nach Kriegsende, war aber nicht sofort sichtbar. Es herrschte zwischen den Alliierten zum Beispiel Konsens darüber, daß in Deutschland ein systematischer *Umerziehungsprozeß* in Gang gesetzt werden müßte. Allerdings erwiesen sich die Zielvorstellungen als sehr unterschiedlich. Während im Westen die *reeducation* sichern sollte, daß Deutschland ein fester Bestandteil der demokratischen Staatengemeinschaft wird, war im Osten die Umerziehung darauf angelegt, wenigstens einen Teil Deutschlands unter sowjetischer Kontrolle zu haben. Allerdings haben die sowjetischen und deutschen Kommunisten ihre wahren Absichten nicht offengelegt.[2] Das entsprach kommunistischer Strategie und Taktik.

Die Strategie legt die »Richtung des Hauptschlags des Proletariats auf der Grundlage der gegebenen Etappe der Revolution« und den »Kampf für die Durchführung dieses Plans während des ganzen Verlaufs der gegebenen Etappe der Revolution« fest.[3] Die Taktik dient demgegenüber der Erreichung dieser Ziele. Sie »besteht in der Verbindung verschiedener Kampfmethoden, im geschickten Übergang von einer zur anderen, in der

---

[1] Das folgende Kapitel ist nicht mehr als eine Skizze wesentlicher Entwicklungen. Es geht darum, den Hintergrund darzustellen und die wichtigsten Linien anzudeuten, vor denen sich die Entwicklung der Geschichtswissenschaft vollzog. Ich arbeite gegenwärtig an einer größeren Studie, die die Hochschulpolitik und die Herausbildung der »sozialistischen Intelligenz« in der SBZ/DDR zwischen 1945 und 1961 darstellt und analysiert. Darin hoffe ich, die Fragen, die die folgende Skizze aufwirft, hinreichend klären zu können.
[2] Vgl. dazu v.a. »Nach Hitler kommen wir«.
[3] Stalin: Über die Grundlagen des Leninismus (1924), in: Ders.: Werke, Band 6, S. 134.

beständigen Erhöhung des Bewußtseins der Massen und des Umfangs ihrer kollektiven Aktionen, von denen jede im einzelnen bald offensiv, bald defensiv sein kann, alle zusammen aber zu einem immer tiefer gehenden und entscheidenden Konflikt führen«.[4] Es ging gerade in der ersten Phase, die etwa bis 1948 andauerte, darum, die wahren Ziele zu verschleiern und statt dessen die kommunistischen Positionen in der SBZ zu festigen und auszubauen. Hinzu kam, daß sich neben der Machtsicherung in der SBZ die sowjetischen Führer mindestens in dieser ersten Phase, wenn nicht darüber hinaus, eine das gesamte Deutschland betreffende Option offenhalten wollten.[5] Insofern spielen gerade deutschland- und außenpolitische Probleme eine eminente Rolle in der Strategie und Taktik der Kommunisten bezüglich ihrer Politik in der SBZ. Eine offen an sowjetischen Verhältnissen angelegte Politik, zumindest in Teilbereichen, setzte ein, als die SED-Führung am 3. Juli 1948 aus Anlaß des sowjetisch-jugoslawischen Konflikts erklärte, daß die SED eine »Partei neuen Typus« werden müsse.[6] Die erste Parteikonferenz der SED im Januar 1949 deklarierte sie als eine solche Partei, obwohl sie schon vorher diese Ausrichtung angestrebt hatte und sich bereits als eine leninistische Kaderpartei erwies.[7]

Den Universitäten kam von Anfang an in diesem Prozeß eine besondere Funktion zu. Der Philosoph Karl Jaspers formulierte zur Wiedereröffnung der Universität Heidelberg 1945, daß der »Neubeginn unserer Universität ... jedoch kein einfaches Anknüpfen an den Zustand vor 1933 sein« könne.[8] Als Grundpfeiler einer wahren Erneuerung benannte er *Wissenschaft* und *Humanität*.[9]

Seine Ausführungen zur Wissenschaft sind als Gradmesser für den weiteren Untersuchungsgang geeignet. Demnach heißt *Wissenschaftlichkeit* »zu wissen, was man weiß und was man nicht weiß; unwissenschaftlich ist das dogmatische Wissen. Wissenschaftlich sein, das heißt mit den Gründen zu wissen; unwissenschaftlich ist das Hinnehmen fertiger Meinungen. Wissenschaftlich ist das Wissen mit dem Bewußtsein von den

---

4 Lenin: Von den Formen der Arbeiterbewegung, in: Ders.: Werke, Band 20, S. 206; zum theoretischen Gesamtproblem aus kommunistischer Sicht vgl.: Wissenschaftlicher Kommunismus, S. 97–105.
5 Die Literatur zur Deutschlandpolitik der Alliierten und der deutschen Handlungsträger ist äußerst umfangreich. Die wichtigste Literatur findet sich u. a. in folgenden Werken, die zugleich in den letzten Jahren Anstöße zu umfangreichen Debatten gaben: Deutschlandpolitik, innerdeutsche Beziehungen und internationale Rahmenbedingungen; Garton Ash: Im Namen Europas; Loth: Stalins ungeliebtes Kind; Mai: Der Alliierte Kontrollrat.
6 Zur jugoslawischen Frage. Entschließung des ZS vom 3. Juli 1948, in: Dokumente der SED. Band 2, S. 76–77.
7 Zum Gesamtproblem mit der entsprechenden Forschungsliteratur vgl. Kowalczuk: »Wir werden siegen, weil uns der große Stalin führt!«, v.a. S. 176–191; Malycha: Partei von Stalins Gnaden?.
8 Jaspers: Erneuerung der Universität 1945, in: Ders.: Lebensfragen der deutschen Politik, S. 27.
9 Ebenda, S. 30.

...renzen des Wissens; unwissenschaftlich ist alles ...an im ganzen Bescheid wüßte. Wissenschaftlich ist ...nd Selbstkritik, das vorantreibende Infragestellen; un... die Besorgnis, der Zweifel könne lähmen.«[10] Jaspers' ... der Auseinandersetzung mit dem Nationalsozialismus ..., hätten 1945 auch die führenden Funktionäre der KPD ... bejaht. Insgeheim freilich lehnten sie einen solchen »bürger-...en Objektivismus« ab. Ebenso verhielt es sich mit Jaspers' Mahnung, daß die »Idee der Universität und die Diktatur« einander ausschließen[11] und aktive Politik an einer Hochschule nichts zu suchen hätte.[12]

Die Absichten der kommunistischen Funktionäre liefen in jene Richtung, vor der Jaspers eindringlich warnte.[13] Denn »gerade das Bildungswesen (zählte) zu den ersten und wichtigsten Usurpationszielen des totalen Staates«.[14]

Programmatisch erklärte die KPD-Führung in ihrem ersten Aufruf vom 11. Juni 1945, daß in Deutschland »ein ganz neuer Weg« beschritten werden müsse. Dazu zähle, daß die »Freiheit der wissenschaftlichen Forschung« wiederhergestellt und daß das »gesamte Erziehungs- und Bildungssystem von dem faschistischen und reaktionären Unrat« befreit werden müsse.[15] Erklärtes Ziel der Kommunisten war es, eine *neue Intelligenz* heranzubilden.[16] Das Argument dafür war denkbar einfach: Die nach Karl Mannheim sozialfreischwebende Schicht der Intelligenz[17] war in den Augen der Kommunisten ein Anhängsel des Großkapitals. Ihre Abhängigkeit von der Kapitalistenklasse wäre dadurch entstanden, daß ihr diese Klasse Ausbildung und Privilegien gesichert hatte. Revanchiert hat sich die Intelligenz dadurch, daß sie als Ideologieproduzentin und -lieferantin auftrat und somit zur Geburtshelferin des Nationalsozialismus wurde. Ein radikaler gesellschaftlicher Schlußstrich könne nur gezogen werden, wenn das bürgerliche Bildungsprivileg gebrochen und eine neue Intelligenz entstehen würde. Die »historische Mission der Arbeiterklasse« könne nur verwirklicht werden, wenn »der ganze Überbau der Schichten, die die offizielle Gesellschaft bilden, in die Luft gesprengt« werden würde.[18] Allerdings müsse dies eine »behutsame Sprengung« sein. Denn die Arbeiterklasse mußte sich nach dem Selbstverständnis der Partei eine

---

10 Ebenda, S. 31.
11 Ebenda, S. 34.
12 Ders.: Volk und Universität, 1947, in: Ders.: Lebensfragen der deutschen Politik, S. 129.
13 Vgl. Kowalczuk: Historische Gründe für das Scheitern der Selbsterneuerung an den ostdeutschen Universitäten; Ders.: Anfänge und Grundlinien der Universitätspolitik der SED.
14 Kotowski: Frühe Dokumente sowjetdeutscher Hochschulpolitik, S. 328.
15 Aufruf des ZK der KPD vom 11. Juni 1945, in: Dokumente der SED, Band 2 (1945 bis 1971), S. 12–14.
16 Vgl. für die DDR den frühen Aufsatz von Lange/Richert/Stammer: Das Problem der »neuen Intelligenz«.
17 Mannheim: Ideologie und Utopie, S. 135.
18 Marx/Engels: Manifest der Kommunistischen Partei, S. 473.

eigene Intelligenz erst schaffen, *heranzüchten.* Getreu den Lehren des Marxismus-Leninismus gingen die kommunistischen Funktionäre davon aus, daß ihre anvisierte neue Gesellschaft eine neue Intelligenz benötige.[19] Denn jede herrschende Klasse besitzt – so die kanonische Lesart – ihre eigene Schicht der Intelligenz.[20] Bis zu ihrer Existenz mußte daher aus taktischen Gründen mit Teilen der alten Intelligenz zusammengearbeitet werden. Allerdings nur mit den Teilen, die sich gegenüber den neuen Machthabern loyal verhielten.[21]

Die Kommunisten hatten sehr wohl erkannt, daß ihre neue Gesellschaft nicht ohne Funktionseliten auskommen könne, die eine professionelle Ausbildung über die Qualität von Parteischulungen hinaus besitzen. Als Idealfall galt jener Wissenschaftler, Hochschullehrer oder Student, der neben einer hohen fachlichen Leistungskraft zugleich Anhänger der von der SED verfochtenen Ideologie und Politik war. Um dies gewährleisten zu können, mußten die traditionellen Hochschulen umfunktioniert werden. Diese Bestrebungen zur Umfunktionierung wurden relativ frühzeitig sichtbar, so daß schon zeitgenössische Beobachter die Gefahr erkannten, daß sich aus den Universitäten »ostzonale Parteischulen« entwickeln würden.[22] Die kommunistischen Machthaber veränderten sowohl die internen als auch die externen Strukturen so, daß ihre Politik die Universitäten entscheidend beeinflußte. Als die wichtigsten Einrichtungen erwiesen sich dabei – neben der unerläßlichen Rückendeckung durch die Sowjetische Militäradministration in Deutschland[23] und die Sowjetische Kontrollkommission – zum einen die Deutsche Zentralverwaltung für Volksbildung mit der Abteilung Hochschulen und Wissenschaft (1945–1949),[24] später das Ministerium für Volksbildung (1949–1951), schließlich das Staatssekretariat für Hochschulwesen (1951–1967), aus dem heraus das

---

19 DZfV, Grundlegende Hinweise über die Zulassung zum Studium an Universitäten und Hochschulen, 20.11.1945. SAPMO B-Arch, DY 30, IV 2/904/697, Bl. 5. (»Die Heranbildung einer neuen demokratischen Intelligenz ist ein dringendes Gebot der Stunde.«) Teilweise abgedruckt, mit Datum vom 30.9.1945, bei Lammel (Hrsg.): Dokumente zur Geschichte der Arbeiter-und-Bauern-Fakultäten, Teil 1, S. 30–31; vgl. auch Täg.Rund. vom 9.10.1945 und 9.1.1946.
20 Der »Intelligenzbegriff« kann hier nicht weiter diskutiert werden. Vgl. dazu aber einige Ausführungen mit der wichtigsten Literatur und empirischen Befunden bei Kowalczuk: Volkserhebung ohne »Geistesarbeiter«?, S. 131–134.
21 Vgl. die Entwicklung in Sowjetrußland, die vielfältige Parallelen zur ostdeutschen Entwicklung nach 1945 aufweist, Beyrau: Intelligenz und Dissens.
22 Der in Westberlin herausgegebene *Tagesspiegel* schrieb bereits in seiner Ausgabe vom 18.10.1946 bezüglich der Berliner Universität: »Sie ist eine Parteiuniversität.« Ein Studentenvertreter warnte später in einem Brief den Rektor, daß die Humboldt-Universität »mehr und mehr nur noch als eine ostsektorale Parteihochschule angesehen wird ...«. Brief vom 27.6.1949, UA der HUB, Nr. 222 (Rektorat), Bl. 312v.
23 Vgl. Foitzik: Die Sowjetische Militäradministration in Deutschland; sowie für Sachsen Haritonow: Sowjetische Hochschulpolitik.
24 Vgl. zusammenfassend Welsh: »Deutsche Zentralverwaltung für Volksbildung«, in: SBZ-Handbuch, S. 229–238.

Ministerium für Hoch- und Fachschulwesen entstand,[25] welches bis zum Ende der DDR existierte. Mit diesen Einrichtungen verband sich das Wirken der SED-Politiker Paul Wandel (1945–1952), Robert Rompe (1945–1949), Gerhard Harig (1950–1957), Wilhelm Girnus (1957–1962), Franz Dahlem (1955–1974), Ernst-Joachim Gießmann (1962–1970) und Hans-Joachim Böhme (1968–1989).

Zum anderen schuf die SED im eigenen Apparat Einrichtungen, die sowohl unmittelbaren Einfluß auf die Hochschuleinrichtungen nahmen als auch indirekt über die erwähnten staatlichen Strukturen. Innerhalb der SED-Strukturen war die zum 1. Dezember 1952 gebildete Abteilung Wissenschaft und Hochschulen, die seit dem Februar 1957 nur noch Abteilung Wissenschaften hieß, beim Zentralkomitee der SED unter der politischen Leitung von Kurt Hager *die eigentliche Entscheidungsinstanz* für alle Hochschul- und Wissenschaftsfragen in der DDR.[26] Bevor diese Abteilung gegründet wurde, hatte die ZK-Abteilung Propaganda diese Aufgaben wahrgenommen. Außerdem bestätigte am 16. Mai 1947 das SED-Zentralsekretariat die Bildung eines Ausschusses für Hochschulfragen.[27] Seit den frühen fünfziger Jahren war Kurt Hager der einflußreichste SED-Funktionär für alle universitären Fragen.[28] Solange Walter Ulbricht die Macht ausübte, beschäftigte auch er sich intensiv mit Hochschul- und Wissenschaftsfragen, ganz im Gegensatz zu seinem Nachfolger Erich Honecker. Neben Ulbricht und Hager war in den frühen Jahren vor allem noch Anton Ackermann im Parteiapparat für Hochschulfragen verantwortlich.

Die von den deutschen Kommunisten in der SBZ/DDR betriebene Wissenschafts- und Universitätspolitik basierte nicht von Anfang an auf einem detaillierten Konzept. Zwar war ihnen bewußt, daß sie die Universitäten als eine der Produzentinnen zukünftiger Funktionseliten schnell unter ihre Kontrolle bekommen müßten. Unklar blieb jedoch, wie sie dies bewerkstelligen könnten, ohne offensichtlich gegen die elementaren Regeln des Universitätsbetriebes und ganz allgemein gegen die der Demokratie zu verstoßen.[29] Mit dem Etikett der konsequenten Antifaschisten konnten sie

---

25 Vgl. zusammenfassend: DDR-Handbuch, Band 2 M – Z, S. 904; Herbst/Ranke/Winkler: So funktionierte die DDR. Band 2, S. 673–675.
26 Diese Abteilung leitete von 1955 bis 1989 Johannes Hörnig.
27 Bildung eines Ausschusses für Hochschulfragen beim Zentralsekretariat der SED. SAPMO B-Arch, DY 30, IV 2/904/6, Bl. 48. Der Ausschuß war dem Zentralsekretariat unterstellt.
28 Dies kommt in der Autobiographie Hagers allerdings zu kurz, was aber damit zusammenhängen mag, daß er nicht nur zuständig für Hochschulen und Wissenschaften, sondern ebenso für Kultur, Propaganda und Volksbildung war. Insgesamt vermitteln die Memoiren keine neuen Einsichten und werfen mehr Fragen auf, als Antworten zu geben; vgl. Hager: Erinnerungen.
29 Dazu die Schilderung der Tätigkeit der »Gruppe Ulbricht« durch Wolfgang Leonhard. Danach sagte Walter Ulbricht im Mai 1945: »Es ist doch ganz klar: Es muß demokratisch aussehen, aber wir müssen alles in der Hand haben.« (Leonhard: Die Revolution entläßt ihre Kinder, S. 365).

zwar eine großzügige Säuberung der Universitäten von aktiven Nationalsozialisten verantworten, damit war aber noch nicht ihr eigentliches Problem gelöst, wie sie zu parteilichen Studierenden und Wissenschaftlern gelangen könnten. Es gab 1945 nur wenige Kommunisten, die ausgewiesene Wissenschaftler waren. Ebenso war das Potential derjenigen relativ schmal, die bisher im Wissenschaftsbetrieb gearbeitet hatten und nun bereit waren, sich der kommunistischen Ideologie bedingungslos zu unterwerfen.

Im folgenden werden einige wesentliche Grundpfeiler dieser Universitäts- und Rekrutierungspolitik dargestellt. Es geht darum, die Absichten und ihre Umsetzung sowie die tatsächlichen Erfolge im Zeitraum zwischen Kriegsende und der ersten großen gesellschaftlichen Krise, die im Sommer 1952 einsetzte, zu analysieren.

Ziele des Umgestaltungsprozesses an den Universitäten

Nach 1945 standen in der SBZ drei große Aufgaben im Mittelpunkt des universitären Umgestaltungsprozesses. In einer Sitzung des Jugendausschusses am 23. Oktober 1945, dem u. a. Erich Honecker angehörte, umriß der beim Berliner Magistrat für Wissenschaft zuständige Mathematiker Josef Naas präzise die Aufgabenfelder. Erstens sollten die Ausbildungsinhalte an den Hohen Schulen und damit verbunden die Struktur der Universitäten verändert und den neuen Zielen dienstbar gemacht werden. Naas, der zwischen 1946 und 1953 Direktor der Deutschen Akademie der Wissenschaften zu Berlin war, erwähnte bereits zu diesem Zeitpunkt, daß an die Schaffung Pädagogischer Fakultäten gedacht sei.[30] Zusammenfassend führte er zu diesem Punkt aus: »Jedenfalls können wir, im Gesamtbild gesehen, bei der Ausbildung unserer Studenten nicht an den Zustand vor 1933 anknüpfen.«[31] Die zweite große Aufgabe bestand in der Veränderung des Lehrkörpers. Naas, seit 1932 Mitglied der KPD und von 1942 bis 1945 im KZ Mauthausen inhaftiert, meinte dazu: »Gerade der Lehrkörper muss der Repräsentant eines demokratischen Deutschlands werden. [...] Wir dulden kein Verkriechen hinter Spezialistentum. Da aber ... von 10–15 Lehrstühlen nur etwa 2–3 in der bisherigen Besetzung übernommen werden können, müssen wir die bisher üblichen Auswahlmethoden durchbrechen und Männer und Frauen aus dem öffentlichen Leben mit Dozentenaufgaben betrauen.«[32] Schließlich sollte drittens die Studentenschaft, das wichtigste Reservoir der neuen Intelligenz, anders als bisher zusammengesetzt sein. »Man muss hier ganz klein anfangen, man muss die

---

30 Protokoll über die Sitzung des Jugendausschusses am 23.10.1945. SAPMO B-Arch, DY 30, IV 2/16/5, Bl. 56.
31 Ebenda.
32 Ebenda.

Struktur der Studentenschaft von unten her gründlich ändern.«[33] Einig waren sich die meisten Funktionäre darin, daß die Studenten in den »letzten 100 Jahren« stets »auf der Seite der Reaktion« gestanden hätten. Da den meisten kommunistischen Funktionären eigene Universitätserfahrungen fehlten, ist ihre geradezu verächtliche Ablehnung der Studenten, die sich bis 1945 nur zu zwei bis vier Prozent aus der Arbeiterschaft rekrutierten,[34] erklärbar. Einige Wochen später meinte etwa im selben Ausschuß ein anderes Mitglied: »Die Masse der Studenten ist unausgeglichen, und viele kommen nicht zum Studium aus innerer Berufung, sondern aus Furcht vor praktischer Arbeit.«[35]

Diese drei Hauptaufgaben stehen zunächst im Mittelpunkt der Betrachtung.

Die »Säuberung« des Lehrkörpers

Am 4. September 1945 erließ der Oberste Chef der SMAD den Befehl Nr. 50, der der »Neuaufnahme der Lehr- und Forschungstätigkeit der Hochschulen« in der SBZ galt.[36] Die sowjetische Militärregierung befahl, daß alle Hochschulen Angaben über ihren Personalbestand zu machen hätten und daß die Hochschulen nur nach dem ausdrücklichen Befehl des Obersten Chefs der SMAD eröffnet werden dürften. Am 30. September erließ die Deutsche Zentralverwaltung für Volksbildung »grundlegende Hinweise über die Zulassung zum Studium«.[37] Die deutschen Funktionäre legten fest, daß bisher Benachteiligte auch ohne Reifezeugnis zum Studium zugelassen werden könnten, daß Personen, die in der NSDAP, in einer ihrer Gliederungen oder Wehrmachtsoffiziere waren, vom Studium prinzipiell ausgeschlossen bleiben und daß dem Studium »ein Kursus zur demokratischen Erziehung« vorausgeht, der »mindestens 20 Stunden« umfassen sollte.[38] Die Zulassungsarbeit sollte sich »in erster Linie von dem Grundsatz leiten lassen, dass die neuen Studenten den Grundstock für eine demokratische Intelligenz bilden müssen«.[39] Die Zentralverwaltung legte außerdem in neuen Bestimmungen über die Zulassung zum Studium am 12. Dezember 1945 fest, daß Verfolgte des Hitlerregimes, Arbeiter, Bauern sowie deren Kinder bevorzugt zu behandeln seien.[40]

---

33 Ebenda, Bl. 57.
34 Vgl. z. B. Jarausch: Deutsche Studenten, S. 134, 176–187.
35 Protokoll über die Sitzung des Zentral-Jugendausschusses am 15.1.1946. SAPMO B-Arch, DY 30, IV 2/16/5, Bl. 1.
36 Abgedruckt bei Handel/Köhler (Hrsg.): Dokumente zur Sowjetischen Militäradministration in Deutschland, S. 18–19.
37 DZfV, Grundlegende Hinweise über die Zulassung zum Studium an Universitäten und Hochschulen, 20.11.1945. SAPMO B-Arch, DY 30, IV 2/904/697, Bl. 5–8 (vom 30.9.1945!).
38 Ebenda, Bl. 8.
39 Ebenda, Bl. 7.
40 Ammer: Universität zwischen Demokratie und Diktatur, S. 10. Zu den Zulassungsphasen vgl. auch Müller/Müller: »... stürmt die Festung Wissenschaft!«, S. 75–86.

Am 15. Oktober 1945 eröffnete die Universität Jena als erste ostdeutsche Hochschule feierlich ihre Pforten.[41] Der Chef der SMA Thüringen, Generaloberst W. I. Tschuikow, nahm am Festakt teil und hielt selbst eine Ansprache.[42] Allerdings verfügte die SMAD am nächsten Tag die erneute Schließung der Universität,[43] weil entsprechend dem Befehl Nr. 50 keine offizielle Befugnis für die Eröffnung vorlag. Die folgte erst zum 1. Dezember 1945,[44] der Lehrbetrieb begann am 3. Dezember 1945.

Nach der Universität Jena eröffnete am 20. Januar 1946 die Berliner Universität den Lehrbetrieb.[45] Am 1. Februar folgte Halle, am 5. Februar Leipzig, am 15. Februar Greifswald und schließlich am 25. Februar Rostock.[46]

Der Lehrbetrieb blieb allerdings auf einige Fakultäten beschränkt. Insgesamt verloren die sechs ostdeutschen Universitäten fünfundsiebzig Prozent ihrer Professoren und achtzig Prozent ihrer Dozenten.[47] Dazu trug wesentlich die Entnazifizierung bei, die an den Universitäten in zwei Etappen erfolgte.[48] Vom Lehrkörper wurden an den Hochschulen der SBZ 837 Lehrende entfernt. »An der Universität Leipzig z. B. blieben von 222 Professoren und Dozenten zur Wiedereröffnung nur 52 übrig, in Rostock verblieben 47, in Greifswald 46, in Halle gar nur 40.«[49] Die sowjetischen Besatzer hatten offenbar vorgegeben, daß maximal zwei Prozent der ehemaligen NSDAP-Mitglieder an den Universitäten verbleiben könnten.[50] Auch die Berliner Universität entließ die meisten ehemaligen NSDAP-

---

41 Vgl. ausführlich dazu Heinemann: Die Wiedereröffnung der Friedrich-Schiller-Universität Jena im Jahre 1945; dazu mit berechtigter Kritik John: Anmerkungen; sowie Ders.: »Nur aus dem Geistigen kann eine Wiedergeburt kommen«.
42 Abgedruckt bei Handel/Köhler (Hrsg.): Dokumente zur Sowjetischen Militäradministration in Deutschland, S. 23–24.
43 Krönig/Müller: Anpassung, Widerstand, Verfolgung, S. 24, Anm. 28.
44 Abgedruckt bei Handel/Köhler (Hrsg.): Dokumente zur Sowjetischen Militäradministration in Deutschland, S. 27–28, sowie bei John: »Nur aus dem Geistigen kann eine Wiedergeburt kommen«.
45 Zum Problem *Wiedereröffnung – Neueröffnung* der Berliner Universität und dem damit verbundenen Unterstellungsverhältnis vgl. Lönnendonker: Freie Universität Berlin, S. 105–107; Schneider: Berlin, der Kalte Krieg und die Gründung der Freien Universität, S. 45–46.
46 Vgl. die entsprechenden Befehle bei Handel/Köhler (Hrsg.): Dokumente zur Sowjetischen Militäradministration in Deutschland, S. 28–35. In den letzten Jahren sind zu den meisten Universitäten sowie zur TH Dresden erste neuere Darstellungen für die Nachkriegszeit erschienen. Außerdem fanden an allen Universitäten wissenschaftliche Konferenzen bzw. Festveranstaltungen statt, auf denen die ersten Nachkriegsjahre an den jeweiligen Universitäten thematisiert und auf denen die Opfer gewürdigt wurden. Auf bibliographische Angaben wird hier verzichtet.
47 Vgl. Naimark: The Russians in Germany, S. 442–443.
48 Vgl. grundsätzlich zur Problematik Welsh: Revolutionärer Wandel auf Befehl?; Dies.: »Antifaschistisch-demokratische Umwälzung« und politische Säuberung in der sowjetischen Besatzungszone Deutschlands; Rößler (Hrsg.): Die Entnazifizierungspolitik der KPD/SED; Vollnhals (Hrsg): Entnazifizierung.
49 Dietrich: Politik und Kultur in der Sowjetischen Besatzungszone, S. 43.
50 Vgl. Timofejewa: Die deutsche Intelligenz, S. 25.

Mitglieder.[51] Von insgesamt 497 Professoren, die im Wintersemester 1944/45 lehrten, entließ die Universität 349.[52] Es durften belastete Universitätsangehörige nur dann weiterbeschäftigt werden, wenn sie keine Berührung mit Studenten hatten, nicht aktiv in der NSDAP tätig und ihre Arbeit unentbehrlich für den Gesamtbetrieb und sie »selbst unersetzlich« waren.[53] Die Kündigung aller NSDAP-Mitglieder mit den genannten Ausnahmen erfolgte unter Strafandrohung: »Sollte in einem Institut dieses bis zum 31. 12. 1945 nicht geschehen sein, hat der für seine Entlassung zuständige Sachbearbeiter mit fristloser Entlassung wegen Pg-Begünstigung zu rechnen.«[54] Noch 1949 wies die Sollplanung des Lehrkörpers in der SBZ einen offenen Bestand von 788 Lehrkräften auf, was einer Unterbesetzung von 38,9 Prozent entsprach.[55] Allerdings kamen dazu mittlerweile Lehrkräfte, die zwar die Entnazifizierung überstanden hatten, aber nun wegen ideologischer Gründe oder einfach nur wegen ihrer bürgerlichen Herkunft vertrieben wurden bzw. von selbst in die Westzonen abwanderten. Das wiegt um so schwerer, da seit 1947 im Zuge der Entnazifizierung entlassene Hochschullehrer wieder eingestellt wurden.[56]

Die KPD versuchte frühzeitig, die entstandenen Lücken durch eigene Kräfte zu schließen. Unterstützung fand sie dabei bei ihren sowjetischen Genossen.[57] Die KPD-Leitung Leipzigs meldete der Landesleitung im Februar 1946, die SMA Dresden hätte versprochen, »daß alle Vorschläge für Professoren und Dozenten, die wir machen würden, berücksichtigt würden«.[58] Wenn man bedenkt, daß den Kommunisten 1945 nur wenige akademisch vorgebildete Personen zur Verfügung standen, dann erstaunen folgende Zahlen vom Februar 1947. Danach waren an der Universität Greifswald von »ca. 40 Professoren« 24 in der SED (= 60%). In Rostock waren von 69 Dozenten 20 in der SED (= 29%), in Leipzig von 120 Dozenten 24 (= 20%) und in Jena von 97 Dozenten 22 (= 23%).[59] Lediglich

---

51 UA der HUB, Nr. 63 (Rektorat).
52 Neue Zeit vom 17.7.1946.
53 Abt. Volksbildung des Magistrats von Berlin an Präsident der DAW, Johannes Stroux, 7.1.1946. UA der HUB, Nr. 76 (Rektorat), Bl. 10.
54 Magistrat der Stadt Berlin an Universität Berlin, 21.12.1945. Ebenda, Bl. 15.
55 Dietrich: Politik und Kultur in der Sowjetischen Besatzungszone, S. 174.
56 Offensichtlich jedoch bedeutend weniger als bisher angenommen. Zumindest für Leipzig belegt dies Feige: Zur Entnazifizierung des Lehrkörpers an der Universität Leipzig, S. 807.
57 Vgl. allgemein zur Kultur- und Hochschulpolitik der SMAD Dietrich: »... wie eine kleine Oktoberrevolution ...«; Feige: Aspekte der Hochschulpolitik der Sowjetischen Militäradministration; sowie spez. zu Sachsen Haritonow: Sowjetische Hochschulpolitik.
58 KPD Leipzig an Bezirksleitung Sachsen, 19.2.1946. SAPMO B-Arch, DY 30, IV 2/904/697, Bl. 193.
59 Bericht der SED-Hochschultagung vom 14./15. Februar 1947. Ebenda, IV 2/904/6, Bl. 9–11. Diese Zahlen harmonieren mit Angaben vom November 1946: Bericht über die Sitzung der Betriebsgruppenleiter der Universitäten Berlin, Jena, Rostock, Greifswald, Leipzig und Halle am 22. und 23. November 1946 in Halle. Ebenda, IV 2/904/456, Bl. 7–9.

an der Berliner Universität waren von 320 Dozenten nur 30 in der SED (= 9%), dagegen in der LDP, der CDU und der SPD deutlich mehr.[60] Diese Angaben stellen nur Richtwerte dar.[61] Vor allem die Zahl für Greifswald scheint kaum glaubwürdig zu sein. Vom Oktober 1948 existieren Angaben, wonach von 106 Professoren und Dozenten in Greifswald »etwa 25 zur SED« (= 24%) gehörten.[62] Zu Leipzig gibt es andere Angaben für das Frühjahr 1947, wonach von 198 Lehrkräften 34 Mitglied der SED (= 17%) waren.[63] Dennoch sind diese Zahlen in ihrer Tendenz überraschend hoch. Sie gewinnen noch an Gewicht, wenn man sich den Anteil der SED-Mitglieder an der Gesamtbevölkerung verdeutlicht. Die SED-Mitglieder waren an den Hochschulen schon 1947 im Vergleich zum damaligen Gesamtanteil der SED-Mitglieder an der arbeitsfähigen Bevölkerung einschließlich der Rentner, der bei rund zwölf Prozent lag,[64] im Durchschnitt deutlich überrepräsentiert.[65] Obwohl der Anteil der SED-Mitglieder am Lehrkörper in den ersten Jahren schwankte, verwandelten sich die Universitäten und Hochschulen vergleichsweise, wenn auch zeitlich deutlich der Polizei, dem Sicherheitsapparat, dem Volksbildungswesen und dem Justizwesen nachgeordnet, in Hochburgen der SED. Insofern kann bezüglich der Lehrerschaft an den Hochschulen festgestellt werden, daß der soziale und der politische Umwälzungsprozeß direkt nach Kriegsende einsetzte. Die Entnazifizierung wirkte sowohl als politische Säuberung als auch als Aufstiegsschleuse für eine neue soziale und politische Elite.[66]

Eine neue Studentenschaft
Die Rekrutierung der Studierenden erwies sich als unkomplizierter. Hier war das potentielle Reservoir ungleich größer, zumal auf Bewerber zurückgegriffen werden konnte, denen das Abitur fehlte. Im ersten Nachkriegssemester, im Wintersemester 1945/46, studierten an den sechs Universitäten der SBZ 8.171 Männer und Frauen.[67] Als sich zwischen 1933 und 1945 die Zahl der Studierenden in Friedenszeiten dem tiefsten Stand

---

60 Protokoll der SED-Hochschultagung vom 14./15. Februar 1947. Ebenda, IV 2/904/6, Bl. 21.
61 Naimark gibt für Leipzig 23 % sowie zusätzlich für die TH Dresden 19 % und für die Bergakademie Freiberg 6 % an. Er interpretiert diese Zahlen als gering; vgl. Naimark: The Russians in Germany, S. 445.
62 Stefan Heymann: Lage an der Universität Greifswald, vertraulich (Oktober 1948). SAPMO B-Arch, DY 30, IV 2/904/462, Bl. 158.
63 Feige: Zur Entnazifizierung des Lehrkörpers an der Universität Leipzig, S. 807.
64 Vgl. Kowalczuk: »Wir werden siegen, weil uns der große Stalin führt!«, S. 180.
65 Damit sollen die Unterschiede zwischen den verschiedenen Fakultäten, Universitäten und Hochschultypen nicht nivelliert werden. Errechnet nach: Abt. Parteiorgane, Zum weiteren Wachstum unserer Partei, 5. Mai 1961. SAPMO B-Arch, DY 30, IV 2/5/35, Bl. 460.
66 Vgl. auch die Untersuchung von Feige: Zur Entnazifizierung des Lehrkörpers an der Universität Leipzig.
67 Übersicht über die Studierenden an den Universitäten und Hochschulen 1945/46–1949/50. SAPMO B-Arch, DY 30, IV 2/904/456, Bl. 167–168.

näherte, gab es an denselben Universitäten 15.001 Studierende.[68] Dieser Wert konnte erst im Wintersemester 1947/48 überboten werden, als einschließlich der Technischen Hochschule Dresden (1.125 Studenten) und der Bergakademie Freiberg (187 Studenten) insgesamt 19.132 Studierende an den acht Hochschuleinrichtungen immatrikuliert waren. Die Rangfolge der Universitäten nach der Zahl der Studenten führte Berlin an, gefolgt von Leipzig, Halle, Jena, Rostock und Greifswald.[69] Die Zahl der wieder- oder neueröffneten Hochschuleinrichtungen in der SBZ wuchs von sechs im Februar 1946 auf 21 im Jahr 1951 und schließlich 46 im Jahr 1954. An den 21 Hochschulen studierten 1951 27.822 Direktstudenten.[70]

Aufschlußreicher als die absoluten Zahlen der Studenten sind Angaben über die Parteizugehörigkeit und die soziale Herkunft. Anton Ackermann forderte 1947, daß die SED nicht nur »die soziale Zusammensetzung der Hörerschaft der Hochschulen« verändern muß, »wichtiger noch ist, daß diese neuherangebildete Intelligenz auch im Geiste einer neuen Ideologie, im Geiste des wissenschaftlichen Sozialismus erzogen und geschult wird«.[71] Noch stärker als bei den Lehrkräften war es der SED gelungen, eigene Kader zu immatrikulieren. Schon am 8. Oktober 1946 wandten sich deshalb die Berliner Landesverbände der CDU, LDP und SPD mit einem gemeinsamen Schreiben an Paul Wandel, den Präsidenten der Deutschen Zentralverwaltung für Volksbildung, um gegen die »sehr einseitigen parteipolitischen Gesichtspunkte« zu protestieren, die bei der Auswahl der Hochschulbewerber zum Tragen kamen.[72] Wandel wies die Vorwürfe »mit allem Nachdruck« zurück.[73] Wie sehr dieser Einwand berechtigt war, zeigen folgende Zahlen.

68 Statistisches Jahrbuch für das Deutsche Reich 1937, S. 582.
69 Greifswald hatte lediglich im ersten Jahr mehr Studenten als Rostock. DZfV, Vergleich in der sozialen Schichtung Wintersemester 1946/47 zu 1947/48, o. D. SAPMO B-Arch, DY 30, IV 2/904/456, Bl. 83–84.
70 Statistisches Jahrbuch der DDR 1955, S. 65.
71 Stenographische Niederschrift über die Hochschulkonferenz der SED am 13./14.9.1947. SAPMO B-Arch, DY 30, IV 2/904/6, Bl. 72.
72 Landesverbände der CDU, LDP und SPD an den Präsidenten der DZfV, 8.10.1946 (Abschrift). Ebenda, IV 2/904/457, Bl. 1; vgl. auch Conelly: East German Higher Education Policies, S. 267 (der den Brief allerdings nach Tent auf den 10. Oktober datiert).
73 Der Präsidenten der DZfV an die Landesverbände der CDU, LDP und SPD, 14.10.1946. SAPMO B-Arch, DY 30, IV 2/904/457, Bl. 3. Wandel ließ es sich nicht nehmen, den Verantwortlichen der SED, Josef Naas, am 17.10.1946 von den beiden Schreiben zu unterrichten; vgl. ebenda, Bl. 2. Dieser wiederum antwortete öffentlich (ND vom 16.10.1946).

Anteil der SED-Mitglieder in der Studentenschaft 1946 bis 1947 (in Prozent)

Universität	Juli 1946[74]		November 1946[75]	Februar 1947[76]	Dezember 1947[77]
	KPD	SPD	SED	SED	SED
Berlin	4,9[78]	5,3	9,8	10,0	8,8
Leipzig[79]	4,3	10,9	48,0	55,5	42,3
Halle[80]	5,0	9,8	34,8	50,0	?
Jena	2,2	5,4	30,7	32,5	37,0
Greifswald	9,4[81]	–	16,0	16,5	21,3
Rostock	9,9	–	21,0	16,5	27,1

An den anderen Hochschulen war der Anteil der SED-Studenten ähnlich hoch. Im Dezember 1947 waren von den Studierenden an der Technischen Hochschule Dresden und der Bergakademie Freiberg jeweils vierzig Prozent in der SED.[82] Die anderen Parteien konnten bei diesen SED-Anteilen nicht mithalten. Während sie bei der Eröffnung der Universitäten teilweise deutlich höhere Prozentpunkte aufzuweisen hatten, waren sie trotz teilweise zehnprozentiger Anteile schon 1946 deutlich in der Minderheit.[83] Die Mitgliedschaft in den Blockparteien war zudem nur anfänglich hoch. Das hing damit zusammen, daß deren hochschulpolitische Protagonisten strafrechtlich verfolgt, teilweise hingerichtet bzw. zu hohen Zuchthaus- und Lagerstrafen verurteilt und die Parteien partiell verboten worden waren.

Der rasche Umbauprozeß der Universität manifestiert sich nicht nur in der Parteizugehörigkeit der Studierenden, sondern ebenso in ihrer sozialen Herkunft. Während am Ende des nationalsozialistischen Regimes etwa zwei bis drei Prozent der Studierenden ihrer sozialen Herkunft nach aus

---

74 DZfV, Statistik des Besuches der wissenschaftlichen Hochschulen in der sowjetisch besetzten Zone, 18.7.1946. BAP, R 2, 865, Bl. 23–44, sowie die Zahl für Berlin: Immatrikulierte Hörer der Universität Berlin, 19.3.1946. Ebenda, Bl. 7.
75 Nach Conelly: East German Higher Education Policies, S. 270. Die Zahlen für Leipzig und Greifswald nach: Bericht über die Sitzung der Betriebsgruppenleiter der Universitäten am 22. und 23. November 1946 in Halle. SAPMO B-Arch, DY 30, IV 2/904/456, Bl. 7–9.
76 Bericht der SED-Hochschultagung vom 14./15. Februar 1947. Ebenda, IV 2/904/6, Bl. 9–11. Die Zahl für Berlin nach: Protokoll der SED-Hochschultagung vom 14./15. Februar 1947. Ebenda, Bl. 21.
77 Nach: Ebenda, NY 4182/933, Bl. 142–151.
78 Die Zahlen sind vom März 1946.
79 Die Angaben für Leipzig bestätigt auch ein SED-Historiker, der die Zahl der SED-Studenten Mitte 1948 mit 45,1 Prozent angibt; vgl. Feige: Gründung und Rolle des Franz-Mehring-Instituts, S. 516.
80 Nur unwesentlich andere Zahlen gibt an Rupieper: Wiederaufbau und Umstrukturierung, S. 110.
81 Die Angaben für Rostock und Greifswald beziehen sich auf die SED.
82 SAPMO B-Arch, NY 4182/933, Bl. 142–151.
83 Vgl. Conelly: East German Higher Education Policies, S. 270.

der Arbeiterschaft kamen, studierten im Wintersemester 1946/47 an den sechs ostdeutschen Universitäten 17 Prozent und ein Jahr später bereits 28 Prozent Arbeiter- und Bauernkinder.[84] Das proklamierte Ziel der SED, mindestens fünfzig Prozent der Studentenschaft aus Arbeiter- und Bauernkindern zu rekrutieren, gelang aber erst 1954 (53 %).[85] Wenn die soziale Herkunft sich auch bis 1989 als eine Aufstiegsschleuse erwies, blieb der Anteil der Arbeiter- und Bauernkinder an der Studentenschaft nach 1964 stets, teilweise beträchtlich, unter 50 Prozent.[86] In den ersten Jahren hing das damit zusammen, daß nur wenige Arbeiter- und Bauernkinder studieren wollten. Soziale Schwellenängste erwiesen sich als wichtigste Hinderungsgründe. Dem konnte die SED-Führung nur bedingt durch Werbefeldzüge entgegenwirken.[87]

Vor allem die Universitäten in Leipzig und Jena erreichten schnell einen Arbeiteranteil von über zwanzig Prozent bei den Studierenden.[88] Die anderen Universitäten dagegen mußten sich in den ersten Semestern teilweise mit einem Anteil von unter zehn Prozent begnügen.[89] In diesem Zusammenhang ist die Beobachtung des Historikers Fritz Hartung interessant, der seinem Kollegen Hermann Heimpel 1948 schrieb, warum er seine Tätigkeit an der Ostberliner Universität niedergelegt hat:[90] »... man untergräbt unsere Lehrtätigkeit von unten her, indem man ganz einseitig nur oder fast nur Söhne von Arbeitern u[nd] Bauern immatrikuliert, die Kinder von akademisch Gebildeten aber grundsätzlich zurücksetzt. [...] Aber auch unter den Arbeiterkindern ist die Auswahl sehr einseitig, man sagt Arbeiter oder Bauer (deren Söhne melden sich kaum) u[nd] meint SED.«[91] Der Berliner Historiker sprach tatsächlich ein Kardinalproblem an, welches, wenn auch aus anderen Gründen, die SED-Funktionäre häufig beschäftigte.

Die Richtlinie war eindeutig: Um »die Universität zu einer Volksuniversität« zu machen, müsse das »Mindestsoll für unsere Partei« vierzig

---

84 DZfV, Vergleich in der sozialen Schichtung Wintersemester 1946/47 zu 1947/48, o. D. SAPMO B-Arch, DY 30, IV 2/904/456, Bl. 83–84.
85 Stallmann: Hochschulzugang in der SBZ/DDR, S. 307.
86 Geißler: Die Sozialstruktur Deutschlands, S. 227.
87 Die Materialien, Anweisungen, Richtlinien, Propagandamaterialien usw. zur Förderung und Werbung des Arbeiter- und Bauernstudiums füllen umfangreiche Aktenbände. Z. B. SAPMO B-Arch, DY 30, IV 2/904/465, Bl. 374–474.
88 Eine detaillierte Aufschlüsselung nach den Universitäten für die ersten drei Jahre findet sich bei Conelly: East German Higher Education Policies, S. 270.
89 Auch hier existieren unterschiedliche Angaben: DZfV, Vergleich in der sozialen Schichtung Wintersemester 1946/47 zu 1947/48, o. D. SAPMO B-Arch, DY 30, IV 2/904/456, Bl. 83–84; Soziale Zusammensetzung der Studenten an den Universitäten der SBZ im WS 1946/47. Ebenda, NY 4182/933, Bl. 201.
90 Zu den Biographien vgl. Schochow: Ein Historiker in der Zeit; Boockmann: Der Historiker Hermann Heimpel.
91 Fritz Hartung an Hermann Heimpel, 20.12.1948. AVHD, MPI. Ähnliche Beobachtungen und Erlebnisse schilderten viele andere Wissenschaftler, auch Historiker.

Prozent Parteimitglieder unter den Studierenden sein.[92] Allein dieser Anspruch deutete darauf hin, daß die Auswahl nach parteipolitischen Kriterien erfolgte, die aber wiederum nur schematisch gehandhabt werden konnten. Dementsprechend hoch waren in den ersten Jahren die Klagen über den ideologischen Zustand der »Arbeiter- und Bauernstudenten«. Als sich am 11. und 12. Februar 1948 der SED-Parteivorstand zum ersten Mal ausführlich auf einer Sitzung mit dem Verhältnis der SED zur Intelligenz beschäftigte,[93] stellte der Hauptredner, Paul Wandel, fest, daß die »bürgerlichen Ideologien, auch reaktionärer Professoren, auf große Massen der Studenten bis tief in unsere Reihen« wirken und daß »eine Verbürgerlichung der Arbeiter- und Bauernstudenten« zu beobachten sei.[94] Die Formel von der »geistigen Verbürgerlichung«, die auf der Tagung auch Alexander Abusch aufnahm[95] und Anton Ackermann schon 1947 benutzt hatte,[96] war fortan eine der Parolen im Kampf gegen unbotmäßige Anschauungen und Haltungen. Hier zeigte sich, daß intern die SED-Funktionäre unmißverständlich ihre wahren Absichten äußerten. Denn in der Öffentlichkeit sprachen sie zu diesem Zeitpunkt stets von einem Nebeneinander verschiedener Ideologien, ein Bekenntnis ohne Grundlage. Zudem verdeutlichte die Parole das Dilemma, vor dem die SED-Funktionäre standen: Offensichtlich verhielten sich diejenigen, von denen sie angenommen hatten, sie seien die wichtigsten Anhänger der SED-Politik, nicht entsprechend ihren Vorstellungen.

Ein Jahr später faßte Ackermann ungewöhnlich offen vor Parteifunktionären die Ziele der Hochschulpolitik zusammen, wobei er die Aussage Hartungs bestätigte. Der Redner betonte erneut, »dass ohne die Schaffung einer neuen Intelligenz keine der grundlegenden Aufgaben unseres demokratischen Neuaufbaus gelöst werden kann«.[97] Ackermann behauptete, daß außer in Berlin an den Universitäten zumeist über fünfzig Prozent Arbeiter- und Bauernkinder studierten. Er selbst bekam Zweifel, ob diese Zahlen stimmen: »Nach diesen rein zahlenmässigen Angaben müssten wir überall an den Universitäten, mit Ausnahme von Berlin, feste Mehrheiten haben ... Ihr alle wisst, dass das nicht der Fall ist ...«[98] Allerdings könne dies nur ideologische Gründe haben, denn offensichtlich seien »nicht die

---

92 KPD-Betriebsgruppe, Landesverwaltung Sachsen an Bezirksleitung Sachsen, 8.2.1946. SAPMO B-Arch, DY 30, IV 2/904/697, Bl. 33. Hier für die Vorstudienschüler gemeint.
93 Vgl. Intellektuelle und Partei. Entschließung des Parteivorstandes vom 11. Februar 1948, in: Dokumente der SED. Band 1, S. 275–279.
94 7. (21.) Tagung des PV der SED, 11./12.2.1948. SAPMO B-Arch, DY 30, IV 2/1/40, Bl. 72.
95 Ebenda, Bl. 223–224.
96 Anton Ackermann benutzte diese Formel am 13. September 1947. Stenographische Niederschrift über die Hochschulkonferenz der SED am 13./14.9.1947. Ebenda, IV 2/904/6, Bl. 71.
97 Stenographische Niederschrift des Referats des Genossen Anton Ackermann auf der Arbeittagung über die Frage der Auswahl und Zulassung zum Hochschulstudium, 6.5.1949. Ebenda, IV 2/101/111, Bl. 1.
98 Ebenda, Bl. 2.

richtigen Arbeiter- und Bauernstudenten ausgewählt worden«.[99] Der Grund liege darin, daß bisher nach formalen Gesichtspunkten vorgegangen worden sei. Das müsse verändert werden. Die Wandlung könne nur darin liegen, daß die Partei noch stärker innerhalb dieser Schichten vertreten sei. »Vor allen Dingen, was wir bereits im vorigen Jahr erstrebten und deutlich genug gesagt haben, war, dass ein wirkliches Parteiaufgebot mobilisiert werden sollte, d. h. dass genau so, wie die Partei gut ausgewählte und geprüfte Genossinnen und Genossen auf ihre Parteischulen schickt, genau so müssen auch die Bewerber und Kandidaten für die Aufnahme an den Universitäten und Hochschulen durch die Partei mobilisiert, von ihr bestimmt und überprüft werden.«[100] Unumwunden erklärte Ackermann, daß von diesem »Parteiaufgebot von Arbeiter- und Bauernkindern« in der Öffentlichkeit »nicht viel oder besser gar nicht« gesprochen werden sollte.[101] Deutlich stellte der SED-Ideologe heraus, daß an einer Universität nur diejenigen studieren dürften, die die SED überprüft hätte.[102] Zu den von Semester zu Semester modifizierten Richtlinien über die Zulassung zum Studium meinte er, daß es klar sei, daß in den Richtlinien »nicht alles« festgehalten werden könne.[103] Denn natürlich sei es unstrittig, daß ein Parteifunktionär stets als Arbeiter gelte und dessen Kinder demzufolge als Arbeiterkinder.[104] Ackermann verdeutlichte ebenso, daß die Begriffe *Arbeiter* und *Bauer* nicht statisch zu handhaben seien. Vielmehr entscheide letztlich das gesellschaftliche Engagement über die Zuordnung des einzelnen. Demgegenüber zählten Söhne von Großbauern zum Beispiel »zu jenen Kreisen, die in erster Linie vom Hochschulstudium ferngehalten werden müssen«.[105] Schließlich stellte er fest, daß das »Hauptreservoir, soweit es sich um die jüngeren Genossinnen und Genossen handelt«, diejenigen sind, die eine der »über hundert Kreisparteischulen«, eine der »zehn grossen Landesparteischulen« oder »unsere Parteihochschule Karl-Marx« besucht haben.[106] Prinzipiell sei anzustreben, daß alle SED-Mitglieder *lückenlos* vor Beginn des Studiums Parteilehrgänge absolviert haben müßten. »Alle übrigen Bewerber, die nicht Mitglieder unserer Partei sind, sollen möglichst durch eine Schule der Massenorganisationen, der FDJ oder des FDGB, laufen, bevor sie auf die Hochschule gehen.«[107]

Die Taktik der Kommunisten könnte kaum eindrucksvoller als mit Ackermanns Ausführungen belegt werden.

---

99 Ebenda (Hervorhebung v. Verf.).
100 Ebenda, Bl. 4.
101 Ebenda.
102 Ebenda, Bl. 6.
103 Ebenda, Bl. 8.
104 Ebenda.
105 Ebenda, Bl. 6–7.
106 Ebenda, Bl. 5.
107 Ebenda, Bl. 13.

Der strukturelle Umbau der Hohen Schulen
Das von Ackermann beschworene Ziel konnte nicht realisiert werden. Allerdings deutet seine Rede auf eine hochschulpolitische Dimension hin, die bisher zumeist übersehen wurde. Denn die Hochschullandschaft der SBZ/DDR wäre nur unzureichend behandelt, wenn die Hochschulen und Schulen der SED, der Blockparteien, der Massenorganisationen, der Polizei, Armee und des Geheimdienstes ausgeblendet blieben. Auch wenn dieses Desideratum der Forschung nur benannt werden kann, sei darauf hingewiesen, daß solche Einrichtungen wie die SED-Parteihochschule »Karl Marx« (gegründet 1946) nicht nur dazu dienten, die *parteiischste* Intelligenz zu rekrutieren, sondern zugleich – in den ersten Jahren besaßen sie zum Beispiel noch kein Promotions- oder Habilitationsrecht – die SED-Studenten sowohl auf das *reguläre* Studium vorbereiteten als auch eine ideologische *Nachbereitung* ermöglichten. Neben der Parteihochschule waren die SED-Bezirksparteischulen, das Institut (später Akademie) für Gesellschaftswissenschaften beim ZK der SED (1951), das Marx-Engels-Lenin(-Stalin)-Institut beim ZK der SED (später Institut für Marxismus-Leninismus) (1947),[108] die Gewerkschaftshochschule (1950), das Deutsche Institut für Zeitgeschichte (1946), die Deutsche Akademie für Staats- und Rechtswissenschaft (Vorläufer 1947, 1952), das Deutsche Pädagogische Zentralinstitut (1949), die Jugendhochschule der FDJ (1946) sowie die Hochschulen des Ministeriums für Staatssicherheit,[109] der Deutschen Volkspolizei und des Ministeriums des Innern, später auch der NVA, von besonderer Bedeutung.

Allerdings beschränken sich die Neugründungen nicht nur auf außeruniversitäre Hochschulen oder auf neue wissenschaftliche Spezialhochschulen, sondern die SED griff ebenso in die bisher übliche Universitätsstruktur durch Veränderungen ein.[110] Vor allem drei Veränderungen bewirkten erhebliche Strukturverschiebungen. Erstens verlangte die Forderung nach fünfzig Prozent Arbeiter- und Bauernkindern unter den Studierenden nach Möglichkeiten, diese zumeist ohne Reifezeugnis zur Universität gelangenden Bewerber auf das Studium vorzubereiten. Dafür richtete die SED-Führung seit Anfang 1946 sogenannte »Vorsemester« bzw. »Vorstudienanstalten« nicht nur an Hochschulstandorten[111] ein. An diesen »Anstalten« erwarben die Lehrgangsteilnehmer eine Zugangsberechtigung zur Hochschule. Im Oktober 1949 gliederte die SED-Führung

---

108 Vgl. Institut für Marxismus-Leninismus beim ZK der SED.
109 Vgl. Fricke: Die DDR-Staatssicherheit, S. 195–197; Förster: Die Juristische Hochschule des MfS, S. 27–40.
110 Die Vorbildwirkung der sowjetischen Entwicklung wird deutlich; vgl. Beyrau: Intelligenz und Dissens.
111 KPD-Bezirksleitung Sachsen an alle Kreisleitungen, 8.2.1946. SAPMO B-Arch, IV 2/904/697, Bl. 9–12.

diese Einrichtungen als »Arbeiter-und-Bauern-Fakultäten« in die Universitäten ein, wo sie zumeist bis in die sechziger Jahre verblieben.[112]
Die Bedeutung kann nicht hoch genug veranschlagt werden. Sie waren insofern innovative Einrichtungen, als hiermit eine soziale Mobilitätsschleuse installiert wurde, die tatsächlich einen beträchtlichen Teil der Funktionseliten hervorbrachte. Die SED beanspruchte von vornherein die Führung dieser Fakultäten. Studenten, die sich hier auf die Universität vorbereiteten, waren privilegiert, weil sie höhere Stipendien erhielten als ihre *normalen* Kommilitonen. Allerdings waren sie in den ersten Nachkriegsjahren zumeist auch deutlich älter als diese. Auffällig an den Vorstudienanstalten und Arbeiter-und-Bauern-Fakultäten war eine hohe Fluktuationsziffer unter den Studenten. Von den 1.187 Vorstudienschülern beispielsweise, die zwischen 1946 und 1948 in Jena den Hochschulzugang erlangen wollten, brachen 228 (= 19%) vorzeitig den Kursus ab. Davon waren nur sechs Prozent wegen politischer Gründe exmatrikuliert worden. 19 Prozent beendeten aus persönlicher Motivation den Lehrgang, während 60 Prozent wegen fachlicher Unzulänglichkeit aufhören mußten.[113] Ähnlich sah es bei den anderen beiden Institutionen aus, die die SED den Universitäten implantierte: zweitens die Pädagogischen und drittens die Gesellschaftswissenschaftlichen Fakultäten.

In einem Strategiepapier vom Februar 1948 mahnte die SED-Führung an, daß »im Interesse einer besseren ideologischen Beeinflussung *die Unterbringung der Vorstudienschüler, der Studenten der pädagogischen und gesellschaftswissenschaftlichen Fakultäten in Internaten* in die Wege zu leiten« sei.[114] Nichts könnte besser den Versuch der SED belegen, zumindest Teile der Universitäten in Parteieinrichtungen zu verwandeln. Dabei folgte die Gründung der Pädagogischen Fakultäten an allen sechs Universitäten, später kamen zahlreiche Pädagogische Hochschulen hinzu, dem nachvollziehbaren Interesse, eine neue Lehrerschaft heranzubilden.[115] Der Lehrbetrieb begann im Wintersemester 1946/47.[116] Neben der Ausbildung von »geeigneten Lehrern« eröffnete die Pädagogische Fakultät darüber hinaus der SED die Möglichkeit, nicht nur die Studierenden

---

112 Gegenwärtig wird an mehreren Studien über die ABF gearbeitet; vgl. bisher Lammel (Hrsg.): Dokumente zur Geschichte der Arbeiter-und-Bauern-Fakultäten.
113 SED-Landesvorstand Thüringen an SED-ZS, 19.9.1949. SAPMO B-Arch, DY 30, IV 2/904/465, Bl. 494.
114 Zentralsekretariat der SED, Entschließung über die Aufgaben und die Politik der Partei an den Hochschulen, vertraulich, 5.2.1948. Ebenda, IV 2/904/697, Bl. 105 (Hervorhebung im Original). Zu den Hintergründen vgl. Kowalczuk: Die studentische Selbstverwaltung, S. 919.
115 Vgl. zur Problematik z. B. Hohlfeld: Die Neulehrer in der SBZ/DDR; Mertens: Die Neulehrer in der SBZ/DDR; Petzold: Die Entnazifizierung der sächsischen Lehrerschaft.
116 Vgl. den entsprechenden Befehl der SMAD vom 12.7.1946, abgedruckt bei Handel/Köhler (Hrsg.): Dokumente zur Sowjetischen Militäradministration in Deutschland, S. 46–47.

nach parteipolitischen Gesichtspunkten auszuwählen, sondern ebenso die Lehrkräfte zu bestimmen. Hinzu kam, daß im Rahmen dieser Fakultäten die SED die ersten Institute bzw. Lehrstühle für Marxismus-Leninismus einrichtete.[117] Das erste »Institut für dialektischen Materialismus« überhaupt nahm seinen Betrieb am 12. Oktober 1946 an der Universität Jena auf, also noch vor der Wiedereröffnung.[118]

Ähnlich verhielt es sich mit den Gesellschaftswissenschaftlichen Fakultäten, die 1947 an den Universitäten in Leipzig, Jena und Rostock gebildet wurden.[119] Dieser Gründung ging im November 1946 die Idee der SMAD voraus, eine »Sozialistische Universität« in der SBZ zu gründen. Nach sowjetischen Vorstellungen sollte diese »Universität« aus Mitteln der SED betrieben werden und ihr auch in jeder Hinsicht unterstehen.[120] Den Vorschlag lehnten die deutschen Genossen aber ab, weil bereits die Parteihochschule existierte und nicht genügend Lehrkräfte zur Verfügung standen, um sie weiter aufteilen zu können.[121]

Die SMAD erkannte die Einwände an und schlug statt dessen vor, daß in »Leipzig alle progressiven Elemente zusammenzuziehen« seien, um dort Staatsfunktionäre auszubilden, die ein »Normaldiplom« erhalten.[122] Aus diesem Vorschlag resultierte die Schaffung von drei Gesellschaftswissenschaftlichen Fakultäten, an denen bis zu ihrer Schließung 1950 insgesamt 1.616 Studenten immatrikuliert waren.[123] Allerdings wurden die Fakultäten nicht ersatzlos gestrichen. Vielmehr erhielten 1951 alle Hochschulen der DDR Institute, die das seit diesem Jahr obligatorische gesellschaftswissenschaftliche Grundlagenstudium in der Lehre vertraten und zugleich Lehrer für Marxismus-Leninismus u. ä. ausbildeten. Hinzu kam noch, daß auch andere Fakultäten ab 1951 Ausbildungsaufgaben wahrnahmen, die zuerst die Gesellschaftswissenschaftlichen Fakultäten übertragen bekommen hatten.[124] Die eindeutige Dominanz der SED an den Gesellschaftswissenschaftlichen Fakultäten wird allein daran deutlich, daß zum Beispiel von 199 Studenten der Leipziger Fakultät 1947/48 183 der

---

117 Köhler/Kraus/Methfessel: Geschichte des Hochschulwesens der DDR, S. 25.
118 Wolf: Ein Institut für dialektischen Materialismus.
119 Vgl. den entsprechenden Befehl der SMAD vom 2.12.1946, abgedruckt bei Handel/Köhler (Hrsg.): Dokumente zur Sowjetischen Militäradministration in Deutschland, S. 56–57.
120 (Solotuchin): Vorschläge zur Organisierung der Sozialistischen Universität in der SBZ, o. D. (Oktober 1946). SAPMO B-Arch, NY 4090/559, Bl. 1–6.
121 Otto Meier: Notiz für den Vorschlag zum Aufbau der Sozialistischen Universität in der SBZ, 1.11.1946. Ebenda, Bl. 7.
122 Handschriftliche Notizen Grotewohls zu einer Besprechung mit Solotuchin am 2.11.1946. Ebenda, Bl. 9.
123 Köhler: Zur antifaschistisch-demokratischen Reform des Hochschulwesens, S. 146.
124 Zum Komplex vgl. z. B. die gegensätzlichen Darstellungen des Autors Feige: Zur Vorgeschichte der Gründung des Franz-Mehring-Instituts; Ders.: Gründung und Rolle des Franz-Mehring-Instituts; Ders.: Die Gesellschaftswissenschaftliche Fakultät an der Universität Leipzig.

SED angehörten.[125] In Jena waren es 1947 von 81 Studenten 64.[126] Die zentrale Funktion, die die SED-Führung den Gesellschaftswissenschaftlichen Fakultäten und ihren 1951 eingerichteten Nachfolgeinstitutionen an den Universitäten und Hochschulen zuwies,[127] brachte im ersten Heft der *Einheit*, im Juni 1946, ein Beitrag zum Ausdruck. Dort hieß es, daß die Lehrstühle »für wissenschaftlichen Sozialismus ... nicht nur die Aufgabe haben, marxistische Forschung zu betreiben, (sondern) sie müssen vielmehr die Zentren der Forschung überhaupt sein. Sie müssen die Forschung aller übrigen Fakultäten – ob Naturwissenschaften, Medizin, Volkswirtschaft usw. – lenken«.[128]

Schließlich darf nicht unerwähnt bleiben, daß dort, wo keine Gesellschaftswissenschaftliche Fakultät existierte, zumeist andere Fakultäten deren Funktion übernahmen. An der Berliner Universität zum Beispiel fungierte praktisch die Wirtschaftswissenschaftliche Fakultät in den ersten Jahren *auch* als Gesellschaftswissenschaftliche Fakultät. Dort lehrten nach dem Krieg Aspekte des Marxismus-Leninismus u. a. Eva Altmann, die erste Rektorin der Hochschule für Ökonomie, zeitweise Kurt Hager, Robert Naumann und vor allem Jürgen Kuczynski.[129] Die Frage, warum die Kommunisten 1947 nicht an allen Universitäten Gesellschaftswissenschaftliche Fakultäten einrichteten, ist leicht zu beantworten: Es fehlte vorerst an genügend geeigneten Lehrern. An der Greifswalder Universität gab es im Oktober 1948 keinen »philosophisch gebildeten Genossen« und »ebenso keinen für historischen Materialismus«. Intern sprachen leitende SED-Funktionäre die Drohung aus: »Wenn die Universität ihren Betrieb weiterführen soll, müssen diese beiden Fächer unbedingt besetzt werden.«[130]

Erst als die ersten Absolventen die Gesellschaftswissenschaftlichen Fakultäten verließen, konnte an die flächendeckende Vermittlung des Marxismus-Leninismus gedacht werden. Als 1951 das gesellschaftswissenschaftliche Grundlagenstudium obligatorisch für alle Studierenden wurde, erteilten zum nicht geringen Teil gerade diejenigen den Unterricht, die

---

125 Ders.: Die Gesellschaftswissenschaftliche Fakultät an der Universität Leipzig, S. 578.
126 Krönig/Müller: Anpassung, Widerstand, Verfolgung, S. 44–45.
127 Dazu auch die 5. Sitzung des Hochschulausschusses. Stenographische Niederschrift über die 5. Tagung des Zentralen Hochschulausschusses vom 12. bis 14. Juni 1948. SAPMO B-Arch, DY 30, IV 2/101/92, Bl. 68–119.
128 Ratzel: Marxismus und Forschung, S. 58. Das entsprach in der Tat den Aufgaben der Gesellschaftswissenschaftlichen Fakultäten. Z. B. DZfV, Abt. Wissenschaft, Die Gesellschaftswissenschaftlichen Fakultäten, Entwurf, 7.6.1948. SAPMO B-Arch, DY 30, IV 2/904/697, Bl. 130–133.
129 Vgl. aus SED-Sicht Duparré/Zschaler: Die Wirtschaftswissenschaftliche Fakultät der Humboldt-Universität zu Berlin; Zschaler: Zu einigen Besonderheiten bei der Gründung einer wirtschaftswissenschaftlichen Fakultät. Hinzu kommen noch die jeweiligen Dissertationen der beiden Autoren (1984 und 1985) sowie eine dritte von Christ (1982), alle an der Humboldt-Universität verteidigt.
130 Stefan Heymann: Lage an der Universität Greifswald, vertraulich, (Oktober 1948). SAPMO B-Arch, DY 30, IV 2/904/462, Bl. 158.

selbst erst Grundkenntnisse des Marxismus-Leninismus an den Gesellschaftswissenschaftlichen Fakultäten in einem zweijährigen Kursus erworben hatten.

Der Kampf gegen »Bürgerliches«
Den drei genannten Einrichtungen kam auch die Funktion zu, die bürgerliche Mehrheit an den Universitäten sowohl bei den Studierenden als auch bei den Lehrenden so schnell wie möglich zu überwinden. Die SED-Politiker bewegten sich dabei wie Seiltänzer. Einerseits benötigten sie noch die bürgerlichen Wissenschaftler, andererseits sollten diese dort, wo es möglich oder *notwendig* war, verdrängt werden.

Bei den Studierenden war dieser Prozeß relativ leicht zu kontrollieren. Mittels politisch motivierter Auswahlmethoden, die die sozialen Bildungsprivilegien begründeten, fand schon vor dem Eintritt in die Universität eine Selektion statt. An der Hochschule selbst erlangte die SED über die Studenten schnell die Hegemonie. In den SED-Betriebsgruppen dominierten bis zum Beginn der fünfziger Jahre Studenten, die den gestellten Aufgaben zumeist nicht gewachsen waren. Das zog eine offene Radikalität dieser Personengruppe nach sich, was allerdings nicht erwünscht war. Gerade das *nach außen* angestrebte Bündnis mit bürgerlichen Wissenschaftlern wurde von kommunistischen Studenten durch »rüdes« und »unnachgiebiges« Auftreten vereitelt. Es haben sich durchaus viele SED-Professoren um dieses Bündnis bemüht – allein schon wegen ihrer wissenschaftlichen Reputation. Teile der Studierenden traten jedoch als parteiischste Gruppierung an den Universitäten auf, andere als widerständigste. Obwohl es bis in die späten fünfziger Jahre an allen Hochschulen und Universitäten studentischen Widerstand, auch studentische Oppositionsgruppen, gegen die Hochschulpolitik und gegen die SED-Diktatur gab,[131] verloren die Studierenden mit der Beseitigung der demokratischen studentischen Selbstverwaltungsorgane (Studentenrat) den institutionellen Rahmen, der ihnen eine gewisse Unabhängigkeit gesichert und die Plattform geboten hatte, von der aus Opposition organisiert werden konnte.[132] Spätestens ab 1949/50 waren die Studentenräte unter Kontrolle der SED und FDJ, ehe die SED-Führung sie dann im Zuge der sogenannten II. Hochschulreform Anfang 1952 endgültig auflöste und ihre Befugnisse vollständig der FDJ übertrug.[133]

Der Gleichschaltungsprozeß der Hochschullehrer verlief ungleich kom-

---

131 Als Überblick mit der neuen Forschungsliteratur vgl. Ammer: Die Gedanken sind frei.
132 Aus der neueren Literatur vgl. dazu u. a. Conelly: East German Higher Education Policies; Feige: Die Leipziger Studentenopposition; Grunwald: Demokratie als Herrschaftsinstrument; Kowalczuk: Die studentische Selbstverwaltung; Louis: Die LDP-Hochschulgruppe an der Friedrich-Schiller-Universität Jena; verschiedene Beiträge in: Vergangenheitsklärung an der Friedrich-Schiller-Universität Jena.
133 Kowalczuk: Die studentische Selbstverwaltung, S. 924.

plizierter und vielschichtiger. Paul Wandel sah Anfang 1948 vier große Gruppen innerhalb der Intelligenz: »1. eine kleine Gruppe der sozialistischen Intelligenz ...; 2. eine ebenfalls zahlenmässig noch nicht sehr grosse Gruppe ehrlicher und suchender Anhänger einer entschlossenen Demokratisierung Deutschlands ...; 3. ... eine grössere Gruppe ..., die noch feste Bindungen an die bürgerliche Welt haben ..., die ... konservative Auffassungen vertritt ...; 4. Wir haben schließlich eine bewusst reaktionäre Gruppe ...«[134] Es galt vor allem, die ersten beiden Gruppen »zu festigen« und die dritte Gruppe daran zu hindern, »aktiv den reaktionären Kräften zu helfen«. Gegen die vierte Gruppe jedoch »muss ein entschlossener und unnachsichtiger Kampf geführt werden«.[135] Der SED-Funktionär, Physiker (und Geheimdienstagent) Robert Rompe verdeutlichte schließlich in Anlehnung an Stalin[136] das Verhältnis der SED zur bürgerlichen Wissenschaft einprägsam: »Wir müssen, glaube ich, ... (das) Problem der bürgerlichen Intelligenz so ansehen, dass wir die grosse Masse der bürgerlichen Intelligenz neutralisieren sollen, dass wir uns aber auf einige wenige Gruppen konzentrieren müssen, die wir brauchen können, die wir verdauen können ... und die zu gewinnen auch wirklich in unseren Kräften steht.«[137] Dabei unterschieden die SED-Funktionäre sehr genau. Ackermann konstatierte »eine beträchtliche Abwanderung von Intellektuellen aus der Ostzone ... Einem Teil quittieren wir das nur mit einem Lächeln; denn wenn ein reaktionärer Philosoph oder Historiker die Ostzone verlässt, so kann uns das nur freuen. Anders aber ist es, wenn es sich um Ärzte, Mathematiker, Physiker, Biologen oder gar um Techniker handelt, die wir brauchen und die für uns unersetzlich sind.«[138] Im Dezember 1950 unterstrich ein Funktionär diesen Ansatz erneut. Er fragte rhetorisch: »Warum müssen wir diese Unterscheidungen treffen?« und antwortete: »Weil die sogenannten bürgerlichen Geisteswissenschaften, diese Fächer in erster Linie, wenn auch nicht ausschließlich, eine Konzentration der reaktionären bürgerlichen Ideologie vermitteln und uns kein wirkliches Fachwissen vermitteln oder das Fachwissen, das sie uns vermitteln, uns in völlig entstellter Weise geben. Das ist bei weitem nicht so auf dem Gebiet

---

134 7. (21.) Tagung des PV der SED, 11./12. 2.1948. SAPMO B-Arch, DY 30, IV 2/1/40, Bl. 67.
135 Ebenda, Bl. 68.
136 Stalin 1931: »Selbstverständlich konnte die Sowjetmacht ... nur eine einzige Politik gegenüber der alten technischen Intelligenz verfolgen, die Politik der *Zerschmetterung* der aktiven Schädlinge, der *Differenzierung* der Neutralen und der *Heranziehung* der Loyalen.« Stalin: Neue Verhältnisse – neue Aufgaben des wirtschaftlichen Aufbaus. Rede auf der Beratung der Wirtschaftler, 23. Juni 1931, in: Ders.: Fragen des Leninismus, S. 480.
137 7. (21.) Tagung des PV der SED, 11./12.2.1948. SAPMO B-Arch, DY 30, IV 2/1/40, Bl. 215.
138 Stenographische Niederschrift des Referats des Genossen Anton Ackermann auf der Arbeitstagung über die Frage der Auswahl und Zulassung zum Hochschulstudium, 6.5.1949. Ebenda, IV 2/101/111, Bl. 9.

der Naturwissenschaften und der Medizin.«[139] Die Umsetzung dieser Absicht wird am Beispiel der Historiker verdeutlicht werden. Insgesamt aber läßt sich feststellen, daß die SED tatsächlich mit »diesem Typ von Professoren und Dozenten« deutlich schneller »Schluß« machte[140] als in Fächern, die vermeintlich ideologieferner waren.[141]

Strategien zur Eroberung der Universitäten

Ihre Ziele beim »Sturm der Festung Wissenschaft«[142] versuchte die SED-Führung mittels verschiedener Strategien zu erreichen. Neben den Strukturveränderungen an den Universitäten, der Gründung neuer Hochschultypen, der Förderung des »Arbeiter- und Bauernstudiums«, der Rekrutierung parteilicher Studenten und Professoren sind drei weitere Bestandteile der SED-Hochschulpolitik vorzustellen.

Der SED-Hochschulausschuß

Die SED-Führung versuchte die »fortschrittlichen« Hochschullehrer eng an sich zu binden. Zwei Methoden kamen dabei primär zur Anwendung. Zum einen versuchte sie, die innerparteiliche Situation an den Universitäten zu verbessern. Hier bestand das Ziel vor allem darin, die SED an den Universitäten zur realen »führenden« Kraft zu entwickeln und gleichzeitig als Überwachungsorgan auszubauen.[143] Dazu zählte auch, daß die SED Einfluß auf die Hochschulangehörigen über den FDGB, die FDJ, den Kulturbund und die Blockparteien[144] ausübte. Zum anderen installierte die SED-Führung Gremien, in denen die wichtigsten SED-Hochschulfunktionäre und herausgehobene SED-Hochschullehrer *zusammenarbeiteten*.

---

139 Stenographische Niederschrift der Tagung der Sekretäre der Hochschul-Parteiorganisationen im ZK der SED, Abt. Propaganda, 9. Dez. 1950. Ebenda, IV 2/101/144, Bl. 11–12.
140 Ebenda, Bl. 12.
141 Vermeintlich deshalb, weil es auch über Philosophie, Geschichte etc. hinaus konsequentenreiche Debatten gab. Erinnert sei nur an das Beispiel der Biologie und der Agrarwissenschaften. Z. B. Stenographische Niederschrift der Konferenz über die Ergebnisse der Sowjetbiologie am 1. und 2. Oktober 1950 in der Parteihochschule »Karl Marx« in Kleinmachnow. Ebenda, IV 2/101/138, Bl. 1–138. Zu den Hintergründen vgl. Heller: Stalinistische Biologie. Aus belletristisch-dokumentaristischer Sicht eindrucksvoll Dudinzew: Weiße Gewänder.
142 Dieses in Anlehnung an Stalin (1928; Werke, Band 11, S. 68–69) häufig verwandte Bild zitierten nicht nur Kritiker, sondern bis 1953 ebenso kommunistische Funktionäre, zuletzt wohl im ND vom 24. Mai 1953, S. 4 (Die Bedeutung der Intelligenz beim Aufbau des Sozialismus).
143 Dieser Themenkomplex kann nicht weiter ausgeführt werden, da er erst noch ausführlicher erforscht werden muß. Umfangreiches Material ist dazu im ehemaligen SED-Archiv vorhanden.
144 Z. B. Rede Gerald Göttings (CDU) auf der Konferenz der FDJ-Hochschulgruppen am 14./15.1.1950. Ebenda, IV 2/16/102, Bl. 249–251; Bericht über den zentralen Kurzlehrgang für CDU-Hochschulgruppenfunktionäre, 8.–13.1.1953. Ebenda, IV 2/15/36.

Hier ist vor allem der schon erwähnte Hochschulausschuß beim SED-Zentralsekretariat zu nennen.[145] Dem Ausschuß oblag »die Anleitung der politisch-ideologischen Arbeit unter den Dozenten und Hörern der Hochschulen sowie die Klärung grundsätzlicher Fragen der Hochschulpolitik und der Führung der Wissenschaft«.[146] Den Vorsitz übernahm Anton Ackermann. Zu Mitgliedern ernannte das SED-Zentralsekretariat die Volksbildungsminister der Länder, soweit sie SED-Mitglieder waren, die Hochschulreferenten der Landesregierungen, die alle in der SED waren, von der Zentralverwaltung für Volksbildung Paul Wandel und Robert Rompe, die Vorsitzenden der SED-Studentenhochschulgruppen sowie dreizehn kommunistische Hochschullehrer. Zu diesen zählten u. a. Jürgen Kuczynski, Alfred Meusel, der Pädagoge Heinrich Deiters, Walter Markov, der Architekt Hermann Henselmann, der Chemiker Günter Rienäcker, der Ökonom Friedrich Behrens und der Romanist Werner Krauss. Außerdem gehörten dem Hochschulausschuß zwei Vertreter der SMAD an. Zu den insgesamt fünf Tagungen[147] des Ausschusses lud der Vorsitzende eine Vielzahl weiterer Personen ein.[148] Auf den Tagungen diskutierten die Teilnehmer jeweils nach längeren Referaten über die Lehre und Forschung des Marxismus-Leninismus an den Universitäten, die Jubiläumsfeiern zur 1848er Revolution, die Ergebnisse der Studentenratswahlen, die SED-Hochschulgruppen, die »Arbeiter- und Bauernstudenten«, die Vorstudienanstalten sowie die pädagogischen und gesellschaftswissenschaftlichen Fakultäten. Außerdem existierten Unterkommissionen, die sich mit speziellen Problemen, zum Beispiel der Berufungspolitik,[149] beschäftigten.

Die überlieferten Protokolle der Ausschußtagungen vermitteln ein Bild offener Diskussionen. Allerdings war das kaum verwunderlich, da bei

---

145 Bericht der SED-Hochschultagung vom 14./15. Februar 1947. Ebenda, IV 2/904/6, Bl. 9–16; Protokoll der SED-Hochschultagung vom 14./15. Februar 1947. Ebenda, Bl. 21–26; Bildung eines Ausschusses für Hochschulfragen beim Zentralsekretariat der SED, 16.5.1947. Ebenda, Bl. 48.
146 Bildung eines Ausschusses für Hochschulfragen beim Zentralsekretariat der SED, 16.5.1947. Ebenda, Bl. 48.
147 Protokoll der Hochschultagung vom 14.6.1947. Ebenda, Bl. 51–64; Stenographische Niederschrift über die Hochschulkonferenz der SED, 13./14.9.1947. Ebenda, Bl. 67–182 (auch: ebenda, IV 2/101/55); Stenographische Niederschrift über die Konferenz von Angehörigen der Hochschulen, 22./23.11.1947. Ebenda, Bl. 197–394 (auch: ebenda, IV 2/101/62); 4. Tagung des Zentralen Hochschulausschusses der SED, 7./8.2.1948. Ebenda, Bl. 405–529 (auch: ebenda, IV 2/101/78); Stenographische Niederschrift über die 5. Tagung des Zentralen Hochschulausschusses vom 12. bis 14. Juni 1948. Ebenda, IV 2/101/92, Bl. 3–194.
148 Die Liste der Teilnehmer an der Tagung vom 22./23.11.1947 umfaßt 140 Namen; vgl. Hochschulausschuß, Teilnehmerliste. Ebenda, IV 2/904/697, Bl. 91–95. An der offensichtlich letzten Sitzung, im Juni 1948, nahmen 225 Personen teil. Stenographische Niederschrift über die 5. Tagung des Zentralen Hochschulausschusses vom 12. bis 14. Juni 1948. Ebenda, IV 2/101/92, Bl. 193.
149 Protokoll über die Sitzung der Berufungskommission des Hochschulausschusses des Zentralsekretariats am 30. März 1948. Ebenda, IV 2/904/456, Bl. 70–71. Hier waren auch Hochschullehrer vertreten, die ursprünglich nicht zu Mitgliedern ernannt worden waren.

aller Freimütigkeit im allgemeinen Einigkeit über die Ziele, Mittel und Wege herrschte. Dennoch ist die SED-Hochschulpolitik in den ersten Jahren zwar nicht von »unten« (Parteibasis) bestimmt, aber immerhin von »unten« mitdiskutiert worden. Das hing vor allem damit zusammen, daß die SED-Funktionäre ihre fehlenden universitären Erfahrungen kompensieren und überhaupt Einblick in den für sie fremden Organismus »Universität« erhalten mußten.[150] Gleichzeitig steht der Hochschulausschuß ebenso wie die Deutsche Zentralverwaltung für Volksbildung für eine Zentralisierung der Hochschul- und Kulturpolitik: Die Länderhoheit in Fragen der Hochschulpolitik verschwand de facto noch vor der Gründung der DDR, wenn man überhaupt davon ausgehen kann, daß es sie jemals nach 1945 gegeben hat. Denn immerhin galten überall gleiche Zulassungsbedingungen, es existierte ein einheitliches Universitätsstatut,[151] und die Hochschulen wurden von der DZfV bzw. der SMAD von Beginn an zentralistisch geleitet.

Die Ausschußtagungen waren gleichzeitig Vorläufer einer Praxis, die auch in den fünfziger Jahren Bestand haben sollte. In Krisensituationen, bei Kursänderungen oder für die Anordnung spezieller Richtlinien berief die SED-Führung größere Sitzungen mit Hochschulfunktionären, SED-Professoren und SED-Studenten ein, um die aktuellen Anforderungen an die Lehre und Forschung zu erläutern. Dabei kam es zwar zu keinem Diskurs zwischen Einladenden und Eingeladenen, aber bei den Beteiligten konnte zumindest das Gefühl aufkommen, von ihrer Parteiführung befragt worden zu sein und die *eigene Meinung* vertreten zu haben.[152]

---

150 Das betraf zum Beispiel Ackermann, Oelßner, Ulbricht und Wandel, um nur die wichtigsten zu nennen.
151 Vgl. dazu Köhler: Die verpaßte Chance.
152 An all diesen Tagungen waren stets die wichtigsten Historiker beteiligt. Später fanden auch spezielle Tagungen nur mit Historikern statt. Aus dem Zeitraum bis 1953 sind vor allem folgende Tagungen hervorzuheben: Stenographische Niederschrift über die Theoretische Konferenz des ZK der SED, 30.9. und 1.10.1950. Ebenda, IV 2/101/137; Stenographische Niederschrift der Tagung der Sekretäre der Hochschul-Parteiorganisationen im Zentralkomitee der SED, Abt. Propaganda, 9. Dez. 1950. Ebenda, IV 2/101/144; Stenographische Niederschrift der Theoretischen Konferenz der Abteilung Propaganda des ZK über Stalins Arbeiten über den Marxismus in der Sprachwissenschaft vom 23.–24. Juni 1951 (teilweise abgedruckt in: Einheit 6(1951)7). Ebenda, IV 2/101/157; Stenographische Niederschrift der Hochschulkonferenz der Abteilung Propaganda des ZK am 23. September 1951 in Berlin. Ebenda, IV 2/101/164; Stenographische Niederschrift der Theoretischen Konferenz der Abteilung im ZK der SED über »Lenin und die Geschichte der deutschen Arbeiterbewegung«, 20. Januar 1952. Ebenda, IV 2/101/181; Stenographische Niederschrift der Beratung der Abteilung Propaganda des ZK der SED mit Genossen Professoren, 22./23. März 1952. Ebenda, IV 2/101/187; Stenographische Niederschrift der Besprechung anläßlich des Empfangs einer Delegation der DAW beim Präsidenten der DDR, Wilhelm Pieck, 26.11.1952. Ebenda, IV 2/101/209; Stenographische Niederschrift der Theoretischen Konferenz der SED über das Werk des Genossen J. W. Stalin »Ökonomische Probleme des Sozialismus in der UdSSR«, 13./14.12.1952. Ebenda, IV 2/101/213.

»Zuckerbrötchen« für Wissenschaftler
Die Einbeziehung der parteitreuen Wissenschaftler in die Hochschulpolitik allein konnte die bestehenden Probleme nicht lösen. Die eigentliche Zielgruppe, die bürgerlichen Hochschullehrer, wurde dadurch nicht gewonnen. Vor allem die andauernde Abwanderung von Intelligenzlern nach Westdeutschland bereitete den Genossen erhebliche Sorgen.[153] So flüchteten zum Beispiel zwischen 1945 und Ende 1949 allein aus den Leuna-Werken »von 148 großen Spezialisten 135 in die westlichen Zonen«.[154] In vielen anderen Betrieben und Hochschuleinrichtungen sah es ähnlich aus.[155] Beispielsweise gingen 1951 rund 1.500 Intelligenzler nach Westdeutschland, darunter allein zehn Institutsdirektoren von der Berliner Humboldt-Universität.[156] Selbst die »führenden Genossen« waren skeptisch, ob es ihnen gelingen könnte, die *alte Intelligenz* für den Aufbau der neuen Gesellschaftsordnung zu gewinnen. Ihnen war bewußt, daß dieses Ziel mit administrativen Mitteln allein nicht erreicht werden konnte. Deshalb räumten die SED-Funktionäre schon sehr frühzeitig der Intelligenz materielle Privilegien ein.[157]

Die Basis für eine systematische Privilegierung der Intelligenz legte am 31. März 1949 die Deutsche Wirtschaftskommission mit der sogenannten Kulturverordnung.[158] Allerdings konnten nur diejenigen diese Vergünstigungen in Anspruch nehmen, die sich dem Staat gegenüber zustimmend oder zumindest loyal verhielten. Die SED-Führung, die diese Verordnung bereits im Januar 1949, angeregt von der SMAD,[159] öffentlich ankündigte,[160] hoffte, daß durch die soziale Besserstellung der Intelligenz die Fluchtbewegung in den Westen zurückgehen würde, daß sie mehr *alte* Intelligenzler an sich binden und dadurch die wirtschaftliche und wissenschaftliche Leistungskraft erheblich steigern könnte.[161]

---

153 Vgl. für die zweite Hälfte der fünfziger Jahre die Dokumente bei Conelly: Zur »Republikflucht« von DDR-Wissenschaftlern.
154 (Bericht über die Lage der Intelligenz), o. Verf., o. D. SAPMO B-Arch, NY 4090/560, Bl. 5.
155 Vgl.: Über die Abwanderung der Arbeiter, Angestellten und ingenieur-technischen Arbeiter aus dem Bezirk Gera nach Westdeutschland, 29.12.1952, o. Verf. Ebenda, NY 4090/316, Bl. 181–186; BDVP Gera: Bericht über die Republikflucht im Allgemeinen und der Intelligenzflucht im Besonderen, 3.11.1952. Ebenda, IV 2/13/393.
156 Aktennotiz vom 18.3.1952. Ebenda, NY 4036/689, Bl. 59.
157 Vgl.: Stenographische Niederschrift über die 7. (21.) Tagung des Parteivorstandes der SED am 11./12. Februar 1948. Ebenda, IV 2/1/40.
158 Abgedruckt im ND vom 2.4.1949, S. 1, 2. Siehe die Begründung von Heinrich Rau (ND vom 1.4.1949) sowie die Bemerkungen von Paul Wandel (ND vom 5.4.1949, S. 3), dazu auch die Politbürositzung vom 4./5.5.1949. SAPMO B-Arch, DY 30, IV 2/1/63.
159 Befehlsentwurf: Zur Förderung eines starken demokratischen kulturellen Lebens in der SBZ, 7.2.1949 (Schaffung eines Kulturfonds). Ebenda, NY 4090/314, Bl. 90–101. Dieser Befehlsentwurf ist offensichtlich unter Federführung von Paul Wandel entstanden.
160 Protokoll der Ersten Parteikonferenz der SED, S. 206.
161 Heinrich Rau: Bericht über die Erhaltung und Entwicklung der deutschen Wissenschaft und Kultur sowie über die weitere Verbesserung der Lage der Intelligenz, März 1949. SAPMO B-Arch, NY 4090/325, Bl. 43–56; Paul Merker und Anton Ackermann auf der Parteivorstandstagung am 4./5. Mai 1949. Ebenda, IV 2/1/63, Bl. 21–57.

Eine Säule dieser Privilegien stellte die Verordnung über Einzelverträge vom 12. Juli 1951 dar. Die Mehrheit dieser Vertragsinhaber erhielt im Gegensatz zu weiten Teilen der übrigen Bevölkerung hohe Gehälter (Spitzengehälter bis zu 20.000 DM monatlich, durchschnittlich jedoch 1.000 bis 3.500 DM).[162] Der durchschnittliche Monatslohn der Beschäftigten betrug 1952 in der DDR 308 DM.[163] Ungefähr ein halbes Jahr nach dem Inkrafttreten dieser Verordnung gab es 14.780 Einzelverträge mit Vertretern der technischen Intelligenz[164] und mit rund 350 Hochschullehrern,[165] darunter eine Reihe Historiker wie zum Beispiel Alfred Meusel, Heinrich Sproemberg, Eduard Winter, Leo Stern und Martin Lintzel. Insgesamt kam nur eine Minderheit in den Genuß eines Einzelvertrages.[166] Zum Privilegiensystem gehörten weiterhin u. a. die Gewährung günstiger Kredite für den Bau eines Eigenheimes, zusätzliche Heizmaterialien, Steuererleichterungen, spezielle Erholungsheime, übertragbare Pensionsansprüche, erleichterter Hochschulzugang für die Kinder, Reiseerleichterungen, Literaturbeschaffung, Literaturfonds sowie besondere Einkaufsläden[167] und für parteiliche Studenten zum Beispiel spezielle SED-Stipendien. Diese partielle, aber dennoch erhebliche Privilegierung konnte die Unzufriedenheit der Intelligenz nicht verhindern. Deutlich muß dabei zwischen zwei Gruppen innerhalb der Intelligenz unterschieden werden: zwischen denjenigen, die mehrheitlich zur neuen Intelligenz zählten und sich für das sozialistische System engagierten, sowie in diejenigen, die sich entweder passiv verhielten oder die SED-Herrschaft offen ablehnten, sie bekämpften und oftmals in den Westen gingen. Eine genaue quantitative Bestimmung der beiden Gruppen ist nicht möglich. Am Beginn der fünfziger Jahre überwog die zweite Gruppe allerdings noch deutlich. Lediglich bei der Universitätsintelligenz hatte die SED schon größeren Einfluß gewinnen können.

So sehr sich die SED auch mühte, allein wegen des von ihr praktizierten politischen und wirtschaftlichen Systems konnte sie nur einen Teil der Intelligenz für den Aufbau des Sozialismus gewinnen. Dabei erkannten

---

162 Offiziell wurden die höchsten Gehälter mit 15.000 DM pro Monat festgesetzt (vgl. Über Maßnahmen zur weiteren Förderung der qualifizierten Facharbeiter, der Meister, der technischen und wissenschaftlichen Intelligenz. Beschluß des Politbüros vom 24.6.1952, in: Dokumente der SED. Band 4, S. 62). Ein Mustereinzelvertrag ist abgedruckt bei Müller/Müller: »... stürmt die Festung Wissenschaft!«, S. 385–387.
163 Jahrbuch der DDR, S. 226.
164 Bericht über den jetzigen Stand der abgeschlossenen Einzelverträge und zusätzlicher Altersversorgung nach Wirtschaftszweigen, 16.1.1952. SAPMO B-Arch, NY 4182/934, Bl. 2–15. Das entsprach 10–15 Prozent der technischen Intelligenz.
165 Dank und Anerkennung unseren Professoren, in: Forum 1951/21. Das entsprach 20 Prozent der Hochschullehrerschaft.
166 Vgl.: Der Abschluß von Einzelverträgen ist nicht beendet, in: Täg.Rund. vom 20.2.1952.
167 Die Verordnungen, die die Hochschullehrer betrafen, veröffentlichte das Staatssekretariat für Hochschulwesen in den *Hochschulbestimmungen*. Gesammelt liegen sie vor in: UA der HUB, Nr. 139.

einige Funktionäre selbst die Gründe. Immer wieder beklagten parteilose, aber auch der SED angehörende Intelligenzler, daß ihre Kinder nicht frei erzogen werden könnten und nicht studieren dürften,[168] daß sie vom »Kirchenkampf« betroffen wären, daß sie nicht zu Kongressen in den Westen reisen könnten, daß nicht ausreichend Literatur zur Verfügung stünde, daß akute Rechtsunsicherheit mit terroristischen Zügen herrsche und daß sie von den materiellen Vergünstigungen nichts spürten.[169] Da die SED zumeist auf diese Kritiken nur mit agitatorischen, diktatorischen, ideologischen und/oder propagandistischen Mitteln reagierte,[170] blieb das Spannungsverhältnis zwischen weiten Kreisen der Intelligenz und der SED bestehen. Hinzu kam, daß Teile der Arbeiterschaft die »Verhätschelung« der Intelligenz mit Blick auf ihre eigene Lebenssituation ablehnten und auch Teile der Parteibasis sowie der unteren Funktionärsebenen diese Zuckerbrotpolitik nicht mitmachen wollten.[171]

Die traditionellen Ressentiments des kommunistischen Teiles der Arbeiterbewegung gegenüber der Intelligenz fanden in der DDR gerade in der Funktionärsschicht ihre Fortsetzung. Dem konnte auch nicht durch permanente ZK-Instrukteurseinsätze und andere Maßnahmen entgegengewirkt werden.[172] Der Vorbehalt gegenüber der Intelligenz war ein *klassenkämpferischer*, der vor allem der »alten« Intelligenz galt. Die SED-Führung teilte und forcierte trotz ihrer andersartigen Verlautbarungen diese *klassenkämpferischen Auseinandersetzungen*, wobei sie von weiten Teilen der »neuen« Intelligenz unterstützt wurde. Daß die SED-Führung immer wieder versuchte, der Parteibasis einzuschärfen, daß sie sich gegenüber der »alten« Intelligenz nicht *sektiererisch*, *ablehnend* oder *überheblich* verhalten solle, hatte die erwähnten taktischen Gründe. Gerade

---

168 Vgl. z. B. Der Konflikt des Wissenschaftlers in der Sowjetzone, S. 378.
169 Z. B. Aktennotiz vom 18.3.1952. SAPMO B-Arch, NY 4036/689, Bl. 59–65; Vermerk über die bisherige Tiefen- und Breitenwirkung des Förderungsausschusses. 20.3.1951. Ebenda, Bl. 35–46.
170 Z. B. Ministerium des Innern, Richtlinien über Maßnahmen gegen die Republikflucht und zur Werbung von Fachkräften in Westdeutschland, 22.12.1952. Ebenda, IV 2/13/393 (Vorarbeiten dazu in: IV 2/13/398); Büro des Förderungsausschusses, Republikflucht hervorragender Angehöriger der Intelligenz, 8.4.1953. Ebenda, NY 4090/418, Bl. 192–195.
171 Walter Ulbricht: Über die Notwendigkeit der Förderung der Intelligenz. An die Parteileitungen, 27.11.1951. Ebenda, NY 4090/560, Bl. 48–49v; LOPM, Zusammenfassung der Berichte über die Arbeit der Parteileitungen zur Verbesserung des Verhältnisses mit der Intelligenz, 15.3.1952. Ebenda, NY 4036/689, Bl. 50–57, dazu auch: ebenda, IV 2/5/266, Bl. 51–59, 84–90; vgl. auch: Falsches Verhalten von SED-Mitgliedern zur wissenschaftlichen Intelligenz in Zwickau, 10.12.1951, in: Dokumente der SED. Band 3, S. 666–668.
172 Z. B. Berichte über Aussprachen mit der technischen Intelligenz Februar/März 1951. SAPMO B-Arch, NY 4182/933, Bl. 264–277; Verhältnis der Arbeiterklasse zur Intelligenz in den Zeiss-Werken. o. D. (April 1951), o. Verf. Ebenda, IV 2/5/263, Bl. 125–126; Protokoll über die Aussprache der Parteileitung der Universität [Greifswald] mit dem Lehrkörper der Mathematisch-Naturwissenschaftlichen Fakultät, 15.4.1953. Ebenda, IV 2/904/65, Bl. 1–41; usw.

beim Kampf der »neuen« gegen die »alte« Intelligenz ist zu beachten, daß sich diese Auseinandersetzungen vorrangig an den Universitäten und Hochschulen abspielten und daß die SED-Studenten eine wichtige Säule im Kampf gegen die *bürgerliche Wissenschaft* bildeten. Auch an den Universitäten herrschte *Klassenkampf.*

Der eiserne Kehrbesen gegen Teile der Studentenschaft
Die SED-Hochschulpolitik wäre nur unzureichend umrissen, wenn nicht die Verfolgung und Kriminalisierung andersdenkender Studenten und Hochschullehrer erwähnt werden würde. Bis zum Juni 1953 verhafteten die Kommunisten *mindestens* 480 Studenten, Assistenten und Professoren. Allein für die Universität Jena wird vermutet, daß zwischen 1945 und 1952 140 bis 180 Universitätsangehörige »verschleppt wurden und nirgends wieder auftauchten«.[173] Mindestens fünfzehn ostdeutsche Universitätsangehörige wurden von den sowjetischen Kommunisten hingerichtet bzw. verstarben infolge der Haftbedingungen.[174] Insgesamt haben bis zum Beginn der sechziger Jahre allein rund 1.300 Studenten länger als drei Monate in Haftanstalten Ostdeutschlands zubringen müssen.[175] Die Motive für Opposition und Widerstand waren sehr verschieden. Hervorzuheben sind die Aktivitäten von Parteilosen und von Sozial-, Liberal- und Christdemokraten, die sich unter Berufung auf wissenschaftsethische Grundsätze gegen das neue Universitäts- und damit gegen das im Aufbau befindliche neue Gesellschaftssystem wandten. Ihr Kampf für die Freiheit von Forschung und Lehre sowie universitäre Autonomie war die vorherrschende Form des Widerstandes.[176]

173 Valtin: Die Rolle der Universitätsparteileitung der SED, in: Vergangenheitsklärung an der Friedrich-Schiller-Universität Jena, S. 39.
174 Zusammengezählt nach Müller/Müller: »... stürmt die Festung Wissenschaft!«, S. 364–379. Das Amt für gesamtdeutsche Studentenfragen des Verbandes Deutscher Studenten (Berlin-Dahlem) gab bis 1962 fünf jeweils ergänzte Auflagen einer Broschüre u. d. T. »Namen und Schicksale der seit 1945 in der SBZ verhafteten und verschleppten Professoren und Studenten« heraus. Zumindest die 4. Auflage von 1955 und eine fast identische Liste, die westdeutsche Studentenfunktionäre auf der Internationalen Studentenkonferenz in Ceylon 1956 verteilten, arbeiteten zuständige ZK-Mitarbeiter akribisch durch und versahen sie mit Randnotizen, wo der einzelne gegenwärtig sei. SAPMO B-Arch, DY 30, IV 2/904/667, Bl. 64–126. Für die 5. Aufl. vgl.: Namen und Schicksale.
175 Richert: »Sozialistische Universität«, S. 246.
176 Vgl. zum Komplex Widerstand und Opposition an den Hochschulen in der frühen Phase: Ammer: Die Gedanken sind frei; Köpcke/Wiese: Mein Vaterland ist die Freiheit; Krönig/Müller: Anpassung, Widerstand, Verfolgung; Dies.: Der Greifswalder Studentenstreik 1955; Müller: In den Händen des NKWD; Ders./Osterloh: Die Andere DDR; Müller/Müller: »... stürmt die Festung Wissenschaft!«; Mühlen: Der »Eisenberger Kreis«. Allg. zum Problem Opposition und politische Strafverfolgung in den ersten Jahren grundlegend: Fricke: Politik und Justiz in der DDR; Ders.: Opposition und Widerstand in der DDR.; Werkentin: Politische Strafjustiz; Recht, Justiz und Polizei im SED-Staat; Möglichkeiten und Formen abweichenden und widerständigen Verhaltens und oppositionellen Handelns; sowie die Forschungsliteratur bis Ende 1995 bei Poppe/Eckert/Kowalczuk (Hrsg.): Zwischen Selbstbehauptung und Anpassung.

Mit der II. Hochschulreform 1951, deren Inhalt Walter Ulbricht bereits im November 1950 skizziert hatte,[177] verkündete die SED faktisch den Aufbau des sozialistischen Hochschulsystems. Neben der Schaffung des Staatssekretariats für Hochschulwesen zählten dazu u. a. die Einführung verbindlicher Studienpläne (zumeist vier Studienjahre), des obligatorischen Russisch- und Sportunterrichts, des obligatorischen gesellschaftswissenschaftlichen Grundlagenstudiums und die Einführung von Seminargruppen. Gegen diese Eingriffe wehrten sich an allen Universitäten Hochschullehrer und Studenten,[178] zumal die Hohen Schulen nun sichtbar in Parteibildungsstätten umfunktioniert werden *sollten*. Am 31. März 1952 wandten sich zum Beispiel sechs Dekane und 52 weitere Mitglieder des Lehrkörpers der Rostocker Universität an den Staatssekretär für Hochschulwesen, Gerhard Harig, um gegen die Folgen der II. Hochschulreform zu protestieren.[179] Die Rostocker Professoreneingabe richtete sich sowohl gegen das gesellschaftswissenschaftliche Grundlagenstudium als auch gegen das neue Prüfungswesen. Es war folgerichtig, daß die SED diese Eingabe »als ein(en) Teil der vielfältigen Offensive« ansah, womit »ein politisches Alibi ›für einen Tag X‹« geschaffen werden sollte.[180]

Auch der *Kirchenkampf* mit den Angriffen auf die *Junge Gemeinde*[181] provozierte immer wieder Protest.[182] Bürgerliche Wissenschaftler mühten sich manchmal über Monate und Jahre hinweg, ihre Arbeits- und Lebensbedingungen und die ihrer Kollegen fernab politischer Forderungen zu verbessern. Zumeist jedoch erwiesen sich diese Bemühungen als zweck-

---

177 Ulbricht: Entfaltet den Feldzug der Jugend für Wissenschaft und Kultur, spez. S. 78–80. Dazu: Stenographische Niederschrift der Tagung der Sekretäre der Hochschul-Parteiorganisationen im ZK der SED, Abt. Propaganda, 9. Dez. 1950. SAPMO B-Arch, DY 30, IV 2/101/144.
178 Dies mußte – wenn auch abgeschwächt – öffentlich eingestanden werden; vgl. Harig: Es geht um den Beitrag des deutschen Hochschulwesens, S. 11. Aus allen Universitäten gäbe es dafür Beispiele, für die in Halle z. B. durch Leo Stern (Rektor): Beschwerden der Naturwissenschaftlichen und Medizinischen Fakultäten zur Studienreform, 25.6.1951. SAPMO B-Arch, NY 4182/933, Bl. 308–312, sowie: Protokoll der Aussprache mit dem Lehrkörper anläßlich des Besuches des Genossen Walter Ulbricht am 27.6.1951. Ebenda, Bl. 346–366.
179 Eingabe der Dekane der Rostocker Universität vom 31.3.1952. Ebenda, NY 4090/559, Bl. 143–147. Abgedruckt bei Ammer: Universität zwischen Demokratie und Diktatur, S. 66–70.
180 Staatssekretariat für Hochschulwesen, Stellungnahme zu den Darlegungen der vom Dekan der Medizinischen Fakultät der Universität Rostock, Professor Dr. Mark, übersandten Beschwerdeschrift vom 31.3.1952, 6.5.1952. SAPMO B-Arch, NY 4090/559, Bl. 161. Eine Aussprache zwischen Gerhard Harig und den Senatsmitgliedern der Rostocker Universität erfolgte am 11. Juni 1952. Ebenda, Bl. 170–188.
181 Grundlegend dazu Wentker: »Kirchenkampf« in der DDR; weiter Kaufmann: Agenten mit dem Kugelkreuz; das Beispiel der Humboldt-Universität ist dargestellt bei Linke: Theologiestudenten der Humboldt-Universität, S. 83–100; vgl. auch die Dienstanweisung von Mielke vom 23.11.1952, abgedruckt bei Besier/Wolf (Hrsg.): »Pfarrer, Christen und Katholiken«, S. 159–173.
182 Z. B. Prof. Dr. Erich Hertzsch (Jena) an Otto Grotewohl vom 27.4.1953. SAPMO B-Arch, NY 4090/455, Bl. 336–337, sowie die Antwort von Johannes Dieckmann an Erich Hertzsch vom 7.5.1953. Ebenda, Bl. 173–174.

los. Wie wenig die SED für die bürgerliche Intelligenz übrig hatte, wird daran deutlich, daß die Betroffenen nach jahrelangen Bemühungen meist resigniert nach Westdeutschland gingen und ihre beruflichen, oft verantwortlichen Positionen in der DDR aufgaben.[183]

Die II. Parteikonferenz der SED vom 9. bis 12. Juli 1952 proklamierte offiziell den »planmäßigen Aufbau des Sozialismus« in der DDR. Für die Intelligenz besaß diese Konferenz keine solche Relevanz wie etwa für die Bauern.[184] Dies hing vor allem damit zusammen, daß der Beschluß der II. Parteikonferenz in bezug auf die Intelligenz lediglich ausdrückte, was die SED seit 1948 proklamiert hatte.[185] Auch das Grundsatzreferat von Walter Ulbricht ging nicht über das hinaus, was die SED-Führung bezüglich der Intelligenz seit Jahren propagierte.[186] Gerade die Politik gegenüber der Intelligenz zeigte, daß der Aufbau des Sozialismus in einem Teil Deutschlands ein langfristiges Ziel der Kommunisten nach 1945 war.[187]

Teile der Arbeiterschaft allerdings fragten angesichts der Privilegien für die Intelligenz spöttisch: »Ist das der Sozialismus der Arbeiter oder der Intelligenz?«[188] Wie wenig das ein »Sozialismus der Intelligenz« oder wenigstens des größeren Teiles der Intelligenz am Beginn der fünfziger Jahre war, zeigen – neben den bereits angeführten – vielfältige Beispiele der Verfolgung und Repression von Angehörigen dieser Schicht.

Am 30. Mai 1952 beispielsweise beschloß die SED, »eine Säuberung der Universität Halle von kriminellen und feindlichen Elementen durch

---

183 Exemplarisch dafür der Vorgang des Direktors des Instituts für Landwirtschaftliche Betriebslehre an der Universität Jena, Prof. Dr. Henkelmann. Dessen nachweisbare Bemühungen erstreckten sich von 1949 bis zum Oktober 1952, als er endgültig enttäuscht seine Stellung in Jena aufgab. Ebenda, NY 4090/559, Bl. 86–114, 189–203.
184 Vgl. Kowalczuk/Mitter/Wolle (Hrsg.): Der Tag X – 17. Juni 1953.
185 Protokoll der Verhandlungen der II. Parteikonferenz der SED, S. 494; vgl. auch: Die Rolle der technischen Intelligenz beim Aufbau des Sozialismus in der DDR. Von prinzipieller Bedeutung für das neue System war schon der erste Zweijahrplan: Hochschule und Wissenschaft und Zweijahrplan. SAPMO B-Arch, DY 30, IV 2/904/697, Bl. 114–122.
186 Protokoll der Verhandlungen der II. Parteikonferenz der SED, S. 114–122. Dies wird auch deutlich an Diskussionen nach der II. Parteikonferenz. Z. B. Parteiaktivtagung der Humboldt-Universität. SAPMO B-Arch, BPA, IV 4/12/46. Die Stimmungsberichte nach der II. Parteikonferenz verdeutlichen überdies, daß die Bevölkerung von den Beschlüssen der II. Parteikonferenz kaum überrascht war. Z. B. ebenda, IV 2/5/267, Bl. 21–46, 224–243. Wenn Karl Schirdewan meint, daß auch von diesem Beschluß zum Aufbau des Sozialismus überrascht worden sein, so mag dies für den konkreten Beschluß, nicht aber für die prinzipiell verfochtene Politik zutreffen. Vgl. Schirdewan: Aufstand gegen Ulbricht, S. 34–36.
187 Hier ist der Meinung zu widersprechen, daß die »Proklamation des sozialistischen Aufbaus« auf der II. Parteikonferenz eine kurzfristige Entscheidung gewesen wäre; vgl. Heitzer: Entscheidungen im Vorfeld der 2. Parteikonferenz, S. 32.
188 Vorläufige kurze Zusammenfassung der Berichte der Landesleitungen Sachsen und Sachsen-Anhalt zu dem Beschluß der II. Parteikonferenz, 14.7.1952. SAPMO B-Arch, DY 30, IV 2/5/267, Bl. 31. Stralsunder Arbeiter sprachen gar von der »Diktatur der Intelligenz«. Herbert Salac: Über Gleichmacherei und ungenügende Mitarbeit der Ministerien, in: ND vom 31.7.1952, S. 5.

eine Kommission des Staatssekretariats für Hochschulwesen ... durchzuführen«.[189] Diesen Beschluß kündigte Walter Ulbricht Ende Mai auf dem IV. Parlament der FDJ mehr oder weniger an, als er unter tosendem Beifall *fragte*: »Ist es nicht an der Zeit, daß man endlich schnell und schmerzlos diese Agenten von den Hochschulen jagt?«[190] Erich Honecker sekundierte, indem er ausführte, daß es noch nicht gelungen sei, die ideologischen Auseinandersetzungen, die an der Universität Halle bestehen, an die anderen Universitäten und Hochschulen weiterzuleiten.[191] Das sollte der SED in den folgenden Monaten gelingen.

Vom 17. Juni bis 2. Juli 1952 überprüften Beauftragte des Staatssekretärs für Hochschulwesen die Studentenschaft der Universität Halle.[192] »Die Aufgabe bestand darin, entsprechend dem Beschluß des Sekretariats des Zentralkomitees bis zum 30. Juni solche Studenten freizustellen, die systematisch gegen unsere Staatsordnung und die Maßnahmen der Regierung auftreten, antisowjetische Hetze betreiben, Verbindung nach Westdeutschland und Westberlin haben oder aus moralischen und fachlichen Gründen nicht für das Studium geeignet sind, und ihnen die Studienerlaubnis zu entziehen.«[193] Dem Bericht sind u. a. folgende Kriterien für die Arbeit dieser Kommission zu entnehmen:[194] »Studenten mit großbürgerlicher Herkunft wurde besondere Aufmerksamkeit gewidmet. Studenten, die in westlicher Gefangenschaft waren und dort zum Teil sogar Lehrgänge besuchten, fanden ebenfalls besondere Beachtung. [...] Es bestand auch die Absicht, sich auf die Kenntnisse der örtlichen Verwaltung für Staatssicherheit zu stützen. Dies war nur in äußerst beschränktem Umfange möglich, da das dort vorliegende Material unzureichend war. Bei der Überprüfung wurde von dem Prinzip ausgegangen, daß es sich nicht nur darum handelt, Studenten von der Universität zu entfernen, bei denen begründeter Verdacht auf Agententätigkeit besteht, sondern daß es darauf ankommt, alle jene Studenten auszusondern, die nicht die Voraussetzungen haben, um nach Abschluß ihres Studiums hochqualifizierte Wissenschaftler zu werden bzw. im wirtschaftlichen und politischen Leben unserer Gesellschaft leitende Funktionen auszuüben.«[195] Die Arbeit der Kommission hatte Erfolg: 88 Studierende wurden exmatrikuliert. Von der Arbeiter-

---

189 Gerhard Harig an Walter Ulbricht, 30.7.1952. SAPMO B-Arch, NY 4182/934, Bl. 38.
190 IV. Parlament der FDJ, S. 240.
191 Ebenda, S. 64.
192 Bericht über die Lage in der Studentenschaft an der Universität Halle. SAPMO B-Arch, NY 4182/934, Bl. 39–43.
193 Ebenda, Bl. 39.
194 Vgl. dagegen die offizielle Darstellung eines Mitgliedes der SED-Parteiorganisation der Universität Halle während der II. Parteikonferenz, Protokoll der Verhandlungen der II. Parteikonferenz der SED, S. 192–197, sowie knappe Ausführungen eines MfS-Mitarbeiters, ebenda, S. 241.
195 Bericht über die Lage in der Studentenschaft an der Universität Halle. SAPMO B-Arch, NY 4182/934, Bl. 39.

und-Bauern-Fakultät[196] kamen 34 weitere Studenten und Studentinnen hinzu.

Im Anschluß an diese Säuberungsaktion schrieb Gerhard Harig an Walter Ulbricht: »An den anderen Universitäten und Hochschulen wurden von uns entsprechende Massnahmen eingeleitet, bereits einigen Studierenden die Studienerlaubnis entzogen und Vorbereitungen getroffen, um zu Beginn des Studienjahres die ideologisch-politische Arbeit auch in dieser Beziehung verstärkt fortzusetzen.«[197] Tatsächlich führte die SED diese Säuberungswelle *planmäßig* weiter. Bis zum November 1952 entfernten die Machthaber von allen sechs Universitäten der DDR sowie von der Technischen Hochschule Dresden und der Bergakademie Freiberg insgesamt 1.065 Studenten.[198] Diese *große Säuberung* begleitete eine *permanente Säuberung* der Universitäten. Immer wieder wurden aus politischen Gründen Studenten exmatrikuliert und Hochschullehrer entlassen.[199]

Die Revolutionierung der Universitäten. Zusammenfassung
Der »Sturm auf die Festung Wissenschaft« erwies sich als ein langfristiges Projekt. Die Hochschulen waren ebensowenig revolutionär und schnell veränderbar wie die gesamte Gesellschaft. Dennoch gelang es der SED-Führung, in die Phalanx der »Bürgerlichen« einzubrechen und sie zumindest politisch zu dominieren. Relikte *bürgerlicher Wissenschaft*, *bürgerlichen Strebens* nach Unabhängigkeit und widerständigen Verhaltens blieben für die Universitäten typisch. Diese Fragmente können jedoch nicht darüber hinwegtäuschen, daß die SED mittels restriktiver Zulassungsbestimmungen, parteipolitischer Berufungspolitik und struktureller Eingriffe begann, Forschung und Lehre entsprechend ihren Bedürfnissen umzugestalten. Allerdings erwiesen sich die Universitätsangehörigen in ihrer Mehrheit noch nicht als Erfüllungsgehilfen der SED. Die Parteigänger beherrschten zwar die Szenerie, aber die Mehrheit der Studierenden und Hochschullehrer verhielt sich passiv, abwartend, zählte keineswegs zu den aktiven Unterstützern des Regimes.[200] Nur eine Minderheit übte offenen

---

196 Ausgerechnet jene ABF, die den Namen »Walter Ulbricht« trug. Dabei hatte doch der Rektor Leo Stern anläßlich der Namensverleihung am 27. Juni 1951 »versprochen«, die Jugend »im Geiste Walter Ulbrichts« zu erziehen. Rede von Stern. Ebenda, NY 4182/933, Bl. 332–337.
197 Gerhard Harig an Walter Ulbricht, 30.7.1952. Ebenda, NY 4182/934, Bl. 38.
198 Gerhard Harig: Bericht über den Entzug der Studienerlaubnis für Studenten der Humboldt-Universität, die in Westberlin wohnen, 11.11.1952. Ebenda, NY 4090/559, Bl. 206–207 (die Zahl schließt die ABF-Schüler ein). An der Rostocker Universität wurden bis zum 18.8.1952 mindestens 44 Studierende exmatrikuliert (vgl. Ammer: Universität zwischen Demokratie und Diktatur, S. 92). An der Berliner Universität betraf dies insgesamt 324 Studierende.
199 Z. B. Bericht über die öffentliche FDJ-Versammlung in der Landwirtschaftlich-Gärtnerischen Fakultät am 29.4.1953 (Humboldt-Universität zu Berlin). SAPMO B-Arch, DY 30, IV 2/904/327, Bl. 1–2.
200 Allg. vgl. dazu Mitter/Wolle: Untergang auf Raten.

Widerstand gegen die Diktatur und speziell gegen die Hochschulpolitik.[201] Schließlich ist für die Hochschuleinrichtungen zwischen den Geistes- und Sozialwissenschaften[202] einerseits und den Natur-, Landwirtschafts-, Technik- und Medizinwissenschaften andererseits zu unterscheiden. Den *Staatswissenschaften* (Geschichte, Philosophie, Recht, Ökonomie) galt in den ersten Jahren das besondere Interesse der kommunistischen Funktionäre. Hier war der Paradigmawechsel sowohl inhaltlich als auch personell deutlich früher erfolgreich.

Im vorangegangenen Abschnitt ging es darum, die wichtigsten Entwicklungen zwischen 1945 und dem Beginn der fünfziger Jahre zu skizzieren. Dabei ist deutlich geworden, daß die kommunistischen Machthaber 1945 zwar durchaus hochschulpolitische Ziele besaßen, aber nicht über taugliche Konzeptionen verfügten. Die entwickelten sie erst im Verlauf der ersten Jahre. Gleichzeitig galt es, hochschul-, wissenschafts- und damit auch gesellschaftspolitische Zielvorstellungen und Rahmenbedingungen anzudeuten, die den Hintergrund der historischen Forschung und Lehre in der SBZ/DDR markieren. Ein erstes Fazit liegt auf der Hand: Der »Sturm auf die Festung Wissenschaft« begann nicht erst 1948, sondern bereits unmittelbar nach Kriegsende.

---

201 Als Zusammenfassung vgl. dazu Ammer: Die Gedanken sind frei.
202 Gegen diesen Begriff wehrten sich die Marxisten-Leninisten frühzeitig und plädierten statt dessen dafür, den Begriff *Gesellschaftswissenschaften* zu verwenden. Ackermann betonte am 13.9.1947, daß dies ein »verworrener, vom Bürgertum« übernommener Begriff sei, dem der allumfassende Begriff *Gesellschaftswissenschaft* entgegenzustellen sei. Stenographische Niederschrift über die Hochschulkonferenz der SED, 13./14.9.1947. SAPMO B-Arch, DY 30, IV 2/904/6, Bl. 69–70.

Die Verteidigung der Festung Wissenschaft 1953–1961

Im Zuge der II. Hochschulreform von 1951 und der II. Parteikonferenz 1952 kam es zu einem raschen Ausbau des Universitäts- und Hochschulsystems in der DDR. Nachdem im Wintersemester 1945/46 zunächst sechs Hochschuleinrichtungen (Universitäten) wiedereröffnet worden waren, existierten 1947/48 bereits achtzehn und 1950/51 einundzwanzig, ehe es dann ab 1953 zu einem regelrechten *Gründerboom* kam, so daß es 1958 sechsundvierzig Hochschulen in der DDR gab. Ähnlich rapide erhöhte sich die Zahl der Studierenden. Hatten 1946 etwas mehr als 8.100 junge Menschen anfangen können zu studieren, so waren es 1951 bereits über 30.000 und 1958 über 87.000 Direkt- und Fernstudenten. Hinzu kamen in den fünfziger Jahre durchschnittlich 8.000 junge Menschen, die sich an den ABF auf ein Hochschulstudium vorbereiteten, jene Personengruppe, die sowohl sozial als auch politisch die Universitäten und Hochschulen verändern und prägen sollte. Der Anteil der Studentinnen bewegte sich ab dem Beginn der fünfziger Jahre durchschnittlich zwischen fünfundzwanzig und dreißig Prozent, nachdem er direkt nach Kriegsende – als *positive Kriegsfolge* – deutlich höher gelegen hatte (1946: 41,5 %). Die Hochschullehrerschaft konnte bei diesem Wachstum nicht mithalten. Obwohl auch sie quantitativ erheblich zulegte, verschlechterte sich während der fünfziger Jahre das Betreuungsverhältnis kontinuierlich. In einigen Fächern kamen auf einen Hochschullehrer dreißig Studierende, in anderen dagegen mehr als achtzig, in Ausnahmefällen sogar mehr als vierhundert. Anders hingegen gestaltete sich die Entwicklung der SED-Mitgliedschaft. Während die Zahl der Studierenden, die in der SED waren, mit dem Beginn der fünfziger Jahre abnahm, so daß 1959 im ZK besorgt festgestellt werden mußte, daß nur noch 14,4 Prozent aller Studierenden in der SED seien,[1] erwies sich das SED-Parteibuch für eine Hochschulkarriere immer mehr als Voraussetzung.[2] Bei den Professoren und Assistenten lag der durchschnittliche Wert während der fünfziger Jahre bei rund einem Drittel SED-Mitglieder, während von den Dozenten über fünfzig Prozent in der SED waren. Dabei sind erhebliche Schwankungen zwischen den einzelnen Fakultäten festzustellen. Besonders hoch lag der Anteil in den Bereichen der Pädagogik, Wirtschaftswissenschaft, Rechtswissenschaft, Philosophie, Geschichtswissenschaft, während er – ganz abgesehen von der Theologie – in solchen Fächern wie der Veterinärmedizin, der Humanmedizin, der Landwirtschaftswissenschaft, den Technik- und Naturwissenschaften zumeist deutlich unter dem Durchschnitt lag. Hinzu kamen Unterschiede zwischen den einzelnen Hochschultypen. Die auffälligsten

---

1   ZK-Abt. Wissenschaften an Kurt Hager, 13.5.1959, betr. Aufnahme von Studenten als Kandidaten der Partei. SAPMO B-Arch, DY 30, IV 2/904/46, Bl. 324.
2   Vgl. zur Hochschullehrerschaft insbes. Jessen: Professoren im Sozialismus; Ders.: Vom Ordinarius zum sozialistischen Professor.

Verschiebungen ergaben sich naturgemäß bei den Neuberufenen, von denen 1957 56 Prozent in der SED waren, 1958 und 1960 waren es jeweils 44 Prozent, 1961 dann 52,5 Prozent und 1962 60,0 Prozent. Während 1962 in den Technikwissenschaften 31 Prozent der Berufenen in der SED waren, in der Medizin 33 Prozent und in den mathematisch-naturwissenschaftlichen Fächern 39 Prozent, waren es in der Philosophie 87 Prozent, in der Pädagogik 95 Prozent, in den Wirtschaftswissenschaften 96 Prozent und in den Rechtswissenschaften 100 Prozent.[3] Von den Berufenen waren 1961 nur 4,3 Prozent und 1962 gar nur 2,8 Prozent Frauen. Schließlich muß auf den wissenschaftlichen Substanzverlust hingewiesen werden. Rund ein Drittel aller Berufenen erhielten Ende der fünfziger Jahre eine Professur ohne Habilitation. 1962 waren gar von den 415 neuberufenen Professoren 56 Prozent nicht habilitiert. Es bedarf kaum der Erwähnung, daß die absolute Mehrheit der nichthabilitierten Professoren in der SED waren. In solchen *Staatswissenschaften* wie den Rechts-, Wirtschafts- oder Gesellschaftswissenschaften war Ende der fünfziger/Anfang der sechziger Jahre eine Berufung *mit* Habilitation die Ausnahme. Zwischen 1959 und 1962 sind beispielsweise von den Neuberufenen in den Rechtswissenschaften nur knapp zwei Prozent und in den Wirtschaftswissenschaften nur zwanzig Prozent habilitiert gewesen.[4]

Bei den Studierenden dagegen ist der hohe Anteil von SED-Mitgliedern in den vierziger Jahren[5] deutlich zurückgegangen. Auch hier gab es erhebliche Unterschiede zwischen den Fakultäten, Studienrichtungen, Hochschultypen und als Besonderheit zwischen den Studienjahren. Der Anteil von SED-Mitgliedern in den höheren Studienjahren nahm zu, weil sich offenbar viele mit einem SED-Parteibuch bessere Karrierechancen ausrechneten. Zuverlässige Zahlen sind hier bislang weitaus schwieriger zu erhalten. Durchschnittlich lag der Anteil der SED-Mitglieder bei den Studierenden in den fünfziger Jahren zwischen 15 und 25 Prozent. Der Rückgang hängt ganz wesentlich mit der drastisch angestiegenen Gesamtzahl der Studierenden zusammen. Die SED-Funktionäre mußten, um ihr Industrie- und das damit verbundene Hochschulprogramm verwirklichen zu können, einerseits die Zahl der Studierenden anheben, was zum anderen zur Folge hatte, daß bei der Auswahl in der Praxis auf politisch-ideologisch *einwandfreie* Haltungen weniger Rücksicht genommen werden konnte. Zwar blieben SED-Mitglieder weiterhin übervorteilt, aber den anderen blieben die Türen zur Hochschule nicht mehr verschlossen. Schließlich kam noch hinzu, daß die Hochschullehrer selbst darauf drangen, weniger politische Ambitionen als vielmehr fachliches Können bei der Immatrikulation zu berücksichtigen.

---

3 ZK-Abt. Wissenschaften, Analytischer Überblick über die im Jahre 1962 erfolgten Berufungen, 10.4.1963. SAPMO B-Arch, DY 30, IV A2/2024/5.
4 Ebenda.
5 Vgl. S. 94.

Die fünfziger Jahre waren zwar durchaus von einem *Gründungsboom* im Hochschulwesen gekennzeichnet, er blieb aber vor allem quantitativer Natur. Die *Tonnenideologie* konnte nicht verhindern, daß sich zur gleichen Zeit die materiellen Zustände an den Universitäten verschlechterten und es Ende der fünfziger Jahre sogar zu drastischen Etatkürzungen kam, unter denen Wissenschaftler, Studierende und Bibliothekare gleichermaßen zu leiden hatten.

Der 17. Juni 1953

Die Ereignisse im Juni/Juli 1953 waren grundlegend für die gesamte Geschichte der DDR.[6] In neueren Publikationen konnte detailliert nachgewiesen werden, daß es in über 560 Ortschaften der DDR zwischen dem 16. und 21. Juni 1953 Streiks und Proteste gab.[7] Dabei zeigte sich ein deutliches Nord-Süd-Gefälle, wobei die Schwerpunkte des Volksaufstandes in Industriegebieten, Großstädten sowie in solchen ländlichen Gebieten lagen, die besonders von der ersten Welle der Kollektivierungspolitik betroffen waren. Dem Volksaufstand wird man kaum gerecht werden können, wenn er weiterhin – wie bislang üblich[8] – auf einen Zeitraum um den 16./17. Juni 1953 eingegrenzt betrachtet wird. Vielmehr bietet es sich an, diesen in einen größeren Kontext einzuordnen, der etwa mit der II. Parteikonferenz im Sommer 1952 beginnt.[9] Dabei sind zwischen dem Sommer 1952 und dem Frühjahr 1954 sechs Phasen zu unterscheiden. Von der II. Parteikonferenz bis zum Frühjahr 1953 erstreckte sich die erste Phase. Sie war geprägt von akuten Krisenerscheinungen, die sich vor allem in der Wirtschaft niederschlugen und im November/Dezember 1952 sowie im April/Mai 1953 zu ersten Streikwellen und örtlich begrenzten Demonstrationen und Protestkundgebungen führten. Diese politische und wirtschaftliche Krise war durchaus eine offene Krise. Hier fallen neben Arbeiterprotesten ebenso Proteste gegen die Kollektivierungspolitik in der Landwirtschaft auf. Hinzu kam vielfältiger Widerstand gegen den rigiden Umgang mit den »Jungen Gemeinden«. Diese Phase läßt sich im Hinblick auf den Volksaufstand als Inkubationsphase bezeichnen. Daran schloß sich die zweite Phase an, die im Mai 1953 einsetzte und bis zum 9. Juni

---

6 Aber nicht nur für die DDR, sondern ebenso für die anderen kommunistischen Staaten Europas; vgl. dazu Kaplan: Die Überwindung der Regime-Krise nach Stalins Tod, S. 15–38.
7 Vgl. Kowalczuk/Mitter: Orte des Widerstands.
8 Als jüngeres Beispiel vgl. dafür die *herkömmliche* und *überholte* Interpretation bei Fulbrook: Anatomy of a Dictatorship, S. 177–187. Das ist insofern erstaunlich, als Fulbrook den Anspruch erhebt, innovativ und originell zu sein. Ihr Buch zeigt dagegen, daß das Austeilen von Schelte allemal leichter ist, als selbst mit fundierten eigenen Beiträgen über den Forschungsstand hinauszugehen. Ihren Anspruch verdeutlicht sie überzogen und voreingenommen in doppelter Hinsicht in: Dies.: Politik, Wissenschaft und Moral; sowie ähnlich Dies.: Methodologische Überlegungen.
9 Vgl. ausführlich diesen Ansatz bei Kowalczuk/Mitter/Wolle (Hrsg.): Der Tag X.

1953 reichte. Dieser Zeitraum war geprägt durch ein rasches Vermehren verschiedenartiger Krisensymptome, die zu offenen und die gesamte Gesellschaft erfassenden Verfallserscheinungen beitrugen. Das erkannte die SED-Führung in dieser Zeit zwar nicht, dafür aber sowohl die sowjetische Regierung, der im übrigen offensichtlich keine anderen Informationen zur Verfügung standen als der SED-Führung,[10] als auch die Evangelische Kirchenführung.[11] Die dritte Phase erstreckte sich vom 9. Juni bis etwa zum 13./15. Juni 1953, was örtlich unterschiedlich war. Das war die Phase, in der die SED-Führung begangene Fehler erstmals öffentlich einräumte und der überwiegende Teil der Bevölkerung dieses Eingeständnis als »Bankrotterklärung des Regimes« auffaßte.[12] Es kam zu ersten, vereinzelten Streiks, Demonstrationen und Protestresolutionen. Schon in dieser Phase spielte die Forderung nach Abschaffung der erhöhten Arbeitsnormen nur eine untergeordnete Rolle. Der eigentliche Volksaufstand, mit seinem Kern vom 16. bis 21. Juni 1953, bedeutete die vierte Phase, die sich zeitlich vom 13./15. Juni bis etwa 25. Juni 1953 erstreckte. Das ist jene Phase, über die wir bislang am meisten wissen.[13] Die fünfte Phase dauerte etwa bis zum September 1953, eine Phase, die abermals von gesellschaftlichen Verfallserscheinungen geprägt war. Zwei Faktoren waren in dieser Phase bestimmend: Zum einen fehlte es der SED-Führung an einem Konzept, die Krise zu meistern. Sie war zu sehr mit sich selbst beschäftigt. Dazu zählte die Ausschaltung vermeintlicher »Ulbricht-Gegner« in der obersten Parteispitze. Diese »Gegner« waren jedoch kaum mehr als »Bauernopfer«, um nötige Säuberungen an der Parteibasis überhaupt rechtfertigen zu können.[14] Zum anderen rissen die Proteste verschiedener Bevölkerungsteile nicht ab. Zu nennen wären hier beispielhaft die andauernden bäuerlichen Proteste ebenso wie diejenigen mitteldeutscher Arbeiter, die im Juli zu einer zweiten Streikwelle führten. Diese Phase war nicht zuletzt von den Diadochenkämpfen in Moskau geprägt, die sich auf die Satrapen in Ostberlin zwangsläufig übertrugen. Erst die Zeit ab September 1953 (16. ZK-Tagung) leitete eine Konsolidierung des Herrschaftssystems ein. Diese sechste Phase (bis etwa April 1954, IV. SED-Parteitag) ist durch eine Offensive der SED-Führung gekennzeichnet gewesen. Die bereits in der Phase zuvor begonnene Disziplinierung der Parteibasis ging einher mit der Wiederaufnahme der repressiven Politik gegenüber jenen Bevölkerungsteilen, die dem sozialistischen Modell Leninscher/Stalinscher Praxis

---

10 Das legt ein Vergleich der Berichte der ZK-Abteilung »Leitende Organe der Partei und der Massenorganisationen« mit den editierten Stimmungs- und Lageberichten der SKK nahe; vgl. zu den SKK-Berichten Foitzik: Berichte des Hohen Kommissars der UdSSR in Deutschland aus den Jahren 1953/1954.
11 Vgl. Baron: Die fünfte Kolonne.
12 Für diverse Beispiele vgl. Kowalczuk/Mitter/Wolle (Hrsg.): Der Tag X.
13 Vgl. die Forschungsbibliographie ebenda, S. 344–350.
14 Ausführlich zur SED vgl. Kowalczuk: »Wir werden siegen, weil uns der große Stalin führt!«

nicht entsprachen, sowie mit der beginnenden Alimentierung jener, vor allem der Arbeiterschaft, auf denen das System nach Selbstaussage eigentlich beruhte.

Diese sechs Phasen, die grundlegend für die DDR-Geschichte sein sollten, leiteten die »innere Staatsgründung« ein. Dieser Prozeß war aus mehreren Gründen bedeutungsvoll. Erstens war die mentale Lernerfahrung eine dreifache: Die SED-Führung hatte vor Augen geführt bekommen, daß eine deutliche Mehrheit der Bevölkerung gegen die kommunistische Herrschaft eingestellt war und diese höchstens erduldete. Sie mußte sie erdulden, solange die sowjetischen Besatzungstruppen die SED-Herrschaft absicherten. Der SED-Führung war unmißverständlich bedeutet worden, daß ihre Machtausübung allein auf den sowjetischen Bajonetten beruhte. Die Bevölkerung wiederum mußte leid- und schmerzvoll wie später die Polen, die Ungarn, die Tschechen und die Slowaken erfahren, daß die nationalen kommunistischen Machthaber so lange ihre Herrschaft ausüben würden, solange sie die »internationalistische Hilfe« der Roten Armee in Anspruch nehmen können. Schließlich haben die sowjetischen Machthaber lernen müssen, daß sie ihre ostdeutschen Statthalter mit mehr Kompetenzen ausstatten müssen, um sie über ein außen-, vor allem aber deutschlandpolitisches Renommee auch innenpolitisch zu stärken.[15] Dieser Prozeß erstreckte sich bis 1955/56. Die »innere Staatsgründung« war nicht nur von einem vielschichtigen mentalen Lernprozeß geprägt, sondern ebenso von strukturellen, politischen, wirtschaftlichen, sicherheitspolitischen und sozialpolitischen Veränderungen und Weichenstellungen, die Jahre später den Mauerbau überhaupt erst ermöglichten, und nicht umgekehrt, wie zuweilen behauptet, erst zur Voraussetzung hatte. Kernstück der »inneren Staatsgründung« war der Ausbau des Disziplinierungs- und Unterdrückungsapparates.

Die Bezeichnung der Proteste im Juni 1953 gaben über viele Jahre hinweg den politischen Standort desjenigen an, der einen bestimmten Begriff gebrauchte. Vom »konterrevolutionären Putschversuch« war in der DDR offiziell die Rede, während in der Bundesrepublik der »Volksaufstand« auf einen »Arbeiteraufstand« reduziert wurde. Die Bezeichnung »Arbeiteraufstand« dominierte spätestens seit den frühen sechziger Jahren und behauptete sich bis 1990. Neben dem »Arbeiteraufstand« gab es noch den politisch besetzten »Tag der deutschen Einheit«, einen bundesdeutschen Feiertag, der aber schon nach wenigen Jahren mit dem eigentlichen Anlaß kaum noch etwas zu tun hatte.

An den Ereignissen im Juni 1953 war ein repräsentativer Teil der Bevölkerung beteiligt. Zuverlässige quantitative Angaben über die Zahl der Teilnehmer an dem zentralen Ereignis, dessen Kraft gerade in seiner De-

---

15 Vgl. Wettig: Die beginnende Umorientierung der sowjetisch-deutschen Politik im Frühjahr und Sommer 1953.

zentralität lag, existieren nicht. Schätzungen müßten in etwa davon ausgehen, daß sich jeder achte bis zwölfte erwachsene DDR-Bürger an den Unruhen beteiligte. Aber auch diese Schätzung ist sehr vage, zumal viele Jugendliche an den Unruhen teilnahmen.

Dieser hohe Bevölkerungsanteil entspricht etwa dem, der während der Herbstrevolution 1989 Anfang November statistisch erreicht wurde. Daß dieser Anteil zugleich sozial heterogen ausfiel, kann angesichts der geschätzten Teilnehmerzahl von 1 bis 1,5 Millionen kaum überraschen.

In den Großstädten und Ballungszentren dominierten ohne Zweifel Arbeiter die Protestdemonstrationen, die nicht selten ihre Ausgangspunkte in Streiks einzelner Belegschaften hatten.[16] Dennoch kann nicht übersehen werden, daß von Anfang an der Anteil von Angestellten und Nichterwerbstätigen sowie partiell von Auszubildenden ebenfalls hoch war. In Kleinstädten war dagegen der Anteil von Bauern hoch, oftmals höher als der der Arbeiter, weil sie aus den umliegenden Dörfern zusammen in die nächste Kreisstadt zogen.[17]

Eine quantitative Einteilung der Protestierenden nach ihrer sozialen Herkunft ist kaum möglich.[18] Eindeutig können jedoch jene sozialen Gruppen benannt werden, die am Aufstand nur in sehr geringem Umfang beteiligt waren. Das waren zum einen die »sozialistische Dienst- und Funktionärsklasse« und zum anderen die Intelligenz.[19] Bei letzterer ist allerdings zu unterscheiden. Während die Theologen vielerorts vor und nach dem 17. Juni am Kampf gegen die SED-Diktatur maßgeblich beteiligt waren, die wissenschaftliche/universitäre, pädagogische und künstlerische Intelligenz sich passiv bzw. SED-freundlicher verhielt, waren die Mediziner größtenteils – zumindest moralisch – auf seiten der Demonstranten und Streikenden, während die technische Intelligenz bzw. zahlreiche Vertreter von ihr gerade in den industriellen Zentren oftmals zu den Ideengebern und Anführern der Streikenden und Demonstrierenden zählten, zumindest aber oftmals geschlossen die Forderungen aktiv unterstützten.

Insgesamt spiegelten die Protestierenden den Querschnitt der Gesell-

---

16 Die Arbeiterschaft in der DDR ist bisher kaum erforscht worden. Den Stand der Forschung, neben zahlreichen Artikeln desselben Autors, markiert Hübner: Konsens, Konflikt und Kompromiß; spez. zu 1952/53 vgl. Kowalczuk/Mitter: »Die Arbeiter sind zwar geschlagen worden, aber sie sind nicht besiegt!«.
17 Vgl. zu den Bauern während der Krise Mitter: »Am 17.6.1953 haben die Arbeiter gestreikt, jetzt aber streiken wir Bauern«.
18 Leo Haupts meinte entgegen der verbreiteten Auffassung zutreffend, daß keine »spezifische soziale Schicht ... als Träger der Unruhen angesprochen werden« könne; in: Protokoll der 42. Sitzung, S. 780. Vor allem in der älteren Literatur wurde betont, daß den Aufstand »im wesentlichen nur die Industriearbeiter« trugen. Vgl. Bust-Bartels: Der Arbeiteraufstand, S. 25; vgl. auch Baring: Der 17. Juni 1953, S. 69. Zum Forschungsstand insgesamt vgl. u. a. Diedrich: Zwischen Arbeitererhebung und gescheiterter Revolution in der DDR; dazu kritisch Kowalczuk: Die Ereignisse von 1953 in DDR; sowie Mitter: Der »Tag X«.
19 Zur Intelligenz 1953 (mit der entsprechenden Forschungsliteratur) vgl. Kowalczuk: Volkserhebung ohne »Geistesarbeiter«?

schaft wider, wobei die Arbeiter die Szenerie leicht dominiert haben mögen. Da der Aufstand aber nicht vorrangig gegen innerbetriebliche und im Zusammenhang mit den Betrieben bestehende Probleme gerichtet war, sondern den Staat als solchen angriff, scheint es am ehesten angeraten, den Aufstand als einen »Volksaufstand« zu charakterisieren.

Der Volksaufstand und die Hochschulintelligenz
Auf der 15. Tagung des Zentralkomitees der SED, die vom 24. bis 26. Juli 1953 stattfand, erklärte Walter Ulbricht, die Angehörigen der Intelligenz hätten »in den Tagen der faschistischen Provokationen loyal gearbeitet«.[20] Er räumte allerdings ein, daß einige Vertreter der technischen Intelligenz zu den Initiatoren der Streiks gezählt hätten.

Diese Einschätzung dominierte auch in der Forschung. Demnach stand die Intelligenz »abseits«[21] oder verhielt sich kühl, »aber loyal zur Regierung«.[22] In einigen neueren Untersuchungen sind die bisherigen Einschätzungen relativiert worden.[23] Die Intelligenz verhielt sich ähnlich wie andere soziale Gruppen auch: Ein Teil zählte zu den aktiven Trägern der Volkserhebung, ein Teil erwies sich als aktive Stütze des SED-Regimes, und ein dritter Teil, der größte, verhielt sich abwartend und passiv, aber keinesfalls regimetreu.

Das Kommuniqué des SED-Politbüros vom 9. Juni 1953[24] kam für die Bevölkerung ebenso überraschend wie für die meisten SED-Funktionäre.[25] Schon damals herrschte in weiten Teilen der Bevölkerung die Meinung vor, daß dieser Kurswechsel nur auf Betreiben der sowjetischen Führung zustande gekommen sein könne[26] und daß die SED nicht an ihren Versprechungen, sondern an ihren Taten zu messen sei.[27]

Die Bedeutung des Kommuniqués vom 9. Juni lag darin, daß die SED eingestand, Fehler gemacht zu haben. Für die Angehörigen der Intelligenz

---

20 Stenographische Niederschrift der 15. Tagung des ZK der SED vom 24.–26. Juli 1953. SAPMO B-Arch, DY 30, IV 2/1/119, Bl. 114.
21 Staritz: Geschichte der DDR, S. 85.
22 Baring: Der 17. Juni 1953, S. 86.
23 Vgl. Hagen: DDR – Juni '53, S. 162; Huschner: Der 17. Juni 1953 an Universitäten und Hochschulen; vgl. demgegenüber Dies.: Der Beitrag des Hochschulwesens, S. 72–79; vgl. weiter Dies.: Die Juni-Krise des Jahres 1953 und das Staatssekretariat für Hochschulwesen; Kowalczuk: Die Universitäten und der 17. Juni 1953; Ders.: Volkserhebung ohne »Geistesarbeiter«; Krönig/Müller: Anpassung – Widerstand – Verfolgung, S. 273–283.
24 In: Dokumente der SED. Band 4, S. 428–431.
25 Aus den zahlreichen Belegen vgl. z. B. Schirdewan: Aufstand gegen Ulbricht, S. 46–51; Wollweber: Aus Erinnerungen, S. 357–358.
26 Z. B. Tel. Durchsage der Kreisleitung Weimar-Land: Stimmungen an den Hochschulen für Musik, Architektur und Deutsches Theater-Institut. SAPMO B-Arch, DY 30, IV 2/5/527, Bl. 4–5. So auch weitgehend der Eindruck im Westen; vgl. z. B. Kaiser: Gesamteindruck Verhandlungsbereitschaft. »Wir haben es mit Entscheidungen der Sowjetunion zu tun«, in: FAZ vom 15.6.1953, S. 1.
27 Z. B. Tagesmeldung des 1. Bezirkssekretärs Gera, Gen. Funke, 12.6.1953. SAPMO B-Arch, DY 30, IV 2/5/527, Bl. 43.

war im SED-Kommuniqué bedeutungsvoll, daß eine Erleichterung des Reiseverkehrs mit Westdeutschland und die unkompliziertere Teilnahme an internationalen Tagungen in Aussicht gestellt wurden. Oberschüler, die wegen ihrer Tätigkeit für die »Junge Gemeinde« von der Schule verwiesen worden waren, sollten »sofort wieder zum Unterricht« zugelassen werden. Aus politischen Gründen entlassene Lehrer konnten wieder eingestellt werden. Die SED veranlaßte, daß die »in den letzten Monaten ausgesprochenen Exmatrikulationen an Hochschulen und Universitäten sofort überprüft und bis zum 20. Juni 1953 entschieden werden« sollten.[28] Für die »alte« Intelligenz war das Versprechen bedeutsam, daß bei Immatrikulationen »befähigte Jugendliche aus den Mittelschichten nicht benachteiligt werden« dürften.

Die Mehrheit der Intelligenz begrüßte das Kommuniqué.[29] In vielen weckte es Hoffnung auf mehr Rechtssicherheit, auf bessere Arbeitsmöglichkeiten und nicht zuletzt auf demokratische Verhältnisse. Ein nicht geringer Teil sah gleichzeitig in diesem Kommuniqué eine Bankrotterklärung der SED und eine praktische »Widerlegung des Marxismus-Leninismus«.[30] Auch innerhalb der Intelligenz wurde gefordert, die Schuldigen für die bisherige Politik zur Verantwortung zu ziehen.[31] Schließlich bewies dieses Kommuniqué der »alten« Intelligenz und den »bürgerlichen« Studenten, »daß die Arbeiterklasse unfähig ist, im Staat die Führung zu übernehmen«.[32] Sowohl die »neue« als auch die »alte« Intelligenz hofften auf eine rasche Wiedervereinigung Deutschlands. Lediglich die quantitativ unterlegene, dafür aber einflußreichere »neue Intelligenz« glaubte dabei an ein Gesamtdeutschland, in dem die SED die Regierung dominieren würde.

Die Haltung der Intelligenz zum sogenannten *Neuen Kurs* zeigt sich am besten im Umgang mit der Jungen Gemeinde und den politischen Exmatrikulationen an den Hochschulen. Nur Tage zuvor hatte Walter Ulbricht noch auf einer Intelligenztagung[33] die »Junge Gemeinde« als »illegale Organisation« diffamiert.[34] Während sich der größere Teil der Intelligenz,

---

28 In: Dokumente der SED. Band 4, S. 430.
29 Vgl. Kowalczuk: Volkserhebung ohne »Geistesarbeiter«, S. 146–149.
30 Z. B. Tel. Durchsage der Kreisleitung Jena, Stellungnahme des Professor Hämel an der Universität Jena, 12.6.1953. Ebenda, IV 2/5/527, Bl. 79 (Chemiestudent T.).
31 Z. B. SED-KL Freiberg, o. T., o. D. (um den 12.6.1953). Ebenda, IV 2/5/528, Bl. 65.
32 BL Gera, Tel. Durchsage am 14.6.1953. Ebenda, IV 2/5/527, Bl. 61.
33 Vgl. Mehr Achtung den Angehörigen der Intelligenz!, in: ND vom 23.5.1953, S. 4.; Die Bedeutung der Intelligenz beim Aufbau des Sozialismus, in: ND vom 24.5.1953, S. 3–4; Die Intelligenz ist ein Teil des schaffenden Volkes. Walter Ulbricht sprach auf der Konferenz der Intelligenz in Berlin, in: ND vom 28.5.1953, S. 1; Offene Worte zur Frage der Intelligenz. Von der Tagung der Intelligenz in Berlin, in: ND vom 30.5.1953, S. 4, sowie Sonntag vom 31.5.1953, S. 2–3.
34 Konferenz der Angehörigen der Intelligenz am 27.5.1953. SAPMO B-Arch, NY 4182/424, Bl. 60. Am 28. Mai 1953 verabschiedete der Senat der Humboldt-Universität eine Entschließung, in der es als unvereinbar angesehen wurde, sich zur »Jungen Gemeinde« zu bekennen und gleichzeitig an der Universität zu studieren. Vgl. Verhandlungsbericht über die Sitzung des Senats am 28. Mai 1953 (einschl. beigefügter

vor allem die davon betroffene »alte« Intelligenz, erleichtert darüber zeigte, daß der Kirchenkampf und die rüden politischen Attacken scheinbar eingestellt würden, war ein anderer Teil sichtlich irritiert. Vor allem bei denjenigen regimetreuen Intelligenzlern an den Universitäten und Schulen, die bisher unnachgiebig gegen Anhänger der »Jungen Gemeinde« und Andersdenkende vorgegangen waren, stieß diese Kehrtwendung »auf Unverständnis«.[35] Immerhin sind in den Monaten zuvor mindestens 700 Oberschüler relegiert worden, weil sie sich zur »Jungen Gemeinde« bekannt hatten.[36] Das war jedoch nur die Spitze des Eisberges. Die Unruhe an den Schulen infolge der Auseinandersetzungen um die »Junge Gemeinde« läßt sich daran messen, daß beispielsweise im Bezirk Chemnitz (Karl-Marx-Stadt) die SED rund 30 Prozent der Oberschüler zu den Anhängern der »Jungen Gemeinde« zählte.[37] Von den 700 relegierten Schülern ist über die Hälfte wieder zur Oberschule zugelassen worden. Ein Teil verzichtete, ein anderer Teil war bereits nach Westdeutschland verzogen.

An den Universitäten waren mindestens siebenunddreißig Studenten wegen ihres Bekenntnisses zur »Jungen Gemeinde« seit dem März 1953 exmatrikuliert worden.[38] Davon ließ das Staatssekretariat für Hochschulwesen auf Weisung der SED dreiunddreißig am 18. Juni wieder zum Studium zu.[39] Weitere sechzehn Studenten von künstlerischen Hochschulen wurden wieder zum Studium zugelassen. Ursprünglich waren siebenundzwanzig Exmatrikulationen im Studienjahr 1952/53 an Kunst- und Musik-

---

Materialien und der Entschließung). UA der HUB, Nr. 233/1 (Senatsbeschlüsse 28.10.1952–23.6.1953), Bl. 184–214. Gegen diese an allen Universitäten vorhandene Tendenz wandte sich Ulbricht wiederum, als er vor MfS-Mitarbeitern ausdrückte, daß man zwischen der Führung der »Jungen Gemeinde« und den »Irregeleiteten« scharf unterscheiden müsse. Vgl. Protokoll des Referats des Gen. Walter Ulbricht anläßlich der Parteiaktivtagung (des MfS) am 28. Mai 1953 im Klub Orankesee. ZAN, Archiv Mielke, Band 393, Bl. 228–269, hier: Bl. 245; teilweise abgedruckt bei Besier/Wolf (Hrsg.): »Pfarrer, Christen und Katholiken«, S. 173–176, spez. 174–175.

35 Z. B. SED-BL Leipzig, Einschätzung der Lage an der Karl-Marx-Universität Leipzig, 16.6.1953. SAPMO B-Arch, DY 30, IV 2/5/528, Bl. 59; vgl. auch Häder: Von der »demokratischen Schulreform« zur Stalinisierung, S. 207–208.
36 Ministerium für Volksbildung, o. D., o. Verf. SAPMO B-Arch, NY 4090/435, Bl. 383. In einer Niederschrift vom 10. Juni 1953 über eine Aussprache mit Kirchenvertretern nannte Grotewohl 712 Relegierungen. Ebenda, NY 4090/456, Bl. 126; vgl. auch Besier: Der SED-Staat und die Kirche, S. 127, sowie Wentker: »Kirchenkampf« in der DDR, S. 117.
37 LOPM, Sektor Information, An den Sektor Jugend, 22.1.1953. SAPMO B-Arch, DY 30, IV 2/5/304, Bl. 65–67. Vgl. auch Wentker: »Kirchenkampf« in der DDR, S. 109.
38 Es reichte schon aus zu leugnen, daß die »Junge Gemeinde« eine »Organisation« sei. Vgl. Karl Schirdewan, Betr. Junge Gemeinde, 23.5.1953. SAPMO B-Arch, DY 30, IV 2/5/304, Bl. 222. Allerdings scheint der »Kirchenkampf« an den Universitäten deutlich weniger ausgeprägt gewesen zu sein als an den Schulen. Denn immerhin rechnete man an der Universität Halle rund 1.100 Studenten zur »Jungen Gemeinde«, also ungefähr 25 Prozent aller Hallischen Studierenden. Vgl. SED-BL Halle, Bericht über die politische Lage im Bezirk im Monat April 1953, 18.4.1953. Ebenda, IV 2/5/269, Bl. 78.
39 Staatssekretariat für Hochschulwesen, o. D., o. Verf. Ebenda, NY 4090/435, Bl. 385. Huschner gibt 35 an; vgl. Huschner: Der 17. Juni 1953 an Universitäten und Hochschulen der DDR, S. 687.

hochschulen ausgesprochen worden.[40] Allerdings sind seit dem März 1953 insgesamt 782 Studierende von ostdeutschen Universitäten, Hochschulen und Arbeiter-und-Bauern-Fakultäten exmatrikuliert worden.[41] Alles in allem war also nur ein winziger Bruchteil von den seit Juni 1952 über 1.800 relegierten Studenten erneut (re)immatrikuliert worden.

Die an den Universitäten und Hochschulen tätige Intelligenz hat sich während der Ereignisse zurückhaltend verhalten.[42] Die meisten verurteilten die Demonstrationen. Im Gegensatz zur medizinischen und technischen Intelligenz hat sich die wissenschaftliche Intelligenz am ehesten zur SED bekannt,[43] wenn die Gewerkschaft auch am 24. Juni feststellte: »Zustimmungserklärungen und Stellungnahmen von Wissenschaftlern zum neuen Kurs der Regierung werden nicht gemeldet. Es herrscht allgemeine Zurückhaltung unter den Angehörigen.«[44] Gerade Universitätsangehörige haben sich jedoch als Propagandisten auf der Straße betätigt, ihre Einrichtungen »kämpferisch verteidigt« und öffentliche Stellungnahmen für die Regierung abgegeben. Allerdings haben sich auch an allen Universitäten und an den meisten Hochschulen Professoren und Assistenten an Demonstrationen beteiligt und die Aufständischen unterstützt.[45] Die SED mußte eingestehen, daß bei »einem grossen Teil der Professoren und Dozenten ... die Staatsverbundenheit und die Einsatzbereitschaft für die DDR nur mangelhaft entwickelt« sei.[46] Gerade Vertreter der »alten« Intelligenz schienen über die Lektion, die die SED erteilt bekam, nicht unzufrieden zu sein. Allerdings beteiligten sie sich oftmals deshalb nicht an den Demonstrationen, weil »sie ihrer ganzen gesellschaftlichen Struktur nach und ihrer Aufgabenstellung entsprechend sich nicht dazugehörig fühlten«.[47] Neben Verhaftungen[48] waren die wichtigsten Folgen der Ereignisse anhaltende Diskussionen an den Universitäten und Hochschulen, die sich kaum

---

40 Staatliche Kommission für Kunstangelegenheiten, o. D., o. Verf. SAPMO B-Arch, NY 4090/435, Bl. 410.
41 Staatssekretariat für Hochschulwesen, o. T., o. D., Ebenda, Bl. 385.
42 Vgl. Kowalczuk: Volkserhebung ohne »Geistesarbeiter«, S. 150–160.
43 Zum begrifflichen Problem der »Intelligenz« und ihrer Einteilung vgl. ebenda, S. 131–134.
44 ZK-Abt. Wissenschaft und Hochschulen, Berichte vom Zentralvorstand der Gewerkschaft Wissenschaft, 24.6.1953. SAPMO B-Arch, DY 30, IV 2/5/542, Bl. 183. Hier irrten die Berichterstatter insofern, als daß an das ZK eine Reihe von Ergebenheitsadressen gerichtet worden waren, aber zumeist eben nur von den Repräsentanten und kaum von »einfachen« Hochschulangehörigen.
45 Dieser Befund läßt sich nur rekonstruieren und kaum aus zusammenfassenden Berichten aus den Tagen um den 17. Juni ersehen. So berichtete z. B. der Prorektor für Studienangelegenheiten der Universität Leipzig am 19. 6. auf einer Tagung des SfH, daß er nur von einem Wissenschaftler wüßte, der die Demonstranten unterstützt hätte. Vgl. Situationsbericht von Universitäten und Hochschulen. Ebenda, IV 2/5/542, Bl. 181.
46 Analyse über die Tage vom 16.–22. Juni 1953. Ebenda, I IV 2/202/15, S. 61.
47 Gewerkschaft Wissenschaft, Bericht über den Instrukteureinsatz im Bezirk Jena vom 22. bis 24.6.1953, 25.6.1953. Ebenda, IV 2/904/426, Bl. 60.
48 Z. B. Staatssekretariat für Hochschulwesen, o. D., o. Verf. Ebenda, NY 4090/435, Bl. 386. Vgl. dazu Barton: Das Bild eines »Rädelsführers«, S. 76–78 sowie S. 301.

von Auseinandersetzungen in anderen gesellschaftlichen Bereichen unterschieden. Auch an den Universitäten gab es beispielsweise die Forderung, daß die SPD wieder zugelassen und eine sozialdemokratische Regierung geschaffen werden müßte.[49] Die logische Folge dessen war, daß eine Reihe von SED-Mitgliedern aus ihrer Partei austraten.[50]
Die Studierenden verhielten sich ähnlich wie ihre Lehrer. Die Mehrheit war passiv. Eine Minderheit stellte sich hinter die Regierung, beteiligte sich an Propagandaeinsätzen und unterstützte die KVP.[51] Da sich die Studenten zur Zeit der Juni-Ereignisse im Praktikum befanden, waren sie von den Streiks und Demonstrationen unmittelbar betroffen. Die meisten haben sich an den Demonstrationen nicht beteiligt.[52] Einige Betriebe, wie zum Beispiel Siemens-Plania in Berlin, konnten ihre Produktion nur wegen des Einsatzes von Studenten aufrechterhalten.[53] Allerdings haben sich auch Studierende an den Demonstrationen und Streiks beteiligt,[54] wie etwa auf der Rostocker Warnow-Werft.[55] Und tatsächlich haben darüber hinaus einige Studierende beherzigt, was ihnen die FDJ-Studentenzeitung *Forum* nur kurz vor diesen Ereignissen empfohlen hatte: »Studenten lernen bei Leuna-Arbeitern«.[56] Denn es haben nicht nur überall Studenten ganz unterschiedlicher Fakultäten an den Demonstrationen teilgenommen, sondern in Einzelfällen – wie in Halle – haben sie sich auch in Streikleitungen engagiert.[57] Es kam auch zu anderen Formen des Widerstandes. An der Leipziger Universität zum Beispiel gründeten Studenten einen »Bund freier Chemiker«.[58]

Infolge des 17. Juni gab es an den meisten Hochschuleinrichtungen

---

49 Z. B. Sektor Einheitliches Mitgliedsbuch und Statistik, 14.7.1953. SAPMO B-Arch, DY 30, IV 2/5/1674, Bl. 4; o. Verf., o. T., o. D. (Vorarbeiten für Gesamtanalyse). Ebenda, IV 2/5/546, Bl. 239.
50 In Leipzig traten z. B. alle 7 Mitglieder der SED an der veterinärmedizinischen Fakultät aus. Ebenda, IV 2/5/553, Bl. 173a.
51 Dafür gäbe es viele Beispiele, z. B. in Görlitz, Berlin, Leipzig, Halle, Jena, Rostock, Freiberg usw.
52 Huschner: Der 17. Juni 1953 an Universitäten und Hochschulen der DDR, S. 690–691.
53 Protokoll der Delegiertenkonferenz vom 19./20.12.1953 (Humboldt-Universität). SAPMO B-Arch, BPA, IV 4/12–2; 5; Bericht vom 17.6.1953. Ebenda, DY 30, IV 2/5/539, Bl. 131.
54 Die Annahme ist also falsch, der Juniaufstand sei gänzlich ohne studentische Beteiligung vor sich gegangen; vgl. Richert:»Sozialistische Universität«, S. 57.
55 Huschner: Der 17. Juni 1953 an Universitäten und Hochschulen der DDR, S. 690. Auch Alfred Lemmnitz mußte dies verblümt eingestehen. Vgl. Protokoll der Hochschulkonferenz der Abteilung Wissenschaft und Hochschulen beim ZK der SED am 31.10./1.11.1953 in Leipzig. SAPMO B-Arch, ZPA, IV 2/904/8, Bl. 81–82. Vgl. dagegen seine spätere öffentliche Darstellung: Beginn und Bilanz, S. 181–182.
56 Forum 1953/13, S. 4.
57 Staatssekretariat für Hochschulwesen, o. D., o. Verf. SAPMO B-Arch, NY 4090/435, Bl. 386; SED-PO Univ. Halle, Bericht über die Vorkommnisse an der Universität Halle am 17. und 18.6.1953, 19.6.1953. Ebenda, DY 30, IV 2/904/426, Bl. 36–41.
58 MfS, Einsatz einer Brigade in der Bezirksverwaltung Leipzig vom 24.11.–9.12.1953, 10.12.1953. ZAN, Allg. S 356/57, Band 2, Bl. 45.

Verhaftungen und politisch motivierte Exmatrikulationen.[59] An der Volkserhebung beteiligten sich vor allen Dingen Vertreter der Medizinischen, Veterinärmedizinischen, Landwirtschaftlichen und Mathematisch-Naturwissenschaftlichen Fakultäten, und zwar sowohl Studenten als auch Teile des Lehrkörpers in teilweise beachtlichem Umfang. Keineswegs dürfen die Arbeiter-und-Bauern-Fakultäten übersehen werden, da hier – zum Erstaunen der Genossen – ganz »erhebliche Schwankungen« zu verzeichnen waren.[60] Kurt Hager erklärte im Herbst 1953: »Ist es nicht beschämend, daß die an der Universität Halle entlarvten Provokateure fast alle Arbeiter- und Bauernkinder sind, die erst an der Universität unter den verderblichen Einfluß der faschistischen, imperialistischen Ideologie gerieten.«[61] Die Schlußfolgerung Hagers: »Es geht darum – und das ist die grosse Erziehungsaufgabe, die vor allem unsere Genossen Professoren und Dozenten haben –, standhafte, vom Haß gegen Imperialismus und Militarismus erfüllte, der Arbeiterklasse und unserem Arbeiter- und Bauernstaat treu ergebene, für die Sache des Friedens, der Demokratie und des Sozialismus begeisterte, mit tiefem marxistischen Wissen ausgerüstete Kader zu erziehen, auf die sich die Partei voll und ganz verlassen kann.«[62]

Dies war um so nötiger, da die Diskussionen und Forderungen von Teilen der Studierenden, selbst wenn sie sich an den Demonstrationen und Streiks nicht beteiligt hatten, denen anderer Bevölkerungsschichten ähnelten. Aus dem Institut für Altertumswissenschaft der Universität Halle meldete der Assistent Burchard Brentjes am 19. Juni beispielsweise folgende »studentische Forderungen und Meinungen«: 1. Die Regierung muß zurücktreten; 2. Bildung eines Komitees, das die Macht übernimmt; 3. Neubildung der SPD, die die Macht übernehmen soll; 4. an den Demonstrationen haben keine faschistischen Elemente teilgenommen, sondern nur ehrliche Arbeiter; 5. es besteht kein Vertrauen zu den angekündigten Maßnahmen der Regierung, da sie nicht sofort und vollständig umgesetzt wurden; es wird befürchtet, daß sie wieder zurückgenommen werden; 6. freie Wahlen; 7. »Wir können keinerlei positive Stellungnahmen abgeben, da wir den Arbeitern nicht in den Rücken fallen können.«[63]

---

59 Vgl. Kowalczuk: Volkserhebung ohne »Geistesarbeiter«, S. 155, Anm. 170. Der dort angegebene Wolfgang Stiehl ist jedoch bereits am 1. Februar 1953 verhaftet worden war; vgl. Landesbeauftragte für die Unterlagen des Staatssicherheitsdienstes der ehemaligen DDR Sachsen-Anhalt (Hrsg.): »Vom Roten Ochsen geprägt«, S. 83–114.
60 Darüber dürfen auch nicht Stellungnahmen der Leitungen hinwegtäuschen, wie etwa die der ABF in Halle. SAPMO B-Arch, DY 30, I IV 2/202/14. Abgedruckt bei Klein: Die Arbeiterrevolte, S. 14–15.
61 Protokoll der Hochschulkonferenz der Abteilung Wissenschaft und Hochschulen beim ZK der SED am 31.10./1.11.1953 in Leipzig. SAPMO B-Arch, DY 30, IV 2/904/8, Bl. 28.
62 Ebenda, Bl. 29.
63 Dr. Brentjes: Hauptargumente von Studenten des Instituts für Altertumswissenschaft (Altphilologie) in der Diskussion über die faschistische Provokation, 19.6.1953, vormittags. Ebenda, IV 2/5/539, Bl. 145.

Solche oder ähnliche Forderungen diskutierten an allen Universitäten und Hochschulen viele Studenten, auch wenn sie selbst nicht auf die Straße gingen. Die Chemiestudenten der Leipziger Universität zum Beispiel lehnten eine Unterschriftensammlung und Erklärung für die Politik der SED mehrheitlich ab.[64] So muß alles in allem auch für die Studenten festgestellt werden, daß sie sich keinesfalls einheitlich verhielten. Eine tatsächliche Quantifizierung des Verhaltens und der Einstellung der Universitätsintelligenz einschließlich der Studierenden ist kaum möglich. Allgemein läßt sich die Universitätsintelligenz zwischen dem 17. und 21. Juni in folgende vier Gruppen gliedern:[65] 1. Die größte Gruppe: Sie verhielt sich loyal zu SED und Regierung, beteiligte sich zwar an den *Schutzmaßnahmen* der Universitäten und Institute, nicht jedoch an Propagandaeinsätzen auf der Straße. 2. Gruppe: Dies waren die parteilichen Wissenschaftler und Studierenden, die schon gleich wußten, daß alles eine Inszenierung der westdeutschen Faschisten und ihrer ostdeutschen Agenten sei. Sie gingen selbst zu Propagandaeinsätzen auf die Straße. 3. Gruppe: Sie verhielt sich abwartend, ablehnend und fing erst allmählich an zu diskutieren. 4. Die kleinste Gruppe: Sie beteiligte sich aus politischen Gründen bewußt an der »gescheiterten Revolution«[66], wobei eine Reihe von ihnen dafür hart bestraft wurde.

Die Zeit nach dem 21. Juni erwies sich auch für die Intelligenz als spannungsgeladen. Die Diskussionen und Auseinandersetzungen nahmen spürbar zu. Dort, wo erneut gestreikt oder demonstriert wurde, waren auch Intelligenzler aktiv. Überall erhoben die Menschen Forderungen, wonach die SED zumindest den »Neuen Kurs« einhalten und weitere Zugeständnisse machen möge. Dazu zählten die Forderungen nach Rechtssicherheit, freiem Zugang zu Interzonenpässen, westlicher Fachliteratur, internationalen Konferenzen, Rücktritt der Regierung usw.[67] Angehörige der technischen Intelligenz initiierten und unterstützten Resolutionen, wodurch die SED wenigstens in Teilbereichen zum Umschwung ihrer Politik gezwungen werden sollte.[68]

Allerdings begann die SED-Führung nach dem 21. Juni allmählich, auch Intelligenzler wegen ihres Engagements um den 17. Juni herum zu bestrafen. So wurden vielerorts Angehörige der Intelligenz aus Betrieben und Hochschulen entlassen, verhaftet sowie in Belegschaftsversammlun-

---

64 Ebenda, IV 2/904/426, Bl. 109.
65 Vgl. dagegen die Einteilung der *gesamten* Intelligenz bei Kowalczuk: Volkserhebung ohne »Geistesarbeiter«, S. 159–160.
66 Diesen Begriff prägte Armin Mitter; zuerst in einer Artikelserie (Die gescheiterte deutsche Revolution) für die taz vom 10., 12. und 16. Juli 1991.
67 Z. B. MfS, Tagesbericht vom 27.6.1953. ZAN, Allg. S 9/57, Band 3, Bl. 27.
68 So forderte beispielsweise die Belegschaft des VEB Fernmelde-Anlagenbaus Dresden am 15. Juli, daß die DDR ihre gegen westliche Sender installierten Störsender abschalten solle. Vgl. Resolution an das Staatliche Rundfunkkomitee Berlin, 15.7.1953. SAPMO B-Arch, DY 30, IV 2/5/305, Bl. 165–166.

gen oder öffentlichen Veranstaltungen der SED, der FDJ oder des FDGB gedemütigt. Dies waren Vorboten einer Abrechnungswelle, die alle Schichten der Bevölkerung nach dem 15. Plenum der SED erreichen sollte.

Ein Beispiel für die offenen Diskussionen innerhalb der Intelligenz nach den kritischen Tagen um den 17. Juni 1953 bietet die Sitzung des Präsidialrates des Kulturbundes vom 3. Juli.[69] Allerdings muß gerade mit Blick auf den Kulturbund und seine offiziellen Vertreter unterstrichen werden, daß deren freimütigere Diskussionen stattfinden konnten, weil die Menschen auf den Straßen sie ihnen ermöglicht hatten und der Druck aus den eigenen Reihen wuchs. Sie selbst hatten keine aktive Rolle gespielt. Alexander Abusch beispielsweise, einer der wichtigsten Repräsentanten des Kulturbundes, war sich nicht zu schade, die Situation in der DDR mit der von Mittelamerika zu vergleichen, wo auch die USA die Umstürze inszenieren würden.[70]

Die Präsidialtagung verabschiedete einen 12-Punkte-Forderungskatalog.[71] Er wurde zwar vom SED-Politbüro begrüßt,[72] jedoch in seinen wichtigsten Punkten niemals verwirklicht. Zu den Forderungen gehörten u. a. die nach Freiheit der Meinungen, Freiheit von Forschung und Lehre, Umgestaltung der Medien, größerer Selbständigkeit der Institute, Entlastung der Wissenschaftler von Verwaltungsarbeit und größerer Rechtssicherheit.

Diese zum wiederholten Male vorgetragenen Forderungen, nur diesmal eben vom Kulturbund, flankierten eine Diskussion, in der es um diese und andere Punkte ging. Der Mediziner Theodor Brugsch zum Beispiel beklagte, daß die Humboldt-Universität eine russische Universität geworden sei,[73] der Psychologe Hanns Schwarz forderte Rechtssicherheit ein und bezeichnete die Methoden der Staatssicherheit als Folter.[74] Der Chemiker Hans-Heinrich Franck ging gar noch weiter, als er meinte: »Aber die Tatsache ist so unfaßbar für mich – diese Anwendung von Gestapo-Methoden. Ich betone dieses Wort hier ausdrücklich. Es ist nämlich so, daß in unserer Regierung viele Leute sitzen, die die Zeit der Gestapo in praktischer Anwendung auf die deutschen Bürger nicht miterlebt haben. Sie wissen gar nicht, was hier gemacht worden ist. [...] Ich habe das vorhin ausgesprochen, und ein bekannter Versdichter, der in diesem Saale sitzt, hat mir daraufhin gesagt: Es gibt aber harte Burschen! Ich muß sagen, ich

---

69 Zum Kulturbund, der hier nicht weiter betrachtet werden kann, aber schon recht gut erforscht ist, vgl. Heider: Politik– Kultur – Kulturbund, S. 170–180; Knoth: Loyale Intelligenz?, S. 149–156.
70 Alexander Abusch: Der 17. Juni und seine Lehren für die Intelligenz, in: Der Sonntag vom 28.6.1953, S. 1–2.
71 Abgedruckt im ND vom 8.7.1953, S. 4, und im Sonntag vom 12.7.1953, S. 3; vgl. auch SED und Intellektuelle in der DDR, S. 16–17.
72 So z. B. Walter Ulbricht; Stenographische Niederschrift der 15. Tagung des ZK der SED vom 24.–26. Juli 1953. SAPMO B-Arch, DY 30, IV 2/1/120, Bl. 114.
73 SED und Intellektuelle in der DDR, S. 19.
74 Ebenda, S. 32.

würde auch harte Burschen aus eigener Ehre nicht so behandeln, wie das hier getan worden ist.«[75] Ernst Niekisch zeigte großes Verständnis für die Arbeiter,[76] und sogar Johannes R. Becher gab zu bedenken,[77] daß es ein leichtes wäre, alle Streikleitungen als Agenten zu denunzieren, wenn man die Prozesse geheim abhält.[78]

Während dieser Diskussion wurden erstaunlich wenige Gegenpositionen geäußert. Ernst Niekisch vermutete später, daß die Sekretäre des Kulturbundes schwiegen, weil sie »wahrscheinlich den Auftrag (hatten), den Verlauf der Debatte genau zu beobachten und sich nicht einzumischen«.[79] Tatsächlich entsteht der Eindruck, daß solche und ähnliche Veranstaltungen, die in Betrieben, Universitäten und Instituten stattfanden, als Ventile dienen sollten. Den meisten Präsidialmitgliedern des Kulturbundes entstanden aus dieser offenen Debatte keine Nachteile, was jedoch dort, wo keine prominenten Intelligenzler stritten, spätestens nach der 15. Tagung des ZK der SED ganz anders aussah: Viele Personen wurden nun wegen freimütiger Diskussionen heftig attackiert und belangt.

Kurz nach der 15. Tagung des ZK der SED verkündete das *Neue Deutschland* Ende Juli auf der Titelseite: »Die Generallinie der SED war und ist richtig«.[80] Damit propagierte das Zentralorgan der SED eine Losung, die auf dem ZK-Plenum vom 24. bis 26. Juli verkündet worden war.[81] Das verdeutlicht, daß bei aller partiellen Selbstkritik, die die SED-Führung an ihrer bisherigen Politik äußerte und die sie auch von der Parteibasis her zuließ, es jetzt darauf ankam, die »Reihen fest zu schließen« und »schwankende« oder »feindliche« Elemente auszuschließen oder gar zu verhaften. Die Disziplinierungswelle seit August 1953 hatte zur Folge, daß die SED in den folgenden Monaten noch stärker als sonst mit sich selbst beschäftigt war.[82]

Eine Folge dieser Beschäftigung mit dem Zustand und der Disziplinierung der eigenen Partei war, daß die Berichterstatter der SED häufig den Überblick über den parteilosen Teil der Bevölkerung verloren. In bezug auf die Intelligenz mußte festgestellt werden: »Die Bezirksleitungen besitzen keine genaue Kenntnis über die Stimmungen und Argumente der An-

---

75 Ebenda, S. 38.
76 Ebenda, S. 25–26. Vgl. auch Niekisch: Erinnerungen eines deutschen Revolutionärs. 2. Band: Gegen den Strom 1945–1967. Köln 1974, S. 192–217. Die Denkschrift Niekischs an Semjonow ist auch abgedruckt in: 17. Juni 1953. Arbeiteraufstand in der DDR, S. 175–178.
77 Vgl. dazu die knappen Ausführungen von Leo Haupts, der von einer Versammlung in Jena berichtet, wo Becher die Stimmung der »Basis« ungefiltert erfuhr. In: Protokoll der 42. Sitzung, S. 782.
78 SED und Intellektuelle, S. 46.
79 Niekisch: Erinnerungen, S. 216.
80 ND vom 30.7.1953, S. 1.
81 Der neue Kurs und die Aufgaben der Partei. Entschließung des ZK vom 26. Juli 1953, in: Dokumente der SED. Band 4, S. 467.
82 Zur SED vgl. Kowalczuk: »Wir werden siegen, weil uns der große Stalin führt!«.

gehörigen der Intelligenz. In allen Berichten der Bezirksleitungen wird erklärt, daß die Angehörigen der Intelligenz in ihrer großen Mehrheit mehr zurückhaltend sind.«[83] Diese Wahrnehmung der SED hing auch damit zusammen, daß Walter Ulbricht der Mehrheit der Intelligenz Loyalität gegenüber der Regierung während des 17. Juni bescheinigt hatte. Außerdem bekräftige die SED, daß sie »in bezug auf die Intelligenz ... ihre bisherige Linie der materiellen Sicherstellung, der Förderung ihrer Arbeitsmöglichkeiten zur Entwicklung der nationalen Kultur und Wirtschaft« fortsetzen wolle. Gleichzeitig sei es »erforderlich, den Intellektuellen größere Toleranz entgegenzubringen«.[84] Allerdings müsse natürlich erwartet werden, »dass sich ein ernster Wissenschaftler auch mit ihm [dem Marxismus-Leninismus – d. Verf.] beschäftigt und mit ihm auseinandersetzt«.[85] Damit bestätigte die SED, daß sie auch mit ihrer Intelligenzpolitik die bisher verfochtene »Generallinie« fortzusetzen gedachte. Daß sie damit keine begeisterte Zustimmung seitens der Intelligenz, vor allem der sogenannten alten, erfahren konnte, lag auf der Hand. Allerdings erhob sich auch kein qualitativ neuartiger Protest. Die kritische Einstellung des überwiegenden Teils der Intelligenz blieb jedoch unverändert. Dies wurde schon während der erneuten Unruhen im Juli 1953 in den Buna-Werken deutlich.[86]

Scharfe Auseinandersetzungen nach dem 17. Juni und vor allem nach dem 15. Plenum des ZK der SED gab es jedoch gerade dort, wo einerseits während der Volkserhebung wenig gegen das SED-Regime unternommen worden war, wo aber andererseits die neue Intelligenz ausgebildet wurde: an den Universitäten und Hochschulen. Die meisten Auseinandersetzungen trugen innerparteilichen Charakter, weil die SED die wichtigste Aufgabe »auf dem Gebiete der weiteren Festigung der Einheit und Geschlossenheit ihrer Reihen im Kampf gegen die gefährlichste Krankheit ..., gegen die kleinbürgerlichen Schwankungen in der Partei« sah.[87] Das bedeutete für die Universitäten, daß nun auch sie »Verantwortliche« für die Volkserhebung »entlarven« und dingfest machen mußten. Die innerparteilichen Debatten setzten nach dem 15. Plenum ein und zogen sich über Monate hin. An allen Universitäten und Hochschulen schloß die SED Genossen aus der Partei aus, verhängte Parteistrafen oder entließ kritische Hochschulangehörige. Wie viele Wissenschaftler und Studenten dies betraf, ließ sich bislang nicht genau feststellen, aber zwischen Juni und De-

---

83 LOPM, Zusammenfassung der wichtigsten Argumente der Arbeiter, Bauern und der Intelligenz, 14.10.1953. SAPMO B-Arch, DY 30, IV 2/5/272, Bl. 56.
84 Der neue Kurs und die Aufgaben der Partei. Entschließung des ZK vom 26. Juli 1953, in: Dokumente der SED. Band 4, S. 475.
85 Stenographische Niederschrift der 15. Tagung des ZK der SED vom 24.–26. Juli 1953. SAPMO B-Arch, DY 30, IV 2/1/119, Bl. 82 (Otto Grotewohl).
86 MfS, Information Nr.: 1021 c) Das Verhalten der Partei und des FDGB vom 15.–18.7.1953 in den Buna-Werken, 23.7.1953. MfS, ZAN, Allg. S 9/57 Band 3a.
87 Ulbricht: Der Weg zu Frieden, Einheit und Wohlstand, S. 86.

zember 1953 müssen mehrere hundert Personen von den Universitäten und Hochschulen wegen ihres Verhaltens am 17. Juni belangt worden sein, wobei die Mehrzahl Parteistrafen erhielt. Einige Dutzend Studenten wurden exmatrikuliert. Insgesamt waren die wenigsten der Bestraften Gegner des Systems.[88]

Am 31. Oktober und 1. November 1953 führte die ZK-Abteilung »Wissenschaft und Hochschulen« in Leipzig eine Hochschulkonferenz durch. Das Ziel bestand darin, ein vorläufiges Fazit »aus den Lehren des 17. Juni« für die Universitäten zu ziehen sowie die künftigen Aufgaben »bei der Vorbereitung des IV. Parteitages der SED«, der vom 30. März bis 6. April 1954 stattfinden sollte, zu benennen.[89] Das Hauptreferat hielt Kurt Hager. Er betonte nochmals, daß der 17. Juni bewiesen habe, »dass die Mehrheit der Professoren, Studenten, Arbeiter und Angestellten der Akademien, der Universitäten und Hochschulen fest zur DDR steht und die Leistungen der Partei und Regierung für die Förderung der Wissenschaft anerkennt«.[90] Hager räumte jedoch ein, daß es in umfangreicherem Maße »negative Erscheinungen« an den Universitäten gegeben habe, als bisher in der Öffentlichkeit zugegeben worden war. So hätte es an der landwirtschaftlichen und mathematisch-naturwissenschaftlichen Fakultät der Universität Halle »eine Agentengruppe unter den Studenten« gegeben, »die sich aktiv an den Provokationen beteiligte und inzwischen verurteilt worden ist«.[91] Aber nicht nur dort, auch am Chemischen Institut in Leipzig, an verschiedenen Universitätskliniken und in den wissenschaftlichen Bibliotheken hätten »Agentengruppen« agiert.[92] Besonders beschämend fand Hager, daß die Arbeiter-und-Bauern-Fakultäten »die stärksten Schwankungen zeigten, so daß man feststellen muß, daß unsere Arbeiter- und Bauernkinder ... an die ABF kommen (und) dort von den Gen. Dozenten verdorben werden«.[93] Sogar die »entlarvten Provokateure« von der Universität Halle seien »fast alle Arbeiter- und Bauernkinder« gewesen.[94] Hier hatte sich entgegen den Intentionen der SED-Führung gezeigt, daß einige Studenten und Studentinnen Söhne und Töchter ihrer Klasse blieben.

Hager wies die anwesenden Genossen darauf hin, daß der Gegner »sich gegenwärtig insbesondere darum (bemüht), Stützpunkte an unseren Universitäten und Hochschulen zu schaffen«.[95] Deshalb käme es darauf an,

---

88 Zum Ablauf solcher Auseinandersetzungen am Beispiel der Leipziger Historiker vgl. Kowalczuk: Die Historiker der DDR und der 17. Juni 1953, S. 720–722, sowie im vorliegenden Band unten S. 224–227.
89 Protokoll der Hochschulkonferenz der Abteilung Wissenschaft und Hochschulen beim ZK der SED am 31.10./1.11.1953 in Leipzig. SAPMO B-Arch, DY 30, IV 2/904/8, Bl. 6–7.
90 Ebenda, Bl. 16.
91 Ebenda.
92 Ebenda, Bl. 19.
93 Ebenda, Bl. 28.
94 Ebenda.
95 Ebenda, Bl. 18.

»das Verhalten jedes Einzelnen, auch jedes einzelnen Mitgliedes unserer Partei, an diesem Tag sorgfältig zu prüfen und dazu Stellung zu nehmen, da sich am 17. Juni neben Mut und Entschlossenheit im Kampf gegen die faschistischen Provokationen auch feiges Kapitulantentum und offene Feindschaft zur Republik zeigten«.[96] Kein Feind dürfe unerkannt bleiben, »wie er sich auch tarnen möge ... Wer das Schwert gegen unseren Arbeiter- und Bauernstaat hebt, wird auch durch das Schwert umkommen«.[97] Schließlich betonte Kurt Hager, daß »selbstverständlich« die bisherige SED-Hochschulpolitik fortgesetzt werden würde.[98]

Den Ausführungen Hagers widersprach keiner der Anwesenden. Im Gegenteil, Rektoren, Parteisekretäre und Professoren pflichteten ihm bei. Der 1. Sekretär der SED-Parteiorganisation der Humboldt-Universität, Werner Tzschoppe, meinte etwa, daß auf die Universitäten, Hochschulen und wissenschaftlichen Institutionen »in einem grösseren Umfang« als auf die übrige Partei zuträfe, daß sie sich ihrer »kleinbürgerlich schwankenden« Elemente entledigen müsse.[99] Alfred Lemmnitz, der spätere Volksbildungsminister der DDR und damalige Professor für Politische Ökonomie an der Universität Rostock, forderte, »daß man bei einem Stipendium eine [noch – d. Verf.] schärfere Auswahl anwenden sollte«.[100] Und der Rektor der Hallischen Universität, der Historiker Leo Stern, freute sich, berichten zu können, »dass das Durchgreifen der zuständigen Staatsorgane wie ein reinigendes Gewitter gewirkt hat«.[101] Das »reinigende Gewitter« bedeutete wiederum für einige Studenten, Assistenten und Professoren Verhaftung, Entlassung bzw. Exmatrikulation.[102]

In der Regel verhielten sich die Studierenden und die Angehörigen der Universitätsintelligenz nicht nur während, sondern auch nach der Volkserhebung abwartend oder parteilich. Die nach der 15. Tagung des ZK der SED initiierten innerparteilichen Auseinandersetzungen waren nötig, um die Macht des SED-Politbüros und die von Walter Ulbricht zu sichern und auszubauen.[103] An der Humboldt-Universität zu Berlin zum Beispiel wurden infolge des 17. Juni sechzig Genossen aus der SED ausgeschlossen, zwölf von der Kandidatenlisten gestrichen, je sechzehn erhielten eine strenge Rüge bzw. eine Rüge und fünf eine Verwarnung.[104] Auch wenn diese Zahlen keine tatsächlichen Aufschlüsse über das Verhalten und die Vergehen der betreffenden Personen vermitteln, wird eines deutlich: Es

---

96 Ebenda, Bl. 19.
97 Ebenda, Bl. 16–17.
98 Ebenda, Bl. 24.
99 Ebenda, Bl. 170–171.
100 Ebenda, Bl. 85.
101 Ebenda, Bl. 161.
102 Vgl. Kowalczuk: Volkserhebung ohne »Geistesarbeiter«, S. 166, Anm. 240.
103 Zu den theoretischen Grundlagen; vgl. Arendt: Elemente und Ursprünge totaler Herrschaft, S. 481–482.
104 Protokoll der Delegiertenkonferenz vom 19. und 20.12.1953. Rechenschaftsbericht. SAPMO B-Arch, BPA, IV 4/12–2.

wäre falsch, die Ereignisse im Juni und Juli 1953 allein auf Streiks und Demonstrationen zu reduzieren. Die Volkserhebung war breiter, intensiver, länger und bedrohlicher für die Machthaber, als es die Zahlen der Streiks, Demonstrationen und Teilnehmer verdeutlichen könnten.[105]

Am 3. April 1954, dem fünften Verhandlungstag des IV. Parteitages der SED, erwiesen führende Wissenschaftler der DDR dem Regime ihre Ehrerbietung. Der Delegation gehörten die Präsidenten der Akademien, die Rektoren der wichtigsten Universitäten sowie auserwählte Wissenschaftler an. Im Namen der Intelligenz der DDR richtete der Präsident der Deutschen Akademie der Wissenschaften und vormalige Rektor der Humboldt-Universität zu Berlin, der Physiker Walter Friedrich, an die Parteitagsdelegierten das Wort: »Wir Wissenschaftler wissen, daß wir in der Sozialistischen Einheitspartei Deutschlands einen Freund haben, und wir hoffen, daß diese Partei uns in unseren Sorgen unterstützt und Verständnis für unsere Wünsche zeigt. Für unsere zukünftige Arbeit erwarten wir von der Partei neue Impulse und von diesem Parteitag anregende und richtungsweisende Beschlüsse, auch zur Förderung der Wissenschaft.«[106] Zu diesen »richtungsweisenden Beschlüssen« kam es nicht, da die SED keine Veranlassung sah, ihre bisherige Politik gegenüber der Intelligenz, den Universitäten und der Wissenschaft zu korrigieren.[107] Statt dessen betonten die SED-Vertreter, daß die Auseinandersetzungen mit der »bürgerlichen Ideologie« weiter intensiviert werden müßten.

Der 17. Juni 1953 besaß eine weitreichende Wirkung, die über den Tag hinaus von Bedeutung war: Die Ereignisse des Jahres 1953 waren der Ausgangspunkt für die Bildung einer temporären ostdeutschen intellektuellen Opposition.[108] Allerdings muß auf einen wichtigen Unterschied hingewiesen werden: Während sich die Volkserhebung von 1953 gegen das System richtete und die Abschaffung desselben zum Ziel hatte, ging es in den Debatten von 1956/57 vorrangig und mehrheitlich darum, einen demokratischen Sozialismus zu schaffen.[109] Allerdings hätten beide bei Erfolg dasselbe Ergebnis erzielt: Denn jede reformerische Bestrebung, die

---

105 Zuerst wiesen darauf explizit hin Ewers/Quest: Die Kämpfe der Arbeiterschaft in den volkseigenen Betriebe, S. 37. Diesen Befund auf neuer Aktenlage bestätigte Mitter: Die Ereignisse im Juni und Juli 1953 in der DDR, beS. S. 34. Insgesamt dazu vgl. Kowalczuk/Mitter/Wolle (Hrsg.): Der Tag X.
106 Protokoll der Verhandlungen des IV. Parteitages der SED, 2. Band, S. 725.
107 Vgl. die entsprechenden Ausführungen von Walter Ulbricht und Kurt Hager in: Protokoll der Verhandlungen des IV. Parteitages der SED, 1. Band, S. 148–156, S. 272–279; dazu vgl. die entsprechenden Vorarbeiten: ZK-Abt. Wissenschaft und Hochschulen, Die Lage und die Aufgaben auf dem Gebiet der Wissenschaft, 23.2.1954. SAPMO B-Arch, NY 4182/934, Bl. 186–224.
108 Vgl. ausführlicher und genauer, wenn auch nicht in allen Punkten – gerade was die Universitäten betrifft – zugestimmt werden kann, Jänicke: Der dritte Weg, S. 53–67, sowie unten S. 138–145.
109 Vgl. Rühle: Der 17. Juni und die Intellektuellen, S. 185.

die Brechung des Machtmonopols der SED zum Ziel hatte, hätte unweigerlich zum Zusammenbruch des gesamten Systems und zur Wiederherstellung der deutschen Einheit geführt.

Frost, Tauwetter, Frost
Die Hochschulen zwischen den Krisen 1953–1961

Verschiedene Autoren haben herausgearbeitet, daß nach dem 17. Juni im Zuge des sogenannten Neuen Kurses die SED-Führung gegenüber der Universitätsintelligenz »behutsamer« vorging.[110] Das ist insofern richtig, wenn man den – oben angedeuteten – langwierigen »Klärungsprozeß«, der bis Mitte 1954 andauerte, berücksichtigt. Daran schloß sich in der Tat eine Phase von beinahe zwei Jahren an, in der die SED-Führung aus taktischen und deutschlandpolitischen Erwägungen heraus »behutsamer« agierte. An den Universitäten herrschte ein vergleichsweise liberales Klima, das vor allem den »bürgerlichen« Wissenschaftlern und Studenten größere Freiräume für ihre Arbeit bot. Allerdings kann diese Einschätzung nicht darüber hinwegtäuschen, daß die ablehnende Haltung des überwiegenden Teils der Bevölkerung gegenüber der SED-Führung und ihrer Politik auch in den Jahren nach 1953 unverändert blieb. Die Stimmungsberichte der ZK-Abteilung »Leitende Organe der Partei und Massenorganisationen« legen davon ein eindrucksvolles Zeugnis ab. Immer wieder ist zu lesen, daß die »Unklarheiten« in der Bevölkerung, die »gegnerischen Argumente« und die »Feindarbeit« im Vergleich zum zurückliegenden Berichtszeitraum »erneut zugenommen« haben.[111]

1955 sorgte der Beitritt der beiden deutschen Staaten zu den unterschiedlichen Militärblöcken[112] sowie der am 20. September 1955 in Moskau paraphierte Staatsvertrag zwischen der UdSSR und der DDR für erhebliche Unruhe in der Bevölkerung. Die SED-Berichterstatter mußten im Oktober 1955 konstatieren: »Aufgrund der ungenügenden Aufklärungsarbeit der Partei verhält sich jedoch die Mehrheit der Bevölkerung, auch der Arbeiterklasse, abwartend und weicht Diskussionen mit Parteimitgliedern aus. Es zeigt sich, daß es unter der Bevölkerung große Unklarheit über das Wesen und den Inhalt des Staatsvertrages und die Regierungserklärung gibt. Gegenwärtig nehmen in den Diskussionen um den Staatsvertrag die gegnerischen Argumente einen breiten Raum ein, und es ist dem Gegner gelungen, große Teile der Bevölkerung, besonders der Jugend, zu beeinflussen.«[113] An die Souveränität der DDR, die der Staatsvertrag fest-

---

110 Vgl. z. B. Krönig/Müller: Anpassung – Widerstand – Verfolgung, S. 55; Rexin: Die Entwicklung der Wissenschaftspolitik in der DDR, S. 81.
111 Vgl. etwa SAPMO B-Arch, DY 30, IV 2/5/277–281.
112 Die NVA wurde erst 1956 gebildet.
113 LOPM, Informationsbericht, 6.10.1955. Ebenda, IV 2/5/281, Bl. 22.

schrieb, glaubte den Berichten zufolge kaum jemand. Konrad Adenauer in seiner Eigenschaft als Bundeskanzler war in jenen Monaten, vor allem nach seinem Besuch Moskaus im September 1955, für viele ostdeutsche Bürger der eigentliche Hoffnungsträger. An der Hochschule für Schwermaschinenbau in Magdeburg zum Beispiel lachten rund 250 Studierende während einer Vorlesung den Vortragenden aus, als er »die klägliche Rolle Adenauers« zu schildern versuchte.[114] Man rechnete Adenauer hoch an, daß er die deutschen Kriegsgefangenen »befreit« hätte, eine Tat, die ihm in Westdeutschland noch 1975 als größtes Verdienst von der Bevölkerung zugebilligt wurde.[115] Weit verbreitet war einerseits die Hoffnung, daß Adenauer die UdSSR »überrumpeln« und die sowjetische Führung die DDR »aufgegeben« würde.[116] Andererseits erkannte gleichzeitig ein großer Teil der Bevölkerung in der Änderung der offiziellen sowjetischen Deutschlandpolitik eine Zementierung der deutschen Teilung, die Chruschtschows »Zwei-Staaten-Theorie« tatsächlich festschrieb. Vor allem die Jugendlichen zeigten sich sehr besorgt über die forcierte Militarisierung der Gesellschaft, was 1955 zu einem Anstieg von Republikfluchten jüngerer Bürger führte.[117]

Das Beispiel der Magdeburger Studenten deutete schon an, daß auch die Studentenschaft die offizielle Politik der DDR-Regierung zunehmend ablehnte. Die Reaktionen auf den Staatsvertrag, den Adenauer-Besuch in Moskau und die Genfer Außenministerkonferenz zeigten den ZK-Funktionären Ende 1955, »daß in der sozialistischen Erziehung der Studenten noch große Mängel vorhanden sind und das politische Bewußtsein vieler Studenten noch nicht genügend gefestigt ist«.[118]

Mit dem Beitritt der beiden deutschen Staaten Anfang Mai 1955 zu unterschiedlichen Militärbündnissen und den deutschlandpolitischen Kurskorrekturen der Sowjetunion im Juli 1955, wonach die »Interessen der DDR« der deutschen Wiedervereinigung nicht untergeordnet werden dürften, verschärften sich die Auseinandersetzungen an den Hochschulen. Einer der spektakulärsten Höhepunkte der DDR-Universitätsgeschichte ereignete sich im März 1955, als an der Universität Greifswald nahezu die gesamte medizinische Fakultät streikte. Den Hintergrund bildeten Pläne der SED, die Medizinische Fakultät im Zuge der allgemeinen Militarisierung der Gesellschaft in eine Militärmedizinische Fakultät umzuwandeln. Das gelang nur gegen den erbitterten Widerstand der Studenten. Rund 260 von ihnen wurden kurzzeitig verhaftet; von insgesamt 600 Medizinstuden-

---

114 LOPM, Information, 19.9.1955. Ebenda, IV 2/5/280, Bl. 146.
115 Vgl. Schwarz: Adenauer. Band 2, S. 207.
116 LOPM, Stimmungen und Argumente zu den Verhandlungen Adenauers in Moskau, 13.9.1955. SAPMO B-Arch, DY 30, IV 2/5/280, Bl. 126.
117 Z. B. LOPM, Republikflucht Jugendlicher, 18.10.1955. Ebenda, IV 2/5/281, Bl. 36–40.
118 Stenographisches Protokoll der II. Hochschulkonferenz des ZK, Abt. Wissenschaft und Propaganda, der SED am 2. und 3.12.1955 in Leipzig. Ebenda, IV 2/101/302, Bl. 12.

ten verließen ungefähr 500 die Universität Greifswald, für die wiederum 580 Militärstudenten kamen.[119]

Auch wenn an den anderen Hochschulen die Auseinandersetzungen im Vergleich zu Greifswald regelrecht geruhsam verliefen, konstatierte 1955 die SED mehrmals ein »Zurückbleiben der Hochschulen« im »gesellschaftlichen Entwicklungstempo«.[120] Abgesehen davon, daß die SED-Führung einen solchen Vorwurf auch an alle anderen gesellschaftlichen Bereiche richtete, deutete sich an, daß sie den »Klassenkampf« an den Universitäten nach der relativ ruhigen Phase 1954/Anfang 1955 abermals zu »verschärfen« gedachte. Im Kommuniqué der 25. Tagung des ZK der SED vom 27. Oktober 1955 hieß es bedrohlich: »Die Ausbildung an den Hoch- und Fachschulen gibt ... noch nicht die Gewähr, daß diese Angehörigen der neuen Intelligenz im Geiste des Sozialismus erzogen werden. Der Einfluß kapitalistischer Denkweise und des Spießbürgertums hindert die Entwicklung vieler junger Menschen.«[121]

Wenige Wochen nach dem 25. ZK-Plenum fand in Leipzig die II. Hochschulkonferenz der SED statt. Diese Tagung diente dem Ziel, den anwesenden Hochschulfunktionären und -lehrern deutlich zu machen, daß es zu einer neuerlichen »Kampfphase« an den Hochschulen kommen müsse.[122] Kurt Hager stellte gleich zu Beginn ultimativ fest: »Es geht also darum, Mittel und Wege zu finden, damit jede Universität und Hochschule in der DDR in eine Hochburg des Sozialismus und in eine Stätte sozialistischer Bildung verwandelt wird.«[123] In seinem Referat führte er anhand immer neuer Beispiele aus, daß es darauf ankommt, alle nichtmarxistisch-leninistischen Einflüsse endgültig von den Hochschulen zu verdammen. Dazu sei jedes Mittel legitim. Es gilt, die DDR als den »deutschen, souveränen« und »rechtmäßigen« Staat wirtschaftlich, politisch, militärisch und wissenschaftlich zu stärken. Die Universitäten haben dabei eine besondere Aufgabe, weil hier die künftigen Kader ausgebildet werden, auch die künftigen »Kommandeurskader ... der Streitkräfte unserer DDR«.[124]

Die geplante »Offensive« verzögerte sich allerdings erheblich. Der XX. Parteitag der KPdSU, die 3. Parteikonferenz der SED und vor allem die revolutionären Erhebungen in Polen und Ungarn bewirkten erhebliche Verunsicherungen in der SED-Führung und noch viel stärker in der SED-

---

119 Vgl. dazu Krönig/Müller: Der Greifswalder Studentenstreik; Dies.: Anpassung, Widerstand, Verfolgung, S. 385–386.
120 Krönig/Müller: Anpassung, Widerstand, Verfolgung, S. 55.
121 Die neue Lage und die Politik der SED. Beschluß des ZK vom 27. Oktober 1955 (25. Tagung), in: Dokumente der SED. Band 5, S. 483.
122 Stenographisches Protokoll der II. Hochschulkonferenz des ZK, Abt. Wissenschaft und Propaganda, der SED am 2. und 3.12.1955 in Leipzig. SAPMO B-Arch, DY 30, IV 2/101/302.
123 Ebenda, Bl. 9.
124 Ebenda, Bl. 19.

Mitgliederschaft.[125] An den Universitäten und Hochschulen kam es zu mannigfaltigen Protesten, es bildeten sich Oppositionsgruppen und parteiinterne »Fraktionen«.[126] Die Ziele waren dabei unterschiedlich. Während Kritiker aus den Reihen der SED einen, zumeist nicht näher bestimmten »demokratischen Sozialismus« anstrebten, erhofften sich andere – neben einer Liberalisierung des Universitätsbetriebes – die deutsche Wiedervereinigung unter der Kanzlerschaft Adenauers.

Das Jahr 1956 war an den Universitäten und Hochschulen der DDR ein »langes« Jahr. Denn eigentlich zog es sich bis in die Mitte des Jahres 1958 hin. Fast alles, was 1957, 1958, ja, teilweise bis 1961 an den Hochschuleinrichtungen geschah, hing ursächlich mit den Vorgängen, Debatten und Auseinandersetzungen des globalen Krisenjahres 1956 zusammen. Eine umfassende Darstellung steht noch aus.[127]

Diskussionen: Der XX. Parteitag und die Folgen
Der XX. Parteitag der KPdSU, der im Februar 1956 abgehalten worden war,[128] entließ die kommunistischen Oberhäupter aller Länder mit der Botschaft: Stalin zählt nicht mehr zu den Klassikern des Marxismus-Leninismus. Unsicherheit und Ratlosigkeit waren weit verbreitet. Chruschtschow hatte Stalin die Schafsmaske abgerissen, ohne daß er das gesellschaftliche System als solches in Frage stellte.[129] Dem aufgeschlossenen Zeitgenossen waren überdies die »Enthüllungen« aus den Schriften solcher Autoren wie Arthur Koestler, Wolfgang Leonhard, Sigismund Mihalovicz oder Margarete Buber-Neumann bekannt.[130] Andere, wie zum Beispiel Albert Camus, Hannah Arendt oder George Orwell,[131] hatten totalitäre Systeme längst einer scharfsichtigen Kritik unterzogen und die Herrschaftspraxis, auch die der Kommunisten, anschaulich und eindringlich dargestellt und analysiert.

Der SED-Delegation (Grotewohl, Ulbricht, Schirdewan, Neumann) war

---

125 Zum Krisenjahr 1956 in Osteuropa vgl. u. a. Beyrau/Bock (Hrsg.): Tauwetter und die Folgen; Cold War Crisis; Crusius/Wilke (Hrsg.): Entstalinisierung; Hahn/Olschowsky (Hrsg.): Das Jahr 1956 in Ostmitteleuropa; Kircheisen (Hrsg.): Tauwetter ohne Frühling; als knappe Zusammenfassung Robel: Vom Tod Stalins zur Ära Breshnew, S. 379–390.
126 Vgl. z. B. Fricke: Opposition und Widerstand in der DDR, S. 117–128; Jänicke: Der dritte Weg, S. 104–160; Kowalczuk: Frost nach dem kurzen Tauwetter.
127 Am ausführlichsten für die DDR bislang Mitter/Wolle: Untergang auf Raten, S. 163–295.
128 Vgl. als knappe Zusammenfassungen z. B. Rauch: Geschichte der Sowjetunion, S. 508–516; Robel: Vom Tod Stalins zur Ära Breshnew, S. 374–379; ausführlicher Aksjutin: Der XX. Parteitag; Zagladin: Der erste Erneuerungsimpuls.
129 Zur Entstehung der Rede vgl.: Chruschtschow erinnert sich, S. 321–331.
130 Vgl. Koestler: *Sonnenfinsternis* (engl. 1946, dt. 1947); Leonhard: *Die Revolution entläßt ihre Kinder* (1955); Mihalovicz: *Mindszenty – Ungarn – Europa. Ein Zeugenbericht* (dt. 1949); Buber-Neumann: *Als Gefangene bei Hitler und Stalin* (1949).
131 Camus: *Der Mensch in der Revolte* (frz. 1951, dt. 1953); Arendt: *Elemente und Ursprünge totalitärer Herrschaft* (engl. 1951, dt. 1955); Orwell: *1984* (engl. 1948, dt. 1950) u. Ders.: *Farm der Tiere* (engl. 1945, dt. 1946).

in Moskau in der Nacht vom 25. zum 26. Februar 1956 die Geheimrede Chruschtschows von einem sowjetischen Funktionär auf deutsch vorgelesen worden. Karl Schirdewan notierte in seiner Autobiographie, daß sich in »den Gesichtern aller Genossen ... tiefe Erschütterung« abzeichnete.[132] Vor allem Ulbricht, der seine Macht Stalin zu verdanken hatte, befand sich in einer komplizierten Situation.[133] Er war als langjähriger kommunistischer Funktionär aber erfahren (und *gerissen*) genug, um auch diese schwierige Phase seines Politikerlebens als Sieger zu überstehen.[134] Am 4. März 1956 trat er im *Neuen Deutschland* allen eventuellen Zweiflern entgegen, indem er feststellte, daß der bedauerliche Personenkult in der Sowjetunion in der DDR keine Entsprechung gehabt hätte. Und im übrigen ließ er seine Leserschaft wissen, daß Stalin nicht (mehr) zu den marxistisch-leninistischen Klassikern zu zählen sei.

Das irritierte seine Genossen von der Basis erheblich, denn abgesehen von Mikojans vorsichtiger Kritik an Stalin – ohne diesen namentlich zu nennen – war bislang offiziell über den »neuen Kurs« in Moskau nichts verlautbart worden. Freilich kursierten Gerüchte, aber auch die westliche Presse veröffentlichte die Geheimrede erst im Juni 1956, wobei schon ab März Informationen über diese »Geheimrede« aus »gewöhnlich gut unterrichteten Kreisen« vermeldet worden waren. Allerdings muß in Rechnung gestellt werden, daß den SED-Mitgliedern im März und April Teile der Geheimrede in ebenfalls geschlossenen Sitzungen vorgelesen worden sind.

An den Universitäten bezogen sich Anfang 1956 die Diskussionen »im wesentlichen auf die Schaffung der Volksarmee«.[135] Die Berichterstatter mußten konstatieren, daß »die Mehrheit der Studenten von der Notwendigkeit einer obligatorischen militärischen Ausbildung« nicht überzeugt sei.[136] Das war in der Tat für die Genossen ein Problem, das sie noch Jahre beschäftigen sollte.[137] Vor allem rief ihren Unwillen hervor, daß breite Bevölkerungskreise in der Militarisierung Westdeutschlands und Ostdeutschlands keine Unterschiede ausmachten. Sie selbst wollten »ihrer« Jugend nicht zugestehen, was sie in großen Lettern auf der ersten Seite des

---

132 Schirdewan: Aufstand gegen Ulbricht, S. 77.
133 Vgl. Mitter/Wolle: Untergang auf Raten, S. 192–198.
134 Vgl. umfassend, wenn auch nicht allen Einschätzungen gefolgt werden kann und mehrere Schlußfolgerungen zweifelhaft sind, Podewin: Walter Ulbricht.
135 (SED-Parteileitung, HUB), Informationsbericht, 24.2.1956. SAPMO B-Arch, BPA IV 4/12/052. Am 18. Januar 1956 erließ die Volkskammer das »Gesetz über die Schaffung der Nationalen Volksarmee und des Ministeriums für Nationale Verteidigung«. Als Gründungstag der NVA galt der 1. März.
136 Ebenda.
137 Vor allem an den Theologischen Fakultäten, aber nicht nur dort, gab es erhebliche Widerstände gegen die obligatorische Militärausbildung, wie sie 1958 eingeführt wurde. Das verschärfte sich nach dem Bau der Mauer noch mit der allgemeinen Wehrpflicht, der auch alle Studenten unterlagen.

SED-Zentralorgans bezüglich westdeutscher Jugendlicher feierten: »Jugend trotzt der Wehrpflicht«.[138]

Die Diskussionen im Anschluß an den XX. Parteitag konzentrierten sich »im wesentlichen auf die Rolle Stalins«.[139] Vor allem an den gesellschaftswissenschaftlichen Fakultäten wurde häufig die Meinung vertreten: »Ich lasse nicht von Stalin!«[140] Die Unsicherheit verstärkte sich nach Ulbrichts Beiträgen, dem man auch in der eigenen Partei vorhielt, von einem Extrem ins andere zu fallen.[141]

Die Diskussionen trugen in dieser Phase ganz wesentlich einen innerparteilichen Charakter. Das hängt damit zusammen, daß die »Enthüllungen« und »Gerüchte« vor allem die Genossen selbst verunsicherten, während oftmals diejenigen, die nicht der SED angehörten, sich schon vorher aus anderen Quellen und aus eigener Erfahrung Klarheit über die stalinistische Herrschaft verschafft hatten.

Obwohl in dieser Phase der aufkommende »Revisionismus« und »Reformismus« nicht unterschätzt werden dürfen, hatte die SED bis zum Sommer die Diskussionen noch weitgehend unter Kontrolle. Ihr gelang es zumeist, die Debatten zu kanalisieren. An den Universitäten sorgten vor allem Anordnungen für Unruhe, nach denen Studenten ohne Einwilligung der Hochschule nicht mehr nach Westdeutschland reisen durften. Es kam zu Kundgebungen (Dresden)[142] und Unterschriftensammlungen gegen solche Anmaßungen.[143]

Es war ein Semester voller Spannungen. Die Diskussionen waren freimütiger als in den Jahren zuvor. Das hing damit zusammen, daß kaum jemand wußte, was erlaubt und was nicht erlaubt war. Die Verunsicherung selbst hochrangiger Funktionäre wie Otto Grotewohl zeigte sich in einer Diskussionsrunde (mit ausgesuchten Teilnehmern) Ende April 1956 in der Humboldt-Universität zu Berlin. Der Ministerpräsident sprach unter anderem davon, daß »*wir als Sozialdemokraten*« darüber im klaren sein müßten, daß es das Recht der Sowjetmacht war, innere und äußere Feinde niederzuschlagen.[144] Warum sich Grotewohl ausgerechnet in dieser Situation daran erinnerte, einmal Sozialdemokrat gewesen zu sein, und zudem suggerierte, »wir«, also die SED, seien »Sozialdemokraten«, wird wohl ewig sein Geheimnis bleiben. Zumindest aber unterstellte er Differenzen zwischen den sowjetischen Kommunisten und »uns« deutschen Sozialdemo-

---

138 ND vom 23.10.1956.
139 (SED-Parteileitung, HUB), Informationsbericht, 24.2.1956. SAPMO B-Arch, BPA IV 4/12/052.
140 SED-Parteileitung, HUB, Informationsbericht über Diskussionen zum XX. Parteitag der KPdSU, 2.3.1956. Ebenda.
141 SED-Parteileitung, HUB, Informationsbericht, 21.3.1956. Ebenda.
142 Vgl. Mitter/Wolle: Untergang auf Raten, S. 234–235.
143 Vgl. auch die »Argumentationshilfen« des ZK-Apparats: Betr. Westreisen der Studenten in den Ferien. SAPMO B-Arch, DY 30, IV 2/904/56, Bl. 121–127.
144 Forum der jungen Studenten mit unserem Ministerpräsidenten Otto Grotewohl am 27.4.1956. Ebenda, IV 2/904/34, Bl. 14 (Hervorhebung vom Verf.).

kraten. Aber immerhin äußerte er ebenso wie die anderen Politbüromitglieder mit Blick auf die Vorgänge in Polen, Bulgarien oder der Tschechoslowakei: »Ich erinnere Euch an eines, wir haben doch 1953 erlebt, und was diese Länder zum Teil jetzt machen, das haben wir schon 1953 erledigt. (Beifall) Nach einer Wiederholung steht uns nicht der Sinn. Es gibt auch keinen Grund dafür. (Heiterkeit)«[145]

Allein daß Grotewohl es für nötig befand, an die Humboldt-Universität zu gehen und sich den Fragen von handverlesenen Studenten zu stellen, ist ein deutliches Indiz dafür, daß eine spannungsgeladene und kritische Stimmung herrschte. Und tatsächlich mehrten sich die Berichte über aufkommende Diskussionen, die neue Formen annahmen. Noch allerdings waren mit ihnen kaum Forderungen verbunden, sondern sie konzentrierten sich auf allgemeine Mißstände im politischen und sozialen System, konzentrierten sich an den Universitäten vor allem auf die militärische Ausbildung und die Westreisen. Die SED atmete auf, als im Juli die Semesterferien begannen und die meisten Studenten ins Praktikum fuhren. Das MfS hatte zum Ende des Semesters allerdings resümiert: »An verschiedenen Hoch- und Fachschulen traten in jüngster Vergangenheit provokatorische Tendenzen an den Tag, die sich hauptsächlich gegen die Regierung und die Parteiführung der SED richteten.«[146]

Diskussionen und Aktionen: Der Herbst 1956
Die »heiße Phase« des Jahres 1956 läutete der Arbeiteraufstand in Poznań Ende Juni ein. Die DDR-Bevölkerung war trotz unüberschaubarer antipolnischer Ressentiments[147] mehrheitlich der Meinung, daß die polnischen Arbeiter richtig und rechtens gehandelt hätten. Die SED-Führung befürchtete, daß die schwelende Krise mit der ostdeutschen Intelligenz zum Ausbruch kommen könnte. Zu Beginn des Studienjahres 1956/57 verschickte sie deshalb an alle SED-Parteiorganisationen an Universitäten, Hochschulen und wissenschaftlichen Einrichtungen einen mehrseitigen Appell, in dem sie die Genossen zu Wachsamkeit und Geschlossenheit aufrief.[148] Es komme darauf an, daß alle Hochschulangehörigen von dem Bewußtsein »durchdrungen sind«, der Arbeiter- und Bauern-Macht uneingeschränkt dienen zu wollen, und daß die Zukunft ein einheitliches, sozialistisches Deutschland sein werde. Vor allem müßten die in den vergangenen Monaten aufgetauchten Unklarheiten beseitigt und die Parteifeinde von der Universität gewiesen werden.

Doch ehe die Parteiorganisationen das neue Dokument richtig ausge-

---

145 Ebenda, Bl. 20.
146 Zit. in Mitter/Wolle: Untergang auf Raten, S. 236.
147 Vgl. Mitter: »Ressentiments« und »proletarischer Internationalismus«.
148 ZK der SED an alle Parteiorganisationen der SED der Universitäten, Hochschulen und wissenschaftlichen Einrichtungen, 10.9.1956 (Unterschrift: Albert Norden). SAPMO B-Arch, NY 4090/559, Bl. 348–353.

wertet hatten, überschlugen sich erneut die Ereignisse, diesmal nicht nur in Osteuropa,[149] sondern auch in Ägypten.[150] Trotz der propagandistischen Bemühungen der SED-Führung gelang es ihr nicht, von der »Doppelkrise«[151] allein auf den Suez-Kanal abzulenken. Im Gegenteil: Die Invasion am Suez-Kanal spielte an den Universitäten gegenüber der ungarischen Revolution nur eine sehr untergeordnete Rolle.[152] Noch weniger interessierten sich die Hochschulangehörigen, die nicht in der SED waren, für das im August 1956 in der Bundesrepublik verhängte KPD-Verbot.

Die Ereignisse in Ungarn forcierten nicht nur die innerparteilichen Auseinandersetzungen und die Bildung einer temporären systemimmanenten Opposition, sondern beflügelten und belebten zugleich den antikommunistischen Widerstand. Ihren stärksten Ausdruck fand diese zweigleisige Entwicklung an den Universitäten und Hochschulen.

Vor allem die Studentenschaft verursachte zwischen Mitte Oktober und Ende November 1956 erhebliche Unruhe. Schwerpunkte waren die Universitäten in Berlin, Halle und Leipzig, die Technische Hochschule in Dresden sowie einige kleinere Hochschuleinrichtungen. Die Kernforderungen der Studenten lauteten: Abschaffung des obligatorischen Russischunterrichtes und des gesellschaftswissenschaftlichen Grundlagenstudiums sowie Zulassung einer unabhängigen Studentenorganisation. Darüber hinaus forderten einige eine grundlegende Reform des Mediensystems. Es bildeten sich an den meisten Hochschulen Gruppen, die ihren Forderungen mittels Versammlungen und Unterschriftensammlungen Gehör verschafften. In Berlin gab es an der Medizinischen, der Landwirtschaftlich-Gärtnerischen und vor allem der Veterinärmedizinischen Fakultät die stärksten Widerstände gegen die SED-Führung. Es kam zu Protestresolutionen, Unterschriftenaktionen, zu Versuchen, die FDJ zu unterwandern, zu Schlägereien mit Studenten anderer Fakultäten, die als Ordnungskräfte für *Ruhe* sorgen sollten, und am 5. November 1956 sogar zu einer Demonstration von rund eintausend Studenten vor dem Brandenburger Tor, die aber frühzeitig von Sicherheitskräften und den Kampfgruppen in den Westteil der Stadt abgedrängt werden konnte. An der Veterinärmedizinischen Fakultät entstand ein »Zehnerrat«, der die Bildung eines »Studentenrates« vorbereiten sollte, aber nur wenige Tage existierte.

Der Höhepunkt der Unruhen lag in den letzten Oktobertagen und den ersten drei Novembertagen. Als am 4. November 1956 die sowjetischen

---

149 Vgl. als instruktive Darstellung, die auch die Wirkungen des 17. Juni 1953 für Osteuropa berücksichtigt, Kaplan: Die Überwindung der Regime-Krise nach Stalins Tod, sowie: Hahn/Olschowsky (Hrsg.): Das Jahr 1956 in Ostmitteleuropa.
150 Zur Suez-Krise vgl. knapp zusammenfassend Heller: Die arabisch-islamische Welt im Aufbruch, S. 110–130.
151 Bracher: Die Krise Europas, S. 350.
152 Der Unmut der Bevölkerung ist in unzähligen Dokumenten überliefert worden, etwa: SAPMO B-Arch, DY 30, IV 2/5/310; vgl. auch Mitter/Wolle: Untergang auf Raten.

Truppen das Feuer auf die ungarische Hauptstadt eröffneten, ebbte die Bewegung auch in der DDR ab und war bis auf wenige Ausnahmen bis zum 15. November, als die Russen Ungarn militärisch endgültig wieder unter Kontrolle hatten, auf das Frühjahrsniveau 1956 zurückgedrängt worden. Den Studenten und Hochschullehrern war offensichtlich bewußt geworden, daß ihnen ähnliches drohen könnte, zumal die Niederschlagung des 17. Juni allen noch im Gedächtnis war. Und Tausende Tote wie in Ungarn,[153] darunter auch mindestens 669 sowjetische Soldaten,[154] wollte in Ostdeutschland keiner in Kauf nehmen. Das brauchte auch keiner, da der Weg in den Westen noch offen stand.

Die SED und ihr Organ, das MfS, unterschieden kaum zwischen den einzelnen oppositionellen Strömungen. Für sie reduzierten sich die gesamten Umtriebe auf »republikfeindlich«.[155] Dem war aber mitnichten so. Während der größere Teil der Studentenschaft und mit ihnen die meisten Hochschullehrer Veränderungen im Rahmen des sozialistischen Systems anstrebten, engagierte sich nur eine Minderheit offen für die Überwindung des herrschenden Systems und für die deutsche Wiedervereinigung unter demokratischen Vorzeichen. Einig war man sich in der Ablehnung der Politbürokratie und des obersten Parteichefs Walter Ulbricht. In dessen Person bündelten sich die Angriffe gegen das und die Kritiken am politischen System.

Als Ende November und Anfang Dezember 1956 Kritiker wie Wolfgang Harich und Walter Janka verhaftet wurden[156] und sich die offenen Angriffe gegen Personen wie Ernst Bloch und Robert Havemann zu häufen anfingen,[157] zeigte sich, daß die SED-Führung mittels Repressionen, Verfolgungen, Verunglimpfungen und Disziplinierungen in die Offensive gelangen wollte.

Abrechnung: Nach der 30. Tagung des ZK der SED Anfang 1957
Anfang Dezember 1956 schrieb die SED-Führung einen offenen Brief an die studentische Jugend der DDR. Darin versuchte sie, den Universitätsangehörigen deutlich zu machen, daß die Gegner der DDR die Studenten »in ihre dunklen Pläne einbeziehen möchten«.[158] Es sei daher dringend geboten, »an allen Fakultäten Unruhestiftern das Handwerk zu legen« und

---

153 Vgl. zur ungarischen Revolution Litvan/Bak (Hrsg.): Die Ungarische Revolution 1956; sowie knapp Gosztony: Der Volksaufstand.
154 Cold War International History Project, Bulletin 1/1992, S. 30.
155 Vgl. etwa MfS, Richtlinie Nr. 1/56 über die Abwehr feindlicher Tätigkeit gegen die Universitäten und Hochschulen der DDR. ZAN, GVS 2506/56; bzw. die zahlreichen Berichte in: SAPMO B-Arch, DY 30, IV 2/904/427; 432; 433.
156 Vgl. z. B. Harich: Keine Schwierigkeiten mit der Wahrheit; Janka: Spuren eines Lebens; Der Prozeß gegen Walter Janka und andere.
157 Vgl. z. B. Feige: Ketzer und Kampfgenosse; Franzke (Hrsg.): Die ideologische Offensive; Havemann: Dokumente eines Lebens; Knötzsch: Innerkommunistische Opposition.
158 ZK der SED, Brief an die studentische Jugend der DDR, 6.12.1956, in: Dokumente der SED. Band 6, S. 169.

die »Unruhestifter zu entfernen«.[159] Die vom 30. Januar bis 1. Februar 1957 durchgeführte 30. Tagung des ZK der SED diente dem Zweck, die Säuberungsprozesse vorzubereiten und die erzieherische Bedeutung der erfolgten Verhaftungen (Harich, Janka u. a.) herauszustellen.[160] Dabei ging es um zwei verschiedene Dinge. Zum einen sollte innerparteilich der Revisionismus, wie er sich etwa in der Wirtschaftswissenschaft, der Philosophie, der Geschichtswissenschaft gezeigt hatte, überwunden werden. Das bedeutete, daß innerhalb der SED »parteierzieherische« Maßnahmen und Auseinandersetzungen geführt werden mußten, die über die Bestrafung des einzelnen (von der Parteistrafe »Rüge« bis zu hohen Zuchthausstrafen) die Disziplinierung der Parteibasis erreichen sollten. Zum anderen ging es um die juristische Abstrafung von Personen, die offen gegen das System aufgetreten waren.[161]

Vor allem aus der Gruppe der parteiinternen Kritiker sind nicht wenige zu Oppositionellen und Feinden erst durch die SED und das MfS gemacht worden. Um das System der Disziplinierung aufrechterhalten zu können, benötigte man Revisionisten, Feinde und Abweichler selbst dort, wo keine existierten. Oftmals wurden Gesinnungen und zuweilen artikulierte Gedanken scharf verfolgt, weil sie die einzigen Indizien für unbotmäßiges Parteiverhalten darstellten. Bereitwillig griffen politische Polizei und SED-Funktionäre ebenso auf Briefe, die in den letzten Jahren an Repräsentanten des Systems gerichtet worden waren, zurück, um Personen für ihre Schaustücke verfügbar zu haben.

Nicht viel anders verhielt es sich mit der Gruppe der tatsächlichen Systemgegner. Da man derer zumeist nicht habhaft werden konnte, weil sie sich in den Westen abgesetzt hatten, benötigte die SED Figuren wie auf einem Schachbrett, um den Nachweis zu erbringen, daß das alles nur eine Aktion westlicher Geheimdienste gewesen sei. An der Humboldt-Universität zu Berlin fand am 16. Mai 1957 eine große »internationale« Pressekonferenz statt, auf der einige »Anführer« der Unruhen von der Veterinärmedizinischen Fakultät reuevoll über ihr schändliches Treiben berichteten und die wahren Drahtzieher und Dunkelmänner beim Namen nannten.[162] Inwieweit westliche Geheimdienste tatsächlich ihre Finger im Spiel hatten, konnte bislang nicht geklärt werden, ist aber im übrigen von der Sache her unerheblich, weil ganz offensichtlich der Boden fruchtbar war und deshalb die Bemühungen der SED, die gesamten Erscheinungen

---

159 Ebenda, S. 170; 177.
160 Vgl. Ulbricht: Grundfragen der Politik.
161 Zu diesem Komplex vgl. Fricke: Politik und Justiz in der DDR; Werkentin: Politische Strafjustiz in der Ära Ulbricht.
162 Protokoll: Pressekonferenz im Senatssaal der Humboldt-Universität am 16. Mai 1957. SAPMO B-Arch, DY 30, IV 2/904/497, Bl. 4–76 (Der Verf. bereitet dieses Protokoll gegenwärtig für eine Veröffentlichung vor).; MfS, Offener Brief an die Angehörigen des Lehrkörpers und die Studentenschaft der Humboldt-Universität zu Berlin. Ebenda, IV 2/904/338, Bl. 158 (abgedruckt in: ND vom 17.5.1957).

dem Westen anlasten zu wollen, von vornherein propagandistische Augenauswischerei bedeutete, an die schon damals kaum jemand glaubte.

Als Mitte November 1957 die kommunistische Weltkonferenz das stalinistische Lager ideologisch stärkte und damit auch die Position Ulbrichts verfestigte, ging dieser erneut zur Offensive über. Mit Schirdewan und Wollweber beseitigte er, wie schon 1953, zwei Gegenspieler, die ihm – ohne selbst Reformer auch nur in Ansätzen zu sein – die Macht hätten streitig machen können. Damit behauptete er sich nicht nur erneut als unumschränkter Herrscher in seinem Machtbereich, sondern entfachte, abermals wie 1953, eine innerparteiliche Disziplinierungswelle. Zugleich legte er – ausgearbeitet vom MfS – der 33. ZK-Tagung Mitte Oktober eine umfangreiche Dokumentation vor, die die »Feindtätigkeit innerhalb der wissenschaftlichen und künstlerischen Intelligenz« belegen sollte.[163] Tatsächlich zeigte sich nun, daß die revisionistischen Strömungen allgemeiner Natur waren und sich über nahezu die gesamte Universitäts-, Hochschul-, Forschungs- und Redaktionslandschaft der DDR ausgebreitet hatten. Dabei muß in Zukunft noch genauer erforscht werden, was tatsächlich an Opposition oder wenigstens Revisionismus existierte und was von der SED erst dazu gemacht wurde.

Am Abschluß dieses Prozesses stand die »berühmte« III. Hochschulkonferenz, die vom 28. Februar bis 2. März 1958 in Berlin tagte. Erneut wurde öffentlich betont, daß nur noch der Marxismus-Leninismus die Grundlage von Forschung und Lehre an den Hochschulen der DDR sein könne. Jeder einzelne Hochschulangehörige habe sich zum Sozialismus, zur DDR und zur SED zu bekennen. Zugleich wurde jeder revisionistischen Strömung eine scharfe Absage erteilt.

Nach der III. Hochschulkonferenz kam es erneut zu Auseinandersetzungen an den Universitäten. Die letzten vermeintlichen Nester feindlicher Bastionen galt es zu schleifen. An der Humboldt-Universität zum Beispiel traf es u. a. eine *Gruppe* um Heinrich Saar und Herbert Crüger, die am Institut für das gesellschaftswissenschaftliche Grundstudium tätig waren.[164] Die Autobiographie eines der Protagonisten dieser »Gruppe von Parteifeinden« zeigt, daß an den Vorwürfen nichts dran war, daß sie Bauernopfer wurden, um der *Revolution erneut ihren Schwung* zu geben. Die Betroffenen, überzeugte Kommunisten auch am Tag der Urteilsverkündung, mußten mehrere Jahre ins Zuchthaus.[165]

---

163 SAPMO B-Arch, DY 30, IV 2/1/182, Bl. 62–152. Das veröffentlichte Dokument vgl. bei Kowalczuk: Frost nach kurzem Tauwetter.
164 Dazu ebenda, BPA, IV 4/12/50, sowie ebenda, IV 4/12/58, Band 1–5.
165 Vgl. Crüger: Verschwiegene Zeiten.

Der Sozialismus und die Hochschulen

Die Universitäten und Hochschulen waren endgültig im Sozialismus angekommen. Am Ende hatte die SED gesiegt. Aber ihr Sieg war nicht vollständig. Mit verschiedenen Fakultäten, die außerhalb der Gesellschaftswissenschaften lagen, hatte sie bis 1989 immer wieder Probleme. Vor allem die technischen, human- und veterinärmedizinischen sowie agrarwissenschaftlichen Fakultäten bekam sie erst allmählich und mit größeren Verzögerungen unter Kontrolle. Das zeigte sich 1961, auch 1968, als abermals an diesen Fakultäten die größten Proteste zu verzeichnen waren. Freilich, das Jahr 1968 unterschied sich erheblich von 1956 oder 1961, aber auch hier war der Ruf nach einem »Sozialismus mit menschlichem Antlitz« unmißverständlich gegen die Diktatur der SED gerichtet.

Nach dem Mauerbau 1961 beruhigte sich die Lage an den Universitäten insofern,[166] als die Lehrerschaft wie die Studentenschaft weitgehend politisch homogenisiert werden konnte. Es war fortan weitaus einfacher, politisch Unbotmäßige aufs Abstellgleis zu schieben, ohne daß man befürchten mußte, sie würden sofort als »Propagandisten gegen die DDR« in den Westen flüchten. Fortan war Flucht ein lebensgefährliches Unterfangen, und die jahrelange Prozedur des Wartens auf die Ausreise war anfangs noch gar nicht möglich.[167]

Die Universitäten und Hochschulen waren nach 1945 in einem mühevollen und komplizierten Prozeß den Machthabern unterstellt und ihren Zwecken dienstbar gemacht worden. Die wichtigste Aufgabe bestand darin, eine »sozialistische Intelligenz« heranzubilden. Das ist ihr gelungen. Die Intelligenz war in der DDR diejenige Schicht, die das System trug, die es ideologisch verteidigte, historisch begründete, technologisch am Leben erhielt und die ihm – wenn auch zuweilen subjektiv wider Willen – internationale Anerkennung verschaffte. Die Intelligenz war überrepräsentiert in der SED. Die noch in den ersten Jahren von der Arbeiterschaft geprägte Partei entwickelte sich zu einer Partei der Apparatschiks, der Angestellten und der Intelligenz.

Einen ähnlichen Prozeß durchliefen die Hochschulen. Mitte der fünfziger Jahre studierten tatsächlich rund fünfzig Prozent Arbeiter- und Bauernkinder an den Hochschulen, ein Prozeß der schon Anfang der sechziger Jahre stark rückläufig war, so daß Ende der achtziger Jahre nur noch knapp zehn Prozent Arbeiter- und Bauernkinder an den Hochschulen studierten. Dagegen fing die Studentenschaft seit den sechziger Jahren an, sich aus der »neuen Intelligenz« zu rekrutieren.[168]

---

166 Zum Verhalten während des Mauerbaus vgl. unten S. 326–329.
167 Vgl. Eisenfeld: Die Ausreisebewegung.
168 Vgl. dazu Geißler: Die Sozialstruktur Deutschlands, S. 227.

Historische Forschung in der SBZ/DDR zwischen Kriegsende und Mauerbau

Bislang dominierte in der Forschung die Auffassung, daß der »Wiederbeginn der Geschichtswissenschaft in der SBZ nach dem Zusammenbruch ... kaum anders verlief als in den westlichen Besatzungszonen«.[1] Unterstrichen wurden solche Behauptungen mit der Feststellung, daß in den ersten Jahren an den Universitäten bürgerliche Historiker quantitativ über die marxistisch-leninistischen dominierten. Damit verkannten die Vertreter dieser Auffassung jedoch nicht nur die Ziele der kommunistischen Hochschulpolitik und speziell die Absichten, die die SED-Funktionäre bezüglich der Geschichtswissenschaft hegten,[2] sondern ebenso die veränderten Kräfteverhältnisse an den Universitäten und damit die realen Einflußmöglichkeiten der bürgerlichen Wissenschaftler. Allerdings ließ sich der angestrebte Führungsanspruch der Kommunisten wegen personeller Probleme insgesamt, von Universität zu Universität und Fakultät zu Fakultät verschieden, nur schrittweise umsetzen.[3]

Die Zeit der Suche. Oder: Die planlose Phase 1945–1950

In der Sowjetischen Besatzungszone begannen früher als in den Westzonen Vorbereitungen, den Geschichtsunterricht an den Schulen und Universitäten wiederaufzunehmen.[4] Noch im Dezember 1945 veröffentlichte die KPD-Führung »Richtlinien für den Unterricht in deutscher Geschichte« in zwei Teilen; der dritte Teil erschien 1946 etwa zeitgleich mit den »Lehrplänen für die Grund- und Oberschulen« in der SBZ.[5] Die »Richtlinien« basierten auf Ausarbeitungen, die bereits der Propagandaarbeit im

---

1 Worschech: Der Weg der deutschen Geschichtswissenschaft in die institutionelle Spaltung, S. 21. Ähnlich eine Reihe weiterer Autoren, vgl. z. B. Fischer/Heydemann: Weg und Wandel der Geschichtswissenschaft, S. 7.
2 Gegenwärtig versuchen vor allem ehemalige Historiker aus der DDR zu zeigen, daß der *Diskurs* nach 1945 darauf abzielte, »eine marxistische Geschichtswissenschaft schrittweise zu etablieren«. D. h., hier wird versucht, den Leninismus aus dem Marxismusverständnis der ersten und zweiten DDR-Historikergeneration auszuklammern. Neben anderen Beispielen sei v. a. auf Arbeiten Leipziger Autoren hingewiesen, hier Diesener: Überlegungen zu einer Geschichte der DDR-Geschichtswissenschaft, S. 72.
3 Vgl. Schleier: Vergangenheitsbewältigung und Traditionserneuerung, S. 212.
4 Zu den Westzonen vgl. v. a. Schulze: Deutsche Geschichtswissenschaft nach 1945.
5 Richtlinien für den Unterricht in deutscher Geschichte. Teil 1–3.

»Nationalkomitee Freies Deutschland« gedient hatten.[6] Da die SMAD den Geschichtsunterricht am 1. Oktober 1945 in der SBZ verboten hatte, dienten die »Richtlinien« den »fortschrittlichen« Lehrern als Vorbereitungsmaterial für die erwartete Neuaufnahme des Geschichtsunterrichtes.[7] Die »Richtlinien« waren ebenso wie die von der KPD herausgegebenen »Vortragsdispositionen«[8] propagandistische Unterlagen, die das neue Geschichtsbild konzeptionell umrissen.

An den Universitäten durfte Geschichte im ersten Nachkriegssemester nicht gelehrt werden. Erst zum Wintersemester 1946/47 konnten die Historiker die Lehre wiederaufnehmen. Der Grund lag nicht etwa darin, daß die sowjetischen und deutschen Kommunisten keine Vorstellungen von der Lehre deutscher Geschichte gehabt hätten. Vielmehr bedurfte es gründlicher Vorbereitungen, um das überaus wichtige Fach »Geschichte« wieder lehren zu lassen.[9] Im Prinzip liegt hier auch die Erklärung, warum in der SBZ die Vorbereitungen früher begannen und intensiver erfolgten als in den Westzonen.

Einer 1947 erhobenen Statistik zufolge verringerte sich die Zahl der Geisteswissenschaftler an den ostdeutschen Universitäten vom Wintersemester 1944/45 zum Sommersemester 1946 um rund 66 Prozent.[10] Das Vorlesungsverzeichnis der Berliner Universität beispielsweise führte im letzten Kriegssemester noch sechzehn Historiker auf. Für das erste Semester, in dem die Historiker wieder offiziell lehren durften, waren dagegen von diesen sechzehn nur noch sechs verblieben. Von den seit Ende 1944 verstorbenen Historikern, deren Anzahl nicht unerheblich war,[11] hatten Ernst Perels, den die Nationalsozialisten im Konzentrationslager Buchenwald ermordeten,[12] Wolfgang Windelband, Hermann Oncken, Robert Holtzmann, Otto Hoetzsch und Ulrich Wilcken zur Berliner Universität

---

6 Vgl. dazu Berthold: Die Konzipierung von Richtlinien für den Unterricht in deutscher Geschichte; Ders.: Marxistisches Geschichtsbild, S. 209–212. An der Ausarbeitung waren mehrere ehemalige Nationalsozialisten wie z. B. Ernst Hadermann (später u. a. Professor in Halle), Günter Kertzscher (später u. a. stellv. Chefredakteur beim *Neuen Deutschland*) und Wilhelm Adam (später u. a. Kommandeur der KVP-Offiziershochschule) beteiligt.
7 Die Vorbereitungen der Geschichtslehrer sind archivalisch dokumentiert. Z. B. SAPMO B-Arch, DY 30, IV 2/904/51, wo Referate von Tagungen aus Meißen im Januar und Februar 1946 überliefert sind, darunter u. a. ein Manuskript von Hermann Matern.
8 Davon sind mir 14 bekannt geworden, die u. a. zum Inhalt hatten: Der Klassencharakter des Faschismus (Nr. 2); Die Kriegsschuld Deutschlands (Nr. 3); Der Weg des Wiederaufbaus (Nr. 4); Der Vaterländische Krieg der Sowjetunion (Nr. 8); Die Bodenreform (Nr. 9); Der Kampf gegen die Naziideologie (Nr. 12); Reaktionäres Preußentum (Nr. 13 u. 14).
9 Siehe auch den Ausschnitt eines Briefes von Fritz Klein vom 31.10.1991, zit. bei Zumschlinge: Geschichte der Historiographie der DDR, S. 53–54.
10 Diese Zahl deckt das Spektrum von der wissenschaftlichen Hilfskraft bis zum Lehrstuhlinhaber ab. Ebenda, S. 49.
11 Vgl. Schulze: Deutsche Geschichtswissenschaft nach 1945, S. 28–29.
12 Dekan der Phil. Fak. der HUB an G. Ritter, 21.2.1947. UA der HUB, Nr. 22, Bl. 2.

gehört.[13] Im ersten Nachkriegssemester standen als Universitätsprofessoren Friedrich Baethgen und Fritz Rörig für Mittelalterliche Geschichte, Eugen Meyer für Historische Hilfswissenschaften sowie Fritz Hartung und Friedrich Meinecke für Neuere Geschichte zur Verfügung. Außerdem verblieb noch Paul Haake, der als außerordentlicher Professor ebenfalls die Neuere Geschichte vertrat. Von den belasteten Historikern war im Oktober noch ein Oberassistent, er war 1933 der NSDAP beigetreten,[14] an der Universität. Den Stamm der bürgerlichen Historiker vervollständigte Karl Griewank, den die Berliner Universität im Mai 1946 zum Professor mit vollem Lehrauftrag berief.[15] Schließlich erreichte Alfred Meusel noch rechtzeitig zum Wintersemester 1946/47 die Berufung zum ordentlichen Professor für »Politische und soziale Probleme der Gegenwart«, wobei die Fakultät der Universität einem Vorschlag der Zentralverwaltung für Volksbildung folgte.[16] Im September 1947 ernannte ihn die Universität zum Ordinarius für Neue Geschichte.[17] Meusel war der erste marxistisch-leninistische *Historiker*,[18] der an einer deutschen Universität als Professor lehrte. Allerdings war Meusel nicht das erste KPD-Mitglied. Denn an der Leipziger Universität lehrte Otto Theodor Schulz, der als außerordentlicher Professor die Alte Geschichte vertrat.[19] Schulz, seit 1905 Privatdozent und seit 1930 außerordentlicher Professor in Leipzig, zählte zwischen 1933 und 1945 zu jenen Althistorikern, die sich der nationalsozialistischen Ideologie verschrieben und in ihren Schriften diese teilweise zum Ausdruck gebracht hatten.[20] Vielleicht war gerade das der Beweggrund dafür, daß er 1945 der KPD beitrat und sich 1946 in die Leitung des Sozialistischen Dozentenbundes der Leipziger Universität wählen ließ.[21] Dennoch kann man Schulz trotz seiner kommunistischen Parteizugehörigkeit nicht zu den marxistisch-leninistischen Historikern rechnen. Hans Schleier allerdings tut das und schlägt ihn zugleich noch jenen zu, »who released from fascist prisons or who returned from emigration«.[22]

Die folgende Übersicht verdeutlicht die personelle Besetzung (Professoren und Dozenten) der Historischen Institute an den sechs ostdeutschen

---

13 Vgl. zu den Kurzbiographien Weber: Biographisches Lexikon zur Geschichtswissenschaft; Bruch/Müller (Hrsg.): Historikerlexikon.
14 F. Hartung an Verwaltungsdirektor, 5.10.1945. UA der HUB, Nr. 63; sowie für das Eintrittsjahr: ebenda, Nr. 76, Bl. 171.
15 Protokoll der Fakultätssitzung vom 29. Mai 1946. Ebenda, Nr. 1, Bl. 81.
16 Protokoll der Fakultätssitzung vom 18. September 1946. Ebenda, Bl. 107; Protokoll der Fakultätssitzung vom 9. Oktober 1946. Ebenda, Bl. 115.
17 Haun: Alfred Meusel, S. 155.
18 Die Bezeichnung ist insofern schwierig, da Meusel im engeren Sinn ja kein *Historiker* war.
19 Zur Biographie vgl. Thierfelder: Zum Andenken an O. Th. Schulz.
20 Willing: Althistorische Forschung in der DDR, S. 22–23.
21 Schrot: Forschung und Lehre zur Alten Geschichte an der Universität Leipzig, S. 331.
22 Schleier: German Democratic Republic, S. 326.

Universitäten am Ende des Jahres 1946. Zugleich geht daraus hervor, bis wann die genannte Person auf dieser Position verblieb:[23]

Besetzung der Historischen Institute 1946 (Professoren und Dozenten)

Name	Vorname	Dauer der Lehrtätigkeit	Universität	Fach
Altheim	Franz	1945 – 1949	Halle	Alte Geschichte
Baethgen	Friedrich	1945 – 1947	Berlin	Mittelalter
Buchheim	Karl	1945 – 1949	Leipzig	Neuere Geschichte
Burr	Victor	1946 – 1947	Jena	Alte Geschichte
Griewank	Karl	1946 – 1947	Berlin	Neuere Geschichte
Haake	Paul	1945 – 1950	Berlin	Neuere Geschichte
Hartung	Fritz	1945 – 1949	Berlin	Neuere Geschichte
Haussherr	Hans	1945 – 1958	Halle	Neuere Geschichte
Hofmeister	Adolf	1945 – 1955	Greifswald	Mittelalter
Hohl	Ernst	1945 – 1949	Rostock	Alte Geschichte
Kötzschke	Rudolf	1945 – 1949	Leipzig	Mittelalter
Kretzschmar	Hellmut	1945 – 1964	Leipzig	Hilfswissenschaften
Kühn	Johannes	1945 – 1949	Leipzig	Neuere Geschichte
Lintzel	Martin	1945 – 1955	Halle	Mittelalter
Markov	Walter	1946 – 1974	Leipzig[24]	Neuere Geschichte
Mau	Hermann	1945 – 1948	Leipzig	Neuere Geschichte
Meinecke	Friedrich	1945 – 1948	Berlin	Neuere Geschichte
Meusel	Alfred	1946 – 1953	Berlin	Neuere Geschichte
Meyer	Eugen	1945 – 1950	Berlin	Hilfswissenschaften
Preller	Hugo	1945 – 1952	Jena	Neuere Geschichte
Rörig	Fritz	1945 – 1951	Berlin	Mittelalter
Schneider	Friedrich	1945 – 1956	Jena	Mittelalter
Schubart	Wilhelm	1945 – 1952	Leipzig	Alte Geschichte
Schulz	Otto Theodor	1945 – 1953	Leipzig	Alte Geschichte
Sproemberg	Heinrich	1946 – 1950	Rostock	Mittelalter

Von diesen fünfundzwanzig Historikern waren Markov und Meusel die einzigen Marxisten-Leninisten.[25] Innerhalb der SBZ/DDR wechselten drei der genannten Historiker die Universität: Karl Griewank ging nach Jena,

---

23 Neben eigenen Recherchen basiert diese Tabelle u. a. auf Fischer: Der Weg zur Gleichschaltung der sowjetzonalen Geschichtswissenschaft, S. 157, Anm. 32; Heydemann: Zwischen Diskussion und Konfrontation, S. 25–28.
24 Von 1947 bis 1950 zugleich Gastprofessor in Halle, seit 1949 Lehrstuhlinhaber in Leipzig.
25 Zur Biographie vgl. den unkritischen Beitrag von Haun: Alfred Meusel, S. 149–168; ebenso Streisand: Alfred Meusels Weg. Zu Markov vgl. Markov: Zwiesprache mit dem Jahrhundert, sowie »Wenn jemand seinen Kopf bewußt hinhielt ...«.

wo er sich 1953 vor einen Zug warf.[26] Ernst Hohl wechselte an die Humboldt-Universität, die ihn 1952/53 emeritierte.[27] Heinrich Sproemberg schließlich wechselte von Rostock nach Leipzig, wo er 1958 mit 68 Jahren aus dem Lehrbetrieb ausschied.[28] Franz Altheim, Friedrich Baethgen, Karl Buchheim, Viktor Burr, Hans Haussherr, Johannes Kühn, Hermann Mau und Eugen Meyer verließen die SBZ/DDR,[29] während der hochbetagte Friedrich Meinecke, der ohnehin in den westlich besetzten Zonen Berlins lebte, seine Emerituspositon im Ostteil der Stadt aufgab und sich als erster Rektor der Freien Universität Berlin zur Verfügung stellte. Paul Haake und Rudolf Kötzschke verstarben, Martin Lintzel[30] verübte Selbstmord. Alfred Meusel ließ sich 1953 von der Humboldt-Universität von seinen Aufgaben entbinden, um sich auf die Leitung des Museums für Deutsche Geschichte zu konzentrieren. Die verbleibenden neun Historiker ließen sich emeritieren, wobei sie in aller Regel das entsprechende Alter erreicht hatten.

Damit ist der professorale Historikerkreis umrissen, der 1946/47 den Lehrbetrieb an den ostdeutschen Universitäten aufnahm. Wenn man einmal von Meusel und Markov, aber etwa auch von Sproemberg oder Mau absieht, dann repräsentieren diese Historiker in der Mehrheit gerade jenen Typus, den die Kommunisten erklärtermaßen ausschalten wollten: den konservativen, national eingestellten Historiker, der dem 19. Jahrhundert geistig verbunden geblieben war. Einige von den zunächst an den Universitäten verbliebenen Historikern zählten – neben Markov und Meusel – zu jener kleinen Gruppe, die in Gegensatz oder in Distanz zum Nationalsozialismus gestanden hatten: Das gilt mindestens für Ernst Hohl, Karl Griewank, Friedrich Schneider, Heinrich Sproemberg, Martin Lintzel, Hugo Preller,[31] Friedrich Meinecke und den 1946 verstorbenen Otto Hoetzsch.

---

26 Vgl. Schäfer: Karl Griewank. Die Todesursache ist entnommen einem Brief von Irmgard Höß an Gerhard Ritter, 21.12.1953. AVHD, MPI. Aus SED-Sicht vgl. Noack: Karl Griewank.
27 Zu Hohl vgl. Willing: Althistorische Forschung in der DDR, passim.
28 Vgl. Didczuneit: Heinrich Sproemberg; Ders.: Geschichtswissenschaft in Leipzig; sowie aus SED-Sicht Heitz/Unger: Heinrich Sproemberg.
29 Bei Altheim, der 1950 an die Freie Universität Berlin ging, ist allerdings zu berücksichtigen, daß er dennoch weiterhin als »fortschrittlicher bürgerlicher Historiker« galt, wiederholt offizielle Einladungen in die DDR erhielt, Nachwuchshistoriker bei der Anfertigung ihrer Dissertations-/Habilitationsschriften offiziell betreute (u. a. Rigobert Günther) und Mitte der fünfziger Jahre sogar in die DDR zurückberufen werden sollte, was aber offensichtlich an finanziellen Forderungen seinerseits scheiterte. Ihm wird eine weitgehende Verstrickung in die politischen Verhältnisse der DDR nachgesagt; vgl. zu Altheim u. a.: Strobel: Geisteswissenschaften und Ideologie, S. 178–179; Willing: Althistorische Forschung in der DDR, S. 163.
30 Zur Biographie vgl. aus SED-Sicht Zöllner: Karl oder Widukind?; Ders.: Martin Lintzel.
31 Preller saß vom 5. November 1943 bis 5. Februar 1944 »wegen politischer Opposition« in Untersuchungshaft (BAP, R 3, 1598, Bl. 289).

In der ersten Phase der DDR-Geschichtswissenschaft, die etwa bis 1950 andauerte, fehlte den kommunistischen Funktionären ein stringentes Konzept, um die neue Geschichtswissenschaft aufzubauen und die bürgerliche Geschichtswissenschaft in ihrem Herrschaftsbereich zu beseitigen. Wollte man überhaupt Geschichte an den Universitäten lehren, blieb zunächst nichts weiter übrig, als dies den bürgerlichen Historikern weitgehend zu überlassen. Doch das galt nur für eine Übergangszeit. Im wesentlichen wandten die Funktionäre drei strategische Elemente an, die allesamt darauf hinausliefen, die Geschichtswissenschaft institutionell und personell zu dominieren.

Sie versuchten die verbliebenen bürgerlichen Historiker für eine, wenn auch beschränkte Mitarbeit beim Aufbau einer neuen Geschichtswissenschaft an den ostdeutschen Universitäten zu gewinnen. Freilich konnten sie dabei nicht davon ausgehen, daß auch andere bürgerliche Wissenschaftler der parteipolitischen Entwicklung des Leipziger Historikers Schulz folgen würden. Sie versuchten jedoch deren Kompetenz für die schon erwähnte Neuordnung des Geschichtsunterrichtes zu gewinnen.[32] Die »Kommission zur demokratischen Erneuerung des Geschichtsunterrichtes«, die der Deutschen Zentralverwaltung für Volksbildung unterstand, hatte die Aufgabe, neue Geschichtslehrpläne für die Schulen zu entwerfen. An der Arbeit beteiligten sich von seiten der Historiker u. a. Hartung, Baethgen, Hoetzsch und Rörig.[33] Eng damit im Zusammenhang stand die erste Historikertagung in der SBZ am 21. und 22. Mai 1946.[34]

Als die Arbeit an den Lehrplänen für den Geschichtsunterricht soweit fortgeschritten waren, daß ein Ende absehbar wurde, begannen Vorbereitungen für eine Historikertagung. Ziel dieser Tagung sollte es ursprünglich sein, die neuen Bedürfnisse der Schule gegenüber den Universitäten anzumelden und durchzusetzen. Vor der Maitagung fanden zwei kleinere Sitzungen bei der DZfV statt, an denen u. a. Baethgen, Griewank, Hartung, Hoetzsch und Holtzmann teilnahmen.[35] Ernst Hadermann, NSDAP-Mitglied, Wehrmachtsoffizier, Gründungsmitglied des Nationalkomitees »Freies Deutschland«, in sowjetischer Gefangenschaft zum Kommunisten konvertiert und 1952 aus der SED »herausgeprügelt«,[36] betonte auf der

---

32 Eine von der Berliner Universität eingesetzte »Schulkommission« verfaßte eine Denkschrift, die auch Fritz Hartung unterzeichnete. UA der HUB, Nr. 33 (Rektorat), Bl. 108–146.
33 Vgl. dazu Berthold: Marxistisches Geschichtsbild, S. 212–222.
34 Die Historikertagung wurde zuerst von Werner Berthold untersucht (Marxistisches Geschichtsbild, S. 228–243), dem allerdings nicht das Protokoll der Tagung zur Verfügung stand (vgl. ebenda, S. 228, Anm. 102). Gefunden hat das Protokoll Winfried Schulze (Berliner Geschichtswissenschaft in den Nachkriegsjahren) im Nachlaß von Fritz Hartung. Anke Huschner schließlich veröffentlichte das Protokoll aus den Beständen des Bundesarchivs Potsdam (Deutsche Historiker 1946); vgl. auch Kowalczuk: »Wo gehobelt wird, da fallen Späne«, S. 306–307.
35 Zum folgenden Berthold: Marxistisches Geschichtsbild, S. 222–228.
36 SfH, Wilhelm Girnus, an ZK der SED, Walter Ulbricht, 21.3.1958 (BAP, R 3, 216). Ende der fünfziger Jahre bezeichnete sich Hadermann, der Professor für Germanistik in

Sitzung am 29. März 1946, daß die Geschichtsprofessoren die Aufgabe hätten, Geschichtslehrer auszubilden, die das neue Geschichtsbild vermitteln könnten. Hartung und Baethgen verfaßten daraufhin einen Lehrplan für die Geschichtsausbildung an den Universitäten. Der Lehrplan ist auf der Sitzung vom 12. April 1946 diskutiert worden. Die SED-Führung forderte, daß zum festen Bestandteil der Lehre eine Aufklärung über die »positiven« und »negativen« Kräfte in der Geschichte gehören müsse. Zwischen Kommunisten und »Bürgerlichen« existierten unterschiedliche Auffassungen darüber, was positiv und was negativ sei, weshalb die Diskussion kontrovers verlief. Bemerkenswert war, daß sich Hartung und Baethgen darauf einließen, die Lehre durch einen Lehrplan in ihrer Freiheit einzuschränken. Das hatte pragmatische Gründe. Die Historiker hofften, daß auch sie von Beginn an wieder lehren könnten.[37] Doch erst im März 1946 signalisierte die Universitätsleitung, daß im kommenden Wintersemester Geschichte wieder auf dem Lehrplan stünde.[38] Insofern ist der Pragmatismus von Hartung und anderen durchaus nachvollziehbar, sie wollten die Chancen für eine Wiederaufnahme der Lehre nicht verspielen.

Prinzipiell verwahrte sich Hartung aber gegen Planungsansprüche. Am 12. Dezember 1945 teilte er laut Protokoll auf der Fakultätssitzung »im Namen der Historiker mit, daß diese ohne grundsätzlich etwas gegen eine Planung zu haben, doch gewisse Bedenken gegen eine schematische Festlegung des Lehrplanes auf 8 Semester hegen, diese dem Wesen der wissenschaftlichen Arbeit widerspräche, den Studenten bis zu einem gewissen Grade ihre geistige Freiheit nähme und überhaupt eine Gefährdung der geistigen Entwicklung Deutschlands darstelle«.[39] Daraufhin beschloß die Fakultät, die von der DZfV angekündigte »Besprechung über den historischen Unterricht an der Universität ... zum Anlaß zu nehmen, um diese grundsätzlichen Fragen zu erörtern«.[40]

Zur Vorbereitungsgruppe der ersten Historikerkonferenz nach Kriegsende in der SBZ gehörten neben Hadermann und Rompe von der DZfV

Halle war, selbst als »bürgerlichen Humanisten« und verwahrte sich gegen die Forderung, den Marxismus-Leninismus »zur ausschliesslichen Grundlage« der Germanistik zu machen (Ernst Hadermann an Wilhelm Girnus, 30.1.1958. Ebenda); vgl. zur Biographie, allerdings vereinfachend, Kurt Finker: Aus Liebe zu Deutschland gegen Hitler, in: ND vom 25./26.5.1996; sowie zur Einordnung Ueberschär (Hrsg.): Das Nationalkomitee. Aus der DDR-Literatur vgl. beschönigend u. a. Finker: Ernst Hadermanns Rolle; Diesener: Antifaschismus als eine zentrale Lebenserfahrung.

37 Johannes Stroux erklärte, daß grundsätzlich alle Fakultäten gleichzeitig ihre Arbeit aufnehmen sollen (Protokoll der Fakultätssitzung am 1. November 1945. UA der HUB, Nr. 1, Bl. 27). Später erklärte der Rektor einschränkend, daß »geschichtliche Vorlesungen, die als Ergänzung zu einem anderen Fach betrachtete werden können, und evt. auch Vorlesungen über Hilfswissenschaften abgehalten werden« könnten (Protokoll der Fakultätssitzung am 30. Januar 1946. Ebenda, Bl. 50).
38 Protokoll der Fakultätssitzung am 20. März 1946. Ebenda, Bl. 62.
39 Protokoll der Fakultätssitzung am 12. Dezember 1945. Ebenda, Bl. 38v–39.
40 Ebenda, Bl. 39.

auch Hartung und Rörig.[41] Im Einladungsschreiben, welches der Mediziner Theodor Brugsch, zu jener Zeit Vizepräsident der Deutschen Zentralverwaltung für Volksbildung, unterzeichnete, hieß es u. a.: »Die Tagung soll den Teilnehmern Gelegenheit geben, im Anschluss an die ... Referate über grundsätzliche Fragen des Geschichtsunterrichts an den Hochschulen in den kommenden Semestern zu einer Klärung der Auffassung und zu Richtlinien für die Praxis zu gelangen.«[42] Die Tagung fand in der Berliner Universität statt. An ihr nahmen fünfzig Personen teil. Neben Vertretern der DZfV, des SED-Parteivorstandes und der SMAD zählten zu den Teilnehmern u. a.: Fritz Hartung, Fritz Rörig, Karl Griewank, Eugen Meyer, Friedrich Baethgen, Robert Holtzmann, Heinrich Mitteis, Jürgen Kuczynski, Ernst Niekisch, Adolf Hofmeister, Friedrich Schneider, Hans Haussherr, Karl Buchheim, Hermann Mau, Ernst Hohl, Martin Lintzel, Heinrich Sproemberg, Johannes Kühn, Viktor Burr und Walter Markov.[43] Otto Hoetzsch, der ein Referat vorbereitet hatte,[44] war wegen einer plötzlichen Erkrankung verhindert. Schließlich nahm auch der Preußenhistoriker Carl Hinrichs teil, der aufgrund seiner NSDAP-Zugehörigkeit vom Universitätsbetrieb ausgeschlossen worden war.[45]

Die Bedeutung dieser Tagung kam nicht nur dadurch zum Ausdruck, daß Vertreter der wichtigsten Behörden der SBZ sowie die Rektoren der Leipziger und Berliner Universitäten anwesend waren. Mehr noch zählte, daß mit Anton Ackermann ein führender SED-Funktionär die Konferenz mit einem Grundsatzreferat eröffnete. Tatsächlich ist das allein ein Beleg dafür, daß die SED ihre »führende Rolle«, wie Jahre später der SED-Historiker Werner Berthold schrieb, »bei der Entwicklung eines fortschrittlichen Geschichtsbewußtseins und einer fortschrittlichen Geschichtswissenschaft« reklamieren wollte.[46]

Ackermann referierte programmatisch über »Die gegenwärtige Lage Deutschlands und ihre Bedeutung für die Geschichtswissenschaft«.[47] Gleich zu Beginn forderte er, daß »wir einen klaren Ueberblick über unsere Lage, unsere Möglichkeiten, unsere Perspektiven« benötigen und »eine *unver-*

---

41 Berthold: Marxistisches Geschichtsbild, S. 228.
42 Einladung vom 14.5.1946. UA der HUB, Nr. 45 (Phil. Fak.).
43 Vgl. Huschner: Deutsche Historiker 1946, S. 889–890.
44 Vgl. Hoetzsch: Die eingliederung der osteuropäischen geschichte in die gesamtgeschichte (Kleinschreibung im Original).
45 Vgl. Schulze: Deutsche Geschichtswissenschaft nach 1945, S. 127. Hinrichs erhielt 1951 an der FU Berlin den ersten deutschen Lehrstuhl für die »Geschichte der Frühen Neuzeit«, vgl. Schulze: Die Frühe Neuzeit als Vorlauf der Moderne, S. 67.
46 Berthold: Marxistisches Geschichtsbild, S. 232.
47 Da im veröffentlichten Protokoll die Rede Ackermanns nicht vollständig ist, wie die Herausgeberin anmerkt (vgl. Huschner: Deutsche Historiker 1946, S. 891, Anm. 88), verwende ich hier die Manuskriptvorlage aus dem Nachlaß von Ackermann, die in weiten Teilen mit der veröffentlichten, jedoch kürzeren übereinstimmt (Anton Ackermann: Die gegenwärtige Lage Deutschlands und ihre Bedeutung für die Geschichtswissenschaft, 26.5.1946 (muß heißen: 21.5.1946). SAPMO B-Arch, NY 4109/13, Bl. 19–71).

hüllte Bilanz« gezogen werden müsse.[48] An die Professoren gewandt unterstrich er, daß »Sie für den Geschichtslehrer an unseren Hochschulen eine spezifischen Bedeutung« besitzen, denn der »nationalsozialistische Ungeist ist keineswegs vom Himmel gefallen«.[49] Die Nationalsozialisten hätten die Keime nur zum Blühen bringen müssen: »Aber im Wesen der Sache brauchten sie [die Nazis – d. Verf.] Neues gar nicht zu schaffen, denn sie fanden die Bausteine fix und fertig vor, mit denen sie das Lügengebäude ihrer Propaganda und ›Ideologie‹ aufrichten konnten.«[50] Ackermann zog als Beweis die »Professoreneingabe« vom 20. Juni 1915 heran.[51] Diese »Professoreneingabe«, die die Anhänger der annexionistischen Kriegszielpolitik verfaßt hatten, nahm nach Ackermann alle jene Eroberungspläne voraus, die Hitler in »Mein Kampf« dargelegt hat und später zu verwirklichen suchte.[52]

Fritz Hartung hielt Ackermann entgegen, daß er bezweifle, »daß die hervorragendsten damaligen Historiker wie Meinecke, Delbrück, Harnack, Oncken und so weiter diese Denkschrift unterschrieben haben«.[53] Beide hatten auf ihre Art Recht. Zwar unterzeichneten Meinecke und Oncken die Einladung zu einem Treffen, auf dem die »Professorendenkschrift« verabschiedet werden sollte.[54] Aber sie selbst unterschrieben sie nicht.[55] Hartung irrte allerdings insofern, als tatsächlich weltberühmte Wissenschaftler wie Eduard Meyer, Otto von Gierke oder Ulrich von Wilamowitz-Moellendorff zu den 1.347 Unterzeichnern zählten. Ergänzend sei erwähnt, daß Meinecke und Oncken auch die Gegeneingabe der »Gemäßigten« vom 9. Juli 1915, in der sich die Unterzeichner »lediglich« für östliche Annexionen aussprachen, nicht unterschrieben. Nur 191 Personen unterzeichneten die »Gegeneingabe«, darunter Albert Einstein, Max Planck, Gustav Schmoller, Ernst Troeltsch, Max Weber, Adolf von Harnack und Hans Delbrück, der zu den Initiatoren der »Gegeneingabe« zählte.[56]

Ackermann stellte dennoch richtig fest, »dass die Historiker besonders stark unter den Unterzeichnern vertreten waren«.[57] Das führte ihn zu seinem eigentlichen Anliegen. Die Entwicklung in Deutschland war »nicht zuletzt das Ergebnis dessen, wie man an den deutschen Hochschulen Ge-

---

48 Anton Ackermann: Die gegenwärtige Lage Deutschlands und ihre Bedeutung für die Geschichtswissenschaft, 26.5.1946 (muß heißen: 21.5.1946). SAPMO B-Arch, NY 4109/13, Bl. 19 (Hervorhebung im Original).
49 Ebenda, Bl. 33.
50 Ebenda, Bl. 35.
51 Ebenda, Bl. 36.
52 Ebenda, Bl. 37–40.
53 Huschner: Deutsche Historiker 1946, S. 905.
54 Schwabe: Ursprung und Verbreitung des alldeutschen Annexionismus, S. 125.
55 Vgl. ebenda, S. 132; Meinecke: Ausgewählter Briefwechsel, S. 64, 71; Ders.: Strassburg, Freiburg, Berlin, S. 202.
56 Aus der umfangreichen Literatur vgl. v. a. Schwabe: Wissenschaft und Kriegsmoral.
57 Anton Ackermann: Die gegenwärtige Lage Deutschlands und ihre Bedeutung für die Geschichtswissenschaft, 26.5.1946 (muß heißen: 21.5.1946). SAPMO B-Arch, NY 4109/13, Bl. 40.

schichte trieb. Wurde auf der Alma mater die Milch der Denkungs- und Darstellungsart eines Professors Heinrich von Treitschke dargereicht, dann konnte das Ergebnis kaum ein anderes sein.«[58] Die Universitäten und die historische Forschung seien stets von der Reaktion beherrscht worden. Deshalb habe es bislang keine Freiheit von Forschung und Lehre gegeben.[59] Schließlich führte Ackermann einen pauschalen Angriff gegen die bürgerliche Historikerschaft: »Am verhängnisvollsten aber wirkten sich die geschilderten Eigenarten der Entwicklung des deutschen Geisteslebens auf dem Gebiet der Geschichtswissenschaft aus. [...] So hat sich in Deutschland eine besonders trockene und staubige Geschichtswissenschaft, besser gesagt: *Geschichtsauslegung* entwickelt, deren Eigenart in der Schönfärbung der Kaiser, Könige und Fürsten, ihrer Staatsgebilde und Regierungen, ihrer Politik und besonders ihrer Kriege bestand.«[60] Doch damit nicht genug. Ackermann fuhr fort: »Diese Geschichtsklitterung aber bereitete direkt dem Nazismus den Weg zur Macht und zur geistigen Versklavung der Mehrheit unseres Volkes. Von der Vergötterung der Fürsten war es nur noch ein Schritt zum Führerprinzip und zur Vergötterung des Psychopathen Adolf Hitler. Das angeblich unübertreffliche Vorbild des preussischen Ordnungsstaates führte unmittelbar an die totale Staatsidee der Nazis heran.«[61]

Ackermanns massive Vorwürfe, die darin gipfelten, daß die Historiker Hitler und Goebbels direkt zur Macht verholfen hätten,[62] kulminierten in der Forderung: »Die Ueberwindung des Nazismus und Militarismus ist eine Lebensnotwendigkeit für unser Volk. Da nun die reaktionäre Tradition in der deutschen Geschichtsdarlegung als ausgeprägt militaristisch und als Wegbereiter des Nazismus betrachtet werden muss, ist die Demokratisierung des deutschen Hochschulwesens undenkbar ohne die Ueberwindung dieses reaktionären Erbes. Der Bruch mit dieser Vergangenheit muss ein vollständiger sein.«[63]

Ackermann unterstrich, daß die Geschichtslehre jetzt »erst wirklich zu einer Wissenschaft« werden könne.[64] Er benannte drei Hauptaufgaben, die neben der Überprüfung »aller bisherigen Geschichtsbetrachtung« zur Grundlage der neuen Geschichtswissenschaft zählen würden: »*Erstens* die Erforschung und die Darstellung der sozial-oekonomischen Struktur der Gesellschaft, ihrer Entwicklungen und Veränderungen auf den jeweiligen Etappen der Geschichte; und im Zusammenhang damit die Lebensweise der überwiegenden Mehrheit der Menschen, nämlich der breiten sogenann-

---

58 Ebenda, Bl. 41.
59 Ebenda, Bl. 42.
60 Ebenda, Bl. 48 (Hervorhebung im Original).
61 Ebenda, Bl. 50.
62 Ebenda, Bl. 51.
63 Ebenda, Bl. 52.
64 Ebenda, Bl. 53.

ten unteren Volksschichten. *Zweitens* die Erforschung und die Darstellung der fortschrittlichen und freiheitlichen Kräfte und Bewegungen auf allen Etappen der Entwicklung. *Drittens* die Wechselbeziehungen zwischen der Entwicklung unseres Volkes und der anderen Völker, in ihrem Gehalt und nicht durch die schwarzgefärbte Brille des Chauvinismus betrachtet.«[65]

Der Parteiideologe umriß das Aufgabenfeld, welches in den ersten Jahren programmatisch häufig verkündet wurde. Den anwesenden bürgerlichen Historikern erklärte er, daß die menschliche Geschichte ähnlichen Gesetzmäßigkeiten folge wie die Entwicklung der Natur.[66] Die neue Geschichtswissenschaft würde zudem »volksnah und volksverbunden sein, weil sie aufhört, die Vergangenheit nur in Schlössern und Hoftheatern zu schildern ...«[67] Ebenso unterstrich Ackermann, daß historische Persönlichkeiten oder Ereignisse danach zu werten seien, »ob sie dem Fortschritt und dem Wohle des Volkes dienten oder ihnen hindernd im Wegen standen«.[68] Dabei dachte er nicht an objektive Kriterien als Gradmesser. Vielmehr bot ihm seine Weltanschauung, der Marxismus-Leninismus, das Instrumentarium für eine solche Einschätzung. Obwohl er es ablehnte, »die Vergangenheit mit den Massen der Gegenwart zu messen«, forderte er: »Folglich kann die Aufgabe des Historikers nur darin bestehen, die reaktionären Traditionen zu erkennen, um sie auszumerzen; die fortschrittlichen Traditionen aber lebendig zu erhalten, sie allseitig zu entwickeln und zu fördern und in diesem Geist die heranwachsende Generation zu erziehen.«[69] Der Redner offenbarte, daß der Historiker in Zukunft zugleich ein politisch handelnder Mensch sein müsse, der seine Erkenntnisse einsetzt, um »auszumerzen« und »zu erziehen«. Schließlich wies er die Historiker darauf hin, daß die Geschichte der Arbeiterbewegung ein unverzichtbarer Bestandteil jeder künftigen Geschichtsforschung sein müsse. Darüber hinaus forderte er: »Der objektiv urteilende Historiker kann nicht umhin, sich mit Marx und Engels, dem ›Kommunistischen Manifest‹ und dem Gothaer Vereinigungsparteitag zu beschäftigen.«[70] Wenn er am Schluß sagte, in »diesem Sinne sehen *wir* die Zukunftsaufgaben des deutschen Historikers«[71], unterstrich er den Führungsanspruch der Kommunisten.

Ackermanns Rede muß eine Zumutung für die anwesenden bürgerlichen Historiker gewesen sein. Implizierte die vorgetragene Kritik doch, daß bürgerliche Historiker geduldet seien, aber nicht als Gleiche unter Gleichen. Die Ausführungen belegen den instrumentellen und legitimatorischen Charakter der Geschichtswissenschaft, den die Historiographie in

---

65 Ebenda, Bl. 54 (Hervorhebung im Original).
66 Ebenda, Bl. 55–56.
67 Ebenda, Bl. 56.
68 Ebenda, Bl. 59.
69 Ebenda, Bl. 61.
70 Ebenda, Bl. 65.
71 Ebenda, Bl. 71 (Hervorhebung v. Verf.).

der kommunistischen Auffassung a priori zugewiesen bekommt. Der Marxismus-Leninismus, der sich nicht nur als Wissenschaft, sondern auch als Geschichtswissenschaft an sich definierte, sei das Mittel, mit dem Geschichte nun endlich an den deutschen Universitäten *wissenschaftlich* betrachtet werden könnte.

Fritz Hartung, der nächste Redner, erkannte offensichtlich eine Reihe dieser Aussagen Ackermanns in ihrer tieferen Bedeutung. Hartung eröffnete seine Rede geschickt, indem er mit einem Selbstzitat begann und zugleich betonte, daß er damit 1935 offen gegen die nazistische Geschichtsklitterung aufgetreten war.[72] Er schrieb damals, daß es »das gute Recht jeder Generation« sei, »von ihrem Standpunkt mit den ihr gemäßen Fragestellungen an die Erforschung der Vergangenheit heranzutreten«. Allerdings müsse die Geschichtswissenschaft an zwei Grundvoraussetzungen gebunden bleiben: »sie muß die bereits bekannten Quellen in ihrem vollen Umfang berücksichtigen und muß an Rankes Forderung der Objektivität festhalten ...«[73] Hartung mahnte, daß bei Verletzung dieser Grundvoraussetzungen der Historiker kein Abbild der Vergangenheit, sondern nur ein Zerrbild dessen liefern würde. Diese Gedanken von 1935 benutzte er ausdrücklich als Ausgangspunkt seiner Überlegungen 1946.[74] Sodann erhob er es zur Pflicht der Historiker, die Ergebnisse der bisherigen Forschung zu überprüfen, wobei er unterstrich, daß es unverzeihlich gewesen sei, daß das Volk und mit ihm die Historiker aus dem Zusammenbruch von 1918 nicht gelernt hätten. Allerdings wies er pauschale Vorwürfe gegenüber der Geschichtswissenschaft zurück. Otto Hintzes Arbeiten etwa zur preußischen Geschichte hätten innerhalb der Geschichtsforschung das Preußenbild völlig verändert.[75] Daß das nicht in die Öffentlichkeit gedrungen sei, so Hartung, sei nicht den Historikern anzulasten. Schließlich unterstrich er, daß auch die »materialistische Geschichtsauffassung« ein zu starres Schema sei, um damit die gesamte Geschichte erklären zu können. Hartung räumte jedoch ein, »daß sich jeder von uns gründlicher als zuvor mit ihr« befassen müsse.[76] Allerdings dürfe diese Geschichtsauffassung nicht zur alleinigen erhoben werden. Am Schluß verwahrte er sich gegen politische Forderungen, »die ein bestimmtes Ergebnis gebieten oder verbieten«, was dem »Wesen der Wissenschaft« widerspräche.[77]

72 Vgl. Hartung: Staatsgefüge und Zusammenbruch des Zweiten Reiches. Gegenstand des Artikels war eine ausführliche Auseinandersetzung mit der 1934 in Hamburg erschienenen Broschüre »Staatsgefüge und Zusammenbruch des Zweiten Reiches« von Carl Schmitt.
73 Huschner: Deutsche Historiker 1946, S. 898; vgl. Hartung: Staatsgefüge und Zusammenbruch des Zweiten Reiches, S. 528.
74 Huschner: Deutsche Historiker 1946, S. 899.
75 Vgl. aus heutiger Sicht, gerade auch was Hintzes überragende Stellung als Preußenhistoriker anbelangt, Büsch/Erbe (Hrsg.): Otto Hintze und die moderne Geschichtswissenschaft; Kocka: Otto Hintze.
76 Huschner: Deutsche Historiker 1946, S. 900.
77 Ebenda, S. 901.

Fritz Hartung wirkte mit seiner Rede den Anmaßungen Ackermanns entgegen. Die Anhänger der verschiedenen Lager brachten anschließend ihre spezielle Sicht zum Ausdruck, ohne daß es zu Konfrontationen kam. Nach den mehr programmatischen Referaten und Diskussionsbeiträgen hielten schließlich Fritz Rörig (»Die Stellung der Wirtschafts-, Sozial- und Verfassungsgeschichte im Rahmen der mittelalterlichen Geschichte«), Ernst Hohl (»Die Aufgaben der Alten Geschichte«) und Fritz Hartung (»Die demokratischen Anläufe in der deutschen Geschichte und ihr Scheitern«) Fachvorträge. Paul Wandel kam am Schluß der Tagung zu dem Fazit, daß praktische Ergebnisse nicht angestrebt worden seien. Vielmehr habe der Sinn der Konferenz darin bestanden, eine auf gegenseitigem Vertrauen beruhende erste Diskussion zu führen.[78] Wandel erklärte, daß es jetzt darauf ankomme, eine »Elite für die geschichtliche Forschung« heranzubilden.

Das *Neue Deutschland* hob in einem Bericht hervor, daß sich die Teilnehmer einig darüber waren, daß die Geschichtsforschung den neuen Bedingungen angepaßt und daß »das Reaktionäre« überwunden werden müsse.[79] Obwohl der Dissens zwischen Ackermann und Hartung offen hervortrat, zeigte keine Seite ein Interesse daran, diesen eskalieren zu lassen. Vielmehr traf sich am 23. Mai 1946 ein Kreis von 15 Universitätslehrern, um aus den Beratungen praktische Konsequenzen zu ziehen.[80] Es ging um einen Lehrplan für die Ausbildung an den Universitäten. Hartung war wiederum maßgeblich an der Formulierung beteiligt.[81] Bedeutsam an diesem Entwurf war, daß »planmäßig« die Geschichte der Arbeiterbewegung und intensiv osteuropäische Geschichte gelehrt werden sollten.[82] Die verstärkte Lehre in osteuropäischer Geschichte folgte zum einen den Intentionen der kommunistischen Funktionäre. Zum anderen aber schloß sich Hartung in seinem Entwurf vor allem den Vorstellungen Otto Hoetzschs an, der kurz vor seinem Tod eine erste Disposition für die Vermittlung osteuropäischer Geschichte vorgelegt hatte.[83]

Der Lehrplan war umfassend konzipiert worden. Zur Lehre in den eigentlichen historischen Fächern kam neben der pädagogischen Ausbildung für die Lehrer eine gemessen an den historischen Fächern umfangreiche Ausbildung in Philosophie und den »politischen und sozialen Problemen der Gegenwart«.

Die Historikertagung vom Mai 1946 hätte in der Nachkriegsentwick-

---

78 Ebenda, S. 915.
79 Historiker-Tagung in Berlin, in: ND vom 24.5.1946, S. 1.
80 Historikertagung in Berlin, S. 55–56.
81 Der Entwurf ist abgedruckt bei Berthold: Marxistisches Geschichtsbild, S. 243–245.
82 Ein Entwurf vom 16.7.1946 liegt in: SAPMO B-Arch, DY 30, IV 2/904/460, Bl. 39.
83 Hoetzsch: Die eingliederung der osteuropäischen geschichte in die gesamtgeschichte, S. 41–42. Zu Hoetzsch vgl. Liszkowski: Osteuropaforschung und Politik; aus SED-Sicht Berthold: Die Wandlung des Historikers Otto Hoetzsch; Ders.: Die Erkenntnis der weltgeschichtlichen Bedeutung der Großen Sozialistischen Oktoberrevolution und der Sowjetunion durch Otto Hoetzsch; Voigt: Otto Hoetzsch 1876–1946; Ders.: Otto Hoetzsch.

lung eine überragende Bedeutung erlangen können, wenn sie nicht singulär geblieben wäre.[84] Die tatkräftige Mitwirkung von bürgerlichen Historikern sowohl an der Erarbeitung von Lehrplänen für den Schulunterricht als auch an der Wiederaufnahme des Universitätsbetriebes stellte den Höhepunkt des Zusammenwirkens von marxistisch-leninistischen Funktionären und bürgerlichen Historikern dar. Tatsächlich war aber die Mitarbeit an den Schulplänen sehr begrenzt, basierten doch die Richtlinien auf Ausarbeitungen, die deutsche Kommunisten bereits in der Sowjetunion vor 1945 verfaßt hatten. Bei aller Larmoyanz und Höflichkeit der Teilnehmer symbolisierte die Historikertagung deutlich, daß der Graben zwischen bürgerlichen und marxistisch-leninistischen Historikern tiefer war, als es nach außen den Anschein erweckte.

Den kommunistischen Funktionären war nur an einer zeitweiligen Zusammenarbeit mit bürgerlichen Wissenschaftlern gelegen. Deshalb konzentrierten sie sich mindestens genauso stark auf zwei weitere Elemente ihrer Strategie zum Aufbau einer »neuen« Geschichtswissenschaft. Sie versuchten nicht nur ganz allgemein parteiliche Studierende zu rekrutieren. In manchem speziellen Fall bemühte sich die SED-Führung auch direkt, das besonders in solchen Fächern wie den Geschichtswissenschaften durchzusetzen. Historiker in der DDR rekrutierten sich allerdings nicht nur aus denjenigen, die Geschichte studiert hatten.

In den ersten Jahren waren die universitär ausgebildeten Historiker sowohl Absolventen von Historischen Instituten als auch von den Pädagogischen und Gesellschaftswissenschaftlichen Fakultäten. Auf die hohe Parteidichte innerhalb der letzten beiden Studentengruppen ist schon hingewiesen worden.[85] Ähnlich hoch lag der Prozentanteil der SED-Mitglieder bei den Geschichtsstudenten. Von den im Jahre 1950 in der DDR an den sechs Universitäten und der Landeshochschule Potsdam insgesamt 460 immatrikulierten Männern und Frauen, die Geschichte im Hauptfach studierten, waren weit über fünfzig Prozent in der SED.[86] Für die Historischen Institute der Universität Leipzig, deren Nachkriegsgeschichte bisher am besten dokumentiert und untersucht worden ist,[87] ergab sich folgendes Verhältnis:[88]

---

84 Allerdings wurde die Zusammenarbeit fortgeführt, etwa an der Akademie, in verschiedenen Beiräten, aber auch bei der Erarbeitung von Lehrplänen (vgl. etwa: BAP, R 2, 1492).
85 Vgl. oben S. 99–101.
86 SAPMO B-Arch, NY 4182/933.
87 Vgl. z. B. Didczuneit: »Für eine wirkliche deutsche Geschichte«; Ders.: Geschichtswissenschaft an der Universität Leipzig.; Ders.: Geschichtswissenschaft in Leipzig; Engelberg: Die Entwicklung der marxistischen Geschichtswissenschaft an der Karl-Marx-Universität; Hoyer: Zur Entwicklung der historischen Institute der Universität Leipzig; Ders.: Die historischen Institute der Universität Leipzig; Katsch: Zur Entwicklung der Geschichtswissenschaft an der Karl-Marx-Universität Leipzig; Schrot: Zur Entwicklung der marxistischen Geschichtswissenschaft.
88 Nach Didczuneit: Geschichtswissenschaft an der Universität Leipzig, Teil III, S. 41, Tabelle 28 und 29.

Geschichtsstudenten am Historischen Institut der Universität Leipzig 1946–1951

Semester	Anzahl der Studenten	davon in der SED	in Prozent
1946/47	30[89]	10	33
1947/48	52	24	46
1948/49	88	50	57
1949/50	109	63	58
1950/51	95	65	68

Allein diese Zahlen belegen die wichtige Funktion, die die SED-Funktionäre der Geschichtswissenschaft beimaßen. Sie gewinnen noch an Gewicht, wenn man bedenkt, daß Leipzig neben Berlin spätestens seit 1948/49 die wichtigste Ausbildungsstätte für Historiker war. Während Rostock und Greifswald in dieser Ausbildung immer weniger eine Rolle spielten, rückten zu den Universitäten Berlin, Leipzig und mit Abstand Halle in den fünfziger Jahren vor allem die Pädagogischen Hochschulen auf, zuerst die Landeshochschule Potsdam. Gleichzeitig verlor dafür die Universität Jena allmählich an Bedeutung.

Da die Studenten auch parteilich ausgebildet werden sollten, konnte die SED-Führung das den bürgerlichen Historikern nicht allein überlassen. Deswegen bemühten sich die Funktionäre, parteiliche Lehrkräfte an die Universitäten zu berufen. Das war das dritte Element der Strategie zum Aufbau einer »neuen« Geschichtswissenschaft.

Bisher ist in der Forschung betont worden, daß am Anfang des Lehrbetriebes nur Alfred Meusel und Jürgen Kuczynski in Berlin[90] sowie Walter Markov in Leipzig, alle seit 1946, marxistisch-leninistische Geschichtswissenschaft im weiteren Sinne lehrten. Wenn man nun aber eingehender untersucht, wo zwischen 1945 und 1949/50 Marxisten-Leninisten lehrten und forschten, die sich der Geschichte widmeten, wird das Bild vielfarbiger. Ohne daß darauf weiter eingegangen werden kann, ist festzuhalten, daß an den Vorstudienanstalten in aller Regel junge Kommunisten Kurse in Geschichte anboten. Das waren oft genug Lehrer, die gerade selbst in den ersten Semestern Geschichte studierten. An regulären Lehrkräften sind aus diesem Zeitraum demgegenüber zum Beispiel hervorzuheben: Ernst Engelberg (seit 1948 Potsdam, dann ab 1949 Leipzig), Rudolf Lindau (seit 1946 Parteihochschule), Ernst Niekisch (seit 1948 Berlin), Erich Paterna (seit 1946 Parteihochschule), Albert Schreiner (seit 1947 Leipzig),[91] Heinz Herz (1946 Greifswald, ab 1947 Rostock), Hermann Duncker

---

89 An einer anderen Stelle werden 42 angeben; vgl. Schrot: Zur Entwicklung der marxistischen Geschichtswissenschaft, S. 1665.
90 Kuczynski an der Wirtschaftswissenschaftlichen Fakultät.
91 Schreiner erfuhr nach seiner Rückkehr aus der Emigration, daß er auf Beschluß des SED-Zentralsekretariats Professor an der Gesellschaftswissenschaftlichen Fakultät der

(1947–49 Rostock, dann Gewerkschaftshochschule),[92] Heinz Kamnitzer (seit 1947 Berlin), Johannes Nichtweiß (seit 1949 ABF Berlin),[93] Walther Eckermann (seit 1947 Rostock), Auguste Cornu (seit 1948 Leipzig), Karl Bittel (seit 1949 Direktor des Deutschen Instituts für Zeitgeschichte sowie Vorlesungen an der Humboldt-Universität), Hans Mottek (1950 zuerst PH Berlin, dann Hochschule für Ökonomie).

Diese Liste ist bei weitem nicht vollständig.[94] Vielmehr erlangten die genannten Personen für die DDR-Geschichtswissenschaft eine eminente Bedeutung. Ergänzt werden könnte diese Auflistung durch Personen, die an den Pädagogischen und Gesellschaftswissenschaftlichen Fakultäten, an den Vorstudienanstalten sowie an weiteren außeruniversitären Lehr- und Forschungseinrichtungen lehrten. Darüber hinaus wirkten in der unmittelbaren Nachkriegszeit Marxisten-Leninisten als Vermittler der neuen Geschichtssicht an anderen Stellen in der Öffentlichkeit. Karl Obermann etwa arbeitete als Redakteur der Zeitschrift *Forum,* und Walter Bartel, Hanna Wolf oder Ernst Hoffmann waren im SED-Parteiapparat tätig. Die Berufung von Leo Stern an die Hallische Universität 1950 leitete eine neue Phase in der Entwicklung der Geschichtswissenschaft ein. Mit Stern begann nicht nur die Zeit, in der vorrangig Kommunisten auf historische Lehrstühle berufen wurden. Gleichzeitig signalisierte diese Berufung, ob gewollt oder ungewollt, daß der »Kampf um die Eroberung« der Geschichtswissenschaft in eine neue Phase getreten war.

Universität Leipzig werden würde. Anfang 1950 brachte er gegenüber Ulbricht zum Ausdruck, daß die Partei mehr Arbeiterfunktionäre als Universitätslehrer benötige (SAPMO B-Arch, NY 4198/83).
92 Vgl. Deutschland: Hermann Duncker; sowie zu Dunckers Zeit an der Universität in Rostock vgl. Seemann: Hermann Duncker.
93 Nichtweiß begann erst 1950/51 zu studieren und promovierte 1954; vgl. Elsner: Johannes Nichtweiß, S. 171.
94 Vgl. z. B. weiter aus SED-Sicht Heitzer: »Zeitgeschichte« 1945 bis 1958, S. 101–108.

Die Konstituierung der DDR-Geschichtswissenschaft 1950–1961

Die erste Etappe bis 1955

Auf dem III. Parteitag der SED im Juli 1950 kündigte Walter Ulbricht indirekt die 1951 dann tatsächlich beginnende Hochschulreform an. Es sei dringend geboten, Maßnahmen zu ergreifen, um eine »qualitative Hebung des Universitätsstudiums« zu bewirken.[1] Das blieb nicht ohne Folgen für die Geschichtswissenschaft. Auf demselben Parteitag hatte Wilhelm Pieck in seiner Eröffnungsansprache schon festgestellt, daß das »Studium der revolutionären Bewegungen ... von uns unterschätzt« wird.[2] Pieck kritisierte, daß in den Museen noch immer »irgendwelche Winkelfürsten ... viel Raum und Beachtung (finden). Ich denke«, fuhr er fort, »daß man damit Schluß machen muß und dem wirklichen deutschen Volke, den Arbeitern und Bauern, den freiheitlichen Denkern und Dichtern den Platz einräumen muß, der ihnen in der Geschichte gebührt.«[3] Im November 1950 schließlich erteilte Walter Ulbricht *offiziell* einer weitgehenden Zusammenarbeit mit Nichtkommunisten eine Absage. Er erklärte: »Offenkundig gibt es Mißverständnisse in bezug auf die Aufgaben und den Inhalt der Vorlesungen an den Hochschulen. Wenn wir auch Professoren, die Vorlesungen über Spezialgebiete, wie Mathematik, Chemie oder Technik usw. halten, keinerlei weltanschauliche Bedingungen stellen, so müssen wir doch in allen Fächern der Gesellschaftswissenschaft – dialektischer und historischer Materialismus, Politökonomie, Geschichte Deutschlands und der deutschen Arbeiterbewegung – darauf bestehen, daß nur im Sinne der fortschrittlichen Wissenschaft, wie sie in den Lehren von Marx, Engels, Lenin, Stalin entwickelt ist, gelehrt wird.«[4]

Ulbricht sprach mit Blick auf die Gesellschaftswissenschaften offen aus, was seit 1945 der gesellschaftspolitischen Absicht der Kommunisten entsprach und was die SED 1948/49 mit der Verkündung der »Partei neuen Typus« zum offiziellen Programm erhoben hatte. Nachdem von 1945 bis 1948 die kommunistischen Funktionäre den Begriff »Marxismus-Leninismus« weitgehend vermieden und sich erst im Januar 1949 auf der 1. Parteikonferenz offiziell zu diesem Begriff bekannt hatten, erklärten sie den Marxismus-Leninismus 1949/50 für alle gesellschaftlichen Bereichen zur allein gültigen Weltanschauung.[5] Zu diesem Zweck intensivierten sie

---

1 Protokoll der Verhandlungen des III. Parteitages der SED, S. 396.
2 Ebenda, S. 104.
3 Ebenda.
4 Ulbricht: Entfaltet den Feldzug der Jugend für Wissenschaft und Kultur, S. 82.
5 Vgl. Leonhard: Die Etablierung des Marxismus-Leninismus. Albert Schreiner sagte schon am 2. Juni 1948 anläßlich seiner Antrittsvorlesung: »Die Rettung der Deutschen als Nation verlangt nach meiner Überzeugung eine Orientierung auf die marxistisch-leninistische Staatslehre, auf den Sozialismus.« Allerdings ist das Manuskript erst 1949 veröffentlicht worden (SAPMO B-Arch, NY 4198/36).

die interne Parteischulungsarbeit. Diese Schulungsarbeit war in den vierziger und fünfziger Jahren u. a. eine stets erneuerte *Auseinandersetzung* mit der offiziellen Geschichte der KPdSU.[6] Bedeutung erlangte der »Kurze Lehrgang«, ein systematisch geschichtsfälschendes Werk, auch in der Historikerausbildung. Der SED-Historiker Horst Haun stellte 1979 fest: »Der intensiven Beschäftigung mit dem ›Kurzen Lehrgang‹ kam im Ringen um die Konstituierung und beginnende Entwicklung der marxistisch-leninistischen Geschichtswissenschaft, vornehmlich der Parteigeschichtsschreibung in der DDR, große Bedeutung zu. Sein Studium trug wesentlich zur Formung der ersten in der DDR ausgebildeten marxistisch-leninistischen Historikergeneration bei.«[7]

Der III. Parteitag der SED und die erwähnte Rede Ulbrichts markierten eine neue Etappe für die historische Forschung. Bislang hatte sich die SED bemüht, die Geschichtswissenschaft gewissermaßen »von unten« zu erobern, indem sie parteiliche Studenten rekrutierte, kommunistische Lehrkräfte an die Universitäten berief, eigene »Forschungsstätten« gründete und in der Öffentlichkeit massiv ihr Geschichtsbild propagierte. Ab 1950 setzte ein Prozeß ein, in welchem sie versuchte, der »Revolutionierung von unten« eine »Revolution von oben« zur Seite zu stellen.

Das erste sichtbare Zeichen des neuen Entwicklungsabschnittes war im September 1951 die Einführung neuer, verbindlicher Studienpläne für die Geschichtsausbildung an den Universitäten. Am 19. Januar, auf der 4. Tagung, verabschiedete das ZK der SED einen Beschluß über die »nächsten Aufgaben in den Universitäten und Hochschulen«, der die II. Hochschulreform einleitete.[8] Das Ziel dieser sozialistischen Umgestaltung bestand darin, an den Hochschulen dem Marxismus-Leninismus die Monopolstellung zu sichern.

Davon waren die Historischen Universitätsinstitute in einem besonderen Maße betroffen. Schon im Dezember 1950 betonten Hager und Hoffmann auf einer Tagung mit den SED-Universitätssekretären, daß die Geschichte der Arbeiterbewegung nur unter Aufsicht der SED gelehrt werden dürfe. Die SED-Funktionäre priesen beispielhaft Lothar Berthold als Lehrenden, der 1950 gerade sein Studium in Jena abgeschlossen hatte, weil dessen Vorlesungen auf der *festen* Grundlage des Marxismus-Leninismus stünden.[9] Gleichzeitig beteuerten die SED-Funktionäre, daß

---

6 Über die Verstärkung des Studiums der »Geschichte der KPdSU(B) – Kurzer Lehrgang«. Beschluß des Zentralsekretariats vom 20.9.1948, in: Dokumente der SED. Band 2, S. 119–121; Zur Verbesserung des Studiums des Kurzen Lehrgangs der Geschichte der KPdSU(B), in: ebenda, S. 230–233.
7 Haun: Zur Entwicklung der marxistisch-leninistischen Geschichtswissenschaft, S. 9.
8 In: Dokumente der SED. Band 3, S. 353–362.
9 Stenographische Niederschrift der Tagung der Sekretäre der Hochschul-Parteiorganisationen im ZK der SED, Abt. Propaganda, 9. Dez. 1950. SAPMO B-Arch, DY 30, IV

sie es nicht dulden könnten, daß wichtige Vorlesungen – wie die des Hallensers Leo Stern – »unkontrolliert« vorgetragen werden.[10] Hager faßte aus diesen beiden Extremen als Richtlinie zusammen: »Die Sache ist die: wir wollen, daß die Dozenten, die sich mit der Geschichte Deutschlands und der deutschen Arbeiterbewegung befassen, sich mit uns in Verbindung setzen, damit wir sehen, was sie an den Universitäten besonders im gesellschaftswissenschaftlichen Unterricht lesen. Dann werden wir auch sagen können, wo die Mängel ihrer Vorlesungen sind.«[11] Es gehe dabei nicht um »Mißtrauen« etwa Leo Stern gegenüber, sondern um »Vereinheitlichung« und »Hilfe«. Die Geschichtslehre müsse »der Politik der Partei entsprechen«.[12]

Diesem Anspruch diente beispielsweise eine von der ZK-Abteilung für Propaganda organisierte Konferenz »über Stalins Arbeiten über den Marxismus in der Sprachwissenschaft«.[13] Fred Oelßner stellte fest, daß es eine andere »wissenschaftliche Weltanschauung« als den Marxismus-Leninismus nicht gäbe.[14] Leo Stern meinte, daß die Geschichtswissenschaft »als mächtige Waffe im Befreiungskampf des Proletariats« diene.[15] »Es gibt kein Werk, keinen Aufsatz, keinen Artikel von Marx, Engels, Lenin und Stalin, die nicht klassische Vorbilder wären für das historische Herangehen an alle gesellschaftlichen Erscheinungen, für die tiefschürfende Analyse des komplizierten Ganges der Geschichte, insbesondere der Geschichte des eigenen Volkes.«[16]

Damit ist zugleich veranschaulicht, welche Positionen ab 1951 per Dekret an den Universitäten vertreten werden sollten. Denn zum 1. September 1951 erließ das Staatssekretariat für Hochschulwesen verbindliche Studienpläne für die Ausbildung von Geschichtslehrern und für den Studiengang Geschichte.[17] Leo Stern, der den Vorsitz in der Studienplankommission übernommen hatte, erläuterte am 4. Juli 1951 auf einer Fachkonferenz, die die neuen Studienpläne bestätigte, die Hintergründe. Bisher hätte »im akademischen Studienbetrieb« Anarchie geherrscht. »Der Student brauchte meist ein bis zwei Semester, um sich im Gewirr der ange-

---

2/101/144, Bl. 36–37; vgl. zu Bertholds Bedeutung Heitzer: »Zeitgeschichte« 1945 bis 1958, S. 105.
10 Stenographische Niederschrift der Tagung der Sekretäre der Hochschul-Parteiorganisationen im ZK der SED, Abt. Propaganda, 9. Dez. 1950. SAPMO B-Arch, DY 30, IV 2/101/144, Bl. 49.
11 Ebenda.
12 Ebenda, Bl. 48.
13 Auszugsweise veröffentlicht in: Einheit 6(1951)12, S. 755–855. Hier findet sich z. B. nicht die Rede von Leo Stern.
14 Stenographische Niederschrift der Theoretischen Konferenz der Abteilung Propaganda des ZK über Stalins Arbeiten über den Marxismus in der Sprachwissenschaft vom 23.–24. Juni 1951. SAPMO B-Arch, DY 30, IV 2/101/157, Bl. 55.
15 Ebenda, Bl. 206.
16 Ebenda, Bl. 208.
17 SfH, Studienplan Nr. 67 (Geschichte), 10.8.1951. Ebenda, IV 2/904/103, Bl. 36–42; SfH, Studienplan Nr. 67 B (Geschichte), 10.8.1951. Ebenda, Bl. 32–35.

kündigten Vorlesungen überhaupt zurechtzufinden ...«[18] Außerdem müsse mit den sogenannten ewigen Studenten und den Studenten, die nebenbei arbeiten, Schluß gemacht werden.[19] Deshalb werde das Ein-Fach-Studium eingeführt. Die restriktiven Bestimmungen des Studienplans, die den inhaltlichen Ablauf der acht Semester präzise regelten, kommentierte Stern: »Was nun den Vorwurf der sog. ›akademischen Freiheit‹ und die ›universitas litterarum‹ betrifft, die durch den neuen Studienplan beeinträchtigt werden, so erledigen sich diese Einwände dadurch, dass die sog. ›akademische Freiheit‹ ... nichts anderes ist als die euphemistische Umschreibung für eine tatsächliche herrschende Anarchie und Willkür im Vorlesungsbetrieb. [...] Meint man unter ›akademischer Freiheit‹ das traditionelle Recht des Universitätsprofessors, seine Ansichten frei zu äussern, so bleibt dieses Recht unbenommen, nur wird er sich auch die Kritik seiner Ansichten gefallen lassen müssen ... Auf keinen Fall kann aber unter ›akademischer Freiheit‹ das Recht verstanden werden, rassistische, nationalistische, chauvinistische, germanozentrische und imperialistische Gedanken vorzutragen, denn diese Auffassungen haben auf den Universitäten und Hochschulen der DDR nichts mehr zu suchen.«[20] Die von Stern gekennzeichneten »Gedanken« deuteten an, daß in Zukunft außer auf marxistisch-leninistischer Basis nichts gelehrt werden solle. Das war nicht nur nicht sofort umsetzbar, sondern betraf im allgemeinen auch Fächer wie die Alte oder Mittelalterliche Geschichte viel weniger als die Geschichte der Neuzeit.

Der Studienplan regelte für jedes Semester den Lehrstoff.[21] Demnach ergab sich vom ersten bis sechsten Semester eine Wochenstundenzahl von 32 bis 35, während im siebenten Semester 27 und im achten 23 nachgewiesen werden mußten.[22] Außerdem empfahl der Studienplan 15 weitere fakultative Wochenstunden.[23] Nach jedem der ersten drei Studienjahre erfolgte ein sechswöchiges Berufspraktikum. Im ersten bis dritten Studienjahr mußte jeder Studierende jeweils fünf Prüfungen und im vierten das Staatsexamen ablegen. Von den insgesamt 252 obligatorischen Semesterwochenstunden entfielen mindestens 98 (= 39%) auf Fächer, die nicht zum engeren Geschichtsstudium zählten. Allein 56 Wochenstunden bean-

---

18 Leo Stern: Grundsätzliche Bemerkungen zum neuen Studienplan für Geschichte, 4.7.1951. Ebenda, IV 2/904/101, Bl. 5.
19 Ebenda, Bl. 6.
20 Ebenda, Bl. 6–7.
21 Für die bereits immatrikulierten Studenten galt, daß für das 1., 2. und 3. Studienjahr der Studienplan verbindlich war, während die Studenten des 4. Studienjahres wie bislang weiter studierten. SfH an Dekan der Phil. Fak. der HUB, 17.11.1951. UA der HUB, Nr. 362 (Rektorat), Bl. 91.
22 Alle Angaben beziehen sich auf SfH, Studienplan Nr. 67 (Geschichte), 10.8.1951. SAPMO B-Arch, DY 30, IV 2/904/103, Bl. 36–42, und tangieren also nicht die Lehrerausbildung, wobei der Umfang dort geringer, die Proportionen aber ähnlich waren.
23 Das war insgesamt beinahe doppel soviel, wie der Studienplan von 1946, an dem noch Hartung mitgearbeitet hatte, vorsah; ebenda, IV 2/904/460, Bl. 39.

spruchte das gesellschaftswissenschaftliche Grundlagenstudium, je 16 der Russisch- und Sportunterricht, sechs der Deutschunterricht und lediglich vier eine weitere Fremdsprache.[24]

Die tiefgreifende Umstrukturierung des Studiums sollte garantieren, daß in Zukunft marxistisch-leninistische Historiker die Universitäten verlassen würden. Allerdings benötigte man dafür in noch höherem Maße als bisher entsprechend geschulte Lehrkräfte. Auch dafür wurden 1950/51 die Weichen gestellt.

Für die SED-Schulungsarbeit erschien 1951 ein »Lehrbuch für die Politische Grundschule«, welches unter Leitung von Kurt Hager erarbeitet worden war.[25] Dieses Lehrbuch, das SED-Historiker als »eine große wissenschaftliche Leistung« ansahen,[26] war nichts weiter als eine hagiographische Wiedergabe der Äußerungen von Marx, Engels, Lenin und Stalin zur deutschen Geschichte und zur Geschichte der Arbeiterbewegung.[27] Die realen Wirkungen dieses Lehrbuches lassen sich nicht feststellen. Es muß davon ausgegangen werden, daß es die parteilichen Lehrkräfte an den Hochschulen studieren sollten. Viele werden es zudem für die Lehre genutzt haben, da das Buch kompakt wichtige Ansichten der Klassiker des Marxismus-Leninismus zur deutschen Geschichte wiedergab.

Einen konzeptionellen Rahmen erhielt der Konstituierungsprozeß der DDR-Geschichtswissenschaft mit den Beschlüssen der 7. Tagung des ZK der SED im Oktober 1951. Obwohl seit Mitte 1950 die Bemühungen um die Geschichtswissenschaft sichtbar verstärkt worden waren, kommt erst der 7. Tagung ein zäsurbildender Charakter zu.[28]

Fred Oelßner erklärte auf dieser Tagung, daß das Nationalbewußtsein der Bevölkerung geweckt und gleichzeitig der Marxismus-Leninismus endgültig zur allein herrschenden Ideologie werden müsse. Dabei komme der Geschichtswissenschaft eine wichtige Aufgabe zu. Wir »haben ... bis jetzt sehr wenig getan, um dem deutschen Volke die Lehren seiner Geschichte zu entwickeln. Gewiß können wir – von einzelnen Beispielen abgesehen – mit der alten deutschen Geschichtsschreibung nicht viel anfangen. Die deutsche Geschichte muß auf wissenschaftlicher, d. h. auf

---

24 1953 wurde ein neuer Studienplan erlassen. Dessen wichtigste Neuerungen waren ein Rückgang der obligatorischen Wochenstunden (199), ohne daß allerdings der Prozentsatz der politischen Fächer zurückging, und die Einführung von Spezialisierungen nach dem vierten Semester. SfH, Studienplan Nr. 67 (Geschichte). Ebenda, IV 2/904/103, Bl. 56–63.
25 Ebenda, IV 2/904/115.
26 Heinz: Das Lehrbuch der Politischen Grundschulen der SED von 1951, S. 1369.
27 Vgl. auch die Vorabdrucke im ND vom 24.10.1951; 25.10.1951; 28.10.1951 und 29.12.1951.
28 Aus SED-Sicht vgl. dazu Heinz: Über die Entwicklung der marxistisch-leninistischen Geschichtswissenschaft. Den zäsurbildenden Charakter betonten die meisten Autoren sowohl östlicher als auch westlicher Herkunft.

marxistischer Grundlage neu geschrieben werden.«[29] Die Entschließung der 7. ZK-Tagung setzte diese Forderung in Beschlüsse um. Darin heißt es, daß die Historiker sich noch nicht ihrer Verantwortung bewußt seien, die sie bei der »Zerschlagung unwissenschaftlicher Geschichtsauffassungen«, bei der »richtigen Erziehung der heranwachsenden Generation« und bei der »Entfaltung des Kampfes für die nationale Einheit Deutschlands« tragen.[30] Der Geschichte komme eine besondere Bedeutung zu, da sie die Notwendigkeit beweisen würde, daß der Arbeiterklasse die führende Rolle »im Kampf des deutschen Volkes für die Wiederherstellung der Einheit Deutschlands« zukomme.[31] Die Betonung, daß die marxistisch-leninistische Betrachtung der deutschen Geschichte »den Versuchen der angloamerikanischen Imperialisten« begegne, »die nationale Würde des deutschen Volkes zu zerstören«,[32] kam einer Absage an die bisher vertretene »Miseretheorie« gleich.[33] Die bereits in Angriff genommenen Aufgaben und die von der ZK-Tagung »eröffnete ideologische Offensive« sollten durch fünf konkrete Beschlüsse erfüllt werden:[34] 1. Das ZK der SED verpflichtete das Marx-Engels-Lenin-Institut, »in nächster Zeit die Herausgabe eines Sammelbandes der entsprechenden Arbeiten und Aussprüche von Marx, Engels, Lenin und Stalin« zur deutschen Geschichte zu gewährleisten. 2. »Zur Verbesserung der wissenschaftlichen Forschungsarbeiten auf dem Gebiet der deutschen Geschichte schlägt das Zentralkomitee der SED der Deutschen Akademie der Wissenschaften vor, ein Institut für Deutsche Geschichte zu schaffen. An den philosophischen Fakultäten der Berliner und Leipziger Universität sollten Institute ›Geschichte des deutschen Volkes‹ geschaffen werden.« 3. Ein marxistisch-leninistisches Lehrbuch zur Geschichte des deutschen Volkes sollte bis 1953 erscheinen. 4. Die Schaffung des Museums für Deutsche Geschichte soll beschleunigt werden. 5. Die Gedenkstätten von Führern der Arbeiterbewegung und des deutschen Geisteslebens sind »würdig zu gestalten und mit Gedenktafeln zu versehen«.

Kurt Hager forderte bereits auf dieser ZK-Tagung, daß die Forschungsarbeit zur Geschichte des deutschen Volkes koordiniert werden müsse.[35] Außerdem rief er die Historiker auf, die Forschungen zur Antike und zum Mittelalter zugunsten der Geschichte der Arbeiterbewegung und der jün-

---

29 Fred Oelßner: Die ideologischen Aufgaben der Partei. Referat auf der 7. Tagung des ZK der SED am 18.10.1951, in: ND vom 31.10.1951.
30 Die wichtigsten ideologischen Aufgaben der Partei. Entschließung des ZK vom 20. Oktober 1951, in: Dokumente der SED. Band 3, S. 581.
31 Ebenda.
32 Ebenda.
33 Diehl/Dlubek: Die Historiker der DDR vor neuen großen Aufgaben, S. 883; vgl. zur Problematik Kopp: Die Wendung zur »nationalen« Geschichtsbetrachtung.
34 Die wichtigsten ideologischen Aufgaben der Partei. Entschließung des ZK vom 20. Oktober 1951, in: Dokumente der SED. Band 3, S. 582–583.
35 Aus der Diskussionsrede des Genossen Kurt Hager, in: Neuer Weg 21/1951, S. 34.

geren deutschen Geschichte zurückzustellen.[36] Schließlich käme es verstärkt darauf an, die reaktionären Geschichtstheorien zu zerschlagen und der Einsicht zum Durchbruch zu verhelfen, daß der gesellschaftlichen Entwicklung historische Gesetzmäßigkeiten zugrunde liegen.[37]

Besonders drei der fünf Beschlüsse gilt es näher zu beleuchten. 1. die Bildung eines Autorenkollektivs für das Lehrbuch der Geschichte des deutschen Volkes; 2. die Neugründung von Instituten; 3. die Gründung des Museums für Deutsche Geschichte.

Die Idee, ein Lehrbuch zur deutschen Geschichte von den Anfängen bis zur Gegenwart schreiben zu lassen, war mit dem Anspruch verbunden, erstmals in Deutschland ein Gesamtwerk zur deutschen Geschichte auf marxistisch-leninistischer Grundlage zu präsentieren.[38] Das bedeutete, daß als Autoren nur Leninisten gewonnen werden konnten. Am 24. April 1952 berief das Sekretariat des ZK der SED die Mitglieder des Autorenkollektivs. Im einzelnen gehörten ihm an: Fred Oelßner, Kurt Hager, Paul Wandel, Alfred Meusel, Leo Stern, Heinz Kamnitzer, Erich Paterna, Ernst Engelberg, Albert Schreiner und Gerhard Schilfert.[39] Weiterhin beschloß die SED-Führung, daß sich das Autorenkollektiv am 20. Mai 1952 konstituieren solle, daß bürgerliche Historiker eventuell begutachtend in die Arbeit einbezogen und die ausführliche Disposition am 1. August vorgelegt werden solle. Damit folgte sie weitgehend Vorschlägen von Meusel. Lediglich seiner Vorstellung, Karl Obermann als Autor statt des aufgeführten Gerhard Schilfert zu gewinnen, folgten die SED-Funktionäre nicht.[40]

Der zu leistende Arbeitsumfang war weder in dieser personellen Besetzung noch im vorgegebenen Zeitrahmen zu realisieren. Am 8. Oktober 1952 legten Mitarbeiter des Sektors Geschichte der ZK-Abteilung für Propaganda »Richtlinien für die Ausarbeitung des Hochschullehrbuches« vor.[41] Sie bestimmten, daß ein erster Entwurf des Lehrbuches zum 30. Juni 1953 und die Endfassung zum 30. Oktober desselben Jahres fertiggestellt werden solle. Mittlerweile veränderte die SED-Führung auch das Autorenkollektiv, was damit zusammenhing, daß sich die ursprüngliche Besetzung als zu klein erwies und die Arbeiten nur schleppend vorankamen. Nun zählten zu den Autoren Stern, Schilfert, Kamnitzer, Obermann,

---

36 Ebenda, S. 33–34.
37 Ebenda, S. 34.
38 Die erste marxistisch-leninistische Gesamtdarstellung als Abriß erschien 1953. Sie stammte von sowjetischen Autoren; vgl. Große Sowjet-Enzyklopädie, Länder der Erde 1: Deutschland, S. 64–210 (Historischer Abriß; die Übersetzung redigierte Fritz Klein).
39 Protokoll Nr. 156 der Sitzung des Sekretariats des ZK vom 24.4.1952. SAPMO B-Arch, DY 30, I IV 2/3/285, Bl. 4.
40 Alfred Meusel: Gutachten zu Fragen des Lehrbuches für deutsche Geschichte, 18.4.1952. Ebenda, IV 2/904/106, Bl. 2–3.
41 Sektor Geschichte (der Abt. Propaganda des ZK der SED), Richtlinien für die Ausarbeitung des Hochschullehrbuches der Geschichte des deutschen Volkes, 8.10.1952 (Entwurf). Ebenda, NY 4198/94, Bl. 24–26.

Engelberg, Hoffmann, Schreiner, Paterna, Bartel, Hager und Meusel, der seit dem 1. September 1952 dem Autorenkollektiv vorstand[42]. Als Sachverständige fungierten u. a. Wandel, Oelßner, Kuczynski, Schmiedt und Becher.[43] Der Staatssekretär für Hochschulwesen, Gerhard Harig, dem die Arbeiten offiziell unterstanden, berief die Mitglieder.[44] Tatsächlich aber leitete auch diese Arbeit zu jeder Zeit der ZK-Apparat.

Einzelne Autoren veröffentlichten in den Heften der *Zeitschrift für Geschichtswissenschaft* (ab 4/1953) Dispositionen für die Beiträge des Hochschullehrbuches. Dem waren jeweils intensive interne Diskussionen vorangegangen. Das konnte allerdings nicht verhindern, daß die ersten Beiträge erst 1959 erschienen.[45] Dafür gab es mehrere Gründe. Erstens bemerkten sowohl die Funktionäre wie auch die Historiker bald, daß sich eine solche grundlegende Arbeit nicht innerhalb weniger Monate bewältigen ließ. Es reifte die Erkenntnis, daß allein mit den Arbeiten der *Klassiker* ein Lehrbuch nicht zu schreiben war. Zweitens erwies es sich als unmöglich, eine Gesamtschau ohne jeden detaillierten Forschungsvorlauf zu realisieren. Die historischen Forschungseinrichtungen mußten deshalb zum hohen Teil mittels Graduierungsarbeiten und anderer Forschungen die Lehrbucherarbeitung inhaltlich flankieren. Drittens fehlte den meisten Autoren eine entsprechende Erfahrung und wissenschaftliche Reife, um ein solches Synthesewerk schreiben zu können. Daraus erklärt sich auch die relativ hohe Fluktuationsrate zwischen ursprünglich in Aussicht genommenen Autoren und tatsächlichen Autoren. Viertens schließlich existierten innerhalb des Autorenkollektivs scharfe Kompetenzstreitigkeiten und persönlich motivierte Auseinandersetzungen. Vor allem Engelberg, Stern und Meusel führten über Jahre hinweg heftige Auseinandersetzungen miteinander. Dabei ging es weniger um inhaltliche Fragen, sondern mehr um politische Einflußmöglichkeiten und Ressourcen. Aus diesen Streitgkeiten wiederum resultierten inhaltlich gegensätzliche Positionen, die freilich öffentlich kaum deutlich wurden.[46] Engelberg, der sehr gut zu intrigieren wußte, bezeichnete zum Beispiel Ende der fünfziger Jahre Leo Stern als »Kardinalinquisitor für die Geschichtswissenschaft in der

---

42 Nach dessen Tod 1960 übernahm Joachim Streisand diese Funktion.
43 Alfred Meusel: Bericht über die Arbeit des Autorenkollektivs für das Hochschullehrbuch der Geschichte des deutschen Volkes, 13.4.1953. Ebenda, IV 2/904/106, Bl. 233–236.
44 Gerhard Harig an Alfred Meusel, 10.9.1952. BAP, R 3, 248, Bl. 54. In dem Ernennungsschreiben an Meusel werden als Mitglieder auch Oelßner und Wandel erwähnt sowie Förder als Sekretär des Autorenkollektivs.
45 1959 erschienen: Schilfert (1648–1789), Streisand (1789–1815), Engelberg (1849–1871); 1960: Otto (500.000 v. u. Z. bis 5./6. Jh. u. Z.), Obermann (1815–1849); 1961: Klein (1897/98–1917). Insgesamt kamen zwölf Beiträge heraus, die letzten 1969. Dem Beschluß entsprechend wurden die selbständigen Publikationen in den sechziger Jahren zu drei Bänden zusammengefaßt.
46 Die Protokolle der Sitzungen des Autorenkollektivs sind weitgehend überliefert (SAPMO B-Arch, DY 30, IV 2/904/107–109; ebenda NY 4198/94–97).

DDR«.[47] Daraufhin antwortete Stern mit der Bemerkung, er zweifle nicht daran, daß die Methode der »politischen Verdächtigungen und persönlichen Diffamierung gebührend in die Schranken gewiesen wird«.[48]

Die Folgen der Querelen waren ausschlaggebend dafür, daß das Hochschullehrbuch niemals seine Funktion als Handreichung für die Studierenden erfüllte: Als es endlich vollständig vorlag, war es veraltet. Das Lehrbuch begann eine Tradition in der DDR-Geschichtswissenschaft: Die *Planwissenschaft* erwies sich als unfähig, flexibel auf unmittelbare Bedürfnisse zu reagieren. Viele wissenschaftliche Großprojekte sicherten nicht nur unzähligen Historikern überschaubare Arbeit, sondern hinderten sie zugleich daran, eigenen Interessen nachzugehen. Die meisten Großprojekte, sofern sie überhaupt vollendet wurden, veralteten noch in der Entstehungsphase.

Allerdings darf eine wichtige Funktion des Lehrbuches nicht unterschätzt werden: Die Historiker formierten sich als Gemeinschaft und konnten ihre Kenntnisse im abgeschlossenen Kreis der Marxisten-Leninisten debattieren. Diese internen Diskussionen besaßen zumindest für den Formierungsprozeß der DDR-Geschichtswissenschaft produktive Momente.[49]

Das Lehrbuch scheiterte letztlich auch deshalb, weil die Funktionäre es an den Beginn einer Entwicklung stellten, deren Ergebnis ein solches Lehrbuch allenfalls hätte sein können. So war es weder ein Zwischenergebnis noch ein Markstein. Zugleich band das Lehrbuch sehr viele Arbeitskräfte, so daß zwangsläufig andere notwendige Arbeiten nicht aufgenommen werden konnten.

Mit dem Lehrbuch eng im Zusammenhang steht die institutionelle Entwicklung nach 1951. Vor allem an den Universitäten, aber auch an den SED-Hochschulen, bereiteten die Historiker die Lehrbuchbeiträge vor. In diesem Zusammenhang kam den im Beschluß der 7. ZK-Tagung erwähnten Universitätsinstituten für die Geschichte des deutschen Volkes eine besondere Bedeutung zu. Denn in diesen Historischen Instituten dominierte von vornherein die marxistisch-leninistische Geschichtswissenschaft. Damit setzte die SED die 1946 begonnene Tradition fort, die Universitäten mittels Strukturveränderungen »zu erobern«.

Die Bestimmungen für die Gründung von »Instituten für die Geschichte des deutschen Volkes« an den Universitäten in Berlin, Leipzig und Halle

---

47 Ernst Engelberg an Leo Stern, 15.9.1958 (Abschrift). Ebenda, NY 4198/120, Bl. 140–142.
48 Leo Stern an Ernst Engelberg, 19.9.1958 (Abschrift). Ebenda, Bl. 139.
49 Vgl. aus SED-Sicht dazu z. B. Fischer: Zur Historiographie der DDR über Probleme der bürgerlichen Umwälzung; Helas: Revolutionär-demokratische Einigung oder junkerlich-bourgeoise Reichsgründung »von oben«. Beide Arbeiten basierten auf Dissertationen, die die Autoren an der Akademie für Gesellschaftswissenschaften beim ZK der SED verteidigten.

sind 1950 entwickelt worden.[50] Das erste Institut nahm im September 1951, also noch vor der 7. Tagung, an der Universität Leipzig die Arbeit auf.[51] 1952 folgten im Januar das Berliner Institut[52] und etwas später das Hallische.[53] Der ZK-Beschluß erwähnte das Hallische Institut nicht. Mittlerweile war jedoch beschlossen worden, die Fachrichtung Geschichte der Berliner Universität zum Hauptschwerpunkt zu entwickeln, Leipzig und Halle avancierten daneben zu weiteren Schwerpunkten der Historikerausbildung.[54] Dagegen planten die SED-Funktionäre, die Lehre an den Universitäten in Greifswald und Jena einzustellen, was tatsächlich aber erst in der zweiten Hälfte der fünfziger Jahre für einige Jahre in Greifswald geschah. Allerdings sind in Greifswald 1951/52 keine neuen Studierenden immatrikuliert worden.[55] Die Gründe für diese Pläne waren politischer Natur: »Die Ausbildung von Historiker-Studenten an der Universität Jena kann nicht mehr verantwortet werden.«[56] In Jena waren von den acht Professoren, Dozenten und Lehrbeauftragten des Historischen Instituts lediglich drei in der SED.[57] An der Rostocker Universität war die Lehre in Geschichte schon 1951/52 aus ähnlichen Gründen praktisch zum Stillstand gekommen.[58] In Berlin und Leipzig hingegen nahm die SED bereits feste Positionen ein.[59] Die Bildung der Institute für die Geschichte des deutschen Volkes verstärkte diesen Prozeß noch. Erster Direktor in Berlin wurde Alfred Meusel, den zum 1. September 1953 Heinz Kamnitzer ablöste.[60] Meusel hatte selbst um die Ablösung gebeten, da er durch eine Fülle weiterer Aufgaben überlastet war.[61] Die Dominanz des Instituts innerhalb der Fachrichtung Geschichte an der Berliner Universität verdeut-

---

50 Zumschlinge: Geschichte der Historiographie der DDR, S. 108.
51 Die Arbeit und die Aufgaben des Instituts für Geschichte des deutschen Volkes an der Karl-Marx-Universität Leipzig, S. 647. Zur Leipziger Universität vgl. Didczuneit: »Für eine wirkliche deutsche Geschichte«; Ders.: Geschichtswissenschaft an der Universität Leipzig, S. 39–46.
52 Köpstein: Die Aufgaben des Instituts für Geschichte des deutschen Volkes an der Humboldt-Universität Berlin, S. 114.
53 Hübner: Lehre und Forschung im Institut für Deutsche Geschichte an der Martin-Luther-Universität.
54 Betr. Schwerpunktbildung Fachrichtung Geschichte, Febr./März 1952. SAPMO B-Arch, DY 30, IV 2/904/101, Bl. 19–20. Aus dieser Zeit existieren verschiedene Entwürfe zur Neugestaltung der historischen Forschung, die teilweise auch von Historikern wie Fritz Klein und Herwig Förder ausgearbeitet worden sind (z. B. BAP, R 3, 243, Bl. 26–33).
55 BAP, R 3, 1598, Bl. 305.
56 Betr. Schwerpunktbildung Fachrichtung Geschichte, Febr./März 1952. SAPMO B-Arch, DY 30, IV 2/904/101, Bl. 20.
57 Ebenda, Bl. 26.
58 Das Historische Institut wurde erst 1956 als Institut für Mittlere und Neuere Geschichte und Historische Hilfswissenschaften wiedereröffnet; vgl.: Mögen viele Lehrmeinungen um die eigene Wahrheit ringen, S. 123.
59 Betr. Schwerpunktbildung Fachrichtung Geschichte, Febr./März 1952. SAPMO B-Arch, DY 30, IV 2/904/101, Bl. 21–25.
60 Rektor an Dekan, 22.4.1954 (Abschrift). UA der HUB, Nr. 60 (Phil. Fak.). Kamnitzer wurde am 1.10.1955 durch Karl Obermann ersetzt.
61 Harig an Rektor, 31.1.1952. ABBAdW, NL Meusel, Nr. 46.

licht allein die Tatsache, daß von insgesamt neunzehn Assistenten vierzehn dem neugebildeten Institut angehörten.[62] Das von Leo Stern in Halle geleitete Institut brachte es demgegenüber nur auf sieben Assistenten, während das Leipziger Institut unter Leitung von Ernst Engelberg anfangs gar nur vier Assistenten aufwies.[63]

Das Berliner Institut beanspruchte insgesamt sechsunddreißig Planstellen, davon achtundzwanzig Wissenschaftlerstellen.[64] Das war unter den damaligen Verhältnissen für ein Universitätsinstitut ein Mammutunternehmen. Dafür mußten andere Universitätseinrichtungen, etwa für Slawistik oder Mathematik, Räume abgeben oder umziehen.[65] Das Institut gliederte sich in vier Abteilungen: Feudalismus I (von den Ursprüngen bis zum Bauernkrieg), Feudalismus II (1500–1789), Neuzeit I (1789–1918) und Neuzeit II (1918 – Gegenwart).[66] In den Abteilungen arbeiteten vorwiegend SED-Mitglieder, die zumeist zur Gründungszeit gerade ihr Staatsexamen abgelegt hatten. Eine Ausnahme bildete der bürgerliche Mediävist Friedjof Sielaff. Die Arbeiten der Institutsangehörigen umfaßten die deutsche Geschichte vom Hochmittelalter bis zur Gegenwart.[67] Neben der Lehre an der Universität hielten Mitarbeiter, die in der SED waren, auch Vorlesungen am Institut für Gesellschaftswissenschaften beim ZK der SED, das die Parteiführung im Dezember 1951 eröffnet hatte.[68]

Hauptaufgabe in den ersten Jahren war ähnlich wie in Halle und Leipzig die Vorbereitung der Lehrbuchabschnitte. Zwischen den drei »führenden Geschichtsinstituten« gab es erhebliche Verteilungskämpfe um Ressourcen und Deutungsmonopole.[69] Vor allem zwischen Engelberg und Stern kam es immer wieder zu persönlichen Auseinandersetzungen. Engelbergs kaum zu stillender Geltungsdrang konnte es offenbar nicht verwinden, daß er *noch* in der zweiten Reihe der DDR-Historiker stand. Den SED-Funktionären galt Engelberg Anfang der fünfziger Jahre ideologisch als unsicherer Kantonist.[70] Der Grund war offenkundig: Engelberg war ein Westemigrant, dem es zu dieser Zeit noch an Bekanntheit und Reputation mangelte.

Die Institute für die Geschichte des deutschen Volkes erfüllten in einer

---

62 Betr. Schwerpunktbildung Fachrichtung Geschichte, Febr./März 1952. SAPMO B-Arch, DY 30, IV 2/904/101, Bl. 21.
63 Didczuneit: Geschichtswissenschaft an der Universität Leipzig, S. 44.
64 Heinz Kamnitzer an Gerhard Harig, 6.2.1952. SAPMO B-Arch, DY 30, IV 2/904/102, Bl. 3–4.
65 Protokoll der Besprechung vom 12.2.1952 (HUB). Ebenda, Bl. 5–7.
66 Heinz Kamnitzer an Gerhard Harig, 18.3.1952. Ebenda, Bl. 15–16.
67 Heinz Kamnitzer: Arbeitsbericht des Instituts für Geschichte des deutschen Volkes, 23.5.1953. Ebenda, Bl. 64–83.
68 Ebenda, Bl. 72; ND vom 22.12.1951.
69 Z. B. Ernst Engelberg an ZK-Abt. Wissenschaft und Forschung, 15.3.1953. SAPMO B-Arch, DY 30, IV 2/904/102, Bl. 219–221.
70 Betr. Schwerpunktbildung Fachrichtung Geschichte, Febr./März 1952. Ebenda, IV 2/904/101, Bl. 25; vgl. auch Didczuneit: Geschichtswissenschaft an der Universität Leipzig, S. 43.

Hinsicht ohne Zweifel ihre Funktion: Sie trugen maßgeblich dazu bei, daß etwa ab 1953/54 die marxistisch-leninistische Geschichtswissenschaft nun auch an den Universitäten dominierte. Von den bürgerlichen Historikern lehrten als Professoren *nach* 1953 noch Hans Haussherr (bis zur Flucht 1958) und Martin Lintzel (bis zum Suizid 1955) in Halle, Friedrich Schneider (bis 1956) und Irmgard Höß (bis zur Flucht 1958)[71] in Jena, Adolf Hofmeister (bis 1955) in Greifswald sowie Heinrich Sproemberg (bis 1958) und der Archivar Hellmut Kretzschmar (bis 1964) in Leipzig. Dabei muß man berücksichtigen, daß nach 1952 Schneider, Höß und Hofmeister nur noch begrenzte Spielräume zur Verfügung standen, da immer weniger Historikerstudenten in Jena und Greifswald immatrikuliert wurden. Schließlich unterrichteten in Berlin Albrecht Timm, der 1955 in die Bundesrepublik flüchtete,[72] der Archivar Heinrich Otto Meisner[73] und Eduard Winter, der hier von 1950 bis 1962 Lehrstuhlinhaber für osteuropäische Geschichte war.[74]

Damit ist der Kreis bürgerlicher Historiker an den ostdeutschen Universitäten allerdings nicht vollständig umschrieben, weil zu den Professoren noch Assistenten kommen.[75] Aber dennoch zeigen diese wenigen Namen an, daß die bürgerliche Geschichtswissenschaft starke Einbußen erlitten hatte. Demgegenüber gelang es den SED-Funktionären immer besser, frei werdende Stellen mit den eigenen Leuten zu besetzen. In Berlin zum Beispiel lehrten neben Winter und Timm u. a. folgende SED-Mitglieder Geschichte: Meusel, Niekisch, Cornu, Schilfert, Kamnitzer, Obermann, Welskopf, Steinmetz, Stoecker, Norden, Streisand und Müller-Mertens. Hinzu kamen Vertreter anderer Fakultäten und Institute. Zwar war die Dominanz der marxistisch-leninistischen Historiker an den Universitäten in Leipzig und Halle ebenso unverkennbar, weil sie die wich-

---

71 Sie war zum 1.9.1956 zur Professorin mit Lehrauftrag ernannt worden.
72 Der Dekan der Philosophischen Fakultät beschwerte sich daraufhin in einem Brief an Hermann Aubin, den Präsidenten des VHD, daß Timm weder persönlich noch wissenschaftlich in seiner Tätigkeit Behinderungen erfahren habe und deshalb keine nachvollziehbaren Gründe für sein Ausscheiden gegeben seien, zumal die im »akademischen Leben traditionellen« Wege nicht eingehalten worden seien (Dekan der Phil. Fak. der HUB an Präs. des VHD, 14.11.1955. AVHD, MPI). Timm berichtete Heimpel und Schramm ausführlich über die Gründe seines Weggangs (A. Timm an Heimpel u. Schramm, 17.1.1956. Ebenda). Timm wurde in einer Westberliner Zeitschrift einmal als »charakterloser Konjunkturritter bezeichnet«, weil er u. a. am 6. Juni 1953 im Neuen Deutschland ein Bekenntnis zur DDR abgegeben hatte (colloquium 6/1954, S. 18). Er selbst beteuerte in seinem erwähnten Brief vom 17.1.1956, daß dieser Beitrag ohne sein Zutun zustande gekommen sei. Allerdings sind auch keine Proteste von Timm gegen die Veröffentlichung dieser »Wortmeldung« bekannt geworden. Insofern ist unklar, wer nun eigentlich Recht hat.
73 1953 bis 1961 Professor mit vollem Lehrauftrag für Historische Hilfswissenschaften. Vor 1945 hatte er u. a. leitende Funktionen im Reichsarchiv Potsdam ausgeübt.
74 Zur Biographie aus DDR-Sicht vgl. Grau: Eduard Winter. Aus autobiographischer Sicht ist bisher veröffentlicht: Winter: Aus der Geschichte der Martin-Luther-Universität Halle im Jahre 1949; Ders.: Mein Leben im Dienst des Völkerverständnisses.
75 Für Leipzig vgl. dazu Didczuneit: Geschichtswissenschaft an der Universität Leipzig.

tigsten Funktionen innehatten und zugleich die nötige Rückendeckung durch den SED-Apparat besaßen, aber zahlenmäßig waren sie ihren Kollegen noch nicht so überlegen wie die Berliner SED-Historiker.[76]

Die im ZK-Beschluß vom Oktober 1951 geforderte Gründung des Instituts für Geschichte an der DAW erfolgte im Gegensatz zu den Universitätsinstituten erst 1956.[77] Zwar mahnten einflußreiche Historiker, daß die Gründung dringend geboten sei, um »die leitende und koordinierende Funktion in der Geschichtswissenschaft« zu übernehmen,[78] aber dazu kam es wegen Personalmangels und inhaltlicher Probleme vorerst nicht. Im Juli 1952 eröffnete dagegen das »Museum für Deutsche Geschichte« seine Pforten für die Besucher.[79]

Das Museum, für dessen Gründung die SED-Führung schon im Februar 1950 einen Beschluß gefaßt hatte, sollte zum Zentrum der marxistisch-leninistischen Geschichtswissenschaft werden – wenigstens bis das Akademieinstitut gebildet sein würde. Über die koordinierende Funktion hinaus war geplant, das Museum zur wichtigsten Forschungsstätte zu entwickeln. Schließlich sollte es die spezifische Funktion eines Museums wahrnehmen: als Transmissionsriemen historischer Erkenntnisse. Insofern sind die geschichtspropagandistischen Aufgaben evident gewesen. Aber gleichzeitig plante die SED-Führung, das Museum als Treffpunkt für die »fortschrittliche« und die bürgerliche Geschichtswissenschaft auszubauen. Daß sich die von der SED-Führung und ihren Historikern dem Museum zugedachten Aufgaben nicht in Übereinstimmung mit den Ansichten bürgerlicher Historiker bringen ließen, spiegelte sich schon unmittelbar im Entstehungsprozeß wider.

Als am 19. Januar 1952 Otto Grotewohl die Mitglieder des »Wissenschaftlichen Rates des Museums für Deutsche Geschichte« berief,[80] fanden sich unter den Berufenen auch bürgerliche Historiker wie Griewank,

---

76 Es ist eine langlebige Legende, daß 1952/53 »nur ein Bruchteil der Historiker ... Mitglied der SED« war; vgl. z. B. Mehls: Die Gründungsphase des Instituts für Geschichte, S. 800.
77 Zur Geschichte des DAW-Instituts aus SED-Sicht vgl. Heitzer: Das Akademie-Institut für Geschichte; jüngeren Datums sind u. a. folgende Beiträge: Mehls: Die Gründungsphase des Instituts für Geschichte; sowie die bislang wichtigste Studie, deren Autor an einer Monographie zur Thematik arbeitet: Sabrow: Parteiliches Wissenschaftsideal und historische Forschungspraxis.
78 Albert Schreiner: Bemerkungen zu Leitsätzen für den Aufbau des Instituts für Geschichte an der Akademie, 8.1.1954. SAPMO B-Arch, NY 4198/88, Bl. 4–8; Jürgen Kuczynski an Alfred Meusel, 12.12.1953. Ebenda, Bl. 1–2.
79 Vgl. dazu Pfundt: Die Gründung des Museums für Deutsche Geschichte in der DDR; Dies.: Die Gründung des Museums für Deutsche Geschichte; Penny III: The Museum für Deutsche Geschichte and German National Identity; aus SED-Sicht Haun: Die Studienreise der Delegation des Museums für Deutsche Geschichte; Heinz: Die Gründung des Museums für Deutsche Geschichte; Ders.: Die Konzeption der ersten Ausstellung im Museum.
80 Rede Grotewohls am 19.1.1952. SAPMO B-Arch, NY 4090/164, Bl. 190–204.

Hartung, Rörig, Sproemberg und Unverzagt.[81] Allerdings nahmen nur wenige bürgerliche Wissenschaftler, beispielsweise Griewank und Sproemberg, die Berufung an. Hartung und seine Kollegen verwahrten sich gegen die Deutungsansprüche der SED-Funktionäre. Der Gegensatz »zwischen Wissenschaft und politischer Propaganda«, so Hartung in einem Brief an Rothfels, sei »unüberbrückbar«.[82] Sproemberg folgte zwar der Berufung in den Beirat, lehnte es aber Ende Januar 1952 ab, eine Abteilung des Museums zu leiten.[83] Er beklagte vor allem, daß er sich seine Mitarbeiter nicht selbst aussuchen könne.[84]

Rund fünfzig Historiker arbeiteten nach Aussage von Meusel Ende 1951 am Museum.[85] Am 18. Januar 1952 konstituierte sich der Mitarbeiterstamm. Staatssekretär Harig berief Meusel zum Direktor, wobei die Entscheidung auf Meusel erst am 4. Januar 1952 gefallen war.[86] Wenn man einmal von Sproemberg absieht, der die Leitung der Mittelalter-Abteilung nicht übernahm, waren sämtliche von Harig berufenen Funktionsträger Mitglieder der SED. Zu ihnen zählten u. a. Karl-Heinz Otto, Leo Stern, Albert Schreiner und Kurt Dünow als Abteilungsleiter sowie Erika Herzfeld, Joachim Streisand, Hans-Joachim Bernhard und Fritz Klein als stellvertretende Abteilungsleiter. Die weiteren Mitarbeiter waren zumeist Studenten aus dem dritten und vierten Studienjahr der Humboldt-Universität zu Berlin. Da die SED dem Museum eine hohe Bedeutung einräumte, konnte die Direktion Absolventen und Studenten fast unbegrenzt rekrutieren.

Die Propagandafunktion des Museums schlug sich im ersten Statut vom Februar 1953 nieder.[87] In der Präambel hieß es: »Das Museum für Deutsche Geschichte wurde gegründet in Anerkennung der hervorragenden Bedeutung, die der Wissenschaft von der deutschen Geschichte im Kampf um den Frieden, beim planmäßigen Aufbau des Sozialismus und bei der Schaffung eines friedlichen, einheitlichen, demokratischen und unabhängigen Deutschlands zukommt.«[88] Die Angestellten des Museums versuchten über Monate hinweg fieberhaft, die Ausstellungsräume zu gestalten. Als im Juni 1952 das SED-Politbüro die Räume inspizierte, kritisierte Ulbricht heftig die bisher geleistete Arbeit. Das Ergebnis war für jeden Besucher sichtbar: Bei der Eröffnung waren lediglich die Ausstellungsteile bis 1848 zu besichtigen, der Rest blieb vorerst verschlossen. Aber auch

---

81 Ebenda, DY 30, IV 2/904/252; abgedruckt bei Heinz: Die Gründung des Museums für Deutsche Geschichte, S. 162–163.
82 Zit. in Pfundt: Die Gründung des Museums für Deutsche Geschichte, S. 27.
83 Aktennotiz vom 31.1.1952. SAPMO B-Arch, DY 30, IV 2/904/252.
84 Bericht über die konstituierende Versammlung der Mitarbeiter des Museums für deutsche Geschichte, 22.1.1952. Ebenda.
85 ABBAdW, NL Meusel, Nr. 106.
86 Abt. Wiss. u. Hochschulen, Aktennotiz vom 4.1.1952. SAPMO B-Arch, DY 30, IV 2/904/252.
87 Vgl. auch Meusel: Aus der Begrüßungsansprache bei der Eröffnung der Karl-Marx-Ausstellung; Oelßner: Aus der Rede zur Eröffnung der Karl-Marx-Ausstellung.
88 Statut vom Februar 1953. SAPMO B-Arch, DY 30, IV 2/904/252.

der sichtbare Teil der Ausstellung muß deprimierend gewesen sein. Ein SED-Funktionär schrieb an Oelßner: »Der eigentlich bleibende Eindruck des Besuchers ist der, daß ihm die Füße weh tun.«[89]

Um das Arbeitsklima am Museum zu schildern, sei ein einprägsamer Ausschnitt aus einer protokollierten Arbeitsbesprechung der Abteilung 1918 bis 1945 vom Februar 1952 zitiert. Gleichzeitig vermittelt das Zitat einen Eindruck darüber, was den Besucher des Museums erwartete. An dieser Sitzung nahmen neben dem Abteilungsleiter Schreiner unter anderen Helmuth Stoecker, Wolfgang Herbst, Fritz Klein und Günter Paulus teil. Albert Schreiner führte aus: »Zu 1928–32: Der Konzentrationsprozess des Kapitals muss hervorgehoben werden. In dieser Zeit müssen vor allem die positiven Leistungen der KPD herausgestellt werden: 1. das Festhalten am Klassenkampf, 2. die Einheitsfrontangebote. Vorübergehende Abirrungen oder Fehler der Partei, z. B. Volksentscheid 1931, sollen erst bei der Brüsseler Konferenz der KPD 1935, als die Partei kritisch ihre Politik in der Vergangenheit überprüfte, gebracht werden. [...] Unsere Aufgabe ist es, Treue und Vertrauen der Arbeiter zur Partei zu festigen. Der Faschismus konnte zur Macht kommen, weil die SPD-Führer keine Einheitsfront mit der KPD gegen den Faschismus gewollt haben. Beim BVG-Streik 1932 muss gezeigt werden, wie die Nazis mitmachen mussten, weil sie sonst ihren Einfluss bei den Arbeitern eingebüßt hätten. ... Hervorzuheben ist, dass die Errichtung der Nazidiktatur nicht die Schwäche der Arbeiterklasse zeigt, sondern die Schwäche der Bourgeoisie, die sich nicht mehr zutraut, mit den Mitteln der formalen Demokratie die Arbeiterschaft niederhalten zu können.«[90]

Geschichtsfälschung erfolgte planmäßig. Allerdings konnte diese nicht ohne Widerspruch realisiert werden. Im Dezember 1952 kritisierte Schreiner, daß es unzulässig sei, »Bücher und Material von Trotzkisten und andere sekretierte politische Literatur über Parteigeschichte offen auf den Arbeitsplätzen liegen zu lassen«.[91] Er wies darauf hin, daß ein Marxist-Leninist auf Autoren wie Bucharin verzichten könne, denn es reiche, die Klassiker Marx, Engels, Lenin und Stalin zu lesen. Vor allem die Reden und Schriften Stalins seien »unsere Quellen«.[92] Stoecker entgegnete, daß man die Geschichte nach 1918 nicht verstehen könne, ohne Bucharin zu lesen. Schreiner hielt seinem jungen Kollegen vernichtend entgegen, daß er offensichtlich nicht genügend qualifiziert sei, wenn er Verräter und Abweichler lese.[93]

---

89 Ebenda.
90 MfDG, Abteilung 1918–1945, Protokoll der Arbeitsbesprechung am 8.2.1952, 11.2.1952. Ebenda, NY 4198/86, Bl. 6.
91 MfDG, Abteilung 1918–1945, Protokoll der Abteilungssitzung vom Dezember 1952. Ebenda, Bl. 95.
92 Ebenda, Bl. 96.
93 Ebenda.

Eine solche »wissenschaftliche« Arbeitsweise offenbart die Funktionalisierung der Geschichtswissenschaft für politische Zwecke. Ein Beteiligter, Mitglied des Beirates und Direktor der Architekturhochschule Weimar, Hermann Weidhaas, hielt dem Museumsleiter Meusel vor, daß »es um die Belange der Nation« gehe, »aber eben diese ... durch die unwissenschaftliche Haltung bedroht« seien.[94] Gleichzeitig wird deutlich, daß eben dies nicht nur ein Werk der SED-Funktionäre war. Die DDR-Geschichtswissenschaft war schon zu diesem frühen Zeitpunkt ein Instrument der Politik, das nur durch das Zusammenspiel von Historikern und Funktionären als ein solches fungieren konnte.

Die DDR-Geschichtswissenschaft war kein abstraktes Gebilde, sondern ein reales Produkt kommunistischer Herrschaftspraxis, ideologischer Überzeugungen und wissenschaftlicher Grundauffassungen. Diese Staatshistoriographie war das Ergebnis handelnder Menschen. Im folgenden Abschnitt werden die in der DDR dominierenden Historikergenerationen vorgestellt und wesentliche biographische Prägungen herausgearbeitet.

Die Biographien der DDR-Historiker

In der DDR-Geschichte dominierten zwei Historikergenerationen, die auf marxistisch-leninistischer Grundlage lehrten und forschten.[95] Die dritte Generation hätte, den Fortbestand der DDR vorausgesetzt, erst am Beginn der neunziger Jahre *flächendeckend* zumindest die Universitäts- und Akademiepositionen übernehmen können. Damit ist keineswegs gesagt, daß sich einzelne Vertreter der dritten Generation 1989 nicht schon in herausgehobenen Positionen befunden haben. Die dritte und letzte DDR-Historikergeneration umfaßt in etwa die Geburtsjahrgänge 1940 bis 1955. Entscheidend für diese ist, daß sie vorrangig von der zweiten Generation ausgebildet worden ist.

Die Zuordnung zu einer der beiden ersten Generationen ist nicht immer eindeutig. Sie erfolgt hier nach folgendem Prinzip: Die erste Generation war direkt nach 1945 am Aufbau der DDR-Geschichtswissenschaft beteiligt. In jedem Fall gelangten die Vertreter dieser Generation noch bis Mitte der fünfziger Jahre in herausgehobene Lehrpositionen oder andere wichtige Funktionen, die unmittelbar mit der DDR-Geschichtswissenschaft zusammenhingen. Die erste Generation bildete wiederum überwiegend die zweite aus. Jene übernahm erst seit dem Ende der fünfziger Jahre und verstärkt seit den sechziger Jahren leitende Funktionen in Forschung, Lehre und Administration der DDR-Geschichtswissenschaft.

---

94 H. Weidhaas an Meusel, 18.6.1952. Ebenda, Bl. 44.
95 Das ist generell gemeint. In den einzelnen Fachgebieten gab es Unterschiede; vgl. Borgolte: Eine Generation marxistische Mittelalterforschung in Deutschland.

Die folgende Darstellung bemüht sich, Ähnlichkeiten und Unterschiede der Sozialisation jeweils innerhalb der ersten beiden Historikergenerationen herauszustellen.[96]

»Bau auf, bau auf ...«[97] *Die erste DDR-Historikergeneration*
Für die Analyse der kollektiven Biographie der ersten Historikergeneration sind siebenundzwanzig Personen ausgewählt worden. Es fanden sowohl Personen Berücksichtigung, die in der Lehre und Forschung tätig waren, als auch solche, die in den ersten Jahren politische Funktionen ausübten, die in direktem Zusammenhang mit der Etablierung der DDR-Geschichtswissenschaft standen. Allerdings ist auf die Aufnahme »reiner« Funktionäre verzichtet worden. Sie hatten zwar stets eine wichtige Bedeutung für die DDR-Geschichtswissenschaft, arbeiteten aber selbst niemals hauptsächlich im engeren Sinne in historischen Wissenschaftseinrichtungen. Es fallen also zum Beispiel Alexander Abusch, Anton Ackermann, Otto Grotewohl, Kurt Hager (Professor an der Humboldt-Universität), Edwin Hoernle, Albert Norden (Professor an der Humboldt-Universität), Fred Oelßner (1953 Mitglied der DAW), Wilhelm Pieck und Walter Ulbricht (»Historiker im dritten Beruf«[98]) heraus. Die Analyse stützt sich auf die Biographien folgender Personen: Walter Bartel, Karl Bittel, Gerhard Bondi, Auguste Cornu, Hermann Duncker, Walther Eckermann, Ernst Engelberg, Felix-Heinrich Gentzen, Heinz Herz, Ernst Hoffmann, Heinz Kamnitzer, Jürgen Kuczynski, Rudolf Lindau, Walter Markov, Alfred Meusel, Hans Mottek, Günter Mühlpfordt, Ernst Niekisch, Karl Obermann, Erich Paterna, Heinrich Scheel, Gerhard Schilfert, Albert Schreiner, Max Steinmetz, Leo Stern, Elisabeth-Charlotte Welskopf[99] und Hanna Wolf. Basil Spiru ist nicht aufgenommen worden, weil er erst 1954 aus der UdSSR zurückkam. Er zählte dennoch zu dieser ersten Generation, obwohl er erst 1958 »Professor für die Geschichte der europäischen Volksdemokratien« in Leipzig wurde. Vorher war er vier Jahre Professor an der Fakultät für Journalistik. Spiru zählte zu den Mitbegründern der Kommunistischen Partei Rumäniens, war an der ungarischen Räterepublik

---

96 Die Analyse basiert primär auf einer Auswertung der Rubrik »Personalien« in der Zeitschrift für Geschichtswissenschaft von 1953 bis 1993. Anläßlich von »runden« Geburtstagen sowie bei Todesfällen veröffentlichte die ZfG Kurzbiographien. Neben Archivmaterialien wurden außerdem herangezogen: Geschichtswissenschaftler in Mitteldeutschland; W. Weber: Biographisches Lexikon zur Geschichtswissenschaft; Ders.: Priester der Klio; Wegbereiter der DDR-Geschichtswissenschaft; Wer war wer in der DDR.
97 Titel eines bekannten FDJ-Liedes.
98 Das geht auf eine Selbsttitulierung von 1964 zurück (Lothar Berthold: »Sozusagen mein dritter Beruf«. Walter Ulbricht als marxistischer Geschichtswissenschaftler, in: ND vom 14.6.1963, S. 5); vgl. weiter Abusch: Über die revolutionäre Arbeitsmethode des Genossen Walter Ulbricht; Bartel: Zur Rolle der SED bei der Erarbeitung eines neuen Geschichtsbildes; Hortzschansky/Rossmann: Zur Rolle Walter Ulbrichts bei der Ausarbeitung eines wissenschaftlichen Geschichtsbildes.
99 Als Schriftstellerin nannte sie sich Welskopf-Henrich. Unter diesem Namen erlangte sie als Kinderbuchautorin Berühmtheit.

beteiligt, hatte in Wien studiert und seit 1927 in der UdSSR gelebt, wo er schon vor seiner Übersiedlung in die DDR Geschichte an der Lomonossow-Universität in Moskau lehrte. Spirus ursprünglicher Name lautete Josef Hutschnecker, den er aber nach seiner Übersiedlung in die UdSSR abgelegt hatte. Er benutzte während seines Lebens ungefähr vierzig Pseudonyme.[100]

Aus dem ausgewählten Kreis war der Älteste 1874 geboren worden (Duncker). Der Jüngste kam 47 Jahre später zur Welt (Mühlpfordt). Bei acht der 27 Personen lag das Geburtsjahr zwischen 1888 und 1899 (= 30%). Neun erblickten zwischen 1901 und 1909 (= 33%) und wiederum acht zwischen 1910 und 1917 das Licht der Welt (= 30%).

Insgesamt entstammten nur fünf Personen (Bartel, Lindau, Obermann, Scheel, Schreiner) Arbeiterfamilien (18,5%), Stern einem bäuerlichen Haushalt (3,7%) sowie die absolute Mehrheit (77,8%) dem Mittelstand.

Von den 27 Historikern der ersten Generation begannen bzw. beendeten acht (= 30%) kein reguläres Universitätsstudium (Bartel, Hoffmann, Kamnitzer, Lindau, Niekisch, Obermann, Paterna, Schreiner). Nach 1945 promovierten von diesen acht aber fünf (Bartel [1957], Kamnitzer [1950], Obermann [1950], Paterna [1955], Schreiner [1953]). Obermann und Paterna habilitierten zudem (1952 bzw. 1958).

Von den verbleibenden neunzehn studierten vor 1918 drei (= 11%), überwiegend zwischen 1918 und 1933 zehn (= 37%), während der Hitlerdiktatur zwei (= 7,4%) und nach 1945 einer (= 3,7% Gentzen). Scheel mußte 1942 sein Studium abbrechen, Schilfert setzte sein 1939 unterbrochenes Studium 1946 bis 1948 fort. Bei Hanna Wolf ließ sich der Studienzeitraum nicht eruieren.

Zwei der neunzehn promovierten nicht (Cornu, Wolf). Ebenfalls zwei hatten schon vor 1918 promoviert (Bittel, Duncker). In der Weimarer Republik promovierten sechs (= 22%)[101], zwischen 1933 und 1945 fünf (= 18,5%)[102] und nach 1945 vier (= 15%)[103]. Von denjenigen, die nach 1945 eine Dissertation einreichten, fällt vor allem Scheel auf, der erst 1956 promovierte. Schilfert promovierte 1948, Mottek und Gentzen 1950.

Nicht alle waren promovierte Historiker, doch außer Bondi, Mottek und Kuczynski hatten sie zumindest im Nebenfach, in der Mehrzahl aber im Hauptfach Geschichte studiert. Bei berühmten Lehrern hatten zum Beispiel Stern (C. Grünberg, M. Adler), Steinmetz (G. Ritter), Engelberg (G. Mayer) und Markov (F. Kern) gelernt. Jürgen Kuczynski schließlich war mit einer Vielzahl berühmter Intellektueller persönlich bekannt und zum Teil befreundet.

---

100 SAPMO B-Arch, NY 4244 (Findhilfsmittel).
101 Eckermann, Herz, Kuczynski, Meusel, Stern, Welskopf.
102 Bondi, Engelberg, Markov, Mühlpfordt, Steinmetz.
103 Gentzen, Mottek, Scheel, Schilfert.

Von den neunzehn Universitätsabsolventen haben im Laufe ihrer Karriere zehn habilitiert, Meusel schon 1923, ein Jahr nach seiner Promotion, und Stern 1940 in Moskau. Die anderen acht habilitierten zwischen 1947 und 1960.[104] Wichtige DDR-Historiker wie Engelberg, Kuczynski oder Mottek erlangten auf diesem Weg niemals die Lehrbefähigung.

Insgesamt trugen also von den siebenundzwanzig ausgewählten Personen immerhin zweiundzwanzig (= 81,5%) den Doktortitel.[105] Neun hatten erst nach 1945 promoviert (= 33%). Die Qualifizierung bis zur Habilitation erlangten insgesamt 12 (= 44,5%), zehn nach 1945 (= 37%).

Formal war die Mehrheit der ersten Historikergeneration universitär ausgebildet und promoviert. Allerdings hatte außer Meusel und mit Einschränkungen Stern keine der genannten Personen vor 1945 nennenswert in der universitären Forschung und Lehre gearbeitet. Die Habilitation strebte nach 1945 nur eine Minderheit an. Offenkundig war zumindest für die erste Historikergeneration die bisher an den deutschen Hochschulen nötige Habilitation nicht mehr Vorbedingung für eine Karriere zum Professor. Aber sogar acht der siebenundzwanzig ernannte die SED zu Professoren (= 30%), ohne daß sie promoviert hatten (Bartel, Cornu, Hoffmann, Lindau, Niekisch, Paterna, Schreiner, Wolf). Drei von ihnen promovierten noch später (Bartel, Paterna, Schreiner). Zwei der acht waren allerdings zu keinem Zeitpunkt an Universitäten angestellt, sondern stets an Ausbildungsstätten der SED tätig (Lindau, Wolf). Tatsächlich kamen alle siebenundzwanzig zur Professorenwürde. Allerdings hatten nur zehn (= 37%) habilitiert, als sie die Berufung angetragen bekamen. Zwei (Obermann, Paterna) habilitierten später.

Neben der Profession ist die politische Herkunft der 27 Vertreter der ersten DDR-Historikergeneration zu untersuchen. Alle ausgewählten Personen gehörten ab 1946 der SED an. Wie aber sah deren politischer Standort vor 1945 aus?

Von den 27 Historikern gehörten vor 1945 sieben (= 26%) offensichtlich keiner Partei an (Gentzen, Herz, Kamnitzer, Mühlpfordt, Schilfert, Steinmetz, Welskopf). Allerdings ist diese Angabe nicht endgültig gesichert. Einige könnten durchaus der NSDAP angehört haben. Nachweisen läßt sich das lediglich bei einem anderen, bei Eckermann, der 1925/26 und von 1937 bis 1945 Mitglied der NSDAP war.[106] Von den sieben Personen, die vor 1945 keiner Partei angehörten, ist aber mindestens noch Kamnitzer

---

104 Bondi (1955), Gentzen (1956), Markov (1947), Mühlpfordt (1952), Scheel (1960), Schilfert (1951), Steinmetz (1956), Welskopf (1959).
105 Lindau und Wolf werden hier nicht mitgerechnet, da sie von der SED den Dr. h.c. verliehen bekamen – die Parteiideologin Wolf korrekterweise von der Leipziger Universität, aber da ist kein wesentlicher Unterschied gegeben.
106 Ehemalige Nationalsozialisten in Pankows Diensten, S. 24 (mit Faksimile des handschriftlichen Aufnahmeantrages).

seit dem Beginn der vierziger Jahre dem kommunistischen Lager zuzurechnen.[107] Alle Genannten wurden direkt nach Kriegsende (1945/46) Mitglied der KPD/SED.

Neben Eckermann trat von den anderen zwanzig lediglich Niekisch[108] vor 1945 keiner kommunistischen Partei bei. Insgesamt gehörten kommunistischen Parteien vor 1945 17 Personen an. Hinzu kommt noch Scheel, der dem KJVD beigetreten war. Niemals in einer anderen Partei als der KPD waren: Bartel (seit 1923), Bittel (1919), Bondi (1929),[109] Engelberg (1930), Hoffmann (1930 KJVD, 1937), Kuczynski (1930), Markov (1934) und Wolf (1930). Lindau und Duncker traten der KPD 1919 bei. Vorher war Duncker bereits in der SPD (1893) und im Spartakusbund (1918) gewesen. Lindau zählte ebenfalls seit 1906 zur SPD. Meusel trat erst 1937 der KPD bei, vorher hatte er bereits der USPD (1918) sowie der SPD, aus der er Ende der zwanziger Jahre austrat, angehört. Paterna war zwischen 1927 und 1932 Mitglied der SPD, ehe er austrat, um der KPD beizutreten. Schreiner, der sich 1910 der SPD und 1917 der USPD angeschlossen hatte, trat zwar ebenfalls der KPD schon 1919 bei, war aber von 1928 bis 1935 in der KPD(O), ehe er zur »Mutterpartei« zurückfand. Obermann schließlich wurde 1936 Mitglied der KPD, nachdem er zuvor zeitweise der SPD und SAP angehört hatte. Besonderheiten gab es bei Cornu und Stern. Cornu war ein Franzose, der ab 1920 zeitlebens der KPF angehörte. Vorher war er sieben Jahre Mitglied der Sozialistischen Partei Frankreichs gewesen. Stern als Österreicher gehörte von 1921 bis 1933 der SPÖ und dann bis 1950 der KPÖ an. Er trat 1950 in die SED über.[110]

Die politische Herkunft ist insgesamt relativ einheitlich, wenn man bedenkt, daß 20 der 27 spätestens seit Mitte der dreißiger Jahre Anhänger kommunistischer Parteien waren. Das drückt sich nicht zuletzt in ihrem Verhalten während der Hitlerdiktatur aus.

Bei einer Person liegen keine Angaben über die politische Tätigkeit von 1933 bis 1945 vor (Herz). Bei Welskopf sind die Angaben nur vage, aber immerhin wird sie dem Widerstand seit den vierziger Jahren zugerechnet.[111] Fünf Personen kämpften in der Wehrmacht (Eckermann, Gentzen,

---

107 Vgl. Adam: Rückkehr nach Berlin, S. 473, Anm. 119.
108 Zu dessen parteipolitischer Entwicklung vgl. oben S. 58.
109 Vgl. ZfG 15(1967), S. 310. In einer neueren Kurzbiographie wird er als Mitglied der KPÖ ausgewiesen (Herbst/Ranke/Winkler: So funktionierte die DDR. Band 3, S. 43). Diese Angabe ließ sich nicht überprüfen, entscheidend ist, daß er seit 1929 einer kommunistischen Partei angehörte.
110 Protokoll Nr. 117 der Sitzung des Sekretariats des ZK vom 8. November 1950. SAPMO B-Arch, DY 30, I IV 2/3/246, Bl. 15.
111 Sie schrieb selbst 1952 über sich: »Ich bin ... früher parteilos, 1938–1945 aus eigener Initiative illegal tätig gewesen, Sozialistin geworden, 1946 in die KPD ... eingetreten, verheiratet mit Rudolf Welskopf (seit 1930 KPD, 1934–1944 als ›Hochverräter‹ Zuchthaus und KZ, 1944 mit meiner Hilfe entflohen, 1945 illegal in Berlin, jetzt Betriebsschutzhelfer ...)«. (Ch. Welskopf-Henrich: Bericht über meine Eindrücke in Marburg a. d. Lahn an Ernst Diehl, 7.6.1952. Ebenda, IV 2/904/101, Bl. 52).

Mühlpfordt, Schilfert, Steinmetz), zwei von ihnen gerieten in sowjetische Kriegsgefangenschaft, wo sie die Schulen des NKFD absolvierten (Gentzen, Steinmetz). Scheel saß von 1942 bis 1944 im Zuchthaus, aus dem heraus ihn die Nationalsozialisten in ein Bewährungsbataillon verpflichteten. Er zählte zur Mehrheit der ersten DDR-Historikergeneration, die aktiv am Kampf gegen den Nationalsozialismus teilgenommen hatte. Das war ein Kreis von insgesamt 21 Personen. Die überwiegende Zeit der nationalsozialistischen Herrschaft in Zuchthäusern oder Konzentrationslagern verbrachten Bartel (1933–35 Zuchthaus, 1939–45 Konzentrationslager), Markov (1935–45 Zuchthaus) und Niekisch (1937–45 Zuchthaus). Duncker, Engelberg, Hoffmann, Kamnitzer, Meusel und Stern gelang nach ihrer Entlassung aus unterschiedlich langer Haftzeit die Emigration. Bittel, Paterna und Scheel waren zeitweise inhaftiert – ebenfalls unterschiedlich lang –, blieben aber in Deutschland.[112] Ohne Verhaftung emigrierten Bondi, Kuczynski, Lindau, Mottek, Obermann, Schreiner und Wolf. Eines ist bei den insgesamt 13 Emigranten sehr auffällig: Nur drei von ihnen emigrierten in die Sowjetunion (Lindau, Wolf, Stern). Den anderen zehn haftete in den ersten Jahren nach 1945 der *Makel* eines *Westemigranten* an (Bondi,[113] Duncker, Engelberg, Hoffmann, Kamnitzer, Kuczynski, Meusel, Mottek, Obermann, Schreiner). Stern hatte in der sowjetischen Armee und Kuczynski in der amerikanischen Armee gegen die Nationalsozialisten gekämpft. Für alle Emigranten gilt, daß sie sich im Ausland aktiv gegen die deutschen Faschisten engagierten. Aber auch die in Deutschland Inhaftierten trugen ihren spezifischen Anteil am Kampf gegen den Nationalsozialismus (Bartel, Markov) bei.

Der typische Vertreter der ersten DDR-Historikergeneration wurde im weitesten Sinne um die Jahrhundertwende geboren, studierte an einer Universität unter anderem Geschichte und promovierte zumeist. An Forschung und Lehre nach seiner Promotion war er bis 1945 nicht mehr beteiligt. Er habilitierte sich nur im Ausnahmefall. Frühzeitig, entsprechend seinem Alter, trat er der kommunistischen Partei bei und arbeitete während der Weimarer Republik auch innerhalb des Parteiapparates an verantwortungsvoller Stelle. Die Nationalsozialisten verhafteten fast alle nach ihrer Machtergreifung, aber es gelang der Mehrheit zu emigrieren. Als bevorzugte Auswanderungsländer erwiesen sich England und die USA.

---

112 Erich Paterna war von 1933 bis 1936 SA-Rottenführer in der SA-Brigade 122 (vgl. Ehemalige Nationalsozialisten in Pankows Diensten, S. 74). Allerdings war er offensichtlich mit Billigung der KPD-Führung in die SA eingetreten. Die KPD vertrat zeit- und teilweise die Taktik, nationalsozialistische Organisationen »von innen« aufzuweichen.
113 Obwohl er zwischen 1931 und 1933 als Mitarbeiter der sowjetischen Handelsvertretung in Berlin gearbeitet hatte.

In der DDR nahmen fast alle Vertreter dieser Historikergeneration herausgehobene Positionen ein. Engelberg, Schilfert und Scheel waren Präsidenten der Historiker-Gesellschaft der DDR. Je zwei amtierten als Rektoren von Hochschulen (Duncker, Stern), als Direktoren der SED-Parteihochschule (Lindau, Wolf) und als Direktoren des Deutschen Instituts für Zeitgeschichte (Bartel, Bittel). Maßgeblich im SED-Apparat mitverantwortlich für die Geschichtswissenschaft war Hoffmann. Ihn ernannte die SED-Führung 1952 am Institut für Gesellschaftswissenschaften beim ZK der SED zum Professor für Philosophie sowie Geschichte. 1962 berief ihn die Humboldt-Universität zum Lehrstuhlinhaber für Geschichte. Die meisten waren zeitweise Institutsdirektoren, alle erhielten den Professorentitel (vom ordentlichen Professor bis zum Titularprofessor) und hohe und höchste staatliche Auszeichnungen und Orden. Einige arbeiteten zeitweise für den sowjetischen bzw. ostdeutschen Geheimdienst als GI oder später IM.

Von den 27 ausgewählten Vertretern der ersten Historikergeneration sind lediglich zwei in Ungnade gefallen. Niekisch brach nach dem 17. Juni 1953 mit dem SED-Regime.[114] Die SED-Führung suspendierte Mühlpfordt wegen »Objektivismus« und »Revisionismus« 1958 von seinen Universitätsämtern. Nach seiner Entlassung 1962 fristete er in der DDR das Leben eines Privatgelehrten. (Allein wegen seiner Produktivität war er in der DDR eine Ausnahmeerscheinung unter den Historikern.) Schließlich hatten die meisten der genannten Historiker zeitweilig politische oder persönliche Auseinandersetzungen mit dem SED-Apparat. Diese führten aber in keinem Fall zu nachweisbaren Schäden oder Beeinträchtigungen wie bei Mühlpfordt. Markov wurde lediglich 1951 aus der SED ausgeschlossen.[115] Kamnitzer beispielsweise, der 1955 die Universität wegen Plagiatvorwürfen verlassen mußte, war ab 1970 Präsident des P.E.N.-Zentrums der DDR.[116]

»Hämmer, die das Eisen schmieden, kühn geführt von kluger Hand«.[117]
Die zweite DDR-Historikergeneration
Kennzeichnend für die zweite DDR-Historikergeneration war, daß sie ihre Ausbildung erst nach 1945 begann und vorrangig von der ersten Historikergeneration erhielt. Der zweiten Generation sind einige wenige Personen zugeordnet, die formal auch zur ersten gerechnet werden könnten. Joachim Streisand zum Beispiel hatte schon zwischen 1938 und 1942 stu-

---

114 Zu Niekisch aus zeitgenössischer Sicht vgl. auch Lange: Wissenschaft im totalitären Staat, S. 107–109.
115 Zur Biographie vgl. »Wenn jemand seinen Kopf bewußt hinhielt ...«, sowie autobiographisch Markov: Zwiesprache mit dem Jahrhundert; Ders., in: Grimm: Was von den Träumen blieb.
116 Zur Rolle Kamnitzers als SED-Funktionär und IM in »Schlüsselposition« vgl. Walther: Sicherungsbereich Literatur.
117 Erste Zeile des »Politsongs« *Hammer und Zirkel im Ährenkranz*, der anläßlich des 20. Jahrestages der Gründung der DDR entstand.

diert, ehe ihn die Nationalsozialisten aufgrund der »Rassengesetze« relegierten. Noch bevor er 1952 promovierte, hielt er bereits seit 1951 Vorlesungen an der Humboldt-Universität. Es war typisch für viele Vertreter der zweiten Generation, daß sie an Lehrerweiterbildungsinstituten oder an Arbeiter-und-Bauern-Fakultäten lehrten, ohne daß sie selbst bereits ein Studium beendet oder manche es nicht einmal begonnen hatten. Streisand war 1953 Mitbegründer der *Zeitschrift für Geschichtswissenschaft* und wurde stellvertretender Abteilungsleiter am Museum. Da er aber erst 1963 eine Professur erhielt, wird er zur zweiten Generation gezählt.[118] Die meisten der exemplarisch aufgeführten 116 Personen sind eindeutig zuzuordnen. Die Personen mußten zwei Kriterien erfüllen, um der zweiten Historikergeneration zugerechnet zu werden: 1. Ihr Studium mußte im Zeitraum zwischen 1946 und Mitte der fünfziger Jahre wenigstens begonnen haben.[119] 2. Sie mußten später *für die* DDR-Geschichtswissenschaft entweder wissenschaftliche oder politische Bedeutung erlangt haben. Die wissenschaftliche Bedeutung läßt sich formal an ihrer späteren Position messen (Professor, Direktor etc.).

Die folgende Liste, die bei weitem nicht erschöpfend die zweite Historikergeneration umreißt,[120] soll veranschaulichen, welche Rekrutierungsleistung die SED in den ersten Nachkriegsjahren tatsächlich erbrachte. Die Übersicht enthält neben den Lebensdaten, dem Studienzeitraum und dem Studienort auch das entsprechende Alter bei der Promotion, Habilitation/Dissertation B und bei der Berufung/Ernennung zum Professor. Ein Fragezeichen weist darauf hin, daß die Angaben nicht ermittelt werden konnten.[121]

---

118 Vgl. zu dessen Biographie aus SED-Sicht: Die Geschichtswissenschaft an der Humboldt-Universität; Schleier: Joachim Streisand.
119 Auch hier gibt es Ausnahmen. Brühl zum Beispiel studierte erst zwischen 1960 und 1963 im Fernstudium. Er war aber schon vorher Lehrstuhlleiter für Geschichte an der Militärakademie Dresden und ist 1961 zum Direktor des Instituts für Militärgeschichte Potsdam berufen worden.
120 Vgl. z. B.: Geschichtswissenschaftler in Mitteldeutschland.
121 Die Angaben sowie die im Anschluß an die Tabelle erhobenen Daten beruhen vorwiegend auf eigenen Recherchen und Berechnungen.

Exemplarische Vertreter und Vertreterinnen der zweiten DDR-Historikergeneration
Legende: *P* – Alter bei der Promotion
             H – Alter bei der Habilitation bzw. Dissertation B
             B – Alter bei der Berufung bzw. Ernennung zum Professor

Name	Vorname	Lebensdaten	Studienzeitraum	Studienort	P	H	B
Anderle	Alfred	*1925	1948–52	Leipzig	31	37	38
Anders	Maria	*1926	1952–56	Leipzig	39	51	51
Badstübner	Rolf	*1928	1953–57	Berlin	34	37	46
Bartel[122]	Horst	1928–84	1946–49	Berlin	28	41	38
Bartmuß	Hans-Joachim	*1929	1950–54	Halle	33	42	43
Becker	Gerhard	*1929	–[123]	–	32	45	50
Benser	Günter	*1931	1951–55	Leipzig	33	–	38
Bensing	Manfred	*1927	1948–53	Jena	36	48	42
Berthold	Lothar	*1926	1946–50	Jena	29	–	34
Berthold	Rudolf	*1922	1946–51	Berlin	35	40	43
Berthold[124]	Werner	*1923	1950–54	Leipzig	37	44	46
Blaschke	Karlheinz	*1927	1946–50	Leipzig	23	35	63
Bleiber	Helmut	*1927	1950–54	Berlin	35	45	49
Bock	Helmut	*1928	1947–51; 1953–56[125]	Berlin/Leipzig	32	42	43
Brühl	Reinhard	*1924	1960–63	Leipzig	43	–	?
Büttner	Kurt	*1926	1949–53	Leipzig/Halle	31	42	42
Büttner	Thea	*1930	1949–53	Leipzig	27	35	38
Czok	Karl	*1926	1950–55	Leipzig	31	37	40
Diehl	Ernst	*1928	1946–51	Berlin	39	–	39
Diesner	Hans-Joachim	*1922	1946–50	Leipzig	28	31	36
Dlubek	Rolf	*1929	1948–52	Leipzig	34	–	37
Doernberg	Stefan	*1924	1950–55	Moskau	35	–	39
Donnert	Erich	*1928	1949–53	Halle	27	33	39
Drechsler	Horst	*1927	1947–51	Jena	25	37	40
Eichholtz	Dietrich	*1930	1950–54	Berlin	29	38	54
Erbstößer	Martin	*1929	1950–54	Leipzig	30	37	43
Falk	Waltraud	*1930	1949–52	Berlin	26	32	32

122 Vgl. Schmidt: Horst Bartel.
123 Sperrstriche weisen darauf hin, daß der Betreffende entweder kein Universitäts- oder Hochschulstudium absolvierte, sondern lediglich an einer SED-Einrichtung studiert hatte oder aber nicht habilitierte bzw. nicht zum Professor ernannt bzw. berufen wurde.
124 Vgl. Berthold: Erinnerungen.
125 In Berlin erwarb Bock die Qualifikation als Mittelstufenlehrer, anschließend war er zwei Jahre Prorektor für Studentenangelegenheiten an der DHfK Leipzig; ab 1953 studierte er dann an der KMU Geschichte im Diplomstudiengang.

Name	Vorname	Lebens-daten	Studien-zeitraum	Studienort	P	H	B
Finker	Kurt	*1928	1949–53	Berlin	30	36	37
Förder	Herwig	1913–74	1946–49[126]	Berlin	44	–	–
Förster	Alfred	*1928	–	–	41	54	55
Fricke	Dieter	*1927	1949–52	Potsdam	27	33	35
Friederici	Hans-Jürgen	*1922	1947–51	Rostock	36	43	45
Fritze	Konrad	*1930	1949–53	Berlin/ Greifswald	27	33	36
Fuchs	Gerhard	*1928	1949–53	Halle	33	45	48
Gemkow	Heinrich	*1928	1947–52	Halle	31	–	38
Gericke	Horst	*1923	1943–45[127]	Leipzig/Halle	37	45	46
Giersiepen[128]	Elisabeth	1920–62	1940–42; 1946–49	Berlin	29	40	31
Goßweiler	Kurt	*1917	1937–39; 1955–58[129]	Berlin	46	54	–
Gottwald	Herbert	*1937	1955–60	Jena	29	45	50
Grau	Conrad	*1932	1952–56	Berlin	28	34	50
Groehler	Olaf	1935–95	1953–57	Berlin	29	36	48
Grünert	Heinz	*1927	1948–53	Leipzig	30	40	48
Günther	Rigobert	*1928	1948–53	Halle	29	34	37
Gutsche	Willibald	1926–91	1954–56	Jena	33	41	50
Heidorn	Günter	*1925	1947–53	Rostock	28	33	39
Heitz	Gerhard	*1925	1946–50	Leipzig/ Berlin	28	35	36
Heitzer	Heinz	1928–93	1946–49	Leipzig	28	–	38
Herbst	Wolfgang	1928–95	1946–51	Halle	43	–	44
Herrmann	Joachim	*1932	1951–55	Berlin	26	33	37
Hoffmann	Edith	*1929	1950–54	Leipzig	30	50	50
Horn	Werner	*1924	–	–	37	–	40
Hortzschansky	Günter	*1926	1946–49	Berlin	32	–	40
Hoyer	Siegfried	*1928	1950–54	Leipzig	32	38	49
Hübner	Hans	*1928	1948–52	Halle	31	36	38
Kaeselitz	Hella	*1930	1954–59	Berlin	35	45	47
Kalisch	Johannes	*1928	1947–52	Leipzig	29	48	48
Klein	Fritz	*1924	1946–52	Berlin	28	44	46
Köhler	Roland	*1928	1946–50	Leipzig/ Berlin	41	55	56

126 Nach einer Festlegung brauchte Förder als Verfolgter der Nationalsozialisten kein Staatsexamen abzulegen.
127 Gericke legte 1949 die zweite Lehrerprüfung ab und verteidigte 1955 sein Diplom.
128 Vgl. Christ-Thilo: Elisabeth Giersiepen.
129 Als Aspirant.

Name	Vorname	Lebens-daten	Studien-zeitraum	Studienort	P	H	B
Köller	Heinz	*1929	1950–54	Berlin	32	–	35
Könnemann	Erwin	*1926		Halle[130]	36	46	49
Kossok	Manfred	1930–93	1950–54	Leipzig	27	32	33
Kowalski	Werner	*1929	1948–52	Halle	30	40	41
Krüger	Bruno	*1926	1952–56	Berlin	34	45	49
Kundel	Erich	*1926	–	–	35	–	43
Küttler	Wolfgang	*1936	1954–58	Jena	30	40	43
Lange	Dieter	1930–90	–	–	35	48	49
Langer	Herbert	*1927	1956–60	Potsdam/Greifswald	38	46	46
Leidigkeit	Karl-Heinz	*1928	1948–52	Jena	29	–	41
Loch	Werner	1924–86	1947–51	Leipzig	37	–	46
Loth	Heinrich	*1930	1953–57	Leipzig	31	34	39
Lozek	Gerhard	*1923	1955–58[131]	Berlin	40	45	46
Mai	Joachim	*1930	1949–53	Berlin	27	39	45
Mittenzwei	Ingrid	*1929	1950–56	Halle[132]	34	47	51
Müller-Mertens	Eckhard	*1923	1946–51	Berlin	28	33	37
Naumann	Gerhard	*1929	–	–	31	49	57
Nussbaum	Helga	*1928	1946–52	Berlin	36	47	47
Olechnowitz	Karl Friedrich	1920–75	1946–50	Rostock	39	44	45
Otto	Helmut	*1927	1950–54	Leipzig	?	?	?
Pätzold	Kurt	*1930	1948–53	Jena	33	43	43
Petzold	Joachim	*1933	1951–55	Berlin	28	35	51
Puchert	Berthold	*1929	1951–55	Berlin	32	39	49
Radandt	Hans	*1923	1946–51	Berlin	34	38	50
Rathmann	Lothar	*1927	1948–53	Leipzig	29	34	36
Rosenfeld	Günter	*1926	1948–52	Berlin	30	39	41
Rudolph[133]	Rolf	1930–63	1948–52	Jena/Leipzig	–	–	–
Schildhauer	Johannes	1918–95	1938–38; 1946–49	Leipzig/Greifswald	31	39	40
Schmidt	Siegfried	1930–87	1948–52	Jena	23	40	41
Schmidt	Walter	*1930	1949–53	Jena	31	39	35
Scholze	Siegfried	*1928	1956–61	Berlin	41	47	51
Schröder	Wolfgang	*1935	1953–57	Leipzig	27	37	51
Schröter	Alfred	*1930	1947–53	Halle/HfÖ Berlin	27	34	39

130 Der Studienzeitraum – zwischen 1951 und 1957 – ließ sich nicht genau verifizieren.
131 Fernstudium, Studiengang Lehrer für Geschichte.
132 Mittenzwei beendete ihr Studium in Leningrad.
133 Vgl. Heitzer: Rolf Rudolphs Verdienste; Ders.: Rolf Rudolph.

Name	Vorname	Lebensdaten	Studienzeitraum	Studienort	P	H	B
Schumacher	Horst	1929–89	1953–57	Leipzig	33	–	42
Schumann	Wolfgang	1925–91	1948–53	Weimar/ Jena	32	36	41
Seeber	Gustav	1933–92	1952–56	Jena	30	39	39
Sołta	Jan	*1921	1945–51	Leipzig[134]	35	46	?
Sonnemann	Rolf	*1928	1951–54	Halle	30	35	37
Stark	Walter	*1924	1946–51	Greifswald	45	56	62
Stoecker	Helmuth	1920–94	1947–50[135]	Leipzig	36	43	44
Stöckigt	Rolf	*1922	–	–	40	47	51
Streisand	Joachim	1920–80	1938–42; 1948–51[136]	Rostock/ Berlin	32	42	43
Strobach	Hermann	*1925	1949–54	Leipzig	36	53	58
Thomas	Siegfried	1930–85	1950–54	Moskau	32	35	51
Töpfer	Bernhard	*1926	1947–52	Berlin	28	34	39
Unger	Manfred	*1930	1948–52	Leipzig	27	–	55
Vogler	Günter	*1933	1952–57	Berlin	29	45	36
Voßke	Heinz	*1929	–	–	36	42	42
Wächtler	Eberhard	*1929	1948–53	Leipzig	28	39	33
Wehling	Wilhelm	*1928	–	–	32	–	49
Werner	Ernst	1920–93	1946–51	Leipzig	32	35	37
Wohlgemuth	Heinz	1924–95	–	–	38	–	42
Zeise	Roland	*1923	–	–	43	53	54
Zeuske	Max	*1927	1946–51	Halle	38	53	53
Zimmermann	Fritz	*1930	1954–58	Leipzig	36	47	?
Zöller	Martin	*1921	1954–58	Berlin	44	56	50
Zschäbitz	Gerhard	1920–70	1947–52	Leipzig	36	44	46
Zwahr	Hartmut	*1936	1955–60	Leipzig	27	38	42

Die Mehrheit der zweiten Generation entstammt den Geburtsjahrgängen, die zumeist noch in den letzten Kriegsmonaten als Soldaten oder »Flak-Helfer« Kriegserfahrungen sammeln bzw. als Kriegsgefangene die Alliierten kennenlernen mußten. 60 (= 52%) der aufgeführten Personen entstammen den Geburtsjahrgängen 1925 bis 1929, 25 (= 22%) wurden zwischen 1920 und 1924 sowie 23 (= 20%) zwischen 1930 und 1934 geboren. Förder, Goßweiler und Schildhauer erblickten noch vor 1920 das Licht der Welt, während Gottwald, Groehler, Küttler, Schröder und Zwahr erst nach 1934

134 Sołta begann sein Studium in Prag, Wrocław und Poznań.
135 Er studierte bereits 1939/40 im englischen Bristol.
136 1942 wegen jüdischer Herkunft relegiert, in den Nachkriegsjahren war er als Aspirant an der Universität.

geboren wurden. Insofern rekrutierte sich die zweite DDR-Historikergeneration zu einem erheblichen Teil aus der sogenannten »HJ-Generation«. Dementsprechend war die parteipolitische Entwicklung relativ gleichförmig. Nur wenige waren Mitglieder der NSDAP (z. B. Brühl, Rathmann) oder der KPD gewesen. Bereits vor 1945 gehörten der KPD zumindest Förder (1933)[137] und Stoecker (1944) an. Nach der Befreiung von der Naziherrschaft traten mindestens zehn Personen (= 9%) der KPD bei, während die Mehrheit (60 bis 70 Prozent) zwischen 1946 und 1949 Mitglied der SED wurde. Der verbleibende Rest trat in den fünfziger Jahren der SED bei, wobei Küttlers Eintritt am spätesten erfolgte (1966). Lediglich vier der aufgeführten Personen (R. Berthold, Blaschke, Diesner, Töpfer) waren niemals Mitglieder der SED.

Aber nicht nur die parteipolitische Zugehörigkeit hatte sich zumindest in der geschichtswissenschaftlichen Lehre und Forschung schnell zugunsten der SED verändert, sondern auch die soziale Zusammensetzung der Studenten und Lehrenden.[138] Für viele erwiesen sich die Universitäten und Hochschulen in der SBZ/DDR tatsächlich als soziale Mobilitätsschleusen. Von den 116 erwähnten Historikern kamen mindestens 55 Prozent aus einer Arbeiterfamilie, der Rest entstammte zumeist dem Mittelstand. Der hohe Arbeiteranteil schlug sich auch darin nieder, daß ein erheblicher Anteil über den zweiten Bildungsweg an die Universitäten gelangte. Denn mindestens ein Drittel der 116 aufgeführten Historiker erwarb an einer Vorstudienanstalt bzw. ABF die Zulassung zum Studium. 18 Prozent waren zuvor als Neulehrer tätig gewesen und etwa ebenso viele hatten vor dem Studium einen Beruf erlernt bzw. im SED-Apparat und seinen Gliederungen gearbeitet. Aus der Tabelle wird ersichtlich, daß elf Personen niemals ein reguläres Universitäts- oder Hochschulstudium absolvierten und statt dessen lediglich an Einrichtungen der SED (IfG, PHS) das Diplom ablegten. Mindestens ein Drittel erwarb das Diplom nicht an einer Philosophischen, sondern zumeist an einer Pädagogischen Fakultät. Die Universitäten in Leipzig und Berlin bildeten die meisten der aufgeführten Personen aus, mit Abstand gefolgt von Halle und Jena, während Rostock und Greifswald eine marginale Rolle spielten. Für diesen Zeitraum spielen die Parteihochschulen noch keine so große Rolle wie ab den sechziger Jahren,[139] obwohl fast alle aufgeführten Historiker enge Beziehungen zu diesen hatten, ob nun als Lehrende, Aspiranten oder Kursteilnehmer.

Typisch für eine Reihe der erwähnten Historiker war, daß sie oft noch als Studenten begannen, in der Lehre mitzuwirken, und sogar Vorlesungen hielten. Bis 1961 war – gemessen am Grad in den Jahren danach[140] – eine,

---

137 Vgl. Bleiber: Herwig Förder.
138 Zu dem gesamten Komplex vgl. Jessen: Professoren im Sozialismus.
139 Vgl. auch unten S. 285–286.
140 Vgl. Jessen: Professoren im Sozialismus, S. 232–236.

wenn auch geringe Mobilität zwischen den einzelnen Hochschuleinrichtungen gegeben. Die meisten studierten zwar nur an einer Universität, aber es war keineswegs eine Ausnahme, wenigstens an einer anderen Hochschule zu promovieren oder zu habilitieren. Bis auf einen (Rudolph) haben alle aufgeführten Personen promoviert, wobei die Mehrzahl, 48, zwischen 1956 und 1960 (= 42%) sowie weitere 39 (= 34%) zwischen 1961 und 1965 promovierten. Zwischen 1949 und 1955 hatten 17 (= 14%) ihre Dissertation eingereicht, nach 1965 noch 11 (= 19,5%). Zur Habilitation bzw. Dissertation B gelangten mindestens 94 Personen (= 81%),[141] davon bis 1960 9 (= 7%), zwischen 1960 und 1965 27 (= 29%), zwischen 1966 und 1970 24 (= 26%), zwischen 1971 und 1975 19 (= 20%) sowie zwischen 1976 und 1980 12 (= 13%). In den achtziger Jahren gelang es drei Personen, ihre Dissertation B zu verteidigen. 21 (= 19%) der aufgeführten Historiker haben zu keinem Zeitpunkt eine Habilitation oder eine Dissertation B erfolgreich eingereicht.

Von den 116 Vertretern der zweiten DDR-Historikergeneration erlangten bis 1989 112 den Titel eines Professors. Lediglich Blaschke, Förder, Goßweiler und Rudolph erhielten keine Berufung bzw. Ernennung zum Professor. Allein bei Blaschke, der 1990 Professor wurde, waren dafür jedoch politische Ursachen ausschlaggebend.[142] Von den 112 Professoren ließ sich bei 108 das genaue Berufungs- bzw. Ernennungsjahr ermitteln. Von diesen erhielten sechs (= 5%) den Ruf bis 1960, 19 (= 18%) zwischen 1961 und 1965, 31 (= 29%) zwischen 1966 und 1970, 22 (= 20%) zwischen 1971 und 1975, 16 (= 15%) zwischen 1976 und 1980 sowie 14 (= 13%) zwischen 1981 und 1986. Von den 108 Professoren erhielten 21 (= 20%) ihre Ernennung bzw. Berufung ohne Habilitation/Dissertation B. Von diesen 21 haben allerdings noch fünf anschließend habilitiert. Die formale Qualifikation war also für die ausgewählten Vertreter der zweiten Historikergeneration noch üblich, wenngleich dieser Trend ab den sechziger Jahren allgemein abnahm.[143] Mindestens 47 (= 44%) der aufgeführten Historiker erhielten ihre Professur allerdings nicht von einer Universität oder Hochschule, sondern von Einrichtungen der SED bzw. der Akademie der Wissenschaften. Schließlich sei erwähnt, daß das Durchschnittsalter der Promovenden bei 32,6 Jahren und das der Habilitanden bei 41,2 Jahren lag. Die Ernennung bzw. Berufung zum Professor erfolgte im Durchschnitt mit 44 Jahren.

Diese statistischen Erhebungen erübrigen freilich nicht die inhaltliche Auseinandersetzung mit dem vorgelegten Schrifttum. Immerhin muß man berücksichtigen, daß es schon in den fünfziger Jahren durchaus nicht unüblich war, das Thema der Habilitation zeitlich und thematisch eng an das

---

141 In einem Fall ließ sich das nicht klären.
142 Vgl. Blaschke: Geschichtswissenschaft im SED-Staat.
143 Vgl. Jessen: Professoren im Sozialismus, S. 228–232.

der Dissertation anzulehnen, ein Trend, der ab den sechziger Jahren zur Normalität wurde. Dennoch wird deutlich, daß in den fünfziger und teilweise frühen sechziger Jahren allgemeine traditionelle Universitätsqualifikationsstandards formal zumindest eingehalten wurden. Entscheidend allerdings für eine Karriere in der Geschichtswissenschaft war weniger die fachliche Leistungsfähigkeit als vielmehr die parteipolitische Bindung an die SED.

Im Gegensatz etwa zur bundesrepublikanischen Geschichtswissenschaft lassen sich drei wesentliche Unterschiede ausmachen. Erstens herrschte in der DDR ein ausgeprägter Lokalismus, dem eine hohe Mobilität in der Bundesrepublik entgegenstand. Zweitens berührten die Graduierungsschriften zumeist eng beieinanderliegende zeitliche und thematische Bereiche. Drittens schließlich, der wichtigste Unterschied, in der DDR-Geschichtswissenschaft war eine Karriere weitgehend abhängig vom parteilichen Verhalten, die Mitgliedschaft in der SED die Grundvoraussetzung. Inwieweit auch ein Unterschied in der sozialen Herkunft der Historiker gegeben war, müßten vor allem Untersuchungen über die bundesdeutsche Geschichtswissenschaft ergeben. Die auffälligste Gemeinsamkeit dagegen zwischen ost- und westdeutscher Geschichtswissenschaft wirkt als Erbe bis in die Gegenwart fort: Der Anteil von Frauen war außerordentlich gering. Von den 116 exemplarisch aufgeführten Historikern sind lediglich sieben Frauen. Auch wenn es eine Reihe weiterer Historikerinnen gegeben hat, in der Aufzählung fehlen zum Beispiel Waltraut Bleiber, Evamaria Engel, Annelies Laschitza, Eva Seeber, Helga Schultz, Irmgard Sellnow oder Ludmilla Thomas, um nur einige der bekanntesten zu nennen, war der Anteil von Frauen allgemein innerhalb der DDR-Historikerschaft äußerst gering, und auch Frauen in Führungspositionen, auf Lehrstühlen waren auffällig unterrepräsentiert. Schließlich sei nochmals unterstrichen, daß in der Aufzählung deutlich mehr Historiker als Historikerinnen fehlen. Von bekannten DDR-Historikern wären zum Beispiel für die zweite Generation zu ergänzen: Werner Bramke, Gerhard Brendler, Siegfried Bünger, Konrad Canis, Jochen Černý, Laurenz Demps, Hartmut Harnisch (nicht in der SED), Ernstgert Kalbe, Gerhard Keiderling, Klaus Kinner, Volker Klemm (nicht in der SED), Heinz Kühnrich, Ernst Laboor, Adolf Laube, Klaus Mammach, Ingo Materna, Eckart Mehls, Günter Paulus, Jan Peters, Siegfried Prokop, Adolf Rüger, Horst Schützler, Klaus Vetter, Manfred Weißbecker und Walter Wimmer. Diese Auswahl unterstreicht, daß der Anteil der Historikerinnen tatsächlich nur zwischen vier und sieben Prozent betrug.

Die 143 beispielhaft vorgestellten Historiker der beiden Generationen symbolisieren mehr oder weniger das »Who is who« in der etablierten DDR-Geschichtswissenschaft, obwohl – wie gezeigt – wichtige Vertreter fehlen. Hinzu kamen einige, die erst später mit dem Studium begannen.

Eine verschwindend kleine Gruppe saß in sowjetischen Arbeitslagern (Ruge, Musiolek). Schließlich wäre es künftig lohnenswert, einmal die dritte Historikergeneration zu untersuchen, jene Generation, die bereit stand, in die Positionen ihrer Lehrer nachzurücken. Vor allem wäre hier zu untersuchen, inwieweit Veränderungen in der sozialen Herkunft, bei der Erfüllung formaler akademischer Kriterien und in der fachlichen Leistungsfähigkeit eintraten. Eines – soviel ist jetzt schon klar – blieb konstant: auch in den siebziger und achtziger Jahren waren die Nachwuchshistoriker bis auf wenige Ausnahmen in der SED organisiert.

Die beispielhaft erwähnten Historiker prägten zwar am nachhaltigsten die DDR-Geschichtswissenschaft, aber sie waren in den vierziger und fünfziger Jahren nur eine Gruppe an den Historischen Einrichtungen. Allerdings dominierten sie die Institute politisch und vermittelten als Lehrbeauftragte die marxistisch-leninistische Geschichtssicht. Das zog unweigerlich Auseinandersetzungen zwischen Kommunisten und Bürgerlichen nach sich.

Wissenschaft contra Politik.
Felder der politischen Auseinandersetzung

Im September 1947 betonte Anton Ackermann, daß die Marxisten in jeder Hinsicht »den bürgerlichen Intellektuellen turmhoch überlegen« seien.[144] Meusel sekundierte Ackermann, unterstrich aber, daß »*wir*« eines von bürgerlichen Historikern lernen könnten, »nämlich sorgsam mit den sogenannten Quellen umzugehen«.[145] Von den geäußerten Anmaßungen war es nicht weit zu der Forderung, Schluß zu machen mit jeder bürgerlichen Sozial- und Geisteswissenschaft an den ostdeutschen Hochschulen.

Im Untersuchungszeitraum fanden die politischen Auseinandersetzungen in der historischen Forschung vor allem auf drei Ebenen statt. Erstens kam es zwischen den Offiziellen des VHD und den Repräsentanten der DDR-Geschichtswissenschaft zu Streitigkeiten. Das war gewissermaßen die externe Ebene. Zweitens sind die Konflikte zwischen marxistisch-leninistischen Historikern einerseits und bürgerlichen Historikern andererseits in der DDR zu untersuchen. Drittens schließlich ist zu zeigen, welche Debatten innerhalb der marxistisch-leninistischen Historikerschaft existierten.

---

144 Stenographische Niederschrift über die Hochschulkonferenz der SED am 13./14.9.1947. SAPMO B-Arch, DY 30, IV 2/904/6, Bl. 80.
145 Ebenda, Bl. 137 (Hervorhebung v. Verf.).

Westdeutsche und ostdeutsche Historiker zwischen Konfrontation und Kooperation

Die Neugründung des Verbandes der Historiker Deutschlands 1949 war ausdrücklich für Gesamtdeutschland erfolgt.[146] Der Alleinvertretungsanspruch des VHD bewirkte jedoch Anfang 1952, daß Kurt Hager vorschlug, eine sozialistische Historikergesellschaft in der DDR zu gründen.[147] 1953 konstituierte sich ein Initiativkomitee, dem neben Meusel, Engelberg, Kamnitzer, Stern und Diehl auch der bürgerliche Mediävist Albrecht Timm angehörte.[148] Eduard Winter signalisierte ebenfalls seine Unterstützung, wollte aber aus gesundheitlichen Gründen nicht im Vorbereitungskomitee mitwirken.[149] Obwohl die Vorbereitungen relativ weit gediehen waren, erfolgte die Gründung erst 1958, nachdem sie Jahr für Jahr erneut diskutiert und des öfteren öffentlich angekündigt worden war.[150] Die Auseinandersetzungen mit dem VHD hatten bereits bei seiner Neukonstituierung 1949 begonnen. Noch vor dem ersten Historikertag im September 1949 in München sprach die regionale sowjetische Besatzungsmacht für Ostdeutsche in Rostock und Greifswald ein Verbot aus, dem VHD beizutreten.[151] Das hob die SMAD jedoch wieder auf, so daß Gerhard Ritter auf dem Münchener Historikertag mitteilen konnte, »daß keine der beteiligten Militärregierungen eine Einwendung gegen den Beitritt einzelner Mitglieder erhebe«.[152] Dem Verband waren bis zum September über zwanzig Historiker aus der SBZ beigetreten, darunter die SED-Mitglieder Walter Markov und Günter Mühlpfordt. Für die SBZ richtete der Vorstand des VHD ein eigenes Konto ein und ernannte einen zuständigen Schatzmeister aus der SBZ/DDR.[153] Allerdings befürchtete Gerhard Ritter schon im April 1949, daß »dieses ganze Ostkonto eine recht riskierte Sache« sei, da die Gefahr der Beschlagnahmung bestehe. Das sei vor allem dann zu erwarten, wenn der dafür Verantwortliche, Karl Griewank, »eines Tages aus der Ostzone verschwinden« würde.[154]

Den Verantwortlichen im VHD bereitete aber noch mehr Sorgen, daß

---

146 Vgl. zur Neugründung v.a. Schulze: Deutsche Geschichtswissenschaft nach 1945; Worschech: Der Weg der deutschen Geschichtswissenschaft.
147 Haun: Zur Geschichte der Historiker-Gesellschaft, S. 9.
148 2. Sitzung des Initiativ-Komitees am 12.5.1953. SAPMO B-Arch, DY 30, IV 2/904/119, Bl. 4–6.
149 Ebenda, Bl. 4.
150 Vgl. z. B.: Die Verbesserung der Forschung und Lehre in der Geschichtswissenschaft der DDR. Beschluß des Politbüros vom 5. Juli 1955, in: Dokumente der SED. Band 5, S. 357–358.
151 F. Hartung an G. Ritter, 6.7.1949. AVHD, MPI.
152 Protokoll über die Sitzungen der 20. Versammlung deutscher Historiker (12.–14. Sept. 1949). Ebenda. Timm vertrat den (falschen) Standpunkt, daß es generell für Ostdeutsche verboten gewesen sei, dem VHD beizutreten (vgl. Timm: Das Fach Geschichte in Forschung und Lehre, S. 29).
153 G. Ritter an H. Grundmann, 14.3.1949. AVHD, MPI.
154 G. Ritter an H. Grundmann, 21.4.1949. Ebenda.

der Verband von den Kommunisten unterwandert und als politische Plattform benutzt werden könnte. Vor allem sorgte die Anmeldung von Walter Markov für Aufregung.[155] Der Leipziger Historiker war der einzige Ostdeutsche, der in München als profilierter Marxist-Leninist teilnahm. Ritter befürchtete: »Wir werden also allerhand Unruhe zu erwarten haben.«[156] Seinen Kollegen Franz Schnabel fragte er rhetorisch: »Ist Ihnen bekannt, dass Herr Markov ein roter Terrorist ist, wissenschaftlich ohne jeden Ausweis?«[157] Ritter stützte sich bei seiner Einschätzung Markovs auf biographische Angaben, die ihm offensichtlich zwei Leipziger Assistenten, die sich heftig gegen die Mitgliedschaft Markovs im VHD wehrten, zugespielt hatten. In der Kurzbiographie heißt es zum Beispiel, daß Markov 1934 »wegen kommunistischer Agententätigkeit verhaftet« worden sei, daß er »in 6 Monaten eine Habilitationsschrift verfasste, die von den zuständigen Historikern der Fakultät in Leipzig niemand gesehen hat«, daß er insgeheim gegen bürgerliche Historiker hetze und die Historiker der Universitäten Leipzig, Jena und Halle unter seiner Kontrolle stünden. Schließlich habe Markov ein »umfangreiches Spitzelnetz« aufgebaut. Kurz und gut: »Der Untergang der Geschichtswissenschaft an der Leipziger Universität ist sein Verdienst.«[158] Ritter schloß sich diesen Einschätzungen offenbar vorbehaltlos an. Es existierten aber auch beschwichtigende Stimmen. Herbert Grundmann schrieb an Hermann Heimpel, daß man die Gefährlichkeit Markovs überschätze.[159] Hermann Mau beruhigte Ritter, und zwar mit gutem Gewissen, hatte er doch Markov einige Jahre aus eigener Anschauung erlebt. Mau unterstrich, daß Markov zweifellos zur »kommunistischen Führungsgruppe der Ostzone gehört«. Er fuhr fort: »Andererseits habe ich ihn als einen menschlich und fachlich zuverlässigen und schätzenswerten Kollegen kennengelernt, der mir, als seinem weltanschaulichen und politischen Gegner, ... stets in einer erstaunlichen menschlichen Loyalität gegenübergestanden hat, zu der er sich ... auch nach meiner Flucht ... ausdrücklich« bekannte. Außerdem vertrete Markov »seinen Marxismus mit ungewöhnlichem Niveau«.[160]

Die internen Vorgefechte tangierten den Historikertag jedoch kaum. Ritters Eröffnungsvortrag[161] provozierte bei Markov nur vorsichtige Bemerkungen, auf die Ritter gelassen reagierte.[162] Markov ritt nicht »das Pferd der deutschen Einheit«, wie Heimpel befürchtet hatte.[163] Allerdings setzte

---

155 W. Markov an das Historische Institut der Universität München, 15.8.1949. Ebenda.
156 G. Ritter an H. Aubin, 24.8.1949. Ebenda.
157 G. Ritter an F. Schnabel, 26.8.1949. Ebenda.
158 O. Verf., o. T. (etwa Juli/August 1949). Ebenda.
159 H. Grundmann an H. Heimpel, 26.8.1949. Ebenda.
160 H. Mau an F. Schnabel, 27.8.1949. Ebenda.
161 Vgl. Ritter: Gegenwärtige Lage und Zukunftsaufgaben.
162 Protokoll der Diskussion über den Eröffnungsvortrag von Prof. Dr. Gerhard Ritter am 12. September 1949. AVHD, MPI.
163 H. Heimpel an G. Ritter, o. D. (um 25.8.1949). Ebenda.

sich Markov nach dem Historikertag sehr viel schärfer mit der bürgerlichen Geschichtswissenschaft auseinander als in seinen früheren Artikeln.[164]

Zum Historikertag nach Marburg 1951 durfte überhaupt kein DDR-Historiker fahren.[165] Dennoch begannen Ende 1951 Versuche einer Annäherung zwischen den beiden deutschen Geschichtswissenschaften. Die bürgerlichen Historiker, die in der DDR lebten, zählten sich zwar zur (west)deutschen Geschichtswissenschaft, aber auch sie litten immer mehr unter der Isolation. Dem versuchte die SED-Führung entgegenzuwirken. Am 8. November beschloß sie, Mitte Januar 1952 in Halle eine Historikertagung durchzuführen. Zur Vorbereitungsgruppe zählten Wilhelm Zaisser (Minister für Staatssicherheit), Fred Oelßner, Kurt Hager, Alfred Meusel, Hanna Wolf und Leo Stern. Meusel sollte das zentrale Referat halten, welches er bis zum 2. Januar 1952 an das Sekretariat des ZK einzureichen hatte.[166] Es war geplant, daß an der Tagung bürgerliche Historiker aus Ost- und Westdeutschland teilnehmen sollten. Hartung vermutete, als er von dem Plan erfuhr, daß »die Sache eine isolierte Aktion von Stern zu sein« scheine.[167]

Nachdem am 8. November 1951 die Parteiführung den Beschluß zur Durchführung dieser Tagung gefaßt hatte, fragte am 19. November 1951 Otto Korfes »vertraulich« bei Gerhard Ritter an, ob er bereit wäre, einer offiziellen Einladung nachzukommen.[168] Der Archivar Korfes, früherer Generalmajor der 6. Armee des Generalfeldmarschalls Paulus und später im gleichen Dienstrang Angehöriger der Kasernierten Volkspolizei, war Leiter der Archivabteilung des DDR-Innenministeriums.[169] Ritter antwortete, daß er durchaus Interesse an einer Zusammenarbeit habe, aber es müsse jede politische Instrumentalisierung verhindert werden.[170] Gleichzeitig sicherte er sich durch eine Rückfrage im Ministerium für gesamtdeutsche Fragen ab,[171] was er nicht gern tat, wie er Hartung schrieb, »weil ich unseren Verband völlig freihalten möchte auch von dem Anschein einer offiziösen Abhängigkeit«.[172]

---

164 Vgl. Markov: Zur Krise der deutschen Geschichtsschreibung.
165 G. Ritter an J. Kaiser, 14.8.1953. AVHD, MPI. Didczuneit bemerkt, daß Hartung und Kretzschmar in Marburg gewesen seien. Allerdings verkennt er die Situation, wenn er beide als DDR-Vertreter qualifiziert. Wenn man dem Leipziger Archivar Kretzschmar dies noch zugestehen möchte, so wäre das im Falle von Hartung äußerst problematisch; vgl. Didczuneit: Geschichtswissenschaft in Leipzig, S. 63, Anm. 160.
166 Protokoll Nr. 117 der Sitzung des Sekretariats des ZK vom 8. November 1951. SAPMO B-Arch, DY 30, I IV 2/3/246, Bl. 6.
167 F. Hartung an G. Ritter, 26.11.1951. AVHD, MPI.
168 O. Korfes an G. Ritter, 19.11.1951. Ebenda.
169 Vgl. die unkritische Biographie seiner Tochter Wegner-Korfes: Weimar – Stalingrad – Berlin.
170 G. Ritter an O. Korfes, 30.11.1951. AVHD, MPI. Das übermittelte Korfes offensichtlich den SED-Funktionären (Aktennotiz vom 7.3.1952 über eine Tagung in der Abt. Propaganda am 29.2.1952. BAP, R 3, 224, Bl. 302).
171 G. Ritter an Jakob Kaiser, 30.11.1951. AVHD, MPI.
172 G. Ritter an F. Hartung, 30.11.1951. Ebenda.

Mittlerweile waren die Planungen für die Historikertagung durcheinandergeraten. Die Gründe liegen nicht offen. Jedenfalls wurde statt einer Tagung im Januar nun eine Tagung der Archivare im Mai und eine der Historiker im Juni veranstaltet. Obwohl Korfes Ritter weiter drängte, an der Weimarer Tagung der Archivare teilzunehmen, lehnte dieser ab. Er vermutete, daß Stern, der nunmehrige Hauptredner, »ein Agent höheren Stils des NKWD« sei.[173] Aber vor allem wolle er nicht fahren, weil es den Anschein erwecken könnte, daß der VHD die faktische Trennung in zwei deutsche Geschichtswissenschaften offiziell anerkenne. Historikertagungen würden vom VHD organisiert, so Ritter, und hätten die Ostdeutschen daran Interesse, hätten sie ja nach Marburg kommen können. Ritter ließ auch die Pläne fallen, den Historikertag 1953 in Berlin zu veranstalten. Er, aber auch Hartung gingen davon aus, daß in Berlin nur eine politische Propagandaveranstaltung zustande gekommen wäre. Schließlich betonte Ritter noch in einem »streng vertraulichen« Rundschreiben an die Mitglieder des Ausschusses des VHD, »daß es Kollegen in der Ostzone gibt (mindestens einen), die mein Erscheinen in Halle [gemeint ist Weimar – d. Verf.] als eine Art Verrat ihrer Opposition gegen das kommunistische Regime empfinden würden, nämlich als indirekte Anerkennung der Kollegenschaft des Herrn Stern und seiner Genossen. Bei Herrn Stern handelt es sich anscheinend um einen Parallelfall zu dem Fall Markoff (sic).«[174]

Auf der Tagung in Weimar, die vom 28. bis 30. Mai 1952 stattfand,[175] war neben zehn westdeutschen Archivaren auch der Historiker Hermann Heimpel – als Privatperson – anwesend. Im Mittelpunkt der Versammlung stand ein mehrstündiges Referat von Stern, das Heimpel als »weder langweilig noch eigentlich unsympathisch« bezeichnete, »weil dieser bedingungslose Leninist auf gewachsenem Boden stand.«[176] Stern umriß anhand einer Auseinandersetzung mit der nichtmarxistischen Geschichtsforschung die Aufgaben der DDR-Geschichtswissenschaft. Nach der ZK-Tagung vom Oktober 1951 war dies der erste Versuch, das Geschichtsbild in der DDR in den Grundzügen festzulegen. Dabei bildeten neben der Theorie des historischen Materialismus in der Stalinschen Form die Orientierung auf Klassenkämpfe und Unterschichten sowie die progressiven Traditionen in der deutschen Geschichte besondere Schwerpunkte.[177]

Zu einem offiziellen Aufeinandertreffen von ostdeutschen und westdeutschen Historikern kam es Mitte September 1953 in Bremen anläßlich des Historikertages. Dieser fand nur wenige Tage nach dem Wahlerfolg Kon-

---

173 G. Ritter an Bundesministerium für Gesamtdeutsche Fragen, 11.3.1952. Ebenda.
174 Rundschreiben vom 1.4.1952. Ebenda.
175 Vgl. den Konferenzband: Archivarbeit und Geschichtsforschung.
176 H. Heimpel: Bericht über meinen Besuch auf dem Tag der Archivare der DDR (streng vertraulich), 2.8.1952, S. 5. AVHD, MPI.
177 Stern: Gegenwartsaufgaben der deutschen Geschichtsforschung.

rad Adenauers statt, zu dem nicht zuletzt die offene Krise in der DDR beigetragen hatte.[178]
Der Historikertag selbst verlief ohne Zwischenfälle. In der westdeutschen Presse hieß es zwar, daß »bestellte Parteiideologen wie Kamnitzer« auf einem solchen Kongreß nichts zu suchen hätten,[179] aber selbst Gerhard Ritter ließ sich scheinbar einträchtig mit Alfred Meusel fotografieren.[180] Zu einem Einschnitt kam es erst im März 1954, als in der ZfG ein Bericht über diese Tagung erschien.[181] Meusel hielt Ritter vor, er verkenne, daß hinter Adenauer, dem Ritter anhänge, »genau die Kräfte des Revanchismus, des Chauvinismus und des Militarismus (sich) sammeln, die in der Nazi-Partei und im Nazi-Staat dominierten, die heute in der westdeutschen Bundesrepublik wieder großgezüchtet werden, und die eines Tages die parlamentarisch-demokratische Maske abwerfen und Deutschland zum drittenmal in eine Weltkriegskatastrophe hineintreiben würden, wenn ihnen das deutsche Volk unter Führung der geeinten Arbeiterklasse nicht rechtzeitig, und zwar bald einen Strich durch die Rechnung macht«.[182] Schon in internen Berichten über diesen Kongreß an das ZK wurden die von westdeutschen Historikern vertretenen Ansichten scharf angegriffen und in die Nähe zur nationalsozialistischen Ideologie gerückt.[183] Allerdings verhielten sich nicht alle so. Walter Markov äußerte sich nach der Meinung von SED-Funktionären nicht zufriedenstellend zum Vortrag von Ritter,[184] und Max Steinmetz zitierte seinen einstigen Lehrer gar kommentarlos.[185] Auch Alfred Meusel geriet ins Kreuzfeuer der internen Kritik, weil er unmittelbar nach dem Bremer Historikertag »versuchte, die offenen reaktionären und feindlichen Ausführungen von Ritter zu bagatellisieren und zu verwässern«.[186] Der SED-Funktionär und spätere Professor Rolf Dlubek stellte fest, daß die Historiker bemüht seien, bei ihren westlichen Kollegen keinen Anstoß zu erregen, so daß sich deut-

---

178 Vgl. Rytlewski/Opp de Hipt: Die Bundesrepublik Deutschland in Zahlen, S. 231; zu den Hintergründen vgl. Schwarz: Adenauer. Band 2.
179 Es geht um ein neues Geschichtsbild. Rückblick auf den Bremer Historikertag, in: Neuer Vorwärts vom 9.10.1953.
180 Weser Kurier vom 18.9.1953.
181 Der Bremer Historikertag 1953. Den Bericht verfaßten: Fritz Klein, Heinz Kamnitzer, Joachim Streisand, Ernst Werner, Alfred Meusel.
182 Alfred Meusel: Zum Vortrag von G. Ritter, in: ZfG 1(1953), S. 933; vgl. dagegen noch Stern: Gegenwartsaufgaben der deutschen Geschichtsforschung, S. 47–48.
183 H. Kamnitzer: Historikertag 1953 in Bremen, o. D. SAPMO B-Arch, DY 30, IV 2/904/151, Bl. 20–34; F. Klein/J. Streisand: Der Bremer Historikertag 1953, o. D. Ebenda, Bl. 60–68; G. Schilfert: Der 32. deutsche Archivtag und die 22. Versammlung deutscher Historiker in Bremen, 13.10.1953. Ebenda, Bl. 91–110.
184 Offensichtlich war gemeint Walter Markov: Zum deutschen Historikertag in Bremen, in: Deutsche Volkszeitung vom 28.9.1953.
185 Arbeitstagung der Parteisekretäre der Fachschaft Historiker der Universitäten am 18.12.1953. SAPMO B-Arch, DY 30, IV 2/904/95, Bl. 10–11.
186 Wie wird Erziehungsarbeit auf dem Gebiet der Geschichtswissenschaft durchgeführt, o. D. Ebenda, Bl. 15. Der Bericht Meusels vor der Fachrichtung in: Protokoll vom 2.12.1953. UA der HUB, Nr. 57 (Phil. Fak.).

lich zeige, »daß auch bei uns die reaktionären Kräfte viel stärker auftreten«.[187] Offensichtlich fühlten sich einige Historiker bedrängt und bemühten sich, nun mit scharfer Feder gegen die westdeutschen Kontrahenten vorzugehen.[188]

Hinzu kommt noch, daß die Konferenz der Außenminister der Vier Mächte über Deutschland vom 25. Januar bis zum 18. Februar 1954 in Berlin ergebnislos tagte.[189] Das hatte zur Folge, daß die UdSSR im März 1954 der DDR »erweiterte« Souveränitätsrechte übertrug und dadurch das Regime der Bundesrepublik als Verhandlungspartner zuordnete. Im Rückblick erscheint die Berliner Konferenz als der Zeitpunkt, »an dem die Weichen endgültig auf die getrennte und sich immer weiter voneinander entfernende Entwicklung der beiden Teile Deutschlands gestellt wurden«.[190] Gerade weil die internen Vorgänge und die Außenministerkonferenz etwa zeitlich parallel liefen und sich die sowjetischen Bemühungen um eine innen- und außenpolitische Stärkung der DDR schon 1953 deutlich abzeichneten,[191] muß der scharfe Kurswechsel hin zu offener Konfrontation in diesen historischen Kontext eingebettet werden. Die Verzögerungen sind innenpolitisch vor allem darauf zurückzuführen, daß der SED-Apparat erst im letzten Quartal 1953 wieder offensiv agierte.[192]

Vor allem der von Heinz Kamnitzer in dem ZfG-Bericht kritisierte Theodor Schieder fühlte sich aus politischen Gründen angegriffen.[193] In einem Brief an den Vorsitzenden des VHD, Hermann Aubin, wies Schieder an drei ausgewählten Beispielen nach, daß Kamnitzer ihn bewußt falsch zitiert hatte.[194] Daraufhin kam es am 12. April 1954 zur »Heppenheimer Erklärung« des Ausschusses des VHD, in der die Vorstandsmitglieder »politische Diffamierung durch Umdeuten wissenschaftlich erarbeiteter Einsichten« und eine Auseinandersetzung mit solcher Polemik ablehnten. Zur Veröffentlichung dieser Erklärung kam es trotz längerer Diskussionen nicht, weil einige befürchteten, damit dem Ost-West-Verhältnis zu schaden.[195]

Von Bedeutung waren diese Ereignisse aus zwei Gründen: Erstens enthielt die überarbeitete »Heppenheimer Erklärung« den Passus, daß »bei

187 Wie wird Erziehungsarbeit auf dem Gebiet der Geschichtswissenschaft durchgeführt, o. D. SAPMO B-Arch, DY 30, IV 2/904/95, Bl. 11.
188 Das Heft erschien erst Ende März 1954.
189 Vgl. Katzer: »Eine Übung im Kalten Krieg«.
190 Grewe: Rückblenden 1976–1951, S. 186.
191 Vgl. Wettig: Die beginnende Umorientierung der sowjetischen Deutschland-Politik.
192 Vgl. Kowalczuk: »Wir werden siegen, weil uns der große Stalin führt!«
193 Zum folgenden vgl. Schulze: Deutsche Geschichtswissenschaft nach 1945, S. 189–191.
194 T. Schieder an H. Aubin, 1.4.1954. AVHD, MPI.
195 Die ZK-Mitarbeiter erfuhren zwar offensichtlich nichts von dieser Erklärung, aber genügend von der Atmosphäre in der westdeutschen Historiographie gegenüber der DDR-Geschichtswissenschaft nach dem ZfG-Bericht. So u. a. davon, daß einige westdeutsche Historiker anregten, jeglichen Kontakt zur offiziellen DDR-Geschichtswissenschaft abzubrechen. Darüber informierte Fritz Klein die entsprechende ZK-Abt. (Brief Fritz Klein vom 12.8.1954. SAPMO B-Arch, DY 30, IV 2/904/130, Bl. 135–136).

der Durchführung des nächsten Historikertages zu vermeiden (ist), daß die wissenschaftliche Debatte durch unfruchtbare politische Diskussionen blockiert oder verfälscht wird. Geeignete Maßnahmen müssen rechtzeitig überlegt und vorbereitet werden.«[196] Damit war die weitere Entwicklung fast vorprogrammiert. Da die DDR-Historiker auf politische Erklärungen nicht verzichten konnten und SED-Historiker an der Verfolgung andersdenkender Kollegen beteiligt waren, wurde 1958 auf dem Historikertag von Trier eine Erklärung gegen die Unterdrückung des freien Geistes in der DDR verabschiedet. Engelberg, Steinmetz und Stern durften von vornherein auf dem Historikertag nicht auftreten, die anderen SED-Historiker nur so lange, wie sie keine politischen Äußerungen von sich gaben. Der Bruch war endgültig perfekt.[197]

Zweitens begann mit der Veröffentlichung des Konferenzberichtes die systematische Diskreditierung der westdeutschen Geschichtswissenschaft. Bis zu diesem Zeitpunkt war die »Auseinandersetzung« mit der westdeutschen Geschichtswissenschaft einzelnen vorbehalten geblieben.[198] Von nun an bildeten diese Bestrebungen ein konstitutives Element der DDR-Geschichtswissenschaft überhaupt.[199] Das verstärkte sich dadurch, daß einflußreiche westdeutsche Historiker wie Gerhard Ritter oder Hermann Heimpel in den fünfziger Jahren eindeutig zum 17. Juni 1953 und zur Wiedervereinigung Deutschlands Stellung bezogen,[200] was scharfe Reaktionen seitens einiger SED-Historiker hervorrief.[201] In der DDR erschienen seit den fünfziger Jahren Hunderte Artikel, Broschüren, Dissertationen, Monographien, Sammelbände und Handbücher, die der Entlarvung der bürgerlichen, zumeist westdeutschen Geschichtswissenschaft dienen sollten. Kaum ein SED-Historiker entzog sich diesem Parteiauftrag.[202] Die

---

196 Zit. bei Schulze: Deutsche Geschichtswissenschaft nach 1945, S. 191.
197 Zu den Einzelheiten vgl. unten S. 271–277.
198 Vgl. z. B. Stern: Zur geistigen Situation.
199 Dem stand auch nicht entgegen, daß gerade zwischen 1954 und 1957 eine Vielzahl von westdeutschen Historikern zu Vorträgen in der DDR weilten; vgl. die Auflistung in: Trier – und wie weiter?, S. 40–45. Die Liste ist nicht einmal vollständig, da nur die Vorträge an den Historischen Instituten der Universitäten Berücksichtigung fanden. Vgl. auch unten S. 260.
200 Vgl. Schütz (Hrsg.): Bewährung im Widerstand.
201 Vgl. z. B. Berthold: Der politisch-ideologische Weg Gerhard Ritters, S. 979, 986–988; Ders.: »... großhungern und gehorchen«, S. 222–226; aus späteren Jahren Engelberg: Ideologische Auseinandersetzung und Einflußnahme.
202 Es können nur einige wichtige selbständige Schriften erwähnt werden: Bachmann/Diehl/Heitzer/Lozek (Hrsg.): Geschichte – Ideologie – Politik (zu den Autoren gehörten neben den Herausgebern u. a. Rolf Badstübner, Günter Benser, Willibald Gutsche, Gerhart Hass, Heinz Heitzer, Gunter Hildebrandt, Karl-Heinz Noack, Joachim Petzold, Wolfgang Ruge, Walter Schmidt, Günter Vogler, Gerd Voigt); Badstübner: Restaurationsapologie und Fortschrittsverteufelung; Berthold: »... großhungern und gehorchen.«; Berthold/Lozek/Meier/Schmidt (Hrsg.): Unbewältigte Vergangenheit (zu den Autoren zählten neben den Herausgebern u. a. Günther Rose, Rigobert Günther, Max Steinmetz, Fritz Klein, Wolfgang Ruge, Gerhart Hass, Rolf Badstübner, Heinz Heitzer, Dieter Fricke, Gerd Voigt, Günter Katsch, Wolfgang Schröder, Gustav Seeber, Walter Wimmer, Günter Benser); Gutsche: Zur Imperialismus-Apologie in der

Existenz einer westdeutschen Geschichtswissenschaft war für die DDR-Geschichtswissenschaft ebenso wichtig wie die Auseinandersetzung mit ihr. Beides bildete konstitutive Momente, die die DDR-Geschichtswissenschaft überhaupt erst ermöglichten. Für sie war keine andere Motivation so stark wie jene, der bürgerlichen Historiographie wissenschaftlich, methodisch, ideologisch und politisch die Maske abzureißen, damit die häßliche Fratze zum Vorschein komme.

Dialogversuche in der DDR
An der ersten Historikerkonferenz der DDR, die aus Anlaß der Eröffnung des Museums für Deutsche Geschichte am 7. und 8. Juni 1952 stattfand, nahm kein westdeutscher Historiker teil. Unter den rund 200 Teilnehmern befanden sich neben Duncker, Hager, Wolf, Diehl sowie den meisten marxistisch-leninistischen Historikern auch Karl Griewank, Friedrich Schneider, Heinrich Sproemberg, Adolf Hofmeister und Hugo Preller.[203] In einem grundlegenden Referat betonte Meusel, daß nach 1945 mit den Universitätstraditionen gebrochen werden mußte.[204] Er unterstrich, daß die Geschichtswissenschaft völlig neu entstehen müsse. Vor allem gelte es, bisher vernachlässigte Themen zu bearbeiten. Gleichzeitig müsse der Historiker auf die Politik reagieren können. So gebe es Deutsche, die nicht davon überzeugt seien, »daß die Organisierung der bewaffneten Streitkräfte in der Deutschen Demokratischen Republik der Verteidigung des Friedens dient«, weshalb »wir Historiker uns mit der Geschichte der demokratischen Heeresorganisationen viel intensiver vertraut machen« müßten.[205] Das sei aber alles nur mit der »materialistischen Geschichtsauffassung« möglich. »Die Begründung der materialistischen Geschichtsauffassung durch Marx und Engels bedeutet die kopernikanische Wendung in der Geschichtstheorie.«[206]

Am folgenden Tag erlebte Karl Griewank, was es bedeutet, mit Gralshütern diskutieren zu wollen. Griewank referierte über den Revolutionsbegriff.[207] Albrecht Timm berichtete später: »In der anschließenden Aussprache erklärte dann Heinz Kamnitzer ... programmatisch, daß weite Partien des Dargelegten wie überhaupt der traditionellen Geschichtsschreibung in den ›Mülleimer der Geschichte‹ gehörten. Das rief jedoch unter einem großen Teil der Anwesenden peinliches Entsetzen hervor, so

---

BRD; Heitzer: Andere über uns; Lozek: Illusionen und Tatsachen; Schleier: Theorie der Geschichte – Theorie der Geschichtswissenschaft; Weißbecker: Entteufelung der braunen Barberei usw. usf..
203 Vgl. Heinz: Die erste zentrale Tagung der Historiker der DDR, S. 389–390.
204 Meusel: Die wissenschaftliche Auffassung der deutschen Geschichte, S. 397.
205 Ebenda, S. 404.
206 Ebenda.
207 Vgl. Griewank: Der neuzeitliche Revolutionsbegriff. Das ist zwar nicht der Vortrag, aber in diesem Buch sind die wesentlichen Ansichten Griewanks vertieft verarbeitet. Das Buch ist mittlerweile in vielen Auflagen erschienen und avancierte zum »Klassiker«.

daß Kamnitzers Genosse Herz aus Rostock darauf verwies, daß er durch ›populärwissenschaftliche Vorträge vor Kollegen von der Müllabfuhr‹ erfahren habe, was es noch an Wertvollem aus dem Müll zu bergen gäbe.«[208]

Wie die meisten späteren großen Historikertagungen der DDR erlangte auch diese Tagung weniger eine Bedeutung für die wissenschaftliche Geschichtsforschung als vielmehr für die politisch-ideologische und institutionelle Entwicklung. Neben der Diskussion über das Bild von der deutschen Geschichte nach der Überwindung der Miseretheorie regte Kurt Hager hier die seit Anfang 1952 kursierende Idee von der Gründung einer eigenen historischen Zeitschrift[209] und einer Historiker-Gesellschaft der DDR an. Vor allem aber beklagten verschiedene Redner, daß ein wichtiges Ziel bisher nicht verwirklicht worden war: Es fehlte ein koordinierendes und zentralisierendes Organ. Auch wenn die Abteilung Propaganda des ZK der SED, später: Abteilung Wissenschaften, von Anfang an als oberste Entscheidungsinstanz fungierte, gab es seit 1951 Bestrebungen, ein Gremium zu schaffen, das SED-Funktionäre, SED-Historiker und einige »bürgerliche« Historiker vereinen sollte, in dem zwar nicht über die SED-Strategie diskutiert, aber die notwendigen Schritte für die Geschichtswissenschaft, die sich aus dieser Strategie ergaben, formuliert werden sollten. Diese Einengung machte eine konstruktive Zusammenarbeit mit den »bürgerlichen« Historikern von vornherein unmöglich.

Dennoch gab es mehrere Versuche, solche Konsultationspunkte zu schaffen. Ein gescheitertes Experiment, der Wissenschaftliche Beirat des Museums, ist schon erwähnt worden.[210] Nicht anders erging es der 1952 gebildeten Sektion Geschichte bei der Deutschen Akademie der Wissenschaften.[211] Die Sektionsgründung erfolgte auf eine Initiative der SED-Führung hin. Denn bislang konnten in der Historischen Kommission der DAW nur Akademiemitglieder mitarbeiten. Da aber bis 1953 kein marxistisch-leninistischer Historiker Mitglied der Akademie geworden war, entzog sich die Arbeit an der Akademie nicht nur jeder Kontrolle, sondern zugleich größtenteils auch jeder Möglichkeit der Beeinflussung. In die Sektion Geschichte konnten nun sowohl Akademiemitglieder als auch Nichtmitglieder berufen werden, um »trotz der ideologischen Gegensätze

---

208 Timm: Das Fach Geschichte in Forschung und Lehre in der Sowjetischen Besatzungszone, S. 33.
209 Die Idee dazu kam offensichtlich aus dem Staatssekretariat für Hochschulwesen im Dezember 1951 (BAP, R 3, 210, Bl. 141).
210 Ein anderes wäre der Wissenschaftliche Beirat für die Fachrichtung Geschichte beim Staatssekretariat für Hochschulwesen, dem neben den marxistisch-leninistischen Vertretern 1952 Griewank, Sproemberg und Hofmeister angehörten. Aufstellung des Wissenschaftlichen Beirates für die Fachrichtung Geschichte, 25.10.1952. SAPMO B-Arch, DY 30, IV 2/904/103, Bl. 46–48; eine Liste sämtlicher Beiräte mit allen Mitgliedern findet sich in: BAP, R 3, 243, Bl. 78–85.
211 Ähnlich Schmidt: Die Sektion Geschichte der AdW, S. 459.

eine Zusammenarbeit« zu ermöglichen.[212] Die Sektion Geschichte bei der Akademie zählte zu den verheißungsvollsten Einrichtungen, die zunächst eine konstruktive Zusammenarbeit über weltanschauliche Lager hinweg zu gestatten schien. Tatsächlich kam es dazu aber niemals, weil die SED nicht gewillt war, ihren Führungsanspruch in dieser Sektion zurückzustellen. 1952 zählten zu den Mitgliedern der Sektion u. a. Meusel, Kuczynski, Stern, Griewank, Haussherr, Hohl und Korfes. Den Vorsitz übernahm Fritz Hartung.[213] Die Aufgabe der Sektion umschrieb Meusel im November 1952 folgendermaßen: »Es sei die vornehmste Aufgabe der Sektion, als ein Generalstab historischer Forschung und Lehre sachverständig anzuleiten und zu koordinieren.«[214] Hartung hatte schon ein Jahr zuvor lakonisch an Ritter geschrieben: »Es gehört zur Planwirtschaft, dass man vieles plant und wenig ausführt.«[215] Tatsächlich wirkte die Sektion Geschichte weder als Koordinierungs- noch als Anleitungsorgan der historischen Forschung. Die bürgerlichen Historiker, allen voran Fritz Hartung, billigten nicht die SED-Führungsansprüche. Eine auf gegenseitiger Akzeptanz basierende Zusammenarbeit war mit den Kommunisten nicht möglich. Im Dezember 1952 legte Hartung sein Amt als Sekretär der Historischen Klasse und seine Position im Präsidium der Akademie nieder, weil dieses eine politische Erklärung gegen die Bundesrepublik erlassen hatte.[216] Hartung legte damit zum zweiten Mal aus politischen Gründen ein Amt in der DDR nieder, denn auch bei seiner Emeritierung hatte er das entsprechende Gesuch bereits vor seiner Erkrankung eingereicht.[217] Das einzige, was Hartung noch bewirken konnte, war die Verzögerung von Zuwahlen marxistisch-leninistischer Historiker. Noch im August 1952 schrieb er, daß er außer (dem Bürgerlichen) Lintzel niemanden wüßte, der in die Akademie aufgenommen werden könnte. »Meusel u[nd] Stern sind für mich unmöglich, aber Kuczynski, der mir eben seine neueste Arbeit ›Die Bedeutung von Stalins Werk ...‹ zugeschickt hat, erst recht«.[218] Schon vorher hatte er geschrieben, daß er die Wahl Meusels ablehne, da dieser nicht genügend ausgewiesen sei.[219] Dennoch konnte er nicht verhindern, daß das Plenum Meusel (und auch Oelßner!) am 19. März 1953 zum Ordentlichen Mitglied der Akademie wählte. Allerdings fielen Stern und Kuczynski, die als

---

212 Johannes Irmscher (Referent) an den Akademiedirektor Josef Naas, 19.2.1952. ABBAdW, Nr. 36 (Bestand Klassen).
213 Die am 19.1.1952 vom Akademiepräsidium beschlossene Sektionsgründung sah nur acht Mitglieder vor. Ebenda, Nr. 225 (Bestand Akademieleitung).
214 DAW, Sektion Geschichte, Protokoll der Sitzung am 29.11.1952, 12.1.1953. SAPMO B-Arch, DY 30, IV 2/904/397, Bl. 16.
215 F. Hartung an G. Ritter, 9.12.1951. AVHD, MPI.
216 F. Hartung an G. Ritter, 14.12.1952. Ebenda. Eine kleine Notiz über die Erklärung findet sich in: ND vom 16.12.1952, S. 1. Hartung blieb Herausgeber der Jahresberichte; vgl. zu den Jahresberichten Schochow: Die Jahresberichte.
217 F. Hartung an G. Ritter, 9.4.1949. AVHD, MPI.
218 F. Hartung an G. Ritter, 31.8.1952. Ebenda.
219 F. Hartung an G. Ritter, 26.11.1951. Ebenda.

Kandidaten bereit standen, durch.[220] Beide nahm die Akademie erst 1955 als Mitglieder auf.

Hartung ließ schließlich der Sektion Geschichte im April 1953 die Nachricht zukommen, daß er auch diesen Vorsitz niederlege.[221] Einen Monat später teilte er auf einer Sektionssitzung mit, »dass er aus grundsätzlichen Erwägungen vom Amt des Vorsitzenden zurücktritt«.[222] Gerade die Briefe an Gerhard Ritter belegen, daß den »grundsätzlichen Erwägungen« unüberbrückbare gegensätzliche politische und wissenschaftliche Anschauungen zugrunde lagen.[223]

Griewank warf nach Hartungs Rücktritt die prinzipielle Frage auf, »ob es beim Aufbau des Sozialismus noch eine Möglichkeit der Zusammenarbeit zwischen bürgerlichen und marxistischen Historikern geben könnte«.[224] Ihm hielten SED-Historiker als Beispiel die Sowjetunion entgegen, was er auch hätte falsch verstehen können. In die Sektion beriefen die bisherigen Mitglieder nach Hartungs Rücktritt eine Reihe weiterer Historiker, darunter Bittel, Engelberg, Hoffmann, Schreiner, Obermann, Schilfert, Kamnitzer und Markov. Zum neuen Vorsitzenden wählten die Sektionsmitglieder Meusel.[225] Der wissenschaftliche Substanzverlust war offenkundig.

Die Sektion legte sich ein Arbeitsprogramm zu, welches ihre zentrale Stellung hervorhob.[226] Der Vorsitzende Meusel betonte ein Jahr später, daß die Sektion den Aufbau eines Geschichtsinstitutes an der Akademie planen müsse.[227] Vor allem die SED-Historiker bereiteten die Gründung des Institutes vor, was sich in einer Reihe von »Denkschriften« niederschlug. Die bürgerlichen Historiker engagierten sich dagegen stärker auf dem Gebiet der landesgeschichtlichen Forschung,[228] allerdings mit wenig Erfolg. Seit der Auflösung der Länder 1952 war die SED-Führung nicht mehr an landesgeschichtlichen Forschungen interessiert. Die Gefahr war zu groß, daß an historische Traditionen erinnert werden würde, die die SED-Führung zerstört hatte. Dagegen setzte sie das Konzept der Geschichte der örtlichen Arbeiterbewegung und der Heimatgeschichte.

Es gab jedoch eine partielle Zusammenarbeit zwischen bürgerlichen und marxistisch-leninistischen Historikern, jedoch nicht mit Personen wie

---

220 F. Hartung an G. Ritter, 23.5.1953. Ebenda.
221 Protokoll der Sitzung für deutsche Geschichte am 11.4.1953. SAPMO B-Arch, DY 30, IV 2/904/397, Bl. 31.
222 A. Meusel: Bericht, 18.5.1953. Ebenda, Bl. 25.
223 Seine schriftlich niedergelegte Begründung bringt das ebenfalls eindeutig zum Ausdruck. F. Hartung an J. Irmscher, 10.4.1954. ABBAdW, Nr. 36 (Bestand Klassen).
224 A. Meusel: Bericht, 18.5.1953. SAPMO B-Arch, DY 30, IV 2/904/397, Bl. 25. Griewank bezog sich hier offensichtlich auf die Beschlüsse der II. Parteikonferenz.
225 Protokoll der Sitzung der Sektion für deutsche Geschichte am 16.5.1953. Ebenda, Bl. 29–32.
226 Arbeitsplan der Sektion Geschichte bei der DAW zu Berlin für das Jahr 1953. Ebenda, Bl. 33.
227 Meusel: Geschichtswissenschaft an der Akademie. 16. 5. 1954. Ebenda, Bl. 125–127.
228 Sproemberg/Kretzschmar/Flach/Gringmuth-Dallmer: Die Bedeutung der Landesgeschichte für die Pflege der deutschen Geschichte, 9.4.1954. Ebenda, Bl. 110–113.

Hartung, dem Ernst Diehl sogar unterstellte, daß er die reaktionären Aktionen gegen die DDR »anleite«.[229] Zu denjenigen, die versuchten, sich mit den SED-Funktionären zu arrangieren, zählten Heinrich Sproemberg[230] und Eduard Winter. Sproemberg bemühte sich, die fachwissenschaftlichen Verbindungen mit westdeutschen und westeuropäischen Historikern nicht zu verlieren. Dazu bedurfte es vielfältiger Kontakte mit den SED-Führungsebenen.[231] Seine Vermittlerrolle war jedoch doppelt kompliziert: Zum einen blieb er für die SED-Funktionäre und vor allem für seinen Leipziger Kollegen Ernst Engelberg stets ein »bürgerliches Subjekt«, dem nicht zu trauen sei. Zum anderen genoß Sproemberg bei vielen Historikern in Westdeutschland kein hohes Ansehen, weil sie ihm Nähe zur SED-Diktatur und Anbiederei vorwarfen und in ihm einen »Vertrauensmann des ›DDR‹-Hochschulsekretariats«[232] sahen. Dennoch zählte Sproemberg in Ost und West zu den wenigen Historikern, denen es darum ging, das wissenschaftliche Gespräch über Grenzen und Weltanschauungen hinweg zu ermöglichen. Daß gerade er eine Vielzahl der marxistisch-leninistischen Mediävisten der DDR ausbildete, zeigt die Ambivalenz seines Engagements.

Der österreichische Osteuropahistoriker Eduard Winter versuchte dagegen erst gar nicht, Distanz zwischen sich und den SED-Funktionären zu halten. Im hohen Alter soll Winter einem Schüler gegenüber geäußert haben: »Ja, Humanismus ist die Grundlage des Kommunismus; weil ich Humanist bin, bin ich Kommunist.«[233] Unter dem Patronat von Stern und dessen sowjetischen Genossen berief ihn 1947 die Universität Halle auf einen Lehrstuhl, den er 1951 gegen einen in Berlin eintauschte. Winters Geltungsdrang stand dem von Stern oder Engelberg nicht nach. Er hatte jedoch schlechtere Ausgangsbedingungen, weil er nicht Mitglied der SED war. Anfangs versuchte er noch, eine unabhängigere Position zu bewahren.[234] So unterstützte er zwar wortgewaltig die meisten Unternehmungen der ersten Jahre, engagierte sich aber nur selten persönlich.[235] Den Grund gab Winter offen zu: Er wolle nicht nur mitmachen, sondern selbst gestalten. In der zweiten Hälfte der fünfziger Jahre gab er diese Position weitgehend auf.[236] Offenbar kam er zu der Einsicht, daß mit den SED-

---

229 E. Diehl, Ende Dezember 1953. Ebenda, IV 2/904/123, Bl. 105.
230 Vgl. Didczuneit: Heinrich Sproemberg; Ders.: Geschichtswissenschaft in Leipzig.
231 Umfangreiche Materialien in: SAPMO B-Arch, DY 30, IV 2/904/130.
232 Colloquium 6/1955, S. 18.
233 Zit. in Gerhard Oberkofler: »Weil ich Humanist bin, bin ich Kommunist« Ein Österreicher in der DDR – Eduard Winter (1896–1982), in: ND vom 14./15.9.1996.
234 Er soll sich in den fünfziger Jahren »vorsichtig« bemüht haben, nach Österreich zurückzukehren; vgl. ebenda.
235 Immerhin war er jedoch 1948 bis 1951 Rektor der Universität in Halle.
236 Von Winter ist aber beispielsweise von 1963 folgender Ausspruch gegenüber einem Assistenten überliefert: »Sie haben bei mir eine große Zukunft, Sie sind ein kluger Mensch, die Klugen haben es hier in der DDR besonders schwer.« (ZK-Abt. Wissen-

Funktionären mehr zu erreichen sei. Er war zum Beispiel das einzige bürgerliche Mitglied der 1955 gebildeten erweiterten Redaktion *der Zeitschrift für Geschichtswissenschaft*.[237] Sein Einfluß freilich war gering.[238] Dennoch avancierte er zum Aushängeschild der DDR-Geschichtswissenschaft, weil er der einzige bürgerliche Historiker von Ruf war, der auch nach 1958 in der DDR arbeitete.[239] Seine Haltung zum SED-Staat offenbarte sich nicht zuletzt 1961:[240] Er hielt es für angebracht, öffentlich den Bau der Berliner Mauer zu begrüßen.[241] Das harmoniert auch mit dem Titel des zweiten, bislang unveröffentlichten Bandes seiner Autobiographie: Erfüllung in der Deutschen Demokratischen Republik.[242]

Andersdenkende und Abweichler
Beispiele für Auseinandersetzungen, die sich direkt an den Universitäten abspielten, bietet Jena. 1950/51 kam es zur »Treitschke-Diskussion«. SED-Historiker unterstellten Karl Griewank, daß er gegenüber Studenten Treitschke als großen Historiker gepriesen und sie aufgefordert habe, Treitschke zu lesen.[243] Für die SED-Funktionäre, -Studenten und -Historiker stand fest: »Den Studenten Treitschke empfehlen, bedeutet, den alten verderblichen Nazigeist in die Jugend verpflanzen.«[244] Die Kampagne gegen Griewank,[245] an der maßgeblich Lothar Berthold, Fred Oelßner und Kurt Pätzold beteiligt waren, demonstrierte, »daß eine mit dem ausschließlichen Wahrheitsanspruch und Wissenschaftsmonopol auftretende marxistische Geschichtswissenschaft sich selbst als Wissenschaft liquidierte und zur Magd der Politik verurteilte«.[246]

1952/53 entbrannten in Jena erneut scharfe politische Debatten, bei denen die Dozentin Irmgard Höß im Mittelpunkt stand. Am 25. November 1952 hatten sich elf Geschichtsstudenten des ersten Studienjahres von der Pädagogischen Fakultät, die alle Mitglieder der SED waren, mit einem Brief an Walter Ulbricht gewandt, in dem es hieß: »Um den Schülern aber Geschichte richtig darstellen zu können, ihnen die Zusammenhänge in der Entwicklung der menschlichen Gesellschaft gut zu erklären, das heißt

---

schaften an ZK-Abt. Sicherheit: Mitteilung von Ernst Laboor über ein Gespräch mit Eduard Winter, 22.11.1963. SAPMO B-Arch, DY 30, IV A 2/12/137).
237 1953 hatte er die Mitherausgeberschaft noch abgelehnt; vgl. Haun: Zur Entwicklung der marxistisch-leninistischen Geschichtswissenschaft der DDR, S. 68, Anm. 7.
238 Vgl. Kowalczuk: »Wo gehobelt wird, da fallen Späne«, S. 315.
239 Vgl. zur Biographie aus DDR-Sicht Grau: Eduard Winter.
240 1958 schrieb Winter, daß die Geschichtsschreibung der kapitalistischen Länder lediglich zum Ziel habe, die Geschichte der Sowjetunion zu verfälschen (E. Winter an den Rektor der HUB, 27.1.1958. UA der HU, Nr. 555).
241 Winter: (Stellungnahme); vgl. auch unten S. 332.
242 Der liegt im umfangreichen Nachlaß Eduard Winters (ABBAdW).
243 Ausführlich vgl. Schäfer: Karl Griewank, S. 205–207.
244 SAPMO B-Arch, DY 30, IV 2/904/92, Bl. 7.
245 Stenographische Niederschrift über die 4. Tagung des ZK der SED vom 17. bis 19.1.1951. Ebenda, IV 2/1/91, Bl. 183–184.
246 Schäfer: Karl Griewank, S. 207.

materialistisch, muß uns bei unserem Studium die Möglichkeit gegeben sein, die Geschichte so und nicht anders studieren zu können. [...] Wir können zwar von bürgerlichen Professoren und Dozenten ein großes Faktenwissen erwerben, auch wenn diese Lehrkräfte noch nicht ganz auf unserem, das heißt dem materialistischen Standpunkt stehen. Wir lehnen es aber ab, heute noch Geschichtsvorlesungen zu hören, die rein idealistisch aufgebaut sind. Eine solche Geschichtsvorlesung wird uns z. B. von der Dozentin Frl. Dr. Höß vermittelt. In den Seminaren zu den Vorlesungen der Dozentin Frl. Dr. Höß sieht es nicht viel anders aus.«[247] Konkret warfen die Studierenden Irmgard Höß vor, sie habe Franz Mehring unter Hinweis auf den fehlenden Zugang zu Archiven als »nicht ganz wissenschaftlich« bezeichnet, schreibe die Grundideen des Merkantilismus Jean-Baptiste Colbert zu, behaupte, Martin Luther sei von den Bauern nicht verstanden worden, und halte den Klassenkampf nicht für den allein entscheidenden Faktor historischer Entwicklungen. Diese Vorwürfe bedürfen keiner Kommentierung.

Dem Brief der Studierenden an Ulbricht schloß sich eine Reihe von internen Veranstaltungen der SED an.[248] Sie standen unter dem Motto, den »Kampf gegen unwissenschaftliche Lehren an unserer Universität zu organisieren«. Kategorisch behaupteten Angehörige der Pädagogischen Fakultät: »Da werden teilweise noch von den Angehörigen unseres Lehrkörpers Meinungen und sogenannte wiss[enschaftliche] Ausführungen an unsere Studenten herangebracht, die, wenn nicht gar wissenschaftsfeindlich, so zumindest doch unwissenschaftlich sind, die unwissenschaftlich sein müssen, weil sie nicht auf dem Boden des dial[ektischen] und hist[orischen] Mat[erialismus] an ihren Gegenstand herangehen.«[249]

Daß diese Kampagne gegen eine nichtmarxistische Historikerin kein Einzelfall war, zeigen ähnliche Vorwürfe gegen den Greifswalder Adolf Hofmeister. Ihm warfen SED-Funktionäre vor, daß er Heinrich I. »als Mensch« und nicht als Herrscher und Unterdrücker in seinen Vorlesungen schildere.[250]

Den politisch-ideologischen Ausgangspunkt für die Angriffe gegen diejenigen Historiker, die nicht mit der SED sympathisierten, formulierte Lothar Berthold in einem Beitrag für die *Universitätszeitung Jena* unter der Überschrift »Was lehrt uns der Historiker Stalin?« Darin stellte er fest,

---

247 Brief an Walter Ulbricht, 25.11.1952. SAPMO B-Arch, NY 4182/934, Bl. 78–79.
248 Vgl. dazu auch die Interviewpassagen mit Irmgard Höß in Zumschlinge: Geschichte der Historiographie der DDR, S. 69–70.
249 Referat zur Arbeitstagung der FPO Pädagogen (Jena), 24.1.1953. SAPMO B-Arch, DY 30, IV 2/904/81, Bl. 8.
250 Stenographische Niederschrift der Tagung der Sekretäre der Hochschul-Parteiorganisationen im ZK der SED, Abt. Propaganda, 9.12.1950. Ebenda, NY 4182/933, Bl. 70–71. Allerdings wurde Hofmeister einige Jahre später auch ausdrücklich wegen seiner Vorlesungen gelobt. Vgl. Arbeitstagung der Parteisekretäre der Fachschaft Historiker der Universitäten am 18.12.1953. Ebenda, IV 2/904/95, Bl. 8.

daß sich eigentlich nur derjenige als Historiker bezeichnen könne, der von der Theorie und Methode des historischen Materialismus ausgehe und diese auch den Studierenden vermittle.[251] Daß aber auch das noch nicht ausreiche, um ungeschoren davonzukommen, zeigt das dritte Beispiel aus Jena.

Im Juni 1951 bat der Neuzeithistoriker Hugo Preller um seine Entbindung als Direktor des Seminars für Neueste Geschichte. Dieses Seminar war 1950 gebildet worden, wobei es als selbstverständlich angesehen worden war, »dass das Institut für neueste Geschichte nur den dialektischen Materialismus als wissenschaftliche Grundlage haben kann«.[252] Preller sagte von sich, er sei »ein überzeugter Anhänger des historischen Materialismus in dem von Stalin entwickelten Sinne«.[253] Tatsächlich waren sein Assistent, Lothar Berthold, und vier seiner Hilfsassistenten Mitglieder der SED, und, wie er anfügte, »mindestens drei davon jugendlich radikale Marxisten«.[254] Zwischen Preller und seinem Assistenten bzw. seinen Hilfsassistenten – darunter neben Lothar Bertold auch Kurt Pätzold und Wolfgang Schumann – kam es zu Auseinandersetzungen, die darum gingen, ob die Normen des akademischen Lebens und die Standards des wissenschaftlichen Arbeitens trotz parteilicher Standpunkte einzuhalten seien oder ob, wie die Radikalen meinten, vor allem die Vorherrschaft der SED zu sichern sei. Nachdem die Hilfsassistenten praktisch die Arbeit verweigerten, selbstherrlich darüber entschieden, welche Bücher angeschafft werden müßten und welche auf gar keinen Fall, trotz eines entsprechenden Votums Prellers, und nachdem auf Prellers Monitum, daß vor unseren wissenschaftlichen Arbeiten »auch der politisch Andersdenkende Achtung haben müsse«, ihm ein Hilfsassistent mit den Worten »Darauf kommt es gar nicht an« über den Mund fuhr, war für Hugo Preller die Toleranzbreite erschöpft.[255] Er resignierte und gab seine Position auf. Die Radikalen hatten gesiegt. Dieser Vorgang macht deutlich, daß es tatsächlich weniger um eine Haltung, als vielmehr um das richtige Parteibuch ging. Hier zeigt sich zudem, daß die kommunistischen Historiker sich sogar als unfähig erwiesen, mit jenen Nichtkommunisten zusammenzuarbeiten, die prinzipiell dem historischen und dialektischen Materialismus offen und wohlwollend gegenüberstanden.

---

251 Lothar Berthold: Was lehrt uns der Historiker Stalin?, in: Universitäts-Zeitung Jena Nr. 15/1951, S. 10.
252 Verwaltung der Friedrich-Schiller-Universität an SfH, betr. Seminar für neueste Geschichte Prof. Preller, 18.6.1951. BAP, R 3, 1598, Bl. 285.
253 Hugo Preller an SfH, 3.7.1951. Ebenda, Bl. 278.
254 Ebenda.
255 Ebenda, Bl. 280.

Es war für das gesellschaftliche System des Ostblocks konstitutiv, daß die Kommunisten bei ideologischen Richtungsänderungen »Feinde« und »Abweichler« auf allen Ebenen und in allen Institutionen suchten und auch fanden. Stalin hatte es im Juli 1936 als die unveräußerliche Eigenschaft eines jeden Kommunisten bezeichnet, »daß er einen Gegner der Partei zu erkennen vermag, auch wenn er sich noch so gut tarnt«.[256] Dieser Grundsatz Stalins war ein in der frühen DDR gültiges Prinzip. Deshalb kam es auch innerhalb der marxistisch-leninistischen Wissenschaftlergemeinschaft permanent zu ideologischen Auseinandersetzungen. Es gab praktisch niemanden, ob nun Engelberg, Stern, Meusel, Kuczynski, Markov, Klein, Streisand usw., der nicht ein- oder mehrmals Gegenstand mehr oder weniger heftiger Kritik gewesen wäre. Das dabei angewandte Schema war zumeist ähnlich: Entsprechend der politischen Lage bezichtigten die Funktionäre heute jemanden des Sektierertums und morgen der Anbiederung gegenüber bürgerlichen Historikern oder heute des Revisionismus und morgen des Dogmatismus. Ernsthafte Folgen sind in aller Regel bei den Historikern nicht nachweisbar. Hinzu kamen persönlich motivierte Auseinandersetzungen.[257] Die persönlichen Animositäten begannen schon nach Kriegsende und sind allen überlieferten Materialien zu entnehmen. Diese Kompetenzstreitigkeiten und Eifersüchteleien belasteten den Konstituierungsprozeß der DDR-Geschichtswissenschaft. Allerdings besitzen solche persönlich motivierten Auseinandersetzungen in einem totalitär verfaßten System eine prinzipiellere Bedeutung als in einer freiheitlichen Demokratie. Denn in einem kommunistischen System ging es eben nicht nur um Kompetenzen, Ressourcen und politischen Einfluß, sondern zugleich um das wissenschaftliche Überleben des einzelnen. Wer in solchen »Kämpfen« unterlag, war oft zeitweise oder zeitlebens an den Rand gedrängt oder aus dem wissenschaftlichen Leben ausgegrenzt. Darüber hinaus gab es aber auch politisch intendierte Auseinandersetzungen, denen SED-Mitglieder zum Opfer fielen.[258]

Bei der Vorbereitung von Schauprozessen, die als Folge des Prozesses gegen den früheren Generalsekretär der Kommunistischen Partei der Tschechoslowakei, Rudolf Slánsky, in der DDR inszeniert werden sollten,[259] löste zum Beispiel am Museum für Deutsche Geschichte die SED-Leitung Helmut Eschwege am 26. Januar 1953 als Leiter der Abteilung Sammlung ab.[260] Eschwege schrieb dazu in seiner Autobiographie: »Prof. Dr. Alfred Meusel, der Direktor des Museums, mit dem ich nach einer 15-monatigen Tätigkeit zum ersten Mal sprach, nannte mir als Grund für

---

256 Zit. in Arendt: Elemente und Ursprünge totaler Herrschaft, S. 487.
257 Vgl. ausführlicher S. 170–171; 249–254.
258 Vgl. auch unten S. 224–227.
259 Vgl. Weber: Schauprozeß-Vorbereitungen in der DDR.
260 Erstmals wies darauf hin Ders.: »Weiße Flecken« und die DDR-Geschichtswissenschaft, S. 150–151.

meine Degradierung, es habe sich herausgestellt, daß mein Briefwechsel nicht sachgemäß geführt werde. Auch die Nazizeitung ›Der Angriff‹, in der Hitler gegen den Marxismus argumentiert habe, sei ausgelegt vorgefunden worden. Beides stimmte nicht.«[261]

Die SED-Genossen am Museum für Deutsche Geschichte enttarnten ein Parteimitglied als Feind und stellten damit, so wie es der Beschluß der SED-Führung zum Slánsky-Prozeß forderte,[262] die ideologische Klarheit der Parteiorganisation unter Beweis. In einer Stellungnahme der Parteileitung des Museums hieß es in direktem Anschluß an die offizielle Stellungnahme des ZK der SED zum Slánsky-Prozeß: »Es ist offensichtlich, dass Genosse Eschwege hier nach dem Deckmantel der Kritik Ansätze zu Zersetzungs- und Fraktionsarbeit gezeigt hat. Es ist offensichtlich, dass er mit dem schmutzigen Mittel, Genossen des Antisemitismus zu bezichtigen, die berechtigte Kritik von sich abzuwehren versucht hat. Das sind objektiv die gleichen Methoden, mit denen die Slánsky-Bande in der ČSR gewühlt hat. Ein solches Verhalten arbeitet den Imperialisten in die Hände ...«[263] Die Wurzeln für Eschweges Verhalten sah die SED-Parteileitung des Museums in seinen »bürgerlich-nationalistischen Ansichten«. Tatsächlich denunzierten die Genossen Eschwege als »Sprachrohr der Imperialisten«[264], weil er Vorsitzender der Jüdischen Gemeinde war, jiddische Zeitungen las und weitergab, jüdische Flüchtlinge in Westberlin besucht hatte und als Emigrant in Palästina gewesen war. Er kam einer bevorstehenden Entlassung mit seiner Kündigung am 25. März 1953 zuvor. Wenig später schloß die SED den ehemaligen Sozialdemokraten aus ihren Reihen aus. Helmut Eschwege erlitt daraufhin – »wie es sich für einen guten Genossen geziemte«[265] – einen Nervenzusammenbruch. Er blieb in der DDR ein Außenseiter, allerdings ein produktiver. So veröffentlichte er zum Beispiel 1966 das Buch »Kennzeichen J« und 1984 das Buch »Selbstbehauptung und Widerstand«, wegweisende Bücher, die auch in der DDR erschienen und das Schicksal deutscher Juden 1933 bis 1945 beleuchteten.

---

261 Eschwege: Fremd unter meinesgleichen, S. 73.
262 Vgl. Lehren aus dem Prozeß gegen das Verschwörerzentrum Slánsky. Beschluß des ZK der SED vom 20. Dezember 1952, in: Dokumente der SED. Band 4, S. 199–219.
263 Stellungnahme der Parteileitung zur Angelegenheit des Genossen Eschwege. SAPMO B-Arch, NY 4198/86, Bl. 117.
264 Ebenda.
265 Eschwege: Fremd unter meinesgleichen, S. 76.

Wissenschaft contra Propaganda.
Die ersten wissenschaftlichen Arbeiten

Auf der 8. Tagung des ZK der SED im Februar 1952 äußerte Walter Ulbricht ungewöhnlich offen, wie die historische Forschung in der DDR zu organisieren sei. An Paul Wandel gerichtet, der sich über die schlechte Qualität der Geschichtsbücher beschwert hatte, sagte der Generalsekretär: »Wir fangen nicht mit der Kritik bei euch an, sondern bei uns. Wir können nicht von euch verlangen, daß ihr die Geschichtsfragen der einzelnen Perioden der deutschen Geschichte richtig ausarbeitet. Das kann nur ein Kollektiv unter Leitung des Politbüros machen; anders geht es nicht.«[266] Es bedarf kaum eingehender Belege dafür, daß die wichtigsten Darstellungen der DDR-Geschichtswissenschaft aus den ersten beiden Jahrzehnten nach eben diesem Schema zustande kamen. Sowohl das zwölfbändige Lehrbuch für deutsche Geschichte als auch die achtbändige Geschichte der deutschen Arbeiterbewegung erarbeiteten die Historiker unter direkter Anleitung und Kontrolle des SED-Politbüros. Noch 1964, anläßlich einer Beratung des Autorenkollektivs zur Ausarbeitung der Geschichte der deutschen Arbeiterbewegung, wiederholte Ulbricht die Formel von 1952: »Hier in diesem Kollektiv muß alles offen ausgesprochen werden, auch unangenehme Fragen, und dann werden wir entscheiden, was hereingenommen wird und was nicht, in welchem Ausmaß und in welcher Weise. Wir sind hier keine Abteilung des Außenministeriums, wo wir uns diplomatisch über bestimmte Fragen der Weltpolitik unterhalten, sondern es muß exakt beraten werden, und der Autor bekommt dann exakte Hinweise, in welcher Weise der Band fertiggemacht wird.«[267]

Die SED-Historiker teilten in der Regel solche Auffassungen. Der »demokratische Zentralismus« in Partei und Staat bewirkte beim einzelnen Forscher, daß er auf Anweisungen »von oben« wartete. Schon 1947 forderte Heinz Kamnitzer, daß die Parteiführung den Geisteswissenschaften »präzise Aufgabenstellungen« zuweisen müsse.[268] Die Furcht davor, Fehler zu machen, ließ viele Historiker wie das Kaninchen vor der Schlange erstarren. Den SED-Historikern blieb in den ersten Jahren oftmals nichts anderes übrig, als sich immer und immer wieder auf die Klassiker zu berufen. Alfred Meusel etwa bekräftigte im Dezember 1952, daß aus dem Werk Stalins »die Lehren und die Konsequenzen« gezogen werden, »die für unsere Beschäftigung mit der Geschichte des deutschen Vol-

---

266 Ulbricht: Die ideologisch-politisch-organisatorische Arbeit der Partei, S. 167.
267 Stenographische Niederschrift der Beratung des Autorenkollektivs zur Ausarbeitung der dreibändigen Geschichte der deutschen Arbeiterbewegung am 12./13.11.1964. SAPMO B-Arch, NY 4182/1352 (S. 19).
268 Stenographische Niederschrift über die Konferenz von Angehörigen der Hochschulen (Hochschulausschuß) am 22./23.11.1947. Ebenda, IV 2/904/6, Bl. 275.

kes wichtig sind«.[269] Rudolf Lindau beteuerte im selben Jahr, daß Lenin und Stalin »die besten Führer durch die neuere und neueste deutsche Geschichte (sind), und wenn man sich von ihnen führen lässt, kann man sich nicht verirren«.[270] Allerdings wäre es verfehlt, den Historikern lediglich zu unterstellen, daß sie sich dem Druck beugen mußten. Denn für sie gilt im besonderen Maße, daß sie die Ideologie nicht als Belastung empfanden, sondern diese zumeist getreu kommunistischen Grundsätzen verinnerlicht hatten. Insofern existierten zumindest bis zum Mauerbau auch keine ideologischen, methodischen oder wissenschaftlichen Gegensätze zwischen Funktionären und Historikern – das um so weniger, als viele Historiker auch als Funktionäre agierten.

Dennoch war die SED-Führung mit den Leistungen ihrer Historiker in den fünfziger Jahren nicht zufrieden.[271] Ernst Diehl stellte auf einer Arbeitstagung im Dezember 1952 fest, daß von insgesamt 230 wissenschaftlichen Arbeiten, die im Forschungsplan verzeichnet seien, »nur 70 der Zeit 1870–1945 gewidmet« waren.[272] Der zentrale Forschungsplan, den die SED-Führung unter Mitarbeit maßgeblicher SED-Historiker Anfang der fünfziger Jahre erstmals erarbeitete, sollte sowohl das planwirtschaftliche Prinzip in die Forschung einführen als auch die beteiligten Wissenschaftler disziplinieren und ihren Forscherdrang lenken. Rigoros strichen die SED-Funktionäre Themen, die vor allem bürgerliche Historiker ihren Schülern als Diplom- oder Dissertationsthemen zugeteilt hatten. Die Themen waren nach Ansicht der SED-Funktionäre zu »objektivistisch«, wiesen keine Berührungspunkte mit dem Lehrbuch auf, behandelten »falsche« Epochen oder entzogen sich von ihrer Anlage her der marxistisch-leninistischen Methode.[273] Kategorisch erklärten die Funktionäre zudem: »Jede Änderung des Forschungsplanes ... ist unzulässig. Ergänzungen bedürfen der ausdrücklichen Bestätigung. [...] Die Durchführung des Forschungsplanes wird durch das Staatssekretariat und die Propaganda-Abteilung [des ZK der SED – d. Verf.] kontrolliert.«[274]

Die SED-Funktionäre hatten Anfang der fünfziger Jahre berechtigten Grund, unzufrieden mit den Historikern zu sein. Obwohl die SED-Studenten und in zunehmendem Maße die SED-Lehrkräfte die Institute

---

269 Stenographische Niederschrift der Theoretischen Konferenz der SED über das Werk des Genossen J. W. Stalin »ÖkonomischeProbleme des Sozialismus in der UdSSR«, 13./14.12.1952. Ebenda, IV 2/101/213, Bl. 118.
270 Stenographische Niederschrift der Theoretischen Konferenz der Abt. Propaganda im ZK der SED über »Lenin und die Geschichte der deutschen Arbeiterbewegung« am 20. Januar 1952 in Berlin. Ebenda, IV 2/101/181, Bl. 31.
271 Vgl. dazu auch öffentlich Diehl: Wie erfüllen unsere Historiker ihre Aufgaben?
272 Protokoll der Arbeitstagung in der Abt. Propaganda am 20.12.1952 zur Festlegung des Forschungsplanes. SAPMO B-Arch, DY 30, IV 2/904/101, Bl. 67.
273 O. Verf., o. T., 7.1.1953 (Kritik an der Forschung). Ebenda, IV 2/904/52, Bl. 5–10.
274 Protokoll der Arbeitstagung in der Abt. Propaganda am 20.12.1952 zur Festlegung des Forschungsplanes. Ebenda, IV 2/904/101, Bl. 74.

politisch und ideologisch dominierten, standen sie wissenschaftlich zumeist deutlich hinter den bürgerlichen Historikern zurück.

Zwischen 1946 und 1954 verteidigten an den Hochschuleinrichtungen insgesamt 154 Personen ihre Dissertationen oder Habilitationsschriften.[275] Davon wurden 40 in Berlin (= 26%), 39 in Jena (= 25,5%), 31 in Leipzig (= 20%), 23 in Halle (= 15%), 14 in Greifswald (= 9%), 4 in Rostock (= 2,5%) sowie drei an der Landeshochschule bzw. Pädagogischen Hochschule Potsdam (= 2%) verteidigt. Überraschend ist der hohe Anteil der Universität Jena, wo zu jener Zeit vor allem bürgerliche Professoren lehrten. Nach einzelnen Jahren aufgeschlüsselt, ergibt sich folgendes Bild: 1946 = 5 (= 3%); 1947 = 9 (= 6%); 1948 = 12 (= 8%); 1949 = 14 (= 9%); 1950 = 14 (= 9%); 1951 = 29 (= 19%); 1952 = 27 (= 17,5%); 1953 = 18 (= 11,5%) und 1954 = 26 (= 17%). Das bedeutet, daß die Graduierungsschriften quantitativ ab 1951 anstiegen,[276] also ab jenem Jahr, als die ersten Nachkriegssemester zur Promotion gelangten. Aufschlußreich ist die Verteilung auf einzelne Zeitabschnitte. Auf die Ur-, Früh- und Alte Geschichte entfielen 25 Arbeiten (= 16%), auf das Mittelalter 50 (= 33%), auf die Frühe Neuzeit 37 (= 24%), auf das 19. Jahrhundert 31 (= 20%), auf die Weimarer Republik und den Nationalsozialismus 8 (= 5%) und auf die Zeit nach 1945 3 (= 2%). Die Zahlen belegen, daß die Themenfelder, die die Funktionäre ihren Historikern zugedachten, noch nicht einmal dreißig Prozent ausmachten. Das veränderte sich ab 1954/55 gründlich.[277] Denn erst jetzt gelangte die Masse der SED-Studenten zur Promotion. Es zeigte sich zugleich, daß in den ersten Nachkriegsjahren – wenn man nur nach den Themen geht – noch Spielräume existierten, die vor allem die bürgerlichen Historiker nutzten.

Mit den quantitativen Angaben sind keinerlei qualitative Aussagen verbunden.[278] Eine Gesamtwürdigung des marxistisch-leninistischen Schrifttums kann hier nicht erfolgen.[279] Vielmehr geht es darum, einige dominierende Grundlinien aufzuzeigen.

Aus den ersten Jahren der SBZ/DDR sind nicht viele veröffentlichte Arbeiten von marxistisch-leninistischen Historikern überliefert. Bestand

---

275 Alles folgende errechnet nach Lücke: Sowjetzonale Hochschulschriften. Albrecht Timm zählte nur 76 Dissertationen, legte aber seine Quellenbasis nicht offen; vgl.: Das Fach Geschichte in Forschung und Lehre, S. 46.
276 1953 bildete mit einem Rückgang in den fünfziger Jahren eine Ausnahme.
277 Siehe unten S. 285–287.
278 Aus zeitgenössischer Sicht vgl. v. a. einprägsam Hehn: Die Sowjetisierung des Geschichtsbildes in Mitteldeutschland; Ders.: Fortschrittliche Geschichtsbetrachtung; Rauch: Das Geschichtsbild der Sowjetzone; Ders.: Das sowjetische und sowjetzonale Geschichtsbild. In der westdeutschen Geschichtswissenschaft existieren Dutzende Studien und Monographien zu Teilaspekten.
279 Vgl. die Selbstdarstellung: Historische Forschungen in der DDR; sowie kritisch, wenn auch die Frühphase nur wenig berücksichtigend und nicht in allen Passagen überzeugend, Dorpalen: German History in Marxist Perspective; kompendienhaft aus westdeutscher Sicht Fischer/Heydemann (Hrsg.): Geschichtswissenschaft in der DDR. Band 2.

haben die Bücher von Karl Obermann und Gerhard Schilfert zur 1848er Revolution.[280] Bekannt ist aus jener Zeit aber vor allem eine Arbeit von Alfred Meusel und Heinz Kamnitzer geworden.[281] Nicht nur in Westdeutschland, sondern ebenso in Ostdeutschland warfen Kritiker diesem Buch fachliche Mängel und Unwissenschaftlichkeit vor. Die Autoren hatten die vorhandene Forschungsliteratur nicht ausgewertet oder sie nicht angegeben. Eine Vielzahl sachlicher Fehler war nachweisbar. Vor allem hielten verschiedene Historiker Kamnitzer, der die Quellenauswahl besorgt hatte, vor, daß er diese lediglich aus früheren Dokumentenbänden übernommen habe, ohne darauf hinzuweisen.[282] Der begründete Plagiatvorwurf ist dennoch zurückgewiesen worden. Auf einer SED-Versammlung der Historiker der Humboldt-Universität sagte ein Genosse: »Welch falsche Vorstellung manche Genossen von der Wissenschaftlichkeit haben, zeige folgendes Beispiel: von parteilosen Studenten wurde Prof. Meusels Buch ... kritisiert, daß es nicht wissenschaftlich sei. Es fehlen Angaben der Quellen und Literaturhinweise. Von Seiten einiger Genossen wurde nicht darüber diskutiert, sondern dieser Ansicht zugestimmt, ohne darauf einzugehen, daß der Wert des Buches im wesentlichen von seinem Inhalt bestimmt wird.« Kamnitzer erwiderte, daß die Impulse zur wissenschaftlichen Auseinandersetzung von der SED kommen müssen. Die Kritik an dem Buch stamme wahrscheinlich von dem bürgerlichen Mediävisten Friedjof Sielaff. Schilfert meinte schließlich: »Bürgerliche Theorien müssen wir entlarven und zerschlagen, wo wir sie treffen.«[283]

Bedeutung erlangte die 1952 konstituierte Forschungsgemeinschaft »Dokumente und Materialien zur Geschichte der deutschen Arbeiterbewegung« in Halle, die Leo Stern leitete.[284] Schon Anfang 1951 hatte Otto Korfes in einer Hausmitteilung des Innenministeriums, dem die Archive unterstanden, darauf hingewiesen, daß die Forschungen Sterns zur Geschichte der deutschen Arbeiterbewegung »staatspolitische Bedeutung« beanspruchen würden.[285] Das unterstreicht sowohl die herausgehobene Stellung von Leo Stern als auch die eminente Funktion der Geschichtsschreibung für das Selbstverständnis des jungen Staates. Obwohl die For-

---

280 Vgl. dazu Dorpalen: Die Revolution von 1848 in der Geschichtsschreibung der DDR; sowie die zeitgenössischen Bermerkungen von Kotowski: Zur Geschichte der Arbeiterbewegung, S. 422.
281 Vgl. Meusel: Thomas Müntzer und seine Zeit.
282 Vgl. die Rezensionen von Franz; Heimpel; Steinmetz; sowie Lange: Wissenschaft im totalitären Staat, S. 146–147.
283 Protokoll der Parteiversammlung der SED-Grundeinheit Historiker vom 18.2.1953, 24.2.1953. SAPMO B-Arch, BPA, IV 4/12/069–1.
284 Vgl. aus SED-Sicht Haun: Die Entwicklung der Forschungsgemeinschaft. Walter Ulbricht schrieb – wie sein Vorbild Stalin 1931 – einen Brief an die Forschungsgemeinschaft, um die Ziele der Arbeit und die wichtigsten Prämissen zu umreißen; vgl. Ulbricht: Brief an die Forschungsgemeinschaft.
285 Otto Korfes: Hausmitteilung, 15.1.1951. BAP, R 3, 250.

schungsgemeinschaft erst 1954 die erste Publikation vorlegte,[286] trug sie wesentlich dazu bei, die Quellenskepsis der marxistisch-leninistischen Historiker allmählich zu überwinden. Denn viele Funktionäre und Historiker gingen damals davon aus, daß sich mit Akten staatlicher Provenienzen die Geschichte nicht wirklich rekonstruieren lasse, da das »Herrschaftsakten« seien, die gegen die Arbeiterklasse gerichtet sind. Demzufolge spiegelten solche Quellen zwar die Herrschaftssicht wider, seien aber für die Geschichte der Arbeiterbewegung wertlos. Innerwissenschaftlich trug die Forschungsgemeinschaft, die 1956 als fünfte Abteilung dem Akademieinstitut eingegliedert wurde,[287] dazu bei, diese Vorbehalte zu überwinden. Da Stern aber in seine Arbeit auch eine Reihe bürgerlicher Archivare und Historiker integrierte, beschleunigte die Forschungsgemeinschaft zugleich den Prozeß, Akten zur Arbeiterbewegung unter direkte Kontrolle des ZK-Apparates zu stellen und eine Vielzahl dieser Akten aus den gewachsenen Beständen herauszulösen, um sie am Marx-Engels-Lenin-Institut zu konzentrieren. Damit war zugleich ein unkontrollierter Zugriff für die Forschung weitgehend unmöglich geworden.[288] Allerdings okkupierte die SED-Führung nicht nur die Aktenbestände, sondern unterstellte zugleich sämtliche Forschungen zur Geschichte der Arbeiterbewegung einer von ihr eingesetzten Kommission, die an ihren Parteiinstituten angebunden war. Dieser 1954 gebildeten Kommission gehörten u. a. Ernst Diehl, Walter Nimtz, Ernst Hoffmann, Karl Obermann, Heinz Kamnitzer, Ernst Engelberg, Leo Stern, Alfred Meusel und Jürgen Kuczynski an.[289] Damit wurde ein Anspruch umgesetzt, der bereits kurz nach 1945 formuliert worden war: Diejenigen historischen Themenfelder, die unmittelbar zu den progressiven Traditionen führen, auf denen die DDR aufbaue, sind nur unter direkter Kontrolle des SED-Apparates zu bearbeiten. Das blieb bis 1989 nicht nur unverändert, sondern wurde über die Jahre hinweg kontinuierlich ausgebaut und erweitert, so daß ein beträchtlicher Prozentsatz der Ergebnisse der DDR-Geschichtswissenschaft unter der direkten Anleitung, Kontrolle und Überwachung der SED-Forschungsinstitutionen zustande kam.

---

286 Stern (Hrsg.): Die Auswirkungen der ersten russischen Revolution.
287 Obermann: Ein Jahr Institut für Geschichte, S. 839. Ursprünglich war geplant, daß die Forschungsgemeinschaft als »Grundstock eines zukünftigen historischen Instituts« bei der DAW fungiere. J. Irmscher (Referent für Gesellschaftswissenschaften der DAW) an K. Hager, 27.8.1953. SAPMO B-Arch, DY 30, IV 2/904/397, Bl. 49.
288 Abt. Wissenschaft und Hochschulen, ZK der SED, Bericht, o. Verf. (Hager o. Diehl), o. D. (Ende Dezember 1953). SAPMO B-Arch, DY 30, IV 2/904/123, Bl. 61–64.
289 Entwurf zum Beschluß über die Geschichte der deutschen Arbeiterbewegung, 21.10.1954. Ebenda, IV 2/907/116. Die Gründung von Kommissionen gehörte gewissermaßen zum Grundinstrumentarium der Planwissenschaft. 1956 wurde z. B. eine Kommission zur »Periodisierung der Geschichte der marxistischen Arbeiterpartei Deutschlands« gebildet, der u. a. Matern, Lindau, Hoffmann, Diehl und Stern angehörten (Protokoll Nr. 14/56 der Sitzung des Sekretariats des ZK der SED am 10.5.1956. Ebenda, I IV 2/3/512, Bl. 17).

Für den Konstituierungsprozeß der DDR-Geschichtswissenschaft[290] von eminenter Bedeutung war schließlich die Gründung der *Zeitschrift für Geschichtswissenschaft* (ZfG) 1953.[291] Die Herausgabe der ZfG, die sich nach Vorstellungen Meusels sinnigerweise »Historische Zeitschrift« nennen sollte,[292] wurde von der SED-Führung am 21. August 1952 beschlossen.[293] Ursprünglich sahen die Pläne vor, daß neben die Herausgeber Meusel, Stern und Kamnitzer weitere Mitherausgeber (Engelberg, Obermann, Paterna, Schreiner, Schilfert) treten sollten. Es war außerdem beabsichtigt, bürgerliche Professoren für die Mitherausgeberschaft zu gewinnen. Das gelang jedoch nicht. Offensichtlich beschränkte man deshalb auch den Kreis der Herausgeber auf die drei Erstgenannten. Als Redaktionssekretäre ernannte die SED-Führung Joachim Streisand und Fritz Klein. Die Gründung der ZfG erwies sich nach den Beschlüssen der 7. Tagung vom Oktober 1951 als notwendig, um den marxistisch-leninistischen Historikern ein eigenes Periodikum zu bieten. Die seit 1948 erscheinende Zeitschrift *Geschichte in der Schule* richtete sich an die Geschichtslehrer. Die *Einheit*, die zwar auch als »Organ für die Historiker der DDR« galt,[294] eignete sich nicht als Publikationsort für wissenschaftliche Arbeiten. Die ZfG sollte diese Lücke füllen.

Meusel stellte der neuen Zeitschrift im Sommer 1952 ihre grundlegenden Aufgaben: Sie sollte den Kampf »für den Abschluss eines Friedensvertrages, die Wiederherstellung der Einheit Deutschlands und den Aufbau des Sozialismus« fördern. In ihr war Stellung zu nehmen gegen alle schädlichen Ideologien. Im Rezensionsteil waren die Arbeiten aus der DDR und der Sowjetunion zu würdigen sowie eine Auseinandersetzung mit der westdeutschen Literatur zu führen. Vor allem aber sollten in der Zeitschrift Arbeiten erscheinen, die Aspekte der deutschen Geschichte beleuchteten. »Selbstverständlich soll sie keine dem Marxismus-Leninismus feindlichen Arbeiten veröffentlichen; aber sie darf nicht davor zurückschrecken, Artikel zu publizieren, in denen bürgerliche Anschauungen zum Ausdruck kommen.«[295]

Diesen Ansprüchen folgten auch die Planungen, die Klein und Streisand betrieben. Allerdings konnten sie von den ursprünglich geplanten

---

290 Zu weiteren Problemfeldern vgl. insbesondere folgende Arbeiten aus SED-Sicht von Haun: Die erste Periodisierungsdiskussion in der Geschichtswissenschaft der DDR; Ders.: Die Diskussion über Reformation und Bauernkrieg; sowie Ders.: Erste Theorie-Diskussionen in der Geschichtswissenschaft der DDR.
291 Zur ZfG liegen bisher nur ein unkritischer und zwei Zeitzeugenberichte vor; vgl. Ders./Heinz: Zur Gründung der »Zeitschrift für Geschichtswissenschaft«; sowie Klein: Dokumente aus den Anfängen der ZfG; Kuczynski: Frost nach dem Tauwetter.
292 A. Meusel, Betr. Historische Zeitschrift, 16.7.1952. SAPMO B-Arch, DY 30, IV 2/904/114, Bl. 3.
293 Protokoll Nr. 189/52 der Sitzung des Sekretariats des ZK vom 21. August 1952. Ebenda, I IV 2/3/318, Bl. 3.
294 O. Verf., o. T., 7.1.1953 (Kritik an der Forschung). Ebenda, IV 2/904/52, Bl. 7.
295 A. Meusel, Betr. Historische Zeitschrift, 16.7.1952. Ebenda, IV 2/904/114, Bl. 3–4.

Artikeln in den ersten Heften nur relativ wenige veröffentlichen.[296] Ebenso gelang es erst im April 1953, das erste Heft herauszubringen,[297] das ursprünglich schon im vierten Quartal 1952 bzw. zum 1. März 1953 hätte erscheinen sollen. Die Verzögerungen deuten sowohl auf die Unerfahrenheit der Beteiligten und die mangelnden ökonomischen Bedingungen als auch auf die ungenügende Professionalität und Arbeitsüberlastung der Autoren hin.

Der erste Jahrgang der ZfG zeigt die Schwerpunktsetzung der DDR-Geschichtswissenschaft. Das zweite Heft war zum Beispiel aus Anlaß des Karl-Marx-Jahres 1953 dem Begründer des wissenschaftlichen Sozialismus gewidmet. Neben Nachdrucken von Stalin und Marx finden sich sechs Beiträge über Marx (u. a. Streisand, Gemkow, Gentzen), die allesamt der kanonischen Lesart verbunden waren. Aber nicht nur diese Beiträge belegen den geschichtspropagandistischen Charakter der DDR-Geschichtswissenschaft in der Frühzeit. Im ersten und dritten bis fünften Heft druckte die Redaktion Beiträge über die Bedeutung theoretischer Schriften von Stalin für die Beschäftigung mit der deutschen Geschichte ab (Kuczynski, Schilfert, Gentzen, Obermann), im sechsten eröffnete Leo Stern die aggressive Auseinandersetzung mit der bürgerlichen Geschichtsschreibung.[298] Hinzu kamen in jedem Heft eine Vielzahl von Informationsberichten, die den Neuaufbau der Geschichtswissenschaft in der DDR dokumentierten.

Qualifizierte wissenschaftliche Arbeiten im engeren Sinn blieben auf den insgesamt 999 Seiten des ersten Jahrgangs deutlich unterrepräsentiert. Kamnitzer veröffentlichte im ersten Heft nach Hartungs Urteil einen »miserablen Aufsatz ..., der sachlich gar nichts Neues bringt, dafür durch Verschweigen der Beziehungen zwischen Stein und England den Anschein erwecken möchte, als sei die Befreiung Deutschlands 1813 nur durch die Verbindung Preussens, das die Rolle der heutigen DDR spielte, und Russland zustande gekommen«.[299] Zudem basierte der Aufsatz auf einem bereits 1949 veröffentlichten Buch von Kamnitzer. Außerdem kam in den ersten Heften eine Staatsexamensarbeit über den sächsischen Bauernaufstand von 1790 zum Abdruck, die die revolutionären Traditionen von Unterschichten beweisen wollte. Auch die Beiträge der folgenden Hefte basierten entweder auf bereits publizierten Studien oder waren ausgesuchten Aspekten der Geschichte der Arbeiterbewegung gewidmet. Hinzu traten die ersten Dispositionsentwürfe für das Lehrbuch, wegweisende Beiträge von Ulbricht und Stalin sowie ein knapper Literaturteil, in

---

296 ZfG-Inhaltsverzeichnis (mit Anschreiben vom 11.9.1952). Ebenda, Bl. 5–7; sowie ebenda, Bl. 51–55.
297 ND vom 12.4.1953.
298 Im dritten Heft erschien bereits ein Beitrag von Günter Paulus über die »Verfälschung der Geschichte des zweiten Weltkrieges in der westdeutschen Geschichtsschreibung«.
299 F. Hartung an G. Ritter, 23.5.1953. AVHD, MPI.

dem mit einer Ausnahme die Rezensenten nur Bücher aus der DDR oder der UdSSR besprachen. Insgesamt spiegelt sich in der ZfG zweierlei eindrucksvoll wider: Zum einen ist marxistisch-leninistische Geschichtswissenschaft »kein Selbstzweck, sondern ist dazu bestimmt, den Kampf aller deutschen Patrioten nach ihren Kräften zu unterstützen«.[300] Die ZfG war daher »eine scharfe Waffe in dem Daseinskampf unseres Volkes für Frieden, Einheit, Demokratie und Sozialismus«.[301] Zum anderen zeigte sich, daß die Geschichtsforschung trotz der programmatischen Ankündigungen kaum zu mehr in der Lage war, als geschichtspropagandistische Werke zu liefern. Wenn aber einzelne Autoren versuchten, das zu umgehen – wie weitgehend Obermann in seinem Beitrag –, dann folgte intern harsche Kritik.[302]

Ludwig Dehio, der damalige Herausgeber der *Historischen Zeitschrift*,[303] hatte 1954 gute Gründe zu der Bemerkung, daß die *Zeitschrift für Geschichtswissenschaft* höchstens »zeitgeschichtlichen Quellenwert« beanspruchen könne.[304] Im November 1952 stellte der Philologe und Ethnologe Wolfgang Steinitz in Anwesenheit Wilhelm Piecks fest, daß die Leistungen der Geschichtswissenschaft seit 1946 »nicht sehr berauschend gewesen« seien.[305] Ende 1954 hätte das Urteil nicht anders ausfallen können.[306]

---

300 Aus dem Vorwort der ZfG, 1(1953), S. 6, verfaßt von Klein und Streisand.
301 Ebenda.
302 Einschätzung der »Zeitschrift für Geschichtswissenschaft« durch ein Kollektiv der Abteilung Geschichte der Partei (am MEL-Institut), o. D. SAPMO B-Arch, DY 30, IV 2/904/114, Bl. 84–100.
303 Vgl. zur Biographie Berghahn: Ludwig Dehio.
304 Dehio: Zeitschrift für Geschichtswissenschaft.
305 Stenographische Niederschrift der Besprechung anläßlich des Empfangs einer Delegation der DAW beim Präsidenten der DDR, Wilhelm Pieck, 26.11.1952. SAPMO B-Arch, DY 30, IV 2/101/209, Bl. 20.
306 Darüber können auch Darstellungen von SED-Historikern kaum hinwegtäuschen; vgl. z. B. Haun: Das Karl-Marx-Jahr 1953.

»Für eine kämpferische Geschichtswissenschaft«.[1]
Die Historiker im Krisenjahr 1953

»Das Herz des größten Menschen unserer Epoche, des Genossen J. W. Stalin, hat aufgehört zu schlagen.« Am 7. März 1953 informierte das *Neue Deutschland* auf seiner Titelseite mit dieser Balkenüberschrift und einem die Seite fast ausfüllenden, schwarzumrandeten Bild Stalins die Leserschaft über das Hinwegscheiden des Generalissimus. Für viele Kommunisten brach eine Welt zusammen. Sie konnten nicht begreifen, daß »irdische Götter« sterblich sind.[2] Für die Gegner des kommunistischen Systems bestand demgegenüber kein Grund zur Trauer.[3]

Im Todesjahr Stalins erlebte das »kommunistische Weltsystem« die ersten Aufstände gegen die Herrschaft der Partei. Vor allem *der* 17. Juni symbolisierte den Willen der Bevölkerung, das diktatorische Gesellschaftssystem zu beseitigen. Dieser *gescheiterten Revolution* folgten in den nächsten Jahren und Jahrzehnten weitere, die aber erst 1989 von Erfolg gekrönt wurden. Begonnen haben sie allerdings nicht in der DDR – wie oftmals angenommen wird –, sondern in der tschechischen Stadt Plzeň, die sich Anfang Juni 1953 einen Tag lang in der Hand von Demonstrierenden befand.[4] Die Unzufriedenheit mit den wirtschaftlichen und sozialen Zuständen hatte Arbeiter der Stadt und der Umgebung zu politischen Forderungen und Aktionen gedrängt. Erst als herbeigerufene Einheiten des Staatssicherheitsdienstes, nachdem sich das Militär geweigert hatte, den Aufstand niedergeschlagen hatten, zog allmählich wieder »Ruhe« ein.[5] Die Ereignisse in der DDR hingegen erstreckten sich über einen längeren Zeitraum, erfaßten das gesamte Land und sollten zur traumatischen Erfahrung der kommunistischen Führung werden.

Kein gesellschaftlicher Bereich blieb von den Vorgängen 1953 unberührt. Auch die Historiker bekamen kurz- und langfristig die Folgen der 1953er Krise und ihrer Bewältigung zu spüren. Langfristig war vor allem die apologetische Deutung als »faschistische Konterrevolution« durch die Historiker belangvoll. Kurzfristig hatten dagegen politische Auseinandersetzungen Bedeutung.

Der Etablierungsprozeß der DDR-Geschichtswissenschaft war bis 1953 ein entscheidendes Stück vorangekommen. Zwar existierten nur wenige wissenschaftlich beachtenswerte Werke von marxistisch-leninistischen

---

1   So der Titel einer Broschüre von Leo Stern.
2   Wolkogonow: Stalin, S. 766.
3   Vgl. zu den Reaktionen auf Stalins Tod Schmidt: Als Stalin starb, sowie auch Kowalczuk: »Wir werden siegen, weil uns der große Stalin führt!«, S. 202–203; Mitter/Wolle: Untergang auf Raten, S. 173–180.
4   In vier Städten, darunter Plzeň und Prag, kam es zu insgesamt 129 Streiks; vgl. Kaplan: Die Überwindung der Regime-Krise nach Stalins Tod, S. 13.
5   Vgl. knapp Brogan: Eastern Europe, S. 92; Seton-Watson: Rußland und Osteuropa, S. 208–209.

Historikern, dafür aber war die historische Forschung und Ausbildung weitgehend unter Kontrolle der SED. Das Jahr 1953 bildete für die Geschichtswissenschaft der DDR einen Einschnitt: Die gesellschaftliche Krise blieb nicht ohne Folgen.[6]

Mitarbeiter der Abteilung Wissenschaft und Hochschulen beim ZK der SED stellten im August 1953 fest, daß sich bei zahlreichen Historikern am 17. Juni gezeigt habe, daß es ihnen an fester Verbundenheit zur SED und zur DDR mangele.[7] Sie hoben demgegenüber einige Historiker hervor, die eine besonders »konsequente und kämpferische Haltung« gezeigt hätten. Als beispielhaft dafür nannten sie Ernst Engelberg, Albert Schreiner und Heinz Kamnitzer. Auch als sich im Dezember 1953 die SED-Parteisekretäre der Historischen Institute zu einer Arbeitstagung trafen, überwog die Kritik an der Haltung der Historiker während der Juni-Ereignisse.[8] Ein Mitarbeiter des ZK der SED, Rolf Dlubek, faßte die Einschätzung der einzelnen Parteisekretäre zusammen: »In allen Parteigruppen sind kleinbürgerliche Schwankungen aufgetreten. Nicht alle Parteileitungen waren ihrer Aufgabe gewachsen.«[9] Die Einschätzungen, die Wochen oder Monate nach dem 17. Juni erfolgten, unterschieden sich zum Teil erheblich von denen, die die Funktionäre während der Ereignisse an die zentralen Parteieinrichtungen der SED weitergaben.[10] Auf der Tagung der SED-Parteisekretäre im Dezember kritisierten diese Parteiarbeiter vor allem »kleinbürgerliche Verhaltensweisen«. Dazu zählten die SED-Funktionäre zum Beispiel, daß es an den Historischen Instituten der Berliner Universität »Schwankungen ... über die Haltung unserer Presse« gab, daß in Greifswald einige das Tragen des Parteiabzeichens als überflüssig ansahen und daß in Halle einige »die Bilder unserer Arbeiterführer aus ihren Räumen entfernten«. Angesichts der auf den Straßen der DDR im Juni 1953 erhobenen Forderungen erscheinen die Vorwürfe der Funktionäre gegenüber den Historikern geringfügig. Während der Ereignisse waren die Machthaber schon zufrieden, wenn sich die Genossen am Arbeitsplatz einfanden und sich am »Schutz« der Gebäude beteiligten. In einer Aktennotiz vom 19. Juni 1953 für Kurt Hager hieß es beispielsweise: Wie ein Genosse »heute telefonisch mitteilte, sind in den vergangenen Tagen alle Mitarbeiter des Instituts für deutsche Geschichte an der Universität Berlin, auch diejenigen, die nicht unserer Partei angehören, am Arbeitsplatz erschienen

---

6 Die Darstellung über den 17. Juni stützt sich weitgehend auf Kowalczuk: Die Historiker der DDR und der 17. Juni 1953.
7 Vorschläge zum Arbeitsplan, 18.8.1953 (Sektor Geschichte). SAPMO B-Arch, DY 30, IV 2/904/52, Bl. 15.
8 Arbeitstagung der Parteisekretäre der Fachschaft Historiker der Universitäten am 18.12.1953 (5.1.1954). Ebenda, IV 2/904/95, Bl. 2–12.
9 Ebenda, Bl. 6.
10 Zu den Gründen, die mit dem inneren Zustand der SED zusammenhängen, vgl. Kowalczuk: »Wir werden siegen, weil uns der große Stalin führt!«

und haben sich ohne Ausnahme entschieden von den Provokationen abgegrenzt und dagegen Stellung genommen«.[11]

Neben solchen Meldungen über die Lage an den einzelnen Instituten erreichten das ZK der SED die gewöhnlichen Ergebenheitsadressen. In einer solchen vom 18. Juni 1953 betonten Leipziger Historiker und Philosophen: »In diesen Stunden, in denen Agenten und Provokateure, bezahlt von den imperialistischen Kriegstreibern, versuchen, das Vertrauen der Werktätigen zu unserer Partei und unserer Regierung durch ihr verbrecherisches Verhalten zu untergraben, sprechen wir, die zum Schutze unseres Universitätsgeländes versammelten Wissenschaftler, Studenten, Arbeiter und Angestellten der philosophischen und der historischen Institute der Karl Marx Universität Leipzig, unserer Partei und unserer Regierung unser festes und unerschütterliches Vertrauen aus. Wir versichern dem Zentralkomitee und unserer Regierung, dass wir jederzeit bereit sind, die Errungenschaften unserer Regierung und Republik gegen alle verbrecherischen und provokatorischen Anschläge zu schützen. Wir fordern die strenge Bestrafung der Aufwiegler, die versuchen, unsere Werktätigen auf einen irrigen Weg abzuleiten.«[12] Dieser Brief ähnelte einem Artikel des Schriftstellers Kurt Barthel (Kuba), den er am 20. Juni 1953 im *Neuen Deutschland* veröffentlicht hatte. Barthel rief darin den Arbeitern zu, daß sie »sehr viel und sehr gut mauern und künftig sehr klug handeln müssen«, ehe ihnen die Schmach, mit der sie sich befleckt hätten, von der Arbeiter- und Bauern-Regierung vergessen werden könnte.[13]

Während die Demonstranten auf den Straßen »Freie Wahlen«, »Nieder mit Walter Ulbricht«, »Wir brauchen keine SED« oder »Wir brauchen keine Volksarmee« forderten,[14] verhielt sich die Mehrheit der gesellschaftswissenschaftlichen Universitätsintelligenz einschließlich der Studierenden entweder loyal gegenüber der Regierung oder unterstützte sogar aktiv die Niederschlagung der Demonstrationen. Es gab zwar durchaus Studierende und Angehörige der Universitätsintelligenz, die sich an dem Aufstand aktiv beteiligten, aber sie gehörten zu einer kleinen Minderheit.[15] Als am 17. Juni 1953 der Berliner Professor für neuere deutsche Geschichte, Heinz Kamnitzer, am Platz der Akademie vorbeikam, um zur Universität zu gehen, riefen ihm Demonstrierende zu: »Herr Professor, Sie sind doch Geistesschaffender, kommen Sie mit. Wir machen Revolution.«[16] Kamnitzer machte nicht mit. Statt dessen ging er in die Universität und meldete diesen Vorfall.

---

11 Aktennotiz für den Genossen Kurt Hager (von Rolf Dlubek), 19.6.1953. SAPMO B-Arch, DY 30, IV 2/904/426, Bl. 3.
12 Abschrift eines Fernschreibens (18.6.1953, 10.45 Uhr). Ebenda, IV 2/5/535, Bl. 124.
13 Kuba: Wie ich mich schäme!, in: ND vom 20.6.1953, S. 3.
14 Mitteilung der Bezirksparteischule der SED von Groß-Berlin, 17.6.1953. SAPMO B-Arch, BPA, IV 2/12/1271.
15 Vgl. oben S. 122–134.
16 2. Bericht Humboldt-Universität Berlin, 17.6.1953. Ebenda, IV 2/5/539, Bl. 128.

Der bürgerliche Historiker Eduard Winter erinnerte sich später an die Juni-Ereignisse folgendermaßen: »Der 17. Juni 1953 brachte freilich eine beachtliche Verschärfung in Berlin. Ich fuhr an diesem Tag zu Prüfungen an die Universität, und ich hielt trotz der Unruhe, die durch das offene Fenster hereintönte und trotzdem viele Kollegen Vorlesungen und Prüfungen abbrachen, bis zum Schluß durch.«[17] Über andere bürgerliche Historiker konnten die Berichterstatter ebenfalls kaum Negatives weitergeben. Der in Halle lehrende bürgerliche Historiker Martin Lintzel meinte etwa nach Notizen von SED-Funktionären am 19. Juni 1953: »Er war ... der Meinung, daß die Rückkehr zur ›akademischen Freiheit‹ Blödsinn sei, daß der Staat in Anbetracht der reichlichen Stipendien verlangen könne, daß die Studenten in den ersten Semestern nicht bummeln. [...] Im Ganzen: Herr Prof. Dr. Lintzel ist nicht verwirrt worden und begrüßt offenbar den neuen Kurs der Partei ... Er gönnt uns natürlich die Lehre, die wir erfahren haben (nehmen wir an).«[18] Einen Tag später meldeten Funktionäre sogar, daß Lintzel »sich sehr anerkennend über die schnelle Beendigung der Provokationen durch die sowjetischen Truppen« geäußert und die *faschistischen Ausschreitungen* auf das schärfste verurteilt habe.[19] Allerdings ist quellenkritische Vorsicht geboten. Während Winter über sein Verhalten selbst berichtete, ist bei Lintzel und anderen anzunehmen, daß sie sich gegenüber den SED-Kollegen bewußt zurückhaltend verhielten.

An der Universität Halle existierte während der Ereignisse keine »ausgesprochen feindliche Gruppierung«.[20] Wenn davon freilich auch andernorts nicht gesprochen werden kann, gab es aber in Berlin und vor allem in Leipzig zumindest schärfere Auseinandersetzungen innerhalb der Historikerschaft. An den Historischen Universitätsinstituten in Ostberlin kam es zu einer Reihe von Veranstaltungen, die das Unverständnis der Historiker gegenüber den Ereignissen dokumentierten.

Die Teilnehmer einer Parteiversammlung am 15. Juni bedauerten zwar allgemein, daß »wir alle uns von den Massen entfernt haben«.[21] Aber ebenso schienen die Anwesenden sich einig zu sein, daß »die Richtung der (gegenwärtigen) Politik ... nur die Folge der konsequenten Stalinschen Politik« sei.[22] Heinz Kamnitzer betonte noch am 15. Juni, auf den Neuen

---

17 Eduard Winter: Erfüllung in der DDR. Manuskript, S. 73. ABBAdW, NL Eduard Winter.
18 Kurzer Bericht über die Aussprachen mit Professoren, Assistenten und Angestellten, Universität Halle, 19.6.1953. SAPMO B-Arch, DY 30, IV 2/904/426, Bl. 44.
19 Telefonische Information über die Universität Halle, 20.6.1953. Ebenda, Bl. 47.
20 Arbeitstagung der Parteisekretäre der Fachschaft Historiker der Universitäten am 18.12.1953 (5.1.1954). Ebenda, IV 2/904/95, Bl. 4; Rechenschaftsbericht der Parteileitung »Historiker« am 21.11.1953, Halle (handschriftliche Bemerkung). Ebenda, Bl. 290–309; Leo Stern in: Protokoll der Hochschulkonferenz der Abteilung Wissenschaft und Hochschulen beim ZK der SED am 31.10/1.11.1953 in Leipzig. Ebenda, IV 2/904/8, Bl. 160–167.
21 Protokoll der Parteiversammlung – Grundorganisation Historiker am 15.6.1953. Ebenda, BPA, IV-4/12/069-1.
22 Ebenda.

Kurs bezugnehmend, daß die herrschende Meinung nicht richtig sei, »dass bisher die Ursachen und Quellen dieser Fehler in der Presse noch nicht dargestellt worden sind«.[23] In den folgenden Versammlungen stand dann aber gerade die Frage der Presse im Mittelpunkt der Diskussionen.[24] Vor allem hoben einige Anwesende mit Bezug auf den Artikel von Kurt Barthel als besonders unverständlich hervor, »daß die Presseorgane wie ein böser Hausvater den ungezogenen Kindern drohen, sie sollten sich schämen«.[25]

Die Versammlungen machten deutlich, daß die Ostberliner Historiker den Ereignissen ablehnend gegenüberstanden. Verschiedene Redner betonten, daß sich die Partei und die Intelligenz von der Arbeiterschaft isoliert hätten und demzufolge die Arbeiter mit einer gewissen Berechtigung auf die Barrikaden gestiegen seien. Allerdings hätten sich »faschistische Elemente aus Westberlin« dieser berechtigten Forderungen angenommen und die Arbeiter irregeleitet.[26] Ein Student schlußfolgerte, daß der Einsatz der sowjetischen Panzer das einzig mögliche und wirksamste Mittel gegen die Aufständischen gewesen sei.[27] Durchaus nicht vereinzelt war die Ansicht, »daß es allein Schuld der Bevölkerung gewesen sei, nicht früher kritisiert zu haben«.[28] Ende Juni 1953 hatte an den Historischen Instituten die kurzzeitig kritischere Atmosphäre wieder der Apologetik Platz gemacht. Ein Redner verteidigte zum Beispiel die Intelligenzläden damit, daß es in Oberschöneweide, einem Berliner Stadtteil, auch zwei Einkaufsläden gäbe, die nur für Arbeiter bestimmt seien. Die meisten Studierenden und Wissenschaftler der Historischen Institute Berlin charakterisierten die Junierreignisse schon unmittelbar danach so, wie sie sie in späteren Arbeiten »wissenschaftlich« darstellten: als »faschistischen Putsch«, der von amerikanischen und westdeutschen Agenten organisiert und zielgerichtet als »Tag X« geplant worden sei.

23 Ebenda.
24 Bericht von der Institutsdiskussion (19.6.1953). Ebenda, DY 30, IV 2/904/95, Bl. 116–118; Aussprache im Institut für Geschichte des deutschen Volkes am 29.6.1953. Ebenda, Bl. 108–115; Protokoll der öffentlichen Parteiversammlung am 25.6.1953. Ebenda, BPA, IV-4/12/069-1; Protokoll der außerordentlichen Mitgliederversammlung vom 17.7.1953. Ebenda; Protokoll der Versammlung der Parteiorganisation am 22.9.1953. Ebenda; H. Köpstein: Zu den Ereignissen vom 17. und 18. Juni 1953 und den dazu erfolgenden Stellungnahmen und Massnahmen, 21.7.1953. Ebenda, IV 4/12/069-5 und IV 4/12/069-11.
25 Bericht von der Institutsdiskussion (19.6.1953). Ebenda, DY 30, IV 2/904/95, Bl. 117–118.
26 In einer neueren Arbeit schreibt Diedrich, der als Experte des 17. Juni gilt: »Viele der politischen Forderungen waren der ostdeutschen Massenbewegung (vom Westen – d. Verf.) implantiert.« Diedrich: Zwischen Arbeitererhebung und gescheiterter Revolution in der DDR, S. 299; vgl. dazu kritisch Kowalczuk: Die Ereignisse von 1953 in der DDR.
27 Protokoll der öffentlichen Parteiversammlung am 25.6.1953. SAPMO B-Arch, BPA, IV-4/12/069-1 (Ingo Materna).
28 Aussprache im Institut für Geschichte des deutschen Volkes am 29.6.1953. Ebenda, DY 30, IV 2/904/95, Bl. 108 (Percy Stulz).

In Berlin gab es kaum Widerspruch gegen die offiziöse SED-Darstellung. Nur Liselotte von Ehrenwall beurteilte nachweisbar die Ereignisse anders. Auf einer Versammlung am 29. Juni sagte sie: »Im wesentlichen war es keine Provokation, sondern eine Demonstration aus der Bevölkerung heraus. Es waren wohl auch Provokateure dabei.«[29] Schon einige Tage vorher hatte sie geschrieben: »Habt Ihr aus den Ereignissen der letzten Tage immer noch nichts gelernt?« und gefordert: »Fort mit jeglicher Demagogie!«[30]

In Berlin sind die Diskussionen um den Charakter des 17. Juni und die daraus zu ziehenden Schlußfolgerungen relativ schnell wieder durch die den meisten innewohnende Parteidisziplin auf den offiziellen Kurs der SED gebracht worden. Disziplinierungs- oder gar Repressivmaßnahmen waren kaum nötig. Erst im November 1954 schloß die SED-Leitung der Universität den Historiker Georg Heidenreich aus der Partei aus, weil er in einem Brief ein neues SED-Zentralkomitee gefordert und eine »Diktatur der Funktionäre der Partei« konstatiert hatte. Sein Ausschluß wurde mit einer feindlichen Haltung am 17. Juni begründet. Ein anderer Historiker, Georg Mielke, wurde als Kandidat der SED »gestrichen«, weil er nicht als Genosse am 17. Juni in Erscheinung getreten war.[31] Inwieweit diese lange nach dem Juni 1953 erfolgten Ausschlüsse tatsächlich im direkten Zusammenhang zu den Ereignissen standen, bleibt indessen offen.

In den Historischen Instituten der Leipziger Universität diskutierten die SED-Mitglieder bis zum Herbst 1953 heftig in den Parteiversammlungen.[32] Stärker als in anderen Instituten versagte in Leipzig, so meinten jedenfalls die Funktionäre, die SED-Parteileitung. Hier hätten sich »Tendenzen des Kapitulantentums und Versöhnlertums« gezeigt. Funktionäre und Historiker bezichtigten einige Studenten und Wissenschaftler der »fraktionellen Tätigkeit« ähnlich der Zaisser-Herrnstadt-Gruppe.

Auf der 15. Tagung des ZK der SED im Juli 1953 bezeichnete Walter Ulbricht die »fraktionelle Tätigkeit« Rudolf Herrnstadts, des Chefredakteurs des *Neuen Deutschland*, und Wilhelm Zaissers, des Ministers für Staatssicherheit, als eine Ursache dafür, warum die SED und die Sicherheitsorgane den Ereignissen im Juni 1953 so hilflos gegenübergestanden hätten. Er folgerte daraus, daß der »prinzipielle Kampf gegen die bürgerliche Ideologie und besonders gegen den Sozialdemokratismus zu verstärken« sei.[33] Das SED-Zentralkomitee forderte: »In der Einheit der Partei ist ihre Stärke und Unbesiegbarkeit begründet. Darum ist jeder Versuch einer

---

29 Aussprache im Institut für Geschichte des deutschen Volkes am 29.6.1953. Ebenda, IV 2/904/95, Bl. 112.
30 L. v. Ehrenwall, o. T., o. D. (kurz nach dem 19.6.1953). Ebenda, Bl. 119–120.
31 Beschlußprotokoll der Sekretariatssitzung der UPL vom 16.11.1954. Ebenda, IV 2/904/491.
32 Vgl. zu Leipzig zusätzlich Didczuneit: Geschichtswissenschaft an der Universität Leipzig, S. 78–87.
33 Walter Ulbricht: Die gegenwärtige Lage und der neue Kurs der Partei. Rede auf der 15. Tagung des ZK der SED vom 24. bis 26.7.1953, in: ND vom 30.7.1953, S. 4.

Gruppenbildung ohne Rücksicht auf Personen zu zerschlagen.«[34] Auch für die Intelligenz galt die Forderung, nach »objektiven Verfechtern des Sozialdemokratismus« zu fahnden, sie dingfest zu machen und zur Verantwortung zu ziehen.

Bei den Historikern in Leipzig war diese Suche erfolgreich. In den allgemeinen Lageeinschätzungen während der Ereignisse waren von den Historikern keine gegen die SED gerichteten Äußerungen oder Teilnahmen an den Demonstrationen in Leipzig gemeldet worden.[35] Auf der ersten Parteiversammlung der Historiker nach dem 17. Juni spielten »parteifeindliche« Äußerungen nur eine geringe Rolle. Ernst Engelberg hielt auf dieser Versammlung am 26. Juni das Hauptreferat. Er wies zwar auf »politisch undurchdachte« Diskussionen hin, nannte aber nur den »Genossen Historiker Rocholl« beim Namen. Und diesem warf er vor, daß er sich in einem persönlichen Gespräch unter vier Augen zu Äußerungen über Walter Ulbricht »hinreissen liess, die teilweise geradezu gehässig waren«.[36] Engelberg forderte weder Bestrafung noch eine weitere Auseinandersetzung. Statt dessen versuchte er sich an einer Analyse der Ereignisse. Für ihn waren es ohne jeden Zweifel die »sich faschisierenden Adenauer- und Eisenhowerstaaten« gewesen, die diesen »faschistischen Putsch« inszeniert hatten. Ähnlich wie der Germanist Hans Mayer und der Publizistikprofessor Wilhelm Eildermann[37] betonte auch Ernst Engelberg, daß die gleichen faschistischen Kreise, die erst Ethel und Julius Rosenberg hinrichteten, nun die Konterrevolution in der DDR organisiert hätten. Für Engelberg stand fest, daß die Arbeiter mißbraucht worden waren. Der Historiker zog eine unheilvolle Parallele: »Wer erinnerte sich nicht der ›Kristallnacht‹ vom November 1938? Ist denn das eine zufällige Parallele? Wer erinnerte sich nicht der Schläger- und Mordkolonnen der SA schon aus den Jahren von vor 1933? [...] Dieselben wutverzerrten, stumpfsinnigen Fressen, dieselbe Randalierwut, dasselbe verlogene Gegröle. Es soll keiner mehr kommen und versuchen, dem 16. und 17. Juni solch ein bißchen echte Arbeiterbewegung anzudichten.«[38] Engelberg benannte schließlich das Ziel bei der zukünftigen Erforschung des 17. Juni: »Wir müssen zeigen, dass in dem Wahnsinn Methode steckt, dass zwischen der Kristallnacht des November 1938 und dem 17. Juni keine blosse äusserliche Parallele besteht.«[39]

---

34 Der neue Kurs und die Aufgaben der Partei (Entschließung vom 26.7.1953), in: Dokumente der SED. Band 4, S. 471.
35 Berichte der Universität Leipzig. SAPMO B-Arch, DY 30, IV 2/904/426, Bl. 78–91.
36 E. Engelberg: Die gegenwärtige Situation und die Aufgaben der Partei. Ebenda, IV 2/904/96, Bl. 9.
37 H. Mayer: Der 17. Juni – und die Rosenbergs. Ebenda, IV 2/904/426, Bl. 97–100; W. Eildermann: (Erklärung). Ebenda, Bl. 102; vgl. auch Eildermanns Notizen: ebenda, NY 4251/1, Bl. 62.
38 E. Engelberg: Die gegenwärtige Situation und die Aufgaben der Partei. Ebenda, IV 2/904/96, Bl. 6.
39 Ebenda, Bl. 8.

Die nächste größere SED-Parteiversammlung, die der Auswertung der 15. Tagung des ZK der SED gewidmet war,[40] fand nach den Semesterferien am 30. September 1953 statt. Die Parteileitung benannte fünf Historiker, die »fraktionelle Tätigkeit« betrieben haben sollen. Aber die Funktionäre kritisierten nicht nur diese Gruppe, sondern zum Beispiel auch Kollegen, die den parteifeindlichen Auffassungen nicht widersprochen hätten. Andere befand man des »Versöhnlertums« für schuldig (z. B. Manfred Kossok, Günter Benser), weil sie eine außerordentliche Parteikonferenz gefordert oder Kritik am Zentralkomitee *gefördert* hatten. Obwohl die meisten Historiker in ihren Instituten anwesend waren und die Gebäude »schützten«, einige sogar auf dem Leipziger Karl-Marx-Platz im Sinne der SED diskutierten (z. B. Karl Czok, Eberhard Wächtler) und die große Mehrheit sich SED-parteilich verhielt, brandmarkten die Funktionäre das schwankende Verhalten weniger äußerst scharf. Vor allem den schon von Engelberg erwähnten Rocholl griff die SED-Leitung nun an. In dem Bericht hieß es dazu: »Das Verhalten des Gen. Rocholl aber lässt sich nicht einfach mit Kapitulantentum abtun. Er vertrat direkt parteifeindliche Auffassungen. So äusserte er am 17.6. gegenüber Genossen Prof. Dr. Engelberg, dass Gen. Ulbricht doch nach Leuna gehen solle, aber ohne Bedeckung, selbst auf die Gefahr hin, dass er Prügel bezieht. Wir haben eine Frage an Genossen Rocholl: Warum hat er diese Meinung eigentlich nicht öffentlich vor der Parteiversammlung vertreten. Dieses Verhalten des Genossen Rocholl grenzt an Verrat.«[41] Außerdem hatte Rocholl gemeint, »dass man die neue Politik nicht unbedingt mit den alten Kadern weiterführen müsse«.[42] Die Meinung war auf den Straßen Ostdeutschlands eine hunderttausendfache Forderung gewesen. Sowohl gegen Rocholl als auch gegen Heinz Pannach, der nach der Entlassung des Justizministers Max Fechner meinte: »Jetzt sind sie unter sich«,[43] führte die SED Parteiverfahren durch.

Die sich an das Referat anschließende Diskussion eröffnete Manfred Kossok. Er informierte die Anwesenden, daß sich Rocholl, der seit 1931 der SPD und seit 1945 der KPD angehörte, nach Westdeutschland abgesetzt habe. Kossok verurteilte im Auftrag seiner Parteigruppe das Verhalten Rocholls und betonte ausdrücklich, daß das parteifeindliche Verhalten Rocholls »die Endkonsequenz seiner bisherigen Entwicklung« sei.[44]

Die Hauptverhandlung richtete sich dann notgedrungen gegen Pannach. Die SED-Leitung warf ihm vor, daß er Fraktionsarbeit geleistet hätte und

---

40 Vgl. dazu ausführlich Kowalczuk: »Wir werden siegen, weil uns der große Stalin führt!«
41 Referat der Parteileitung für die Parteiversammlung der Historischen Institute am 30.9.1953. SAPMO B-Arch, DY 30, Bl. 20.
42 Ebenda, Bl. 21.
43 Ebenda, Bl. 22. Fechner kam ursprünglich aus der SPD.
44 Diskussionsbeiträge zur Parteiversammlung am 30.9.1953. Ebenda, Bl. 24.

dem Sozialdemokratismus erlegen sei. Folglich schloß sie Pannach aus der SED aus, obwohl Ernst Werner noch warnte: »Man muß doch bedenken, daß Ausschluß politische Todesstrafe ist.«[45]

Die Nichtigkeit der Vorwürfe gegen Pannach ist auffällig. Und wie es sich für einen guten Kommunisten gehörte, akzeptierte er sie vollauf: »Das Primäre ist doch, daß mein Verhalten parteischädigend und parteifeindlich war.«[46] Ähnlich verhielt es sich mit einem weiteren »Angeklagten«. Dem SED-Mitglied Anders hielt die Parteileitung vor, am 15. Juni Kritik an der Presse und der innerparteilichen Demokratie geübt zu haben. Er selbst räumte dies ein, meinte aber: »Ich habe die Generallinie nicht angegriffen. [...] Am 17. 6. habe ich bewiesen, daß ich kein Parteifeind bin.«[47] Außerdem machte ihm dann in der Diskussion ein Genosse den Vorwurf, daß er nicht an einer von der FDJ organisierten Demonstration teilgenommen hatte. Ein Vertreter der Bezirksleitung der SED: »Gen. Anders sagte, daß er nicht unter Bajonetten demonstriere. Ich sage, daß diese Bajonette, die von der sowjetischen Jugend getragen werden, dazu dienen, den Frieden zu erhalten. Das bedeutet, daß Du Dich, Gen. Anders, auf die Seite derer gestellt hast, die den Frieden nicht wollen.« Daraufhin Anders: »Das ist Wahnsinn.« Das Protokoll vermerkt: »Gen. Wächtler fordert den Gen. Anders auf, nicht ausfällig zu sein.«[48]

Die stundenlangen Diskussionen nahm die Parteigruppe in einer zweiten Versammlung erneut auf. Anders entschuldigte sich für seine *Beleidigung* bei dem Vertreter der SED-Bezirksleitung und meinte nun, daß seine Haltung sowjetfeindlichen Charakter getragen habe.[49] Der Höhepunkt der Veranstaltung war erreicht, als Engelberg erfuhr, daß Anders kurz vor Kriegsende in der SS gewesen war: »Aber ich frage Dich und ich frage Euch: war das, was Anders gezeigt hat, nicht doch ein Stück massenverachtender SS-Lümmelei? Die bei ihm vorhandenen anarchistischen Tendenzen sind durchaus kein Widerspruch zu seiner Zugehörigkeit zur SS, auch wenn sie ganz kurz war. Diese Überheblichkeit, dieser germanische Anarchismus, die Originalität usw. war gerade ein Kennzeichen der SS.«[50] Nach weiteren langen Stunden der Diskussion erhielt auch Anders eine Parteistrafe.

---

45 Protokoll über die am 10.10.1953 fortgesetzte Parteimitgliederversammlung vom 30.9.1953. Ebenda, Bl. 54. Pannach wurde am 1. März 1960 zum Dozenten für die Allgemeine Geschichte des Mittelalters an die Universität Leipzig (Fernstudium) berufen (BAP, R 3, 4071).
46 Protokoll über die am 10.10.1953 fortgesetzte Parteimitgliederversammlung vom 30.9.1953. SAPMO B-Arch, DY 30, IV 2/904/96, Bl. 49.
47 Diskussionsbeiträge zur Parteiversammlung am 30.9.1953. Ebenda, Bl. 29.
48 Ebenda, Bl. 38.
49 Protokoll über die am 10.10.1953 fortgesetzte Parteimitgliederversammlung vom 30.9.1953. Ebenda, Bl. 56.
50 Ebenda, Bl. 57.

Die Beispiele zeigen, wie sehr schon geringfügige Abweichungen von der offiziellen Linie zu einer politischen und moralischen Anprangerung führten, die in ihrer Konsequenz schnell die Existenz der Betroffenen berühren und einschneidend verändern konnten. Sodann verdeutlichen die Fälle, wie die offizielle Linie der SED und die zentralen Forderungen der Partei in der kleinsten Struktureinheit, der Grundorganisation, durchgesetzt wurden. Vor allem aber machen die Ereignisse um den 17. Juni sichtbar, daß diejenigen SED-Mitglieder immer am günstigsten beraten waren, die jeden neuen politischen Schwenk schnell und laut begrüßten und aktiv unterstützten, und dies vor allem dann, wenn der neue Kurs dem alten (scheinbar) diametral entgegengesetzt war. Am Beispiel der Historiker zeigt sich schließlich, daß die SED-Macht auch bei den zäsurbildenden Ereignissen um den 17. Juni 1953 von der gesellschaftswissenschaftlichen Intelligenz am wenigsten bedroht war.[51] Die Gründe dafür sind vielfältig. Ein wichtiger ist, daß SED-parteiliche Intelligenzler die Schlüsselpositionen innerhalb der Wissenschaft bereits einnahmen. Der Kaderaustausch an den Universitäten und Wissenschaftseinrichtungen war in vollem Gang. Dennoch darf dies nicht darüber hinwegtäuschen, daß die Diskussionen innerhalb der Universitäten insgesamt weit differenzierter waren, als man angesichts der geringen Beteiligung von Akademikern an den Aktionen auf den Straßen hätte vermuten können.

An den Historischen Instituten waren im Sommer 1953 viele derjenigen Studenten und Assistenten an den Debatten beteiligt, die schon bald die einflußreichen Positionen innerhalb der Geschichtswissenschaft der DDR besetzten. Sie gehörten aber nicht zu denjenigen, die angeklagt worden waren. Durchweg standen diese damaligen Nachwuchskader auf der Seite der SED-Ankläger. Im Sommer 1953 verdienten sie sich ihre ersten politischen Sporen.[52] Diese waren unabdingbar, ja, die unmittelbare Voraussetzung für eine wissenschaftliche Karriere in der DDR. Die Ereignisse von 1953 beanspruchen deshalb geradezu eine katalytische Funktion für den inneren Stabilisierungsprozeß der DDR-Geschichtswissenschaft.

---

51 Zur Differenzierung innerhalb der Intelligenz vgl. Kowalczuk: Volkserhebung ohne »Geistesarbeiter«?
52 Das zeigt auch die Zusammensetzung der SED-Parteileitungen, die von Studierenden und Aspiranten dominiert wurden. In Berlin war überdies der Parteisekretär Student des 2. Studienjahrs, in Halle des 1. Studienjahres und in Leipzig Aspirant (Analyse der Parteileitungen der Grundorganisationen der Historiker, 2.3.1954. SAPMO B-Arch, DY 30, IV 2/904/95, Bl. 18–21).

Die zweite Etappe der Konstituierung: 1955 bis zum Mauerbau

Der Geschichtsbeschluß des SED-Politbüros von 1955

Die Beschlüsse der 7. Tagung des ZK der SED von 1951 erwiesen sich zumindest in einer Hinsicht bis 1955 als illusorisch: Die Vorgaben konnten in den gesteckten Zeiträumen nicht erfüllt werden. Es fehlte ein koordinierendes, funktionierendes Organ außerhalb des Parteiapparates. Das Lehrbuch war noch Jahre von seiner Fertigstellung entfernt. Das Akademie-Institut lag vorerst ebenso wie die DDR-Historikergesellschaft auf Eis. Schließlich fehlte es trotz aller Fortschritte an genügend geschulten »Kadern«. So wie der III. Parteitag der SED 1950 die »richtungsweisenden Beschlüsse« der 7. ZK-Tagung eingeleitet hatte, kündigte sich auch auf dem nächsten Parteitag der SED – wenigstens in der Retrospektive – eine abermalige Offensive für eine »sozialistische Geschichtswissenschaft« an.

Der IV. Parteitag der SED tagte vom 30. März bis 6. April 1954 in Berlin. Nur wenige Tage zuvor, am 25. März 1954, hatte Moskau der DDR förmliche Souveränitätsrechte übertragen, ein Akt, der im September 1955 auch juristisch verankert wurde. Die DDR blieb zwar politisch, ökonomisch und militärisch abhängig von der UdSSR, aber dennoch stabilisierte sie sich innen- und außenpolitisch. *Außenpolitisch* hieß das vor allem, daß sie gegenüber der Bundesrepublik als angeblicher Souverän auftreten konnte. Offizielle diplomatische Beziehungen unterhielt die DDR bis zu diesem Zeitpunkt mit zehn Staaten, ehe 1957 Jugoslawien und 1963 Kuba hinzukamen. Abgesehen von einer Reihe von Staatsbesuchen in verschiedenen nichtpaktgebundenen Ländern und bilateralen Wirtschaftsabkommen setzte die internationale Anerkennungswelle der DDR erst 1969 (mit Schwerpunkt 1972/74) ein.

Das Vorgehen der KPdSU 1954 sollte einerseits die anderen Großmächte unter Druck setzen und andererseits der SED-Führung im eigenen Land zu mehr Anerkennung verhelfen. Denn gerade 1953 war offensichtlich geworden, daß nur die wenigsten Menschen in der DDR die SED-Führung als tatsächliche Regierung anerkannten. Dem war freilich mit formellen Akten auch nicht abzuhelfen.

Die Vorbereitung des IV. Parteitages war von einem »innerparteilichen Säuberungs- und Klärungsprozeß« begleitet.[1] Walter Ulbricht verkündete zu Beginn des Parteitages: »Für eine Wiederholung der Ereignisse des 17. Juni 1953 ist in der Deutschen Demokratischen Republik kein Boden vorhanden.«[2] Um das gewährleisten zu können, bedurfte es nicht nur des Macht- und Disziplinierungsapparates. Auch den Wissenschaften kam

---

1 Vgl. Kowalczuk: »Wir werden siegen, weil uns der große Stalin führt!«, S. 220–242.
2 Protokoll der Verhandlungen des IV. Parteitages der SED, S. 62.

dabei eine besondere Rolle zu.[3] Ohne Kritik an den Historikern zu üben, forderte Ulbricht erneut, daß »in möglichst kurzer Frist die Abfassung des Lehrbuches der Geschichte des deutschen Volkes ... abzuschließen« sei.[4] Denn es galt, »besonders die Legenden, die der deutsche Imperialismus zur ideologischen Kriegsvorbereitung verbreitet und die die Adenauerregierung zur Durchsetzung der EVG-Politik anwendet, zu entlarven«.[5]

Leo Stern sprach für die Historiker auf dem Parteitag.[6] Er hob hervor, daß besonders marxistische deutsche Historiker »an einer der schwierigsten ideologischen Fronten«[7] kämpften. Allerdings könne man nicht nur die »bürgerlichen Geschichtsfälschungen zerschlagen«, sondern müsse »zugleich feste Fundamente für eine fortschrittliche deutsche Geschichtswissenschaft legen«.[8] Doch bislang mangele es an »Tatsachenforschung«, zu wenige Historiker würden überhaupt in Archive gehen. Stern forderte: »Tatsachenforschung plus marxistisch-leninistische Methode – darauf kommt es an!«[9]

Parteitagsreden, die nie zufällig oder spontan entstanden, hatten einen gesetzgebenden Charakter. Unmittelbar nach dem Parteitag erarbeitete die ZK-Abteilung für Propaganda und Wissenschaft einen Beschlußentwurf über »die Kaderentwicklung in der Geschichtswissenschaft, die Aufgaben der Institute und Archive«.[10] Der Titel macht deutlich, daß es zuerst darum ging, einen Umschwung in der kaderpolitischen Situation zu erzielen. Dieser Plan sah u. a. vor, daß ab dem Studienjahr 1954/55 an den Universitäten in Jena und Greifswald die Ausbildung von Geschichtsstudenten für drei Jahre eingestellt werden sollte. Als Begründung gaben die Funktionäre an, daß der Lehrkörper unterbesetzt sei und keine »Genossen Professoren« dort lehren würden.[11] Damit folgte man Plänen aus dem Jahre 1952,[12] als man die Lehre schon einmal zeitlich befristet einstellen und in Halle, Berlin und Leipzig entsprechend dem sowjetischen Vorbild Historische Fakultäten schaffen wollte.[13] Insgesamt kommt schon in diesem Entwurf zum Ausdruck, daß man nicht nur »kleinbürgerliche Schwankungen«, »Objektivismus« und »intellektuelle Überheblichkeit«[14] überwinden, sondern prinzipiell eine neue Kadersituation schaffen wollte. Um das bewerkstelligen zu können, bildete die ZK-Abteilung Wissenschaft und

---

3 Vgl. ebenda, S. 148–156.
4 Ebenda, S. 152.
5 Ebenda, S. 153.
6 Ebenda, S. 451–456.
7 Ebenda, S. 451.
8 Ebenda, S. 452.
9 Ebenda.
10 SAPMO B-Arch, DY 30, IV 2/904/90, Bl. 46–69.
11 Ebenda, Bl. 65.
12 Vgl. oben S. 172.
13 O. Verf.: Entwurf zur Vorlage über die Reorganisation des Hochschulwesens. Betr. Bildung Historischer Fakultäten, o. D. SAPMO B-Arch, DY 30, IV 2/904/103, Bl. 43–45.
14 Ebenda, IV 2/904/90, Bl. 49–51.

Hochschulen eine »Kommission für Geschichte«, der neben Vertretern des Marx-Engels-Lenin-Stalin-Instituts, der SED-Parteihochschule, des Instituts für Gesellschaftswissenschaften, der Redaktion der *Einheit* und des ZK-Apparats auch Alfred Meusel und Leo Stern angehörten.[15] An den Sitzungen dieser ZK-Kommission für »Geschichtsstrategie« nahmen in den folgenden drei Jahren nahezu alle »führenden Historiker« der DDR teil.[16]

Schon im ersten Beschlußentwurf wird jedoch deutlich, daß die »Kadersituation« besser war, als die SED-Führung selbst konstatierte. Denn immerhin waren zum Beispiel von 135 Aspiranten der Geschichte 100 Mitglieder der SED.[17] Die Kritik der ZK-Funktionäre an dieser Relation unterstrich, daß ihr Ziel darin bestand, eine hundertprozentige Parteimitgliedschaft zu erreichen.

Im Laufe der nächsten Monate entstanden vier neue Entwürfe, bis schließlich am 5. Juli 1955[18] das SED-Politbüro einen umfangreichen Beschluß über die »Verbesserung der Forschung und Lehre in der Geschichtswissenschaft« der DDR verabschiedete.[19] Dieser sogenannte Geschichtsbeschluß offenbarte das Eingeständnis, daß die Beschlüsse der 7. Tagung von 1951 nicht hatten erfüllt werden können.[20] Außerdem unterstreicht dieser Politbürobeschluß die herausgehobene Stellung der Geschichtswissenschaft: Niemals zuvor und niemals danach ist einer einzelnen Wissenschaftsdisziplin die Ehre zuteil geworden, Gegenstand eines speziellen Politbürobeschlusses gewesen zu sein. Damit folgte die SED-Führung zugleich dem sowjetischen Beispiel, wo es 1934 ebenfalls einen »Geschichtsbeschluß« gegeben hatte, der damals der marxistisch-leninistischen Geschichtswissenschaft – mit terroristischen Methoden – die Alleinherrschaft in der Sowjetunion sicherte.[21]

Die Vorlage war schon am 18. Januar 1955 Gegenstand einer Polit-

---

15 Ebenda, Bl. 69.
16 Vgl. unten S. 235.
17 SAPMO B-Arch, DY 30, IV 2/904/90, Bl. 49.
18 Protokoll 31/55 der Sitzung des Politbüros vom 5.7.1955. Ebenda, I IV 2/2/428, sowie ebenda, I IV 2/2A/434.
19 Der Beschluß ist teilweise veröffentlicht worden, in: ZfG 3(1955), S. 507–527; hier zit. nach: Dokumente der SED. Band 5, S. 337–368. Insgesamt wurden 18 Passagen nicht publiziert. Sie enthalten keine Ergänzungen, die dem Text einen anderen Charakter verliehen hätten. So fehlen in der veröffentlichten Variante sämtliche Namen bzw. dort, wo steht: das ZK schlägt vor, steht tatsächlich: es werden beauftragt usw. Der Beschluß ist jüngst teilweise nachgedruckt worden; vgl. Hardtwig (Hrsg.): Über das Studium der Geschichte, S. 312–322.
20 Die verschiedenen Entwürfe sind überliefert in: SAPMO B-Arch, DY 30, IV 2/904/90, sowie der endgültige Text in: ebenda, IV 2/904/91, Bl. 49–90.
21 Als Beschreibung der sowjetischen Verhältnisse ist zu berücksichtigen Wladimir G. Brjunin: Die Organisation der Lehr- und wissenschaftlichen Arbeit der historischen Fakultäten und Lehrstühle in der Sowjetunion, in: Informationsbulletin der Abt. Wissenschaft und Propaganda des ZK der SED, Nr. 1/54 vom 10.9.1954 (überliefert in: ebenda, IV 2/5/318, Bl. 40–46); vgl. außerdem knapp Beyrau: Intelligenz und Dissens, S. 44–47.

bürositzung gewesen, wurde aber zur erneuten Überarbeitung zurückverwiesen.[22] An der Ausarbeitung des Entwurfes waren neben Kurt Hager, Ernst Diehl und Rolf Dlubek weitere SED- und Staatsfunktionäre (z. B. Paul Wandel) sowie Historiker, u. a. Alfred Meusel, Leo Stern, Jürgen Kuczynski, Albert Schreiner, beteiligt.[23] Deren genauer Anteil an der Arbeit läßt sich allerdings nicht rekonstruieren.

Dieser »Geschichtsbeschluß« nahm mindestens bis 1962 eine zentrale Stellung ein. Jede Analyse und Einschätzung bezog sich auf dieses Dokument.[24] Dabei enthielt der Beschluß neben konkreten Aufgabenstellungen prinzipiell kaum Neues. Die Hauptaufgabe bestand weiterhin darin, Lehren der Geschichte zu vermitteln, um den Kampf gegen den »westdeutschen Imperialismus und Militarismus« entschlossen führen zu können und die »Verteidigung der sozialistischen Errungenschaften der Arbeiter- und Bauernmacht ... zu stärken«.[25] Als Erfolge der »neuen deutschen Geschichtswissenschaft« wurden die Überwindung der Miseretheorie, die Bildung der Arbeitsgemeinschaft »Dokumente und Materialien zur Geschichte der deutschen Arbeiterbewegung«, des Museums für Deutsche Geschichte, der Institute für deutsche Geschichte sowie der *Zeitschrift für Geschichtswissenschaft* herausgehoben.[26] Außerdem hätten sich »geschichtswissenschaftliche Kader« entwickelt, und das Autorenkollektiv für das Lehrbuch bestünde wenigstens. Der Streit um die Wiederbewaffnung in der Bundesrepublik und die Pariser Verträge vom Oktober 1954[27] haben im Beschluß eine noch schärfere Tonart gegenüber der westdeutschen Geschichtsschreibung bewirkt.[28] Fast wie ein Selbsttor mutete es an, daß die »Fortdauer der Besetzung Westdeutschlands durch die imperialistischen Truppen« kritisiert wurde.[29]

Der Hauptteil beschäftigte sich mit Mängeln der DDR-Geschichtswissenschaft und den sich daraus ergebenden Aufgaben. Die Autoren beklagten, daß die Geschichtsforschung von »ernsten ideologischen Schwächen« gekennzeichnet sei, die zum einen aus der »ungenügenden Beherrschung« geschichtswissenschaftlicher Methoden und der Unterschätzung des archivalischen Quellenmaterials resultieren würden.[30] Gerade dieser Punkt ist offensichtlich aufgenommen worden, nachdem Leo Stern und Alfred

---

22 Protokoll Nr. 3/55 der Sitzung des Politbüros vom 18.1.1955. SAPMO B-Arch, DY 30, I IV 2/2/400, sowie ebenda, I IV 2/2A–400.
23 Ebenda, IV 2/904/91, Bl. 1.
24 Z. B. o. Verf. (ZK-Abt. Wiss.), Erstes Material einer Einschätzung der Entwicklung der Geschichtswissenschaft der DDR seit 1955, o. D. (Sommer 1962). Ebenda, Bl. 116–147.
25 Dokumente der SED. Band 5, S. 337.
26 Ebenda, S. 338–339.
27 Die Bunderepublik erhielt mit Ratifizierung der Pariser Verträge am 5. Mai 1955 die Souveränität und trat am 7. Mai 1955 der Westeuropäischen Union sowie zwei Tage später der NATO bei.
28 Dokumente der SED. Band 5, S. 339–341.
29 Ebenda, S. 341.
30 Ebenda, S. 342–343.

Meusel das des öfteren beklagt hatten. Dadurch schufen sie sich für die Folgezeit einen argumentativen Spielraum, den sie auch praktisch zu nutzen wußten. Zum anderen wurde kritisiert, daß die Zusammenarbeit mit parteilosen Historikern und Archivaren ungenügend sei.[31] Auch die Aufnahme dieser Kritik scheint auf Leo Stern zurückzugehen, der in der von ihm geleiteten Arbeitsgemeinschaft »Dokumente und Materialien zur Geschichte der deutschen Arbeiterbewegung« diese Zusammenarbeit praktiziert hatte, dafür aber von Funktionären heftig kritisiert worden war.

Aus den Mängeln leiteten die Autoren verschiedene Aufgaben ab. Als »ideologische Hauptaufgabe« wurde erneut postuliert, daß der Marxismus-Leninismus Grundlage des neuen Geschichtsbildes sein und gleichzeitig die »reaktionäre bürgerliche« Geschichtsschreibung bekämpft werden müsse. Vor allem käme es darauf an, die Geschichte der Arbeiterbewegung und des gesamten deutschen Volkes neu zu schreiben, die »freundschaftlichen Beziehungen zwischen dem deutschen Volk und den Völkern der UdSSR« herauszustellen und die »antinationale volksfeindliche Politik der herrschenden Klassen zu entlarven«.[32] Um diese und andere Aufgaben erfüllen zu können, beschloß das Politbüro konkrete Maßnahmen: »Die wichtigste und vordringlichste Forschungsaufgabe der marxistischen Historiker ... ist gegenwärtig die Fertigstellung des Lehrbuches der Geschichte des deutschen Volkes.«[33] Nicht veröffentlicht wurde der Termin der Fertigstellung. Wahrscheinlich ahnte man schon, daß auch diesmal der Zeitpunkt, der 1. Dezember 1956,[34] nicht eingehalten werden könnte. Schließlich legte das Politbüro »Maßnahmen zur Planung, Koordinierung und Intensivierung der geschichtswissenschaftlichen Forschungsarbeit« fest.[35]

Erstens hatte die Sektion Geschichte der DAW einen Forschungsplan für 1956 bis 1960 zu erarbeiten. Der sollte festlegen, welches Institut sich auf welche Poblemkreise konzentrieren solle, welche Konferenzen durchgeführt und welche Monographien, Aktenpublikationen, Dissertationen und Habilitationen ausgearbeitet und veröffentlicht werden sollten. Zweitens sah der Plan vor, bis zum 1. Oktober 1955 das Institut für Geschichte an der DAW zu gründen. Drittens sollten die »qualifiziertesten Kader« an universitären Schwerpunktinstituten konzentriert werden. Die ZK-Abteilung Wissenschaft und Propaganda wurde viertens beauftragt, die Bildung einer DDR-Historikergesellschaft vorzubereiten.[36] Fünftens kam hinzu, daß bilaterale Historikerkommissionen zwischen der DDR und den

---

31 Ebenda, S. 345.
32 Ebenda, S. 346–354.
33 Ebenda, S. 355.
34 SAPMO B-Arch, DY 30, IV 2/904/91, Bl. 71–72.
35 Dokumente der SED. Band 5, S. 356–358.
36 SAPMO B-Arch, DY 30, IV 2/904/91, Bl. 76. Im veröffentlichten Text heißt es: Das ZK schlägt vor ...

»volksdemokratischen Ländern« zu bilden seien. In der veröffentlichten Variante fehlt schließlich noch, daß sechstens der *Zeitschrift für Geschichtswissenschaft* ein Redaktionskollegium zur Seite gestellt werden und siebentens eine Historikerdelegation in die UdSSR reisen solle, um die sowjetische Organisation und Planung der Geschichtswissenschaft zu studieren.[37] Außerdem enthielt der Beschluß noch Festlegungen zur »Verbesserung der Ausbildung der Geschichtsstudenten«, zum wissenschaftlichen Nachwuchs, zur populärwissenschaftlichen Arbeit, zum »Kampf gegen die reaktionäre westdeutsche Geschichtsschreibung« und zu den Aufgaben der SED-Parteiorganisationen in historischen Instituten, Museen und Archiven.

Der »Geschichtsbeschluß« umriß ein festes ideologisches, wissenschaftliches und institutionelles Programm. Tatsächlich sind die wichtigsten Punkte enthalten, die die Entwicklung bis zum Mauerbau prägten. Daß diese nicht ohne Probleme und teilweise gegensätzliche Diskussionen und Entwicklungen verlief, deutete sich schon während der Erarbeitung des Beschlusses an. Zum einen zeigten das die verschiedenen Entwürfe, deren Grundpositionen zwar unverändert blieben, die aber zugleich Akzentverschiebungen sowohl in inhaltlichen Gewichtungen als auch in personellen Vorstellungen etwa bei der Besetzung des Institutsdirektors der DAW oder beim Redaktionskollegium der ZfG aufwiesen. Zum anderen belegen Äußerungen von Alfred Meusel beispielhaft, daß sich Funktionäre und Historiker im taktischen Vorgehen nicht einig waren. Meusel, der von Ulbricht am 18. Januar 1955 zum Mitglied der Kommission, die den Beschlußentwurf erarbeitete, ernannt worden war, kritisierte vor allem den unnachgiebigen Ton gegenüber westdeutschen Historikern. Er befürchtete für »das noch gar nicht recht in Gang gekommene Ost-West-Gespräch der Historiker« katastrophale Folgen.[38] Er fuhr, bezugnehmend auf den Beschlußentwurf, fort: »Wenn man über die westdeutschen Historiker in der Weise urteilt, wie es ... geschieht, so muss man sich nicht darüber wundern, wenn westdeutsche Historiker es ablehnen, zu uns zu kommen, und wenn die Genossen Historiker nicht auf westdeutschen Historikerkongressen auftreten können.«[39] Meusel erkannte zudem, daß die bürgerlichen Historiker in der DDR die massiven Vorwürfe gegenüber westdeutschen Historikern, wonach diese lügen, verfälschen, verheimlichen und entstellen würden, auf sich beziehen müßten, so daß eine Zusammenarbeit mit ihnen gleichfalls unmöglich gemacht werden würde.[40] Tatsächlich scheinen Meusels Interventionen nicht umsonst gewesen zu sein, denn der Be-

---

37 Ebenda, Bl. 75; 77.
38 Alfred Meusel an Ernst Diehl, 29.4.1955. SAPMO B-Arch, DY 30, IV 2/904/90, Bl. 199.
39 Ebenda, Bl. 199–200.
40 Alfred Meusel: Einwände gegen den Beschlußentwurf, 26.4.1955. Ebenda, Bl. 204–205.

schluß ist an einigen Stellen gegenüber den Entwürfen terminologisch entschärft worden. Allerdings deutete Meusel selbst an, daß das taktische Überlegungen seien, denn das wichtigste sei die Auseinandersetzung mit den westdeutschen Historikern, nur müsse man sich »in der Terminologie, mit der man die reaktionären und imperialistischen Historiker bekämpft, einige Zurückhaltung auferlegen«.[41] Inwieweit Meusel gegenüber den SED-Funktionären taktisch lavierte, um eigene Interessen durchzusetzen, ist ungewiß. Seine gesamten Aktivitäten zeugen allerdings davon, daß er tatsächlich gegenüber den westdeutschen Historikern und weniger gegenüber den Funktionären taktierte. Dennoch wies er mehrmals den Anspruch der SED zurück, daß »fortschrittliche Historiker« Propagandisten und »politische Publizisten« zu sein hätten.[42] Meusel und andere Historiker verwahrten sich zwar nicht gegen die propagandistische Verwertung ihrer Forschungsergebnisse, gaben aber vor, selbst unabhängig zu arbeiten. Meusel kam dabei sogar zu einer Grundsatzkritik: »Das Schlimme ist eigentlich nicht, dass die Vergangenheit unter dem Gesichtspunkt der Gegenwart interpretiert wird. Dagegen ist, wenn es vorsichtig und nicht willkürlich geschieht, nichts einzuwenden. Das Schlimme liegt vielmehr darin, dass eine Situation, die sich langsam, mühselig und unvollständig entwickelt hat, als fix und fertig betrachtet und in die Vergangenheit hineinprojiziert wird.«[43]

Den Politbürobeschluß flankierten eine Reihe von »erläuternden« Beiträgen. Fritz Klein und Joachim Streisand, die beiden Redakteure der ZfG, verfaßten einen Leitartikel, dem in dieser und in anderen Zeitschriften weitere Beiträge folgten.[44] An den einzelnen Instituten, Museen und Archiven mußten die wissenschaftlichen Mitarbeiter den Beschluß diskutieren und persönliche Verpflichtungen abgeben.[45] Um die Beschlüsse umzusetzen, reorganisierte die ZK-Abteilung für Wissenschaft und Propaganda die »Kommission für Geschichte«, die sich im Gegensatz zum ersten Vorschlag[46] nun von seiten der namentlich aufgeführten Historiker mindestens aus Alfred Meusel, Leo Stern, Jürgen Kuczynski, Karl Obermann, Albert Schreiner, Gerhard Schilfert, Günter Mühlpfordt, Helmut Otto, Ernst Engelberg, Ernst Hoffmann, Walter Nimtz, Fritz Klein und

41 Alfred Meusel an Ernst Diehl, 29.4.1955. Ebenda, Bl. 200.
42 Protokoll von der Beratung mit den Historikern vom 27.9.1955. Ebenda, Bl. 340.
43 Alfred Meusel: Einwände gegen den Beschlußentwurf, 26.4.1955. Ebenda, Bl. 203.
44 Vgl. ZfG 3(1955), S. 675–684 (die Autorenschaft geht hervor aus: SAPMO B-Arch, DY 30, IV 2/904/90, Bl. 220–238, wo auch die Veränderungen der ZK-Abteilung, Rolf Dlubek, am Entwurf des Artikels erkennbar werden); vgl. weiter z. B. ebenda, S. 904–907 (R. Günther); ZfG 4(1956), S. 132–141 (H. Königer); Einheit (1955), S. 882–892 (E. Diehl, R. Dlubek); GiS 641–652 (G. Wettstädt).
45 Vgl. für das MfDG die Stellungnahmen von Günter Paulus, Miriam Kölling, Joachim Petzold, Heinz Tropitz, Wolfgang Herbst, Marion Einhorn sowie den Organisationsplan des Museums in: SAPMO B-Arch, NY 4198/86, Bl. 227–271.
46 Vgl. oben S. 231.

Fritz Knittel zusammensetzte.[47] Diese Kommission hatte die Aufgabe, Wege vorzuschlagen und einzuleiten, um die Beschlüsse innerhalb kürzester Zeit zu erfüllen. De facto wirkten die Historiker als Transmissionsriemen, um die konkreten Schritte der ZK-Abteilung Wissenschaft und Propaganda »nach unten« direkt weiterzugeben und um die Umsetzung des Beschlusses zu »organisieren und (zu) kontrollieren«. Dabei blieb es nicht aus, daß Details verändert wurden. Prinzipiell aber bestimmten die ZK-Funktionäre gemeinsam mit wenigen Historikern (z. B. Meusel, Stern, Kuczynski, Engelberg und denjenigen, die an den Parteiinstituten arbeiteten) den politischen und wissenschaftlichen Kurs.

Bevor auf die weitere Entwicklung der DDR-Geschichtswissenschaft – auf der Grundlage des »Geschichtsbeschlusses – bis zum Mauerbau eingegangen wird, steht eine Konferenz im Mittelpunkt des Interesses, die das Verhältnis zwischen Historikern und SED-Funktionären deutlich macht. Da sie am Vorabend des XX. Parteitages der KPdSU stattfand, bietet sie zugleich eine Folie für den Zustand, in dem nicht nur die Historiker von Chruschtschows Offenbarungen überrascht wurden.

Tauwetter vor dem XX. Parteitag.
Eine SED-Historikerkonferenz im Januar 1956

Am 12. Januar 1956 versammelten sich auf Einladung Kurt Hagers in Berlin rund 80 Historiker, Archivare, Partei- und Staatsfunktionäre, um über bisherige Erfolge und Mängel bei der Erfüllung des »Geschichtsbeschlusses« und über die Konsequenzen der 25. ZK-Tagung zu diskutieren. Dieses ZK-Plenum hatte Ende Oktober 1955 stattgefunden und die Einberufung der 3. SED-Parteikonferenz für den März 1956 beschlossen. Zu diesem Zeitpunkt war nicht vorherzusehen gewesen, daß eine Rede des Parteivorsitzenden Chruschtschow auf dem XX. Parteitag der KPdSU im Februar 1956 in der Sowjetunion eine Entstalinisierung einleiten und das gesamte kommunistische Lager in eine tiefe Krise stürzen würde.

Das 25. SED-Plenum stand unter anderen Vorzeichen. Am 9. Mai 1955 war die Bunderepublik der NATO beigetreten, und nur wenige Tage später bildete sich unter Teilnahme der DDR der »Warschauer Pakt«. Entscheidend war jedoch für die neue politische Situation, daß der sowjetische Parteichef Chruschtschow im Juli 1955 die Zweistaatlichkeitsdoktrin verkündete. Er brachte nicht nur zum Ausdruck, daß die Wiedervereinigung eine Sache der Deutschen sei, sondern daß eine Wiedervereinigung die »politischen Errungenschaften« der DDR nicht antasten dürfte. Von

---

47 SAPMO B-Arch, DY 30, IV 2/904/90, Bl. 279. Auf der ersten Sitzung waren außerdem Felix-Heinrich Gentzen, Rolf Dlubek, Heinz Königer, Roland Franz Schmiedt, Walter Bartel und Joachim Streisand anwesend (ebenda, Bl. 339–344).

dort war es nicht mehr weit zu der schon erwähnten Souveränitätserklärung im September 1955, nur wenige Tage nachdem die Bundesrepublik und die Sowjetunion diplomatische Beziehungen aufgenommen hatten.

Obwohl die Bundesrepublik nur kurze Zeit später die »Hallstein-Doktrin« verkündete, haben die sowjetischen Schritte die DDR-Führung offensichtlich – wenn auch in Absprache mit dem Kreml – beflügelt, propagandistisch eine offensive Deutschlandpolitik zu entfachen. Tatsächlich bezeichnete die SED-Führung die DDR als den »rechtmäßigen, souveränen deutschen Staat«.[48] Gleichzeitig erklärte sie, daß in Westdeutschland die »herrschende Klasse ... eine ähnliche Taktik wie bei der Vorbereitung des Hitlerkrieges« betreiben würde und »Hitlerwahlen ... wiederholen« möchte.[49] Der Weg zur Wiedervereinigung Deutschlands könne deshalb nur darin bestehen, die gesellschaftlichen Verhältnisse in der Bundesrepublik nach ostdeutschem Vorbild zu revolutionieren.[50]

Selten zuvor hatte die SED-Führung ihre deutschlandpolitischen Absichten so offengelegt wie im Oktober 1955. Freilich wich die alte Strategie keiner neuen, sondern lediglich die Taktik veränderte sich. Die Historiker hatten im Juli 1955 erneut die Aufgabe zugewiesen bekommen, eine eigene Historikergesellschaft zu bilden, was durchaus als Indiz der offiziellen Deutschlandpolitik gewertet werden kann. Dies um so mehr, da ein solcher Plan 1953 aus entgegengesetzten taktischen Gründen fallengelassen worden war.

Im Dezember 1955 hatte das SED-Zentralkomitee Parteifunktionäre aller Universitäten und Hochschulen, unter ihnen von den Historikern zum Beispiel Kurt Pätzold, zur II. Hochschulkonferenz eingeladen, um ihnen die neue Taktik zu erläutern.[51] Einige Woche später versammelten sich im ZK-Gebäude die wichtigsten Historiker und Archivare. Kurt Hager, der zuständige ZK-Sekretär, eröffnete die Tagung mit einer allgemeinen Einführung,[52] ehe der zuständige ZK-Mitarbeiter, Rolf Dlubek, ein längeres Grundsatzreferat hielt.[53] Der Funktionär referierte über die bisherige Erfüllung des Geschichtsbeschlusses und die sich aus der 25. ZK-Tagung ergebenden neuen Aufgaben. Es überwog Kritik. Dlubek sagte, daß »auf dem 25. Plenum ... mit allem Nachdruck nachgewiesen wurde, dass die

---

48   Die neue Lage und die Politik der SED. Beschluß des ZK der SED auf der 25. ZK-Tagung vom 27.10.1955, in: Dokumente der SED. Band 5, S. 445.
49   Ebenda, S. 453.
50   Vgl. ebenda, S. 445–511.
51   Stenographische Niederschrift der II. Hochschulkonferenz des ZK der SED, Abt. Wissenschaft und Propaganda, am 2. und 3.12.1955 in Leipzig. SAPMO B-Arch, DY 30, IV 2/101/302.
52   Stenographische Niederschrift der Beratung des Genossen Prof. Kurt Hager mit Genossen Historikern am 12. Januar 1956 im Haus der Einheit. Ebenda, IV 2/101/304, Bl. 2–7.
53   Das ist in keinem der beiden überlieferten Wortprotokolle enthalten. Allerdings ist sein Vortragsmanuskript mit vielen handschriftlichen Veränderungen erhalten geblieben. Ebenda, IV 2/904/133, Bl. 98–151.

demokratische Einheit Deutschlands nur im Kampf um die Entmachtung der reaktionären imperialistischen und militaristischen Kräfte in Westdeutschland errungen werden kann«.[54] Daraus ergebe sich für die Historiker die zwingende Aufgabe, nachzuweisen, »dass die deutschen Imperialisten die Totengräber unserer Nation sind und dass ihnen das Handwerk gelegt werden muss«.[55] Gerade dieser Aufgabe würden sich die Historiker bislang aber zu wenig widmen. Am Beispiel von Günter Mühlpfordt versuchte er zu verdeutlichen, wie sich einzelne SED-Historiker der Aufgabe entzögen, sich offensiv mit der westdeutschen Geschichtsschreibung auseinanderzusetzen, und statt dessen »abseitige« Themen bearbeiteten. Dlubek hielt Mühlpfordt vor, daß »er seinen Beruf als Historiker verfehlt (hat), bei uns in der DDR«.[56] Das schien im Januar 1956 selbst Kurt Hager übertrieben, der dazwischen rief: »Na, dass ist aber sehr überspitzt, so kann man das nun nicht sagen.«[57] Einige Monate später zählte Hager zu den schärfsten Angreifern Günter Mühlpfordts.[58]

An Dlubeks Ausführungen war eines neu: Er forderte stärker als bisher, daß sich die Zeitgeschichte als Disziplin der Geschichtswissenschaft etablieren müsse. Zeitgeschichte, es war die Geschichte seit 1945 gemeint, sollte nicht mehr nur von jedem Historiker *mitbearbeitet* werden, sondern ein eigenständiges Fach werden.

An der anschließenden Diskussion, die Ernst Diehl leitete, nahmen u. a. Engelberg, Kuczynski, Klein, Schreiner, Günther, Stern, Köhler und Hoffmann teil. Bemerkenswert war, daß sich fast alle gegen die Anmaßungen der ZK-Funktionäre zu wehren versuchten. Vor allem setzten sie sich mit dem Vorwurf auseinander, die Historiker würden die Arbeit mit Archivalien vernachlässigen. Vielmehr sei es gerade so, daß die Historiker an die Akten nicht herankämen. Das beträfe vor allem jene, die im Marx-Engels-Lenin-Stalin-Institut lagerten, also die wichtigsten Archivalien zur Geschichte der deutschen Arbeiterbewegung. Die »Genossen Historiker« forderten nicht, daß die Archive prinzipiell für jedermann zu öffnen seien. Ernst Engelberg meinte statt dessen, »daß ... die Genossen im Zentralkomitee Mittel und Wege finden müssen, wie das Bedürfnis nach Aktenstudium mit dem sicherlich berechtigten Bedürfnis nach politischer Wachsamkeit zu vereinen ist«.[59] Er schlug vor, daß vom ZK eine Kommission benannt werden sollte, die die Akten »systematisch durchgehen« und entscheiden müßte, wer zu welchem Zweck welche Akten zur Einsicht ausgehändigt bekommt.

54 Ebenda, Bl. 122.
55 Ebenda.
56 Ebenda, Bl. 139.
57 Ebenda.
58 Vgl. unten S. 302–304.
59 Stenographische Niederschrift der Beratung des Genossen Prof. Kurt Hager mit Genossen Historikern am 12. Januar 1956 im Haus der Einheit. SAPMO B-Arch, DY 30, IV 2/101/304, Bl. 4.

Fritz Klein beklagte, daß die überwiegende Mehrheit der Beiträge, die bei der ZfG eingereicht werden, wissenschaftlich völlig ungenügend seien.[60] Das hänge vor allem mit der ungenügenden Quellenarbeit und der Überlastung der meisten Historiker zusammen. Man solle sich nicht darüber täuschen lassen, so Klein, daß bei den Genossen Historikern »der Wunsch, unmittelbar den Zielen der Partei und unserem Staat zu dienen, ... einfach da« sei.[61] Klein verwahrte sich aber dagegen, daß man frühere Epochen, etwa den Feudalismus, unterbewerte. Es komme darauf an, die gesamte Geschichte zu erforschen. Damit nahm er einen Gedanken auf, den Jürgen Kuczynski schon zuvor vertreten hatte.

Der Wirtschaftshistoriker begann seine Ausführungen unumwunden mit der Feststellung, daß er mit dem Referat Dlubeks »nicht sehr einverstanden« sei.[62] Kuczynski bezeichnete Wissenschaftler, die die Bearbeitung ihrer Probleme zugunsten aktueller Aufgaben zurückstellten, als »völlig verblödet«.[63] Hager warf ein, daß ihm keiner Vorwürfe machen würde, wenn er den Feudalismus vernachlässige. Darauf Kuczynski an Hager gerichtet: »Nein, natürlich nicht! Aber ich mache mir selbst Vorwürfe ... Ich weiß, Deine Aufgabe ist es, aus mir vom Imperialismus herauszupressen, was Du kannst! [...] Das ist auch völlig richtig, daß das Deine Aufgabe ist. Aber meine Aufgabe ist eine andere.«[64] Kuczynski unterstrich zudem, daß die Zeit vorbei sei, in der Historiker ohne Archive arbeiten könnten. Deshalb sei es abwegig, als Historiker ein wissenschaftliches Werk über die Zeit von 1945 bis 1955 schreiben zu wollen.[65] Das könnten Propagandisten und Agitatoren machen, Historiker hätten andere Aufgaben. Am Schluß steigerte sich Jürgen Kuczynski zu dem Aufruf: »Laßt Euch prügeln von Dlubek, Diehl und Hager! Das ist ihre Aufgabe. Aber widersteht ihnen, wenn sie Euch mit der wissenschaftlichen Arbeit hetzen!«[66]

Diese Äußerungen von Klein, Kuczynski und anderen blieben nicht unwidersprochen. Ernst Hoffmann beschwor die gemeinsame Front zwischen ZK-Funktionären und Historikern, freilich ohne es an Kritik an den genannten Personen fehlen zu lassen. Kurt Hager unterstrich am Ende der Tagung nochmals die »Hauptaufgaben«, ohne in der Sache prinzipiell Neues sagen zu können: »Wir sind alle die Partei ...«[67]

Nach der Konferenz erreichten die ZK-Funktionäre weitere Vorschläge von Historikern, die an der Tagung nicht teilnehmen konnten. Helmuth Stoecker forderte beispielsweise nachdrücklich, daß alle Hochschullehrer

---

60 Ebenda, Bl. 30–31.
61 Ebenda, Bl. 31.
62 Ebenda, Bl. 8.
63 Ebenda, Bl. 12.
64 Ebenda, Bl. 13.
65 Ebenda, Bl. 14.
66 Ebenda, Bl. 18.
67 Ebenda, Bl. 91.

eine »Blankovollmacht zur Benutzung der sekretierten Literatur« erhalten und daß die Zensur abgeschafft bzw. sich *lediglich* auf die Werke bürgerlicher Schriftsteller beschränken sollte.[68] Angesichts dieser offenen Debatte am Vorabend des XX. Parteitages überrascht auch das Fazit der Veranstalter nicht: »Es ist nicht gelungen, die Mehrheit der Genossen Historiker von der Richtigkeit der an sie gestellten Forderungen ... zu überzeugen.«[69] Vor allem Kuczynski, Stern und Klein hätten den Vortrag von Dlubek massiv in Frage gestellt, und lediglich Ernst Hoffmann setzte sich »für die Linie des Referats« ein.[70]

Diese »Januar-Konferenz« war einmalig in der Geschichte der DDR-Geschichtswissenschaft. Daß einzelne Historiker nicht auch auf späteren Tagungen offen argumentierten und die SED-Wissenschaftsfunktionäre in die Defensive trieben, war nicht einmalig, aber daß beinahe die gesamte anwesende Historikerschaft gemeinsam den ZK-Funktionären widersprach, blieb singulär. Dabei ging es keineswegs um politische Meinungsverschiedenheiten. Alle Redner hatten betont, daß sie die Beschlüsse des 25. Plenums unterstützen. Aber tatsächlicher Streit herrschte über die Mittel und Wege, wie sich dabei die Historiker einbringen könnten. Die Erfahrungen der letzten Jahre, die mageren wissenschaftlichen Erträge, bewirkten ganz offensichtlich bei einer Reihe von Historikern ein Umdenken. So verschiedene Wissenschaftler wie Kuczynski, Klein, Stern oder Engelberg brachten deutlich zum Ausdruck, daß wissenschaftliches Arbeiten nur in größeren Zeiträumen möglich sei, als es die Parteiführung verlangte. Der Historiker könne nicht stets auf jede Veränderung der politischen Lage mit grundsätzlichen Beiträgen reagieren. Das sei Aufgabe der Politiker.

Diese Konferenz leitete eine Phase in der DDR-Geschichtswissenschaft ein, in der eine offene Diskussionskultur möglich schien. Das verstärkte sich noch durch die sich an den XX. Parteitag der KPdSU anschließenden Debatten. Diese »Tauwetterperiode« dauerte nicht lange an.[71]

Die Umsetzung des »Geschichtsbeschlusses«

Der Politbürobeschluß vom Juli 1955 hatte konkrete Aufgaben festgeschrieben. Die schleppende Erfüllung trug zu der gespannten Atmosphäre zwischen Historikern und Funktionären bei. Dennoch wurden im Laufe der nächsten Jahre die meisten Vorgaben umgesetzt.

---

68 Helmuth Stoecker: Beitrag zur Diskussion vom 12.1.1956, o. D. (Mitte Januar 1956). Ebenda, Bl. 92–93.
69 Bericht über die Beratung der Genossen Historiker am 12.1.1956. Ebenda, Bl. 169.
70 Ebenda.
71 Vgl. unten S. 288–316.

Koordinierung und Zentralisierung
Ein prinzipielles Ziel der SED-Führung bestand darin, die geschichtswissenschaftliche Forschung und Lehre zentral zu koordinieren und anzuleiten. Als oberste Entscheidungsinstanz fungierte schon seit den vierziger Jahren der ZK-Apparat. Im Juni 1954 war dort die »Abteilung Wissenschaft und Propaganda« aus den bisherigen ZK-Abteilungen »Propaganda« und »Wissenschaft und Hochschulen« gebildet worden. Im Februar 1957 reorganisierte die SED-Führung den ZK-Apparat erneut und schuf die bis 1989 bestehende »Abteilung Wissenschaften«. Hauptverantwortlich waren in den fünfziger Jahren neben dem zuständigen ZK-Sektretär Kurt Hager der Abteilungsleiter Johannes Hörnig sowie die Mitarbeiter Ernst Diehl, Rolf Dlubek und Raimund Wagner.[72]

Der ZK-Apparat war die wichtigste Leitungsbehörde über die Geschichtswissenschaft. Keine prinzipielle Entscheidung konnte ohne dessen Zustimmung gefällt werden. Im allgemeinen aber stand eine solche Frage auch nicht, weil alle relevanten Initiativen vom ZK-Apparat ausgingen. Im obersten Parteiapparat beschäftigten sich nicht nur die genannten Personen mit Fragen der Geschichtswissenschaft, sondern darüber hinaus auch Funktionäre wie Walter Ulbricht, Anton Ackermann oder Fred Oelßner. Vor allem Ulbricht ließ sich bis ins Detail über Vorgänge innerhalb der Geschichtswissenschaft unterrichten.

Neben den ZK-Abteilungen kam dem Staatssekretariat für Hochschulwesen eine besondere Aufgabe zu. Formal waren die Universitäten und staatlichen Hochschulen diesem Staatssekretariat unterstellt, praktisch aber war das ZK solchen Regierungsstellen weisungsberechtigt.[73] Am SfH existierte ein wissenschaftlicher Beirat für Geschichte, der an der Ausarbeitung von Lehrplänen, an der Koordinierung der universitären Forschung, an der Vereinheitlichung von Vorlesungsdispositionen und ganz allgemein an der Durchsetzung der Parteibeschlüsse mitwirken sollte. Diesem Beirat gehörten in den ersten Jahren eine Reihe von »bürgerlichen Historikern« an, so zum Beispiel Haussherr, Schneider, Sproemberg und Winter. Die realen Möglichkeiten der Einflußnahme waren allerdings beschränkt. Die Protokolle, die teilweise lebhafte Diskussionen widerspiegeln, lassen allerdings die Vermutung aufkommen, daß der Beirat vor allem ein Organ war, in dem dessen Mitglieder über den Vollzug getroffener Entscheidungen in ihren Bereichen zu berichten hatten.[74]

Auf der nächsten Ebene, in den Universitäten, Hochschulen, Redaktionen und Akademieeinrichtungen, hatte vor allem die Leitung der jeweiligen SED-Parteiorganisation Entscheidungsbefugnisse. Allerdings bestand

---

72 Vgl. Neuhäußer-Wespy: Der Parteiapparat als zentrale Lenkungsinstanz der Geschichtswissenschaft der DDR in den fünfziger und sechziger Jahren, S. 145–151.
73 Vgl. dazu ausführlich Zumschlinge: Geschichte der Historiographie der DDR.
74 SAPMO B-Arch, DY 30, IV 2/904/103–104; vgl. knapp Zumschlinge: Geschichte der Historiographie der DDR, S. 129–136.

deren wichtigste Aufgabe darin, die andernorts gefallenen Beschlüsse durchzusetzen und in den unteren Struktureinheiten zu kontrollieren bzw. zu organisieren, daß bzw. wie diese Beschlüsse verwirklicht wurden.[75]

Während von *oben* nach *unten* der gefaßte Beschluß durchzusetzen war, ist der Beschluß selbst nicht selten im Wechselspiel von *unten* und *oben* zustande gekommen. Das gilt nicht für prinzipielle Richtungs- oder Personalentscheidungen. Aber in Sachfragen konnte durchaus das einzelne Institut einen Vorschlag nach *oben* weiterreichen, um ihn anschließend als Parteibeschluß zur unbedingten Erfüllung zurückzuerhalten. Gerade die im Geschichtsbeschluß geforderte Koordinierung geschichtswissenschaftlicher Arbeiten konnte nicht einfach nur von *oben* nach *unten* durchgesetzt werden. Dazu bedurfte es der Zuarbeiten von *unten*.

1955/56 begannen die systematischen Arbeiten an einem Perspektivplan der Geschichtswissenschaft. Dazu hatten alle Forschungs- und Lehreinrichtungen eine Bestandsanalyse an die ZK-Abteilung einzureichen. Diese mußte neben dem »Kaderbestand« eine detaillierte Aufschlüsselung enthalten, an welchen Projekten gegenwärtig gearbeitet wurde und welche für die nächsten Jahren geplant seien.[76] Die ZK-Abteilung faßte diese einzelnen Analysen zusammen und entwickelte einen allgemeingültigen Perspektivplan. Entscheidend in diesem Zusammenhang war, daß 1955/56 einzelne Institute der Universitäten Berlin, Leipzig und Halle zu »Schwerpunktinstituten« bestimmt wurden.[77] Diese Institute sollten zum einen die Spezialausbildung der Studierenden und Promovenden übernehmen, also zum Beispiel Mittelalter in Leipzig, Ur- und Frühgeschichte in Berlin oder Geschichte der sozialistischen Länder in Leipzig. Zum anderen aber waren an diesen Instituten die Forschungen zu den einzelnen Fachgebieten zu konzentrieren, ohne daß das automatisch hieß, daß dazu die anderen Institute nicht forschen durften. Vielmehr versuchte der SED-Apparat, an solchen Schwerpunktinstituten die befähigtsten Nachwuchswissenschaftler zusammenzuziehen.

In den fünfziger Jahren, als die *Planwissenschaft* für die Beteiligten noch etwas Neues darstellte, besaßen solche Planungen noch keine solche Bedeutung wie etwa in den siebziger und achtziger Jahren. Eines freilich blieb gleich: Die Pläne sagen nichts darüber aus, was tatsächlich geleistet wurde. Im allgemeinen kann man feststellen, daß die Pläne vor allem dazu dienten, die eigene Bedeutung im Kampf um die knappen Ressourcen herauszustellen.

---

75 Vgl. zu diesem Prinzip Kowalczuk: »Wir werden siegen, weil uns der große Stalin führt!«, S. 192–195.
76 Z. B. Perspektivplan der Fachrichtung Geschichte an den Universitäten der DDR (etwa 1956). BAP, R 3, 4068; Perspektivplan des Historischen Instituts an der Philosophischen Fakultät der Universität Rostock für die Jahre 1959/1965. SAPMO B-Arch, DY 30, IV 2/904/102, Bl. 282–291; SfH, Bemerkungen zum Perspektivplan der Fachrichtung Geschichte, 6.6.1958. Ebenda, IV 2/904/103, Bl. 144–148.
77 Protokoll über die Sitzung des wissenschaftlichen Beirats 14.11.1955. Ebenda, IV 2/904/103, Bl. 87.

Insgesamt ist zu resümieren, daß in den fünfziger Jahren die zentrale Koordinierung der Forschungen zwar voranschritt, aber keineswegs die Erfolge zeitigte, die sich die Verantwortlichen davon erhofft hatten. Erst 1964 entwickelte sich mit der Sektion Geschichte bei der DAW, aus der heraus 1968 der Rat für Geschichtswissenschaft entstand, ein Gremium, welches aus der Perspektive der SED effektiv die Arbeit der Historiker koordinierte und zugleich als Ausführungsorgan der Parteispitze fungierte. Die unbefriedigende Lage hatte nicht nur mit der allgemeinen Ineffizienz wissenschaftlicher Arbeit in planwirtschaftlichen Systemen zu tun. Hinzu kam, daß gerade in den fünfziger Jahren die neuen Institutionen erst errichtet wurden und sich konsolidieren mußten.

Die Arbeit an den Universitäten ging nur schleppend voran, weil Mitte der fünfziger Jahre erneut modifizierte Lehrpläne eingeführt wurden und die ideologischen Auseinandersetzungen oft genug wissenschaftliches Arbeiten blockierten. Insgesamt unterrichteten in der Fachrichtung Geschichte im Juni 1961 an den Universitäten 24 Professoren, 27 Dozenten, 149 Assistenten und 17 Aspiranten nur 2.274 Studenten.[78] Davon strebten lediglich 107 das Historiker-Diplom an, die Mehrheit studierte mit dem Berufsziel Lehrer und immerhin rund 550 im Fernstudium. Das Betreuungsverhältnis sah günstig aus. In Halle kamen auf eine Lehrkraft vier Studenten, in Berlin sechs, in Rostock zwölf, in Greifswald vierzehn, in Jena sechzehn und in Leipzig vierundzwanzig. Dabei ist noch zu berücksichtigen, daß sich die *Belastung* der Lehrenden im Vergleich zu 1955 durch einen Anstieg der Studierenden erhöht hatte.[79]

Die neuen Studienpläne aus der zweiten Hälfte der fünfziger Jahre bewirkten, daß die Fächer Mittelalter und Altertum weiter verdrängt wurden.[80] Auf beide zusammen entfielen gerade einmal fünfzehn Prozent der Lehre. Die deutsche Geschichte dominierte die Lehre mit einem Anteil von fünfzig bis sechzig Prozent, gefolgt von der allgemeinen Geschichte der Neuzeit mit zwanzig bis dreißig Prozent sowie der Geschichte des »sozialistischen Weltsystems« mit zehn Prozent, womit dieser derselbe Platz wie der Geschichte des Altertums eingeräumt wurde.[81] Zusätzliche Belastungen der Studierenden ergaben sich durch das gesellschaftswissenschaftliche Grundlagenstudium sowie den Russisch- und Sport-Unterricht, die insgesamt einen Anteil von knapp vierzig Prozent am Geschichtsstudi-

---

78 Einschätzung der Kaderlage in der Fachrichtung Geschichte an den Universitäten, Juni 1961. Ebenda, IV 2/904/104, Bl. 86.
79 Vgl. Die Geschichtswissenschaft in der DDR (1955), S. 4–5, in: ebenda, IV 2/904/101, Bl. 173.
80 Vgl. ausführlich Didczuneit: Geschichtswissenschaft an der Universität Leipzig, S. 133–142.
81 Einschätzung der Kaderlage in der Fachrichtung Geschichte an den Universitäten, Juni 1961. SAPMO B-Arch, DY 30, IV 2/904/104, Bl. 88.

um ausmachten.[82] Hinzu kamen gesellschaftliche Verpflichtungen, wie zum Beispiel in der FDJ, der SED, der GST oder bei Arbeitseinsätzen. Der Studienplan schlug sich in der Struktur der Universitätsinstitute nieder. Ohne die Aspiranten gab es im Juni 1961 an den sechs Universitäten 200 Wissenschaftler, die Geschichte lehrten. Nach einzelnen Fachgebieten teilten diese sich wie folgt auf:[83]

Verteilung der Lehrkräfte an den Universitäten und Hochschulen nach Fachgebieten (1961)

Fachgebiet	Professoren absolut	Dozenten absolut	Assistenten absolut	Gesamtzahl der Lehrenden	Anteil des Fachgebiets in Prozent
Deutsche Geschichte der Neuzeit	6	10	32	48	24
Allgemeine Geschichte der Neuzeit	4	5	28	37	18,5
Deutsche Geschichte seit 1945	1	0	24	25	12,5
Geschichte der UdSSR	3	2	20	25	12,5
Geschichte der sozialistischen Staaten	2	2	12	16	8
Deutsche Geschichte im Mittelalter	2	2	10	14	7
Allgemeine Geschichte im Mittelalter	2	4	8	14	7
Alte Geschichte	2	1	9	12	6
Wirtschaftsgeschichte	2	1	9	12	6
Gesamt	24	27	149	200	100

82 Vgl. oben S. 165–167.
83 Einschätzung der Kaderlage in der Fachrichtung Geschichte an den Universitäten, Juni 1961. SAPMO B-Arch, DY 30, IV 2/904/104, Bl. 88.

Die Zahlen spiegeln die Schwerpunkte der DDR-Geschichtswissenschaft wider. Sie vermitteln allerdings keinen Aufschluß über die Stelleninhaber. Hier aber hat sich die eigentliche Verschiebung vollzogen. Im Mai 1950 waren an den sechs Universitäten 34 Professoren, 16 Dozenten und 21 Lehrbeauftragte, insgesamt 71 Hochschullehrer, für die Ausbildung der Geschichtsstudenten zuständig.[84] Davon waren rund 30 Prozent in der SED. Im November 1951 betrug der Anteil der SED-Mitglieder unter den Hochschullehreren im Fach Geschichte rund 37 Prozent, obwohl sich die Anzahl der Hochschullehrer auf 51 verringert hatte.[85] Nach der Gründung der Universitätsinstitute für die Geschichte des deutschen Volkes in Leipzig, Berlin und Halle vergrößerte sich der Stellenplan, so daß 1953/54 einschließlich der Assistenten rund 110 Lehrkräfte für die Geschichtsstudenten zur Verfügung standen, wovon nun schon rund 58 Prozent Mitglieder der SED waren.[86] Diese Relation verbesserte sich für die SED beständig, so daß um 1960 von 185 Universitätshistorikern 77 Prozent und 1961 von den 200 Historikern rund 90 Prozent in der SED waren.[87] Von allen Historikern entstammten rund 50 Prozent ihrer sozialen Herkunft nach proletarischen und bäuerlichen Schichten. Zu den Historikern, die nicht in der SED waren, zählten zum Beispiel in Berlin Eduard Winter, Arthur Suhle, Bernhard Töpfer und Friedjof Sielaff, in Leipzig Walter Markov, in Halle Hans-Joachim Diesner und in Rostock Gerhard Heitz. Allerdings gilt es zu berücksichtigen, daß Heitz 1962 der SED beitrat,[88] Markov sich nach eigenem Bekunden stets als »Kommunist ohne Parteibuch«[89] verstand und auch Winter keineswegs ein Kritiker oder gar Gegner der SED-Diktatur war.[90] Damit lag die Geschichtswissenschaft bezüglich der SED-Mitgliedschaftsdichte zwar noch immer unter solchen Disziplinen wie der Wirtschafts- und Rechtswissenschaft, Pädagogik und Philosophie, die die Einhundertprozentmarke erreicht bzw. sich ihr stark angenähert hatten. Aber insgesamt zählte die Geschichtswissenschaft bei den Lehrenden zu den von der SED eindeutig dominierten Disziplinen.[91] Bei einer Gesamtwür-

---

84 MfV, HA-Hochschulen, Übersicht über den Lehrkörper für das Fach Geschichte, 24. Mai 1950. BAP, R 3, 1598, Bl. 390–396.
85 (SfH), Aufstellung der Professoren und Dozenten auf dem Gebiet der Geschichte, 15.11.1951. Ebenda, Bl. 400–402.
86 SfH, Politische Zusammensetzung der wissenschaftliche Mitarbeiter (Geschichte), o.D. Ebenda, 4084, Bl. 13–16. In Berlin waren von 41 Mitarbeitern mindestens 25 in der SED (= 61 %), in Leipzig von 29 mindestens 14 (= 48 %), in Halle von 25 mindestens 12 (= 48 %), in Greifswald von 13 mindestens 7 (= 54%) und in Jena von 10 mindestens 4 (= 40%).
87 Ebenda, Bl. 36; 43.
88 Heitz trat schon mit Schreiben vom 1. Oktober 1958 aus dem VHD aus, womit er seinen Protest gegen den Verlauf des Historikertages in Trier zum Ausdruck bringen wollte (AVHD, MPI).
89 Markov: Zwiesprache mit dem Jahrhundert, S. 201.
90 Vgl. zu Winter ergänzend oben S. 205–206.
91 In den siebziger und achtziger Jahren näherte sich die Geschichtswissenschaft an den Universitäten und Hochschulen ebenfalls der »Einhundertprozentmarke«.

digung der DDR-Geschichtswissenschaft ist zu berücksichtigen, daß neben den Universitäten und Hochschulen beispielsweise auch die Akademieinstitute und die Hochschulen und Forschungseinrichtungen der SED einzubeziehen sind. Wenn der Anteil der SED-Mitglieder an der Akademie auch später deutlich niedriger als an den Hochschulen gelegen hat, so gleicht sich das insgesamt wieder durch die SED-Institutionen aus, wo hunderte Historiker arbeiteten, die ausnahmslos Mitglieder der SED waren.

Ähnlich, wenn auch nicht ganz so drastisch, verhielt es sich mit dem Parteiproporz bei den Studenten. Hier war der Anteil von SED-Mitgliedern schon in den frühen fünfziger Jahren über die Fünfzigprozentmarke gestiegen. Am Beginn der sechziger Jahre waren von fünf Absolventen etwa drei bis vier Mitglieder der SED. Im Mai 1959 hieß es dazu in einem internen ZK-Vermerk: »Wir können ... in Zukunft immer weniger Juristen, Philosophen, Journalisten u. a. Gesellschaftswissenschaftler gebrauchen, die nicht Mitglieder unserer Partei sind.«[92]

Das Hochschulsystem wurde nicht nur verfestigt, sondern auch ausgebaut. Mitte der fünfziger Jahre gab es einen regelrechten *Gründungsboom* von Lehr- und Forschungseinrichtungen. Auch die Historiker erhielten zwei neue große Forschungseinrichtungen.

Im Zuge der allgemeinen Militarisierung der DDR-Gesellschaft wurde 1957 am Institut für deutsche Geschichte der Leipziger Universität eine Abteilung »Militärgeschichte« errichtet. Vor allem Ernst Engelberg engagierte sich für diese Abteilung. Es lag in der Logik des Systems, daß die Militarisierung der Gesellschaft auch eine historische Erklärung benötigte. Die Historiker hatten demzufolge Engels (»General«) als »genialen Militärtheoretiker« hervorzuheben und zu zeigen, daß der Krieg zwar die Fortsetzung der Politik mit anderen Mittel sei (Clausewitz), daß es aber dennoch »gerechte Kriege« gebe.

Die Militärgeschichte in der DDR verfolgte zudem die Absicht, der 1956 gebildeten NVA eine historische Tradition zu verleihen. Dafür gründete 1958 die SED-Führung ein eigenes Forschungsinstitut in Potsdam. Sie konnte dieses Institut mit einer Reihe ausgewiesener Herren besetzen, die sich in der Tat besonders eigneten, deutsche Militärgeschichte zu erforschen: »Das Institut [für Militärgeschichte – d. Verf.] wurde in erster Linie ins Leben gerufen, um einen Teil der hohen ehemaligen Offiziere [der Wehrmacht – d. Verf.] aus leitenden Funktionen herauszulösen.«[93] Neben dem Leiter des Instituts, Wolf Stern, Altkommunist und ein Bruder von Leo Stern, arbeiteten an dieser sozialistischen Forschungsstätte elf

---

92 ZK-Abt. Wissenschaften an Kurt Hager, 13.5.1959, betr. Aufnahme von Studenten als Kandidaten der Partei. SAPMO B-Arch, DY 30, IV 2/904/46, Bl. 324.
93 Information über das Institut für Deutsche Militärgeschichte der NVA, 15.12.1959. Ebenda, IV 2/12/54.

ehemalige Wehrmachtsoffiziere, darunter zwei Oberste, zwei Majore und ein »Ritterkreuzträger mit Eichenlaub«. Allerdings hat das nicht viel genützt. Das Institut blieb in den ersten Jahren der Öffentlichkeit – was Publikationen angeht – weitgehend verborgen. Bis 1989 existierte es als NVA-Einrichtung fort, gab eine eigene Zeitschrift heraus, konnte auf den Militärverlag zurückgreifen, ohne daß allerdings dabei viel mehr als Propaganda herauskam.[94]

Eine andere Neugründung der fünfziger Jahre spielte dagegen schon bald die überragende Rolle in der Historischen Forschung der DDR: das Akademieinstitut für Geschichte.

Das Institut für Geschichte an der DAW
Im März 1956 nahm das Institut für Geschichte an der DAW offiziell seine Arbeit auf. Nahezu fünf Jahre hatte es gedauert, bis die Forderung vom Oktober 1951, die im Juli 1955 untermauert worden war, umgesetzt werden konnte. Die Gründe für die Verzögerung liegen auf der Hand. An der Akademie ließ sich in der ersten Hälfte der fünfziger Jahre kein Institut gründen, an dem von vornherein allein leninistische Historiker beschäftigt werden konnten. Dazu war der Einfluß nichtmarxistischer Wissenschaftler an der Akademie noch zu groß.[95] Außerdem standen in den ersten Jahren zu wenige marxistisch-leninistische Historiker zur Verfügung, um neben den Universitäts- und Parteieinrichtungen sowie dem Museum für Deutsche Geschichte eine weitere Institution »kaderpolitisch ausreichend abgesichert« besetzen zu können. Diesem Umstand war es auch geschuldet, daß die ersten Entwürfe von 1954 für ein solches Institut davon ausgingen, daß dort bürgerliche und marxistisch-leninistische Historiker gleichberechtigt zusammenarbeiten würden.[96] Nach dem 25. Plenum im Oktober 1955 brauchte auf »Bürgerliche« politisch keine Rücksicht mehr genommen zu werden. Alfred Meusel unterrichte dementsprechend auch im November 1955 Fritz Hartung von der geplanten Struktur des neuen Instituts. Danach waren als Direktoren Kuczynski, Meusel und Stern und als ge-

---

94 Diese Einschätzung gilt nicht prinzipiell für die Bücher des Militärverlages der DDR, sondern für die Produkte des Militärgeschichtlichen Institutes. Ironischerweise haben sich gerade in den achtziger Jahren die Militärhistoriker über die Blockgrenzen hinweg offensichtlich prächtig verstanden. Dem entsprach es auch, daß die SED 1989 eigenverantwortlich ein Zeitschriftenheft der »Commission Internationale D'Histoire Militaire« mit Beiträgen füllen durfte. Darunter neben aufschlußreichen Artikeln propagandistische Beiträge wie etwa eine Rezension der Schriften Honeckers; vgl. Revue Internationale d'Histoire Militaire, No. 71, Potsdam 1989. Das entsprang der Tradition der »Commission Internationale D'Histoire Militaire« den Länderkommissionen in größeren Abständen ein Heft der genannten Zeitschrift zur Verfügung zu stellen. Die »Kommission für Militärgeschichte der DDR« hatte bereits das Heft 43(1979) füllen dürfen.
95 Vgl. z. B. Walther: Fritz Hartung und die Umgestaltung der historischen Forschung; Ders.: It Takes Two to Tango.
96 SAPMO B-Arch, DY 30, IV 2/904/397 (Entwürfe reichten u. a. Meusel, Stern, Schreiner und Kuczynski an die ZK-Abteilung für Wissenschaft und Propaganda ein).

schäftsführender Direktor Obermann vorgesehen. Die geplanten sechs Abteilungen sollten von Obermann, Stern, Schreiner und Kuczynski geleitet werden, wobei für jede Abteilung durchschnittlich zehn wissenschaftliche Mitarbeiter vorgesehen waren.[97] Als ein großes Institut angelegt, war in ihm dennoch kaum Platz für »bürgerliche« Historiker. Ein Kaderplan für 1956 sah vor, daß von 51 Stellen lediglich acht mit Historikern zu besetzen seien, die nicht der SED angehörten.[98] Allerdings haben in den ersten zwei Jahren nicht nur einige »bürgerliche« Historiker als wissenschaftliche Mitarbeiter am Institut gearbeitet, sondern darüber hinaus leiteten Hans Haussherr die Arbeitsgruppe Verfassungs- und Verwaltungsgeschichte und Eduard Winter die Abteilung für osteuropäische Geschichte.[99]

Als Direktor fungierte bis 1960 nebenamtlich Karl Obermann. Warum die Wahl auf ihn fiel, ist bislang nicht hinreichend geklärt. Sicherlich kam in Betracht, daß Meusel, Stern, Schreiner und Kuczynski, die als Kandidaten genannt wurden, mit Aufgaben und Funktionen überlastet waren. Hinzu kam, daß alle vier polarisierend wirkten. Obermann war ein der Partei ergebener Historiker, der aber anders als die »führenden Historiker« als eine integrativ wirkende Person angesehen werden kann. Er hatte sich zudem kaum an den rüden Attacken gegenüber der bürgerlichen Geschichtsschreibung beteiligt und war durch eine Reihe von auf intensivem Quellenstudium basierenden Publikationen aus dem *üblichen* Rahmen gefallen. Das war für die Außenwirkung des neuen Instituts nicht unerheblich.

Die Arbeit am Institut ging in den ersten Jahren nur schleppend voran. Zwar wurde schon eine Reihe von Projekten geplant, die später Bedeutung für die DDR-Geschichtswissenschaft erlangen sollten, aber bis 1961/62 kam davon kaum etwas über die Planungsphase hinaus.[100] Dazu trugen zwei Faktoren bei. Zum einen bedurfte die Gründung eines solchen Instituts einer längeren Anlaufzeit, als die Funktionäre eingeplant hatten. Die meisten Mitarbeiter mußten erst ihre Qualifikationsschriften zum Abschluß bringen bzw. waren in die Erarbeitung des Lehrbuches eingebunden. Zum anderen wurde die Konstituierungs- und Konsolidierungsphase des Instituts in den ersten Jahren mehrmals durch politische Auseinandersetzungen gestört.[101]

Ende 1958 forderte die SED-Parteileitung des Instituts, daß Karl Obermann als Direktor abgelöst wird. Ihm schoben seine Genossen die Verantwortung für die desolate Situation zu.[102] Es hieß, er sei weder politisch-

---

97 Alfred Meusel an Fritz Hartung, 22.11.1955. Ebenda, Bl. 177–179.
98 Liste der wissenschaftliche Kader 1956. Ebenda, Bl. 199–202.
99 Vgl. im einzelnen Obermann: Ein Jahr Institut für Geschichte, S. 839.
100 Vgl. die Skizze von Sabrow: Parteiliches Wissenschaftsideal und historische Forschungspraxis, v. a. S. 204–213.
101 Zu diesem Komplex vgl. auch unten S. 306–309.
102 SED-Parteileitung des Instituts für Geschichte an ZK der SED, 8.12.1958 (Helmut Bleiber). SAPMO B-Arch, DY 30, IV 2/904/397, Bl. 404–406.

ideologisch noch wissenschaftsorganisatorisch für eine solche Position geeignet. Statt dessen schlug die Parteileitung vor, Leo Stern als Institutsdirektor zu berufen.[103] Der Hallische Historiker galt tatsächlich einige Monate als möglicher Nachfolger von Obermann. Allerdings konnten Außenstehende nicht ahnen, daß es seit 1957 eine »Angelegenheit Stern« gab.[104] Walter Ulbricht persönlich teilte am 13. Mai 1959 Johannes Hörnig, seit 1955 Leiter der entsprechenden ZK-Abteilung, mit, daß er entschieden gegen die Berufung Sterns zum Institutsdirektor sei.[105] Damit war auch Stern aus der engeren Wahl herausgefallen. Es blieben kaum renommierte Historiker übrig, zumal Jürgen Kuczynski wegen seines »Historikerstreits« noch darum bemüht war, seinen politischen Ruf wiederherzustellen.[106] Im Mai 1959 fiel schließlich die Vorentscheidung zugunsten Ernst Engelbergs, der ordentlicher Professor in Leipzig war.

Engelberg war am Ende der fünfziger Jahre einer der einflußreichsten DDR-Historiker. Er übte eine fast unumschränkte Herrschaft in Leipzig aus, war seit 1958 Vorsitzender der DDR-Historikergesellschaft,[107] verfügte über intensive Beziehungen zu hohen SED-Funktionären und bekam nun das Akademieinstitut für Geschichte unterstellt. Das Institut entwickelte sich unter seiner Obhut zu dem zentralen Koordinierungs- und Forschungszentrum der DDR-Geschichtswissenschaft. Engelberg blieb Direktor bis zur Akademiereform 1969, anschließend leitete er bis zu seiner Emeritierung 1974 die Forschungsstelle für Geschichte, Theorie und Methodologie der Geschichtswissenschaft, die dann Wolfgang Küttler von ihm übernahm.

Engelberg, der einer breiten gesamtdeutschen Öffentlichkeit in den achtziger Jahren mit einer voluminösen Bismarck-Biographie bekannt geworden ist, galt in der DDR als eine kämpferische Natur. Kuczynski meinte noch im Oktober 1959, Engelberg sei ein guter Historiker, aber als Direktor unmöglich, das wäre »Wahnsinn«. Er prophezeite, daß Engelberg scheitern und zusammenbrechen würde, weil er »cholerisch«, eine »Mimose« und vom »Verfolgungswahn« befallen sei.[108] Hier wird das gespannte Verhältnis zwischen »führenden SED-Historikern« deutlich. Aber so ganz aus der Luft gegriffen waren Kuczynskis Mutmaßungen nicht, wenn er sich bezüglich seiner Prognosen auch kräftig täuschte. Un-

---

103 Ebenda, Bl. 405.
104 Vgl. dazu unten S. 299–302.
105 Aktennotiz vom 14.5.1959 (J. Hörnig). SAPMO B-Arch, DY 30, IV 2/904/533, Bl. 46.
106 Vgl. dazu unten S. 306–309.
107 Vgl. dazu unten S. 271–273.
108 Aktennotiz (über eine Aussprache mit Genossen Historikern im ZK am 21.10.1959). SAPMO B-Arch, DY 30, IV 2/904/398, Bl. 186 (Kuczynski verstieg sich zu der Annahme, daß Engelberg »Selbstmordabsichten« hegen würde; Verfolgungswahn unterstellten auch andere Personen Engelberg, der sich mit diesem Vorwurf in seinen Briefen ans ZK des öfteren auseinandersetzte).

ter Engelbergs Ägide entwickelte sich das Institut im Laufe der sechziger Jahre zu einer komplexen Forschungseinrichtung.

Beachtung verdient vor allem die Art und Weise, wie Engelberg Direktor wurde. Im Mai 1959 erklärte er sich grundsätzlich bereit, Direktor des Akademieinstituts zu werden. Allerdings verband er diese Zustimmung mit vier Forderungen. Er wollte erstens seine Stellvertreter und unmittelbaren Mitarbeiter selbst bestimmen, zweitens prinzipiell die Grundaufgaben und die Institutsstruktur neu diskutieren, drittens weiterhin zwei Schriftenreihen in Leipzig herausgeben und schließlich viertens über die Verhältnisse an seinem Leipziger Institut nach seinem Weggang mitbestimmen.[109] Hinter diesen eher harmlosen Forderungen stand nichts weniger als ein *Putschversuch*. Engelberg legte selbst sein Anliegen offen: »Die Frage steht so: Beginnt ein neuer Abschnitt in der Entwicklung der Geschichtswissenschaft der DDR oder nicht?«[110]

Engelbergs Ansinnen lief darauf hinaus, zum unumschränkten Herrscher in der DDR-Geschichtswissenschaft gekürt zu werden. Um das zu erreichen, bedurfte es systemlogisch der Denunziation von Personen, die ihm dabei im Wege stehen könnten. So forderte er ultimativ, daß der alte Direktor, Karl Obermann, nicht nur nicht sein Stellvertreter werde, sondern überhaupt das Akademieinstitut verlassen sollte. »Sein Niveau entspricht einer mittleren Universität, mehr nicht.«[111] Damit konnte sich Engelberg gegenüber den ZK-Funktionären nicht durchsetzen, Obermann blieb Abteilungsleiter. Dennoch zeigte Engelberg schon an Obermann, wie er seine Mitstreiter zu bekämpfen gedachte: nicht wissenschaftlich, sondern vor allem politisch und ideologisch. So titulierte er dann diesen auch als Anhänger eines »unverschämten bürgerlichen Liberalismus«.[112] Engelberg gelang es, einen Adepten auf den stellvertretenden Direktionsposten zu befördern: Horst Bartel, der 1969 sogar Nachfolger von Engelberg wurde.[113] Kuczynski bemerkte zu diesem Vorschlag im Oktober 1959, daß das eine Verhöhnung der Akademie sei. »In dem, was er [Bartel – d. Verf.] geschrieben habe, sei kein Fünkchen von Wissenschaft, es seien Propagandaschriften.« Kuczynski fügte noch hinzu, man könne Bartel zum Parteisekretär machen, aber nicht zum stellvertretenden Direktor.[114]

An diesem Beispiel zeigt sich deutlich, daß es Engelberg vor allem auf politisch-ideologisch geschulte Kader ankam: »In Zukunft muß sowohl auf die politische Vergangenheit und Haltung als auch auf das fachliche Können bei der Kaderauswahl größerer Wert gelegt werden.«[115] Der

---

109 Ernst Engelberg an ZK-Abt. Wissenschaften, 19.7.1959. Ebenda, Bl. 13.
110 Ebenda, Bl. 32.
111 Ebenda, Bl. 30.
112 Ernst Engelberg an ZK-Abt. Wissenschaften, 26.7.1959. Ebenda, Bl. 35.
113 Ernst Engelberg an ZK-Abt. Wissenschaften, 19.7.1959. Ebenda, Bl. 31.
114 Aktennotiz (über eine Aussprache mit Genossen Historikern im ZK am 21.10.1959). Ebenda, Bl. 186.
115 Ernst Engelberg an ZK-Abt. Wissenschaften, 19.7.1959. Ebenda, Bl. 24.

Leipziger Historiker rechnete mit seinen prominenten Kollegen dementsprechend ab, ohne zu vergessen, darauf hinzuweisen, »warum ich der einzige bin, der augenblicklich [als Direktor – d. Verf.] in Frage kommt«.[116] Engelberg antwortete unaufgefordert selbst: »Weil ich der einzige unter den DDR-Historikern bin, der vor 1933 Mitglied der KPD (in der Studentenbewegung sogar führendes) war und zugleich Geschichte als Hauptfach studiert hat.«[117]

Sodann ging Engelberg dazu über, zu begründen, wie er das Institut zu dem führenden in der DDR machen werde. Allerdings sei das »Schlimmste dieses Instituts ... die kadermäßige und menschliche Situation. Mein Vorgesetzter ist Meusel (der Schweinehund)[118], der mich jetzt endlich unmittelbar in die Kandare nehmen kann; neben ihm der begabte Windmacher Leo Stern und der gebildete Windhund Kuczynski. Dann der alte Stänkerer Albert Schreiner, der mich immer wieder an den Ausspruch des alten kommunistischen Landtagsabgeordneten, des Genossen Bock aus Lörrach, erinnert. Dieser sagte mir 1931 auf einer Delegiertenkonferenz: ›Junge merk' Dir, wer in der KPO ist, hat einen schlechten Charakter.‹ Und jeder dieser Herren Prominenten hat seine Leute, die mir Schwierigkeiten bereiten können.«[119]

Jeder Funktionär wußte, daß Schreiner einige Jahre Mitglied der KPD(O) gewesen war. Deshalb zeigt dieses Beispiel deutlich, daß es Engelberg darum ging, seine Widersacher nicht nur einfach zu denunzieren, sondern daß er deren politische und wissenschaftliche Marginalisierung betrieb. Ähnlich bei den anderen. Meusel, »der alte Halunke«[120], tarne seine ideologisch-politische Grundkonzeption mit dem Parteibuch.[121] Es gebe, so Engelberg, »einen Fall Meusel, schlimmer als den von Kuczynski.«[122] Dazu kämen noch »kleinbürgerliche Meuseleaner wie Fritz Klein ...«[123] Mit dem Verweis auf den Londoner Parteitag der SDAPR 1903, auf dem es zur Spaltung in Bolschewiki und Menschewiki gekommen war, forderte Engelberg: »Aber notwendig ist eine ähnliche (!) Entmachtung der bisherigen Prominenz (vor allem des zwar in sich uneinigen, aber charakterlich gleichwertigen Dreigestirns: Meusel – Stern – Schreiner) wie die der Schirdewangruppe und der erstarrten Molotowgruppe.«[124]

Engelberg nutzte die politische Wetterlage aus. Schirdewan, Molotow, an anderen Stellen noch Lassalle oder Stalin mußten für seine Großoffen-

---

116 Ebenda, Bl. 23.
117 Ebenda, Bl. 24.
118 Ebenda, Bl. 22. Meusel hatte über die Akademie und die entsprechende Klasse, der er als ordentliches Mitglied angehörte, Einfluß, ohne daß dieser, wie von Engelberg beschworen, übertrieben werden sollte.
119 Ebenda, Bl. 28–29.
120 Ebenda, Bl. 26.
121 Ernst Engelberg an ZK-Abt. Wissenschaften, 15.11.1958. Ebenda, IV 2/904/109, Bl. 312.
122 Ernst Engelberg an ZK-Abt. Wissenschaften, 26.7.1959. Ebenda, IV 2/904/398, Bl. 38.
123 Ebenda, Bl. 35.
124 Ernst Engelberg an ZK-Abt. Wissenschaften, 19.7.1959. Ebenda, Bl. 26.

sive herhalten. Er beschwor den Klassenkampf in den eigenen Reihen herauf: »Wenn wir nicht erkennen, daß es sich bei diesem Streit um einen solchen zwischen einem kämpferischen Marxismus und einem ebenso kämpferischen und bewußten Nicht-Marxismus handelt, sind wir von vornherein verloren ... Dann geht alles, wie bei Kuczynski, wie das Hornberger Schiessen aus. Dann wuchert alles wie eine ideologische Viruskrankheit weiter ... Am schlimmsten sind die Versöhnler, die Leute, die weder kalt noch warm sind, die Lauen!«[125]

Engelbergs harte Vorgehensweise hatte verschiedene Gründe. Zum einen führte er seit mehreren Jahren, vor allem mit Meusel, scharfe Auseinandersetzungen bei der Erarbeitung seiner Abschnitte für das Lehrbuch.[126] Zum anderen ging es um die Sicherung und den Ausbau von Machtpositionen innerhalb der DDR-Geschichtswissenschaft. So forderte er beispielsweise, um sich »gegen die Oberherrschaft Meusels ein genügend kräftiges Gegengewicht verschaffen« zu können, daß er »bis spätestens Ende 1960 Mitglied der Akademie« sein müßte.[127] Rational ist Engelbergs Ansinnen nachvollziehbar, konnte er doch durch die Wahl zum Akademiemitglied erhoffen, von seinen Kontrahenten Meusel, Stern und Kuczynski, die alle in der DAW Mitglieder waren, in den Akademiesitzungen nicht übergangen zu werden. Allerdings stand dem entgegen, daß Engelbergs wissenschaftliche Forschungsleistungen bis 1959/60 eher bescheiden waren.[128] Dennoch wurde er 1961 ordentliches Mitglied der DAW.

Viel mehr noch ging es Engelberg aber darum, seine eigene Forschungssituation gegenüber seinen Widersachern zu behaupten und zu verbessern. Meusel solle als Leiter des Autorenkollektivs abgelöst werden, Kuczynskis Abteilung für Wirtschaftsgeschichte müsse ebenso wie die Arbeiten in Sterns Umfeld stärker kontrolliert werden, da dort überall Wildwuchs betrieben würde: »Ich darf eine unmittelbare Leitungsarbeit über die Problematik eines Zeitraums von knapp 50 Jahren ausüben; Kuczynski hingegen kann gleichsam über Jahrhunderte regieren.«[129]

Schließlich aber zeigt sich an Engelbergs Vorgehen exemplarisch ein allgemeines Prinzip. Eine solche Argumentation, wie sie Engelberg vorführte, war nicht an eine bestimmte Person gebunden, wenn dafür auch

---

125 Ernst Engelberg an ZK-Abt. Wissenschaften, 26.7.1959. Ebenda, Bl. 36.
126 Vgl. dazu S. 170–171; 256–258.
127 Ernst Engelberg an ZK-Abt. Wissenschaften, 19.7.1959. SAPMO B-Arch, DY 30, IV 2/904/398, Bl. 31.
128 Vgl. seine Bibliographie in: Evolution und Revolution in der Weltgeschichte, Band 2, S. 749–751. Er hatte das selbst nicht übersehen. So meinte er, es sei zwingend, »daß ich publizieren, publizieren und nochmals publizieren muß«. (Ernst Engelberg an ZK-Abt. Wissenschaften, 19.7.1959. SAPMO B-Arch, DY 30, IV 2/904/398, Bl. 28). An einer anderen Stelle begründete er seinen Wunsch, so schnell wie möglich das Lehrbuch zu veröffentlichen, damit, daß er »seine wissenschaftliche Visitenkarte auf den Tisch legen möchte« (Protokoll über die Aussprache mit den Autoren am Lehrbuch am 27.10.1958. Ebenda, IV 2/904/109, Bl. 249).
129 Ernst Engelberg an ZK-Abt. Wissenschaften, 26.7.1959. Ebenda, IV 2/904/398, Bl. 37.

besondere Charaktereigenschaften vonnöten waren. Man könnte ähnliche, wenn auch nicht so drastische Beispiele anführen. In einem System, das Wissenschaft monopolisiert und gleichzeitig einer einzigen Ideologie unterstellt, ist es nur logisch, daß die Beteiligten ideologisch, politisch, aber gerade nicht wissenschaftlich argumentieren. Engelbergs Widersacher standen ihm dabei keineswegs nach. Das hatte fatale Wirkungen. Denn erstens konnte fast jeder auf diese ideologische Art an den Rand gedrückt und »ausgeschaltet« werden, zweitens reproduzierten sie über ihre Schüler wissenschaftsfremde und -feindliche Denk- und Argumentationsstrukturen, und drittens schließlich verschaffte sich so jeder eine Klientel abhängiger Personen. Vor allem diejenigen waren unterlegen, die sich solchen ideologischen Machtkämpfen entzogen. Denn sie waren nicht nur von der Gunst eines »führenden Historikers« abhängig, sondern zumeist von der mehrerer. Diese am Beispiel Engelbergs aufgezeigten Auseinandersetzungen zeigen deutlich die hochgradige Ideologisierung von Wissenschaft, die zugleich eine komplexe Verwissenschaftlichung der DDR-Historiographie verhinderte.[130]

Auch wenn Engelberg nicht alle seine Vorstellungen sofort umsetzen konnte, begann mit ihm am Akademieinstitut eine neue Etappe. Politisch-ideologische Auseinandersetzungen und Verdächtigungen gehörten in den sechziger Jahren zum Alltag des Instituts. Mit ihm begann auch eine Phase, in der nun nicht mehr nur »bürgerliche« Historiker verleumderisch als »kläffende Hüter eines von Polizisten, Richtern, Fakultätseminenzen und Rezensenten arbeitsteilig und doch einträchtig geschaffenen Blockaderings gegen unsere marxistische Geschichtsschreibung«,[131] wie Engelberg 1958 feststellte, bezeichnet wurden. Das konnte – wenn auch zumeist intern – nun auch potentielle Gesinnungsgenossen treffen, und zwar dann, wenn sie ebenfalls Führungsansprüche anmeldeten oder der wissenschaftlichen Reputation – hier von Ernst Engelberg – im Wege standen.

Das taktische und strategische Vorgehen Engelbergs kennzeichnet, wie wichtig persönliche Ressentiments für die Festigung der eigenen Position im Wissenschaftssystem der DDR waren. Es zeigt zugleich, welche eminente Rolle die Beziehungen zwischen ZK-Apparat, Wissenschaft und Einzelpersonen spielten. Es ist völlig abwegig, wenn Engelberg heute meint: »Prinzipiell handle ich nach der Devise: Gehe nie zu deinem Fürst, wenn Du nicht gerufen wirst.«[132] Viele »persönliche« Briefe an die ZK-Mitarbeiter und »persönliche« Gespräche zeugen nicht nur vom Gegenteil, sondern belegen exemplarisch Engelbergs denunziatorisches Verhalten. Im Zweifelsfall schaltete er die Administration ein, um »einen Fall« zu klären. Das deutet nicht nur auf die engen Beziehungen hin, sondern un-

---

130 Zu Engelbergs Argumentations- und Berichtsweise vgl. auch Sabrow: Historia militans in der DDR.
131 Engelberg: Politik und Geschichtsschreibung, S. 490.
132 Engelberg, in: Grimm: Was von den Träumen blieb, S. 40.

terstreicht, daß gerade »die führenden Historiker« Teil dieser Parteiadministration waren. Da hilft es auch nicht, wenn Engelberg heute versucht, die Geschichte umzuschreiben: »Im übrigen war auch das Beziehungsgeflecht zwischen den Wissenschaftlern und den Gremien der Parteiorganisation nicht so einsträngig, wie es heute mehr ver- als gezeichnet wird. Was ich zum Auf- und Ausbau der Geschichtsinstitute unternahm, wurde sehr oft gemeinsam in Gremien besprochen, die sich nicht von ängstlicher Parteidisziplin leiten ließen, sondern von demokratischem Empfinden.«[133] Davon läßt sich zumindest bei seiner putschartigen Machtübernahme 1959/60 nichts rekonstruieren. Vielmehr scheint es so, daß sich Engelberg nicht nur mit dem Bonapartismus historisch beschäftigte, sondern zugleich einzelne bonapartistische Methoden praktisch anzuwenden wußte.[134]

Das Lehrbuch für deutsche Geschichte
Der Geschichtsbeschluß vom Juli 1955 hatte festgelegt, daß das Lehrbuch bis zum 1. Dezember 1956 fertiggestellt werden sollte.[135] Auch dieser Termin konnte nicht eingehalten werden. Erst 1959 erschienen die ersten Beiträge, die letzten zehn Jahre später. Das Lehrbuch war in den fünfziger Jahren das zentrale Projekt der DDR-Geschichtswissenschaft, das zwar letztlich abgeschlossen wurde, aber insgesamt als gescheitert angesehen werden muß.[136] Dieses Projekt ist insofern lohneswert, weiter untersucht zu werden, als an ihm die Ineffizienz sozialistischer *Planungswissenschaft* deutlich hervortritt. Bis Anfang 1958, als es noch über ein Jahr dauern sollte, bis der erste Band erschien, hatte der Verlag bereits Kosten von über 100.000 Mark. Er kündigte daraufhin die Verträge »wegen Nichterfüllung«. Diese hatten u. a. vorgesehen, die Bände mit einer Startauflage von 100.000 Exemplaren in den Buchhandel zu drücken und für die Autoren Honorare von 2.000 Mark pro Bogen auszuschütten. Wenn man berücksichtigt, daß sämtliche Autoren das Lehrbuch hauptamtlich erarbeiten sollten und zeitweise von anderen Aufgaben vollkommen entbunden worden sind, waren dies für damalige Verhältnisse unglaubliche Summen. In einer Sitzung mit dem Kollektiv einigte man sich statt dessen im Februar 1958 auf eine Startauflage von immerhin 20.000 Exemplaren und ein Bogenhonorar von 400,- bis 600,- Mark zuzüglich eines Absatzhonorars von zehn Prozent. Die Verlagsvertreter stellten wohl nicht ohne Grund fest, daß dieses Projekt erhebliche Mittel binde, andere deswegen nicht verfolgt werden könnten, aber außer Kosten bislang nichts entstanden sei.[137]

---

133 Ebenda, S. 33.
134 Vgl., das Bonapartismus-Problem in der Geschichte knapp zusammenfassend, Wehler: Deutsche Gesellschaftsgeschichte, S. 363–368.
135 SAPMO B-Arch, DY 30, IV 2/904/91, Bl. 71–72.
136 Vgl. auch oben S. 171.
137 Stenogramm-Übertragung der Ausführungen in der Sitzung des Autorenkollektivs am 6.2.1958. BAP, R 3, 4084, Bl. 262–302, spez. Bl. 263–272.

Im folgenden soll anhand des Lehrbuches knapp skizziert werden, wie der Diskussionsprozeß innerhalb eines *sozialistischen Autorenkollektivs* verlief.[138]

Zwischen 1952 und Anfang 1959 trat das Autorenkollektiv zu 35 Sitzungen zusammen.[139] Nachdem ein Autor erfahren hatte, daß er einen Beitrag verfassen solle, hatte er sechs bis zehn Wochen Zeit, eine erste Disposition zu erarbeiten. Diese wurde im Autorenkollektiv diskutiert und anschließend mit den entprechenden Veränderungen in der *Zeitschrift für Geschichtswissenschaft* veröffentlicht.[140] Das geschah ausdrücklich als Diskussionsangebot. Zum Entwurf von Schilfert zum Beispiel reichten aber nur vier Historiker Stellungnahmen ein.[141] Bei einigen Entwürfen, wie bei dem von Stern, meldeten sich mehr Historiker zu Wort. Zu einer öffentlichen Diskussion kam es allerdings nicht. Burchard Brentjes, der ein Manuskript an die Redaktion der ZfG eingereicht hatte, welches aber nicht veröffentlicht wurde, schrieb entrüstet an Ernst Diehl: »Eine öffentl[iche] Diskussion, auf der nur die kritisierte Seite auftreten darf, ist keine, sondern läuft auf eine Unterdrückung der Kritik hinaus.«[142]

Nach der Veröffentlichung der Disposition war der Autor angehalten, diese in ein mehrhundertseitiges Manuskript umzusetzen. Das dauerte unterschiedlich lange. Gerhard Schilfert hatte den ersten Entwurf seines Manuskripts bereits Anfang 1955 fertig, andere Autoren benötigten dafür einige Jahre mehr. Die Fertigstellung des Manuskripts wurde flankiert von eigenen Archivstudien und in einem noch stärkeren Maße von Arbeiten, die Studenten, Promovenden und Assistenten anfertigten. Die meisten Autoren erhielten zudem mehrwöchige (bis zu einem halben Jahr) Arbeitsbefreiungen, um sich intensiv der Niederschrift des Lehrbuches widmen zu können. Hatte der Autor sein Manuskript beim Leiter des Autorenkollektivs eingereicht, wurde dieses an Dutzende Personen verteilt. Neben Alfred Meusel erstellten beauftragte Historiker Gutachten zu dem Manuskript. Anschließend kam es mit dem Autor zu meist zwei Diskussionssitzungen, wobei zwischen den beiden Konferenzen mehrere Monate verstrichen, damit der Autor das Manuskript überarbeiten konnte. Schließ-

---

138 Die folgenden Ausführungen sollen keineswegs eine intensivere Untersuchung der Diskussionen im Autorenkollektiv ersetzen. Eine solche Analyse wäre außerordentlich nützlich und sinnvoll, um das Verhältnis zwischen Politik und Historiographie anhand des zentralen Projektes der Historiographie in den fünfziger Jahren weiter aufzuhellen.
139 Die Protokolle der Sitzungen des Autorenkollektivs sind weitgehend überliefert (SAPMO B-Arch, DY 30, IV 2/904/107–109; ebenda NY 4198/94–97).
140 Das betraf die Beiträge von Engelberg, Kamnitzer, Köhler, Meusel/Schmiedt, Obermann, Schilfert, Schreiner, Stern, Streisand. Allerdings haben davon letztlich Kamnitzer, Köhler, Meusel/Schmiedt und Schreiner keine Buchbeiträge – aus unterschiedlichen Gründen – geliefert.
141 R.F. Schmiedt (Sekretär des Autorenkollektivs) an ZK-Abt. Wissenschaften, 6.2.1959. SAPMO B-Arch, DY 30, IV 2/904/109, Bl. 281.
142 B. Brentjes an E. Diehl, 2.10.1954. Ebenda, IV 2/904/114, Bl. 155r.

lich führte – nachdem eine prinzipielle Einigung erzielt worden war – der wissenschaftliche Sekretär persönliche Sitzungen mit dem Autor durch, »auf denen das Manuskript noch einmal Satz für Satz durchgesprochen wurde«.[143] Dann konnte das Buch endlich erscheinen. Schilfert, dessen Band als erster erschien, benötigte sechs Jahre für die Erarbeitung.[144] Andere Autoren brachten ihren Teil allerdings schneller heraus, weil sie erst Mitte oder Ende der fünfziger Jahre die Autorschaft übertragen bekommen hatten.

Der Aufwand war also nicht unbeträchtlich. Die internen Debatten trugen einen wesentlichen Teil zum Konstituierungsprozeß der DDR-Geschichtswissenschaft bei. Obwohl die Arbeit an diesem Lehrbuch durchaus eine Polarisierung in verschiedene, durch persönliche Animositäten geprägte Lager beschleunigte, bewirkte die Kollektivarbeit zugleich die Befestigung des Hauses »DDR-Geschichtswissenschaft«. In diesem Haus gab es verschiedene Zimmer, verschiedene Etagen, manche mußten im Keller vegetieren, und andere konnten auf den Aussichtsplattformen agieren, aber alle bewegten sich auf demselben Fundament und unter demselben Dach. Nur sehr wenige mieden dieses Haus wie der Teufel das Weihwasser.

Die Arbeit am Lehrbuch ist zugleich ein Zeugnis für die Diskussionskultur in der DDR-Geschichtswissenschaft der fünfziger und frühen sechziger Jahre. Zum einen wird deutlich, wie weit die »kollektive Hilfe« bei der Abfassung der Manuskripte gehen konnte. Abgesehen davon, daß der konzeptionelle Rahmen und die theoretischen Vorgaben nicht zur Diskussion standen, betrafen Veränderungen sowohl den Aufbau, die Darstellung, die Gewichtung einzelner Teile als auch Detailfragen. Bei letzteren wurde zum Beispiel angemahnt, daß man »an dieser Stelle« das »bekannte Leninzitat« bringen müsse oder daß bei »der Charakterisierung der Ideologie der württembergischen Demokraten ... eine kräftige kritische Spritze« fehle.[145] Renegaten durften nicht zitiert werden. Der ZK-Funktionär Dlubek schrieb nach der ungarischen Revolution von 1956: »Lukács kann man noch in einer Spezialabhandlung zitieren, in der man sich zugleich mit seinen Fehlern auseinandersetzt, aber nicht mehr in einem Lehrbuch.«[146]

Es gab aber auch prinzipielle Auseinandersetzungen. Die schärfsten spielten sich zwischen Alfred Meusel und Ernst Engelberg ab. Abgesehen von den schon erwähnten zwischenmenschlichen Querelen, betraf der

---

143 R. F. Schmiedt (Sekretär des Autorenkollektivs) an ZK-Abt. Wissenschaften, 6.2.1959. Ebenda, IV 2/904/109, Bl. 282.
144 Vgl. Werner Müller: Die Grundfragen der Nation und das Lehrbuch der deutschen Geschichte, in: ND vom 17.6.1959, S. 5.
145 Rolf Dlubek: Bemerkungen zu Ernst Engelberg: Geschichte Deutschlands 1849-71, o.D. SAPMO B-Arch, DY 30, IV 2/904/109, Bl. 305.
146 Ebenda.

Kernpunkt des Streits die Frage nach dem Weg der deutschen Einigung 1859 bis 1870/71. Während Meusel die Auffassung vertrat, daß es zum damaligen Zeitpunkt keine Alternative zur Bismarckschen »Revolution von oben« gegeben hätte, argumentierte Engelberg für die Möglichkeit einer »Revolution von unten«. Für ihn hieß die »Grundfrage« jener Periode, »für oder gegen die demokratische Einigung« zu sein.[147] Engelberg setzte seine Auffassung schließlich durch, und zwar nicht nur für dieses Buch, sondern für die DDR-Geschichtswissenschaft überhaupt.[148] Der Haupteinwand gegen Meusel lautete, daß er den Bismarckschen Einigungsweg billige.[149] Ein Vorwurf, der wissenschaftlich abwegig klingt, immerhin geht es hier um das 19. Jahrhundert, der aber tatsächlich den Kern der jahrelangen Auseinandersetzung trifft.

Engelberg behauptete sich aber nicht nur wissenschaftlich, wobei er eine Reihe von Sekundanten beanspruchen konnte,[150] sondern führte mit Meusel und »dessen Clique« gleich noch eine Generalabrechnung durch.[151] Denn Meusels Polemik bedeute in ihrer Konsequenz, so Engelberg, daß »er tatsächlich nicht gegen mich, sondern gegen Marx und für Lassalle Stellung« beziehe.[152] Nun legte Engelberg auf vielen engbeschriebenen Seiten dar, was wir schon im Zusammenhang mit der Übernahme der Institutsdirektion vernehmen konnten: Meusel sei ein bürgerlicher Historiker,[153] ein »Usurpator in unserer Geschichtswissenschaft«[154]. Meusel und dessen Anhänger würden ihn, Engelberg, verfolgen. Fritz Klein als Mitglied der Meusel-Clique sabotiere und spinne zugleich mit Walter Markov »international etwas« aus.[155] Meusel sei kein Historiker und es wäre zu fragen, »ob denn dieser Mensch je in seinem Leben in einem Archiv war«.[156] Es bestünden zwischen Meusel und ihm, Engelberg, ideologische Gräben. Meusel vertrete eine klassenfeindliche Ideologie, weshalb das ZK zu handeln habe: »Diese Hauptquelle der moralisch-politischen Demoralisation muß ein für allemal gestopft werden. Wenn

---

147 Joachim Streisand: Bisherige Ergebnisse und weitere Aufgaben der Diskussion unter den Historikern der DDR im Zusammenhang mit der Arbeit am Lehrbuch der deutschen Geschichte, 9.4.1962. Ebenda, Bl. 448.
148 Vgl. dazu u. a. Alter: Bismarck in der Geschichtsschreibung der DDR; Brinks: Die DDR-Geschichtswissenschaft auf dem Weg zur deutschen Einheit. Zum Gesamtproblem der Reichseinigung ist die wichtigste Literatur verzeichnet bei Gall: Europa auf dem Weg in die Moderne.
149 O. Verf., o. T., 9.12.1958. SAPMO B-Arch, DY 30, IV 2/904/109, Bl. 289.
150 Ebenda, Bl. 289–292; (Kommission für kollektive Begutachtung des Lehrbuchs für deutsche Geschichte von Ernst Engelberg), 16.12.1958 (H. Bock). Ebenda, Bl. 293–298; Rolf Dlubek: Bemerkungen zu Ernst Engelberg: Geschichte Deutschlands 1849-71, o. D. Ebenda, Bl. 299–305.
151 Ernst Engelberg an ZK-Abt. Wissenschaften, 15.11.1958. Ebenda, Bl. 315.
152 Ebenda, Bl. 307.
153 Ebenda, Bl. 315.
154 Ebenda, Bl. 311.
155 Ebenda, Bl. 310.
156 Ebenda, Bl. 311.

dann noch ein Mann wie Albert Schreiner ... ausgeschaltet ist, bekommen wir Ordnung unter die Historiker der DDR.«[157]

Engelberg, der sich häufig als Ankläger, Denunziant und Richter zugleich aufspielte,[158] hatte auch diesmal mit seiner Attacke Erfolg.[159] Sein Lehrbuchbeitrag erschien, ohne daß auf die Herausgeberschaft von Meusel hingewiesen wurde. Außerdem geriet Meusel wegen seiner »unmarxistischen Grundkonzeption«[160] in das Kreuzfeuer der Kritik und sollte sogar als Leiter des Autorenkollektivs abgelöst werden. Eine langwierige Krankheit und sein Tod im September 1960 verhinderten die Eröffnung eines neuerlichen »Kriegsschauplatzes«.[161]

Bei einem anderen Projekt hat die SED-Führung von vornherein solche Probleme zu verhindern gewußt. Indem sie die Geschichte der Arbeiterbewegung zur parteiamtlichen erklärte und alle Forschungen dazu am Marx-Engels-Lenin-Stalin-Institut koordinierte,[162] unterdrückte sie – wenn auch unbewußt – Kämpfe um Ressourcen und Machtpositionen. 1957 begannen die Planungen für ein zweibändiges Lehrbuch *Zur Geschichte der Partei der deutschen Arbeiterbewegung.*[163] In einem Zeitraum von fünf Jahren sollten beide Bände erscheinen. Tatsächlich kam 1963 ein einbändiger *Grundriß der Geschichte der deutschen Arbeiterbewegung* heraus, dem 1966 die *berühmte* achtbändige *Gesamtausgabe* folgte. Dieses Werk entstand unter direkter Anleitung von Walter Ulbricht, Kurt Hager und Ernst Diehl. Dem Autorenkollektiv gehörten darüber hinaus u. a. Horst Bartel, Lothar Berthold, Ernst Engelberg, Dieter Fricke, Werner Horn, Albert Schreiner und Hanna Wolf an. An der Ausarbeitung waren insgesamt rund zweihundert (200) Historiker und fünfzehn weitere Wissenschaftler beteiligt,[164] darunter zum Beispiel Günter Benser, Stefan Doernberg, Heinz Heitzer, Annelies Laschitza, Walter Schmidt, Wolfgang Schumann und Walter Wimmer.

Das Werk fand seinerzeit große Beachtung in Westdeutschland. Vor

---

157 Ebenda, Bl. 319.
158 Er führt selbst Beispiele an, in denen es ihm nicht an klassenkämpferischer Wachsamkeit gefehlt hätte. Ebenda.
159 Er brachte sogar das Kunststück fertig, seinem Brief zur Angelegenheit einen Kommentar seiner Sekretärin anzuhängen (Ebenda, Bl. 321). Das ist insofern erstaunlich, als er in einem anderen Zusammenhang die ZK-Funktionäre auf die Macht der Unterröcke am Institut für Geschichte der DAW hingewiesen und mit dieser Begründung die Entlassung einer Mitarbeiterin gefordert hatte.
160 J. Hönig an K. Hager (Hausmitteilung), 30.6.1959. Ebenda, Bl. 342.
161 Das hinderte die SED-Führung nicht, Meusel nach seinem Tod umfangreich zu ehren. Ebenda, IV 2/904/24, Bl. 202.
162 Entwurf zum Beschluß über die Geschichte der deutschen Arbeiterbewegung, 21.10.1954. Ebenda, IV 2/907/116.
163 Aktennotiz über die Besprechung mit Vertretern der Abt. Wiss. am 21.2.1957, 25.2.1957. Ebenda, IV 2/907/117.
164 ZK-Abt. Wissenschaften, Information an das Sekretariat des ZK, 29.11.1962. Ebenda, IV 2/904/45, Bl. 330. Dazu kamen noch acht Stenotypistinnen (ebenda, Bl. 332).

allem Hermann Weber hat in vielen Beiträgen den fälschenden, lügenden und verheimlichenden Charakter solcherart Geschichtsbetrachtung an konkreten Beispielen entlarvt.[165] Die nun zugänglichen Sitzungsprotokolle, nicht wenige viele hundert Seiten lang, bestätigen nur das, was Weber schon anhand der Veröffentlichungen analysiert hatte.[166] Hier wurde bewußt und unverschleiert Geschichte entstellt. Der ZK-Funktionär Johannes Hörnig sagte anläßlich des Erscheinens des »Grundrisses«: »Es geht darum, unter Berücksichtigung des Grundrisses eine geschlossene Konzeption der nationalen Entwicklung in Deutschland und insbesondere die Geschichte der deutschen Nation unter der Führung der Arbeiterklasse und ihrer revolutionären Partei auszuarbeiten, um die historische Rechtmäßigkeit des Kampfes aller nationalgesinnten Kräfte unter der Führung der SED und gestützt auf die DDR sowie die historischen Gesetzmäßigkeiten unseres Sieges über den Imperialismus und Militarismus noch tiefer und allseitiger zu begründen.«[167] Zumindest die beteiligten Historiker kamen bei der Ausarbeitung der mehrbändigen »Geschichte« dieser Aufforderung nach. Aber auch bei den organisierten Diskussionen, die an allen gesellschaftswissenschaftlichen Lehr- und Forschungseinrichtungen der DDR nach dem Erscheinen des »Grundrisses« und der achtbändigen »Geschichte« stattfanden, kritisierte kein Teilnehmer diese Machwerke. Das hätte freilich das berufliche Ende bedeutet. Allerdings beklagten die Funktionäre, daß die Diskussionen zumeist nur schleppend in Gang kämen. Zumindest das könnte ein Indiz dafür sein, daß nicht alle Gesellschaftswissenschaftler der Ulbrichtschen Geschichtskonzeption anhingen.

Obwohl Ulbricht 1960 selbst betonte, daß diese Arbeit »nicht in erster Linie wegen der Geschichtswissenschaft, sondern als Voraussetzung für die Lösung aktueller Aufgaben der Klärung der Perspektive« erfolge,[168] kann die Bedeutung dieser Werke für die DDR-Geschichtswissenschaft nicht hoch genug veranschlagt werden. Denn damit waren nicht nur die Grundlagen für den Geschichtsunterricht an den Schulen, für den politischen Unterricht an Universitäten, Hochschulen, in Parteizirkeln und »sonstigen Fortbildungsveranstaltungen« festgelegt, sondern ebenso kanonisch die Interpretation in geschichtswissenschaftlichen Arbeiten vor-

---

165 Vgl. Weber: Die neue Geschichtslegende der SED; Ders.: Ulbricht fälscht Geschichte; Ders.: Zwischen Stalinismus und Objektivität; Ders: Aufbau und Fall einer Diktatur, S. 209–242; vgl. weiterhin: »Grundriss der Geschichte der deutschen Arbeiterbewegung«. Kritik einer Legende.
166 Sie sind vor allem überliefert in den Beständen »Nachlaß Ulbricht« (SAPMO B-Arch, NY 4182/1340–1362), »Institut für Marxismus-Leninismus« (ebenda, DY 30, IV 2/907/116–120 und IV A2/907/207ff.) sowie »Abteilung Wissenschaften« (ebenda, DY 30, IV 2/904/111–112).
167 Referat des Gen. Hörnig (1962). Ebenda, IV A2/904/134.
168 Aktennotiz vom 25.5.1960. Ebenda, IV 2/907/118.

gegeben.[169] Die achtbändige Arbeitergeschichte galt bis 1976 als die offizielle und verbindliche Geschichtsbetrachtung, bis zu jenem Zeitpunkt, als sie von der *Geschichte der SED* abgelöst wurde.[170]

Zwischen nationaler Abgrenzung und internationalem Anerkennungskampf
1954 kam es im Verhältnis der beiden deutschen Geschichtswissenschaften zu einer Verschärfung.[171] Das hatte, wie schon gezeigt, deutschlandpolitische Ursachen. Die Abgrenzungspolitik intensivierte sich im Mai 1955 durch den Beitritt der beiden deutschen Staaten zu den feindlichen Militärblöcken. Als im Juli 1955, kurz vor der Genfer Gipfelkonferenz der *vier Mächte*, die sowjetische Führung erneut eine deutschlandpolitische Kursänderung vollzog, modifizierte auch die SED-Führung ihre Politik. Chruschtschow hatte die europäische Sicherheit als die wichtigste Frage noch vor der deutschen Wiedervereinigung bezeichnet. Nur wenige Tage später ergänzte er, daß die Lösung der deutschen Frage nicht bedeuten könnte, die »Errungenschaften« der DDR aufzuheben. Otto Grotewohl schloß sich am 12. August 1955 diesem Standpunkt an und erklärte, daß eine Wiedervereinigung »nur Schritt für Schritt auf dem Wege der Zusammenarbeit und der Annäherung der beiden deutschen Staaten herbeigeführt werden kann«.[172] Er regte an, die wirtschaftlichen, kulturellen, wissenschaftlichen und sportlichen Beziehungen zwischen Ost- und Westdeutschland zu verbessern. Gleichwohl unterstrich der DDR-Ministerpräsident, daß die »Monopolkapitalisten« in Westdeutschland entmachtet werden müßten.

Diese rhetorische Kursänderung bewirkte, daß auch die Historiker wieder stärker den Kontakt zu ihren westdeutschen Kollegen suchen sollten. In der Folgezeit kam es bis Mitte 1957 an den Universitäten der DDR zu Dutzenden Vorträgen von westdeutschen Historikern, darunter renommierte Wissenschaftler wie Percy Ernst Schramm, Karl Jordan, Herbert Grundmann, Walter Schlesinger, Martin Göhring, Edith Ennen, Hermann Kellenbenz, Helmut Berve, Hermann Heimpel und Karl Bosl.[173] Im November 1954 hatte sogar Gerhard Ritter, nach Einschätzung von SED-Historikern ein »Mann der Amerikaner«[174] und »führender Ideologe der deutschen Bourgeosie«[175], an der Universität in Halle über »Luthertum,

---

169 Vgl. z. B. Beiträge zum nationalen Geschichtsbild der deutschen Arbeiterklasse.
170 Vgl. Weber: Parteigeschichte als parteiliche Geschichte.
171 Vgl. dazu oben S. 198–201.
172 Dokumente zur Außenpolitik der DDR, Band 3, S. 32.
173 Vgl. Trier – und wie weiter?, S. 40–45. Allerdings ist die Liste in dieser Broschüre nicht vollständig, weil nur die Historischen Institute berücksichtigt wurden, nicht aber z. B. die Theologischen Fakultäten.
174 Ernst Engelberg an ZK der SED, Abt. Wiss. u. Hochschulen, 30.12.1953. SAPMO B-Arch, DY 30, IV 2/904/52, Bl. 84–85.
175 Vgl. Berthold: Der politisch-ideologische Weg Gerhard Ritters.

Humanismus und katholisches Weltbild« referiert. Er weilte hier allerdings – wie andere auch – auf Einladung der Theologischen Fakultät.[176]

Als eine Bewährungsprobe schickte die SED-Führung im September 1955 eine Historikerdelegation zum X. Internationalen Historikerkongreß nach Rom.[177] Die Entscheidung war kurzfristig gefällt worden, was mit der veränderten politischen Lage zusammenhing. Im März 1955 hatte Hartung noch berichtet, daß die DAW eine Delegation, bestehend aus ihm, Hohl und Meusel, nach Rom entsenden werde.[178] Offiziell stellte nun das Staatssekretariat für Hochschulwesen die Teilnehmer zusammen, damit sich ihr auch einige »bürgerliche« Historiker anschließen konnten, die nicht der DAW als Mitglieder angehörten. Das taten Hans Haussherr, Friedrich Schneider und Heinrich Sproemberg, während Fritz Hartung und Ernst Hohl ein solches Ansinnen ablehnten und statt dessen *privat* nach Rom fuhren. Die DDR-Delegation leitete Meusel, als Sekretäre fungierten Königer und Klein. Hinzu kamen noch Schreiner, Obermann, Schilfert, Engelberg, Markov, Mühlpfordt und Steinmetz.[179] Ursprünglich waren auch Stern und Kuczynski vorgesehen. Ebenso ist das Fehlen von Winter auffällig. Die Gründe für deren Fernbleiben sind nicht bekannt. Es liegt allerdings die Vermutung nahe, daß man Stern und Kuczynski zurückziehen mußte, um nicht eventuelle politische Verwicklungen aufgrund deren geheimdienstlicher Tätigkeiten bis 1945 heraufzubeschwören. Beide waren seit Kriegsende weder in Westdeutschland noch in einem anderen westlichen Land gewesen.[180]

Der Kongreß erhielt eine besondere historische Note dadurch, daß zum ersten Mal seit Kriegsende Historiker beiderseits des Eisernen Vorhangs aufeinandertrafen. Das war das eigentliche »politisch-wissenschaftliche Hauptereignis« des Kongresses.[181] Hinzu kam noch, daß gerade in jenen Tagen die UdSSR und Westdeutschland – gegen den Willen der SED-Führung – offizielle diplomatische Beziehungen aufnahmen. Alle Beteiligten in Rom beschworen den *Genfer Geist*.[182] Allerdings mußten die leninistischen Historiker aus der DDR erfahren, daß der in der DDR geübte Diskussions- und Argumentationsstil auf internationaler Ebene sein Ziel

---

176 Leo Stern an Ernst Diehl, ZK der SED, 22.11.1954 (Abschrift). SAPMO B-Arch, DY 30, IV 2/904/52, Bl. 24–25.
177 Als SED-Interpretation vgl. Haun: Das Auftreten von marxistischen Historikern der DDR 1955 in Rom; Ders.: Der X. Internationale Historikerkongreß 1955.
178 Fritz Hartung an Hermann Aubin, 8.3.1955. AVHD, MPI.
179 Heinz Königer: Bericht über den X. Internationalen Historikerkongreß in Rom vom 4.–11. September 1955, 23.10.1955 (vertraulich). SAPMO B-Arch, DY 30, IV 2/904/143, Bl. 57.
180 ZK-Abt. Wissenschaften, Vorlage an das Sekretariat des ZK, 14.8.1956. Ebenda, IV 2/904/151, Bl. 120.
181 Erdmann: Die Ökumene der Historiker, S. 316, sowie zum Verlauf, ebenda, S. 316–325.
182 Fritz Klein: Bericht über die Diskussion auf dem X. Internationalen Kongreß der Geschichtswissenschaften in Rom, 20.9.1955. SAPMO B-Arch, DY 30, IV 2/904/143, Bl. 46.

verfehlte. Obwohl sich einige an den Diskussionen beteiligten, spielten die offiziellen DDR-Historiker – im Gegensatz zu ihren bürgerlichen Kollegen aus Ost- und Westdeutschland – nur eine marginale Rolle.[183] Allerdings konnten sich sowjetische Historiker in Szene setzen. Es kam zu scharfen Auseinandersetzungen zum einen zwischen Historikern des Ostblocks und westdeutschen Historikern, so daß letztere sogar mit ihrer Abreise drohten. Ein sowjetischer Historiker hatte eine *Mitteilung* über »L'alliance franco-russe et sa protée historique« angekündigt und erst am Beginn des Kongresses bekanntgegeben, »dass dieser Kurzvortrag eine über die Gegenwart in die Zukunft weisende Werbung für das französisch-russische Bündnis ›contre les envahisseurs allemands‹ sein sollte«.[184] Zum anderen befehdeten sich teilweise die Historiker aus Osteuropa mit osteuropäischen Exilianten sowie mit den Teilnehmern aus Jugoslawien.[185]

Die DDR-Historiker berichteten der zuständigen ZK-Abteilung vornehmlich über solche Auseinandersetzungen.[186] Engelberg konzentrierte sich zudem in seiner schon des öfteren erwähnten Art und Weise auf die Einschätzung westdeutscher Teilnehmer. Vor allem Werner Conze schien es ihm angetan zu haben, denn in diesem glaubte er den zukünftigen »wichtigsten Ideologen der sogenannten ›politischen Wissenschaft‹ in Westdeutschland« zu erkennen.[187] Ansonsten schlurfte nach Meinung Engelbergs Ritter »wie ein kurzsichtiger Habicht durch die Gegend«, Schramm »stolzierte mit grandseigneurialer Geste von einer Gruppe zur andern«, und Grundmann sei »mit der herrschenden Historiker-Clique sehr eng verfilzt«.[188] Schließlich bedauerte Engelberg noch, daß die SED-Mitglieder nicht am Papst-Empfang teilgenommen hätten, aber wir »beschlossen ..., Solidarität mit der sowjetischen Delegation und den Delegationen aus den volksdemokratischen Ländern zu üben«.[189]

Der Kongreß in Rom hatte dennoch erreicht, daß Historiker über Systemgrenzen hinweg in ein Gespräch kamen. Sowjetische Vertreter wurden ins C.I.S.H. gewählt, die nächste Ausschußsitzung wurde nach Moskau einberufen (1957) und Russisch als Konferenzsprache anerkannt.

Den leninistischen DDR-Historikern ist in Rom offensichtlich bewußt

---

183 Vgl. z. B. den Bericht von Heinrich Sproemberg über Rom. Ebenda, IV 2/904/130, Bl. 356–359. Intern beklagten die ZK-Funktionäre sogar, daß nicht einmal die Tageszeitungen der KPI und KPF von der Teilnahme einer eigenständigen DDR-Delegation am Historikerkongreß Notiz genommen hätten.
184 Hermann Aubin, Vorsitzender des VHD: Bericht über den X. Internationalen Historikertag in Rom, 27.1.1956, an das Auswärtige Amt Bonn. AVHD, MPI.
185 Vgl. Erdmann: Die Ökumene der Historiker, S. 318–319.
186 Vgl. dagegen: Der X. Internationale Kongreß für Geschichtswissenschaften in Rom (G. Schilfert, A. Meusel, H. Haussherr, G. Mühlpfordt, W. Markov).
187 Ernst Engelberg: Bericht über den X. Internationalen Historikerkongreß in Rom, 18.9.1955. SAPMO B-Arch, DY 30, IV 2/904/143, Bl. 34.
188 Ebenda, Bl. 42; 30–31; 36.
189 Ebenda, Bl. 34.

geworden, daß sie international nur bestehen könnten, wenn sie entsprechende wissenschaftliche Leistungen aufzubieten hätten.[190] Außerdem müßte in Zukunft eine solche Teilnahme intensiver vorbereitet werden.[191] Dazu zähle, daß in der Delegation eine Parteigruppe gebildet, alle Delegierten in einem Hotel konzentriert und organisierte Verbindungen zu den »befreundeten« Delegationen hergestellt werden müßten.[192] Hinzu trat schon bald im Januar 1956 der Vorschlag, ein eigenes Nationalkomitee zu bilden und dadurch die Mitgliedschaft im C.I.S.H. zu erlangen.[193]

Diese Schlußfolgerungen dominierten die Arbeit der nächsten Jahre und beförderten zum nicht geringen Teil den Konstituierungsprozeß der DDR-Geschichtswissenschaft. Dabei war die Herstellung »brüderlicher Beziehungen« zu den Historikern der anderen sozialistischen Länder ungleich leichter zu bewerkstelligen als die internationale Anerkennung der DDR-Geschichtswissenschaft durch das C.I.S.H.

Auf der Grundlage von bilateralen Kulturabkommen zwischen der Regierung der DDR einerseits und den Regierungen Polens, der ČSR sowie der UdSSR andererseits kam es zur Bildung von gemeinsamen Historikerkommissionen. Im Mai 1955 konstituierte sich die deutsch-tschechoslowakische, ein Jahr darauf die deutsch-polnische und im Februar 1957 die deutsch-sowjetische Historikerkommission. In der genannten Reihenfolge standen der DDR-Seite die Professoren Karl Obermann, Jürgen Kuczynski und Leo Stern vor.[194] Die Träger der Kommissionen waren auf der jeweiligen ausländischen Seite die Akademien der Wissenschaften, während in der DDR das SfH verantwortlich zeichnete. »Dies geschah deshalb, um bürgerlichen Kräften in der Akademie keinen Einfluß auf die Zusammensetzung und Arbeit der Kommission zu ermöglichen.«[195]

Diese Kommissionen sollten den Wissenschaftler- und Schriftenaustausch koordinieren, gemeinsame Konferenzen organisieren und prinzipielle Richtlinien bei der Erforschung gemeinsam interessierender Felder festlegen. Außerdem bereiteten sie den gegenseitigen Archivzugang vor. Schon im Februar 1957 konnte die aus Moskau zurückgekehrte Delegation beispielsweise melden, daß das Kominternarchiv in Moskau benutzt

---

190 Angedeutet bei Alfred Meusel: Internationaler Historiker-Kongreß in Rom, in: ND vom 18.10.1955.
191 1955 hatte offensichtlich nur eine Beratung bei der ZK-Abt. Wissenschaften stattgefunden, und zwar im August, was augenscheinlich damit zusammenhing, daß über die Teilnahme erst kurzfristig entschieden worden war. SAPMO B-Arch, DY 30, IV 2/904/143, Bl. 20–25.
192 Heinz Königer: Bericht über den X. Internationalen Historikerkongreß in Rom vom 4.–11. September 1955, 23.10.1955 (vertraulich). Ebenda, Bl. 58.
193 Ebenda, IV 2/904/133.
194 Ebenda, IV 2/904/125–129.
195 ZK-Abt. Wissenschaften, Information an alle Polit-Büro-Mitglieder und Sekretariatsmitglieder des ZK über die Reise von Historikern nach Moskau, 15.3.1957. Ebenda, IV 2/904/45, Bl. 30.

werden könnte. Es müßte lediglich ein Antrag des ZK der SED vorliegen: »Falls die deutsche Partei die Benutzung für notwendig halte, werde ihr nichts entgegenstehen.«[196] Ähnliche Angebote lagen bezüglich des Archivs der SMA vor.[197] Inwieweit die SED-Führung Ende der fünfziger Jahre darauf einging, läßt sich bislang nicht sagen. Fest steht nur, daß Ulbricht die Entscheidung – welche auch immer – selbst traf.

Die deutsch-sowjetische Historikerkommission veranstaltete 1957 und 1959 zwei große Konferenzen.[198] Hier trat alles das offen zutage, was Kritiker wie Hermann Weber der leninistischen Geschichtswissenschaft auch damals schon vorhielten.[199] Diese Tagungen erhielten eine wissenschaftliche Fassade und waren doch nicht mehr als politische oder propagandistische Veranstaltungen.[200] Tatsächlich ging es nicht um wissenschaftlichen Meinungsstreit, sondern darum, die Geschichtskonzeptionen und -betrachtungen aufeinander abzustimmen. So wie die SED-Historiker darauf zu achten hatten, daß sie sowjetischen Werken nicht widersprachen, gaben die ZK-Mitarbeiter ihren sowjetischen Kollegen Hinweise darüber, wie beispielsweise die Novemberrevolution zu charakterisieren sei. Diese bilateralen Historikerkommissionen würden es lohnen, genauer untersucht zu werden. Denn gerade in Ländern wie Polen oder Ungarn existierten stets Geschichtswissenschaf*ten*. Nicht zuletzt Historiker waren – im Gegensatz zur DDR – in Polen, Ungarn, der ČSSR und selbst der UdSSR aktiv in der Opposition und am Sturz des kommunistischen Systems beteiligt. In keinem Vergleich zur DDR steht die Emigration von *ausgebildeten* Historikern nach 1961 aus diesen Ländern.

Die SED-Historiker benötigten die Absicherung gegenüber ihren östlichen Bündnispartnern gerade vor dem Hintergrund, daß eine Wiedervereinigung Deutschlands Mitte der fünfziger Jahre in weite Ferne gerückt war. Es war nur eine Frage der Zeit, bis zur faktischen Trennung in zwei deutsche Geschichtswissenschaften die strikte institutionelle hinzukommen würde. Obwohl im Politbürobeschluß 1955 festgelegt worden war, daß 1956 eine eigene DDR-Historikergesellschaft zu gründen ist, sind für 1955/56 kaum ernsthafte Bestrebungen dafür nachzuweisen. Das hatte mehrere Gründe. Erstens hätte eine solche Gründung den offiziellen deutschlandpolitischen Verlautbarungen der SED-Führung entgegegenstanden. Zweitens begannen 1956 langwierige ideologische Auseinander-

---

196 ZK-Abt. Wiss., Information an alle Polit-Büro-Mitglieder und Sekretariatsmitglieder des ZK über die Reise von Historikern nach Moskau, 15.3.1957. Ebenda, IV 2/904/125, Bl. 9.
197 Ebenda, NY 4182/1364.
198 Vgl. die Berichte in: ZfG 6(1958), S. 362–380, sowie 8(1960), S. 919–964; es erschienen sowohl Konferenzbände als auch Vorabdrucke in der ZfG sowie im Neuen Deutschland.
199 Vgl. Weber: Historiker mit politischem Auftrag.
200 Auch rekonstruierbar nach SAPMO B-Arch, DY 30, IV 2/904/136–139.

setzungen in der DDR-Historikerschaft,[201] die einen organisatorischen Zusammenschluß zumindest verzögerten. Drittens schließlich hatte der Weltkongreß in Rom deutlich gemacht, daß die DDR-Historiographie von internationalen Wissenschaftsstandards weit entfernt war und demzufolge entsprechende Veränderungen bewirkt werden mußten. Das hatte zur Folge, daß einflußreiche Historiker wie Meusel, Kuczynski oder Stern vorsichtig gegen einen eigenen Verband auftraten.

Dennoch ist eines an diesem langwierigen Gründungsprozeß, der schon 1952 eingesetzt hatte,[202] bemerkenswert: Während die Historiker mehrere Jahre für die Konstituierung eines ostdeutschen Verbandes benötigten, hatten andere Disziplinen einen solchen längst gebildet. Schon 1952 gab es in der DDR eine eigenständige Gesellschaft für Physik, 1953 bildeten sich solche für Chemie und Geographie, 1954 für Geologie und Veterinärmedizin sowie 1957 für Meteorologie. Auch bei den nachfolgenden Gründungen für Biologie (1959), Weltraumforschung (1960) und Agrarwissenschaften (1960) fällt auf, daß sich keine gesellschaftswissenschaftliche Disziplin darunter befand. Aber ebenso ist offensichtlich, daß es die SED-Führung zwischen 1952 und 1954 und dann wieder ab 1957 zu Verbandsgründungen kommen ließ, in dem dazwischenliegenden Zeitraum solche aber aus deutschlandpolitischen Gründen untersagte.

Die SED bemühte sich Mitte der fünfziger Jahre auf allen Ebenen, ein »deutsch-deutsches Gespräch« zu initiieren. 1955 fragten unabhängige Akademiemitglieder vertraulich bei Ludwig Dehio und Hermann Heimpel an, ob diese die Wahl zum Akademiemitglied annehmen würden.[203] Beide verhielten sich ablehnend. Die SED-Funktionäre hätten dieses Ansinnen ohnehin untersagt, weshalb beide Anträge erst gar nicht dem Plenum vorgelegt wurden. Ein Mediävist aus Kiel bekam Anfang 1955 aus Greifswald signalisiert, daß man ihn auf den vakanten Lehrstuhl berufen möchte,[204] was aber ebenso scheiterte wie, um ein letztes Beispiel anzuführen, die Bemühungen, den ehemaligen hallischen Professor Franz Altheim aus West-Berlin in die DDR zurückzuberufen.[205] Von der organisierten Einladungspolitik im Zuge deutschlandpolitischer Erwägungen war schon die Rede.

Die Verantwortlichen im VHD befürchteten angesichts dieser Entwicklungen, daß ein Einbruch marxistischer Historiker in ihren Verband bevorstehen würde.[206] Am 13. Oktober 1955 beschloß der Ausschuß des

---

201 Vgl. dazu unten S. 288–316.
202 Vgl. dazu oben S. 194.
203 Ludwig Dehio an Hermann Aubin, 2.3.1955. AVHD, MPI; Schulze: Deutsche Geschichtswissenschaft nach 1945, S. 188.
204 Aßmann an Hermann Aubin, 16.1.1955, sowie dessen Antwort vom 19.1.1955. AVHD, MPI.
205 SfH, Perspektivplan der Fachrichtung Geschichte an den Universitäten der DDR, o.D., (1956/57). BPA, R 3, 4068.
206 Vgl. auch Schulze: Deutsche Geschichtswissenschaft nach 1945, S. 190–191.

VHD, daß »unwissenschaftliche Mitglieder« abzulehnen und gegebenenfalls auszuschließen seien.[207] Damit widersprach der Ausschuß des VHD seinem eigenen Anspruch, die Vertretung aller deutschen Historiker zu sein. Das C.I.S.H. unterstrich noch im Juni 1956, daß es den VHD nur so lange als einzige legitime Vertretung Deutschlands anerkennen könne, wie der VHD offen für die Historiker aus der DDR bleibe.[208]

Die SED-Politiker waren bestrebt, eine große Delegation zum 23. deutschen Historikertag, der vom 13. bis 16. September 1956 stattfand, nach Ulm zu schicken. Die Abteilung Wissenschaft und Propaganda unterbreitete dem Sekretariat des ZK im August 1956 eine Beschlußvorlage, die bis ins Detail die Teilnahme der DDR-Delegation plante.[209] Die offizielle Gruppe von vierzig Historikern stand unter der Leitung von Alfred Meusel. Insgesamt hatten sich mindestens 70 Historiker und Archivare aus der DDR angemeldet.[210] Der Meusel-Gruppe gehörten 29 SED-Mitglieder an.[211] Aus den italienischen Erfahrungen gelernt habend, bildeten diese unter Leitung von Joachim Streisand und Heinrich Scheel für die Dauer ihres westdeutschen Aufenthaltes eine SED-Parteigruppe. Die Delegation bekam den Auftrag, das »Kräfteverhältnis in den verschiedenen Zweigen der westdeutschen Geschichtswissenschaft« zu studieren, sich mit reaktionären Auffassungen offensiv auseinanderzusetzen und mit »ehrlich dem Frieden und der Wissenschaft ergebenen westdeutschen Historikern« Kontakt aufzunehmen.[212] Detailliert schrieben die ZK-Funktionäre vor, welcher DDR-Historiker zu welchem Referat mit einem Diskussionsbeitrag Stellung beziehen sollte.[213]

Der ostdeutschen Historikergruppe gelang es, neben negativen auch positive Eindrücke zu hinterlassen. Die westlichen Berichterstatter hoben bei allen prinzipiellen Unterschieden hervor, daß Sachlichkeit überwog und einige ostdeutsche Redner beachtenswerte Ausführungen zur Diskussion beigesteuert hätten. Zwar hatte sich Hans Freyer heftiger Interventionen von Meusel, Stern und Schilfert zu erwehren, die er aber souverän abwehrte: »Ich sage: das ist mein Standpunkt; Sie sagen: das ist die Wahrheit – darin liegt der Unterschied zwischen meiner persönlichen Meinung

---

207 Auszug aus dem Protokoll der Ausschußsitzung des VHD, München, 13.10.1955. AVHD, MPI.
208 Schulze: Deutsche Geschichtswissenschaft nach 1945, S. 191.
209 ZK-Abt. Wissenschaften, Vorlage an das Sekretariat des ZK, 14.8.1956. SAPMO B-Arch, DY 30, IV 2/904/151, Bl. 118–128.
210 Hermann Aubin an Fritz Hartung, 27.8.1956 (mit detaillierter Liste von 62 angemeldeten Personen, ohne daß diese Liste – wie Aubin schrieb – vollständig war, sondern nur jene erfaßte, die dem VHD-Vorsitzenden unbekannt waren). AVHD, MPI.
211 ZK-Abt. Wissenschaften, Vorlage an das Sekretariat des ZK, 14.8.1956. SAPMO B-Arch, DY 30, IV 2/904/151, Bl. 121–123.
212 Ebenda, Bl. 118.
213 Ebenda, Bl. 125–128.

und Ihrer Ideologie.«[214] Dennoch fand Hans Rothfels zum Abschluß »den stürmischen Beifall der Versammlung, als er es würdigte, daß es überhaupt möglich sei, ein Gespräch zwischen den beiden Teilen Deutschlands auf diesem Kongreß zustande zu bringen«.[215]

Allerdings hatte Sterns Intervention Folgen. An Freyers Vortrag schloß sich eine außerordentliche Vorstandssitzung des VHD an. Irmgard Höß sollte – laut Beschluß – auf etwaige Nachfragen von Stern diesem mitteilen: »Nach seinem heutigen Auftreten sei es nicht ratsam, einen Antrag auf Aufnahme in den Verband der Historiker Deutschlands zu stellen.«[216] Tatsächlich hatte es schon vor Ulm verschiedene Initiativen gegeben, in den VHD einzutreten. Sproemberg hatte im Sommer angeregt, daß ein Historiker aus der DDR in den VHD-Vorstand gewählt werden sollte, und zwar »einer, der bei beiden Richtungen Vertrauen genösse«.[217] Gegen Sproemberg, der sich ganz offensichtlich selbst meinte, gab es ebenso Vorbehalte[218] wie gegen Obermann, Engelberg, Meusel, Stern, Klein oder Schilfert, allesamt Personen, die von westdeutschen Historikern als diejenigen angesehen wurden, die die SED in den Vorstand zu drücken gedachte. Hartung empfand die genannten Personen »selbst nach DDR-Begriffen noch nicht ordinariatsreif«.[219] Hermann Aubin schrieb Anfang 1957 noch drastischer, daß er »bisher noch keinen kommunistischen Historiker« kennengelernt habe, »der seit 10 Jahren eine Arbeit geschrieben hätte, die uns veranlassen könnte, ihn auf die Rednerliste des nächsten Historikertages zu setzen«.[220] So wählten die VHD-Mitglieder statt dessen die Jenenserin Irmgard Höß in den Ausschuß, die damit die Nachfolge von Karl Griewank antrat.

Nach dem Ulmer Historikertag griff Meusel erneut die Idee auf, in den VHD einzutreten, damit auch SED-Historiker auf künftigen Historikertagen größere Vorträge halten könnten.[221] Der Vorschlag wurde von den ZK-Funktionären zwar aus taktischen Erwägungen begrüßt, aber dennoch abgelehnt, weil das einer offiziellen Anerkennung des VHD für ganz Deutschland gleichgekommen wäre.[222]

Meusel begründete seinen Vorschlag damit, daß in Ulm ein echtes

---

214 Zit. in: Industrielles Zeitalter und Freiheit. Professor Freyer auf dem Historiker-Kongreß – Ein Ost-West-Gespräch, in: Lahrer Anzeiger vom 22.9.1956.
215 Paul Sethe: »Appell an den Mut«. Ein Bericht vom 23. Historiker-Kongreß in Ulm, in: Die Welt vom 18.9.1956, vgl. auch ebenda den Beitrag vom 21.9.1956.
216 Protokoll über die außerordentliche Vorstandssitzung am 15.9.1956. AVHD, MPI.
217 Fritz Hartung an Hermann Aubin, 5.8.1956. Ebenda.
218 Zu Sproemberg vgl. u. a. Borgolte: Eine Generation marxistischer Mittelalterforschung, S. 485; Didczuneit: Heinrich Sproemberg – ein nichtmarxistischer Historiker in der DDR; Ders.: Geschichtswissenschaft in Leipzig.
219 Fritz Hartung an Hermann Aubin, 5.8.1956. AVHD, MPI.
220 Hermann Aubin an Fritz Hartung, 10.2.1957. Ebenda.
221 Alfred Meusel an Ernst Diehl, 6.12.1956. SAPMO B-Arch, DY 30, IV 2/904/151, Bl. 129.
222 Referat Rolf Dlubek vom 20.2.1957. Ebenda, IV 2/904/134, Bl. 43.

deutsch-deutsches Gespräch stattgefunden und das »Eingreifen unserer Genossen« einen guten Eindruck hinterlassen hätte.[223] Er und Joachim Streisand hatten in ostdeutschen Tageszeitungen ihre positiven Eindrücke aus Ulm wiedergegeben und einmütig betont, daß ein Gespräch über Grenzen hinweg möglich sei.[224]

Schließlich vermieden auch die Verantwortlichen der ZfG eine Wiederholung ihrer nachträglichen Attacken wie 1954. In geradezu überschwenglicher Freundlichkeit wurde der »große, brillant formulierte und vorgetragene Eröffnungsvortrag von Hermann Heimpel« gelobt. Neue Verbindungen seien geknüpft und alte gefestigt worden. Der Stadt Ulm sei für die »liebenswürdige Aufnahme ... herzlich gedankt«.[225] Die umfangreiche Berichterstattung in den ersten beiden Heften der ZfG 1957 blieb sachlich, zeigte die verschiedenen Ansichten diskursfähig auf und war insgesamt vom Dialogwillen geprägt.[226]

Der Ulmer Historikertag markierte zugleich einen abermaligen Wendepunkt. Nach zwei entspannungsfreundlichen Jahren zogen am politischen Himmel im Herbst 1956 erneut Gewitterwolken auf. Das kurze Tauwetter war vorbei. Das Heft 3 der ZfG 1957, also das nächste nach der *liberalen* Berichterstattung, zeigte unmißverständlich an, daß es wieder stärker um Abgrenzung gegenüber Westdeutschland gehe.

Im Leitartikel »Gegenwartsaufgaben der Geschichtswissenschaft in der Deutschen Demokratischen Republik« wurde betont, daß der »ideologische Kampf ... nicht im Gegensatz zu der Politik der friedlichen Koexistenz« stehe.[227] Vielmehr gehe es darum, im Anschluß an die 30. ZK-Tagung Ende Januar 1957 revisionistische Strömungen innerhalb der Geschichtswissenschaft zurückzudrängen.[228]

Ulbricht stellte auf jener ZK-Tagung erstmals ausführlicher seine Konförderationspläne vor.[229] Als Vorbedingungen für eine Konförderation nannte er zum Beispiel die Aufhebung des westdeutschen Betriebsverfassungsgesetzes, die Beseitigung aller Vorrechte der Großgrundbesitzer, eine Volksabstimmung über die Überführung der Schlüsselindustrien in Volkseigentum sowie eine Boden- und Schulreform.[230] Schließlich sei an eine Wiedervereinigung nur zu denken, wenn die Bundesrepublik aus der NATO austrete und die »Herrschaft der Monopole« beende.[231] Wieder-

223 Alfred Meusel an Ernst Diehl, 6.12.1956. Ebenda, IV 2/904/151, Bl. 129–130.
224 Alfred Meusel: Deutsche Historiker im Gespräch, in: ND vom 2.10.1956; Joachim Streisand: In Ulm: Sachliche Diskussion, in: BZ vom 26.9.1956; vgl. auch Ders.: Erfahrungen und Ergebnisse.
225 23. Versammlung deutscher Historiker in Ulm, in: ZfG 4(1956), S. 1255.
226 23. Versammlung deutscher Historiker in Ulm (Beiträge von Stern, Mühlpfordt, Paulus, Schilfert, Giersiepen, Günther, Meusel, Klein, Welskopf).
227 Gegenwartsaufgaben der Geschichtswissenschaft, S. 452.
228 Vgl. dazu unten S. 288–316.
229 Ulbricht: Grundfragen der Politik, S. 61–67.
230 Ebenda, S. 65.
231 Ebenda, S. 64.

vereinigung hieß für die SED, das ostdeutsche Herrschaftssystem auf Westdeutschland zu übertragen. Das war an sich nicht neu. 1957 kam jedoch hinzu, daß die deutschlandpolitische Rhetorik durch die Formel von der Konförderation einen neuen Zungenschlag erhielt und außerdem zum wiederholten Male deutschlandpolitische Offerten zur Überwindung innenpolitischer Krisenerscheinungen dienen sollten.

Nicht von ungefähr forderte der Leitartikel in der *Zeitschrift für Geschichtswissenschaft*, daß endlich eine DDR-Historikergesellschaft gegründet werden müsse. Schließlich nahm die ZfG ein Heft später sogar die Praxis von 1954 wieder auf und ließ Leo Stern zielgerichtet gegen den Ulmer Plenarreferenten Hans Freyer zu Felde ziehen.[232] Im Laufe des Jahres 1957 kamen immer weniger westdeutsche Historiker in die DDR zu Vorträgen. Irmgard Höß unterrichtete den Vorsitzenden des VHD, Hermann Aubin, davon, daß im Oktober 1957 der Staatssekretär Wilhelm Girnus »bei einem Empfang in ... Jena ausdrücklich erklärt (habe), daß kein Historiker aus der Bundesrepublik mehr in der DDR zu Wort kommen solle«.[233] Gleichzeitig verschärfte sich der Kampf gegen die verbliebenen Reste bürgerlicher Historiographie an den ostdeutschen Universitäten. Irmgard Höß verließ Jena, nachdem gegen sie seit Anfang 1957 erneut ein Kesseltreiben veranstaltet worden war, an dem sich Max Steinmetz und Kurt Pätzold beteiligt hatten.[234] Nachdem sich Höß (im Gegensatz zu Haussherr) geweigert hatte, einen Aufruf gegen die *Bonner Atomaufrüstungspolitik*, der gleichzeitig scharfe Angriffe gegen die westdeutsche Geschichtsschreibung enthielt, zu unterschreiben,[235] forderte man von ihr im September 1957, daß sie ab sofort ihre Lehrveranstaltungen auf der Grundlage des Marxismus-Leninismus abhalten müsse.[236] Sie lehnte ab und wurde dafür öffentlich als Befürworterin eines Atomkrieges bezichtigt sowie ihrer Funktion als Institutsdirektorin entbunden. Sie reichte schließlich zum 31. März 1958 ihre Kündigung ein und verließ im April 1958 die DDR.

Neben Höß verließ auch der Archivar Willy Flach, der nach Bonn berufen wurde, im Januar 1958 die DDR. Flach war Direktor des Landeshauptarchivs Weimar, Leiter des Goethe-Schiller-Archivs, Professor mit vollem Lehrauftrag an der Humboldt-Universität zu Berlin sowie mit Vorlesungen am Institut für Archivwissenschaft Potsdam beauftragt gewesen. Im Laufe des Jahres 1957 erhielt er, der zu diesem Zeitpunkt der ostdeutsche Vertreter im Ausschuß des VHD war,[237] Berufungen auf

---

232 Vgl. Stern: Die bürgerliche Soziologie.
233 Notiz von Höß für Aubin, o. D. AVHD, MPI.
234 Vgl. auch Zumschlinge: Geschichte der Historiographie der DDR, S. 72–73.
235 ZK-Abt. Wissenschaften, Zur Vorbereitung der 3. Hochschulkonferenz der Partei, 20.1.1958. SAPMO B-Arch, DY 30, IV 2/904/11, Bl. 32.
236 Irmgard Höß an Magda Winkler Wyrwol, 21.12.1958. AVHD, MPI.
237 Willy Flach an Hermann Aubin, 21.1.1958. Ebenda.

Lehrstühle in Halle, Jena und Bonn. Er brachte mehrmals gegenüber den Verantwortlichen zum Ausdruck, daß er in der DDR bleiben wolle. Diese reagierten jedoch nicht bzw. verzögerten seine Angelegenheit. Zuletzt richtete er am 4. Januar 1958 ein Gesuch an den Ministerpräsidenten der DDR, Otto Grotewohl, ihm die legale Ausreise aus der DDR zu ermöglichen, damit er seine schließlich angenommene Berufung in Bonn antreten könne.[238] Ohne Antwort geblieben und offensichtlich nervös geworden, verließ Flach am 15. Januar die DDR.[239] In einem Brief an die staatliche Archivverwaltung verdeutlichte Flach nochmals, daß an seiner Entscheidung nur die staatlichen Stellen selbst Schuld trügen.»Nach den Entwicklungen und Ereignissen der allerletzten Zeit schob man mir aber nun ... [politische – d. Verf.] Motive unter und rückte damit meinen Fall gefahrvollerweise in die Nähe neuester Gesetzgebung.[240] Aus dieser Lage habe ich mich nur lösen können, indem ich die Deutsche Demokratische Republik verlassen habe. Dieser Entschluß ist mir außerordentlich schwergefallen ...«[241] Girnus ließ schließlich Grotewohl mitteilen, daß für die Flucht Flachs »in erster Linie das Staatssekretariat für Hochschulwesen, in zweiter Linie das Ministerium des Innern, in dritter Linie die Universitäts-Parteileitung Jena« die Verantwortung trügen.[242] Willy Flach nützte dieses interne Eingeständnis nichts mehr. Offensichtlich stand er unter erheblichem psychologischen Druck, nicht zuletzt wegen der von ihm selbst angedeuteten strafrechtlichen Relevanz seiner Flucht, dem er nicht standzuhalten in der Lage war. Im April 1958 nahm er sich in Bonn das Leben.[243]

Da noch weitere bürgerliche Historiker, z. B. Hans Haussherr,[244] im Laufe des Jahres 1958 die DDR verließen, hatte die leninistische Geschichtswissenschaft schon allein wegen des Fehlens anderer Ansätze 1958 endgültig die Alleinherrschaft an den ostdeutschen Universitäten und Wissenschaftseinrichtungen erlangt. Freilich darf nicht übersehen werden,

---

238 Willy Flach an Otto Grotewohl, 4.1.1958. BAP, R 3, 216.
239 SfH, Wilhelm Girnus, an Büro des Ministerpräsidenten der DDR, 28.1.1958. SAPMO B-Arch, NY 4090, Bl. 425–426.
240 Flach meinte offensichtlich die am 11. Dezember 1957 verabschiedeten Gesetze zur Ergänzung des Strafgesetzbuches und zur Änderung des Paßgesetzes, die sowohl das Verleiten zum Verlassen der DDR als auch das Verlassen der DDR selbst zum politischen Straftatbestand erhoben und entsprechende Zuchthaus- bzw. Gefängnisstrafen vorschrieben; vgl. Fricke: Politik und Justiz in der DDR, S. 371–423.
241 Willy Flach (Bonn) an die Staatliche Archivverwaltung Potsdam, 20.1.1958. BAP, R 3, 216.
242 SfH, Wilhelm Girnus an das Büro des Ministerpräsidenten der DDR, 28.1.1958. SAPMO B-Arch, NY 4090, Bl. 425.
243 Vgl. zu dem damals öffentlich stark beachteten Selbstmord: Schulze: Deutsche Geschichtswissenschaft nach 1945, S. 195–196; zur offiziellen DDR-Interpretation neben dem bei Schulze genannten Titel vgl. zusätzlich Haun: Die Entstehung und Gründung der Deutschen Historiker-Gesellschaft, S. 121–122; sowie aus zeitgenössischer Sicht mit einer Darstellung von Flachs Biographie Patze: Willy Flach.
244 Hans Haussherr an den Präsidenten der DAW (Abschrift), 25.11.1958. SAPMO B-Arch, DY 30, IV 2/904/376, Bl. 229.

daß es eine Reihe nichtmarxistischer Historiker gab, die in der DDR blieben, aber davon haben sich nachweisbar nur die wenigsten auch politisch vom System distanziert. Dazu zählte zum Beispiel der Berliner Mediävist Frietjof Sielaff.[245] Im September 1957 berichteten die Genossen zum Beispiel, daß er »in einer Vorlesung gegen unsere Wahlen« hetze und »die Adenauer-Wahlen« rühme.[246]

Institutionell markierte die am 18. und 19. März 1958 gegründete »Deutsche Historiker-Gesellschaft« (DHG) den Höhepunkt des Konstituierungsprozesses der DDR-Geschichtswissenschaft. Nach der 30. ZK-Tagung waren die Vorbereitungen für eine solche Gründung intensiviert worden. Daß die Gründungskonferenz erst über ein Jahr später stattfand, hatte vor allem mit dem »politischen Klärungsprozeß« innerhalb der Historikerschaft zu tun.[247]

Schon im Februar 1957 wurde im Grundsatzpapier über »die Bildung einer ›Historikergesellschaft der DDR‹« zum Ausdruck gebracht, daß sich die ostdeutsche Historikergesellschaft zum Ziel setze, dem Alleinvertretungsanspruch des VHD entgegenzutreten. »Daher ist es notwendig, eine eigene Repräsentation der Historiker der DDR zu schaffen. Das bedeutet keine Spaltung der deutschen Historiker. Die Schaffung eines Historikerverbandes in der DDR ist vielmehr gerade die Voraussetzung für eine gleichberechtigte Zusammenarbeit der Historiker beider Teile Deutschlands.«[248] Die zweite Hauptaufgabe der DHG bestand darin, die SED-Historiker organisatorisch zusammenzufassen, anzuleiten und vor allem mit Lehrern, Parteiarbeitern und hauptberuflichen Propagandisten zusammenzubringen, damit das marxistisch-leninistische Geschichtsbild so effektiv und intensiv wie möglich verbreitet werden konnte.[249] Hinzu kam, daß in Polen bereits eine Historikergesellschaft arbeitete, in der ČSR ebenfalls eine gegründet und auf dem XX. Parteitag der KPdSU die Bildung einer sowjetischen Historikergesellschaft gefordert worden war.

Am 19. Februar 1958 beschloß das Sekretariat des ZK der SED die Gründung der DHG.[250] Nachdem Anfang des Jahres Leo Stern es abge-

---

245 Zu Sielaff vgl. Stefan Wolle: »Wir bekommen Ärger mit dem Haumeister«. Eine ungebrochene Biographie oder Die verhinderte Karriere eines unangepaßten Historikers, in: Die Welt vom 16.9.1995.
246 ZK-Abt. Wissenschaften, Hinweise für Gen. Hager, 20.9.1957. SAPMO B-Arch, DY 30, IV 2/904/46, Bl. 121.
247 Vgl. dazu unten S. 288–316.
248 (ZK-Abt. Wiss.), Grundsätze für die Bildung einer »Historikergesellschaft der DDR«, 5.2.1957. SAPMO B-Arch, DY 30, IV 2/904/119, Bl. 50 (zum folgenden auch: ebenda, NY 4198/125).
249 (ZK-Abt. Wiss.), Grundsätze für die Bildung einer »Historikergesellschaft der DDR«, 20.2.1957. Ebenda, IV 2/904/119, Bl. 57–58.
250 Protokoll Nr. 5/58 der Sitzung des Sekretariats vom 19.2.1958. Ebenda, I IV 2/3/591. Zum Gründungsprozeß der DHG vgl. u. a. Haun: Die Entstehung und Gründung der Deutschen Historiker-Gesellschaft; Ders.: Zur Geschichte der Historiker-Gesellschaft der DDR (2 Teile); sowie Neuhäußer-Wespy: Geschichte der Historiographie der DDR, S. 142–162.

lehnt hatte, Vorsitzender der neuen Gesellschaft zu werden,[251] bestimmte die SED-Führung Ernst Engelberg zum Vorsitzenden, zu seinen Stellvertretern den parteilosen Eduard Winter und den Direktor des Instituts für Marxismus-Leninismus beim ZK der SED, Ludwig Einicke.[252] Engelberg eignete sich schon deshalb besonders, weil er der einzige von den »führenden Historikern« war, der nicht von politisch-ideologischen Auseinandersetzungen als Angegriffener betroffen war.[253] Dem Präsidium gehörten neben 18 SED-Mitgliedern[254] auch vier parteilose Wissenschaftler an (die Historiker Diesner und Markov, der Archivar Meisner sowie ein Lehrer). Die DHG unterstand formal dem SfH, wobei das Sekretariat des ZK festlegte, daß als die entscheidende Leitungs- und Kontrollinstanz die ZK-Abteilung Wissenschaften fungieren sollte.[255]

Der Gründungsaufruf verdeutlichte, daß die DHG als eine Organisation marxistisch-leninistischer Historiker, Archivare, Geschichtslehrer und -propagandisten konzipiert worden war.[256] Den zeitgenössischen Beobachtern ist diese Ausrichtung nicht entgangen. Fritz Hartung schrieb an Hermann Aubin: »Der neue Verband ist insofern ehrlich, als er sich offen zum Marxismus und zum Sozialismus bekennt und damit allen anders denkenden Historikern den Beitritt unmöglich macht.«[257]

Der Gründungsaufruf, den Mitarbeiter des SfH, des ZK und Ernst Engelberg verfaßt hatten, war auf Intervention von Engelberg hin »entschärft« worden. Einerseits blieb als Ziel, den historischen und dialektischen Materialismus auf allen Gebieten der Geschichtswissenschaft durchzusetzen.[258] Andererseits strichen die Verfasser die Passage, wonach »die Perspektive für ganz Deutschland der Sozialismus sei«. Denn aus taktischen Gründen wäre ein solcher Satz, wie Engelberg anmerkte, nicht angeraten: »Aber die Parole des sozialistischen Gesamtdeutschland in dem Augenblicke, wo wir den Konföderationsplan propagieren, herauszugeben, scheint mir nicht glücklich zu sein.«[259]

---

251 ZK-Abt. Wissenschaften, Hausmitteilung an Kurt Hager, 7.1.1958. SAPMO B-Arch, DY 30, IV 2/904/46, Bl. 180.
252 Einicke amtierte zwischen 1953 und 1962.
253 Zu einem früheren Zeitpunkt waren neben Engelberg auch Meusel, Stern, Kuczynski und Schreiner als Vorsitzende im Gespräch. (ZK-Abt. Wiss.), Grundsätze für die Bildung einer »Historikergesellschaft der DDR«, 5.2.1957. SAPMO B-Arch, DY 30, IV 2/904/119, Bl. 55.
254 Bartel, Eckermann, Hoffmann, Königer, Kuczynski, Kuhne, Lötzke, Meusel, Nimtz, Obermann, Pretzsch, Schildhauer, Schilfert, Schreiner, Steinmetz, Stern, Turski, Werner.
255 Protokoll Nr. 5/58 der Sitzung des Sekretariats vom 19.2.1958. SAPMO B-Arch, DY 30, I IV 2/3/591.
256 Aufruf zur Gründung. Den Aufruf verfaßte Ernst Engelberg gemeinsam mit Mitarbeitern des ZK und des SfH. SAPMO B-Arch, DY 30, IV 2/904/119.
257 Fritz Hartung an Hermann Aubin, 24.3.1958. AVHD, MPI. Ähnlich Irmgard Höß an Hermann Aubin, 25.5.1958. Ebenda.
258 Aufruf zur Gründung, S. 218.
259 Ernst Engelberg an Pretsch (SfH), 10.2.1958. SAPMO B-Arch, DY 30, IV 2/904/119, Bl. 108.

Der Gründungsaufruf, das Statut und nicht zuletzt der Gründungskongreß der DHG zeigten, daß es vor allem um die konsequente Durchsetzung des Marxismus-Leninismus in der Geschichtswissenschaft der DDR ging. Neben der organisatorischen Zusammenfassung, Anleitung und Kontrolle der ostdeutschen Historiker zielte die Gründung der DHG gleichermaßen auf die Ausgrenzung andersdenkender Historiker in der DDR und die Abgrenzung gegenüber der westdeutschen Geschichtswissenschaft ab. Auf dem Gründungskongreß, historisch *einfallsreich* am 18./19. März 1958 in Leipzig inszeniert, machten verschiedene Redner deutlich, daß die Mehrheit der westdeutschen Historiker »imperialistische Apologeten« seien und deshalb deren Geschichtsbilder »zerschlagen« werden müßten.[260]

Tatsächlich standen die Abgrenzung gegenüber Westdeutschland, die Ausgrenzung nichtleninistischer Historiker in der DDR und die Bemühungen um internationale Anerkennung in den ersten Jahren im Mittelpunkt der Arbeit. Obwohl im März und April offiziell verlautbart wurde, daß eine Doppelmitgliedschaft in VHD und DHG möglich sei,[261] faßte bereits am 29. April 1958 das Präsidium der DHG den Beschluß, daß von den Mitgliedern der DHG erwartet wird, »daß sie ihre Mitgliedschaft im westdeutschen Historiker-Verband zurückziehen«.[262] Zu diesem Zeitpunkt waren nach SED-Angaben 55 ostdeutsche Bürger Mitglieder des VHD.[263] Allerdings befanden sich darunter einige Historiker, wie z. B. Ludloff und Steinmetz, die dem VHD bereits nicht mehr angehörten, andere wurden nicht aufgeführt.[264] Von den 55 Aufgeführten gehörten bereits 14 der DHG an, wobei bis auf einige Ausnahmen, wie z. B. Mühlpfordt, Diesner, Donnert und Markov, die meisten den VHD verließen.[265]

Die Gründung der DHG markierte zwar den endgültigen verbandsorganisatorischen Bruch in der deutschen Geschichtswissenschaft, nicht aber den offiziellen Abbruch der deutsch-deutschen Beziehungen auf dem Gebiet der Historiographie. Dieser erfolgte einige Monate später in Trier auf dem Historikertag.

Im Zuge der innenpolitischen Krise in der DDR war es zu einer Verschärfung der Situation an den Universitäten und Hochschulen gekommen.[266] Die III. Hochschulkonferenz propagierte im März 1958 die »sozialistische Universität«. Zwar hatte die SED-Führung seit dem Beginn der fünfziger

---

260 Vgl. Engelberg: Politik und Geschichtsschreibung; Heitzer: Über unsere Stellung zu den westdeutschen bürgerlichen Historikern; Rudolph: Die Gründungskonferenz.
261 Irmgard Höß an Hermann Aubin, 1.4.1958. AVHD, MPI.
262 Gekürztes Protokoll der Präsidiumssitzung vom 29.4.1958. SAPMO B-Arch, DY 30, IV 2/904/119, Bl. 159.
263 Ebenda, Bl. 178.
264 Irmgard Höß an Hermann Aubin, 1.4.1958. AVHD, MPI.
265 Seit dem Mauerbau ruhte die Mitgliedschaft (I. Höß an H. Rothfels, 7.12.1961. Ebenda).
266 Vgl. oben S. 138–145.

Jahre die Universitäten sozialistisch umgestaltet, aber dennoch stets versucht, ihre strategischen Absichten zu verbergen. 1957/58 veränderte sich die Taktik. »Autonomie« und »Freiheit der Forschung und Lehre« wurden nun *öffentlich* als auszumerzende Reste »bürgerlicher Wissenschaft« angeprangert. Das war zwar vorher intern gefordert worden, aber nach außen hatten sich die Funktionäre bemüht, den Schein zu wahren, und die Zusammenarbeit mit nichtleninistischen Wissenschaftlern propagiert. Nicht der rhetorische Kurswechsel war jedoch die neue Qualität, sondern der offene und »unversöhnliche« Kampf gegen andersdenkende Wissenschaftler.

Die Geschichtswissenschaft war davon allerdings nur wenig betroffen, und zwar deshalb, weil nur noch wenige nichtleninistische Historiker an den Universitäten verblieben waren. Dennoch verschärfte sich für die wenigen Betroffenen etwa in Leipzig, Jena und Berlin die Situation, so daß zumeist nur die Flucht in den Westen als letzter Ausweg blieb. Zugleich verursachte der offene Konfrontationskurs der SED gegen nichtleninistische Wissenschaftler Ausgrenzungsbemühungen westdeutscher Historiker.

Zwei Dinge standen im Mittelpunkt der Diskussionen: Zum einen die sozialistische Umgestaltung[267] und zum anderen Bestrebungen ostdeutscher Universitäten, geflüchteten Wissenschaftlern ihre akademischen Grade abzuerkennen. Die »sozialistische Umgestaltung« verlangte von den Universitätsangehörigen ein »vorbehaltloses Bekenntnis zur Arbeiter- und-Bauern-Macht«, die »Anerkennung der führenden Rolle der SED«, die Anwendung des Marxismus-Leninismus sowie die Unterstützung der Militarisierung der Gesellschaft.[268] Diesen Anmaßungen beugten sich längst nicht alle Hochschulangehörigen, weshalb viele von ihnen nach Westdeutschland flüchteten. Das Staatssekretariat für Hochschulwesen hatte deshalb Anfang 1958 auf einer ostdeutschen Rektorenkonferenz in Berlin angeordnet, daß geflüchteten Hochschullehrern die akademischen Grade abzuerkennen seien. Nur wenige Jahre nach dem Ende der nationalsozialistischen Diktatur planten also erneut deutsche Machthaber eine Aberkennungswelle akademischer Grade.[269] Kurt Hager verdeutlichte auf der III. Hochschulkonferenz den *tieferen Sinn* solcher Aberkennungen: »Es darf nicht sein, das diejenigen, die ihre Hochschule und die Deutsche Demokratische Republik durch ihre Handlung mit Schmutz beworfen haben, offiziell als Absolventen der betreffenden Hochschulen legitimiert werden. (Lebhafter Beifall) Wir halten ... die Forderung für berechtigt, ...

---

267 Im VHD sorgte vor allem ein »Plan der SED-Parteiorganisation Historischer Institute der Universität Leipzig zur sozialistischen Umgestaltung« vom 30. März 1958 für Gesprächsstoff (AVHD, MPI). Zu Leipzig vgl. Didczuneit: Geschichtswissenschaft an der Universität Leipzig, S. 164–179.
268 Plan der SED-Parteiorganisation Historischer Institute der Universität Leipzig zur sozialistischen Umgestaltung, 30. März 1958. AVHD, MPI.
269 Vgl. zur NS-Zeit z. B. die Aufstellung für die Universität Hamburg, in: Hochschulalltag im »Dritten Reich«, S. 1504–1505.

republikflüchtigen Wissenschaftlern die akademischen Grade abzuerkennen (Lebhafter Beifall) ... Unserer Meinung nach hat die Massnahme gegenwärtig eine grosse moralische Wirkung und wird in der Zukunft auch unmittelbar praktische Bedeutung erlangen. (Verständniszeigende Bewegung im Saal) Um mich deutlicher auszudrücken: Es ist doch nicht denkbar, dass ein republikflüchtiger Wissenschaftler im künftigen sozialistischen deutschen Hochschulwesen einen Platz haben wird! (Lebhafter Beifall)«[270] Dagegen regte sich auch in der DDR Protest. Der angesehene Biologe Kurt Mothes warnte auf einer Tagung des Kulturbundes im April 1958 davor, die »Professoren ... zu Proselyten zu machen«, und erinnerte die Anwesenden, darunter Walter Ulbricht, daran, daß Karl Liebknecht im Gefängnis saß und den Doktortitel behielt und Leo Stern in der Roten Armee kämpfte und auch seinen akademischen Titel behielt. Er fügte süffisant hinzu, Stern war damals noch »ein freiheitlicher Mann«.[271] Allerdings kam es, gemessen an den geflüchteten Hochschulangehörigen, zu keiner *Aberkennungswelle*, und zwar aus zwei Gründen: Einserseits weigerten sich die meisten naturwissenschaftlichen, medizinischen, landwirtschaftlichen und technikwissenschaftlichen Fakultäten, solche Verfahren in Gang zu setzen. Andererseits zog das SfH noch 1958 seine eigene Anordnung wieder zurück. Dennoch zählte die Praxis der Aberkennung akademischer Grade während der gesamten DDR-Geschichte zu einer Form der repressiven Machtausübung.

1958 kam es zu einer Reihe von Aberkennungen bei geflüchteten Wissenschaftlern,[272] wovon in der ersten Hälfte des Jahres 1958 insgesamt einige Dutzend Wissenschaftler betroffen waren, darunter auch Historiker und Kunsthistoriker,[273] so zum Beispiel Irmgard Höß und Helmut Thierfelder. In Jena war daran maßgeblich Max Steinmetz beteiligt.[274]

Alarmiert von den Nachrichten aus der DDR beschloß der VHD-Ausschuß am 17. Mai 1958 in Heidelberg, »dass denjenigen, die an der Unterdrückung der Lehrfreiheit und Verfolgung Andersdenkender wie an der auf die Spaltung der deutschen Geschichtswissenschaft angelegten Gründung der Deutschen Historikergesellschaft massgeblich beteiligt sind, eine Teilnahme am Trierer Historikertag nicht ermöglicht werden könne«.[275] Die Ausschließung sollte lediglich Steinmetz, Stern und Engelberg treffen. Die Erklärung wurde aber vorerst nicht veröffentlicht, weil Ger-

---

270 Stenographische Niederschrift der III. Hochschulkonferenz der SED am 28.2., 1./2.3.1958 in Berlin. SAPMO B-Arch, DY 30, IV 2/904/12, Bl. 58.
271 Stenographisches Protokoll, Gespräch über Fragen der »sozialistischen Bewußtseinsbildung« am 17. April 1958 in Halle. Ebenda, IV 2/904/33, Bl. 48.
272 Josef Hämel (ehem. Rektor der FSU Jena): Erklärung, 22.10.1959 (Heidelberg). AVHD, MPI.
273 BAP, R 3, 4068.
274 Josef Hämel (ehem. Rektor der FSU Jena): Erklärung, 22.10.1959 (Heidelberg). AVHD, MPI. Irmgard Höß an Hermann Aubin, 1.8.1958. Ebenda.
275 Protokoll der Ausschußsitzung des VHD in Heidelberg am 17.5.1958. Ebenda; vgl. Schulze: Deutsche Geschichtswissenschaft nach 1945, S. 196–198.

hard Ritter befürchtete, »daß die Veröffentlichung unserer Erklärung von dort [vom C.I.S.H. – d. Verf.] benutzt werden wird, um zu erklären, daß unser Verband die Historiker der SBZ ausgeschlossen hätte«.[276] Aubin und Ritter befürchteten, daß dann das C.I.S.H. die DHG als eigenständige Landesvertretung anerkennen würde. Deshalb wollte man die Erklärung zu Beginn des Kongresses verlesen und gleichzeitig die Anmeldungen der genannten DDR-Historiker zurückweisen.

Letzteres gelang aber nicht, weil die DDR-Seite offenbar von den geplanten Sanktionen wußte[277] und deshalb die namentliche Anmeldung der offiziellen Delegation – bestehend aus 25 Historikern (davon 23 SED-Mitglieder sowie Markov[278] und Winter) und zwei Lehrern – bis zum Beginn des Kongresses verzögerte. Die Führung des VHD verbot daraufhin Steinmetz, Stern und Engelberg prinzipiell das Wort. Außerdem sollte den anderen Historikern dann das Wort entzogen werden, wenn sie politische Erklärungen abgeben würden.[279] »Insofern kann der Vorwurf, daß man marxistischen Historikern generell das Wort verboten habe«, wie Winfried Schulze schrieb, »nicht aufrecht erhalten werden.«[280]

Nachdem auf dem Kongreß Stern, Steinmetz und Engelberg tatsächlich das Wort nicht erteilt sowie Schilfert und Paterna entzogen worden war,[281] reiste die offizielle DDR-Delegation entrüstet ab.[282] Die anschließenden Erklärungen erfolgten pflichtgemäß.[283] Der Bruch war perfekt.[284] Inwieweit eine Seite hätte anders handeln können, ist eine nur schwer zu beantwortende Frage.

276 Rundbrief vom 21.5.1958. AVHD, MPI.
277 Werner Berthold schreibt allerdings, daß sie überrascht worden seien; vgl. Berthold: Die Geschichtswissenschaft der DDR, S. 182.
278 Irmgard Höß berichtete demgegenüber, daß Markov nicht in Trier teilnahm (Irmgard Höß an Hans Rothfels, 20.2.1959. AVHD, MPI).
279 Protokoll der Ausschußsitzung am 24.9.1958 in Trier. Ebenda. 2. Mitgliederversammlung (des VHD) am 27.9.1958. Ebenda.
280 Schulze: Deutsche Geschichtswissenschaft nach 1945, S. 198.
281 Vorher war genau festgelegt worden, welcher Historiker einen Diskussionsbeitrag zu halten habe. ZK-Abt. Wissenschaften, Vorlage an das Sekretariat des ZK der SED, 20.8.1958. SAPMO B-Arch, DY 30, IV 2/904/21, Bl. 69–70.
282 Lothar Berthold: Erster kurzer Bericht über die Teilnahme einer Delegation der DHG der DDR an der 24. Versammlung westdeutscher Historiker in Trier, 6.10.1958. Ebenda, NY 4182/1364, Bl. 134–143; vgl. außerdem: Trier – und wie weiter?; Höß: Trier – und wie weiter?
283 SAPMO B-Arch, DY 30, IV 2/904/151, Bl. 154–163; sowie abgedruckt u. a. in: Trier – und wie weiter?; Höß: Trier – und wie weiter?
284 Es ist daran zu erinnern, daß der Hansische Geschichtsverein bis 1970 eine gesamtdeutsche Einrichtung blieb, ehe sich die Hansische Arbeitsgemeinschaft in der DDR als Arbeitsgemeinschaft der DHG konstituierte; vgl. z. B. Haun: Die Gründung der Hansischen Arbeitsgemeinschaft 1955; sowie Engel/Vetter: Konstituierung der Hansischen Arbeitsgemeinschaft der Deutschen Historiker-Gesellschaft; prinzipiell jetzt zur Mittelalterforschung im geteilten Deutschland Borgolte (Hrsg.): Mittelalterforschung nach der Wende 1989; mit Stand von 1989 Segl: Mittelalterforschung in der Geschichtswissenschaft der DDR, v. a. S. 122–123; vgl. resümierend zur Hansischen Arbeitsgemeinschaft Müller-Mertens: Eröffnungsrede.

Ein Teil der VHD-Verantwortlichen hatte schon nach 1953 (»Heppenheimer Erklärung«) Sanktionen befürwortet.[285] Andere (Hartung, Grundmann, Rothfels) rieten auch noch 1958 zu einer vorsichtigeren Politik gegenüber den DDR-Historikern. Schaut man auf die DDR-Seite, blieb den westdeutschen Verantwortlichen kaum ein anderer als der offene Konfrontationskurs, wenn sie sich nicht zu Handlangern der SED-Politik machen lassen wollten. Insofern waren die Heidelberger Erklärung und der Trierer Eklat konsequent; die Ursachen sind ausschließlich im Inneren der DDR zu suchen.

Die Medien in Westdeutschland waren sich einig: »Parteireden statt Diskussion«, »Absage an östliche Geschichtsfälscher«, »Sie braten wieder ihre Extrawurst«, »Geschichte zwischen Machtblöcken«, »Es gibt keine Brücke mehr« und »Osten schuf Spaltung Deutschlands in der Geschichtswissenschaft« lauteten nur einige der Schlagzeilen westdeutscher Tageszeitungen.[286] Die gleichgeschaltete Presse der DDR verkündete: »Gegen NATO-Kurs westdeutscher Historiker« und »Bonn fürchtet wissenschaftliche Gespräche«.[287] Deutlicher ließe sich kaum zeigen, daß offizielle Gespräche und wissenschaftliche Disputationen, zumindest zwischen Neuzeithistorikern, Ende der fünfziger Jahre in Deutschland über die innere Grenze hinweg kaum noch eine substantielle Basis besaßen. Es scheint fast so, als wäre der Eklat von Trier als »reinigendes Gewitter« notwendig gewesen, um Zeit für Überlegungen zu gewinnen, wie die deutsch-deutschen Historikerbeziehungen in Zukunft aussehen könnten. Allerdings waren deren Verbesserungen bzw. Verschlechterungen stets – auch in den sechziger bis achtziger Jahren – an die allgemeinen politischen und deutschlandpolitischen Rahmenbedingungen gebunden.

Nach dem Historikertag von Trier galten die Bemühungen der SED-Historiker vorrangig der internationalen Anerkennung der DDR-Historikergesellschaft. Dem entsprach das Ziel, der DDR insgesamt als souveränes Völkerrechtssubjekt Anerkennung zu verschaffen. Beides zog sich noch Jahre hin. Während Ende der sechziger Jahre die internationale Anerkennungsbewegung der DDR einsetzte und 1973 die Aufnahme in die UNO erfolgte, nahm am 15. August 1970 in Moskau das C.I.S.H. die DDR neben Nord- und Südkorea als Mitglied auf.[288]

Es hatte über zehn Jahre gedauert, ehe die DDR-Historiker offiziell im C.I.S.H. vertreten waren.[289] Am 27. November 1959 konstituierte sich ein

---

285 Vgl. oben S. 199–200.
286 In der Reihenfolge: FAZ vom 27.9.1958, Rhein-Zeitung vom 26.9.1958, Der Kurier vom 26.9.1958, Aachener Volkszeitung vom 30.9.1958, Die Welt vom 30.9.1958, Heilbronner Stimme vom 4.10.1958.
287 ND vom 1.10.1958 und Leipziger Volkszeitung vom 30.9.1958.
288 Erdmann: Die Ökumene der Historiker, S. 359.
289 Vgl. zu den Hintergründen ebenda, S. 338–360.

»Nationalkomitee der Historiker der DDR«, das sich in seiner Zusammensetzung kaum vom Präsidium der DHG unterschied: »Die Bildung des Nationalkomitees ist nur eine taktische Massnahme, um besser die internationale Anerkennung erlangen zu können.«[290] Dem C.I.S.H. lagen schon 1957 Aufnahmeanträge von Nordvietnam und Nordkorea vor. Diese wurden abschlägig beraten, weil das »Beispiel Deutschlands und Irlands beweist, daß es im Bereich der Wissenschaft Einheit geben kann unabhängig von den politischen Umständen«.[291] Das war eine an der Realität vorbeizielende Wunschvorstellung, die sich »als Ausdruck der Überzeugung von der Notwendigkeit und Möglichkeit einer Ökumene der Historiker« verstehen läßt.[292] Gleichzeitig übersah sie jedoch die Tatsache, »daß in den durch antagonistische Gesellschaftssysteme politisch geteilten Nationen die Geschichte mit solcher Erbitterung in den ideologischen Kampf hineingezogen wurde, daß ein gemeinsamer Boden für wissenschaftliche Kooperation ... nicht ... gegeben war«.[293]

Daß die Aufnahme eines DDR-Historikernationalkomitees vorerst nicht möglich sei, erfuhr Engelberg schon Ende 1958 vom Generalsekretär Michel François.[294] Dennoch bildete die SED ein Nationalkomitee analog zu ähnlichen Komitees in anderen Ländern. Die einzige Aufgabe des Komitees bestand darin, die DDR international – auch ohne förmliche Anerkennung – auf den alle fünf Jahre einberufenen internationalen Historikerkongressen zu vertreten.[295] Dabei arbeiteten sowohl das Vorbereitungskomitee als auch das Nationalkomitee als »Organ des Präsidiums der Historikergesellschaft ..., ohne jedoch in der Öffentlichkeit diesen Zusammenhang zu betonen, da hierdurch eine Aufnahme in das CISH erschwert werden könnte«.[296]

Seit Mitte 1958 bereiteten SED-Historiker und SED-Funktionäre ihre Teilnahme am Historikerkongreß 1960 in Stockholm vor.[297] Vor allem arbeiteten sie an einem Sonderband der ZfG, in dem ein Resümee der bisher von der DDR-Geschichtswissenschaft geleisteten Arbeit gezogen werden sollte.[298] Diesem Band, der 1955 bereits einen bescheidenen Vorgänger hatte[299] und Vorbilder in ähnlichen Bänden aus Polen, Bulgarien,

---

290 ZK-Abt. Wissenschaften: Information an das Sekretariat des ZK, 1.12.1959. SAPMO B-Arch, DY 30, IV 2/904/121, Bl. 270.
291 Zit. in: Erdmann: Die Ökumene der Historiker, S. 339.
292 Ebenda, S. 339–340.
293 Ebenda, S. 340.
294 Ernst Engelberg: Bericht über eine Reise nach Paris (26.12.1958 – 5.1.1959), 13.1.1959. SAPMO B-Arch, DY 30, IV 2/904/120, Bl. 2–10.
295 Vgl. ausführlich dazu Erdmann: Die Ökumene der Historiker.
296 Protokoll der 2. Sitzung (des Vorbereitungskomitees) am 21.1.1959. SAPMO B-Arch, DY 30, IV 2/904/144, Bl. 24.
297 Ebenda, IV 2/904/144.
298 Vgl. Historische Forschungen in der DDR (1960).
299 Die Geschichtswissenschaft in der Deutschen Demokratischen Republik. o. O., o. J. (1955), viersprachig, 16 Druckseiten. SAPMO B-Arch, DY 30, IV 2/904/101, Bl. 173.

der UdSSR und Jugoslawien besaß, folgten zu den Historikerkongressen 1970 in Moskau und 1980 in Bukarest insgesamt zwei weitere.[300] Ihr Wert besteht auch heute noch darin, daß sie kompakt nach thematischen Ordnungsprinzipien beinahe komplett das gesamte Schrifttum eines Dezenniums bibliographisch erschließen.

Daneben stimmten sich in der Vorbereitungsphase die Delegationen der sozialistischen Länder auf mehreren »Geheimtreffen« über ihr taktisches Vorgehen in Stockholm ab.[301] Schließlich legten Direktiven von der ZK-Abteilung Wissenschaften detailliert fest, welcher Historiker welche Veranstaltung in Stockholm besuchen solle, wer welchen Diskussionsbeitrag zu halten habe und worauf bei Kontakten besonders zu achten sei. Das alles zu koordinieren, zu organisieren und zu kontrollieren oblag der SED-Parteileitung, die eigens für die Delegation gebildet wurde. Der Delegation gehörten neben bekannten Parteifunktionären auch unbekannte Personen an. Diese könnten neben den ohnehin vertretenen *Geheimen Informanten* des MfS Vertreter geheimdienstlicher Organisationen gewesen sein.

Aber nicht nur in der DDR wurde der Stockholmer Kongreß intensiv vorbereitet. In der Bundesrepublik bemühte sich der VHD-Ausschuß emsig darum, die internationale Anerkennung des DDR-Nationalkomitees zu verhindern. Hans Rothfels hatte Anfang 1960 Kontakt zu den schwedischen Veranstaltern aufgenommen und ihnen die besondere deutsche Problematik nahegelegt.[302] Außerdem weilte er im Juni 1960, vermittelt durch die bundesdeutsche Botschaft,[303] mehrere Tage in Schweden, wo er an Universitäten, im Rundfunk und in internen Gesprächen seine Fachkollegen davon überzeugte, daß eine Anerkennung des DDR-Nationalkomitees nicht in Frage kommen könne. Vor Beginn des Kongresses verbreitete der VHD zudem eine Erklärung gegen die Anerkennung des DDR-Nationalkomitees. In der zweiseitigen Erklärung hieß es, daß die Anerkennung einer »politisch dirigierten Organisation«, wie es das DDR-Nationalkomitee sei, einer indirekten Anerkennung der Zweiteilung Deutschlands gleichkomme.[304] Obwohl Chancen für eine Aufnahme in das C.I.S.H. ohnehin kaum bestanden, waren sich die Verantwortlichen des VHD offensichtlich dessen nicht sicher. Denn sie bereiteten für den Fall, daß das DDR-Nationalkomitee wider Erwarten aufgenommen wer-

---

300 Für den Historikerkongreß 1990 in Madrid war ebenfalls ein Band vorbereitet worden, der aber leider nicht mehr ausgeliefert wurde. Ein Beitrag davon ist veröffentlicht worden; vgl. Strobach: Forschungen in den achtziger Jahren zur Geschichte von Kultur und Lebensweise.
301 SAPMO B-Arch, DY 30, IV 2/904/144.
302 Mehrere Brief in: AVHD, MPI.
303 Botschaft der Bundesrepublik Deutschland Stockholm an Hans Rothfels, 20.5.1960. Ebenda.
304 Erklärung des Verbandes der Historiker Deutschlands. Stockholm, im August 1960. Ebenda.

den würde, eine Protesterklärung vor, die allerdings die sich daraus ergebenden Konsequenzen der nächsten Mitgliederversammlung des VHD übertrug.[305]

Dazu kam es nicht, weil die Aufnahme des DDR-Nationalkomitees nicht einmal auf die Tagesordnung gesetzt und schon im Vorfeld abgeblockt worden war.[306] Der VHD erreichte es schließlich, »dass alle deutschen Teilnehmer (auch die aus der Zone) in einer gemeinsamen Liste unter ›Allemagne‹ in dem gedruckten Teilnehmerverzeichnis des Kongresses aufgeführt wurden«.[307] Ebenso wurde die DDR-Flagge in Stockholm nicht gehißt, was aber damit zusammenhing, »dass es in Schweden nicht üblich sei, Flaggen von Staaten, mit denen Schweden diplomatische Beziehungen nicht unterhält, zu zeigen«.[308] Als in Stockholm schließlich der offizielle Aufnahmeantrag der DDR abgelehnt worden war, protestierte die DDR-Delegation pflichtgemäß, änderte die Bezeichnung auf den Kongreß-Namensschildern von »Allemagne« in »DDR« um und beließ es schließlich bei diesem demonstrativen Akt.

Nach Stockholm fuhren 53 Historiker und Archivare aus der DDR,[309] darunter einige nichtleninistische Historiker.[310] An der Zusammensetzung der Delegation fällt auf, daß Personen wie Doernberg, Gentzen, Paterna oder Winter fehlten.[311] Dennoch war die DDR-Delegation größer als die sowjetische (47 Teilnehmer), sogar deutlich größer als die polnische (14), ungarische (15), rumänische (18), bulgarische (3) oder tschechische (34), aber erheblich kleiner als die westdeutsche Delegation (136). Insgesamt trafen sich in Stockholm weit über 2.000 Historiker aus 48 Ländern. Die DDR stellte nach den skandinavischen Ländern, den USA, Großbritannien, Frankreich, Italien und Westdeutschland die meisten Teilnehmer.

305 Ebenda.
306 In anderen internationalen Gesellschaften (Geographie, Astronomie) waren zu diesem Zeitpunkt offiziell schon zwei deutsche Verbände vertreten.
307 Werner Markert: Bericht über den Internationalen Historikerkongress in Stockholm, 12.9.1960 (vertraulich). AVHD, MPI.
308 Botschaft der Bundesrepublik Deutschland Stockholm an Hans Rothfels, 20.5.1960. Ebenda.
309 Anderle, W. Bartel, Bernhard, L. Berthold, W. Berthold, Bertsch, Blaschka, Diehl, Diesner, Donnert, Engelberg, Fricke, Fuchs, Gemkow, Günther, Heidorn, Heitz, Heitzer, Hoffmann, Höhnel, Irmscher, Klein, Kossok, Kuczynski, Laube, Lötzke, Markov, Mottek, Müller-Mertens, Nimtz, Obermann, Peters, Richter, Rudolph, Scheel, Schildhauer, Schilfert, Schlechte, Schreiner, Schrot, Spiru, Steinmetz, Stern, Wagner, Weißel, Werner, Wolfgramm sowie Kretzschmar, Meisner, Schneider, Sproemberg und Suhle.
310 Z. B. Kretzschmar, Meisner, Schneider, Sproemberg und Suhle. Von den angemeldeten waren 8 Mitglied im VHD: Diesner, Donnert, Kretzschmar, Markov, Meisner, Schneider, Sproemberg und Suhle. Insgesamt zählte der VHD 1960 noch etwa 40 Historiker aus der DDR (vgl. Erdmann: Die Ökumene der Historiker, S. 339).
311 Meusel verstarb im September 1960 und war vorher schon schwer krank. Dennoch fand eine interne Debatte über seine Teilnahme statt, die vor allem deshalb umstritten war, weil er nach wie vor als einer derjenigen galt, die die DHG ablehnten. Das manifestierte sich u. a. darin, daß er allen Präsidiumssitzungen ferngeblieben war (Rolf Rudolph an Ernst Diehl, 12.2.1960. SAPMO B-Arch, DY 30, IV 2/904/144, Bl. 63–65).

Die DDR-Delegation sollte sich laut einer Direktive aus den »stärksten marxistischen Kadern auf dem Gebiet der Geschichtswissenschaft« zusammensetzen.[312] »Daneben gilt es, eine Anzahl parteiloser Wissenschaftler ... in die Delegation einzubeziehen. Das ist wichtig im Hinblick auf unser Verhältnis zu diesen Kreisen, die wissenschaftlich grösstenteils nicht auf marxistischen Positionen stehen, politisch jedoch dafür gewonnen werden müssen, als Vertreter unserer Republik aufzutreten. Ausserdem wäre damit die Behauptung der reaktionären Kräfte des westdeutschen Historikerverbandes zerschlagen, wonach unsere Historikergesellschaft nur einen Teil, nämlich den marxistischen, der Historiker der DDR repräsentiert, während sie selbst die Interessen der nichtmarxistischen Historiker der DDR mit vertreten müssen.«[313]

Wissenschaftlich hatte die offizielle DDR-Delegation – bis auf Ausnahmen wie Markov – kaum Substantielles zum Kongreß beizutragen.[314] Dagegen sorgten sie gemeinsam mit einigen sowjetischen Kollegen dafür, daß der Kongreß – zumindest nach dem Urteil der zeitgenössischen Presse – zu einer propagandistischen Saalschlacht verkam.[315] Die internen und offiziellen Berichte der SED-Historiker lesen sich, als wären sie siegreich von einer militärischen Schlacht nach Hause gekommen.[316] »Man kann sagen, dass die Vertreter des Marxismus-Leninismus erstmalig den Kongress mit ihrer Fragestellung beherrscht haben. Es bestand der Eindruck, dass die reaktionären Regisseure des Kongresses von der Stärke des Auftretens der marxistisch-leninistischen Historiker überrascht waren.«[317] In diesem zusammenfassenden Bericht der ZK-Abteilung Wissenschaften heißt es weiter, daß die westdeutschen Historiker den »Stoßtrupp« des reaktionärsten Flügels bildeten, daß sich eine Reihe »weißgardistischer Emigranten« eingenistet hatte, daß Werner Conze »gleich am ersten Tage einen massiven antisowjetischen und antikommunistischen Angriff« startete und daß der »Hauptstoß des Gegners« »gegen die Theorie von der Gesetzmäßigkeit der Ablösung der ökonomischen Gesellschaftsformationen« geführt wurde.

---

312 ZK-Abt. Wissenschaften, Vorlage an das Sekretariat des ZK der SED, 7.12.1959. Ebenda, IV 2/904/144, Bl. 50.
313 Ebenda.
314 Zum Kongreßverlauf ausführlich Erdmann: Die Ökumene der Historiker.
315 Vgl. einschlägige Zitate ebenda, S. 340–341.
316 Vgl. z. B.: Protokoll der Auswertung des XI. Internationalen Historiker-Kongresses in Stockholm, Berlin, 30.8.1960. SAPMO B-Arch, DY 30, IV 2/904/144, Bl. 388–397; ebenda verschiedene Berichte u. a. von Johannes Irmscher, Joachim Streisand, Werner Berthold, Manfred Kossok, Ernst Engelberg und Jürgen Kuczynski; vgl. weiter Fritz Klein: Gezinkte Karten und echte Trümpfe, in: Sonntag 40/1960; Dieter Fricke: Geschichtsphilosophie eine biblische Weisheit?, in: BZ vom 18.9.1960; Hans-Joachim Diesner: Diskussion um das Geschichtsbild, in: Neue Zeit vom 13.9.1960; Ernst Engelberg: Im Schatten von Marx, in: ND vom 16.10.1960.
317 ZK-Abt. Wissenschaften, Information an die Ideologische Kommission des ZK der SED, 28.9.1960. SAPMO B-Arch, DY 30, IV 2/901/4.

In der westdeutschen Berichterstattung überwogen ebenfalls die politischen Kommentare und Einschätzungen. »Zum ersten Male traten sie [die Sowjethistoriker – d. Verf.] auf dem X. Kongress 1955 in Rom mit ihrer agressiven Kongresstechnik hervor, die sie in Stockholm besser vorbereitet und differenzierter wieder anwandten. Da jedoch auch die westlichen Historiker besser als in Rom hierauf vorbereitet waren und entsprechend entgegentraten, gelang es, das Auftreten des Ostblocks in Grenzen zu halten.«[318] Allerdings waren gerade die Sektionen zur Methodologie und zur Zeitgeschichte vom politischen Ost-West-Gegensatz geprägt, so »dass die insgesamt nur 183 Angehörigen des Ostblocks die übrigen ... Teilnehmer ... gelegentlich geradezu terrorisieren konnten«.[319] Dabei unterschieden sich die Teilnehmer aus den sozialistischen Staaten nach ihrem Auftreten. Während sich die polnischen Historiker vom »kombinierten Aufmarsch der Satelliten ... ostentativ« zurückhielten, die sowjetischen Historiker ihre osteuropäischen Kollegen »ausgesprochen herablassend« behandelten, erfüllten die Delegationen der ČSSR, Ungarns, Rumäniens und Bulgariens »weisungsgemäß ihr ›Soll‹, z. T. in sehr aggressiver und meist gegen die Bundesrepublik gerichteter Form«.[320] Die DDR-Vertreter wiederum traten meistens als Kollektiv in Erscheinung, wobei »die erste Garnitur« teilweise moderat auftrat, »während die massiven Angriffe von der mittleren Generation (mit Unterstützung von Tschechen und Ungarn) übernommen wurden«.[321] Das entsprach weitgehend der zuvor abgestimmten Vorgehensweise. Außerdem tritt hier eine Taktik zutage, die noch oft angewandt werden sollte. Relativ unbekannte Historiker aus der *zweiten Garnitur* hatten sich an der »ideologischen Front« face to face zu bewähren, während die eigentlichen Drahtzieher nach außen auf ihre Reputierlichkeit bedacht blieben.

Vor allem zwischen ost- und westdeutschen Historikern kam es zu scharfen Auseinandersetzungen, die, in deutscher Sprache geführt, dem Kongreß den Ruf »querelles allemandes« einhandelten. Dabei darf nicht übersehen werden, daß tatsächlich einige westdeutsche Historiker in Stockholm auftraten, die revanchistische Argumente vorbrachten bzw. eine nationalsozialistische Vergangenheit aufwiesen. Dieser Fakt begünstigte zumindest einige »klassenkämpferische Attacken«.

In der DDR wurde die Teilnahme am Kongreß von Stockholm als Markstein gefeiert.[322] Später erlangte die Stockholmer Konferenz für die

---

318 Werner Markert: Bericht über den Internationalen Historikerkongress in Stockholm, 12.9.1960 (vertraulich). Ebenda.
319 Ebenda.
320 Ebenda.
321 Ebenda.
322 Vgl. z. B. Hoffmann/Wagner: Über den XI. Internationalen Historiker-Kongreß. Die Internationalen Kommissionen in Stockholm; Rudolph: XI. Internationaler Historiker-Kongreß; Die Sektionssitzungen des XI. Internationalen Historikerkongresses

parteiamtliche Historiographie über die DDR-Geschichtswissenschaft sogar Zäsurcharakter, da mit Stockholm die Konstituierung der DDR-Geschichtswissenschaft endgültig abgeschlossen zu sein schien.[323]

Unumstritten dürfte sein, daß 1958 mit der Gründung der DHG und den Vorfällen von Trier eine Zäsur in der deutschen Geschichtswissenschaft zu verzeichnen ist. Der Bruch zwischen östlicher und westlicher Geschichtswissenschaft war verbandsorganisatorisch unumkehrbar geworden, wenngleich schon seit Anfang der fünfziger Jahre zwei deutsche Geschichtswissenschaften existierten. Im Westen gab es eine traditionell pluralistische Wissenschaft, die an deutsche Wissenschaftstraditionen anknüpfte und zunehmend methodisch und inhaltlich innoviert wurde. Vor allem aber gab es in der Bundesrepublik kein verordnetes Geschichtsbild, keine allein gültige Geschichtsauffassung, keine hauptsächliche Geschichtstheorie und keine nach einer allein gültigen Ideologie betriebene Kaderpolitik. Das alles aber gab es seit Anfang der fünfziger Jahre in der DDR, wenngleich keine eindimensionale Entwicklung zu beobachten war. Die Gründung der DHG und der Historikertag von Trier markierten gewissermaßen den Endpunkt des Konstituierungsprozesses der DDR-Geschichtswissenschaft. Daran schloß sich die Etablierungsphase an, die von mehreren Elementen geprägt war. Dazu zählen u. a. der Kampf um die internationale Anerkennung, die Festigung der in den fünfziger Jahren geschaffenen Strukturen und die Inangriffnahme neuer Projekte. Gerade der letzte Punkt zeitigte in den späten sechziger und dann ab den siebziger Jahren eine Reihe von Ergebnissen, die der DDR-Geschichtswissenschaft partiell internationale Anerkennung einbrachten. Freilich darf nicht übersehen werden, daß diese historiographischen Werke einzelne Glanzlichter inmitten eines Dickichts von kaum wissenschaftlichen Kriterien genügenden Publikationen und unveröffentlichten Schriften gewesen sind. Dabei darf freilich nicht unberücksichtigt bleiben, daß die Produkte von DDR-Historikern der Alten Geschichte oder der Mediävistik zu jeder Zeit der DDR-Geschichte weitaus mehr internationale Anerkennung einbrachten als etwa die Werke zur Geschichte des 19. und 20. Jahrhunderts.[324] Die Filetstücke entstanden *trotz* der wissenschaftsfeindlichen Atmosphäre in der DDR.

(Autoren: W. Berthold, J. Streisand, R. Günther, G. Schrot, A. Laube, E. Müller-Mertens, E. Werner, G. Schilfert, W. Bartel, H.-J. Bartmuß, L. Berthold).
323 Vgl. z. B. Berthold: Die Geschichtswissenschaft der DDR, S. 183; Fuchs: Zur Vorgeschichte und zum Verlauf des XI. Internationalen Historikerkongresses 1960, S. 489; sowie jüngst Ders.: Nationale Wissenschaft.
324 Zu den Relationen zwischen den einzelnen Epochen innerhalb des Schrifttums vgl. unten S. 286.

Stockholm markierte insofern einen Schlußpunkt, als offiziell zum letzten Mal eine »gesamtdeutsche Mannschaft« aufgetreten war. Im Gegensatz zu Stockholm nahmen am nächsten Historikertag in Wien 1965 protokollarisch eine westdeutsche Delegation und eine DDR-Delegation teil. Hinzu kam, daß jetzt erstmals DDR-Historiker als Referenten (Engelberg), Korreferenten (Schilfert), Präsidenten (Engelberg) und Vizepräsidenten (Welskopf, Markov) fungierten.[325] Bis zu diesem Zeitpunkt hatten sich die DDR-Historiker immer nur als Diskussionsteilnehmer aus dem Auditorium zu Wort melden können.

Schon ein Jahr zuvor, 1964, war es am Rande des Berliner Historikertages an der DAW zu inoffiziellen Gesprächen zwischen ost- und westdeutschen Historikern gekommen.[326] Zu diesem Historikertag wurden wieder einige DDR-Historiker delegiert, die allerdings damals unbekannt waren und mehr oder weniger incognito für die Ostseite berichteten. In einem Schreiben von Kurt Pätzold an die ZK-Abteilung Wissenschaften hieß es zur Teilnahme am Historikertag 1964: »Die Auswahl ist erstens nach dem Gesichtspunkt der politischen Zuverlässigkeit, zweitens unter Berücksichtigung der fachlichen Qualifikation und drittens unter Beachtung des Grundsatzes erfolgt, dass die Anwesenheit dieser Historiker aus den Kreisen des wissenschaftlichen Nachwuchses nicht als eine offizielle Anerkennung des Kongresses gewertet werden kann.«[327] Dieser Historikertag hatte insofern eine besondere deutsch-deutsche Note, als am Rande der Tagung am 9. Oktober 1964 in Ostberlin erstmals seit Jahren ein (inoffizielles) Treffen zwischen ost- und westdeutschen Historikern stattfand. Das Thema war Problemen der Weltkriegsforschung gewidmet, wobei sowohl die DDR-Historiker keinen Zweifel »über die Unumstößlichkeit ihrer wissenschaftlichen und politischen Überzeugungen« aufkommen ließen als auch die westdeutschen Historiker umgekehrt »die Ablehnung dieser Grundhaltung« betonten.[328]

---

325 Sektor Gesellschaftswissenschaften, Bericht, 9.9.1965. SAPMO B-Arch, NY 4182/1364, Bl. 337–341.
326 Vgl. dazu Sabrow: Der »ehrliche Meinungsstreit« und die Grenzen der Kritik; Ders.: In geheimer Mission.
327 Schreiben vom 6.9.1964. SAPMO B-Arch, DY 30, IV A 2/904/334. Es werden acht Namen genannt. Allerdings sind entweder ganz andere oder noch mehr DDR-Historiker nach Westberlin gefahren, wie dem Konferenzbericht entnommen werden kann; vgl. Bock/Laube: Westdeutscher Historikertag in Westberlin.
328 Kurt Pätzold: Bericht über einen Diskussionsabend mit westdeutschen Historikern am 9. Oktober 1964 in der Akademie-Zentrale, 10.10.1964. SAPMO B-Arch, DY 30, IV A 2/904/334. An der Tagung nahmen westdeutscherseits u. a. H. Mommsen, W. Schieder, Broszat und Graml teil. Fritz Fischer hatte vorher in einem Brief an Ernst Engelberg mit der Begründung abgesagt, daß er durch einen solchen Besuch nicht noch weiter in das Kreuzfeuer der Kritik geraten möchte (Brief vom 18.8.1964. Ebenda).

*Die marxistisch-leninistischen Geschichtsforschungen
bis zum Mauerbau*
Für den Zeitraum bis Ende 1954 ist konstatiert worden, daß die wissenschaftlichen Erträge der marxistisch-leninistischen Geschichtsforschung in der DDR bescheiden ausfielen.[329] Wenn man sich zudem noch einmal die Probleme bei der Erarbeitung des »Lehrbuches für die deutsche Geschichte« vor Augen führt, kann man schon erahnen, daß das Urteil für die Zeit bis 1961 nicht wesentlich anders ausfällt. Freilich kann auch hier keine Gesamtwürdigung vorgenommen werden. Richten wir deshalb zunächst den Blick auf eine quantitative Analyse der Dissertationen und Habilitationen.[330]

Zwischen 1955 und 1961 wurden insgesamt 421 historische Graduierungsschriften[331] eingereicht, womit eine deutliche Steigerung gegenüber der Zeit bis 1955 zu verzeichnen war. Davon entfielen auf die einzelnen Jahre: 1955 = 43 (= 10%), 1956 = 61 (= 15%), 1957 = 64 (= 15%), 1958 = 47 (= 11%), 1959 = 37 (= 9%), 1960 = 68 (= 16%) und 1961 = 101 (= 24%). Abgesehen von 1961 verteilen sich die Hochschulschriften auf die einzelnen Jahre relativ gleichmäßig. Davon wurden an der Humboldt-Universität zu Berlin 106 (= 25%) verteidigt, in Leipzig 107 (= 25,5%), in Jena 50 (= 12%), in Halle 39 (= 9,5%), in Greifswald 14 (= 3,5%), in Rostock 9 (= 2%), an Pädagogischen Hochschulen 13 (= 3%), an der SED-Parteihochschule 9 (= 2%), am Institut für Gesellschaftswissenschaften beim ZK der SED 61 (= 14,5%)[332] und an sonstigen Einrichtungen 13 (= 3%). Diese Zahlenrelationen blieben bis 1989 relativ konstant. Allerdings ist zu beachten, daß in den siebziger und achtziger Jahren auch an der AdW Dissertationen verteidigt wurden, wobei deren Anteil rund fünf Prozent betrug. An der Humboldt-Universität zu Berlin und an der Karl-Marx-Universität Leipzig wurden in den sechziger Jahren allein 55 Prozent aller geschichtswissenschaftlichen Dissertationen verteidigt, in den siebziger Jahren waren es knapp 50 Prozent und in den achtziger Jahren unter vierzig Prozent. Die anderen Universitäten verloren zusammengenommen weiter an Bedeutung. In den achtziger Jahren legten die Pädagogischen Hochschulen zu und erreichten einen Wert von 21 Prozent. Am auffälligsten jedoch war das kontinuierliche Wachstum in den SED-Einrichtungen. Erreichten sie dort zwischen 1955 und 1961 schon einen Wert von über 15 Prozent, lagen sie ab den sechziger Jahren jeweils deutlich über 20 Prozent.[333]

---

329 Vgl. oben S. 211–218.
330 Vgl. dazu oben S. 213.
331 Dissertationen und Habilitationen.
332 Davon 39 allein 1961.
333 Das Institut für Gesellschaftswissenschaften beim ZK der SED hatte 1953 das Promotions- und Habilitationsrecht verliehen bekommen (G. Harig an Institut für Gesellschaftswissenschaften, 23.2.1953. BAP, R 3, 220, Bl. 2).

Auch hieran zeigt sich, daß die DDR-Geschichtswissenschaft in einem hohen Grade unmittelbar der SED-Führung unterstand. Freilich gab es auch nur marginale Interessengegensätze etwa zwischen den Verantwortlichen der Universitäts- und Akademieinstitute einerseits und der Parteiinstitute (IfG/AfG, IML, PHS) andererseits. Das wird nicht zuletzt an der Verteilung auf die einzelnen Zeitabschnitte deutlich.

Zwischen 1955 und 1961 entfielen auf die Ur-, Früh- und Alte Geschichte 58 Arbeiten (= 13,5%), auf das Mittelalter 48 (= 11,5%), auf die Frühe Neuzeit 55 (= 13%), auf das 19. Jahrhundert 109 (= 26%), auf die Weimarer Republik und den Nationalsozialismus 95 (= 22,5%) und auf die Zeit nach 1945 56 (= 13,5%). Die zeitlichen Epochen, die die SED-Führung als besonders wichtig erachtete, die Zeit vom 19. Jahrhundert bis zur unmittelbaren Gegenwart, machten nun schon zusammen über 60 Prozent aus. Für die Zeit bis 1955 hatten sie nicht einmal 30 Prozent erreicht. Dieser Trend hielt in den nächsten Jahren an, wie die nachstehende Tabelle verdeutlicht:[334]

Verteilung der Dissertationen/Habilitationen auf einzelne Epochen

Fachgebiet	1946–1954	1955–1961	1962–1969	1970–1979	1980–1989
Früh- und Alte Geschichte	25 (16 %)	58 (13,5 %)	22 (4 %)	15 (3,5 %)	23 (3,5 %)
Mittelalter	50 (33 %)	48 (11,5 %)	32 (6 %)	12 (3 %)	29 (4,5 %)
Frühe Neuzeit	37 (24 %)	55 (13 %)	34 (6,5 %)	14 (3,5 %)	52 (8 %)
19. Jahrhundert	31 (20 %)	109 (26 %)	98 (18,5 %)	85 (20,5 %)	108 (17 %)
1918–1945	8 (5 %)	95 (22,5 %)	152 (28,5 %)	109 (26 %)	117 (19 %)
1945ff.	3 (2 %)	56 (13,5 %)	194 (36,5 %)	181 (43,5 %)	293 (48 %)
Insgesamt	154	421	532	416	622

Die Zahlen belegen, daß der Schwerpunkt geschichtswissenschaftlicher Forschung in der DDR auf den Zeiträumen seit dem 19. Jahrhundert lag. Dabei hat sich im Laufe der Jahre die Beschäftigung mit der Zeit seit 1945 immer mehr verstärkt, so daß in den achtziger Jahren fast jede zweite Graduierungsschrift diesem Zeitraum gewidmet war.

---

334 Neben den Angaben in: Lücke: Sowjetzonale Hochschulschriften, basieren die Berechnungen auf einer quantitativen Auswertung der Angaben in der ZfG. Dabei ist zu berücksichtigen, daß die in der Tabelle angegebenen Zahlen einen Trend anzeigen, die absoluten Zahlen jedoch von den tatsächlich verteidigten Hochschulschriften jeweils um einige nichtgemeldete abwichen.

Freilich impliziert das weder eine inhaltliche Bewertung noch eine qualitative Analyse.[335] Dennoch zeigt sich allein anhand dieser Zahlen die überragende geschichtspropagandistische Bedeutung der DDR-Historiographie. Im übrigen traf auf die Geschichtswissenschaft in weitaus geringerem Maße als auf andere, insbesondere natur- und technikwissenschaftliche Dissertationen zu, daß sie sekretiert wurden.[336]

Den Konstituierungsprozeß der DDR-Geschichtswissenschaft prägten strukturelle, kaderpolitische und organisatorische Veränderungen, die aber kaum von nachhaltigen wissenschaftlichen Leistungen begleitet wurden. Die großen Konferenzen aus der zweiten Hälfte der fünfziger Jahre, etwa zur Novemberrevolution, zum Zweiten Weltkrieg oder zur Gründung der DDR,[337] waren propagandistische Schauveranstaltungen ohne wissenschaftlichen Ertrag, partiell sogar ohne wissenschaftliche Basis.

Die anläßlich des Stockholmer Historikerkongresses 1960 vorgelegte Bilanz der DDR-Geschichtswissenschaft ist angesichts ihrer über 600 Druckseiten quantitativ eindrucksvoll.[338] Allerdings muß man bei genauerer Betrachtung konstatieren, daß dieses umfassende Werk die eigentlichen Leistungen kaschiert. Einerseits ist festzustellen, daß in Bereichen wie etwa der Mediävistik, der frühneuzeitlichen Agrargeschichte oder der Wirtschaftsgeschichte Arbeiten veröffentlicht worden sind, die wissenschaftlichen Kriterien standhalten. Andererseits verdeutlicht die Mehrheit der Beiträge, etwa zur Arbeitergeschichte, zur Reformation oder zur Geschichte des 20. Jahrhunderts, daß, von Ausnahmen abgesehen, ein *Professionalisierungsprozeß* bis 1960 noch nicht eingesetzt hatte.[339] Das waren aber gerade jene Epochen, die die DDR-Geschichtswissenschaft schon am Ende der fünfziger Jahre quantitativ beherrschten. Die historische Forschung war in der SBZ/DDR bis in die späten sechziger Jahre von einem *Entprofessionalisierungsprozeß* geprägt. Allein die Zahlenangaben zeugen davon, daß auch noch für die späteren Dezennien nicht von einer flächendeckenden *Professionalisierung* gesprochen werden kann. Denn soviel

---

335 Vgl. z. B. als einen ausgewogenen zeitgenössischen Überblick, in dem auch die Arbeiten aus der DDR berücksichtigt wurden, Kotowski: Zur Geschichte der Arbeiterbewegung.
336 Vgl. Bleek/Mertens: DDR-Dissertationen, S. 142–143. Die Autoren haben insgesamt 8.800 geheimgehaltene Dissertatioen aufgespürt (S. 16). Allerdings haben sie offensichtlich Institutionen wie die Akademie für Gesellschaftswissenschaften beim ZK der SED, die Parteihochschule »Karl Marx« oder das Institut für Marxismus-Leninismus beim ZK der SED nicht berücksichtigt, so daß sich gerade in den Gesellschaftswissenschaften, auch in der Geschichtswissenschaft, deutliche Akzentverschiebungen bezüglich geheimgehaltener Dissertationen ergeben würden; vgl. weiter Thieme: Geheimnisvolle Hilfestellung beim Aufbau des Sozialismus.
337 SAPMO B-Arch, DY 30, IV 2/904/16; ebenda IV 2/904/136–140; ebenda IV 2/904/145.
338 Historische Forschungen in der DDR (1960).
339 Auf die Vorbehalte, den Professions-Begriff zu verwenden, ist schon kurz hingewiesen worden; vgl. oben S. 13.

läßt sich auch bei einer nur oberflächlichen Lektüre der historiographischen Produkte feststellen: Mindestens die Schriften, die sich der Zeit nach 1918 widmeten, hatten nur in Ausnahmefällen etwas mit Geschichtswissenschaft zu tun. Das aber betraf die absolute Mehrheit aller historiographischen Graduierungsschriften und Publikationen.

Davon zeugen schon in den fünfziger Jahren nicht nur der erwähnte Bilanzband, sondern ebenso die Mehrheit der Beiträge in der *Zeitschrift für Geschichtswissenschaft* und in den *Beiträgen zur Geschichte der Arbeiterbewegung*, die auf Beschluß des Sekretariats des ZK der SED seit 1959 vom IML herausgegeben wurden.[340] In der zweiten Hälfte der fünfziger Jahre dominierten dort Beiträge, die sich mit der Geschichte des 20. Jahrhunderts beschäftigten. Es verwundert bei der ideologischen Ausrichtung nicht, daß die ZfG in den fünfziger Jahren in Westdeutschland kaum rezipiert wurde. Aber auch in der DDR war der Widerhall auf die Zeitschrift nur geringfügig. Die mangelnde Leistungsfähigkeit der DDR-Geschichtswissenschaft hatte mehrere Gründe. Einer ist in den die fünfziger Jahre über andauernden politischen und ideologischen Auseinandersetzungen zu suchen, die zwar zur politischen Konsolidierung und Homogenisierung der Historikerschaft beitrugen, aber nicht zuletzt die angestrebte *Professionalisierung* verhinderten. Ein anderer wäre, daß sich die *Planwissenschaft* als ineffizient für die Forschung erwies. Zumindest für die fünfziger Jahre stellt sich der Eindruck ein, als hätten die Beteiligten ihre Energie vor allem auf das Aufstellen des Planes und weniger auf dessen Erfüllung gelegt. Fritz Hartung schrieb darüber 1955 an Hermann Aubin: »Denn es komme ja höchstens eine Schaumschlägerei dabei heraus. Aber das ist die Form, in der wir heute hier Wissenschaft fördern, wir reden viel über das, was wir planen. Von dem, was dabei herauskommt, wird selten berichtet, denn wir führen ja keinen Plan wirklich aus, sondern ersetzen ihn etwa nach Jahresfrist durch einen neuen und grossartigeren.«[341]

Die Folgen des XX. Parteitages in der DDR-Geschichtswissenschaft

Auf die Folgen des XX. Parteitages der KPdSU, der polnischen Entstalinisierungskrise und der ungarischen Revolution für die DDR und speziell für die Universitäten ist schon hingewiesen worden. Entscheidend war, daß sich im Zuge des XX. Parteitages eine reformistische Strömung innerhalb der SED bildete, die vor allem von Angehörigen der Intelligenz getragen wurde. Im Anschluß an die ungarische Revolution verstärkten sich

---

340 Protokoll Nr. 34/58 der Sitzung des Sekretariats des ZK vom 29. Oktober 1958. SAPMO B-Arch, DY 30, I IV 2/3/620.
341 Fritz Hartung an Hermann Aubin, 8.3.1955. AVHD, MPI.

die revisionistischen Strömungen innerhalb der SED, und gleichzeitig formierte sich Oppositionspotential außerhalb der SED. Zu dieser Zeit existierte sowohl eine heterogene Reformfraktion innerhalb der SED, die vom Ulbricht-Kreis zur Opposition gemacht wurde, als auch eine antisozialistische Opposition, die auf die Abschaffung der SED-Herrschaft zielte. Obwohl beide unterschiedliche Zielvorstellungen verfolgten, wurden sie von der SED-Führung als eine Oppositionsrichtung behandelt. Das war insofern folgerichtig, als auch die Reformfraktion objektiv auf eine Untergrabung des SED-Machtmonopols zusteuerte.

Im folgenden wird auf der Grundlage des oben bereits Ausgeführten untersucht,[342] welche Auswirkungen diese Ereignisse auf die Geschichtswissenschaft hatten.

In seiner verdienstvollen Studie über die antistalinistische Opposition gegen Ulbricht kommt Martin Jänicke zu dem Schluß, daß es 1956 kaum einen namhaften Vertreter der Geschichtswissenschaft gab, »der nicht im Laufe des Jahres 1956 deutlich machte, daß er den bis dahin geltenden dogmatischen Parteistandpunkt nur aus Gründen der Disziplin akzeptiert hatte«.[343] Jänickes Materialgrundlage bestand vorrangig aus veröffentlichten Berichten der SED und aus Zeitzeugenberichten. Tatsächlich gab es zwischen 1956 und 1958 an allen historischen Instituten politisch-ideologische Auseinandersetzungen mit unterschiedlichen Konsequenzen. Im Juli 1957 hieß es in einem ZK-Bericht, daß auf dem Gebiet der Geschichtswissenschaft »die gleichen oder ähnlichen Erscheinungen der ideologischen Koexistenz und des Revisionismus vorhanden waren, wie z. B. auf dem Gebiet der Ökonomie und Philosophie«.[344] Es ist schon darauf hingewiesen worden, daß in fast allen wissenschaftlichen, künstlerischen und kulturellen Bereichen zwischen 1956 und 1958 intensive Auseinandersetzungen, Unterdrückungs- und Verfolgungskampagnen inszeniert wurden.[345] Dabei waren sowohl die Ausgangspunkte, die persönlichen Motivationen, die tatsächlichen Inhalte als auch die Konsequenzen für den einzelnen graduell verschieden. Um die Bandbreite von Auflehnung, Opposition, Widerstand, widerständigem Verhalten einerseits und Repression, Unterdrückung und Verfolgung andererseits aufzuzeigen,

---

342 Vgl. oben S. 138–145.
343 Jänicke: Der dritte Weg, S. 122.
344 ZK-Abt. Wissenschaften, Bericht über die Lage in der Geschichtswissenschaft nach dem 30. Plenum des ZK der SED, 5.7.1957. SAPMO B-Arch, DY 30, IV 2/904/134, Bl. 151. In einem anderen Bericht, nur wenige Tage später verfaßt, heißt es allerdings: »In den Berichten der Universitätsparteileitungen sind von den gesellschaftswissenschaftlichen Fachrichtungen fast überhaupt nicht die Historiker ... genannt. ... Keineswegs kann man dies so werten, dass dort keine politisch-ideologischen Unklarheiten vorhanden sind« (ZK-Abt. Wissenschaften, Erste Zusammenfassung der Analyse der Berichte der Hochschulparteileitungen über die Arbeit im Frühjahrssemester 1956/57, 22.7.1957. Ebenda, IV 2/904/427, Bl. 229).
345 Vgl. auch Kowalczuk: Frost nach kurzem Tauwetter.

werden im folgenden am Beispiel der Historiker relevante Institutionen einzeln untersucht.[346]

Die Historiker an der Humboldt-Universität zu Berlin
Nach dem XX. Parteitag der KPdSU und der III. Parteikonferenz der SED war an allen Universitäten der DDR die Geheimrede Chruschtschows, die in der DDR erst 1990 veröffentlicht wurde,[347] Ausgangspunkt aller Diskussionen. Für Gesprächsstoff sorgten darüber hinaus die offiziellen Stellungnahmen der SED-Führung. Am 4. März 1956 offenbarte Walter Ulbricht im *Neuen Deutschland*, daß Stalin nicht (mehr) zu den »Klassikern« des Marxismus-Leninismus zu rechnen sei.[348] Wenige Wochen später verkündete das SED-Politbüro, daß es in der DDR keine vergleichbaren »Auswüchse« wie in der UdSSR gegeben habe, weshalb politische Kurskorrekturen überflüssig seien.[349]

Solche Erklärungen, von denen es eine Überfülle gab, konnten nicht verhindern, daß Teile der Parteibasis eine *Fehler-Diskussion* entfachten. Diese Diskussionen trugen bis zum Herbst 1956 ganz wesentlich einen innerparteilichen Charakter. Diejenigen, die nicht der SED angehörten, waren zumeist von den »Enthüllungen« des XX. Parteitages nicht so überrascht worden oder waren – ob offen oder verdeckt – ohnehin Gegner des kommunistischen Systems. Es sollte nicht übersehen werden, daß Chruschtschows Geheimrede zwar auch im Westen für Furore sorgte. Aber dennoch verblieben die sich daran anschließenden Debatten vor allem auf die linken und kommunistischen Parteien beschränkt. Das änderte sich erst nach dem Aufstand von Poznań und der Niederschlagung der ungarischen Revolution.

Insofern erklärt sich auch, warum die Debatten in der DDR vorrangig in der SED geführt wurden. Hinzu kam, daß gerade die SED-Mitglieder sich abermals – wie 1953 – als die eigentlichen Betrogenen fühlten. Hatten sie doch bis 1956 immer wieder verkünden müssen, daß Stalin der Genius der Epoche sei. Nun kam förmlich über Nacht abermals eine Kursänderung, und Stalin war zwar (noch) nicht zur Unperson erklärt, aber aus dem Kreis der allwissenden Klassiker ausgeschlossen worden. Das sorgte für Unruhe und Verwirrung, aber auch für eine gewisse Aufbruchstimmung.

---

346 Zu den Begrifflichkeiten Opposition, Widerstand und widerständiges Verhalten vgl. meinen Standpunkt, Kowalczuk: Von der Freiheit, Ich zu sagen; Ders.: Artikulationsformen und Zielsetzungen von widerständigem Verhalten; sowie weitere Positionen mit der vorliegenden Forschungsliteratur in: Poppe/Eckert/Kowalczuk (Hrsg.): Zwischen Selbstbehauptung und Anpassung.
347 »Bereits« im Januar 1989 faßte das SED-Politbüro den Beschluß, die Rede Chruschtschows im *horizont* zu veröffentlichen, was tatsächlich aber erst Anfang 1990 geschah; vgl. Kowalczuk: Die Etablierung der DDR-Geschichtswissenschaft, S. 6.
348 Walter Ulbricht: Über den XX. Parteitag der KPdSU, in: ND vom 4.3.1956, S. 3–4.
349 Die leninistische Geschlossenheit unserer Partei, in: ND vom 29.4.1956, S. 3–4.

Die SED-Historiker der Humboldt-Universität zu Berlin haben sich im Frühjahr 1956 mehrheitlich kritisch gegenüber der bisherigen Politik geäußert. Auf einer Parteiversammlung am 23. Mai 1956 artikulierten von siebzehn Diskussionsrednern dreizehn Kritik.»Der Kern der Diskussion lief darauf hinaus, daß die Behauptung aufgestellt wurde, die Parteiführung würde wichtige Fehler nicht offen aufdecken und vertuschen und die Kritik an diesen Fehlern zurückdrängen.«[350] Historiker wie Bünger, Peters, Stoecker, Heinz Lemke und Müller-Mertens kritisierten die Medienpolitik der SED, die innerparteiliche Demokratie oder die Rolle Walter Ulbrichts. Dabei unterschieden sich ihre Argumentationen. Während Jan Peters beispielsweise seine Kritik mit einem prinzipiellen Bekenntnis zur SED-Führung verband, unterließen andere, wie z. B. Helmuth Stöcker, solche Verbeugungen.

Diese Parteiversammlung endete mit einem Eklat. Da die anwesenden Vertreter des ZK-Apparates und Historiker wie Paterna und Fricke sich nicht durchsetzen konnten, wurde die Versammlung kurzerhand abgebrochen und vertagt.[351] Die Funktionäre hatten besorgt registrieren müssen, daß einige Historiker behaupteten, die »anderen Parteien des sozialistischen Lagers haben sehr scharf Fehler kritisiert und weitgehende Änderungen getroffen, unsere Partei nicht, also muß bei uns etwas nicht in Ordnung sein«.[352]

Die Kritik der Funktionäre richtete sich vor allem gegen Müller-Mertens als Sekretär der Grundorganisation und gegen Stoecker, der ebenfalls der SED-Leitung angehörte. Ihnen wurde »Versöhnlertum« vorgehalten, weil sie auch in den sich an die Parteiversammlung anschließenden Aussprachen die Kritik in den Diskussionsbeiträgen als im Kern richtig verteidigten.

Müller-Mertens wurde beauftragt, ein neues Referat für die Parteiversammlung am 15. Juni zu erarbeiten. Die ZK-Mitarbeiter schätzten ein: »Das war ein Seelenerguß eines Intellektuellen, der zwar der Partei ehrlich ergeben ist, aber die Orientierung verloren hat.«[353] Nach einer erneuten Diskussion innerhalb der Parteileitung mit ZK-Mitarbeitern und Mitgliedern der Universitätsparteileitung änderte Müller-Mertens sein Referat abermals um. Noch vor der neuen Versammlung legten die ZK-Funktionäre fest, daß das »Hauptfeuer« der Kritik auf Stoecker gerichtet werden müsse.

---

350 Bericht über die Mitgliederversammlung der Grundorganisation der Fachrichtung Geschichte an der Humboldt-Universität vom 23.5.1956, 24.5.1956. SAPMO B-Arch, DY 30, IV 2/904/95, Bl. 142.
351 Die politische Lage in der Parteiorganisation der Historiker an der Humboldt-Universität, o. D. (Mai 1956). Ebenda, Bl. 164.
352 Ebenda, Bl. 163.
353 Ebenda, Bl. 165.

Dazu kam es nicht. Denn als Müller-Mertens sein Referat am 15. Juni vorgetragen hatte, das als »großer Fortschritt« angesehen wurde,[354] trat in der anschließenden Diskussion ein Genosse Historiker mit »massiven Angriffen gegen die Parteiführung und die Politik der Partei« auf.[355] Darüber hinaus griff er die offizielle Geschichtswissenschaft an und »verurteilte die ›konjunkturelle Parteipolitik in der Geschichtswissenschaft‹ in den letzten Jahren und forderte die Darlegung an Hand von Tatsachen«.[356] Das ermunterte Stoecker zu betonen, »daß Genosse K. nicht mehr auf dem Boden der Partei stehe«.[357] Damit war die Situation geklärt und sowohl Stoeckers als auch Müller-Mertens' Position vorerst gesichert.

Die Auseinandersetzungen flammten nach der Niederschlagung der ungarischen Revolution erneut auf. Einzelne Geschichtsstudenten der Humboldt-Universität unterstützten ihre Kommilitonen der anderen Fakultäten und forderten die Bildung eines Studentenrates. »Zwar wurde diesem Ansinnen entgegengetreten, aber kurze Zeit später arbeiteten einige Genossen und parteilose Studenten des vierten Studienjahres, die sich zu einer sogenannten ›Interessengemeinschaft‹ zusammenschlossen, ein Programm zur Änderung der FDJ-Arbeit aus, dass von der Behauptung ausgeht, die FDJ sei in den verflossenen Jahren geschlossen in eine Sackgasse marschiert.«[358] Nach der »Entlarvung der Wollweber-Schirdewan-Fraktion« auf dem 35. SED-Plenum im Februar 1958 meinten »parteilose [Studenten – d.Verf.], daß Genosse Ulbricht eine Diktatur im ZK ausübe ...«[359] Sie erkannten offensichtlich sogar das Prinzip solcher Fraktionen: Ulbricht mußte hochrangige SED-Funktionäre ausschalten, um einerseits seine Macht zu sichern und um andererseits eine erneute Disziplinierung der Parteibasis bewirken zu können.

Zu den Angegriffenen schon vor dem 35. ZK-Plenum zählte erneut der Mediävist Eckhard Müller-Mertens. Nach den ungarischen Ereignissen begann abermals eine »Fehlerdiskussion« innerhalb der Historikerschaft. Als Protagonist erwies sich Müller-Mertens, was noch dadurch verschärft wurde, daß auch andere Parteileitungsmitglieder wie Stoecker und Weißel wiederum »versöhnlerische« Positionen vertraten.[360] Die tatsächlichen Gegenstände der Auseinandersetzungen ließen sich bislang nicht rekon-

---

354 ZK-Abt. Wissenschaften, Sektor Geschichtswissenschaften, Über die politische Lage in der Parteiorganisation der Historiker in der Humboldt-Universität, 18.6.1956. Ebenda, Bl. 170.
355 Ebenda, Bl. 171.
356 Ebenda.
357 Ebenda, Bl. 172.
358 (Referat von Rolf Dlubek am 20. Februar 1957 auf der Sitzung der Fachkommission Geschichte bei der ZK-Abt. Wissenschaften). Ebenda, IV 2/904/134, Bl. 49.
359 O. T., 13.2.1958. Ebenda, IV 2/904/489.
360 (Referat Raimund Wagner am 24. Januar 1958 auf der Sitzung der Fachkommission Geschichte bei der ZK-Abt. Wissenschaften). Ebenda, IV 2/904/135, Bl. 18; ZK-Abt. Wissenschaften, Bericht über die Lage in der Geschichtswissenschaft nach dem 30. Plenum des ZK der SED, 5.7.1957. Ebenda, Bl. 157.

struieren. Müller-Mertens' »ganze negativen Auffassungen laufen auf eine Fehler-Diskussion hinaus«.[361] Der Fakt, daß weder Müller-Mertens noch Stoecker disziplinarisch belangt worden sind, spricht für die Nichtigkeit der Vorwürfe.

Die Parteiorganisation distanzierte sich schließlich bei einer Gegenstimme und sechs Stimmenthaltungen von den Auffassungen Müller-Mertens'. Vier Mitglieder der SED-Parteileitung, unter ihnen Stoecker und Müller-Mertens, wurden nicht wiedergewählt. Gerhard Engel, der spätere stellvertretende Minister für Hoch- und Fachschulwesen, übernahm als »standhafter Genosse« den Sekretärsposten.[362] »Im Verlaufe des vergangenen Jahres (1957) wurde mit Genossen Müller-Mertens in der Universität, in der Bezirksleitung der Partei und auch in unserer Abteilung [ZK-Abteilung Wissenschaften – d. Verf.] diskutiert. Erst im Oktober 1957 schätzte Genosse Müller-Mertens vor der Parteigruppe des Instituts selbstkritisch seine damalige Haltung ein.«[363] Allerdings zählten die SED-Funktionäre der Universität noch im Dezember 1959 Eckhard Müller-Mertens neben Robert Havemann zu den Trägern revisionistischer Auffassungen.[364]

Die ZK-Funktionäre resümierten, daß der Gesundungsprozeß an der Fachrichtung Geschichte der HUB direkt und nicht über mehrere Stationen verlief.[365] Das hing damit zusammen, daß es dort keine echten oppositionellen Strömungen gegen die SED-Politik oder die SED-Führung gegeben hatte. Vielmehr herrschte 1956 angesichts der dramatischen Ereignisse Unsicherheit, und zwar auf allen Ebenen. Die SED-Historiker der Humboldt-Universität hatten die Bewährungsprobe unbeschadet überstanden.

Die Historiker an der Karl-Marx-Universität Leipzig
Im Juli 1957 schätzte die ZK-Abteilung Wissenschaften ein, daß die Parteiorganisation der Leipziger Historiker »die beste unter den Fachrichtungen Geschichte an den Universitäten« sei.[366] Zugleich war sie die größte mit 172 Genossen. Bis zum Sommer 1958 hatten die Leipziger Funktionäre die verbliebenen nichtleninistischen Historiker aus der Fachrichtung herausgedrängt.[367] Das geschah über drei verschiedene Wege: 1. traten

---

361 ZK-Abt. Wissenschaften, Information an Genossen Hager, 29.3.1957. Ebenda, IV 2/904/95, Bl. 174.
362 Ebenda, Bl. 175.
363 (Referat Raimund Wagner am 24. Januar 1958 auf der Sitzung der Fachkommission Geschichte bei der ZK-Abt. Wissenschaften). Ebenda, IV 2/904/135, Bl. 19.
364 PO der HUB an Erich Selbmann, BL der SED Berlin, 9.12.1959. Ebenda, IV 2/2024/46.
365 (Referat Raimund Wagner am 24. Januar 1958 auf der Sitzung der Fachkommission Geschichte bei der ZK-Abt. Wissenschaften). Ebenda, IV 2/904/135, Bl. 18.
366 ZK-Abt. Wissenschaften, Bericht über die Lage in der Geschichtswissenschaft nach dem 30. Plenum des ZK der SED, 5.7.1957. Ebenda, IV 2/904/133, Bl. 158.
367 Vgl. Didczuneit: Geschichtswissenschaft an der Universität Leipzig, S. 164–175.

einige Historiker unter Druck in die SED ein, 2. flüchteten mehrere Wissenschaftler in die Bundesrepublik, und 3. wurden diejenigen entlassen oder emeritiert, die sich nicht rückhaltos zur SED-Führung und zum Marxismus-Leninismus als einziger wissenschaftlicher Grundlage von Forschung und Lehre bekannten.[368] In Leipzig galt fortan uneingeschränkt Ernst Werners beeindruckende Offenbarung: »Die rechte Freiheit ist dort, wo man die Wahrheit lehrt, und die Wahrheit ist bei uns.«[369]

Die Historischen Institute der KMU galten als Musterbeispiele der sozialistischen Wissenschaft. Ernst Engelberg, als eine der maßgeblichen Figuren, wurde nicht von ungefähr zum Präsidenten der DHG und 1960 zum Direktor des Akademieinstituts ernannt, und ebenso war es nicht zufällig, daß der offizielle Sitz der DHG in den ersten Jahren eine Leipziger Adresse hatte. Dennoch bzw. gerade deshalb gab es in Leipzig heftige Auseinandersetzungen.

Nach dem XX. Parteitag der KPdSU kam es einige Wochen lang zu Diskussionen, die deutlich die Verunsicherung der SED-Mitglieder zum Ausdruck brachten. Auf einer Parteiversammlung beteuerte Walter Bartel, daß Stalin »ein grosser Höhepunkt in der Weltgeschichte« gewesen sei, wobei er aber mit dieser Meinung mehr oder weniger isoliert blieb.[370] Andere Historiker wie Rolf Rudolph, Karl Czok, Lothar Rathmann oder Rigobert Günther artikulierten deutliche Kritik, die allerdings punktuellen Charakter trug.[371] Ein Student meinte: »Ich hatte ein Stalinbild in meiner Wohnung, das habe ich jetzt abgehängt.«[372] Besser ließe sich die Situation kaum beschreiben. Es ging darum, »die Stalinfrage« zu klären, aber die eigentlichen Probleme »abzuwimmeln«.[373] So läßt sich auch erklären, warum im Herbst die Parteigruppe relativ geschlossen hinter der SED-Führung stand. Die Ereignisse in Polen und Ungarn erzeugten einen »Bewußtseinswandel«, der erneute »Fehlerdiskussionen« von vornherein unterdrückte. Gegen Felix-Heinrich Gentzen, dessen Habilitation 1954 in Jena von »bürgerlichen« Kollegen noch vereitelt worden war, eröffnete die Parteileitung »wegen seiner beharrlichen destruktiven Diskussion ein Parteiverfahren« und erteilte ihm eine strenge Rüge.[374] Den Hintergrund bildeten nicht allein gelegentliche kritische Äußerungen von ihm, sondern auch die Tatsache, daß Gentzens Ehefrau kirchlich gebunden und daher die sozialistische Erziehung der Kinder nicht gesichert war.[375] Das war im

---

368 Plan der SED-Parteiorganisation Historischer Institute der Universität Leipzig zur sozialistischen Umgestaltung, 30. März 1958. AVHD, MPI.
369 Zit. in: Didczuneit: Geschichtswissenschaft an der Universität Leipzig, S. 175.
370 Zit. in: ebenda, S. 146.
371 Vgl. ebenda, S. 145–148.
372 Zit. in: ebenda, S. 146.
373 So Ernst Engelberg, zit. in: ebenda, S. 147.
374 ZK-Abt. Wissenschaften, Bericht über die Lage in der Geschichtswissenschaft nach dem 30. Plenum des ZK der SED, 5.7.1957. SAPMO B-Arch, DY 30, IV 2/904/135, Bl. 158–159.
375 Didczuneit: Geschichtswissenschaft an der Universität Leipzig, S. 172.

übrigen ein allgemeines Problem, das Ulbricht auf der 33. ZK-Tagung sogar persönlich thematisierte. Es wurde gefordert, daß die Genossen sich mit ihren parteilosen, religiösen Ehefrauen auseinanderzusetzen hätten und die Erziehung der Kinder, wenigstens der Kinder von Partei- und Staatsfunktionären, ohne den Einfluß von Kirche und Religion gewährleistet werden müsse. »Denn es kann doch niemand behaupten«, so der Atheist Ulbricht, »daß die Sowjetwissenschaftler den Sputnik geschickt haben, um den lieben Gott zu besuchen (große Heiterkeit).«[376]

Schließlich muß man berücksichtigen, daß es solche parteiinternen Auseinandersetzungen an jedem einzelnen Historischen Institut der KMU zwischen 1956 und 1958 gab. Dabei bestand das Ziel darin, durch die Bestrafung einzelner SED-Mitglieder die gesamte Parteigruppe auf die offizielle Politik einzuschwören. Das erklärt auch die zumeist nichtigen Anlässe solcher Parteistrafen oder Auseinandersetzungen. Außerdem war mit der Disziplinierung gleichzeitig die Ausschaltung von Historikern verbunden, die nicht der SED beitraten. Eine Ausnahme bildete lediglich Walter Markov, der auch in der zweiten Hälfte der fünfziger Jahre einige Male Gegenstand der parteiamtlichen Kritik war, sich aber im Zweifelsfall als parteihörig erwies.[377] Ein Institut der Leizpiger Fachrichtung fiel jedoch während dieser Auseinandersetzungen wegen besonders renitenter Haltungen aus dem Rahmen. Allerdings ging das nicht auf die SED-Mitglieder, sondern auf die »bürgerlichen« Historiker am Institut für Alte Geschichte zurück.[378]

Im November 1957 setzte die Parteileitung der Historischen Institute eine Kommission ein, die die Arbeit der Parteigruppe des Instituts für Alte Geschichte untersuchen sollte. Der Kommission gehörten vier Personen an, darunter Manfred Kossok und Kurt Büttner. Obwohl sich die Kommission mit den SED-Mitgliedern des Instituts beschäftigen sollte, ging es im Kern um die nichtleninistischen Historiker. Vier Punkte standen im Mittelpunkt der Untersuchungen: 1. die »negativ zersetzende politische Rolle« des kommissarischen Leiters des Instituts Siegfried Morenz, 2. die »republikfeindlichen Provokationen« des Assistenten Horst Kleinert, 3. der Einfluß der übrigen »bürgerlichen« Lehrkräfte am Institut und 4. das »kapitulantenhafte Verhalten der Parteigruppe angesichts der ideologischen Offensive der Klassengegner«.[379]

---

376 Überarbeitetes Protokoll des 33. Plenums des ZK der SED vom 16. bis 19. Oktober 1957 (Als parteiinternes Material gedruckt). SAPMO B-Arch, DY 30, IV 2/1/187, Bl. 99.
377 Markov: Zwiesprache mit dem Jahrhundert, S. 201. 1959 bot die SED Markov an, wieder Mitglied der SED zu werden, was er aber ablehnte; vgl. Didczuneit: Walter Markov und die SED-Bezirksleitung Leipzig, S. 46–47; Grab: Walter Markovs Weg und Werk, S. 18.
378 Vgl. zum folgenden auch Didczuneit: Geschichtswissenschaft an der Universität Leipzig, S. 91–97, 166–167.
379 Bericht der Kommission (Gen. Dr. Büttner, Gen. Otto, Gen. Dr. Kossok, Gen. Groß) zur Überprüfung der Parteiarbeit der Parteigruppe am Institut für Alte Geschichte vor

Siegfried Morenz hatte seit 1954 eine offene antikommunistische Politik betrieben. Dafür sammelte die Kommission genügend Belege. So sprach sich Morenz gegen den studentischen Einsatz in der Rübenernte aus und meinte, wenn »aber Rüben gezogen werden sollen, dann müßten zuerst die roten Rüben heraus«.[380] Er versuchte eine eigene Kaderpolitik zu betreiben, indem er verhinderte, SED-Mitglieder einzustellen. Das entsprang seiner Ansicht, daß der Kommunismus voranschreite und ihm nur bliebe, »Dellen einzudrücken«.[381] Außerdem hatte er im Prozeß gegen den Studentenpfarrer Siegfried Schmutzler[382] für die Verteidigung ein Gutachten angefertigt, in dem er Schmutzlers Integrität zum Ausdruck brachte.[383] Morenz zählte auf der III. Hochschulkonferenz zu den angegriffenen Personen, weil er u. a. gefordert hatte, daß sich die SED nicht mehr in die inneren Angelegenheiten des Ägyptologischen Instituts einmischen solle, worüber sich die weit über eintausend Tagungsteilnehmer außerordentlich erheitert zeigten.[384] Siegfried Morenz, dem 1958 aus »politischen Gründen« die schon beschlossene Verleihung der Ehrendoktorwürde durch die Universität Jena auf Anweisung des ZK-Apparates nicht zuteil geworden war,[385] gab zwar in der Folge dieser Auseinandersetzungen sein Amt als Institutsdirektor auf, blieb aber ein Stachel im Fleische des Instituts. Der Ägyptologe, Althistoriker und Spezialist alter Sprachen, der sich stets als Nichtmarxist bezeichnete,[386] versuchte zum Beispiel 1962 die »nach meiner Rechts- und Pflichtauffassung skandalöse« Habilitation von Rigobert Günther, »die an einer Schweizer Universität absolut undenkbar wäre«, zu verhindern.[387] Er warf dem »dubiosen Kandidaten vor«, altsprachliche Quellen falsch übersetzt und verwendet zu haben. Außerdem protestierte er beim Dekan Max Steinmetz dagegen, daß »kein Vertreter unserer Fakultät zu den Gutachtern« gehörte und »keiner der drei Gutachter beim Kolloquium anwesend« war. Schließlich lehnte er es zudem ab, »mit dem in diese Dubiosität verwickelten ersten Gutachter und Vertrauten, Herrn Altheim – Westberlin« zusammenzuarbeiten, »weil er durch seine beurkundeten Konnexe zu Himmler und Göring noch 1943 ... jedenfalls für mich moralisch absolut disqualifiziert

---

der Mitgliederversammlung am 9.12.1957. SAPMO B-Arch, DY 30, IV 2/904/96, Bl. 183.
380 Ebenda, Bl. 184.
381 ZK-Abt. Wissenschaftenen, Beispiele für den ideologischen Kampf an den Universitäten zum Referat des Genossen Hager (Fachgebiet Geschichte), 7.2.1958. Ebenda, IV 2/904/95, Bl. 82.
382 Vgl. Schmutzler: Gegen den Strom.
383 Aktenotiz, betr. Prozeß gegen Schmutzler, Leipzig, 6.12.1957. SAPMO B-Arch, DY 30, IV 2/904/581, Bl. 321.
384 Stenographische Niederschrift der III. Hochschulkonferenz der SED am 28.2., 1./2.3.1958 in Berlin. Ebenda, IV 2/904/12, Bl. 76.
385 Ebenda, IV 2/904/16, Bl. 155.
386 Siegfried Morenz: Gutachten über die Schrift von I. A., zugleich Stellungnahme zu den Gutachten der beurteilenden Lehrer, 14.3.1964. BPA, R 3, 1815.
387 Siegfried Morenz an SfH, Ernst-Joachim Gießmann, 18.7.1962. Ebenda.

ist«.[388] Siegfried Morenz war nicht nur wissenschaftlich eine Ausnahmeerscheinung, sondern auch noch deswegen, weil er seit 1961 Ordinarius an der Universität Basel und gleichzeitig nebenamtlich an der Universität Leipzig tätig war. Warum das Staatssekretariat diese singuläre Lösung für Morenz zuließ, liegt nicht offen. Vielleicht hatte man gehofft, Morenz auf diese Art und Weise endgültig loszuwerden. Dessen Bindungen nach Leizpig waren aber größer als die Versuchungen, in einer freiheitlichen Wissenschaft zu lehren und zu forschen. Im April 1964 stellte er den Antrag, endgültig wieder in die DDR zurückzukehren. Er war, wodurch auch immer oder ob nur, was wahrscheinlicher ist, als Kotau vor der SED gedacht, zu der Erkenntnis gelangt, daß das gesellschaftliche Leben überall künftig von einer »sozialistischen Konzeption« geprägt sein würde. Den Staatssekretär bat er eindringlich, seine Rückkehr nicht propagandistisch auszunutzen, zumal seine Heimatverbundenheit die wichtigste Motivation für die Rückkehr darstelle.[389] Tatsächlich arbeitete Morenz ab dem 1. Januar 1966 wieder hauptberuflich in Leipzig – mit einem auf Ministerratsbeschluß üppig vergüteten Einzelvertrag und der Zusicherung, unbegrenzt in westliche Länder und nach Ägypten reisen zu dürfen.[390]

Im Schatten des renommierten Ägyptologen Siefried Morenz hatte sich der Assistent Horst Kleinert seit 1956, vor allem nach der ungarischen Revolution, offen gegen die SED-Diktatur gestellt.[391] Kleinert sprach sich gegen die LPG aus, verkündete, daß die DDR bald zusammenbrechen würde, bezeichnete eine SED-Kollegin, die man ihm ins Zimmer zur Kontrolle gesetzt hatte, als Stalinistin und verbreitete seine »Barrikadentheorie«. Derzufolge standen auf der einen Seite der Barrikade die SED-Mitglieder, auf der anderen Personen wie er selbst. Als er schließlich parteiergebene Historiker wie Rigobert Günther im Institut mit einem »Heil Hitler« provozierte, schritt das MfS ein und verhaftete ihn am 22. November 1957. Der 1. Sekretär der Parteiorganisation der Leipziger Universität, Wolfgang Heinke, stellte zu Kleinert auf der III. SED-Hochschulkonferenz lakonisch fest, »daß wir solche Konterrevolutionäre entlarven und sie dorthin bringen, wo sie mehr Gelegenheit haben zum Nachdenken und der Arbeitsfriede somit gesichert ist (starker Beifall).«[392] Kleinert wurde im April 1958 zu elf Monaten Gefängnis verurteilt.

Der Parteigruppe, die aus fünf Mitgliedern bestand, wurde nun der

---

388 Siegfried Morenz an den Dekan der Philosophischen Fakultät der KMU, Max Steinmetz, 18.7.1962. Ebenda.
389 Siegfried Morenz an SfH, Gießmann, 14.4.1964. Ebenda.
390 Stellv. Staatssekretär, Gregor Schirmer, an Rektor der Universität Leipzig, 19.1.1966. Ebenda.
391 Protokolle über die Aussprache der Kommission der Parteiorganisation der Historiker zur Untersuchung der Arbeit der Parteigruppe des Instituts für Alte Geschichte, 21. und 22.11.1957. SAPMO B-Arch, DY 30, IV 2/904/96, Bl. 157–182.
392 Stenographische Niederschrift der III. Hochschulkonferenz der SED am 28.2., 1./2.3.1958 in Berlin. Ebenda, IV 2/904/12, Bl. 77.

Vorwurf gemacht, sie hätte »Cliquenpolitik« betrieben, für eine »Spießeratmosphäre« gesorgt, die offene Auseinandersetzung gescheut und insgesamt versöhnlerisch gehandelt.[393] Rigobert Günthert, der Parteigruppenorganisator, bekam die Hauptverantwortung zugeschoben. Günther, der erst 1955 vom IfG als »kaderpolitische Verstärkung« nach Leipzig gekommen war,[394] galt zugleich als die Schlüsselfigur im Kampf um eine leninistische Altertumswissenschaft. Die Parteistrafe »Verwarnung« ist dennoch systemlogisch, da einer die Hauptverantwortung dafür tragen mußte, daß das Institut Asyl für »politisch indifferente Studenten« bot und angeblich »als Brücke für eine organisierte Republikflucht« fungierte. Tatsächlich waren lediglich drei Studenten geflüchtet.

Auch die Institutsangehörigen Schrot, Hahn und Härtel erhielten Parteistrafen, so daß lediglich eine Assistentin verschont blieb. Das war jene, die man Kleinert als Denunziantin ins Zimmer gesetzt hatte. Die Vorwürfe konzentrierten sich mangels stichhaltiger anderer Argumente auf versöhnlerische Haltungen. Gerhard Schrot zum Beispiel hielt die SED-Leitung eine »gefährliche ›Humanitätsduselei‹« vor, »die ihre Ursache in einer unwissenschaftlichen Begründung des Humanitätsbegriffs hat. Wir müssen davon ausgehen, daß der wirkliche Humanismus nur im Sozialismus realisiert wird, und deshalb sind wir, indem wir entschieden die Politik unserer Partei verfechten und alles tun, um die DDR zu stärken, zutiefst human.«[395]

Bei aller Absurdität sollte man sich dennoch vergegenwärtigen, daß solche dialektischen Kunststücke von DDR-Historikern vollzogen wurden, die – wie Kossok, Werner oder Engelberg – später als internationale Kapazitäten galten. Das berührt nicht nur die Frage ihrer moralischen Integrität, sondern auch die Frage nach ihrer wissenschaftlichen Reputation.

Schließlich darf nicht übersehen werden, daß im Anschluß an diese Auseinandersetzungen nicht nur Morenz die Leitung aufgab und Kleinert im Gefängnis saß, sondern zudem Thierfelder, Langhammer und das SED-Mitglied Hahn die DDR verließen. Damit war das Institut frei von jeglichem nichtkommunistischen Einfluß. Rigobert Günther schließlich veranlaßte, daß den drei Geflüchteten von der Philosophischen Fakultät der Universität Leipzig ihre akademischen Grade und Titel aberkannt wurden.[396] An der Leipziger Universität hatte sich endgültig das »Wahrheitsinstitut« etabliert.

---

393 Bericht der Kommission (Gen. Dr. Büttner, Gen. Otto, Gen. Dr. Kossok, Gen. Groß) zur Überprüfung der Parteiarbeit der Parteigruppe am Institut für Alte Geschichte vor der Mitgliederversammlung am 9.12.1957. Ebenda, IV 2/904/96, Bl. 186.
394 Vgl. zu Günther auch Willing: Althistorische Forschung in der DDR, S. 75–76.
395 Bericht der Kommission (Gen. Dr. Büttner, Gen. Otto, Gen. Dr. Kossok, Gen. Groß) zur Überprüfung der Parteiarbeit der Parteigruppe am Institut für Alte Geschichte vor der Mitgliederversammlung am 9.12.1957. SAPMO B-Arch, DY 30, IV 2/904/96, Bl. 187.
396 Didczuneit: Geschichtswissenschaft an der Universität Leipzig, S. 167.

Die Historiker an der Martin-Luther-Universität Halle
Die Auseinandersetzungen und »Klärungsprozesse« verliefen nach Meinung der ZK-Mitarbeiter an den Historischen Instituten der Universität Halle am kompliziertesten.[397] Dieser Einschätzung lag offensichtlich eine entscheidende Ursache zugrunde: In Halle waren prominente Vertreter der DDR-Geschichtswissenschaft in die Auseinandersetzungen verwickelt.

Am Institut für deutsche Geschichte der MLU waren seit Mitte 1956 mehrere Assistenten mit dem Verdikt belegt worden, Anhänger revisionistischer oder objektivistischer Theorien zu sein.[398] Dabei ging ein Genosse soweit, die Absetzung Ulbrichts zu fordern,[399] andere meinten, aus taktischen Gründen sollten Ulbricht, Melsheimer und Benjamin abgelöst werden.[400] Ein anderer antwortete auf die Frage, wie er zu Ulbricht stehe: »Ich kenne den Mann nicht persönlich.«[401] Das Brisante daran war, daß mehrere der heftig Kritisierten, von denen einige schon über zehn Jahre der SED angehörten, in der SED-Leitung waren. Diese wurde daraufhin durch bewährte Genossen ersetzt.

In Halle wandte die SED anfangs das erprobte Instrumentarium an: Parteiverfahren. Da diese aber bei insgesamt drei Historikern Anfang 1957 ihren Zweck verfehlten, kam es das gesamte Jahr 1957 über zu weiteren Auseinandersetzungen, die am Ende den Ausschluß von drei Genossen zum Ergebnis hatten.[402] Außerdem kam es zu einer Exmatrikulation.[403]

Es steht allerdings die Frage, warum in Halle die Auseinandersetzungen am kompliziertesten gewesen sein sollen, obwohl weder vom Inhalt noch von den Konsequenzen her auffällige Unterschiede zu anderen Universitäten zu konstatieren sind. Denn die Forderungen und Meinungen, die aus Halle überliefert sind, unterscheiden sich kaum von denen aus Leipzig oder Berlin. Der Grund scheint darin zu liegen, daß es seit 1957 eine »Angelegenheit Stern« gab.

Der Multifunktionär[404] Leo Stern war Rektor der Universität und Direktor des Instituts für deutsche Geschichte. An der Universität gab es die

---

397 ZK-Abt. Wissenschaften, Bericht über die Lage in der Geschichtswissenschaft nach dem 30. Plenum des ZK der SED, 5.7.1957. SAPMO B-Arch, DY 30, IV 2/904/134, Bl. 156–157.
398 Stellungnahme der Parteileitung zur politisch-ideologischen Situation in der Grundorganisation, Dezember 1957 (Halle). Ebenda, IV 2/904/95, Bl. 325–346.
399 Ebenda, Bl. 335.
400 ZK-Abt. Wissenschaft und Propaganda, Information, 1.11.1956. Ebenda, IV 2/904/433, Bl. 52.
401 Stellungnahme der Parteileitung zur politisch-ideologischen Situation in der Grundorganisation, Dezember 1957 (Halle). Ebenda, IV 2/904/95, Bl. 334.
402 Zur Aussprache mit dem Büro der Bezirksleitung Halle betreffs Kaderarbeit an den Historischen Instituten in Halle, 2.6.1959. Ebenda, Bl. 347.
403 ZK-Abt. Wissenschaften, Bericht über die Lage in der Geschichtswissenschaft nach dem 30. Plenum des ZK der SED, 5.7.1957. Ebenda, IV 2/904/134, Bl. 155.
404 In einem Brief an Ulbricht führte Stern als Anlage 25 wissenschaftliche Funktionen und 7 Parteifunktionen auf (Leo Stern an Walter Ulbricht, 14.8.1957. Ebenda, IV 2/904/533, Bl. 18–19).

gesamten fünfziger Jahre hindurch harte Auseinandersetzungen zwischen »bürgerlichen« Wissenschaftlern und den Marxisten-Leninisten. Der Rektor Leo Stern galt als ein gemäßigter Vertreter der SED, dem an einer produktiven Zusammenarbeit mit »bürgerlichen« Lehrkräften gelegen war.[405] Obwohl dieses Bild kaum und lediglich aus der Sicht von betroffenen Zeitgenossen stimmt, Stern engagierte sich zum Beispiel im Oktober 1957 aus eigener Initiative für die Herauslösung der theologischen Fakultäten aus den DDR-Universitäten,[406] hatten offensichtlich die meisten nichtleninistischen Hochschullehrer aus Halle zu Stern ein besonderes Verhältnis. Immerhin akzeptierten sie ihn derart als Rektor, daß er jeweils ohne Gegenstimmen mit der Drohung gewählt wurde, ein anderes SED-Mitglied abzulehnen.[407]

Gerade weil Stern gegenüber den »bürgerlichen« Lehrkräften »lavierte und diplomatisierte«, wie es intern hieß,[408] wurde seine bisher unumstößliche Position brüchig. Allerdings konnte auch Walter Ulbricht einen Mann wie Leo Stern nicht ohne weiteres absetzen, zumal er der wichtigste SED-Funktionär an der Universität Halle war. Außerdem war Stern keinesfalls ein Gegner der Ulbrichtschen Politik. Er hat ganz maßgeblich die SED-Universitäts- und Wissenschaftpolitik mit durchgesetzt. Als Rektor hat er sogar in Vertretung des MfS in einer offenen Senatssitzung einen Professor persönlich verhaftet![409]

Daß es zu einer »Angelegenheit Stern« 1957 kam, hatte offensichtlich mit dem ausgeprägten Eigensinn Sterns zu tun. So behauptete er, daß an der Universität die SED-Leitung »eine Nebenregierung« darstelle, was er nicht zulassen könne.[410] Stern wandte sich gegen die Ansprüche der SED-Leitung, ihm Vorschriften machen zu wollen. Dabei ging es überhaupt nicht um politische Differenzen, sondern um Fragen der Machtsicherung. Daß daraus in der ZK-Abteilung Wissenschaften politische Meinungsverschiedenheiten konstruiert wurden, hing mit dem Anspruch zusammen, daß überall die SED die führende Rolle spielen sollte. In Halle war das zwar praktisch realisiert, aber durch die Politik Sterns strukturell nicht in vollem Umfang umgesetzt worden.[411]

---

405 Das vermitteln auch mehrere Briefe von Irmgard Höß. AVHD, MPI; vgl. auch Zumschlinge: Geschichte der Historiographie der DDR, S. 176–177. Dort wird Stern von Höß mit den Worten zitiert: »Tempelhof steht ihnen immer noch offen.«
406 Leo Stern an Walter Ulbricht, 29.10.1957 (streng vertraulich). SAPMO B-Arch, DY 30, IV 2/904/582, Bl. 77–80.
407 Das hätte freilich nichts daran geändert, daß der SED-Wunschkandidat inthronisiert worden wäre, weil die SED-Mitglieder im Senat über die absolute Mehrheit verfügten.
408 Über die Politik des Lavierens und Diplomatisierens des Genossen Prof. Dr. Stern, Rektor der Universität Halle, 27.3.1958. SAPMO B-Arch, NY 4182/1364, Bl. 130–133.
409 Leo Stern an Alfred Neumann, 5.3.1959. Ebenda, DY 30, IV 2/904/533, Bl. 38.
410 Über die Politik des Lavierens und Diplomatisierens des Genossen Prof. Dr. Stern, Rektor der Universität Halle, 27.3.1958. Ebenda, NY 4182/1364, Bl. 132.
411 Dazu insgesamt eine »Akte Stern«. Ebenda, DY 30, IV 2/904/533.

Stern hatte deshalb schon 1957 darum gebeten, seine Amtszeit als Rektor nicht erneut zu verlängern.[412] Da die ZK-Funktionäre jedoch keine personelle Alternative aufzubieten hatten, ordnete das Politbüro an, daß Stern erneut zwei Jahre amtieren solle. Während dieser zwei Jahre kam es zu weiteren Auseinandersetzungen, die von den erwähnten Vorgängen am Institut für deutsche Geschichte der Universität Halle geprägt waren, jenem Institut, dem Stern als Direktor vorstand. Ihm hielt die zuständige ZK-Abteilung vor, daß er schlechte Leitungs- und Erziehungsarbeit ausübe.[413] Als auch noch vier seiner Mitarbeiter und zwei weitere Historiker des Instituts in den Westen flüchteten, kam Ernst Hoffmann zu dem bedrohlichen Urteil: »Der Genosse Stern hat seine Kader zur Republikflucht erzogen.«[414]

Die Flucht von Hans Haussherr, der nicht im Institut von Stern gearbeitet hatte, kam nicht überraschend, auch wenn befürchtet wurde, sie könnte am Beginn einer neuen Fluchtwelle stehen.[415] Haussherr galt als ein »ausgesprochener Gegner« der DDR.[416] Kurz nach seinem Weggang schrieb er im November 1958 dem Präsidenten der DAW: »Die Gründe für einen Entschluß ... liegen durchaus bei der Universität, an der Einschränkung meiner Lehrtätigkeit bis nahe an den Nullpunkt und an den äußerst scharfen Angriffen von maßgebender Parteiseite auf meine Veröffentlichungen, an der Unmöglichkeit, andere als ganz kleine Arbeiten drucken zu lassen. Wenn noch ein Zweifel geblieben wäre, so haben die Perspektivpläne gezeigt, welche Perspektive ein nichtmarxistischer Historiker in der DDR noch hat.«[417] Hier zeigt sich deutlich, daß Stern ganz maßgeblich an der Verdrängung nichtleninistischer Wissenschaftler beteiligt war. Denn wer sonst, wenn nicht der Rektor sollte die Verantwortung für die beklagten Zustände tragen?

Anders lagen die Dinge bei der Flucht Karl-Alexander Hellfaiers, eines Assistenten von Stern. Hellfaier war ebenfalls revisionistischer Vorwürfe ausgesetzt gewesen. Den eigentlichen Grund für die Flucht bildete eine vernichtende Kritik seiner Dissertation in der ZfG. Dieter Fricke, der Rezensent, sprach das Verdikt aus, diese Arbeit sei der bürgerlichen Ge-

---

412 Er war seit 1953 Rektor.
413 Er lenkte »selbstverständlich« ein und behauptete zum Beispiel, daß seine Assistenten unter den Studenten den »gefälschten« Chruschtschow-Bericht kursieren ließen. 3. Verhandlungstag der Hochschulkonferenz, 2. März 1958. SAPMO B-Arch, DY 30, IV 2/101/389, Bl. 36.
414 Leo Stern an Walter Ulbricht, 8.10.1959. Ebenda, IV 2/904/533, Bl. 55.
415 ZK-Abt. Wissenschaften an Kurt Hager, 10.12.1958. Ebenda, IV 2/904/46, Bl. 301.
416 SfH, Bericht über die politische Lage an den Universitäten, 23.1.1958 (Abschrift). Ebenda, IV 2/904/56, Bl. 256.
417 Hans Haussherr an Präsident der DAW, 25.11.1958. Ebenda, IV 2/904/376, Bl. 229. Einen vom Duktus her ähnlichen Brief schrieb Arthur Suhle an Hermann Aubin, allerdings blieb Suhle trotz großer Bedenken in der DDR, um sein wissenschaftliches Werk vollenden zu können. Er sah vor allem der Rückkehr der Sammlung des Berliner Münzkabinetts (350.000 Exemplare) entgegen, die die sowjetischen Besatzer nach 1945 konfisziert hatten (Arthur Suhle an Hermann Aubin, 17.9.1958. AVHD, MPI).

schichtsschreibung verbunden und der »Gesamtwert der Arbeit (entspräche) nicht unserem wissenschaftlichen Niveau«.[418] Die Konsequenz einer solchen Einschätzung bedeutete das beruflichen Aus für den Delinquenten. Irmgard Höß vermutete, daß »die vernichtende Kritik weniger dem Verfasser gegolten habe als dem Doktorvater Stern. Solche Methoden sind leider üblich.«[419]

Hellfaier schrieb die Schuld eindeutig dem Rezensenten, Dieter Fricke, zu. »Seit Wochen wurde ich aus den verschiedensten Richtungen immer wieder vor der politischen Gefährlichkeit Frickes gewarnt. Übereinstimmend wiesen alle Personen, die mich deshalb aus eigener Initiative ansprachen, auf die ›Gefährlichkeit‹ dieses Menschen, der ›direkten Draht zu W. Ulbricht und K. Hager‹ hat, hin.«[420] Die Rezension und die auftauchenden Gerüchte, Hellfaier werde zur Verantwortung gezogen, ließen ihn Pfingsten 1959 mit seiner Frau in den Westen flüchten. Es war eine erzwungene Flucht. »Es ist eine Schande, wie ehemals begeisterte Hitlerjungen [gemeint ist Fricke – d. Verf.] mit Menschen umspringen dürfen, die arbeiten wollen. Jeder Mensch arbeitet doch, um zu existieren, und nicht, um sich durch die Ergebnisse seiner Arbeit in Gefahr zu bringen. Das ist aber in meinem Fall geschehen. So pervers ist die Situation. Ich habe es nun am eigenen Leibe erfahren und verstehe jetzt, warum der Strom der Republikflüchtlinge nicht abreisst, denn Frickes gibt es nicht nur in Berlin und Halle. Das sind die ›wahren‹ Abwerber, die Angst und Furcht verbreiten und die nicht nur ungestraft [bleiben], sondern sogar gefördert werden. Richtig gewählt ist jedoch der Begriff ›Republikflucht‹, denn man flieht nur dann, wenn man Angst und Furcht vor etwas hat.«[421]

Hellfaiers Vertrauen gegenüber Stern basierte auf einer mehrjährigen Zusammenarbeit. Daß der Brief als Abschrift in die ZK-Abteilung Wissenschaften gelangte, unterstreicht, daß Stern ein treuer Parteiarbeiter an der »ideologischen Front« blieb.[422] Auch wenn er mit seiner Absetzung als Rektor 1959 zunehmend an Einfluß verlor und wegen der Entwicklungen seit 1957 nicht Direktor des Akademieinstituts wurde, blieb er einer der wichtigsten DDR-Historiker.

Das war bei Günter Mühlpfordt anders. Im Gegensatz zu allen anderen 1956/58 disziplinarisch belangten SED-Historikern wurde Mühlpfordt jahrzehntelang aus dem offiziellen Wissenschaftsbetrieb ausgegrenzt.

Schon auf der Tagung im Januar 1956 sah er sich scharfen Angriffen von Dlubek ausgesetzt, die Hager damals noch entkräftet hatte.[423] Aber

---

418 Fricke: Rezension, S. 703.
419 Irmgard Höß an Hans Rothfels, 16.7.1959. AVHD, MPI.
420 Karl.-A. Hellfaier an Leo Stern, 19.5.1959. SAPMO B-Arch, DY 30, IV 2/904/533, Bl. 48.
421 Ebenda, Bl. 48–49.
422 So Stern auf der Hochschulkonferenz im März 1958. 3. Verhandlungstag der Hochschulkonferenz, 2. März 1958. Ebenda, IV 2/101/389, Bl. 39.

am 4. April 1958 verkündete Hager, nachdem schon im Juli 1957 Ernst Hoffmann öffentlich gegen Mühlpfordt vorgegangen war:[424] »Mühlpfordt hat sein Institut in eine Außenstelle der westdeutschen Ostforschung verwandelt.«[425] Dem hallischen Historiker hielten die SED-Funktionäre vor, daß er sich nicht aktiv am Parteileben beteiligen und nie zu ideologisch-politischen Fragen sprechen würde.[426] In einem später verfaßten Bericht zitierten ihn Mitarbeiter des Staatssekretariats mit den Worten: »Die Wissenschaftler schaffen die Voraussetzungen für die Propagandisten, was die Propaganda daraus macht, geht uns nichts an. Das ist eine andere Sache.«[427] Damit verkannte Mühlpfordt nach Auffassung der SED-Funktionäre die Aufgaben eines Historikers gründlich. Vor allem aber verweigerte er sich einer Auseinandersetzung mit der westdeutschen »Ostforschung«. Das hätte bedeutet, daß er die westdeutschen Kollegen als Geschichtsfälscher, Revanchisten und Kriegshetzer hätte entlarven müssen. Die Kritik kulminierte in der Feststellung, daß Günter Mühlpfordt »keine marxistische Grundauffassung in der wissenschaftlichen Arbeit hatte und gegenüber der westdeutschen Geschichtsschreibung eine stark objektivistische Haltung einnahm«.[428] Schließlich wurde ihm seine einem Sakrileg gleichkommende »Nebeltheorie« zum Verhängnis. Unter der Überschrift »Von der Wittenberger ›Oktoberrevolution‹ 1517 bis zur Petrograder Oktoberrevolution 1917« hatte Mühlpfordt anläßlich des 40. Jahrestages der russischen Oktoberrevolution geschrieben: »Einen gewissen Einfluß übt selbst der Nebel aus. [...] Im dichten Nebel können sich revolutionäre Scharen leichter unauffällig sammeln.«[429] Dieser Aufsatz wurde zwar niemals veröffentlicht, erlangte aber wegen der »Nebeltheorie«, die zuweilen auf Revolutionen anwendbar sei, einen Bekanntheitsgrad in der Zunft, den veröffentlichte Arbeiten zumeist nicht erreichten.[430]

---

423 Vgl. oben S. 238.
424 Vgl. Hoffmann: Über Tendenzen, die den weiteren Fortschritt unserer Geschichtswissenschaft hemmen.
425 Zit in einem Brief Mühlpfordts an den Verfasser vom 18.4.1994.
426 (Referat Raimund Wagner am 24. Januar 1958 auf der Sitzung der Fachkommission Geschichte bei der ZK-Abt. Wissenschaften). SAPMO B-Arch, DY 30, IV 2/904/135, Bl. 16.
427 SfH, Bericht über die politische Lage an den Universitäten, 23.1.1958 (Abschrift). Ebenda, IV 2/904/56, Bl. 256.
428 Ebenda, IV 2/904/134, Bl. 11.
429 (Referat Raimund Wagner am 24. Januar 1958 auf der Sitzung der Fachkommission Geschichte bei der ZK-Abt. Wissenschaften). Ebenda, IV 2/904/135, Bl. 42.
430 Günter Mühlpfordt lag vielleicht mit seiner »Nebeltheorie« nicht einmal falsch und erwies sich zumindest als ein sehr moderner Vertreter der Historiographie. Immerhin hat sich in den letzten Jahren die »historische Wetter- und Klimaforschung« als ein Teilgebiet der Geschichtswissenschaft nicht nur herausgebildet, sondern auch in vielen Ländern etabliert. In den USA hat 1996 die These von zwei amerikanischen Historikern für Wirbel gesorgt, nach der amerikanische Unabhängigkeitskrieg ausgebrochen sei, weil jahrelang die landwirtschaftlichen Erträge schlecht gewesen seien,

Professor Mühlpfordt wurde 1957 aus dem Redaktionskollegium der ZfG entfernt. 1958 schloß ihn die SED aus ihren Reihen aus. Gleichzeitig wurde er im April 1958 aller Universitätsämter enthoben und erhielt Lehrverbot. Schließlich wurde er 1962 fristlos entlassen. Erst 1983 hat er wieder am Bereich Akademiegeschichte der AdW als wissenschaftlicher Mitarbeiter eine Anstellung bekommen. Dazwischen fristete er das Dasein eines Privatgelehrten. Dennoch profilierte sich Mühlpfordt zu einem der produktivsten und international anerkanntesten Historiker der DDR. In der DDR erschienen von ihm nur Zeitschriftenaufsätze, während neun eingereichte Buchmanuskripte »ungeachtet positiver Fachgutachten« zurückgewiesen wurden.[431]

Der »Fall Mühlpfordt« war in der Geschichtswissenschaft ein Einzelfall. Die bürgerlichen Historiker, die ein ähnliches Schicksal hätte treffen können, sind nahezu geschlossen im Laufe der fünfziger Jahre nach Westdeutschland geflüchtet. Die Angriffe gegen SED-Historiker waren meist deswegen nicht prinzipieller Natur, weil sie sich ebenfalls nahezu geschlossen schnell dem Parteiwillen beugten und zudem niemals eine prinzipielle Opposition ausübten.

Die Historiker in Jena, Rostock und Greifswald
Die Situation an den übrigen drei Universitäten war schon deswegen eine andere, weil die Historischen Institute fast vollkommen frei von »bürgerlichem« Einfluß waren. Kurt Hager kritisierte dennoch auf der III. Hochschulkonferenz ausdrücklich, daß die Historiker an den Universitäten Jena, Rostock und Greifswald bislang zum Revisionismus geschwiegen hätten.[432]

Auf die besondere Situation von Irmgard Höß in Jena ist schon hingewiesen worden. Hinzu kam, daß die Fachrichtungen Geschichte in Greifswald und Rostock zeitweilig geschlossen und erst 1956/57 neueröffnet wurden.[433] Außerdem ist zu beachten, daß diese Institutionen nicht so sehr im Brennpunkt des Interesses standen und auch keine »Schwerpunktinstitute« waren. Das ist deshalb wesentlich, weil die Auseinandersetzungen zumeist von außen in die Institute getragen wurden. Auch in Halle oder Berlin – im Gegensatz zu Leipzig – waren die meisten SED-Historiker daran interessiert, die »ideologischen Unklarheiten« nicht nach au-

was wiederum allein mit dem Wetter zusammenhing. Andersherum: der Unabhängigkeitskrieg brach aus, weil das Wetter schlecht war ... Tatsächlich ist das Klima in einer Agrargesellschaft ein nicht zu unterschätzender Faktor. Schon Anfang der siebziger Jahre hatte ein britischer Meteorologe eine Vielzahl von weltbewegenden Ereignissen angeführt, bei denen das Wetter eine entscheidende Rolle gespielt hatte.
431 Brief Mühlpfordts an den Verfasser vom 18.4.1994.
432 Stenographische Niederschrift der III. Hochschulkonferenz der SED am 28.2., 1./2.3.1958 in Berlin. SAPMO B-Arch, DY 30, IV 2/904/12, Bl. 38.
433 Bericht über die Lage in den historischen Instituten der Universitäten Rostock und Greifswald, 3.1.1958. Ebenda, IV 2/904/102, Bl. 275–281.

ßen dringen zu lassen. Das gelang ihnen zumeist deshalb nicht, weil sie sich einer stärkeren Kontrolle seitens des ZK-Apparates ausgesetzt sahen als ihre Kollegen etwa in Rostock oder Greifswald.

Neben den Auseinandersetzungen um Irmgard Höß spielte in Jena ein von drei Studenten ausgearbeitetes »10-Punkte-Programm«, »das eine Reihe provokatorischer Forderungen enthielt«, eine Rolle.[434] In diesem »Programm« ging es um die Rolle der FDJ, um die Bildung einer eigenständigen Studentenvertretung sowie um die Abschaffung des gesellschaftswissenschaftlichen Grundlagenstudiums und des Russischunterrichtes, Forderungen, die an allen Universitäten 1956/57 erhoben wurden. Außerdem forderten drei »Genossen der FDJ-Leitung der Historiker in Jena«, die eine »Plattform« ausgearbeitet hatten, daß künftig »die Meinungsverschiedenheiten, die es im ZK gibt«, veröffentlicht werden und die ZK-Funktionäre demokratisch gewählt werden müßten.[435] Lakonisch heißt es in einem Bericht: »In Jena haben die Genossen bereits 4 Studenten verabschiedet, die nicht einmal Ansätze zeigten, marxistische Historiker zu werden.«[436]

An der Rostocker Universität setzte Johannes Nichtweiß 1958 seinem Leben ein Ende. Dabei ist ungeklärt, welche Ursachen dieser Selbstmord hatte.[437] Nichtweiß war als Institutsdirektor Angriffen der Parteiorganisation ausgesetzt gewesen. Eine Rolle spielte dabei, wie bei Gentzen,[438] daß seine Ehefrau kirchlich gebunden war und gegen die Jugendweihe auftrat.[439] »Gen. Nichtweiß soll damit nicht fertig werden.«[440] Was tatsächlich zu Nichtweiß' Entschluß beitrug, die familiäre Situation oder die Bedrängung durch die SED, liegt nicht offen.[441] Das tragische Ende Nichtweiß' symbolisiert aber die menschenverachtende Praxis in der DDR. Die SED-Leitung konstatierte nämlich bei Nichtweiß eine »innere Zerrissenheit«. In ihrem Bericht fuhr sie fort: »Aus dieser Lage heraus leitete der Genosse Nichtweiß unmarxistische Schlußfolgerungen ab, indem er

---

434 ZK-Abt. Wissenschaften, Bericht über die Lage in der Geschichtswissenschaft nach dem 30. Plenum des ZK der SED, 5.7.1957. Ebenda, IV 2/904/134, Bl. 159.
435 ZK-Abt. Wissenschaft und Propaganda, Information über die Lage unter den Wissenschaftlern und Studenten nach den Ereignissen in Polen und Ungarn, 29.10.1956. Ebenda, IV 2/904/433, Bl. 35.
436 ZK-Abt. Wissenschaften, Bericht über die Lage in der Geschichtswissenschaft nach dem 30. Plenum des ZK der SED, 5.7.1957. Ebenda, IV 2/904/134, Bl. 160.
437 Vgl. auch Zumschlinge: Geschichte der Historiographie der DDR, S. 186–187.
438 Vgl. oben S. 294–295.
439 Die Jugendweihe erfreute sich in den ersten Jahren keiner Beliebtheit. Der Einfluß der Kirchen dominierte. Das gaben zuweilen auch die führenden Funktionäre zu; vgl. etwa Walter Ulbricht in: Überarbeitetes Protokoll des 33. Plenums des ZK der SED vom 16. bis 19. Oktober 1957 (Als parteiinternes Material gedruckt). SAPMO B-Arch, DY 30, IV 2/1/187, Bl. 98r–99.
440 Bericht über die Lage in den historischen Instituten der Universitäten Rostock und Greifswald, 3.1.1958. Ebenda, IV 2/904/102, Bl. 277.
441 Sein »Biograph« hellt dazu auch nichts auf, vgl. Elsner: Johannes Nichtweiß, S. 174.

Selbstmord beging und sich damit vor allem dem täglichen familiären Druck der Unerträglichkeit entzog.«[442]

Die Historiker an der Deutschen Akademie der Wissenschaften
Das Akademieinstitut war erst 1956 gegründet worden.[443] Da das Institut vor allem unter organisatorischen Problemen litt und schnell die Frage nach einem Nachfolger für Obermann aufkam, »fehlten faktisch solche ideologisch-politischen Auseinandersetzungen, wie sie an den Universitäten stattgefunden haben«.[444] Allerdings ist das insofern eine verschobene Einschätzung der ZK-Abteilung, weil Jürgen Kuczynski Mitglied dieser SED-Grundorgansation war. Kuczynski aber sorgte zwischen 1956 und 1958 für das eigentliche Erdbeben in der DDR-Geschichtswissenschaft. Er selbst hat in den vergangenen Jahren die wichtigsten Vorgänge, Dokumente und Artikel zugänglich gemacht.[445]

Jürgen Kuczynski zählte zu den einflußreichsten Wissenschaftlern in der DDR. Dennoch war er mehrmals politisch-ideologischen Angriffen und Verdächtigungen ausgesetzt und stand sogar in den fünfziger Jahren zeitweise unter Spionageverdacht, weshalb ihn das MfS mehrere Jahre über operativ bearbeitete.[446] Das verhinderte allerdings nicht, daß er und vor allem in seinem Schatten seine Mitarbeiter »unabhängiger« als die meisten DDR-Gesellschaftswissenschaftler arbeiten konnten. Das dürfte zwei Gründe gehabt haben. Einerseits war er stets ein der Partei treu ergebener »alter Genosse«, der zwar partielle Kritik übte, aber niemals in prinzipieller Opposition zur Parteiführung stand. Andererseits zählte er zu den außergewöhnlich produktiven Wissenschaftlern. Dabei verband er wissenschaftliche Forschung mit leninistischer Propaganda und schrieb zudem unzählige Artikel in Tageszeitungen, in denen er die leninistische Ideologie und die Politik der SED propagierte. Er war ein wichtiger Multiplikator der Parteibeschlüsse. Das ist auch deshalb bedeutsam gewesen, weil die SED-Funktionäre einen Jürgen Kuczynski zumeist nicht zum Schreiben eines Beitrages ermuntern mußten, sondern er dies aus freiem Entschluß unaufgefordert tat. Kuczynskis Bekanntheitsgrad bewirkte zudem, daß seine Artikel oftmals ohne die üblichen Zensurmaßnahmen abgedruckt wurden. In den Redaktionsstuben galt sein Name als Garant der ideologischen Qualität. Hinzu kam, daß die jeweilige Redaktion sich bei kritischen Artikeln hinter Kuczynski verstecken konnte. Denn allen war

---

442 SAPMO B-Arch, DY 30, IV 2/904/96, Bl. 278, zit. in: Zumschlinge: Geschichte der Historiographie der DDR, S. 187.
443 Vgl. oben S. 247–254.
444 ZK-Abt. Wissenschaften, Bericht über die Lage in der Geschichtswissenschaft nach dem 30. Plenum des ZK der SED, 5.7.1957. SAPMO B-Arch, DY 30, IV 2/904/134, Bl. 163–164.
445 Kuczynski: »Ein linientreuer Dissident«, S. 101–129; Ders.: Frost nach dem Tauwetter.
446 Vgl. Kuczynski: »Nicht ohne Einfluß«, S. 49–74, spez. S. 68–69.

natürlich bekannt, daß der vielseitige Wissenschaftler Zugang zu allen Ebenen und Personen hatte und – wie er später bekannte – »nicht ohne Einfluß« war.

1956 und 1957 publizierte Kuczynski mehrere Artikel und ein Buch, die Gegenstand heftiger Kritik wurden.[447] Ihm wurde vorgeworfen, »daß er darin den Unterschied zwischen materialistischer und idealistischer Geschichtsauffassung verwischt, einen unmarxistischen Klassenbegriff verwendet, die Rolle der Volksmassen in der Geschichte entstellt und herabsetzt und objektivistische Gedanken propagiert«.[448] Das Buch über die Sozialdemokratie »stellt den Gipfelpunkt seiner revisionistischen Auffassungen dar«.[449] Kuczynski wurde übrigens zur selben Zeit darüber hinaus auch deshalb angegriffen, weil er sich dafür einsetzte, die Soziologie als selbständige Wissenschaft anzuerkennen.[450]

Die sich an die Veröffentlichung anschließenden Diskussionen bewegten sich auf drei Ebenen. Erstens mußten 1957 und 1958 an allen Historischen Instituten der DDR Kuczynskis Arbeiten kritisch diskutiert werden, was konkret hieß, daß die Historiker und Studenten sich von den Auffassungen Kuczynski zu distanzieren hatten. Solche Diskussionen kamen aber nur schleppend in Gang, und vor allem verlief der »Distanzierungsprozeß« keinesfalls geradlinig. Erst nach monatelangen »Überzeugungskampagnen« hatte die Mehrheit der DDR-Historiker Kuczynskis »gefährliche« Konzeptionen *erkannt* und verurteilt. Zweitens wurden am Institut für Geschichte der DAW mehrere Parteiversammlungen mit Kuczynski durchgeführt. Dabei gelang es Kuczynski anfangs noch, die Versammelten mit seiner Diskussionsrede zumindest dahin zu bringen, ihn vor »ungerechtfertigten« Angriffen zu schützen.[451] Die erste Versammlung wurde daraufhin abgebrochen. Erst als Monate später durch massive Eingriffe seitens der ZK-Abteilung Wissenschaften die Parteileitung des Instituts unter Druck geriet, distanzierte sie sich öffentlich von Kuczynskis revisionistischen Anschauungen.[452]

Die Angriffe auf Kuczynski hatten sich mittlerweile verschärft. Ernst Diehl brachte Kuczynski in Verbindung mit der »fraktionellen Tätigkeit

---

447 V.a. ging es dabei um: Kuczynski: Parteilichkeit und Objektivität in Geschichte und Geschichtsschreibung; Ders.: Rezension von: Paul Kirn; Ders.: Der Mensch, der Geschichte macht; Ders.: Meinungsstreit, Dogmatismus und »Liberale Kritik«; Ders.: Der Ausbruch des ersten Weltkrieges und die deutsche Sozialdemokratie.
448 ZK-Abt. Wissenschaften, Information an das Sekretariat des ZK, 25.9.1957. SAPMO B-Arch, NY 4182/1364, Bl. 10.
449 Ebenda.
450 Vgl. seine Selbstdarstellungen, u. a. Kuczynski: Gegenwartsprobleme – Briefe und Vorträge, S. 180–189; Ders.: Bemühungen um die Soziologie, S. 34–56.
451 ZK-Abt. Wissenschaften, Information über die Mitgliederversammlung der Parteiorganisation des Instituts für Deutsche Geschichte der DAW am 4.6.1957, 6.6.1957. SAPMO B-Arch, DY 30, IV 2/904/397, Bl. 365–367.
452 Referat Heinrich Scheel. Ebenda, Bl. 369–388; (Diskussionsprotokoll). Ebenda, Bl. 389–392; Resolution vom 11.3.1958. Ebenda, Bl. 393–397; vgl. auch Kuczynski: »Ein linientreuer Dissident«, S. 114–115.

des Genossen Schirdewan u. a.«.[453] Es wurde erwogen, Kuczynski aus der SED auszuschließen.[454] Tatsächlich erhielt er eine »Verwarnung«. Gegen ein Parteiverfahren hatte sich neben ihm selbst nur ein weiterer Genosse ausgesprochen,[455] während gegen die Parteistrafe insgesamt sieben Genossen bei einer Enthaltung stimmten.[456]

Kuczynski übte zwar auf der III. Hochschulkonferenz Selbstkritik,[457] beharrte aber in den folgenden Monaten auf seinem Standpunkt. So erklärte er im Juni 1958, daß er nicht einsehen könne, daß er »revisionistisch geschrieben und unseren Klassenstandpunkt verlassen habe«.[458] Die SED-Funktionäre mußten einschätzen, daß Kuczynski »starr auf seinem ablehnenden Standpunkt« verblieb und in fast »provozierender Weise die Autorität der Grundorganisation« mißachtete.[459]

Drittens schließlich spielten sich die Auseinandersetzungen in verschiedenen Tageszeitungen und Zeitschriften ab. Daran waren neben allen Geschichtsfunktionären aus dem SED-Apparat die meisten Historiker der DDR beteiligt. Nur die wenigsten verweigerten sich.[460] Alfred Meusel etwa gestand Kuczynski gegenüber ein: »Weißt Du, Jürgen, ich werde so von der Abteilung (des ZK, Wissenschaften – J. K.) gepreßt, daß ich nun auch gegen Dich schreiben muß.«[461]

Während zwei Schülerinnen von Kuczynski ihre Kritik zaghaft formulierten und dafür dann selbst kritisiert wurden, waren andere Kritiker weniger rücksichtsvoll. Werner Berthold etwa rückte Kuczynski in die Nähe zu »Reaktionären wie Gerhard Ritter«.[462] Und Gerhard Schilfert erkannte »eine bedenkliche Ähnlichkeit zwischen der Auffassung K.s und der der profaschistischer Soziologen«.[463]

Die tatsächlichen Inhalte dieser Debatte spielten nur eine sekundäre Rolle. Es ging im Prinzip darum, ob sich ein alleingültiges Geschichtsbild behaupten oder ob dieses von einzelnen Wissenschaftlern modifiziert werden könne. Denn Kuczynski vertrat in seinen Beiträgen keine Auffas-

---

453 ZK-Abt. Wissenschaften, Aktennotiz, 15.2.1958. SAPMO B-Arch, DY 30, IV 2/904/147, Bl. 116.
454 Kuczynski: »Ein linientreuer Dissident«, S. 114.
455 Aktennotiz für die Abteilungsleitung, 23.7.1958. SAPMO B-Arch, DY 30, IV 2/904/147, Bl. 209.
456 Kuczynski: »Ein linientreuer Dissident«, S. 129.
457 Protokoll des 3. Verhandlungstag der III. Hochschulkonferenz, 2. März 1958. SAPMO B-Arch, DY 30, IV 2/101/389, Bl. 10–13.
458 Jürgen Kuczynski an Parteileitung des Instituts für Geschichte der DAW, 30.6.1958. Ebenda, IV 2/904/147, Bl. 205.
459 Aktennotiz für die Abteilungsleitung, 23.7.1958. Ebenda, Bl. 208–209. Daran hatte sich auch 1960 nichts geändert. Kuczynski behauptete sogar, daß sich seine Thesen vielleicht in zehn Jahren bestätigen würden (ebenda, IV 2/904/45, Bl. 210–211).
460 Die genauen Belege finden sich bei Kuczynski: Frost nach dem Tauwetter.
461 Kuczynski: »Ein linientreuer Dissident«, S. 125; vgl. Meusel: Der Ausbruch des ersten Weltkrieges.
462 Berthold: Bemerkungen, S. 312.
463 Schilfert: Einige Bemerkungen, S. 561.

sungen, die diametral entgegengesetzt zum offiziellen Geschichtsbild standen. Vielmehr versuchte er zum Beispiel, wissenschaftliche Standards, wie etwa die auf Ranke zurückgehende Quellenkritik, für die marxistisch-leninistische Geschichtswissenschaft nutzbar zu machen. Die Folge dieser theoretischen Überlegungen waren allerdings Thesen, wie die etwa in dem Buch zur Sozialdemokratie am Vorabend des Ersten Weltkrieges dargelegten, die dem offiziellen Geschichtsbild partiell widersprachen. Bezeichnend an dieser gesamten »Angelegenheit Kuczynski« war, wie es der ZK-Apparat schaffte, beinahe die gesamte Historikerschaft auf den verordneten Kurs einzuschwören und gegen Kuczynski auftreten zu lassen.

Jürgen Kuczynski hat diese Jahre selbst als seine schlimmsten bezeichnet. Ihm drohte der Parteiausschluß, sein Buch wurde zurückgezogen und eingestampft, und er »verpflichtete« sich, auf publizistische Artikel vorerst zu verzichten. Daß er dennoch auch in den folgenden Jahren ungemein produktiv blieb, zeigt ein auch nur oberflächlicher Blick in sein Schriftenverzeichnis.[464] Seine in den letzten Jahren veröffentlichten autobiographischen Zeugnisse belegen, daß Kuczynski sehr genau die innerkommunistischen Disziplinierungsinstrumentarien kannte. Deswegen verstand er es offenbar auch, wenn ihn öffentlich Schüler oder Freunde kritisierten und angriffen. Denn hätten sie es nicht getan, wäre die Gefahr heraufbeschworen worden, daß eine »Fraktion« inszeniert worden wäre. Allerdings war für ihn offensichtlich auch wichtig, in welcher Art und Weise eine solche Kritik vorgebracht wurde. Eine Kritik, die das Gemeinsame betonte und sich dabei doch vom Kritisierten abgrenzte, war dem Kommunisten Kuczynski sympathisch und verständlich. Dennoch scheint er 1958 in einer tiefen Krise gegenüber seiner Parteiführung gesteckt zu haben. Immerhin kamen Gerüchte auf, daß er seine umfangreiche und berühmte Bibliothek verkaufen wolle, was nur den Schluß zulassen könnte, Kuczynski wolle die DDR verlassen.[465] Inwieweit an diesen Gerüchten tatsächlich etwas dran war, ließ sich nicht klären. Fakt ist, daß Kuczynski die DDR nicht verließ und trotz Schwierigkeiten der SED-Führung bis zuletzt ergeben war. Denn das hatte er als Kommunist auch 1957/58 unter Beweis gestellt: Selbst bei noch so großen persönlichen Zweifeln mußte am Ende die Parteiräson siegen. Gerade darin aber liegt die Tragik eines Jürgen Kuczynski.

Die Zeitschrift für Geschichtswissenschaft
Die Veröffentlichung von Kuczynskis erwähnten Arbeiten zog für die *Zeitschrift für Geschichtswissenschaft* personelle Konsequenzen nach sich. Dort waren drei von seinen fünf umstrittenen Beiträgen erschie-

---

464 Die rund 4.000 Veröffentlichungen Kuczynskis sind verzeichnet in Kuczynski: Die Muse und der Historiker, S. 133–247; JbfWG 1979/2, S. 39–85; Kuczynski: 60 Jahre Konjunkturforscher, S. 215–249; JbfWG 1989/2, S. 107–143.
465 Mitteilung an die Abteilungsleitung, 1.4.1958. SAPMO B-Arch, DY 30, IV 2/2024/47.

nen.[466] Außerdem hatte der Redakteur Joachim Streisand[467] einen Artikel publiziert, in dem er die Philosophie Blochs verteidigte.[468] Die ZK-Abteilung Wissenschaften kam nach dem 30. ZK-Plenum zur der Auffassung, daß diese Beiträge »vom Standpunkt der ideologischen Koexistenz geschrieben waren«[469] und deshalb eine Auseinandersetzung im Redaktionskollegium der ZfG stattfinden müsse.[470] Die ZfG galt neben dem Akademieinstitut als Zentrum revisionistischer Auffassungen innerhalb der Geschichtswissenschaft.[471] Vor allem dem Chefredakteur Fritz Klein hielten die Funktionäre vor, daß er die Beiträge eigenmächtig veröffentlicht hätte, ohne sie vorher den Mitgliedern des Redaktionskollegiums zur Kenntnis gegeben zu haben.[472]

Die ZK-Abteilung ordnete im Februar 1957 an, daß ein prinzipieller Artikel über die revisionistischen und objektivistischen Strömungen in der ZfG veröffentlicht werden müsse. Fritz Klein selbst legte einen Entwurf vor, der vom Redaktionskollegium diskutiert und anschließend publiziert wurde.[473] Darin kritisierten die Autoren sowohl den Beitrag von Streisand als auch diejenigen von Kuczynski. Fritz Klein hielt man vor, die Beiträge »nicht dem Redaktionskollegium vorgelegt zu haben«.[474]

Die Debatten verliefen an einer Stelle kontrovers. Jürgen Kuczynski lehnte es ab, mit dem Redaktionskollegium über einen Gegenartikel von Fritz Köhler zu diskutieren. Er verließ den Sitzungssaal.[475] Demgegenüber kroch Streisand zu Kreuze und kritisierte Anfang 1958 seinen eigenen Artikel in der ZfG.[476]

Folgenreich waren die Auseinandersetzungen vor allem für den Chef-

---

466 Kuczynski: Parteilichkeit und Objektivität in Geschichte und Geschichtsschreibung; Ders.: Rezension von: Paul Kirn; Ders.: Der Mensch, der Geschichte macht.
467 Vgl. zu dessen Biographie aus SED-Sicht: Die Geschichtswissenschaft an der Humboldt-Universität; Schleier: Joachim Streisand.
468 Streisand: Kategorien und Perspektiven der Geschichte.
469 ZK-Abt. Wissenschaften, Bericht über die Lage in der Geschichtswissenschaft nach dem 30. Plenum des ZK der SED, 5.7.1957. SAPMO B-Arch, DY 30, IV 2/904/134, Bl. 166.
470 Zur zeitgenössischen Einschätzung vgl. Kopp: Historiker diskutieren über Dogmen.
471 Protokoll Nr. 19/57 der Sitzung des Sekretariats des ZK am 9. Mai 1957. SAPMO B-Arch, DY 30, I IV 2/3/560, Bl. 15.
472 Die Protokolle sind überliefert: ebenda, IV 2/904/114, sowie ebenda, NY 4198/135; vgl. weiter die wichtigsten Dokumente sowie eine knappe Darstellung bei Klein: Dokumente aus den Anfängen der ZfG.
473 Protokoll: Sitzung der Mitglieder der SED im Redaktionskollegium der ZfG am 22.3.1957, 5.4.1957. SAPMO B-Arch, DY 30, IV 2/904/114, Bl. 487–492 (Das war das Redaktionskollegium mit Ausnahme von Eduard Winter); vgl.: Gegenwartaufgaben der Geschichtswissenschaft.
474 Gegenwartaufgaben der Geschichtswissenschaft, S. 454.
475 Sektor Gesellschaftswissenschaften, Aktennotiz, 3.4.1957. SAPMO B-Arch, DY 30, IV 2/904/114, Bl. 478–480, vgl. auch Klein: Dokumente aus den Anfängen der ZfG, S. 52–53.
476 Vgl. Streisand: Brief an die Redaktion. Kuczynskis ausführliche Replik von fast 80 Manuskriptseiten erschien demgegenüber nie (Jürgen Kuczynski: Zu einigen Fragen des Historischen Materialismus. Darlegungen, Kritik an eigenen Fehlern und Antwort an die Kritiker, 79 S. SAPMO B-Arch, DY 30, IV 2/2024/47).

redakteur Fritz Klein. Allerdings spielte nicht nur eine Rolle, daß er eigenmächtig Artikel veröffentlicht hatte, die zudem als revisionistisch eingeschätzt wurden. Klein selbst galt als Revisionist. Im November 1956 berichtete zum Beispiel Walter Wimmer über die Tagung der deutschpolnischen Historikerkommission folgendes: Ein polnischer Historiker hätte bei einem Gespräch am Rande erklärt, »der ›Spiegel‹ habe geschrieben, daß der Einfluß des Genossen Ulbricht ständig sinke. Als ich den Sachverhalt heftig bestritt, sagte er, er glaube dem ›Spiegel‹ mehr. Markov und Klein erklärten, das sei ein Problem, wir hätten nämlich keinen Gomułka«.[477] Klein fügte noch an, Dahlem sei genauso wie Ulbricht.

Zum eigentlichen Verhängnis für Klein gestaltete sich jedoch seine Bekanntschaft zu Wolfgang Harich. Im Oktober 1956 hatte Klein an einer Zusammenkunft in der Redaktion des *Sonntag* teilgenommen.[478] Die SED-Führung konstruierte daraus eine »vorgesehene Bildung einer ... partei- und staatsfeindlichen Gruppe ... in der Redaktion der Zeitschrift ›Die Geschichtswissenschaft‹. Der Chefredakteur dieser Zeitschrift, Dr. Fritz Klein, war Harich bereits seit längerer Zeit bekannt, desgleichen wußte [dies]er, daß K. ähnliche revisionistische Auffassungen vertrat.«[479]

Fritz Klein war kein Protagonist der »intellektuellen Rebellion innerhalb der SED« 1956/57. Aber seine sporadischen Kontakte zu Harich und die von ihm vorsichtig praktizierte Öffnung der ZfG reichten aus, um ihn als Chefredakteur abzulösen. Außerdem erhielt er auf Beschluß des SED-Politbüros eine »strenge Rüge«.[480] Fortan arbeitete Klein am Akademieinstitut. Ein *Karriereknick* prägte seine Biographie nicht, zumal Klein der SED und auch anderen staatlichen Einrichtungen (MfS) in der Zukunft nicht abschwor. Allerdings zählte er stets zu jener kleinen Schar von DDR-Historikern, die sich offenbar ehrlich, wenn auch geheimdienstlich und parteilich abgesichert und auf deren Auftrag hin, um Kontakte zur westdeutschen Geschichtswissenschaft bemühten und dabei mehr Feingefühl als Holzhammermethoden anwandten.

Die Ablösung Kleins erfolgte im März 1957. Dessen Nachfolger wurde Dieter Fricke, der bis zu diesem Zeitpunkt die Abteilung Fernstudium Geschichte an der HUB geleitet hatte. Außerdem schieden aus dem Redaktionskollegium neben Klein auch Streisand, Müller-Mertens und Mühl-

---

477 Walter Wimmer: Notizen zur zweiten Tagung der deutsch-polnischen Historikerkommission vom 14.–17. November 1956 in Berlin. SAPMO B-Arch, DY 30, IV 2/904/129, Bl. 64.
478 Vgl. auch die von Wolfgang Harich gegenüber dem MfS abgegebene umfangreiche schriftliche Zeugenaussage, die als Beweis- und Belastungsmaterial im Prozeß gegen Janka u. a. vorgelegt wurde: Der Prozeß gegen Walter Janka und andere, S. 59.
479 Analyse der Feindtätigkeit innerhalb der wissenschaftlichen und künstlerischen Intelligenz. Nur zur Information für die Mitglieder und Kandidaten des Zentralkomitees, Oktober 1957, Vorbereitungsmaterial für die 33. ZK-Tagung (16.–18.10.1957). Ebenda, IV 2/1/182, Bl. 86.
480 ZK-Abt. Wissenschaften, Bericht über die Lage in der Geschichtswissenschaft nach dem 30. Plenum des ZK der SED, 5.7.1957. Ebenda, IV 2/904/134, Bl. 167.

pfordt aus. Ersetzt wurden diese durch Parteisoldaten wie Walter Bartel, Paterna, Dlubek, Rudolph und eben jenen Fricke.[481]

Man kann nicht behaupten, daß die ZfG durch diese Veränderungen einen deutlichen Kurswechsel vollzogen hätte. Das wissenschaftliche Niveau veränderte sich ebensowenig wie die politische Ausrichtung. Schließlich hatten die Auseinandersetzungen für die Beteiligten kaum nachhaltige Konsequenzen. Vielmehr zeigt sich gerade am Beispiel der ZfG und ihres Chefredakteurs Klein, wie schnell schon geringfügige Abweichungen Disziplinarmaßnahmen seitens der SED nach sich ziehen konnten. Und auch hier bestand das vorrangige Ziel darin, diejenigen, die nicht betroffen waren, enger an den Kurs der SED-Führung zu binden. Dadurch erreichte man, daß die Genossen in Zukunft noch stärker im Sinne eines vorauseilenden Gehorsams agierten und abrupte Änderungen der politischen Strategie und Taktik als historisch gesetzmäßig und folgerichtig propagierten.

Die Historiker anderer Historischer Einrichtungen
Nach dem XX. Parteitag der KPdSU gab es ideologische Auseinandersetzungen an allen Historischen Forschungseinrichtungen der DDR. Dabei waren die Gründe sehr verschieden. Gegen Rudolf Lindau, Albert Schreiner und Walter Bartel, alles langjährige Mitglieder der kommunistischen Partei, ging die SED-Führung zum Beispiel parteiintern vor, weil sie abweichende Interpretationen historischer Prozesse vertraten.[482] Dabei kam vor allem zum Tragen, daß sie bestimmte historische Ereignisse und Vorgänge anders als Walter Ulbricht darstellten oder einschätzten bzw. dessen Rolle in der Geschichte der KPD anders als er selbst gewichteten. Die genannten Historiker schrieben ihre Arbeiten ebenso wie Ulbricht vorrangig als Zeitzeugen. Entscheidend dabei war, daß Ulbricht als oberster Herrscher das Deutungsmonopol besaß. Für die drei SED-Historiker kam erschwerend hinzu, daß ihnen bei Bedarf »parteiabweichendes« Verhalten in der Vergangenheit vorgehalten werden konnte. Das betraf bei Schreiner insbesondere dessen zeitweilige Mitgliedschaft in der KPD(O) und bei Walter Bartel dessen Rolle im Konzentrationslager Buchenwald.

Allerdings zogen diese Angriffe in der Regel für Parteiveteranen, die sich nicht prinzipiell gegen Ulbricht stellten, kaum Konsequenzen nach sich. Lindau war bis an sein Lebensende ständiger wissenschaftlicher Mitarbeiter des IML, Schreiner trat zwar 1960 in den Ruhestand, bekam spä-

---

481 Betr. Vorbereitung der Kollegiumssitzung ZfG, 8.6.1957. Ebenda, IV 2/904/114, Bl. 496; vgl. Klein: Dokumente aus den Anfängen der ZfG, S. 55. Zu den Wandlungen im ZfG-Redaktionskollegium vgl. die Tabelle bei Timm: Das Fach Geschichte in Forschung und Lehre in der Sowjetischen Besatzungszone, S. 168–169.
482 Erstes Material einer Einschätzung der Entwicklung der Geschichtswissenschaft der DDR seit 1955 (S. 3). SAPMO B-Arch, DY 30, IV A2/904/134. Zu Lindau ebenda, IV 2/904/155; ebenda, NY 4182/1363, Bl. 1–159; ebenda, NY 4182/1364, Bl. 185–187; zu Bartel ebenda, DY 30, IV 2/904/149.

ter aber – wie Lindau und Bartel – höchste staatliche und parteiliche Auszeichnungen überreicht. Walter Bartel schließlich, der 1957 zum Nachfolger Karl Bittels als Direktor des Instituts für Deutsche Zeitgeschichte berufen wurde, ist zwar 1962 von Stefan Doernberg aus fachlichen Gründen abgelöst worden, behielt aber seine Professur an der HUB, wo er auch einige Jahre als Prorektor amtierte. Es ist mehr als bezeichnend, daß ein Mann wie Bartel, dem von allen Seiten fachliches Unvermögen vorgeworfen wurde, jahrelang Studenten an den beiden größten Universitäten der DDR in Zeitgeschichte unterrichtete. Schließlich soll nicht unerwähnt bleiben, daß nicht nur Bartel, sondern auch Schreiner, Lindau und Karl Bittel von der SED-Führung und ihren Historikerkollegen als fachlich inakzeptabel und sogar unter den Bedingungen der SED-Diktatur als *reine* Propagandisten eingeschätzt wurden. Insofern ist verständlich, wenn man Bartel zwar als Direktor ablöste, ihn aber wegen seiner »Parteiverdienste« auf einen gut dotierten Versorgungsposten *abschob*, wo er vor allem Propagandisten auszubilden hatte. Das DIZ war aber auch über Bartel hinaus Gegenstand verschiedener Auseinandersetzungen.

Als die wichtigste historische Epoche sahen die SED-Funktionäre die Geschichte seit 1945 an. In einem Papier aus dem Jahre 1960 heißt es einprägsam: »Eine äusserst dringliche Aufgabe vor allem der Historiker ist es, ein richtiges Geschichtsbild, besonders der neuen und neuesten Zeit zu erarbeiten. Es kommt darauf an, an der allseitigen, tiefen Begründung der ›grössten Revolution in der deutschen Geschichte‹ weiter zu arbeiten und die Gesetzmässigkeit unserer Entwicklung seit 1945 zu begründen. Dabei muss immer wieder wissenschaftlich herausgearbeitet werden, dass der geschichtliche Prozess, der sich seit 1945 bei uns vollzogen hat, völlig mit den Lebensinteressen der deutschen Nation übereinstimmt.«[483]

Seit 1954 hatten sich Historiker und Funktionäre *zielgerichtet* um die Organisation und Koordinierung zeitgeschichtlicher Forschungen bemüht.[484] Am Ende dieses Diskussionsprozesses, der vor allem von Bittel, Bartel, Köhler, Diehl und Dlubek getragen wurde, verabschiedete das Sekretariat des ZK der SED am 21. August 1957 einen »Plan zur Organisation der zeitgeschichtlichen Forschungen«.[485] Hauptgegenstand dieses Beschlusses war die Festlegung, daß das DIZ als zentraler Ort in Zukunft auch Forschungsarbeiten neben den Sammlungs- und Dokumentationsarbeiten leisten sollte. Außerdem verfügte der Beschluß, daß an den Uni-

---

483 ZK-Abt. Wissenschaften, Bericht (September 1960). Ebenda, IV 2/904/45, Bl. 218; vgl. auch Königer: Zu einigen Aufgaben.
484 Umfassend dokumentiert v.a. in: SAPMO B-Arch, DY 30, IV 2/904/113, und ebenda, IV 2/904/148.
485 Protokoll Nr. 33/57 der Sitzung des Sekretariats des ZK der SED vom 21.8.1957. Ebenda, I IV 2/3/574, Bl. 20–25. Verschiedene Entwürfe seit 1954/55 in: ebenda, IV 2/904/113.

versitäten Halle und Berlin Abteilungen für Zeitgeschichte zu bilden seien und daß dort sowie in Leipzig, wo es eine solche Abteilung bereits gab, Zeitgeschichte als wissenschaftliche Spezialisierungsrichtung einzuführen sei. Schließlich wurde an der DAW eine Kommission für Zeitgeschichte gebildet (18. Dezember 1958), die die Forschung und Lehre koordinieren, organisieren und anleiten sollte. Dieser Kommission, der Walter Bartel vorstand, gehörten rund dreißig Institutionen an.[486] Im Januar 1962 erfolgte die Gründung einer Sektion Geschichte der neuesten Zeit (ab 1945) in der DHG.[487]

Dieser Beschluß konnte jedoch nicht verhindern, daß die SED-Funktionäre mit den Forschungsarbeiten unzufrieden waren. Es existierten zwar Arbeiten, wie die von Doernberg, die auf Zustimmung stießen, aber insgesamt war aus Sicht des ZK-Apparates die Ausbeute viel zu gering.[488] Dabei hatten die ZK-Funktionäre sogar gefordert: »Wir erwarten von den Genossen Historikern, ganz gleich ob sie auf dem Gebiet des Mittelalters oder der Neuzeit arbeiten, zum 10. Jahrestag [der Gründung der DDR – d. Verf.] einen wissenschaftlichen Beitrag aus der Geschichte unserer Republik!«[489]

Weil die ZK-Funktionäre die gesamten fünfziger Jahre mit der zeitgeschichtlichen Forschung unzufrieden blieben, erscheint es fast logisch, daß sie ideologische Auseinandersetzungen entfachten. Denn für die Mißstände konnten nur politisch-ideologische Gründe ausschlaggebend sein.[490] Vor allem am DIZ, aber auch am Museum für Deutsche Geschichte kam es zwischen 1956 und 1962 zu einer Reihe von Parteiverfahren, Parteiausschlüssen und sogar Entlassungen.[491] Die Anschuldigungen reichten von fachlicher Inkompetenz über revisionistische Tendenzen bis hin zu unmoralischen und karrieristischen Verhaltensweisen. Besonders »eindrucksvoll« ist dabei der »Fall Köhler«.

Fritz Köhler, seit 1947 in der SED, arbeitete zwischen 1952 und 1957 am Museum für Deutsche Geschichte und seit 1957 am DIZ. Er hatte sich scharfmacherisch gegen Kuczynski ausgesprochen.[492] Kuczynski hatte, als ihm der Beitrag bekannt geworden war, jede Diskussion mit Köhler abgelehnt und einen Diskussionsbeitrag verfaßt, in dem er zeigte, was Köhler behauptete und er selbst tatsächlich geschrieben hatte.[493] Intern

---

486 Ebenda, IV 2/904/400.
487 Bericht, 3.2.1962. Ebenda, IV 2/904/121, Bl. 154–156.
488 o. T. (etwa Ende 1958). Ebenda, IV 2/904/134, Bl. 15; sowie noch 1962: ZK-Abt. Wissenschaften, Information an das Sekretariat des ZK, 29.11.1962. Ebenda, Bl. 340.
489 o. T. (etwa Ende 1958). Ebenda, Bl. 17 (im Original unterstrichen).
490 Verschiedene Dokumente in: ebenda, NY 4182, Bl. 184–338.
491 Dazu Ebenda, IV 2/904/113; ebenda, IV 2/904/148; ebenda, IV 2/904/67.
492 Vgl. Köhler: Das werktätige Volk.
493 Vgl. Kuczynski: Frost nach dem Tauwetter, S. 80–87; das Dokument ist überliefert in: SAPMO B-Arch, DY 30, IV 2/2024/47.

konstruierte Köhler wiederum Kuczynski zum eigentlichen Feind, der Harich nur vorgeschoben hätte.[494] Köhler griff weitere Historiker an und bezichtigte sie revisionistischer, objektivistischer und unmarxistischer Anschauungen. Auf der anderen Seite verteidigte er Historiker wie Kamnitzer, Gentzen oder Klein, die gerade Angriffen ausgesetzt waren. Er vermutete, daß die eigentlichen Drahtzieher nicht enttarnt worden seien, so im Fall von Klein. Dieser sei in die Sache »hineingeschlittert«, und Streisand, der viel engere Beziehungen zu Harich gehabt hätte, sei deswegen überhaupt nicht zur Verantwortung gezogen worden.[495]

Warum Köhler denunziatorisch vorging, läßt sich nicht beweisen. Es bleibt zu vermuten, daß er sich selbst aus der Klemme befreien wollte. Denn im April 1956 war Köhler am Museum für Deutsche Geschichte ins Kreuzfeuer der Kritik geraten, weil er kritische Fragen und Probleme aufgeworfen hatte, die sich gegen die bisherige SED-Politik und gegen Ulbricht richteten.[496] Ihm gelang dieser Befreiungsschlag aber nur zeitweise. Anfang 1960 geriet Köhler erneut in den Mittelpunkt von Auseinandersetzungen, die diesmal mit einer Parteistrafe und seiner Entlassung aus dem DIZ endeten. Er arbeitete anschließend im Friedensrat der DDR.[497] Die konkreten Vorwürfe liegen nicht offen. Man hielt ihm pauschal unparteiliches Verhalten und schlechte Arbeitsmoral vor, die wahrscheinlich, so die Funktionäre, auf ideologische Ursachen und karrieristische Bestrebungen zurückzuführen seien.

Der »Fall Köhler« zeigt, daß gerade in einem gesellschaftlichen System, wie es in der DDR herrschte, zumindest zeitweise Angriff die beste Verteidigung war. Köhler mußte, nachdem er unvorsichtigerweise Kritik geübt hatte, seine parteiergebene Haltung unter Beweis stellen. Das tat er, indem er Genossen wie Kuczynski schärfer angriff als sonst jemand. Das war keine persönliche Strategie Köhlers, sondern eine allgemein angewandte Praxis innerhalb der kommunistischen Partei. Im Fall Köhler allerdings ging die Rechnung aus zwei Gründen nicht auf. Zum einen schien er nicht sonderlich angesehen und beliebt zu sein, weshalb man ihn kurzerhand abschob. Zum anderen aber war sein Generalangriff[498] auf die

---

494 Fritz Köhler: Niederschrift meiner am 18. März 1957 mündlich dargelegten Gedanken, 1.4.1957. Ebenda, NY 4182/1364, Bl. 95–120; Ernst Diehl: Aktennotiz, 18.3.1957. Ebenda, DY 30, IV 2/904/148, Bl. 131–136. Ernst Diehl äußerte die Vermutung, Kuczynski hätte im Zusammenahng mit der »fraktionellen Tätigkeit« Karl Schirdewans gestanden. (ZK-Abt. Wissenschaften, Aktennotiz, 15.2.1958. Ebenda, IV 2/904/147, Bl. 116).
495 Fritz Köhler: Niederschrift meiner am 18. März 1957 mündlich dargelegten Gedanken, 1.4.1957. Ebenda , NY 4182/1364, Bl. 95–120.
496 Verschiedene Dokumente in: Ebenda, IV 2/904/148, Bl. 77–94.
497 ZK-Abt. Wissenschaften an die Kanzlei des Staatsrates, Hauptabteilung I, 23.9.1961. Ebenda, Bl. 297–298.
498 V. a. Fritz Köhler: Niederschrift meiner am 18. März 1957 mündlich dargelegten Gedanken, 1.4.1957. Ebenda, NY 4182/1364, Bl. 95–120.

DDR-Geschichtswissenschaft selbst den ZK-Funktionären zu überspitzt, zumal seine Kritik deutlich die offizielle überschritt, was auch schon wieder ein Verstoß gegen die Parteibeschlüsse bedeutete.

Resümee

Anfang der sechziger Jahre stellte Johannes Hörnig, der Leiter der ZK-Abteilung Wissenschaften, fest, daß in den Jahren 1955/58 die »Parteilichkeit der Geschichtswissenschaft« entscheidend gestärkt worden sei.[499] Hörnigs Urteil ist durchaus zutreffend. In dieser Zeit sind die letzten bedeutsamen nichtmarxistischen Historiker verdrängt worden. Vor allem aber erfolgte zwischen 1955 und 1958 ein intensiver »Klärungsprozeß«, der am Ende eine relativ geschlossene leninistische Historikerschaft hervorbrachte. Dazu waren sowohl die Abschottung zum westdeutschen Historikerverband als auch die innerparteilichen Auseinandersetzungen unabdingbar. Gerade weil die Auseinandersetzungen in allen Instituten entfacht worden waren, konnte die Historikerschaft homogenisiert werden. Um das zu bewerkstelligen, standen der SED zu jeder Zeit ihrer Machtausübung innerparteiliche Disziplinierungsmechanismen zur Verfügung. Die Bestrafung eines einzelnen Parteimitgliedes zog immer die Disziplinierung der gesamten Parteigruppe nach sich. Hierin liegt der eigentliche Zweck innerparteilicher Auseinandersetzungen.

Diesen Kampagnen entzogen sich nur wenige, obwohl es an allen Einrichtungen gerade in der zweiten Hälfte der fünfziger Jahre zu Republikfluchten kam, nicht selten auch von SED-Mitgliedern.[500] Das waren an Historischen Instituten aber insgesamt vereinzelte Vorgänge. Ebenso ist die konsequente Verweigerung von Günter Mühlpfordt ein singuläres Ereignis gewesen. Die Masse der Historiker war und blieb ihrer Partei, der SED, verpflichtet. Dabei erwiesen sie sich keinesfalls lediglich als Befehlsempfänger, die nur die von oben verordnete Politik durchsetzten. Denn die verschieden gelagerten Debatten, Strategien und Auseinandersetzungen zeigten, daß zwischen den meisten SED-Historikern und dem ZK-Apparat keine prinzipiellen Interessengegensätze existierten. Vielmehr zeichneten sich die Entscheidungsfindungsprozesse durch ein Miteinander aus. Den ZK-Funktionären war bewußt, daß sie ihre Ziele nicht gegen die SED-Wissenschaftler durchsetzen konnten. Den SED-Wissenschaftlern wiederum war wegen der verinnerlichten Parteidisziplin nicht daran gelegen, gegen die »kollektive Weisheit der Parteiführung« zu opponieren.

---

499 (Referat Johannes Hörnig, 1962, S. 21). Ebenda, IV A2/904/134.
500 Davon blieb selbst das Institut für Gesellschaftswissenschaften beim ZK der SED nicht verschont. Im März 1956 flüchteten beispielsweise zwei Aspiranten, eine davon u. a. nachdem Lothar Berthold sie 1955 beim MfS denunziert hatte (Bericht an alle Mitglieder des Sekretariats des ZK, 19.3.1956. Ebenda , IV 2/904/45, Bl. 13–17).

Der Unterschied zwischen Parteiarbeitern im SED-Apparat und Parteihistorikern an der »ideologischen Front« bestand vor allem darin, daß sie verschiedene Wege einschlagen mußten, um die gleichen Zielsetzungen erfüllen zu können. Daher läßt sich auch erklären, warum die Wissenschaftler die Funktionäre zumeist besser verstanden als umgekehrt. Denn während beinahe alle SED-Historiker auch zeitweise als Funktionäre agierten und daher deren spezifische Interessen aus eigener Anschauung kannten, hatten die meisten Funktionäre oftmals keine Vorstellung davon, wie sich wissenschaftliches Arbeiten konkret realisiert.

Schließlich erfüllten die parteiinternen Auseinandersetzungen noch eine weitere wichtige Funktion, die schon im Zusammenhang mit den Nachwirkungen des 17. Juni 1953 erwähnt worden ist: Die Homogenität der Historikerschaft oder der Parteigruppen wurde dadurch erreicht, daß potentiell jedes Mitglied Ankläger und Angeklagter werden konnte. Das war einem erfahrenen Mitglied der kommunistischen Partei in Fleisch und Blut übergegangen. Dieses Prinzip bei den zyklisch wiederkehrenden Auseinandersetzungen bewirkte, daß sich jedes Mitglied in den Parteiversammlungen positionieren mußte. Denn im Zweifelsfall war den meisten die Rolle des Anklägers angenehmer als die des Angeklagten. Der Sinn dieses Rollenspiels lag darin, den sogenannten revolutionären Prozeß am Laufen zu halten. Dieser konnte aber nur erhalten bleiben, wenn eine permanente Bewegung existierte, die wiederum von der »revolutionären Wachsamkeit« jedes einzelnen getragen wurde.

Zur Folge hatte dieses Prinzip, daß mentale Veränderungen einsetzten, in deren Ergebnis der einzelne zwischen Schein und Wirklichkeit nicht mehr zu unterscheiden wußte. Der Partei als Ersatzkirche ergeben zu sein war dabei wichtigstes Ziel. Die Partei war stets ein kollektives Wir, das zugleich imaginär war und doch durch die Parteiführung symbolisiert wurde. Jedes Mitglied konnte im Namen der Partei sprechen, lediglich vorausgesetzt, daß sich der einzelne dabei auf die aktuelle Politik, die aktuelle Programmatik berief und keine Tabus verletzte. Letztere waren bekannt und jedermann verinnerlicht.

Die DDR-Geschichtswissenschaft ist in einem besonderen Maße von solchen innerparteilichen Prinzipien geprägt gewesen. Zugleich erklärt das einige Unterschiede in den gegenwärtigen Interpretationen. Denn sofern man Parteidisziplin, Parteiwille, Parteiengagement und die Rolle der SED als Ersatzkirche vernachlässigt, kann man schnell dazu kommen, *Diskurse* innerhalb der DDR-Geschichtswissenschaft analysieren zu wollen. Tatsächlich konnte es aber in einer Partei neues Typus keine Diskurse geben. Diskurse setzen mindestens zwei Dinge voraus: uneingeschränkte Öffentlichkeit und eine prinzipielle Offenheit des Verlaufs. Beides aber existierte zu keiner Zeit in der SED. Sofern der einzelne den vorgegebenen engen Spiel- und Denkraum verließ, verstieß ihn die Partei.

Die DDR-Geschichtswissenschaft war in den fünfziger Jahren eine parteiliche Wissenschaft, die nur wenig Platz für Historiker bot, die sich den allgemeinen Spielregeln nicht beugten. Sie war in einem hohen Maße von der SED beherrscht, aber das war eben keine pure Herrschaft der Partei über die Geschichtswissenschaft. Vielmehr realisierte sich die Herrschaft der SED von außen über den Apparat und von innen über die Individuen. Die DDR-Geschichtswissenschaft war ein originärer Bestandteil, ein direktes Produkt der SED-Herrschaft, eine Wissenschaft sui generis.

Die Historiker der DDR, die Mauer und die deutsche Nation

Die Historiker und der Bau der Mauer

Die Berliner Mauer war nahezu drei Jahrzehnte das Symbol der deutschen Teilung. Zugleich markierte sie die Grenze jener feindlichen Gesellschaftssysteme, die zwischen 1945 und 1989 die globale Systemauseinandersetzung beherrschten. Während dieser Zeit war die Welt bipolar in »Ost« und »West« geschieden, obwohl der noch immer existierende Widerspruch zwischen »Nord« und »Süd« ebenso bestand.

Das geteilte Berlin nahm als Symbol einen besonderen Platz ein. Wie unter einem Brennglas bündelten sich in dieser Stadt nationale und internationale Probleme und Gefahren. Berlin, die »Hauptstadt der Agenten«,[1] war über vierzig Jahre nicht nur ein Exerzierplatz für Geheimdienste aller möglichen Couleurs sondern ebenso Experimentierplatz für große und kleine, für bedeutende und weniger bedeutende Politiker. Die gespaltene Stadt symbolisierte für die einen Freiheit, während sie für andere den manifesten Ausdruck einer Diktatur darstellte; tatsächlich war sie ein Symbol für beides.

Berlin und Deutschland sind nicht erst 1961 gespalten worden. Die politische Teilung war im August 1961 schon jahrelang zementiert gewesen. Ebenso hatte sich der Alltag in Berlin und im innerdeutschen Grenzbereich seit den vierziger Jahren einschneidend verändert: Schon zwischen 1949 und 1952 sind rund einhundert Zufahrtsstraßen nach Westberlin gesperrt worden; 1952/53 ist der Bus- und Straßenbahnverkehr zwischen Ost- und Westberlin eingestellt worden; im Sommer 1952 verwehrte die SED fast 40.000 Westberlinern die Nutzung ihrer Kleingärten, die im östlichen Hoheitsgebiet lagen, wofür sie aber dennoch weiter die Grundsteuern bezahlen mußten; im September 1960 verfügte die DDR-Regierung, daß die Einreise von Westdeutschen nach Ostberlin künftig genehmigungspflichtig sei und der westdeutsche Reisepaß für Westberliner nicht mehr anerkannt werde.[2]

Die historischen Gründe, die zum Bau der Mauer führten, sind bis 1989 unterschiedlich gedeutet worden. Die SED-Historiker begründeten die Notwendigkeit des »antifaschistischen Schutzwalls« damit, daß ein »Ausbluten« der DDR, ein Weltkrieg und »faschistische Putschversuche« verhindert werden mußten. Der 13. August zählte zu jenen Punkten, die in den Darstellungen der SED-Historiker bis Ende 1989 keine Differenzierung erfuhren.[3] In der westdeutschen Geschichtsschreibung ist die Mauer

---

1 Geheim. Die Welt der Agenten. Spiegel special Nr 1/1996, S. 99.
2 Vgl. aus der Forschungsliteratur z. B. Bennewitz/Potratz: Zwangsaussiedlungen an der innerdeutschen Grenze; Mitter/Wolle: Untergang auf Raten, S. 297–366; Rühle/Holzweißig: Der 13. August 1961; Scholze/Blask: Halt! Grenzgebiet!
3 Vgl. exemplarisch Badstübner (Ltr.): Geschichte der DDR; Heitzer: DDR; Hofmann:

hingegen als Folge ökonomischer Krisenerscheinungen, als politischer Stabilitätsversuch nach innen und als Ergebnis außen- und weltpolitischer Prozesse gedeutet worden. Implizit findet sich in den meisten Arbeiten die These, daß die SED-Machthaber mit dem Bau der Mauer einem neuen 17. Juni zuvorkommen wollten.[4] In den letzten Jahren sind Studien hinzugekommen, die anhand des nun zugänglichen Archivmaterials präzise über deutsch-deutsche Wanderungen, Zwangsaussiedlungen, die Folgewirkungen in der Rechtsprechung oder über die zweite Berlinkrise sowie die Interessen und Handlungsspielräume der SED-Führung im Ost-West-Konflikt Auskunft geben.[5]

Der 13. August 1961 bildet sowohl eine Zäsur in der DDR-Geschichte als auch in der gemeisamen deutsch-deutschen Nachkriegsgeschichte. Umstritten bleibt allerdings, ob der 13. August der »heimliche Gründungstag der DDR« war[6] oder ob nicht vielmehr die »innere Staatsgründung« der DDR im Zuge des 17. Juni 1953 – wie oben ausgeführt – erfolgte.[7]

In der DDR-Geschichte dominierten zwei historische Interpretationsvarianten. In den fünfziger und sechziger Jahren ging es darum, die »Zwei-Linien-Theorie« – im Anschluß an frühere Deutungen – wissenschaftlich umzusetzen. Diese Theorie besagte, daß die deutsche Geschichte von einer progressiven und einer reaktionären Linie geprägt sei. Während die progressive in der DDR aufginge und als deren Tradition verstanden werde, bündele sich die reaktionäre Linie in der Bundesrepublik.[8] Diese Theorie wurde Anfang der siebziger Jahre von der »Zwei-Nationen-Theorie« abgelöst. Derzufolge existierten auf deutschem Boden zwei deutsche Nationen, eine sozialistische und eine kapitalistische.[9]

Ein neues Deutschland soll es sein; Keiderling: Berlin 1945–1986; Mehls/Mehls: 13. August; Schütrumpf: Zu einigen Aspekten des Grenzgängerproblems im Berliner Raum. Zu den heutigen Auffassungen der zuletzt genannten Autoren vgl. Mehls: Zu den Ursachen der Grenzschließung am 13. August 1961; Schütrumpf: Wollte Adenauer wirklich die DDR.

4 Vgl. z. B. Kleßmann: Zwei Staaten, eine Nation, S. 319–324; Rühle/Holzweißig: Der 13. August 1961; Weber: Geschichte der DDR, S. 318–326.

5 Vgl. z. B. Bennewitz/Potratz: Zwangsaussiedlungen an der innerdeutschen Grenze; Lemke: Die Berlinkrise 1958 bis 1963; Wendt: Die deutsch-deutschen Wanderungen; Werkentin: Politische Strafjustiz in der Ära Ulbricht.

6 Staritz: Geschichte der DDR, S. 138.

7 Vgl. dazu Kowalczuk/Mitter/Wolle (Hrsg.): Der Tag X – 17. Juni 1953; sowie im vorliegenden Band oben S. 118–122.

8 Vgl. ausführlicher dazu u. a. Brinks: Die DDR-Geschichtswissenschaft auf dem Weg zur deutschen Einheit, S. 91–185; Heydemann: Geschichtswissenschaft im geteilten Deutschland, S. 139–167; Kopp: Die Wendung zur »nationalen« Geschichtsbetrachtung; Kuhrt/Löwis: Griff nach der deutschen Geschichte, S. 15–52; Schubert: Phasen und Zäsuren des Erbe-Verständnisses der DDR; Timm: Das Fach Geschichte in Forschung und Lehre in der Sowjetischen Besatzungszone.

9 Aus SED-Sicht grundlegend Axen: Zur Entwicklung der sozialistischen Nation; Kosing/Schmidt: Zur Herausbildung der sozialistischen Nation in der DDR; Kosing: Nation in Geschichte und Gegenwart; Norden: Fragen des Kampfes, S. 22.

Diese Theorie war nicht neu,[10] aber von Ulbricht nicht verfochten worden. Die neue Strategie schlug sich auch in der Umbenennung der Historiker-Gesellschaft nieder: Statt Deutsche Historiker-Gesellschaft hieß sie seit 1972 Historiker-Gesellschaft der DDR. Vor allem aber wandelten sich die Konzeptionen erneut. Der »revolutionäre Weltprozeß« sollte im Schaffen der Historiker wieder stärker im Mittelpunkt stehen, der Internationalismus die DDR-zentrierte Betrachtungsweise ablösen. Der neuerliche Schwenk fiel den Historikern nicht schwer. Sie hatten mit der »Nationen-Theorie« weniger Schwierigkeiten als ein großer Teil der Bevölkerung, der mehrheitlich immer noch eine gesamtdeutsche Identität besaß und am Ziel eines wiedervereinigten Deutschlands festhielt.[11] Diese unterschiedlichen Verhaltensweisen traten nicht erst Anfang der siebziger Jahre zutage.

Die Parteiführung der SED konstatierte 1962, daß sich gegen Ende 1959 in der Masse der Historiker »die Erkenntnis von der nationalen Grundkonzeption« durchgesetzt habe.[12] Die »nationale Grundkonzeption« schrieb fest, daß die SED als Führerin der Arbeiterklasse die einzige legitime Anwärterin auf die nationale und klassenmäßige Führung in Deutschland sei. Das hatte zwei Konsequenzen zur Folge. Zum einen gingen damit Bemühungen einher, eine DDR-spezifische Identitätsprofilierung zu erzielen.[13] Zum anderen bedeutete das für die Geschichtsforschung, daß prinzipiell von einem solchen ideologischen Ausgangspunkt aus auf den Staat DDR »wissenschaftlich hingearbeitet« werden sollte. Der teleologische Ansatz implizierte, daß vor allem die Geschichte der Arbeiterbewegung erforscht und dargestellt werden sollte. Das Ergebnis war dabei in jedem Falle vorgegeben: Die DDR sollte als logische Folge, als Konsequenz und als einzig mögliches positives Ergebnis der deutschen Geschichte erscheinen. Ein wiedervereinigtes Deutschland, ob als Konföderation oder als ein anderes Völkerrechtssubjekt, war entsprechend dieser »nationalen Grundkonzeption« als eine um die Bundesrepublik vergrößerte DDR unter Führung der SED gedacht.[14] Die »nationale Grundkonzeption« als ausformuliertes Programm ist erst 1962, also nach dem Mauerbau, vorgelegt worden.[15] In ihren Konturen und wesentlichen Punkten war die »Grund-

---

10 Vgl. z. B. Kosing: Die nationale und koloniale Frage (1960).
11 Zum Problem vgl. z. B. Köhler: Nationalbewußtsein und Identitäsgefühl der Bürger der DDR.
12 (ZK-Abt. Wissenschaften), Erstes Material einer Einschätzung der Entwicklung der Geschichtswissenschaft der DDR seit 1955, (1962). SAPMO B-Arch, DY 30, IV A2/904/134.
13 Heydemann setzt den Beginn erst nach dem 13. August an; vgl. Heydemann: Geschichtswissenschaft im geteilten Deutschland, S. 161.
14 Zu den historischen Hintergründen und der Deutschlandpolitik der SED vgl. ausführlich Lemke: Die Berlinkrise 1958 bis 1963.
15 Vgl.: Die geschichtliche Aufgabe der DDR; Berthold: Zur Geschichte der nationalen Konzeption; sodann: »Grundriß« sowie das Referat Ulbrichts zum »Grundriß«, beides in: ZfG 10(1962), S. 1255–1514, schließlich: Beiträge zum nationalen Geschichtsbild der deutschen Arbeiterklasse.

konzeption« aber schon Ende der fünfziger Jahre (V. SED-Parteitag) bekannt.[16]

Nach dem V. Parteitag der SED, der vom 10. bis 16. Juli 1958 in Berlin stattfand, bemühte sich die SED-Führung mit Blick auf die Geschichtswissenschaft um zwei Dinge. Zum einen sollten die Auseinandersetzungen um »revisionistische und objektivistische Tendenzen« endgültig beendet werden. Zum anderen kam der Geschichtswissenschaft bei der Entwicklung eines »sozialistischen Bewußtseins« und dem erneut forcierten »Aufbau des Sozialismus« eine besondere Aufgabe zu.[17] Bis 1961 sollte die DDR die Bundesrepublik »überholen ohne (sie) einzuholen«.[18] Dazu bedurfte es nicht nur ökonomischer und politischer Anstrengungen, sondern ebenso ideologischer Eingriffe, um ein »neues Bewußtsein« bei den Menschen herauszubilden.

Im Dezember 1958 trafen sich die wichtigsten SED-Historiker zu einer politischen Konferenz im Haus des SED-Zentralkomitees.[19] Die Versammlung war von der ZK-Abteilung Wissenschaften vorbereitet worden. An ihr nahmen als Diskussionsredner u. a. Leo Stern, Ernst Engelberg, Walter Bartel, Erich Paterna, Felix-Heinrich Gentzen, Karl Obermann, Ernst Hoffmann, Gerhard Schilfert und Joachim Streisand sowie aus dem Parteiapparat Kurt Hager, Ludwig Einicke und Johannes Hörnig teil.[20] Das *richtungweisende* Referat hielt Walter Ulbricht. Als taktische Regiemaßnahme war es zu verstehen, daß der SED-Chef erst nach Stern, Engelberg und Bartel sprach. Wahrscheinlich wollte er es sich offen halten, auf eventuelle »Unklarheiten« in den vorbereiteten Referaten reagieren zu können.[21]

Gleich zu Beginn wies Ulbricht den Historikern ihre Aufgabe zu: »Die Geschichtswissenschaft hat deshalb eine besondere Aufgabe, weil die richtige Darstellung der deutschen Geschichte, besonders die Geschichte der letzten hundert Jahre von Bedeutung ist für den Kampf gegen die ganze imperialistische Ideologie in Deutschland.«[22] Ulbricht monierte, daß die imperialistische Geschichtsschreibung eine ausgefeilte Konzeption

---

16 Vgl. Der Sozialismus siegt.
17 Vgl. dazu Weber: Geschichte der DDR, S. 297–314; sowie Protokoll der Verhandlungen des V. Parteitages der SED, S. 22ff.
18 Hager verlegt diese Formel in seinen Memoiren irrtümlicherweise auf die Zeit nach dem VII. Parteitag (1967) und nennt als geistigen Vater den Chemiker und ehemaligen Vorsitzenden des Forschungsrates der DDR, Peter Adolf Thiessen; vgl. Hager: Erinnerungen, S. 278.
19 Vgl. auch: Die ideologische Offensive der Partei und die Historiker. Zu einer Beratung mit Genossen Historikern, in: ND vom 28.12.1958, S. 6.
20 Stenographische Niederschrift der Beratung der Abteilung Wissenschaften beim ZK mit Genossen Historikern im großen Sitzungsaal des Zentralhauses der Einheit am Mittwoch, dem 17. Dezember 1958. SAPMO B-Arch, DY 30, IV 2/101/392.
21 Veröffentlicht wurde Engelberg: NATO-Politik und westdeutsche Historiographie.
22 Stenografische Niederschrift der Beratung der Abteilung Wissenschaften beim ZK mit Genossen Historikern im großen Sitzungsaal des Zentralhauses der Einheit am Mittwoch, dem 17. Dezember 1958. SAPMO B-Arch, DY 30, IV 2/101/392, Bl. 60.

besitze, die vom Ordinarius bis zum Dorfschullehrer angewandt werden würde. Die Historiker in der DDR dagegen verfügten über keine nationale Gegenkonzeption: »Unser Eindruck ist, daß die Hauptkonzeption fehlt. Einzelne Arbeiten sind vorhanden. Sie sind unabhängig voneinander geschrieben und nicht genügend durch die Hauptidee miteinander verbunden. Aber auf die Hauptidee kommt es an.«[23] Jede historische Arbeit müsse von der nationalen Frage ausgehen, die darin bestünde, den »deutschen Imperialismus und Militarismus« zu überwinden und zu liquidieren.[24] Die Historiker hätten zu beweisen, »daß die DDR der gesetzmäßige deutsche Staat« sei.[25]

Ulbricht hatte schon bei früheren Gelegenheiten gefordert, daß sich die Historiker auf die Gegenwart orientieren müßten. Das Wissenschaftsverständnis der SED-Führung trat offen hervor, als Ulbricht 1955 kritisierte: »Unsere Geschichtsforscher befassen sich zu sehr mit Fragen der Vergangenheit.«[26]

Hier tritt deutlich der Anspruch zutage, die historische Forschung allein auf die politischen Bedürfnisse der SED-Führung auszurichten. Tatsächlich entzogen sich diesem Ansinnen seit 1960 immer weniger Historiker. Wie schon am Beispiel der Verteilung der Dissertationsthemen gezeigt wurde, dominierten ab den sechziger Jahren historische Themen aus der Zeitgeschichte.[27] Anläßlich des 10. Jahrestages der DDR-Gründung entfachte die SED eine »historische Großoffensive«: Eine große wissenschaftliche Konferenz zur DDR-Geschichte fand statt, Historiker verfaßten unzählige Artikel in Tageszeitungen und Fachzeitschriften[28], und es erschien erstmals eine Gesamtdarstellung der »antifaschistisch-demokratischen Umwälzung« zwischen 1945 und 1949.[29] Stefan Doernberg, der Autor dieser Monographie, ließ keinen Zweifel daran, warum eine solche Studie notwendig sei. Es ging ihm darum, einen Beitrag »für die restlose Lösung der nationalen Lebensfrage« zu leisten. Dem verschrieb er sich auch mit seiner 1964 erstmalig erschienenen Gesamtdarstellung der DDR-Geschichte.[30] Allerdings sollte bei Doernbergs erster Monographie nicht unterschlagen werden, daß sie im Gegensatz zu den meisten anderen damals veröffentlichten Arbeiten über die Geschichte seit 1945 nicht nur ideologische Allgemeinplätze verbreitete, sondern darüber hinaus auf einer ansehnlichen empirischen Grundlage basierte, die der Autor vor den Augen des Lesers ausbreitete. Dadurch bietet dieses Buch

23 Ebenda.
24 Ebenda, Bl. 61, 65.
25 Ebenda, Bl. 61.
26 ZK-Abt. Wissenschaften, Aktennotiz (Ulbricht zu Fragen der Geschichtsforschung am 25.4.1955), 12.5.1955. Ebenda, IV 2/904/111, Bl. 212.
27 Vgl. oben S. 286.
28 Vgl. z. B. das dem 10. Jahrestag gewidmete Heft 7 der ZfG 1959.
29 Vgl. Doernberg: Die Geburt eines neuen Deutschland.
30 Vgl. Ders.: Kurze Geschichte der DDR.

auch heute noch durchaus interessante Details.[31] Neben der Studie von Doernberg waren weitere Bücher der »nationalen Grundkonzeption« besonders verpflichtet. Dazu zählen zum Beispiel allein aus dem Jahr 1959 die ersten Hochschullehrbuchbeiträge, ein Sammelband über den Beginn des Zweiten Weltkrieges, eine biographische Studie über Franz Mehring, eine Monographie über die Anfänge der deutschen Kolonialpolitik in Ostafrika, Engelbergs Arbeit über die Zeit des deutschen Sozialistengesetzes oder ein Beitrag zur Geschichte der Leuna-Werke.[32] Allerdings mußten die Verantwortlichen im ZK-Apparat selbst einschätzen, daß diese Bücher nur von einem sehr begrenzten Leserkreis zur Kenntnis genommen würden und von einer Massenwirksamkeit nicht gesprochen werden könne.[33] Damit war ein Grundproblem der gesamten weiteren Entwicklung angesprochen. Zwar wurden die meisten Bücher mit historischen Themen, außerhalb der Wissenschaftsverlage im engeren Sinne (Akademie, Verlag der Deutschen Wissenschaften, Böhlau), mit einer vergleichsweise hohen Auflage produziert, aber die wenigsten Bücher erzielten ihren politischen Zweck, weil sie außerhalb der engeren Fachkreise nicht zur Kenntnis genommen wurden. Das aber war ein von der SED-Führung gestecktes Ziel. Die hohen Auflagen erklären sich damit, daß die Apparate der SED und ihrer Massenorganisationen Pflichtabnehmer solcher Bücher waren. Man sollte sich nicht von einigen späteren »Bestsellern«, wie den Biographien über Luther, Friedrich II. oder Bismarck in den achtziger Jahren, darüber täuschen lassen, daß die Masse der geschichtswissenschaftlichen Bücher ihre Leserschaft in der DDR nicht erreichte. Freilich verfehlten sie dennoch nicht ihren ideologischen Zweck: Denn in der Schule bildeten sie ebenso die Grundlage des Geschichts- und Staatsbürgerkundeunterrichts wie in den politischen Schulungen der Parteien und Massenorganisationen, in der Berufs-, Fachschul- und Universitätsausbildung. Allerdings muß auch hier relativiert werden, denn die meisten Schüler und Studenten bewahrten sich über die Jahre und Jahrzehnte ihren gesunden Menschenverstand. Schon 1957 mußte Kurt Hager beispielsweise einräumen, daß ein »großer Teil« der Studierenden die offiziellen Einschätzungen zur Geschichte der deutschen Arbeiterbewegung und zur Parteigeschichte »anzweifle« und sich statt dessen anhand der »feindlichen Literatur«, etwa anhand von Wolfgang Leonhard, orientiere.[34]

---

31 Im Gegensatz etwa zu einer anderen Arbeit des Autors; vgl. Ders.: Die volksdemokratische Revolution auf dem Gebiet der DDR.
32 Vgl. Schilfert: Deutschland von 1648 bis 1789; Streisand: Deutschland von 1789 bis 1815; Engelberg: Deutschland von 1849 bis 1871; Spiru (Hrsg.): September 1939; Schleifstein: Franz Mehring; Müller: Die Anfänge der deutschen Kolonialpolitik in Ostafrika; Engelberg: Revolutionäre Politik und Rote Feldpost; Autorenkollektiv der SED-Kreisleitung VEB Leuna-Werke »Walter Ulbricht«: Befreites Leuna.
33 ZK-Abt. Wissenschaften, Geschichtswissenschaft (Einschätzung), 14.1.1960. SAPMO B-Arch, DY 30, IV 2/904/101, Bl. 280.
34 Protokoll Nr. 19/57 der Sitzung des Sekretariats des ZK am 9. Mai 1957. Ebenda, I IV 2/3/560, Bl. 16.

Im Laufe der Jahre 1960 und 1961 erneuerte die SED-Führung mehrmals ihre Ansprüche an die Geschichtsforschung. Im Dezember 1960 hieß es in Vorbereitung einer Konferenz beim ZK mit Historikern, die dann im Januar 1961 stattfand,[35] in einem Arbeitspapier: Für die Geschichtswissenschaft der DDR ergibt sich »die Aufgabe, die nationale Grundkonzeption unserer Partei historisch zu begründen als den genauen wissenschaftlichen Ausdruck der Bedürfnisse der gesetzmässigen historischen Entwicklung Deutschlands im 20. Jahrhundert ... Diese Aufgabe bedeutet die Ausarbeitung eines geschlossenen wissenschaftlichen nationalen Gesamtbildes der Geschichte Deutschlands und der Geschichte der deutschen Arbeiterbewegung, vor allem der Geschichte der DDR. [...] Durch die Lösung dieser Aufgabe hilft unsere Geschichtswissenschaft, die Arbeiterklasse und die friedlichen, demokratischen patriotischen Menschen ganz Deutschlands mit der DDR als der Hauptbastion zusammenzuschliessen zum Kampf um die Lösung der nationalen Lebensinteressen; hilft sie, das sozialistische Bewusstsein der Bevölkerung der DDR zu entwickeln und sie für die Erfüllung des Siebenjahrplanes zu mobilisieren und die Bevölkerung Westdeutschlands und Westberlins vom Einfluss der imperialistischen Ideologie zu befreien und sie für den Kampf um den friedlichen, demokratischen Entwicklungsweg zu gewinnen.«[36] Um das umsetzen zu können, förderte die SED-Führung die »fähigsten und klarsten Nachwuchskader«. Dazu zählte der ZK-Apparat Anfang 1960 u. a.: Ernst Diehl, Rolf Dlubek, Herwig Förder, Horst Bartel, Dieter Fricke, Walter Schmidt, Wolfgang Schumann, Heinrich Scheel und Heinz Heitzer.[37] Das waren nicht zufällig jene Personen, die die DDR-Geschichtswissenschaft bis 1989 prägten und nachhaltig beeinflußten.[38]

Die Historiker bemühten sich, diese Vorgaben in ihren Arbeiten umzusetzen. Vor allem im »Grundriß« und in der 1966 erschienenen achtbändigen »Geschichte der deutschen Arbeiterbewegung« fanden diese Bemühungen ihren sinnfälligsten Niederschlag.[39] Das Jahr 1961 bot darüber hinaus die Möglichkeit zu einer erneuten politischen Bewährungsprobe.

Während 1953 und 1956/58 Diskussionen und Auseinandersetzungen stattfanden sowie Repressionsmaßnahmen gegen einzelne Historiker er-

---

35 Dazu: Für die Beratung mit den Genossen Historikern am 20.1.1961, 18.1.1961. Ebenda, IV 2/904/140, Bl. 3–12; ZK-Abt. Wissenschaften, Information an Gen. Hager über die Beratung mit Historikern am 20.1., 21.1.1961. Ebenda, Bl. 13–14; Büro Ulbricht, Information, 23.1.1962. Ebenda, NY 4182/1364, Bl. 185–187.
36 (Ernst Hoffmann), Aufgaben der Geschichtswissenschaft der DDR auf Grund der neuen Lage in der Welt und in Deutschland, 13.12.1960. Ebenda, IV 2/904/104, Bl. 42.
37 ZK-Abt. Wissenschaften, Geschichtswissenschaft (Einschätzung), 14.1.1960. Ebenda, IV 2/904/101, Bl. 284.
38 Freilich ist damit noch nicht die gesamte Leitungsebene der DDR-Geschichtswissenschaft zwischen 1960 und 1989 umrissen, aber einige der einflußreichsten sind genannt. Förder und Bartel starben schon vor 1989.
39 Vgl. oben S. 258–260.

folgten, fehlten diese im Umfeld des Mauerbaus bei der Historikerschaft in vergleichbaren Ausmaßen.

Der Mauerbau zog zwei kurzfristige Konsequenzen an den Universitäten und Hochschulen nach sich.[40] Zum einen flüchteten mehrere tausend Universitätsangehörige, vom Professor bis zum Studenten und Angestellten. Allein an der Berliner Charité fehlten nach dem 13. August über fünfzig Ärzte, nahezu jeder zehnte der dort beschäftigten.[41] Das hing aber auch damit zusammen, daß gerade in Berlin eine Reihe Mediziner, Natur- und Agrarwissenschaftler im Westteil der Stadt wohnten.[42] Im unmittelbaren zeitlichen Umfeld des 13. August 1961 flohen mehr Studenten und Wissenschaftler als in den Jahren 1959 oder 1960 insgesamt.[43] Von der Humboldt-Universität zum Beispiel verließen vom Januar bis November 1961 insgesamt 623 Universitätsangehörige die DDR, davon allein 379 nach dem Mauerbau, was mehr waren als im gesamten Jahr 1960. Die Masse der Flüchtlinge kam von der medizinischen Fakultät.[44]

Die zweite kurzfristige Folge der Absperrmaßnahmen waren scharfe Auseinandersetzungen der SED mit einzelnen Personen, die sich kritisch gegenüber der kommunistischen Politik äußerten. An der Humboldt-Universität zu Berlin kam es nach dem 13. August 1961 zu siebenundfünfzig parteiinternen Verfahren. Die meisten wurden gegen Studenten durchgeführt, wobei etwa sechzig bis siebzig Prozent aller Parteiverfahren mit dem Parteiausschluß endeten.[45] Die Gründe waren in aller Regel politischer Natur, wobei auch gegen republikflüchtige Genossen Parteiverfahren mit anschließendem Ausschluß durchgeführt wurden. Das betraf im gesamten Jahr 1961 fünfzehn Angehörige der Universität. Die Mitgliederzahl blieb in etwa konstant, da zum Beispiel nach dem 13. August 1961 an der Humboldt-Universität fünfundfünfzig Personen um Aufnahme in die SED baten, davon die absolute Mehrheit Studenten aus gesellschaftswissenschaftlichen Bereichen.[46] Die unterschiedliche Situation Anfang der sechziger Jahre innerhalb der Studentenschaft spiegelt sich u. a. darin wi-

---

40 SAPMO B-Arch, DY 30, IV 2/904/431; 436; 495; 558.
41 SED-Parteileitung Humboldt-Universität, Bericht über das Anlaufen des Studienjahres 1961/62, 11.9.1961. Ebenda, IV 2/904/495, Bl. 70.
42 Es gab aber auch an anderen Universitäten (Leipzig, Halle, Jena) Ordinarien, die offiziell ihren Hauptwohnsitz in Westdeutschland hatten.
43 1959 flohen von den Universitäten und Hochschulen 43 Professoren/Dozenten, 175 Assistenten und 552 Studierende, 1960 waren es in dieser Reihenfolge mindestens 52/184/484. Allerdings markieren diese Zahlen nur Tendenzen. ZK-Abt. Wissenschaften, Zusammenstellung wichtiger Argumente der wissenschaftlichen Intelligenz, 9.12.1960. SAPMO B-Arch, DY 30, IV 2/904/45, Bl. 244.
44 SED-Parteileitung Humboldt-Universität, Einschätzung der Lage der Parteiorganisation an der Humboldt-Universität, 13.11.1961. Ebenda, IV 2/904/495, Bl. 146.
45 SED-Parteileitung Humboldt-Universität, Stärke der Parteiorganisation, 4.1.1962. Ebenda, Bl. 201.
46 Ebenda, Bl. 199.

der, daß an der Karl-Marx-Universität Leipzig nach dem 13. August 1961 allein 187 Studenten um Mitgliedschaft in der SED ersuchten.[47]

Die eigentlichen Auseinandersetzungen spielten sich jedoch zwischen SED-Leitungen und staatlichen Behörden (SfH, MfS) einerseits und Universitätsmitgliedern, die nicht der SED angehörten, andererseits ab.[48] Es kam an allen Universitäten und Hochschulen zu Relegationen und Exmatrikulationen, allein an der Universität in Leipzig bis zum 22. September 1961 zu insgesamt vierundfünfzig.[49] Die Gründe waren allesamt politischer Natur, es wurden auch einige der exmatrikulierten Studenten vom MfS verhaftet und verurteilt. An der Humboldt-Universität betraf das bis zum 11. September 1961 mindestens fünfzehn Studierende.[50]

An den Universitäten und Hochschulen wurden Studenten vor allem exmatrikuliert, weil sie sich weigerten, den Wehrdienst zu leisten. Bezeichnenderweise schlug der Nationale Verteidigungsrat der DDR in seiner erster Sitzung nach dem 13. August 1961, am 28. August, dem Politbüro vor, das Gesetz über die Allgemeine Wehrpflicht zu bestätigen.[51] Ein solches Gesetz trat am 24. Januar 1962 in Kraft. Eine Reihe christlicher Studenten, vor allem von den Theologischen Fakultäten, verweigerten den Wehrdienst, wobei sie die Einführung eines sozialen Ersatzdienstes forderten.[52]

Schon vor der Verabschiedung des Wehrdienstgesetzes entfachten die SED und die von ihr angeleitete FDJ im September 1961 an allen Hochschuleinrichtungen Kampagnen, um die Studenten für den »freiwilligen Ehrendienst« in der NVA zu mobilisieren. In Leipzig wurde sogar der Beschluß gefaßt, »daß alle Arbeiter und Angestellten der Karl-Marx-Universität im Alter von 18 bis 23 Jahren ihren Ehrendienst in den bewaffneten Kräften der Arbeiter- und Bauernmacht aufnehmen«.[53]

Nach anfänglichem Zögern der Studierenden, in Dresden hatten sich zum Beispiel am 11. September 1961 erst knapp die Hälfte der Studierenden für den Wehrdienst bereit erklärt, konnte schon bald gemeldet werden,[54] daß rund neunzig Prozent der Studenten Wehrdienst in der NVA

---

47 SfH, Vertrauliche Kollegiumsvorlage: Die politisch-ideologische Situation unter den Studierenden und die wichtigsten Schlußfolgerungen für die Verbesserung der sozialistischen Erziehung an den Universitäten, Hoch- und Fachschulen, o. D. Ebenda, IV 2/904/431, Bl. 58v.
48 Vgl. dazu auch Jänicke: Der dritte Weg, S. 209–213.
49 SED-Parteileitung Karl-Marx-Universität Leipzig, Einschätzung der politischen Arbeit unter den Studenten, 23.9.1961. SAPMO B-Arch, DY 30, IV 2/904/558, Bl. 262.
50 SED-Parteileitung Humboldt-Universität, Bericht über das Anlaufen des Studienjahres 1961/62, 11.9.1961. Ebenda, IV 2/904/495, Bl. 73; SED-Parteileitung Humboldt-Universität, Nachtrag zum Bericht über das Anlaufen des Studienjahres 1961/62 vom 11.9.1961, 12.9.1961. Ebenda, Bl. 78–79.
51 Wenzel: Kriegsbereit, S. 210.
52 SAPMO B-Arch, DY 30, IV 2/904/582.
53 O. Verf., Gemeinsamer Beschluß, 21.8.1961. Ebenda, IV 2/904/558, Bl. 187.
54 Bericht über die politisch-ideologische Situation unter den Studenten an den Universitäten und Hochschulen in der Woche vom 11.9.–16.9., 15.9.1961. Ebenda, IV 2/904/431, Bl. 1.

leisten würden.⁵⁵ Die Berichterstatter gaben allerdings selbst zu, daß die hohen Prozentzahlen »nicht darüber hinwegtäuschen (dürfen), daß bei vielen Studenten noch erhebliche Unklarheiten bestehen«.⁵⁶ Vor allem äußerten immer wieder viele Studenten, daß sie nicht auf ihre »deutschen Brüder und Schwestern« schießen würden.⁵⁷

Aber nicht nur die Männer, sondern auch die Frauen wurden zu »Schutzaufgaben« zwangsverpflichtet. In einem Bericht über die Humboldt-Universität heißt es: »Die Genossen und Jugendfreunde der Institute für Asien- und Afrikakunde gingen der Auseinandersetzung aus dem Wege, indem sie festlegen wollten, daß alle Studentinnen, die sich nicht bereiterklärten, Mitglied der Ordungsgruppen zu werden, zu exmatrikulieren [sind].«⁵⁸ Der enorme Druck, der auf allen Studenten und Studentinnen nach dem Mauerbau lastete, wird hier anschaulich. 1961 gab es im Gegensatz zu 1953 oder 1956/57 kaum graduelle Unterschiede im Verhalten zwischen den einzelnen sozialen Gruppen und Schichten, die Ablehnung des Mauerbaus war allgemeiner Natur.⁵⁹ An den Universitäten gab es aus zwei verschiedenen Gründen Unruheherde. Zum einen sollte gerade die studentische Jugend ihre ideologische »Feuertaufe« bestehen, indem sie sich als »Avantgarde« an der weiteren Militarisierung der Gesellschaft beteiligte – eine Vorgabe der SED-Führung, die trotz beachtlicher Widerstände weitgehend und schnell umgesetzt wurde. Zum anderen erfolgten eine Reihe politischer Auseinandersetzungen mit Hochschullehrern, die durch den Bau der Mauer ihre wissenschaftliche Arbeit bedroht sahen. Vor allem Naturwissenschaftler, Human- und Veterinärmediziner befürchteten, daß sie in Zukunft vom westdeutschen und internationalen Wissenschaftsbetrieb vollends isoliert sein würden. Weil der Mauerbau die Arbeitsbedingungen der Wissenschaftler in einem höheren Maße als die der Arbeiter beeinträchtigte, kam es nach dem 13. August 1961 an den Universitäten teilweise sogar zu schärferen Auseinandersetzungen als in den Betrieben. Dafür gäbe es Beispiele aus allen Universitäten und Hochschulen. In Jena flüchtete nach jahrelangen Auseinandersetzungen der angesehene Mathematiker Walter Brödel noch nach dem Mauerbau in den We-

---

55 SfH, Vertrauliche Kollegiumsvorlage: Die politisch-ideologische Situation unter den Studierenden und die wichtigsten Schlußfolgerungen für die Verbesserung der sozialistischen Erziehung an den Universitäten, Hoch- und Fachschulen, o. D. Ebenda, Bl. 62.
56 Ebenda.
57 Das galt für alle Fakultäten, aber insbesondere für die Theologischen Fakultäten. An der entsprechenden Fakultät in Jena erklärten sich zum Beispiel im Herbst 1961 zwei Studenten für den freiwilligen Dienst bereit, woraufhin sie von ihren Kommilitonen »geschnitten« wurden. Ebenda, IV 2/904/582, Bl. 566.
58 ZK-Abt. Agitation und Propaganda, Information über die Lage an der Humboldt-Universität, 19.9.1961. Ebenda , IV 2/904/495, Bl. 89.
59 Vgl. z. B. aus der Fülle der Materialien: ZK-Abt. Parteiorgane, Information über den politisch-ideologischen Zustand der Arbeiterklasse und der einzelnen Bevölkerungsschichten vor und nach dem 13.8.1961 und über die Führungstätigkeit der Parteiorgane, 22.9.1961. Ebenda, IV 2/5/295, Bl. 235–257. Vgl. aus der Literatur z. B.: Mitter/Wolle: Untergang auf Raten; Major: »Mit Panzern kann man doch nicht für den Frieden sein«.

sten.⁶⁰ Schon vorher war seine fristlose Entlassung beschlossen worden, die mit der Aberkennung des Professorentitels verbunden war.⁶¹ Ihm hielt die SED staatsfeindliches Verhalten vor. Er hätte Positionen der NATO vertreten. Brödel kritisierte mit einer ungewöhnlichen Schärfe die DDR. So verglich er die Methoden der SED mit denen der NSDAP. Entscheidend war, daß er sich mit den kommunistischen Machthabern nicht arrangieren wollte und statt dessen auf der Freiheit des Wortes, der Lehre und der Forschung beharrte, eine Position, die ihn in logischer Konsequenz zum Staatsfeind machte.⁶²

Der »Fall Brödel« offenbarte zugleich die agitatorische und propagandistische Maschinerie des SED-Staates. An der Universität waren beinahe einhundert Agitatoren eingesetzt, um die Universitätsangehörigen über das »schändliche Treiben« eines ihrer Mitglieder aufzuklären. Dazu kamen Zeitungsartikel, Flugblätter und die obligatorischen Stellungnahmen, auch aus Großbetrieben Jenas.⁶³ Die Historiker der Universität forderten pflichtgemäß, »Prof. Brödel jede Möglichkeit zu entziehen, an unserer Universität weiterhin gegen unsere gemeinsamen Aufgaben und Ziele zu wirken«.⁶⁴

Von den Historikern sind keine Beispiele überliefert, die eine erwähnenswerte Opposition gegen den Mauerbau erkennen lassen würden. Die SED-Grundorganisation der Leipziger Historiker war kurze Zeit Gegenstand der Kritik, weil bei einigen Studenten im Erntelager ideologische Schwankungen aufgetreten waren.⁶⁵ In Berlin hielt die Parteileitung Gerhard Schilfert vor, daß er mit seinem Auftreten »kein Verständnis für unsere Politik bezüglich Reisen (Kongreßreisen)« gezeigt hätte.⁶⁶ In Greifswald kam es in der zweiten Hälfte des Jahres 1961 und Anfang 1962 zwischen dort tätigen Historikern einerseits sowie zwischen SED-Funktionären der Universitäten Greifswald und Rostock und denen übergeordneter Parteiapparate andererseits zu Auseinandersetzungen, die auch im Zusammenhang mit dem Mauerbau standen. Einigen Historikern hielt man vor, daß sie »die Trennung von Wissenschaft und Politik zur herrschenden Manier am Institut« zu verantworten hätten.⁶⁷ Unter anderem

---

60 Er war – wie eine Reihe anderer Hochschullehrer – westdeutscher Staatsbürger mit Hauptwohnsitz in der Bundesrepublik.
61 Der »Fall Brödel«: SAPMO B-Arch, DY 30, IV 2/904/583, Bl. 19–42.
62 Vgl. auch knapp Mühlen: Der »Eisenberger Kreis«, S. 199–202.
63 SAPMO B-Arch, DY 30, IV 2/904/583, Bl. 41–42. Ein Flugblatt ist abgedruckt in: Vergangenheitsklärung an der Friedrich-Schiller-Universität Jena, S. 333–335, sowie die Mitteilung des Rektorats zum »Fall Brödel« (S. 336).
64 SAPMO B-Arch, DY 30, IV 2/904/583, Bl. 42.
65 KMU, SED-Parteileitung, Zur politischen Lage an der Universität, 4.9.1961. Ebenda, IV 2/904/558, Bl. 204, 213; KMU, SED-Parteileitung, Informationsbericht, 8.9.1961 Ebenda, Bl. 218.
66 HUB, SED-Parteileitung, Information: Zusammenfassung vom 16. August 1961, 17.8.1961. Ebenda, IV 2/904/495, Bl. 63.
67 Bericht an das Büro der Bezirksleitung der SED über die Lage der Grundorganisation des Historischen Instituts der Universität Greifswald (Anfang 1962). Ebenda, IV

warf man Johannes Schildhauer, Konrad Fritze und Jan Peters vor, daß ihre Lehrveranstaltungen »der leidenschaftlichen Parteinahme für die Sache des Sozialismus« entbehrten, daß Fritze und Peters ihre gegen die DDR gerichteten *Schwankungen* aus den Jahren 1956/58 nicht überwunden hätten und daß Peters, der im Exil seiner Eltern, in Schweden, geboren worden war, dieses skandinavische Land »als seine eigentliche Heimat« betrachtete und »nur schwer die Illusionen über den schwedischen Kapitalismus« überwinde.[68] »Es muß ernst eingeschätzt werden, daß er auch nach dem 13. August, obgleich er während eines Aufenthaltes in Schweden die Hetze gegen die DDR erlebte, in dieser Frage keine klare Haltung hatte.«[69] Die Funktionäre eröffneten gegen die genannten und weitere Historiker im Dezember 1961 ein Parteiverfahren, u. a. weil sie »objektiv als eine Gruppe in Erscheinung« getreten wären.[70] Offensichtlich ging es bei diesen Auseinandersetzungen aber vor allem um das Verhältnis zwischen Politik und Wissenschaft und um das Verhältnis der einzelnen historischen Epochen zueinander. Denn Greifswald stand auch deshalb im Zentrum des Interesses, weil hier das Leitinstitut für die marxistisch-leninistische Hanse- und Ostseegeschichtsforschung entstehen sollte. Dieses Ziel hatte zwar Johannes Schildhauer beharrlich verfolgt – und in den folgenden Jahrzehnten auch eine Vielzahl eigener beachtenswerter Studien vorgelegt und von Schülern und Mitarbeitern erarbeiten lassen –, aber die SED-Funktionäre hielten den Historikern vor, daß sie sich zu sehr mit dem Mittelalter beschäftigen und die jüngste Geschichte darüber vollkommen vernachlässigen würden. Bei jüngeren Historikern, die sich mit der jüngsten Geschichte befassen, würden Fritze und Peters dagegen nur nach Fehlern in deren Arbeiten suchen.[71] Die Auseinandersetzungen hatten letztlich kaum Folgen. Inwieweit sie einen Stellenwert für die DDR-Hansegeschichtsforschung beanspruchen, müßte erforscht werden. Für die beteiligten Personen sind biographische Brüche, die mit diesen Vorgängen zusammenhängen, nicht bekannt geworden. Ein Historiker, der ebenfalls zu dieser Zeit attackiert worden war, weil seine Dissertation revisionistische Züge getragen hätte, war später sogar Rektor der

---

2/904/520, Bl. 64; vgl. auch: ZK-Abt. Parteiorgane, Information über die Beratung mit den Parteisekretären der Universitäten und Hochschulen durch die Abteilung Wissenschaften beim ZK, 8.1.1962. Ebenda, IV 2/5/296, Bl. 1–2.

68 Parteileitung der Grundorganisation Historisches Institut in Greifswald, Vorlage für das Büro der Bezirksleitung der SED in Rostock (Anfang 1962). Ebenda, IV 2/904/80, Bl. 63–64.

69 Bericht an das Büro der Bezirksleitung der SED über die Lage der Grundorganisation des Historischen Instituts der Universität Greifswald (Anfang 1962). Ebenda, IV 2/904/520, Bl. 64.

70 Parteileitung der Grundorganisation Historisches Institut in Greifswald, Vorlage für das Büro der Bezirksleitung der SED in Rostock (Anfang 1962). Ebenda, IV 2/904/80, Bl. 65.

71 Bericht an das Büro der Bezirksleitung der SED über die Lage der Grundorganisation des Historischen Instituts der Universität Greifswald (Anfang 1962). Ebenda, IV 2/904/520, Bl. 64.

Universität Greifswald. Dagegen sind zwei Studenten des 4. Studienjahres exmatrikuliert worden, weil sie »offen mit feindlichen Argumenten auftraten. [...] Sie arbeiten jetzt auf der Volkswerft in Stralsund.«[72]

Im Gegensatz zu den medizinischen, veterinärmedizinischen und naturwissenschaftlichen Fakultäten, in denen »in breitem Umfang Unverständnis für die Massnahmen vom 13. August« herrschte,[73] zählten die Historischen Institute insgesamt zu den ideologischen Vorposten an den Universitäten. Die Historiker gehörten darüber hinaus zu den wichtigsten geistigen Vorkämpfern und den ideologischen Maurern der Mauer.

Schon vor dem Mauerbau waren Historiker wie Zschäbitz, Brendler, Spiru und Markov in sogenannten Fakultätskomitees »gegen den Menschenhandel« engagiert, die Anfang August gebildet worden waren.[74] Nach dem Mauerbau bekannte sich ein »weltoffener Historiker« wie Walter Markov »vorbehaltos und öffentlich zur Politik von Partei und Regierung«.[75] Auch Ernst Werner, der renommierte Mittelalterhistoriker, trug »wesentlich zur Klärung der politischen Grundfragen bei«.[76] In Berlin warfen die »Genossen Historiker« die Frage auf: »Warum gibt es bei uns an der Universität keine Kampfgruppe? Es sei notwendig, daß auch wir über einen festen Einsatzstamm verfügen, der notfalls mit Waffen umzugehen versteht.«[77] Schon Jahre zuvor war von den Historikern der Humboldt-Universität zu Berlin an Kurt Hager gemeldet worden: »Bei den Historikern gibt es die Auffassung, dass zur Wiedervereinigung ein bewaffnetes Eingreifen der DDR notwendig sein wird.«[78]

In den Universitätszeitungen und Tageszeitungen erwiesen sich viele Historiker als getreue Gefolgsleute der SED-Führung. Kurt Goßweiler befruchtete zum Beispiel die Debatte mit einem Beitrag über »Walter Ulbricht – der beste Repräsentant des deutschen Volkes«.[79] In der Zeit-

---

72 Parteileitung der Grundorganisation Historisches Institut in Greifswald, Vorlage für das Büro der Bezirksleitung der SED in Rostock (Anfang 1962). Ebenda, IV 2/904/80, Bl. 64.
73 KMU, SED-Parteileitung, Einschätzung der politischen Arbeit unter den Studenten, 23.9.1961 Ebenda, IV 2/904/558, Bl. 249.
74 KMU, SED-Parteileitung, Bericht über die Durchführung der außerordentlichen Mitgliederversammlungen in den Parteiorganisationen der Karl-Marx-Universität, 11.8.1961. Ebenda, Bl. 151–156; KMU, SED-Parteileitung, Sonderinformation über die politisch-ideologische Haltung von Professoren der Karl-Marx-Universität zu den gegenwärtigen Massnahmen, 11.8.1961. Ebenda, Bl. 157–162.
75 KMU, SED-Parteileitung, Zur politischen Lage an der Universität, 4.9.1961. Ebenda, Bl. 208.
76 KMU, SED-Parteileitung, Einschätzung der politischen Arbeit unter den Studenten, 23.9.1961. Ebenda, Bl. 268.
77 HUB, SED-Parteileitung, Information: Zusammenfassung vom 16. August 1961, 17.8.1961. Ebenda, IV 2/904/495, Bl. 65–66.
78 ZK-Abt. Wissenschaften, Hinweise für Gen. Hager, 20.9.1957. Ebenda, IV 2/904/46, Bl. 142.
79 HUB, SED-Parteileitung, Information: Zusammenfassung vom 16. August 1961, 17.8.1961. Ebenda, IV 2/904/495, Bl. 65.

schrift für Geschichtswissenschaft kamen »spontan« Rolf Rudolph, Ernst Engelberg, Ernst Hoffmann, Walter Nimtz, Karl Obermann, Karl-Heinz Otto, Erich Paterna, Heinrich Scheel und Gerhard Schilfert mit apologetischen Beiträgen zum Mauerbau zu Wort.[80] Auch der »bürgerliche« Historiker Eduard Winter erteilte in der ZfG den »politischen und ideologischen Dunkelmännern der Vergangenheit, die sich in Westdeutschland wieder die Macht erschlichen haben«, eine Absage.[81] Jürgen Kuczynski schließlich versuchte sich mit einem – wie zumeist – unaufgefordert an die ZK-Abteilung Wissenschaften eingesandten Beitrag zu rehabilitieren.[82] Unter der Überschrift »Wanderer zwischen zwei Welten« verkündete er im *Neuen Deutschland*: »Hell wach und ohne Zögern gilt es heute Stellung zu nehmen gegen das Regime derer, die im Westen unseres Deutschlands zum Kriege hetzen, für das Regime derer, die im Osten unseres Vaterlandes für Frieden und Wohlstand wirken, für unsere Regierung, für unseren Staat, die Deutsche Demokratische Republik.«[83]

Mit der Errichtung der Mauer stand die SED-Führung vor einer Reihe neuer Probleme. Sie hatte zwar eine scheinbare Stabilität erreichen, aber damit nicht das Problem lösen können, weiterhin gegen die Mehrheit der Bevölkerung regieren zu müssen. Damit im Zusammenhang stellte sich erneut als akutes Problem die Legitimationsfrage. Im folgenden können nur skizzenartig Striche gezeichnet werden, die einige Probleme der folgenden, fast drei Jahrzehnte währenden Zeit umreißen.

Die deutsche Nation und die SED-Historiker nach dem Mauerbau[84]

Der VIII. Parteitag der SED, der vom 15. bis 19. Juni 1971 stattfand, ist in der DDR als zäsurbildendes Ereignis angesehen worden. Hier begann offiziell die »Ära Honecker«. Der Parteitag sanktionierte außerdem die »ruhmreiche« Wirtschafts- und Sozialpolitik, die am Ende ein bankrottes Land zurückließ. In der Kunst und Kultur gab es vorsichtige Liberalisierungstendenzen – so zumindest die Wahrnehmung vieler Zeitgenossen –, bis sich mit der Ausbürgerung Wolf Biermanns 1976 auch das als Trugschluß erwies. Tatsächlich stellte der VIII. Parteitag deutschlandpolitisch eine Zäsur dar, weil sich die SED-Führung offiziell von der einheitlichen deutschen Nation verabschiedete. Fortan war in der DDR »bei der Einschätzung der nationalen Frage von ihrem Klasseninhalt« auszugehen. Die

---

80 Vgl. ZfG 9(1961), S. 1457–1482.
81 Ebenda, S. 1482.
82 SAPMO B-Arch, DY 30, IV 2/904/147, Bl. 254–257.
83 Jürgen Kuczynski: Wanderer zwischen zwei Welten, in: ND vom 20.8.1961.
84 Die folgenden Ausführungen sind, nur unwesentlich verändert, bereits publiziert, vgl. Kowalczuk: Die DDR-Historiker und die deutsche Nation, S. 24–30.

sozialistischen Produktionsverhältnisse würden einen neuen Typus der Nation schaffen. Honecker führte aus: »Im Gegensatz zur BRD, wo die bürgerliche Nation fortbesteht und wo die nationale Frage durch den unversöhnlichen Klassenwiderspruch zwischen Bourgeosie und den werktätigen Massen bestimmt wird, der ... im Verlauf des welthistorischen Prozesses des Übergangs vom Kapitalismus zum Sozialismus seine Lösung finden wird, entwickelt sich bei uns in der Deutschen Demokratischen Republik, im sozialistischen deutschen Staat, die sozialistische Nation.«[85]

Honecker erteilte damit der Konzeption von Ulbricht eine Abfuhr, der rhetorisch an einer einheitlichen Nation festgehalten hatte. Ulbrichts Deutschlandpolitik war zwar ebenfalls nicht auf eine Annäherung der beiden deutschen Staaten hinausgelaufen, aber er hatte offensichtlich an der Vorstellung festgehalten, daß eine deutsche Wiedervereinigung unter kommunistischen Vorzeichen in einem überschaubaren Zeitraum möglich sein werde.

Honeckers »Bi-Nationen-Konzept« wurde maßgeblich hervorgerufen durch die These der sozialliberalen Koalition von den »Zwei Staaten – Eine Nation«. Die neue Ost- und Deutschlandpolitik der bundesdeutschen Regierung seit 1969/70 drängte die SED in die Defensive und verstärkte deren Abgrenzungsbestrebungen.[86] Damit ging einher, daß sie nun stärker internationale Prozesse und Entwicklungen als Interpretationshintergrund für die eigene Politik bemühte (Moskauer Konferenz 1969). Das blieb nicht ohne Folgen für die Geschichtswissenschaft.

Die These von den zwei deutschen Nationen in den zwei deutschen Staaten hatte in der DDR bis 1989 Bestand. Sowohl neuere Analysen als auch Erhebungen aus der DDR zeigen, daß zu keinem Zeitpunkt eine Mehrheit der DDR-Bevölkerung der offiziellen SED-Nationentheorie, die fester Bestandteil der täglichen Propaganda wie der Lehrinhalte an den unterschiedlichsten Ausbildungsstätten von den Schulen bis zu den Universitäten war, anhing.[87] Spätestens die Revolution von 1989 zeigte, daß dieses Nationenkonzept jeglicher Grundlage entbehrte. Mit diesem Befund freilich ist nicht unterstellt, daß nicht während der deutschen Teilungsgeschichte nachwirkende Mentalitätsveränderungen einsetzten.

SED-Politiker und SED-Gesellschaftswissenschaftler bemühten sich nahezu zwanzig Jahre lang, die Zwei-Nationen-These theoretisch zu untermauern.[88] Vor allem der Philosoph Alfred Kosing wurde nicht müde,

---

85 Protokoll der Verhandlungen des VIII. Parteitages der SED, Band 1, S. 56.
86 Zur bundesdeutschen Ost- und Deutschlandspolitik vgl. insbes. Bender: Die »Neue Ostpolitik«; Garton Ash: Im Namen Europas; Deutschlandpolitik, innerdeutsche Beziehungen und internationale Rahmenbedingungen.
87 Vgl. z. B. Köhler: Nationalbewußtsein und Identitätsgefühl der Bürger der DDR.
88 Walter Schmidt, einer der einflußreichsten »SED-Nationentheoretiker«, hat jüngst die Entwicklung des Zwei-Nationen-Konzeptes dargestellt. Dieser Beitrag zeichnet die einzelnen Etappen nach und ist trotz einer Fülle von allgemeinen Fehleinschätzungen als Sicht eines damals Beteiligten zu empfehlen; vgl. Schmidt: Das Zwei-Nationen-Konzept.

immer wieder aufs neue zu begründen, warum es zwei deutsche Nationen, eine sozialistische und eine kapitalistische, gäbe.[89] Noch kurz vor der Revolution 1989 behauptete er, daß die »Herausbildung und weitere Konsolidierung der sozialistischen deutschen Nation in der DDR ... ein gesetzmäßiger Prozeß« sei.[90] Da diese Konzeptionen schon mehrmals dargestellt und analysiert worden sind,[91] sei im folgenden lediglich die Haltung der Historiker zur deutschen Nation skizziert.

Ein holländischer Historiker veröffentlichte 1992 eine Studie, in der er eine verblüffende These vertrat: »Der Fall der Mauer überraschte mich nicht besonders, da dies meine zentrale These praktisch bestätigt hat, nämlich daß die DDR-Geschichtswissenschaft trotz programmatischer Abgrenzung seit Mitte der 70er Jahre wieder auf ›Einheitskurs‹ lag.«[92] In seiner Begründung meint er u. a.: »Obwohl die frühe DDR-Geschichtswissenschaft programmatisch eine Wiedervereinigung Deutschlands propagiert hat, war in ihren Arbeiten die Abgrenzung vom anderen deutschen Staat vordergründig. Die DDR-Historiker setzten dann ab 1971 schwerpunktmäßig zwar auf Abgrenzung von der Bundesrepublik, aber durch ihre Berufung auf die ganze deutsche Geschichte lagen sie oftmals auf Einheitskurs. Die Frage, ob dies absichtlich oder aber ›aus Versehen‹ geschah, läßt sich auch im nachhinein nicht sicher beantworten, weil sie wissenschaftlich nicht meßbar ist.«[93]

Diese These ist erstaunlich, weil der Autor nachvollziehbar feststellt, daß die »Geschichtswissenschaft in der DDR ... die Fortsetzung der Politik mit historischen Mitteln« war.[94] Das würde in der Konsequenz der Argumentation allerdings bedeuten, daß auch das Politbüro seit Mitte der siebziger Jahre auf Einheitskurs lag. Für die Absurdität einer solchen Behauptung – die der Verfasser freilich selbst *inkonsequenterweise* nicht aufstellt – sind nähere Beweise nicht nötig. Prüfen wir also die These, ob die DDR-Historiker auf »Einheitskurs« lagen.[95]

Die Propagierung einer »sozialistischen deutschen Nation in der DDR« stellte die SED-Führung abermals vor das Problem ihrer historischen Legitimierung. Die DDR als solche war ihrer Ansicht nach geschichtlich legitimiert. Nun bedurfte es neuer »Anstrengungen«, auch die Herausbil-

---

89 Vgl. aus der Vielzahl seiner Schriften v. a.: Nation in Geschichte und Gegenwart.
90 Kosing: Sozialistische Gesellschaft und sozialistische Nation in der DDR, S. 913.
91 Vgl. z. B. Hacker: SED und nationale Frage; ferner Kopp: Der Nationsbegriff in West- und Mitteldeutschland; Lades: Die SED und die Nation; Ludz: Zum Begriff der »Nation« in der Sicht der SED; Neuhäußer-Wespy: Nation neuen Typs; zur Frühphase vgl. insbes. Kopp: Die Wendung zur »nationalen« Geschichtsbetrachtung in der Sowjetzone; Ders.: Kurs auf ganz Deutschland.
92 Brinks: Die DDR-Geschichtswissenschaft auf dem Weg zur deutschen Einheit, S. 309.
93 Ebenda, S. 310–311.
94 Ebenda, S. 309.
95 Zur Kritik des Bandes vgl. Kowalczuk: Zwei neue Bücher zur Geschichtswissenschaft in der DDR; zu einer anderen Einschätzung gelangt Jessen: (Rezension).

dung eines neuen Nationstypus zu begründen.[96] Der Historiker Erik Hühns, Direktor des Märkischen Museums in Ostberlin, hatte schon 1969 vier verschiedene Typen von Nationen ausgemacht, die er in »bürgerliche«, »sozialistische«, »befreite« und »gespaltene« einteilte.[97] Die deutsche Nation rechnete Hühns den »gespaltenen« zu. Nach 1971 erwies sich diese Einteilung wegen der neuen Politik als obsolet. Bis zum Ende der siebziger Jahre war die offizielle Geschichtspolitik darauf orientiert, die DDR stärker als bislang in den Kontext der Geschichte des »sozialistischen Weltsystems« einzuordnen. Das machte es zwar einfacher, das Theorem von der »sozialistischen Nation« übergreifend zu behandeln. Es entband sie allerdings nicht davon, die »sozialistische deutsche Nation« historisch zu verorten und vor allem so darzustellen, daß dieses Konstrukt zum Bestandteil des allgemeinen Geschichtsbewußtseins werden konnte. Das war jedoch, soweit herrschte Einigkeit, kaum ohne eine intensive Auseinandersetzung mit der deutschen Geschichte möglich.

Der DDR-Geschichtswissenschaft lag ein Kontinuum zugrunde: Geschichte wurde – wenn auch unter veränderten Umständen und mit verschiedenen Begrifflichkeiten – stets in »progressive« und »reaktionäre« Entwicklungen und Ereignisse eingeteilt. Bis zum Ende der sechziger Jahre beriefen sich die SED-Führung und die SED-Historiker darauf, Sachwalter und Fortsetzer alles »Positiven« aus der deutschen Geschichte zu sein. Dazu zählten zum Beispiel die Geschichte der Arbeiterbewegung oder revolutionäre Bewegungen. Diese einseitige Geschichtspolitik vermochte es aber nicht, der DDR-Bevölkerung eine auf den Staat und die Gesellschaft gerichtete Identität zu vermitteln. Selbst die Versuche, eine solche mittels sozialstaatlicher Eingriffe breitenwirksam zu initiieren, scheiterten. Das führte Mitte der siebziger Jahre dazu, daß auch die Honecker-Administration wieder stärker bemüht war, Historie als Sinn- und Identitätsstifter zu bemühen. Noch bevor die Historiker hier aktiv wurden, hatten Kunsthistoriker, Denkmalschützer, Restauratoren und Architekten eine Diskussion begonnen, die als »Erbe- und Tradtionsdebatte« bekannt wurde.[98] Die Wiederentdeckung Preußens durch die SED war dabei nur ein manifester Höhepunkt des Rückbesinnens auf ein verschüttetes Erbe. Spielfilme, Theaterstücke, Bücher und vor allem wiederaufgestellte bzw. restaurierte Denkmäler verliehen plötzlich Preußen, Sachsen, Luther oder Bismarck neuen »Glanz und Gloria«.[99]

---

96 Exemplarisch vgl. Bartel/Schmidt: Neue Probleme der Geschichtswissenschaft in der DDR.
97 Hühns: Heimat – Vaterland – Nation; vgl. auch die entsprechenden Artikel in: Sachwörterbuch der Geschichte Deutschlands, Band 2.
98 Vgl. den Vortrag von Bernd Florath »Auftrag und Eigensinn« (Ms.) am 22. April 1996 vor der Enquete-Kommission »Überwindung der Folgen der SED-Diktatur im Prozeß der deutschen Einheit«; vgl. als Überblick: Neuhäußer-Wespy: Erbe und Tradition in der DDR.
99 Vgl. Ilko-Sascha Kowalczuk: »Lieber Friedrich, steig hernieder und regiere Preußen wieder ...«, in: Das Parlament vom 11./18. November 1994, Nr. 45–46, S. 3.

Die Historikerin Ingrid Mittenzwei, die sich später einen Namen als Biographin von Friedrich II. machte, eröffnete die Debatte der Historiker 1978 mit einem Aufsatz über »Die zwei Gesichter Preußens«.[100] Mittenzwei wollte die Aufmerksamkeit auf bisher unbeachtete »positive« Seiten in der preußischen Geschichte richten. In den folgenden Jahren erschienen eine Reihe von programmatischen Artikeln und eine Vielzahl von historischen Studien, die zeitlich vom Mittelalter bis zur jüngsten Gegenwart Aspekte der deutschen Geschichte neu befragten oder interpretierten.[101] Im Ergebnis sind einige, auch in Westdeutschland gelobte historische Bücher publiziert worden,[102] die für DDR-Verhältnisse eine ungewöhnlich breite Aufnahme bei der Leserschaft fanden. Prinzipiell stellten aber, um nur die bekanntesten Beispiele zu nennen, weder Ernst Engelbergs Bismarck-Biographie (Band 1: 1985), Ingrid Mittenzweis Friedrich-Biographie (1979), Gerhard Brendlers Luther- (1983) und Müntzer-Biographien (1989) noch die bedeutsame Brecht-Biographie (1986) des Literaturwissenschaftlers Werner Mittenzwei das herrschende Geschichtsbild ernsthaft in Frage. Allerdings fanden sich Differenzierungen, die zwar die allgemeine Dichotomie von »Schwarz« und »Weiß« nicht herausforderten, aber in Zwischenräumen Grautöne zuließen. Das gilt vor allem für die voluminöse Brecht-Biographie von Werner Mittenzwei, der es verstand, historische Ereignisse und Interpretationen in sein Werk einzubauen, die für die Historiker weitgehend »weiße Flecken« darstellten.[103]

Prinzipiell galt für die Geschichtswissenschaft, daß die gesamte deutsche Geschichte bis 1945 Eingang in die »Nationalgeschichte der DDR« finden sollte. Damit war der Anspruch verbunden, daß die deutsche Geschichte bis 1945 lediglich die Vorgeschichte der DDR darstelle, diese Vorgeschichte sich in ihren »positiven Bezügen« gleichsam zur Geschichte bündele und die DDR selbst krönender Höhe- und Schlußpunkt der deutschen Geschichte sei. Um diese »positiven Bezüge« deutlich machen zu können, bedurfte es der Unterscheidung zwischen »Erbe« und »Tradition«. Unter Erbe verstand man die gesamte deutsche Geschichte, die als Ergebnis die DDR hervorgebracht hatte.[104] »Demgegenüber gehören zur historischen Tradition oder zum Traditionsbild der DDR nur diejenigen historischen Entwicklungslinien, Erscheinungen und Tatsachen, auf denen die DDR beruht, deren Verkörperung sie darstellt, die sie bewahrt und

---

100 Wiederabgedruckt in Meier/Schmidt (Hrsg.): Erbe und Tradition in der DDR, S. 72–78.
101 Eine Reihe der wichtigsten programmatischen Beiträge finden sich in: ebenda. Weitere Beiträge sind dort bibliographisch erschlossen oder sind leicht zugänglich in den entsprechenden DDR-Fachzeitschriften.
102 Vgl. z. B. folgende euphorische Besprechung Augstein: »Nicht umsonst regiert man die Welt«.
103 Vgl. zu diesem Phänomen anhand der Rezeption von Peter Weiss durch DDR-Wissenschaftler die Bemerkungen von Diesener: »DDR-Historiker« oder »Historiker in der DDR«, S. 75.
104 Bartel: Erbe und Tradition in Geschichtsbild und Geschichtsforschung der DDR, in: Meier/Schmidt (Hrsg.): Erbe und Tradition in der DDR, S. 132.

fortführt. Tradition und Traditionsbild umfassen also nur einen Teil der Geschichte, nur einen Teil des gesamten Erbes«.[105] Damit war ein Konstrukt geschaffen worden, das politischen Richtungsänderungen jederzeit angepaßt werden konnte und zugleich »die gesicherten Klassenpositionen des marxistischen Geschichtsbildes zur Voraussetzung« hatte.[106]

Die entscheidenden Zielrichtungen dieser Diskussionen bestanden darin, erstens ein »DDR-Nationalbewußtsein« zu erzeugen, zweitens eine »DDR-Nationalgeschichte« von den Ursprüngen der Geschichte des deutschen Volkes bis zur Gegenwart schreiben zu können und drittens – weniger nachweisbar – innerwissenschaftlich verschüttete Räume und Zeiten für die marxistisch-leninistische Geschichtsforschung freizulegen.

In den achtziger Jahren waren sich die Teilnehmer an der Erbe- und Traditionsdebatte einig darüber, daß die sich in der DDR entwickelnde sozialistische deutsche Nation »eine von den Positionen des siegreichen Sozialismus auf deutschem Boden geschriebene Nationalgeschichte der DDR« benötige.[107] Diesem Ziel sollte alles untergeordnet werden. Nun wäre zu fragen, inwiefern den beteiligten DDR-Historikern dieses Unterfangen gelungen ist.[108] Wichtiger aber ist die Frage, inwieweit die »Erbe- und Traditionsdebatte« tatsächlich geschichtswissenschaftliche Ergebnisse hervorgebracht hat, die die herrschenden Geschichtsbilder ins Wanken gebracht hätten. Sosehr aber gerade westdeutsche Beobachter in den achtziger Jahren der DDR-Geschichtswissenschaft immer wieder bescheinigten, was sich alles verändert habe, bleibt unterm Strich nicht allzuviel zu konstatieren. Die Geschichte der DDR, der BRD, der Arbeiterbewegung, des Nationalsozialismus, der Weimarer Republik, der Sowjetunion, des Stalinismus usw. blieben den alten Interpretationen verhaftet. Es kam fast einem Satyrspiel gleich und war zugleich charakteristisch für den inneren Zustand der DDR-Geschichtswissenschaft, daß die DDR-Historikerschaft auf ihrem letzten Historikerkongreß im Februar 1989 förmlich den Atem anhielt, als sie nun kollektiv (nicht-öffentlich) zu der Erkenntnis gelangte bzw. gelangen durfte, daß es tatsächlich einen geheimen Zusatzvertrag zum deutsch-sowjetischen Nichtangriffspakt von 1939 gegeben habe.[109] Wenn man dies einmal als das sinnfälligste Bild und

---

105 Ebenda, S. 133.
106 Ebenda, S. 135.
107 Schmidt: Nationalgeschichte der DDR, S. 399.
108 Von der »DDR-Nationalgeschichte«, auf zwölf Bände angelegt, sind nur sechs Bände erschienen.
109 Der Konferenzbericht spiegelt die Situation nur vage wider; vgl. ZfG, 37(1989), S. 741-743. Wenige Wochen darauf erschien der erste Beitrag, in dem der »Geheime Zusatzvertrag« und zumindest die sensiblen Punkte (u. a. Aufteilung Polens) Erwähnung fanden, wenngleich die Interpretation leninistischen Mustern verhaftet blieb (vgl. Rosenfeld: Die Sowjetunion und das faschistische Deutschland). Ein von zwei DDR-Historikern 1990 herausgegebener Band verzichtete trotz einer ausführlichen Einleitung auf jede Auseinandersetzung mit dem politischen und historiographischen Umgang mit dem geheimen Zusatzprotokoll in der DDR (vgl. Pätzold/Rosenfeld

auch als eines der Ergebnisse der »Erbe- und Traditionsdebatte« nimmt, kommt man kaum umhin, festzustellen, daß das zwar vielleicht für die DDR-Geschichtswissenschaft einen »riesigen« Schritt bedeutete, aber unter allgemeinen wissenschaftlichen Kriterien nach Jahrzehnten des Verschweigens jeder Seriosität entbehrte und lediglich den parteilichen Charakter der DDR-Geschichtswissenschaft offenlegte.[110]

Natürlich sind auch Ergebnisse vorgelegt worden, die heute noch Bestand haben. Es wäre allerdings zu fragen, ob diese Arbeiten tatsächlich erst durch die Erbe- und Traditionsdebatte möglich gemacht worden sind.[111] Vielmehr entsteht der Eindruck, daß sie ganz unberührt von diesen Diskussionen zustande gekommen sind. Vor allem aber ist, um auf den holländischen Historiker zurückzukommen, nirgends auszumachen, daß die verstärkte Hinwendung zu bisher vernachlässigten Themen einschneidende Veränderungen an der nationalen Konzeption der SED oder ihrer Geschichtswissenschaft bewirkt hätte. Eine Bismarck-Biographie an sich beispielsweise nur deshalb als Vorreiterin der deutschen Einheit anzusehen, weil der Autor die deutsche Einheit von 1870/71 als »historischen Fortschritt« pries, scheint schon deshalb kaum möglich, wenn man bedenkt, daß der Autor von einem Standpunkt aus schrieb, der unmißverständlich die DDR zum Höhepunkt der deutschen Geschichte erkoren hatte.

Die Zwei-Nationen-These wurde von den DDR-Historikern bis zum Herbst 1989 »historisch begründet«. Dazu zählte zum Beispiel, daß die Historiker ganz bewußt DDR-Identität mittels Heimat- und Regionalgeschichtsschreibung erzeugen wollten.[112] Der gesamten Debatte um »Erbe und Tradition« lag keine andere Ursache zugrunde, als ein »DDR-Nationalbewußtsein« zu stiften.[113] Gerade in den Jahren 1987 bis 1989 bemühten sich eine Vielzahl von Historikern daran mitzuwirken. Es erschienen die berüchtigten Thesen zur 750-Jahr-Feier Berlins, die zum

---

(Hrsg.): Sowjetstern und Hakenkreuz). In der DDR war das geheime Zusatzprotokoll paradoxerweise seit 1975 offiziell zugänglich. In diesem Jahr erschien ein Band des von der SED gesponserten Kölner Pahl-Rugenstein Verlages, der auch in der DDR in niedriger Auflage ausgeliefert wurde. Der Zensor *muß* übersehen haben, daß in dem Band das Protokoll vollständig abgedruckt worden war (vgl. Kühnl: Der deutsche Faschismus, S. 298-300).

110 Vgl. auch Florath: Mnemosyne war die Pille verschrieben, S. 151, Anm. 7.
111 Das um so mehr, als auch vor 1978/81 historiographische Arbeiten publiziert wurden, die Bestand haben.
112 Vgl. z. B. Gutsche: Heimatverbundenheit und Heimatgeschichte; Küttler/Seeber: Historischer Charakter und regionalgeschichtliche Anwendung des marxistisch-leninistischen Erbeverständnisses; Schultz: Zu Inhalt und Begriff marxistischer Regionalgeschichtsforschung; Dies.: Zu Problemen der Ländergeschichtsschreibung.
113 Das ist in der Bundesrepublik gerade in den späten achtziger Jahren oft übersehen worden. Von ganz unterschiedlichen Autoren ist vorsichtig prognostiziert worden, die SED-Führung könnte ihre gegenwärtige nationale Konzeption aufgeben, wobei eventuelle Zielvorstellungen unterschiedlich gedeutet wurden; vgl. z. B. Riebau: Geschichtswissenschaft und Nationale Frage; Neuhäußer-Wespy: Erbe und Tradition in der DDR, S. 152.

70. Jahrestag der KPD-Gründung und eine Vielzahl von historischen Darstellungen anläßlich dieser und anderer Jubiläen (40. Jahrestag der DDR) bis hin zu einer Monographie über die »sozialistische deutsche Nation«.[114] Auch wenn die Thesen innerhalb der Historikerschaft hinter geschlossenen Türen zu Diskussionen geführt haben sollen, bleibt festzustellen, daß die Werke von DDR-Historikern nur in wenigen Ausnahmefällen überhaupt von historisch Interessierten zur Kenntnis genommen wurden. Die hohen Auflagenzahlen können darüber nicht hinwegtäuschen. Der Flop mit der »DDR-Nation« zeigte sich schließlich 1989 auf eindrucksvolle Weise.

Im Juni 1989 wies der Historiker Joachim Hofmann, Professor an der Akademie für Gesellschaftswissenschaften und stellvertretender Direktor des dortigen Instituts für die Geschichte der Arbeiterbewegung, in einem vertraulichen Papier die SED-Führung darauf hin, daß die Konsolidierung der »DDR-Nation« erst dann als »relativ abgeschlossen gelten« könne, wenn das nationale Selbstverständnis »im Alltagsbewußtsein der Bürger der DDR fest verankert und verinnerlicht ist«.[115] Dazu gehöre, daß die Bürger sich mit dem sozialistischen deutschen Staat identifizieren. »Die Profilierung des nationalen Selbstverständnisses der Bürger der DDR erfordert unbedingt die Propagierung und praktische Realisierung der Werte und Errungenschaften der sozialistischen Gesellschaft. Deren Verinnerlichung ist eine zentrale Frage der Bewußtseinsentwicklung.«[116] Als wirksamer Hebel für ein »massenwirksames Geschichtsbild« habe sich das Erbe- und Traditionskonzept erwiesen. »Nach wie vor erforderlich ist die konsequente Auseinandersetzung mit ›gesamtdeutschen‹ Doktrinen und Illusionen.«[117]

Nur Wochen nach der Niederschrift dieses »Strategiepapiers« setzte sich ein tausendfacher Flüchtlingsstrom in Bewegung, neue oppositionelle Gruppen, Bewegungen und Parteien formierten sich, und die ersten freien Großdemonstrationen fanden statt. Plötzlich ging alles sehr schnell: Demonstrationen, Verhaftungen, Rücktritte, Maueröffnung. Mit der SED verschwanden zahlreiche Institutionen und Instanzen, die an die SED-Herrschaft gebunden waren. Auch die DDR-Geschichtswissenschaft verschwand, zwar nicht spur- und geräuschlos, aber als Institution hörte sie 1990 auf zu existieren.

Die DDR-Historiker hatten sich an der DDR-Revolution nicht beteiligt. Einige wenige versuchen mittlerweile den Eindruck zu vermitteln, als

---

114 Vgl. Hofmann: Ein neues Deutschland soll es sein; Basler/Hofmann: Zwei deutsche Staaten und Nationen.
115 Jürgen Hofmann: Fragen der Entwicklung der sozialistischen Nation in der DDR, Juni 1989. SAPMO B-Arch, DY 30/IV 2/2035/15, Bl. 126.
116 Ebenda, Bl. 128.
117 Ebenda, Bl. 131.

hätten sie jahrelang nichts sehnlicher gewünscht, als endlich die kommunistische Diktatur zu überwinden.[118] Die meisten Historiker sind von ihren alten Arbeitsplätzen entfernt worden, einige arbeiten an neuen, die meisten aber sind im Vorruhestand, sind Rentner und/oder betätigen sich in einem der im Umfeld der PDS angesiedelten historischen Vereine.[119]

Bis auf wenige Ausnahmen schweigen die SED-Historiker seit der Revolution beharrlich über ihre Rolle in der DDR.[120] Es konnte nicht erstaunen, daß die SED-Historiker seit Ende 1989 verstummten. Die »Zwei-Nationen-Theorie« war buchstäblich über Nacht zusammengebrochen. Sie mußten mitansehen, wie zwei verschiedene Nationen auf dem Ku'damm tanzten, eine Sprache sprachen und feierten, als Willy Brandt die Worte sprach: »Jetzt wächst zusammen, was zusammengehört.« Der Historiker Helmut Bock erregte sich sogar noch am 26. April 1990 in Bonn darüber, daß die Mauer »unter Mißachtung der Volkskammer« bedingungslos geöffnet worden sei.[121]

Erstaunlich war weniger, daß sich die Mehrzahl der Historiker, die doch angeblich die deutsche Einheit mitvorbereitet hatten,[122] passiv verhielten. Mehr Verwunderung rief dagegen hervor, wie schnell sich *einige* Genossen Gesellschaftswissenschaftler den neuen Verhältnissen anpaßten und alte Theorien über Bord warfen. Rolf Badstübner stellte am 21. November 1989 fest, daß »die Ansätze nationalen Eigenlebens in der DDR zu einer Zwei-Nationen-Theorie überzogen« worden seien.[123] Walter Schmidt, *der* Nationentheoretiker neben Alfred Kosing,[124] kam am 29. November 1989 zu der Überzeugung, daß »die Wirkungen neuer ökonomischer, sozialer, politischer und ideologischer Faktoren auf Veränderungen des nationalen Bewußtseins der DDR-Bürger überbewertet« wor-

---

118 Vgl. z. B. Zwahr: Ende einer Selbstzerstörung; sowie die Kritik von Kowalczuk: Hartmut Zwahr über die Revolution von 1989.
119 Unmittelbar während des Umbruchs hatten Beobachter noch Hoffnung auf »neue Perspektiven für eine kooperative Forschung«; vgl. Verbeeck: Kontinuität und Wandel im DDR-Geschichtsbild, S. 42; vgl. auch Küttler: Neubeginn in der ostdeutschen Geschichtswissenschaft.
120 Die Debatten sind in folgenden Bänden umfassend dokumentiert: Eckert/Küttler/Seeber (Hrsg.): Krise – Umbruch – Neubeginn; Eckert/Kowalczuk/Stark (Hrsg.): Hure oder Muse?; Eckert/Kowalczuk/Poppe (Hrsg.): Wer schreibt die DDR-Geschichte; Jarausch (Hrsg.): Zwischen Parteilichkeit und Professionalität; Umstrittene Geschichte.
121 Bock: Was ist des Deutschen Vaterland?, S. 965.
122 Vgl. Brinks: Die DDR-Geschichtswissenschaft auf dem Weg zur deutschen Einheit.
123 Rolf Badstübner: Der November 1989 und die Mauer, in: Die Weltbühne vom 21. November 1989 (Nr. 47), S. 1484.
124 Vgl. z. B. Kosing/Schmidt: Zur Herausbildung der sozialistischen Nation; Dies.: Nation und Nationalität in der DDR, in: ND vom 15./16. Februar 1975, S. 10; Dies.: Geburt und Gedeihen der sozialistischen deutschen Nation; Schmidt: Nation und deutsche Geschichte in der bürgerlichen Ideologie; Ders.: Was steckt hinter der These von der »gemeinsamen Geschichte«?; Ders.: Zum Begriff »deutsche Geschichte« in der Gegenwart; Ders.: Zu den Aufgaben auf dem Gebiet der Nationalgeschichte; usw.

den waren.[125] Und Stefan Doernberg zählte es gar am 2. Januar 1990 zu den fatalsten politischen Fehlentscheidungen der SED, »daß sie das Weiterbestehen der deutschen Nation kurzerhand leugnete«.[126] Für alle stand außer Frage, daß der DDR-Sozialismus erneuert werden müßte. In einen neuen deutschen Nationalstaat hätte die DDR, wie Stefan Doernberg Anfang 1990 schrieb, einen »humanistischen und demokratischen Sozialismus« einzubringen. Und sogar in der BRD »gibt es progressive Errungenschaften, die zu erhalten und auszubauen sind«.[127]

---

125 Ders: DDR und nationale Frage, S. 58; vgl. von dessen jüngeren Arbeiten: Zu Leistungen, Grenzen und Defiziten der Erbedebatte; Ders.: The nation in German history.
126 Stefan Doernberg: Eine Nation – zwei Staaten, in: Die Weltbühne vom 2. Januar 1990 (Nr. 1), S. 9.
127 Ebenda, S. 11.

Das Scheitern der DDR-Geschichtswissenschaft

Der sowjetische Dissident Andrej Amalrik schrieb in seinen eindrucksvollen autobiographischen Aufzeichnungen, daß »das sowjetische System im Grunde unsinnig ist. Wie bei einem Paranoiker funktioniert es zwar in sich logisch, geht aber von einer unsinnigen Prämisse aus, und das Resultat ist ebenso unsinnig.«[1] Das galt nicht nur für das gesellschaftliche System als solches, sondern ebenso für eine Vielzahl seiner Teilbereiche.

Die DDR-Geschichtswissenschaft war ein Produkt der SED-Herrschaft. Sie repräsentierte einen neuartigen Wissenschaftstypus, der eigens von der SED zum Zwecke der Legitimierung ihrer Herrschaft geschaffen worden war. Prinzipiell war die DDR-Geschichtswissenschaft dadurch charakterisiert, daß sie politische Ansprüche zu erfüllen und ergebnisorientierte externe Vorgaben umzusetzen hatte. Ihr fehlte es weitgehend an wissenschaftsinterner Autonomie. Wissenschaftliche Rationalitätskriterien sind ebenso außer Kraft gesetzt worden, wie es ihr an methodischem, interpretatorischem und theoretischem Pluralismus mangelte. Die Deutungskompetenz lag bei außer- und vorwissenschaftlichen Instanzen und Institutionen.

Die DDR-Geschichtswissenschaft hatte sich bis spätestens Ende der fünfziger Jahre als funktionstüchtige Disziplin herausgebildet und die »bürgerliche Historiographie« verdrängt. Die Mehrzahl der bürgerlichen Historiker war bis zum Ende der fünfziger Jahre verstorben, emigriert oder emeritiert. Allerdings existierten Relikte »bürgerlicher Geschichtswissenschaft« teilweise bis zum Untergang der DDR.

Zwei leninistische Historikergenerationen prägten die Geschichtsforschung. Die dritte wäre Anfang der neunziger Jahre in die entscheidenden Positionen nachgerückt. Auffälliges Merkmal aller Historikergenerationen war ihr parteiergebenes Verhalten, welches sich allein schon in einem sehr hohen Organisierungsgrad in der SED widerspiegelte. Obwohl sich die historischen Konzeptionen der SED-Führung mehrmals veränderten, war es stets die Aufgabe der Historiker, die DDR als gesetzmäßigen »Schluß- und Höhepunkt« der deutschen Geschichte darzustellen. In den siebziger und vor allem achtziger Jahren blieb im Gegensatz zu den Jahren davor allerdings offen, inwieweit und vor allem wann die »kapitalistische BRD« ebenfalls den einzigen »progressiven« gesellschaftlichen Weg einschlagen würde. Unbestritten blieb jedoch, daß der Sozialismus/Kommunismus ent-

---

1 Amalrik: Aufzeichnungen eines Revolutionärs, S. 112.

sprechend der Theorie von der Abfolge der Gesellschaftsformationen weltweit »siegen« würde. Diesem einfältigen Schema lag ein naiver Glaube zugrunde, der mit simplen Kategorien wie »Fortschritt« und »Reaktion« operierte, ohne daß dabei die Krisensymptome der Moderne allgemein hätten diskutiert werden können. Negative Folgen der Moderne stellten für die Marxisten-Leninisten lediglich Entwicklungen dar, die dem Kapitalismus zuzuschreiben seien und vom Sozialismus/Kommunismus restlos überwunden werden würden.

Trotz der leninistischen Basis der DDR-Geschichtswissenschaft wäre es verfehlt, jede historische Arbeit eines DDR-Historikers abzuqualifizieren. Vereinfachend könnte man sagen, je weiter sich die Arbeiten thematisch von der Gegenwart entfernten, desto mehr genügten sie wissenschaftlichen Kriterien. Die SED-Führung beanspruchte vor allem Deutungshoheit auf den Gebieten Geschichte der Arbeiterbewegung, Deutsche Geschichte der Neuzeit (speziell 19. und 20. Jahrhundert), »Geschichte des sozialistischen Weltsystems«, Revolutionsgeschichte, Geschichte westlicher Staaten sowie Geschichte der Urgesellschaft, Kolonialgeschichte, Geschichte außereuropäischer Staaten im 20. Jahrhundert und Geschichte der Befreiungsbewegungen. Hinzu kam, daß sie Periodisierungsdiskussionen, Debatten über Begrifflichkeiten und Theoreme sowie den gesamten Komplex von Theorie, Methode und Geschichte der Geschichtswissenschaft besonders kontrollierte. Dennoch existierten Forschungsgebiete, die einer Reihe von Wissenschaftlern als Refugien dienten. Schließlich darf nicht unerwähnt bleiben, daß trotz der Ansprüche der SED in den meisten genannten Gebieten Studien produziert wurden, die auf hohem wissenschaftlichen Niveau Erkenntnisgewinne lieferten. Allerdings befinden sich darunter kaum marxistisch orientierte Studien, weil der Marxismus als Methode praktisch kaum zur Anwendung gelangte, sondern zumeist nur in seiner leninistisch bzw. stalinistisch verbrämten Form.[2]

Es gab in der DDR nicht nur Historiker an Universitäten und Akademien, sondern ebenso an Parteihochschulen, an Hochschulen der Massenorganisationen und im SED-Apparat, die allesamt historische Werke produzierten. Dieser Fakt wird allzu häufig übersehen. In der *Planwissenschaft* gewannen besonders Zeitabschnitte der Neuesten Geschichte immer mehr an Gewicht, so daß zwischen 1980 und 1989 nahezu jede zweite geschichtswissenschaftliche Doktorarbeit (A u. B) allein der Zeit nach 1945 gewidmet war.

Der DDR-Geschichtswissenschaft zu unterstellen, wie es in den letzten Jahren häufig geschah, sie hätte seit den siebziger Jahren eine Professionalisierung bzw. Verwissenschaftlichung erfahren, scheint zumindest angesichts dieser Zahlen fragwürdig. Unbestritten ist, daß Werke erschienen,

---

2 Vgl. dazu Weber: Die DDR 1945–1990, S. 125–130; Ders.: Die Instrumentalisierung des Marxismus-Leninismus.

die sich vor dem Hintergrund des üblichen Produktionsniveaus deutlich abhoben. Aber ob damit gleich der gesamten DDR-Geschichtswissenschaft Entwicklungstendenzen zugeschrieben werden können, die als »Professionalisierung« oder als Übergang von einer selektiven zu einer integralen Betrachtungsweise ausgegeben werden können,[3] ist angesichts der unveränderten politischen Rahmenbedingungen zweifelhaft.

Die grundlegenden Prämissen der DDR-Geschichtswissenschaft, die letztlich zur Herausbildung einer Historiographie sui generis führten, sind in den Jahren nach 1989 zunehmend aus dem Blick geraten. Nicht anders ließe sich erklären, warum die westdeutschen Evaluatoren den DDR-Historikern offensichtlich ein westliches Wissenschaftsverständnis unterstellten und erst dadurch so evaluieren konnten, als hielten sie sich in Heidelberg, Barcelona oder Vancouver auf. Die DDR-Geschichtswissenschaft entzog sich jedoch den Evaluierungskriterien. Die Evaluatoren übersahen, daß viele DDR-Historiker nicht einfach nur ausführende Figuren auf dem Schachbrett der SED-Führung waren, sondern selbst aktiv ins strategische, taktische und propagandistische Spiel eingriffen. Sie agierten eben nicht nur als der verlängerte Arm der Politik, sondern zugleich als Schulter und Kopf, die den Arm führten.

Der Hauptauftrag der marxistisch-leninistischen Geschichtswissenschaft, die Legitimierung des kommunistischen Systems, konnte, sowohl final betrachtet als auch zeitgeschichtlich konkret verortet, niemals erfüllt werden. Auch wenn es in der Geschichte der DDR Phasen größerer Stabilität gegeben hat, regierte die SED stets gegen die Mehrheit der Bevölkerung. Das hatte ganz verschiedene Gründe. Ihre politischen, ideologischen und wissenschaftlichen Bemühungen, das System als Ergebnis historischer Gesetze darzustellen, schlugen fehl, weil zumindest beim Rezipienten kaum mehr als Propaganda ankam. Der polnische Philosoph Leszek Kołakowski schrieb treffend 1956: »Die Fetischisierung des Marxismus, seine Degradierung zur Rolle einer konventionellen apologetischen Verzierung, die nur an der Fassade der Gesellschaft einen Platz hat, bewirkt, daß er sich aus dem Blut des intellektuellen Lebens in dessen Gift verwandelt.«[4] Allerdings war dies nicht unmittelbar für jedermann erfahrbar. Denn es gelang den Machthabern immer wieder, vor allem die eigene Bevölkerung über die »wirkliche geistige Beschaffenheit« des Systems zu täuschen, indem sie »einen dichten ideologischen Schleier« errichteten. Dieser ideologische Schleier war getarnt mit einer »Fassade der *Wissenschaftlichkeit*«. Zugleich spekulierten die Machthaber »auf die Anziehungskraft, die wissenschaftliches Denken auf alle ausübt, die der Ratio folgen«.[5]

---

3 Vgl. z. B. Heydemann: Geschichtswissenschaft und Geschichtsverständnis in der DDR, S. 15; Ders.: »Die andere deutsche Klio«, S. 209.
4 Kołakowski: Die Intellektuellen und die kommunistische Bewegung, S. 56.
5 Gurland: Einleitung, S. XXI.

Die DDR-Geschichte ist ein Gegenstand der Geschichtsschreibung wie viele andere auch geworden. Es ist zu erwarten, daß die zeitgeschichtlichen Forschungen schon bald ein hochgradig differenziertes und zugleich komplexes Bild entwerfen werden, mit dem sich die Zeitgenossen nicht mehr identifizieren können. Das aber wiederum ist auch nur eine untergeordnete Aufgabe der wissenschaftlichen Zeitgeschichte.[6] Das hängt ganz wesentlich damit zusammen, daß jede Forschung bemüht sein muß, bestimmte Prozesse begrifflich zu erfassen, daß sie Vorgänge und Entwicklungen in Zusammenhänge einordnen muß, die dem Zeitgenossen zumeist verborgen geblieben sind, daß sie letztlich stets generalisierend vorgehen muß, so daß sich der einzelne nicht mehr wiederfinden kann bzw. nur teilweise oder als Ausnahme.

Die Forschungen befinden sich größtenteils erst am Anfang. Man wird nicht ohne weiteres die bislang erprobten Forschungsmethoden und -ansätze auf die Beschäftigung mit den kommunistischen Systemen übertragen können. Während zum Beispiel bislang in der Sozialgeschichte der Ansatz überwog, nach der sozialen Determinierung politischer Prozesse zu fragen, wird bezüglich der sowjetischen Systeme umgekehrt nach der politischen Determination sozialer Prozesse gefragt werden müssen.[7] Das ist im vorliegenden Band anhand der Nachkriegsentwicklung im Hochschulwesen und speziell in der Rekrutierungspolitik zu zeigen versucht worden. Obwohl sich die Forschungen zur DDR-Geschichte größtenteils noch in den Kinderschuhen befinden, deutet sich aber schon jetzt an, wie Gerhard A. Ritter feststellte, »daß das Bild des ostdeutschen Staates sehr viel düsterer werden wird, als es in der älteren westdeutschen Forschung zur DDR erschien – von den beschönigenden, zur Legitimation des Regimes dienenden Arbeiten in der DDR selbst gar nicht zu sprechen.«[8]

Aber es werden nicht nur neue Bilder entworfen werden, sondern es ist zu befürchten, daß ebenso die apologetischen und rechtfertigenden Entwürfe zunehmen werden. Im Umkreis der PDS existiert ein kaum überschaubares Netz von »Geschichtsaufarbeitungsinitiativen«, die ganz bewußt das Bild einer »anderen DDR« zeichnen.[9] Diese Bemühungen sind vor dem lebensgeschichtlichen Hintergrund der beteiligten Personen durchaus nachvollziehbar. Dennoch verharmlosen sie in ihrer Gesamtheit die totalitär verfaßte DDR.[10] Hier besteht durchaus die Gefahr, daß sich

---

6 Zu den Aufgaben der Zeitgeschichte vgl. u. a. die instruktiven Beiträge von Erker: Zeitgeschichte als Sozialgeschichte; Hockerts: Zeitgeschichte in Deutschland.
7 Vgl. z. B. Kocka: Ein deutscher Sonderweg, S. 37.
8 Ritter: Der Umbruch von 1989/91 und die Geschichtswissenschaft, S. 40.
9 Vgl. dazu u. a. folgenden ausgewogenen Band, der die postkommunistischen Geschichtsbilder detailliert nachzuzeichnen und zu analysieren bemüht ist, Eckert/Faulenbach (Hrsg.): Halbherziger Revisionismus.
10 Zur Debatte um den Charakter des DDR-Systems vgl. u. a. Friedrich: Bürokratischer Totalitarismus; Jesse: War die DDR totalitär?; sowie aus der grundsätzlichen Literatur folgenden Sammelband, in dem sich die gesamte theoretische Literatur findet, Ders. (Hrsg.): Totalitarismus im 20. Jahrhundert; zusätzlich sei empfohlen, Hofer: Ge-

wenigstens einzelne Versatzstücke dieser apologetischen Geschichtsbilder über Generationen hinweg fortpflanzen werden und so erhalten bleiben. Von einer solchen Verzerrung ist auch die speziellere Geschichte der DDR-Geschichtswissenschaft betroffen. Das hängt mit zwei Dingen zusammen. Zum einen sind die ehemaligen Protagonisten der DDR-Geschichtswissenschaft zunehmend bemüht, ihre Wissenschaftsdisziplin aus den allgemeinen gesellschaftlichen Zusammenhängen herauszulösen und stattdessen entgegen ihren jahrzehntelangen Beteuerungen nun ihre Geschichtswissenschaft als einen Normalfall innerhalb der scientific community darzustellen. Das wird ihnen zum anderen um so einfacher gemacht, als auch im westlichen Teil Deutschlands eine Reihe von Historikern um ein solches Bild bemüht ist. Das steht wiederum mit mindestens drei Punkten im Zusammenhang. Erstens hatte sich ein nicht unerheblicher Teil der westdeutschen Historiker mit dem Status quo Deutschlands bis 1989 abgefunden und ihn zudem als unabänderlich verteidigt.[11] Zweitens kommt eine allgemeine Ignoranz gegenüber der DDR, den Problemen der Wiedervereinigung für die neuen Bundesländer und der neueren DDR-Forschung hinzu.[12] Drittens, und das scheint mir der gewichtigste Grund zu sein, haben einige westdeutsche Historiker Interessenidentitäten mit ostdeutschen Kollegen. Und zwar genau an der Stelle, an der es um die Abwehr neuer Forschungsergebnisse geht, die die eigenen, von vor 1989 stammenden obsolet machen. Hinzu kommen »Reisebekanntschaften« mit den dazugehörigen Arbeitszusammenhängen, die sich jahre- und jahrzehntelang prächtig bewährten und nun nicht deswegen »gekappt« werden können, weil die Mauer fiel, die DDR-Geschichtswissenschaft in einem anderen Licht erscheint und eine Reihe von DDR-Historikern über das übliche Maß hinaus als schwerwiegend belastet gelten muß, was im übrigen nur selten an der Kategorisierung als IM zu messen wäre.

Allerdings wird es jenen, die an einem apologetischen und verharmlosenden DDR-Bild zeichnen, auch in Zukunft schwer gemacht werden, wenn man allgemeine Prinzipien des kommunistischen Systems erinnernd wachhält. Denn durchaus in gegensätzlicher Akzentuierung zu herrschenden Auffassungen glaube ich, daß Zeitgeschichte, Politik und Moral in

---

schichtsschreibung als Instrument totalitärer Politik; Lieber: Ideologie und Wissenschaft im totalitären System; Ders.: Zur Theorie totalitärer Herrschaft.
11 Vgl. instruktiv Schwarz: Mit gestopften Trompeten; sowie einseitig Hacker: Deutsche Irrtümer; allg. zum Problem Hamacher: DDR-Forschung und Politikberatung.
12 Ich brauche nicht zu betonen, daß es freilich eine Vielzahl von Ausnahmen gibt, die dennoch an der allgemeinen Tendenz nichts verändern können. Man schaue sich nur einmal die Zusammensetzung einiger Historischer Institute in den neuen Bundesländern an. Daß die Professorenstellen im Fach Geschichte überwiegend mit westdeutschen Historikern besetzt worden sind, steht außerhalb der Kritik und war auch nicht anders möglich. Daß die Mittelbauebene mittlerweile ebenso aussieht und die Wissenschaftlerintegrationsprogramme Ende 1996 als gescheitert angesehen werden müssen, hat genau etwas mit dieser Ignoranz zu tun. Doch dies wäre es wert, in einem eigenen Aufsatz gesondert dargestellt und analysiert zu werden.

einem engen Wechselverhältnis stehen.[13] Das ließe sich auch bei solchen Autoren leicht nachweisen, die lautstark das Gegenteil behaupten.

Die DDR war eine Diktatur vom ersten bis zum letzten Tag. Sie war zugleich, um mit Kołakowski zu sprechen, eine »Diktatur der Wahrheit«. »Wahrheit« erschien als Gewalt. Die »Diktatur der Wahrheit« aber ist »ein quadratischer Kreis«, und die »Gewaltherrschaft einer bestimmten Meinung (ist) *immer* die Diktatur der Lüge ..., selbst wenn sie vorher für sich in Anspruch nehmen konnte, eine partielle Wahrheit (eine andere gibt es nicht) über die Gesellschaft ausgedrückt zu haben«.[14] Die Geschichtswissenschaft war dieser »Diktatur der Wahrheit« im besonderen verbunden, mußte sie doch die »Wahrheit« historisch begründen und so zugleich die reale Gegenwart historisch-gesetzmäßig einordnen. Das Prinzip, das dabei Anwendung fand, hat Christoph Hein kurz vor der Revolution von 1989 einprägsam und treffend mit der Formel von der »fünften Grundrechenart« beschrieben: »Die fünfte Grundrechenart besteht darin, daß zuerst der Schlußstrich gezogen und das erforderliche und gewünschte Ergebnis darunter geschrieben wird. Das gibt dann einen festen Halt für die waghalsigen Operationen, die anschließend und über dem Schlußstrich erfolgen. Dort nämlich wird dann addiert und summiert, dividiert und abstrahiert, multipliziert und negiert, subtrahiert und geschönt, groß- und kleingeschrieben nach Bedarf, wird die Wurzel gezogen und gelegentlich auch schlicht gelogen.«[15] Das System mußte demzufolge – obwohl in sich

---

13 Vgl. dazu ausführlicher: Geschichtswissenschaft im Dissens. Gespräch zwischen Wolfgang Küttler und Ilko-Sascha Kowalczuk; dazu die Äußerungen von Kocka: Wissenschaft und Politik; sowie Eckert: Politisches Engagement und institutionelle Absicherung.
14 Kołakowski: Diktatur der Wahrheit: ein quadratischer Kreis, S. 93.
15 Hein: Die fünfte Grundrechenart (September 1989), S. 145–146.
Christoph Hein ließ sich bei seiner Formel von der »fünften Grundrechenart« offensichtlich von einem Artikel aus dem Sonntag vom 28.10.1956 inspirieren. Gustav Just schildert in seiner Autobiographie, die Hein für ihn Ende der achtziger Jahre verwahrt hatte, daß der Schiftsteller Wolfgang Joho Wolfgang Harich eine aus polnischen Schriftstellerkreisen stammende Anekdote erzählte, die dieser niederschrieb und die schließlich ohne Verfassername publiziert wurde: »Aktuelles Einmaleins: In der Schule von Schilda wurde den Kindern viele Jahre lang beigebracht: 2 x 2 = 9. Eines Tages kam das heraus, und der Lehrkörper trat zu einer außerordentlichen Konferenz zusammen, auf der hin und her beraten wurde, wie dem peinlichen Mißstand abzuhelfen sei. Was vor allem vermieden werden mußte, war eine Gefährdung der Autorität des erprobten und unentbehrlichen Rechenlehrers. Auch sollte dem jugendlichen Fassungsvermögen nicht zu viel auf einmal zugemutet werden. Dies bedenkend, faßten die Kollegen auf Grund ihrer reichen pädagogischen Erfahrungen den Beschluß, die Schüler mit der ungewohnten Wahrheit nicht auf einen Schlag, sondern vorsichtig, nach und nach vertraut zu machen. Der Rechenlehrer erhielt also den Auftrag, zunächst einmal richtigzustellen, daß 2 x 2 nicht, wie bisher, 9 sei, sondern 8. An den folgenden Tagen sollte er dann jeweils um eine weitere Zahl heruntergehen, bis schließlich das wirkliche Produkt der in Frage stehenden Multiplikation erreicht sein würde. Indessen, der klug durchdachte Plan kam nicht zustande. Er scheiterte an der Voreiligkeit der ungezogenen Kinder. Denn als diesen am zweiten Tag weisgemacht werden sollte, 2 x 2 sei auch nicht 8, sondern 7, da hatten sie bereits heimlich in der Pause die Toilettenwände vollgekrit-

logisch, wie es Amalrik ausdrückt – *unsinnige* Resultate hervorbringen, weil die gesetzten Prämissen schon *unsinnig* waren. Insofern werden auch kaum die Ergebnisse Bestand haben. Es gibt nur wenig zu bewahren. Die DDR-Geschichtswissenschaft ist eine historische Fußnote, über die es auch in Zukunft lohnen wird, zu forschen und Bücher zu schreiben.

zelt mit der Gleichung: 2 x 2 = 4. Das Gerücht, daß im Lehrerkollegium daraufhin Stimmen des Bedauerns über die Abschaffung der Prügelstrafe laut geworden wären, stellt eine Verleumdung dar, die jeder Grundlage entbehrt.« (Just: Zeuge in eigener Sache, S. 92–93).

Anhang

Verzeichnis der zitieren Literatur

In das Literaturverzeichnis sind nur Titel aufgenommen worden, die in den Fußnoten zitiert wurden. Artikel aus Tageszeitungen sind nicht berücksichtigt worden.

Abusch, Alexander: Der Irrweg einer Nation. Ein Beitrag zum Verständnis deutscher Geschichte. Berlin 1946
Ders.: Die deutsche Katastrophe, in: Aufbau 3(1947)1, S. 2–8
Ders.: Über die revolutionäre Arbeitsmethode des Genossen Walter Ulbricht, in: Einheit 13(1958), S. 769–786
Ders.: Der Deckname. Berlin 1981
Ders.: Mit offenem Visier. Berlin 1986
Adam, Ursula: Rückkehr nach Berlin. Aus dem britischen Exil zur Teilnahme am antifaschistisch-demokratischen Neuaufbau (Dokumentation), in: JfG 35(1987), S. 427–485
Aksjutin, Jurij: Der XX. Parteitag der KPdSU, in: JHK 1996, S. 36–38
Alexander, Helmut: Geschichte, Partei und Wissenschaft. Liberale und demokratische Bewegungen in der Zeit der Restauration und im Vormärz aus der Sicht der DDR-Geschichtswissenschaft. Frankfurt/M., Bern, New York, Paris 1988
Alter, Peter: Bismarck in der Geschichtsschreibung der DDR, in: Fischer, Alexander/ Heydemann, Günther(Hrsg.): Geschichtswissenschaft in der DDR. Band 2: Vor- und Frühgeschichte bis Neueste Geschichte. Berlin 1990, S. 655–669
Amalrik, Andrej: Aufzeichnungen eines Revolutionärs. Berlin, Frankfurt/M., Wien 1983
Ammer, Thomas: Universität zwischen Demokratie und Diktatur. Ein Beitrag zur Nachkriegsgeschichte der Universität Rostock. Köln 1969 (Nachdruck 1994)
Ders.: Die Gedanken sind frei. Widerstand an den Universitäten 1945 bis 1961, in: Poppe, Ulrike/Eckert, Rainer/Kowalczuk, Ilko-Sascha (Hrsg.): Zwischen Selbstbehauptung und Anpassung. Formen des Widerstandes und der Opposition in der DDR. Berlin 1995, S. 142–161
Anderle, Alfred (Hrsg.): Entwicklungsprobleme der marxistisch-leninistischen Geschichtswissenschaft in der UdSSR und in der DDR. Halle 1983
Die Arbeit und die Aufgaben des Instituts für Geschichte des deutschen Volkes an der Karl-Marx-Universität Leipzig, in: ZfG 1(1953), S. 647–652
Archivarbeit und Geschichtsforschung. Hrsg. Hauptabteilung Archivwesen im MdI der DDR, Berlin 1952
Arendt, Hannah: Elemente und Ursprünge totaler Herrschaft. 2. Aufl., München, Zürich 1991
Aufruf zur Gründung der »Deutschen Historiker-Gesellschaft« in der Deutschen Demokratischen Republik, in: ZfG 6(1958), S. 217–218
Augstein, Rudolf: »Nicht umsonst regiert man die Welt«. Das Bismarck-Bild des DDR-Historikers Ernst Engelberg, in: Der Spiegel, Nr. 36/1985, S. 176–186

Augustine, Dolores L.: Frustrierte Technokraten. Zur Sozialgeschichte des Ingenieurberufs in der Ulbricht-Ära, in: Bessel, Richard/Jessen, Ralph (Hrsg.): Die Grenzen der Diktatur. Staat und Gesellschaft in der DDR. Göttingen 1996, S. 49–75

Aust, Hans W.: Die soziale Krankheitsgeschichte des deutschen Volkes, in: Aufbau 3(1947)2, S. 156–159

Autorenkollektiv der SED-Kreisleitung VEB Leuna-Werke »Walter Ulbricht«: Befreites Leuna (1945–1950). Die Geschichte des Kampfes der Leuna-Arbeiter. Berlin 1959

Axen, Hermann: Zur Entwicklung der sozialistischen Nation in der DDR. Berlin 1973

Bachmann, Peter u. a. (Hrsg.): Geschichte – Ideologie – Politik. Auseinandersetzungen mit bürgerlichen Geschichtsauffassungen in der BRD. Berlin 1983

Badstübner, Rolf: Restaurationsapologie und Fortschrittsverteufelung. Das entspannungsfeindliche bürgerliche Nachkriegsdeutschland in der BRD. Berlin 1978

Ders. (Ltr.): Geschichte der DDR. 3. Aufl., Berlin 1987

Bahne, Siegfried: Der marxistisch-leninistische Historismus, in: GWU 7(1956), S. 195–207

Barber, John: Soviet Historians in Crisis 1928–1932. London 1981

Baring, Arnulf: Der 17. Juni 1953. 2. Aufl., Stuttgart 1983

Baron, Udo: Die fünfte Kolonne? Die evangelische Kirche in der DDR und der Aufbau des Sozialismus, in: Kowalczuk, Ilko-Sascha/Mitter, Armin/Wolle, Stefan (Hrsg.): Der Tag X – 17. Juni 1953. Die »Innere Staatsgründung« der DDR als Ergebnis der Krise 1952/54. 2., durchgesehene Aufl., Berlin 1996, S. 311–334

Bartel, Horst/Schmidt, Walter: Neue Probleme der Geschichtswissenschaft in der DDR. Zur bisherigen Auswertung des VIII. Parteitages der SED durch die Historiker, in: ZfG 20(1972), S. 797–817

Bartel, Walter: Zur Rolle der SED bei der Erarbeitung eines neuen Geschichtsbildes des deutschen Volkes (1945 bis 1955), in: WZ HU Berlin, Ges. R. 15(1966), S. 461–469

Barton, Walter: Das Bild eines »Rädelsführers«, in: Vergangenheitsklärung an der Friedrich-Schiller-Universität Jena. Beiträge zur Tagung »Unrecht und Aufarbeitung« am 19. und 20. 6. 1992. Hrsg. Rektor der FSU Jena, Leipzig 1994, S. 76–78

Basler, Gerhard/Hofmann, Jürgen: Zwei deutsche Staaten und Nationen im europäischen Haus, in: Einheit 44(1989), S. 170–176

Bauer, Arnold: Der Einbruch des Antisemitismus im deutschen Denken, in: Aufbau 2(1946)2, S. 152–164

Bebel, August: Aus meinem Leben. 3 Bände. Berlin 1946

Beck, Reinhard: Die Geschichte der Weimarer Republik im Spiegel der sowjetzonalen Geschichtsschreibung. Bonn, Berlin 1965

Behrendt, Lutz-Dieter: Zur Hilfe der sowjetischen Geschichtswissenschaft bei der Entwicklung des marxistisch-leninistischen Geschichtsbildes in den Jahren 1945 bis 1949 auf dem Territorium der heutigen DDR, in: JfGsozL 20/1(1976), S. 207–219

Ders.: Zur Erforschung der Geschichte der sowjetischen Geschichtswissenschaft durch Historiker der DDR, in: BzG 21(1979), S. 557–567

Beiträge zum nationalen Geschichtsbild der deutschen Arbeiterklasse. Sonderheft der ZfG 1962

Bender, Peter: Die »Neue Ostpolitik« und ihre Folgen. Vom Mauerbau bis zur Vereinigung. 3., überarb. u. erw. Neuausgabe, München 1995

Bennewitz, Inge/Potratz, Rainer: Zwangsaussiedlungen an der innerdeutschen Grenze. Analysen und Dokumente. Berlin 1994

Berding, Helmut: Arthur Rosenberg, in: Wehler, Hans-Ulrich (Hrsg.): Deutsche Historiker. Band IV, Göttingen 1972, S. 81–96

Berghahn, Volker R.: Ludwig Dehio, in: Wehler, Hans-Ulrich (Hrsg.): Deutsche Historiker. Band IV, Göttingen 1972, S. 97–116

Bericht über die Verhandlungen des 15. Parteitages der KPD. 19. und 20. April 1946. Berlin 1946

Berliner Revolutions-Kalender 1848/1948. Berlin 1947

Berthold, Lothar: Zur Geschichte der nationalen Konzeption der deutschen Arbeiterklasse, in: ZfG 10(1962), S. 1005–1016

Berthold, Werner: Bemerkungen zu den von J. Kuczynski und anderen Historikern aufgeworfenen Problemen des »Geschichtsmachens«, in: ZfG 6(1958), S. 304–312

Ders.: Der politisch-ideologische Weg Gerhard Ritters, eines führenden Ideologen der deutschen Bourgeoisie, in: ZfG 6(1958), S. 959–989

Ders.: »... großhungern und gehorchen«. Zur Entstehung und politischen Funktion der Geschichtsideologie des westdeutschen Imperialismus, untersucht am Beispiel von Gerhard Ritter und Friedrich Meinecke. Berlin 1960

Ders.: Die Stellungnahme der KPD zu aktuellen Grundfragen der deutschen Geschichte 1945/46, in: ZfG 13(1965), S. 1323–1341

Ders.: Die Wandlung des Historikers Otto Hoetzsch. Sein Beitrag zur Entwicklung eines fortschrittlichen Geschichtsbewußtseins 1946, in: ZfG 14(1966), S. 732–744

Ders.: Die Erkenntnis der weltgeschichtlichen Bedeutung der Großen Sozialistischen Oktoberrevolution und der Sowjetunion durch Otto Hoetzsch unter dem Eindruck des Jahres 1945, in: JfGsozL 11(1967), S. 189–201

Ders.: Die Ausarbeitung von »Richtlinien für den Unterricht in deutscher Geschichte« durch eine Kommission des Nationalkomitees »Freies Deutschland« (Ende 1944/Anfang 1945 bis 31. Juli 1945), in: WZ KMU Leipzig, Ges. R. 16(1967), S. 495–506

Ders.: Zum Kampf der Führung der KPD gegen die faschistische Geschichtsideologie und die Miserekonzeption in der deutschen Geschichte 1939–1945, in: ZfG 17(1969), S. 689–703

Ders.: Die Konzipierung von Richtlinien für den Unterricht in deutscher Geschichte in der Arbeitskommission des Politbüros des ZK der KPD und in ihrem Auftrag (1944/1945), in: JfG 3(1969), S. 307–321

Ders.: Marxistisches Geschichtsbild. Volksfront und antifaschistisch-demokratische Revolution. Zur Vorgeschichte der Geschichtswissenschaft der DDR und zur Konzeption der Geschichte des deutschen Volkes. Berlin 1970

Ders. u.a. (Hrsg.): Unbewältigte Vergangenheit. Handbuch zur Auseinandersetzung mit der westdeutschen bürgerlichen Geschichtsschreibung. Berlin 1970 (u. ö.)

Ders./Katsch, Günter/Kinner, Klaus: Zur Geschichte der marxistisch-leninistischen deutschen Geschichtswissenschaft (1917–1945). Potsdam 1978

Ders. u.a.: Forschungen zu Theorie, Methodologie und Geschichte der Geschichtswissenschaft, in: Historische Forschungen in der DDR 1970–1980. Analysen und Berichte. Berlin 1980, S. 538–592 (= Sonderband der ZfG)

Ders.: Zur Geschichte der internationalen und deutschen marxistisch-leninistischen Geschichtswissenschaft (Mitte der dreißiger Jahre bis 1945), in: Wimi 1980/III, S. 25–44

Ders.: Die Geschichtswissenschaft der DDR, der Historikertag in Trier 1958 und der internationale Historikerkongreß in Stockholm 1960, in: Anderle, Alfred (Hrsg.): Entwicklungsprobleme der marxistisch-leninistischen Geschichtswissenschaft in der UdSSR und in der DDR. Halle 1983, S. 175–186 (auch in: Wimi 1983/III, S. 48–58)

Ders./Katsch, Günter/Kinner, Klaus (Hrsg.): Geschichte des Marxismus-Leninismus und der marxistisch-leninistischen Geschichtswissenschaft 1917–1945. Wege zur ihrer Erforschung und Darstellung. Leipzig 1985

Ders.: Marxistisch-leninistische Geschichtswissenschaft im Kampf gegen den Faschismus und für die antifaschistische Volksfront, in: BzG 27(1985), S. 473–486

Ders.: Zur Entwicklung der marxistisch-leninistischen Geschichtswissenschaft zu einer voll entfalteten wissenschaftlichen Spezialdisziplin, in: Guntau, Martin/ Laitko, Hubert (Hrsg.): Der Ursprung der modernen Wissenschaften. Studien zur Entstehung wissenschaftlicher Disziplinen. Berlin 1987, S. 331–345

Ders.: Zur Geschichte der Geschichtswissenschaft der DDR. Vorgeschichte, Grundlegung, Konfrontation und Kooperation, in: BzG 30(1988), S. 177–187 [eine unwesentlich veränderte Fassung davon in: Schulin, Ernst (Hrsg.): Deutsche Geschichtswissenschaft nach dem II. Weltkrieg. 1945–1965. München 1989, S. 39–51]

Ders. (Hrsg.): Zur Geschichte der marxistischen Geschichtswissenschaft. o. O., o. J., 2 Bände

Ders.: Erinnerungen. Über Nazismus und Antinazismus in Leipzig in den Jahren 1933 bis 1941, in: BzG 38(1996)3, S. 89–103

Besier, Gerhard: Der SED-Staat und die Kirche. Der Weg in die Anpassung. München 1993

Ders./Wolf, Stephan (Hrsg.): »Pfarrer, Christen und Katholiken«. Das Ministerium für Staatssicherheit der ehemaligen DDR und die Kirchen. Neukirchen-Vluyn 1991

Beyrau, Dietrich: Intelligenz und Dissens: Die russischen Bildungsschichten in der Sowjetunion 1917 bis 1985. Göttingen 1993

Ders./Bock, Ivo (Hrsg.): Tauwetter und die Folgen. Kultur und Politik in Osteuropa nach 1956. Bremen 1988

Biereigel, Hans: Gedenkende Trauer und schmerzende Fragen. Dokumente über das KZ Sachsenhausen, in: Utopie kreativ, H. 50/1994, S. 53–59

Blänsdorf, Agnes: Gerhard Ritter 1942–1950. Seine Überlegungen zum kirchlichen und politischen Neubeginn in Deutschland, in: GWU 42(1991), S. 1–21, 67–91

Blaschke, Karlheinz: Geschichtswissenschaft im SED-Staat. Erfahrungen eines »bürgerlichen« Historikers in der DDR, in: APuZ, B 17-18/1992, S. 14–27 [auch in: Fischer, Alexander (Hrsg.): Studien zur Geschichte der SBZ/DDR. Berlin 1993, S. 221–244]

Blaum, Verena: Kunst und Politik im SONNTAG. 1946–1958. Eine historische Inhaltsanalyse zum deutschen Journalismus der Nachkriegsjahre. Köln 1992

Bleek, Wilhelm/Mertens, Lothar: DDR-Dissertationen. Promotionspraxis und Geheimhaltung von Doktorarbeiten im SED-Staat. Opladen 1994

Bleiber, Helmut: Herwig Förder, in: Wegbereiter der DDR-Geschichtswissenschaft. Biographien. Hrsg. Heitzer, Heinz/Noack, Karl-Heinz/Schmidt, Walter, Berlin 1989, S. 51–64

Ders.: 40 Jahre DDR-Geschichtswissenschaft. Leistungen und Grenzen, in: Österreichische Osthefte 33(1991), S. 556–568

Bock, Helmut: Was ist des Deutschen Vaterland? Wege und Irrwege nach Europa, in: ZfG 38(1990), S. 963–978

Ders./Laube, Adolf: Westdeutscher Historikertag in Westberlin, in: ZfG 13(1965), S. 92–104

Boockmann, Hartmut: Der Historiker Herrmann Heimpel. Göttingen 1990 [kürzere Fassung in: HZ 251(1990), S. 265–282]

Borgolte, Michael: Eine Generation marxistische Mittelalterforschung in Deutschland. Erbe und Tradition aus der Sicht eines Neu-Humboldtianers, in: GWU 44(1993), S. 483–492 [sowie unwesentlich verändert in: Borgolte, Michael (Hrsg.): Mittelalterforschung nach der Wende 1989. München 1995, S. 3–26]

Ders. (Hrsg.): Mittelalterforschung nach der Wende 1989. München 1995

Borowsky, Peter: Geschichtswissenschaft an der Hamburger Universität 1933 bis 1945, in: Hochschulalltag im »Dritten Reich«. Die Hamburger Universität 1933–1945. Hrsg. Krause, Eckart/Huber, Ludwig/Fischer, Holger, Berlin, Hamburg 1991, S. 537–588

Bracher, Karl Dietrich: Die Gleichschaltung der deutschen Universität, in: Filtner, Andreas (Hrsg.): Nationalsozialismus und die deutsche Universität. Berlin 1966, S. 126–142

Ders.: Die Krise Europas. Seit 1917. Frankfurt/M., Berlin 1992

Braunbuch über Reichstagsbrand und Hitler-Terror. Basel 1933

Bredel, Willi: Ernst Thälmann. Beitrag zu einem politischen Lebensbild. Berlin 1950

Der Bremer Historikertag 1953, in: ZfG 1(1953), S. 905–939

Brendler, Gerhard/Küttler, Wolfgang: Die Einheit von Sozialismus und Kommunismus und die historische Analyse ökonomischer Gesellschaftsformationen, in: ZfG 21(1973), S. 5–30

Brinks, Jan Herman: Die DDR-Geschichtswissenschaft auf dem Weg zur deutschen Einheit. Luther, Friedrich II. und Bismarck als Paradigmen politischen Wandels. Frankfurt/M. 1992

Brodskij, N. L.: Belinskij, W. G. – Der große revolutionäre Demokrat, Philosoph und Kritiker. Berlin 1948

Brogan, Patrick: Eastern Europe 1939–1989. The Fifty Years War. London 1990

Bruch, Rüdiger vom: Krieg und Frieden. Zur Frage der Militarisierung deutscher Hochschullehrer und Universitäten im späten Kaiserreich, in: Dülffer, Jost/Holl, Karl (Hrsg.): Bereit zum Krieg. Kriegsmentalität im wilhelminischen Deutschland 1890–1914. Beiträge zur historischen Friedensforschung. Göttingen 1986, S. 74–98

Ders./Müller, Rainer A. (Hrsg.): Historikerlexikon. Von der Antike bis zum 20. Jahrhundert. München 1991

Brühl, Hans: Irrweg deutscher Geschichte. Frankfurt/M. 1946

Burleigh, Michael: »Herr G. wird übles schreiben«. The Historical Conference in Trier and the Politics of Ostforschung, in: German History Nr. 5/1987, S. 4–9

Ders.: Germany Turns Eastwards. A study of Ostforschung in the Third Reich. Cambridge 1988

Büsch, Otto/Erbe, Michael (Hrsg.): Otto Hintze und die moderne Geschichtswissenschaft. Ein Tagungsbericht. Berlin 1983

Bust-Bartels, Axel: Der Arbeiteraufstand am 17. Juni 1953. Ursachen, Verlauf und gesellschaftspolitische Ziele, in: APuZ, B 25/1980, S. 24–54

Buxhoeveden, Christina von: Geschichtswissenschaft und Politik in der DDR. Das Problem der Periodisierung. Köln 1980

Camphausen, Gabriele: Die wissenschaftliche historische Rußlandforschung im Dritten Reich 1933–1945. Frankfurt/M., Bern, New York, Paris 1990
Carr, Edward Hallett: What is History? 2. Aufl., London 1987
Chaßchatschich, F. I.: Über die Erkennbarkeit der Welt. Berlin 1949
Christ, Karl: Römische Geschichte und deutsche Geschichtswissenschaft. München 1982
Christ-Thilo, Christian: Elisabeth Giersiepen, in: Wegbereiter der DDR-Geschichtswissenschaft. Biographien. Hrsg. Heitzer, Heinz/Noack, Karl-Heinz/Schmidt, Walter, Berlin 1989, S. 65–74
Chruschtschow erinnert sich. Die authentischen Memoiren. Hrsg. Talbott/Strobe, Reinbek bei Hamburg 1992 (engl. 1970)
Cold War Crisis, in: Cold War International History Project, Bulletin 5/1995
Conelly, John: Zur »Republikflucht« von DDR-Wissenschaftlern in den fünfziger Jahren, in: ZfG 42(1994), S. 331–352
Ders.: East German Higher Education Policies and Student Resistance, 1945–1948, in: CEH 28(1995), S. 259–298
Conze, Werner: Die deutsche Geschichtswissenschaft seit 1945. Bedingungen und Ergebnisse, in: HZ 225(1977), S. 1–28
Ders.: Die Gründung des Arbeitskreises für moderne Sozialgeschichte, in: Hamburger Jahrbuch für Wirtschafts- und Gesellschaftspolitik 24(1979), S. 23–32
Corni, Gustavo/Sabrow, Martin (Hrsg.): Die Mauern der Geschichte. Historiographie in Europa zwischen Diktatur und Demokratie. Leipzig 1996
Crüger, Herbert: Verschwiegene Zeiten. Vom geheimen Apparat der KPD ins Gefängnis der Staatssicherheit. Berlin 1990
Crusius, Reinhard/Wilke, Manfred (Hrsg.): Entstalinisierung. Der XX. Parteitag der KPdSU und seine Folgen. Frankfurt/M. 1977
Dahrendorf, Ralf: Soziologie und Nationalsozialismus, in: Filtner, Andreas (Hrsg.): Deutsches Geistesleben und Nationalsozialismus. Tübingen 1965, S. 108–124
Davies, Robert W.: Perestrojka und Geschichte. Die Wende in der sowjetischen Historiographie. München 1991
Die DDR als Geschichte. Fragen – Hypothesen – Perspektiven. Hrsg. Kocka, Jürgen/Sabrow, Martin, Berlin 1994
DDR-Handbuch. Hrsg. Bundesministerium für innerdeutsche Beziehungen, 2 Bände. 3., überarb. und erw. Aufl., Köln 1985
Decker, Andreas: Die Novemberrevolution und die Geschichtswissenschaft in der DDR, in: IWK 10(1974), S. 269–299
Dehio, Ludwig: Zeitschrift für Geschichtswissenschaft, in: HZ 178(1954), S. 151–152
Deutscher Sonderweg – Mythos oder Realität? München 1982
Deutschland, Heinz: Hermann Duncker, in: Wegbereiter der DDR-Geschichtswissenschaft. Biographien. Hrsg. Heitzer, Heinz/Noack, Karl-Heinz/Schmidt, Walter, Berlin 1989, S. 27–50
Deutschlandpolitik, innerdeutsche Beziehungen und internationale Rahmenbedingungen, in: Materialien der Enquete-Kommission »Aufarbeitung von Geschichte und Folgen der SED-Diktatur in Deutschland« (12. Wahlperiode des Deutschen Bundestages), hrsg. vom Deutschen Bundestag, Baden-Baden 1995, Band V/1–3
Didczuneit, Veit: »Für eine wirkliche deutsche Geschichte« – mit oder ohne Leipziger Geschichtswissenschaft? Ein Beitrag zur Entstehungsgeschichte des Instituts

für Geschichte des deutschen Volkes an der Alma mater Lipsiensis, in: hochschule ost, H. 7/1992, S. 5–15
Ders.: Geschichtswissenschaft an der Universität Leipzig. Zur Entwicklung des Faches Geschichte von der Hochschulreform bis zur »sozialistischen Umgestaltung« 1958. Diss. Leipzig 1993 (Ms.)
Ders.: Heinrich Sproemberg – ein nichtmarxistischer Historiker in der DDR, in: GWU 45(1994), S. 573–578
Ders.: Geschichtswissenschaft in Leipzig: Heinrich Sproemberg. Leipzig 1994
Ders.: Walter Markov und die SED-Bezirksleitung Leipzig im Dezember 1956, in: »Wenn jemand seinen Kopf bewußt hinhielt ...«. Beiträge zu Werk und Wirken von Walter Markov. Hrsg. Neuhaus, Manfred/Seidel, Helmut in Verbindung mit Diesener, Gerald/Middell, Matthias, Leipzig 1995, S. 45–47
Diedrich, Torsten: Zwischen Arbeitererhebung und gescheiterter Revolution in der DDR. Retrospektive zum Stand der zeitgeschichtlichen Aufarbeitung des 17. Juni 1953, in: JHK 1994, S. 288–305
Diehl, Ernst: Wie erfüllen unsere Historiker ihre Aufgaben?, in: Einheit 8(1953), S. 813–820
Ders./Dlubek, Rolf: Die Historiker der DDR vor neuen großen Aufgaben, in: Einheit 10(1955), S. 882–892
Diesener, Gerald: Zur Geschichtspropaganda und zum Geschichtsdenken im Nationalkomitee »Freies Deutschland«. Thesen, in: Wimi I/1984, S. 77–89
Ders.: Geschichtspropaganda im Nationalkomitee »Freies Deutschland« – neue Forschungsergebnisse, in: Berthold, Werner/Katsch, Günter/Kinner, Klaus (Hrsg.): Geschichte des Marxismus-Leninismus und der marxistisch-leninistischen Geschichtswissenschaft 1917–1945. Wege zur ihrer Erforschung und Darstellung. Leipzig 1985, S. 136–141
Ders.: Historisches in der Zeitung »Freies Deutschland« (1943–1945), in: BzG 29(1987), S. 772–782
Ders.: Antifaschismus als eine zentrale Lebenserfahrung – Ernst Hadermann (1896–1968), in: Rostocker Wissenschaftshistorische Manuskripte, H. 17/1989, S. 42–46
Ders.: Überlegungen zu einer Geschichte der DDR-Geschichtswissenschaft, in: Jarausch, Konrad. H./Middell, Matthias (Hrsg.): Nach dem Erdbeben. (Re-)Konstruktion ostdeutscher Geschichte und Geschichtswissenschaft. Leipzig 1994, S. 68–87
Ders.: »DDR-Historiker« oder »Historiker in der DDR«, in: Berliner Debatte Initial 3/1996, S. 71–76
Dietrich, Gerd: Politik und Kultur in der Sowjetischen Besatzungszone (SBZ) 1945–1949. Bern u. a. 1993
Ders.: »... wie eine kleine Oktoberrevolution ...«. Kulturpolitik der SMAD 1945–1949, in: Clemens, Gabriele (Hrsg.): Kulturpolitik im besetzten Deutschland 1945–1949. Stuttgart 1994 (HMRG-B; 10), S. 219–236
Djilas, Milovan: Die neue Klasse. Eine Analyse des kommunistischen Systems. München 1963
Doernberg, Stefan: Die Geburt eines neuen Deutschland 1945–1949. Die antifaschistisch-demokratische Umwälzung und die Entstehung der DDR. Berlin 1959
Ders.: Die volksdemokratische Revolution auf dem Gebiet der DDR und die Lösung der Lebensfragen der deutschen Nation, in: ZfG 8(1960), S. 531–556
Ders.: Kurze Geschichte der DDR. Berlin 1964

Döring, Helmut: Der Weimarer Kreis. Studien zum politischen Bewußtsein verfassungstreuer Hochschullehrer in der Weimarer Republik. Meisenheim am Glan 1975
Dokumente der SED. Band 1. 2. Aufl., Berlin 1951
Dokumente der SED. Band 2. Berlin 1950
Dokumente der SED. Band 3. Berlin 1952
Dokumente der SED. Band 4. Berlin 1954
Dokumente der SED. Band 5. Berlin 1956
Dokumente der SED. Band 6. Berlin 1958
Dokumente der SED, Band 2 (1945 bis 1971). Berlin 1986
Dokumente zur Außenpolitik der DDR, Band 3. Berlin 1956
Dorpalen, Andreas: Die Revolution von 1848 in der Geschichtsschreibung der DDR, in: HZ 210(1970), S. 324–368
Ders.: Gerhard Ritter, in: Wehler, Hans-Ulrich (Hrsg.): Deutsche Historiker. Band I, Göttingen 1971, S. 86–99
Ders.: German History in Marxist Perspective. The East German Approach. Detroit 1988
Drobisch, Klaus: Widerstand in Buchenwald. Berlin 1977
Du Bois-Reymond, Emil: Über den deutschen Krieg. Rede am 3. August 1870 in der Aula der Kgl. Friedrich-Wilhelms-Universität zu Berlin. Berlin 1870
Dudinzew, Wladimir: Weiße Gewänder. Berlin 1990 (russ. 1987)
Duparré, Marion/Zschaler, Frank: Die Wirtschaftswissenschaftliche Fakultät der Humboldt-Universität zu Berlin in der Phase der sozialistischen Umgestaltung, in: WZ HU Berlin, Ges. R 38(1989)10, S. 1073–1078
Ebbinghaus, Angelika/Roth, Karl Heinz: Vorläufer des »Generalplans Ost«. Eine Dokumentation über Theodor Schieders Polendenkschrift vom 7. Oktober 1939, in: 1999 7(1992)1, S. 62–94
Eckermann, Walther: Neue Geschichtswissenschaft. Eine Einführung in ihr Studium. Rudolstadt o. J. (1950)
Eckert, Rainer: Vergangenheitsbewältigung oder überwältigt uns die Vergangenheit? Oder: Auf einem Sumpf ist schlecht bauen, in: IWK 28(1992), S. 228–232
Ders./Küttler, Wolfgang/Seeber, Gustav (Hrsg.): Krise – Umbruch – Neubeginn. Eine kritische und selbstkritische Dokumentation der DDR-Geschichtswissenschaft 1989/90. Stuttgart 1992
Ders./Günther, Mechthild/Wolle, Stefan: »Klassengegner gelungen einzudringen ...«. Fallstudie zur Anatomie politischer Verfolgungskampagnen am Beispiel der Sektion Geschichte der Humboldt-Universität zu Berlin in den Jahren 1968 bis 1972, in: JHK 1993, S. 197–225
Ders./Kowalczuk, Ilko-Sascha/Stark, Isolde (Hrsg.): Hure oder Muse? Klio in der DDR. Dokumente und Materialien des Unabhängigen Historiker-Verbandes. Berlin 1994
Ders.: Politisches Engagement und institutionelle Absicherung. Die Geschichtsschreibung über die DDR, in: Berliner Debatte Initial 1/1995, S. 99–100
Ders./Kowalczuk, Ilko-Sascha/Poppe, Ulrike (Hrsg.): Wer schreibt die DDR-Geschichte? Ein Historikerstreit um Stellen, Strukturen, Finanzen und Deutungskompetenz. Berlin 1995
Ders.: (Rezension), in: Journal of Modern History 67(1995), S. 228–230
Ders.: Wissenschaft mit den Augen der Staatssicherheit. Die Hauptabteilung XVIII/5

des Ministeriums für Staatssicherheit in den Jahren vor der Herbstrevolution von 1989, in: Corni, Gustavo/Sabrow, Martin (Hrsg.): Die Mauern der Geschichte. Historiographie in Europa zwischen Diktatur und Demokratie. Leipzig 1996, S. 138–158

Ders./Faulenbach, Bernd (Hrsg.): Halbherziger Revisionismus. Zum postkommunistischen Geschichtsbild. München, Landsberg am Lech 1996

Ders.: Die DDR-Historiker im Auge der Staatssicherheit (Ms., soll 1997 erscheinen)

Ehemalige Nationalsozialisten in Pankows Diensten. Hrsg. Untersuchungsausschuß Freiheitlicher Juristen. 3., erg. Aufl., Berlin 1960

Eichhorn I, Wolfgang/Küttler, Wolfgang: »... daß Vernunft in der Geschichte sei«. Formationsgeschichte und revolutionärer Aufbruch der Menschheit. Berlin 1989

Einführung in das Studium der Geschichte. Herausgeberkollektiv unter der Leitung von Walther Eckermann u. Hubert Mohr, 4., durchges. u. erg. Aufl., Berlin 1986

Eisenfeld, Bernd: Die Ausreisebewegung – eine Erscheinungsform widerständigen Verhaltens, in: Poppe, Ulrike/Eckert, Rainer/Kowalczuk, Ilko-Sascha (Hrsg.): Zwischen Selbstbehauptung und Anpassung. Formen des Widerstandes und der Opposition in der DDR. Berlin 1995, S. 192–223

Eisler, Gerhart/Norden, Albert/Schreiner, Albert: The lesson of Germany. A Guide to her history. New York (1945)

Elsner, Lothar: Johannes Nichtweiß, in: Wegbereiter der DDR-Geschichtswissenschaft. Biographien. Hrsg. Heitzer, Heinz/Noack, Karl-Heinz/Schmidt, Walter, Berlin 1989, S. 169–181

Engel, Evamaria/Vetter, Klaus: Konstituierung der Hansischen Arbeitsgemeinschaft der Deutschen Historiker-Gesellschaft, in: ZfG 19(1971), S. 667–669

Engelberg, Ernst: Politik und Geschichtsschreibung. Die historische Stellung und Aufgabe der Geschichtswissenschaft in der DDR, in: ZfG 6(1958), S. 468–491

Ders.: Die Entwicklung der marxistischen Geschichtswissenschaft an der Karl-Marx-Universität, in: Karl-Marx-Universität Leipzig. Festschrift zur 550-Jahr-Feier. Leipzig 1959, S. 63–71

Ders.: NATO-Politik und westdeutsche Historiographie über Probleme des 19. Jahrhunderts, in: ZfG 7(1959), S. 477–493

Ders.: Revolutionäre Politik und Rote Feldpost 1878–1890. Berlin 1959

Ders.: Deutschland von 1849 bis 1871 (Von der Niederlage der bürgerlich-demokratischen Revolution bis zur Reichsgründung). Lehrbuch der deutschen Geschichte (Beiträge). Berlin 1959

Ders./Küttler, Wolfgang (Hrsg.): Formationstheorie und Geschichte. Studien zur historischen Untersuchung von Gesellschaftsformationen im Werk von Marx, Engels und Lenin. Berlin 1978

Ders.: Ideologische Auseinandersetzung und Einflußnahme, in: Wimi III/1983, S. 35–40

Ders.: in: Grimm, Thomas: Was von den Träumen blieb. Eine Bilanz der sozialistischen Utopie. Berlin 1993, S. 25–48

Engels, Friedrich: Karl Marx, in: Marx, Karl/Engels, Friedrich: Werke, Band 19. 9. Aufl., Berlin 1987, S. 96–106

Ders.: Die Entwicklung des Sozialismus von der Utopie zur Wissenschaft, in: Marx, Karl/Engels, Friedrich: Werke, Band 19. 9. Aufl., Berlin 1987, S. 181–228

Enteen, George M.: The Soviet Scholar-Bureaucrat. M. N. Prokrovskji and the Society of Marxist Historians. University Park 1978

Erbe, Michael (Hrsg.): Friedrich Meinecke heute. Berlin 1981
Erben deutscher Geschichte. DDR–BRD: Protokolle einer historischen Begegnung. Hrsg. Miller, Susanne/Ristau, Malte, Reinbek bei Hamburg 1988
Erdmann, Karl Dietrich: Die Ökumene der Historiker. Geschichte der Internationalen Historikerkongresse und des Comité International des Sciences Historiques. Göttingen 1987
Erker, Paul: Zeitgeschichte als Sozialgeschichte. Forschungsstand und Forschungsdefizite, in: GG 19(1993), S. 202–238
Erkes, Eduard: Warum muß der Hochschullehrer Antifaschist sein?, in: Aufbau 2(1946)9
Ders.: Rassentheorien und Völkerkunde, in: Aufbau 3(1947)10, S. 227–235
Ernst, Anna Sabine: Between »Investigative History« and Solid Research. The Reorganization of Historical Studies about the Former German Democratic Republic, in: CEH 28(1995)3, S. 373–395
Eschwege, Helmut: Fremd unter meinesgleichen. Erinnerungen eines Dresdner Juden. Berlin 1991
Evolution und Revolution in der Weltgeschichte. Ernst Engelberg zum 65. Geburtstag. Hrsg. Bartel, Horst/Helmert, Heinz/Küttler, Wolfgang/Seeber, Gustav, Berlin 1976
Ewers, Klaus/Quest, Thorsten: Die Kämpfe der Arbeiterschaft in den volkseigenen Betrieben während und nach dem 17. Juni, in: 17. Juni 1953. Arbeiteraufstand in der DDR. Hrsg. Spittmann, Ilse/Fricke, Karl Wilhelm, 2., erw. Aufl., Köln 1988, S. 23–55
Faulenbach, Bernd (Hrsg.): Geschichtswissenschaft in Deutschland. Traditionelle Positionen und gegenwärtige Aufgaben. München 1974
Ders.: Ideologie des deutschen Weges. Die deutsche Geschichte in der Historiographie zwischen Kaiserreich und Nationalsozialismus. München 1980
Ders.: Die »nationale Revolution« und die deutsche Geschichte. Zum zeitgenössischen Urteil der Historiker, in: Michalka, Wolfgang (Hrsg.): Die nationalsozialistische Machtergreifung. Paderborn, München, Wien, Zürich 1984, S. 357–371
Ders.: Deutsche Geschichtswissenschaft nach den beiden Weltkriegen, in: Niedhardt, Gottfried/Riesenberger, Dieter (Hrsg.): Lernen aus dem Krieg? Deutsche Nachkriegszeiten 1918 und 1945. Beiträge zur historischen Friedensforschung. München 1992, S. 207–240
Ders.: Die deutsche Geschichtsschreibung nach der Diktatur Hitlers, in: Corni, Gustavo/Sabrow, Martin (Hrsg.): Die Mauern der Geschichte. Historiographie in Europa zwischen Diktatur und Demokratie. Leipzig 1996, S. 37–63
Feige, Hans-Uwe: Zur Vorgeschichte der Gründung des Franz-Mehring-Instituts (1945–1948), in: WZ KMU Leipzig, Ges. R. 33(1984), S. 372–380
Ders.: Gründung und Rolle des Franz-Mehring-Instituts an der Universität Leipzig (1948–1951), in: BzG 19(1987), S. 516–523
Ders.: Ketzer und Kampfgenosse – Der Leipziger Ordinarius für Philosophie Ernst Bloch, in: DA 25(1992), S. 697–717
Ders.: Aspekte der Hochschulpolitik der Sowjetischen Militäradministration in Deutschland (1945–1948), in: DA 25(1992), S. 1169–1180
Ders.: Die Gesellschaftswissenschaftliche Fakultät an der Universität Leipzig (1947–1951), in: DA 26(1993), S. 572–583
Ders.: Die Leipziger Studentenopposition (1945–1948), in: DA 26(1993), S. 1057–1068

Ders.: Zur Entnazifizierung des Lehrkörpers an der Universität Leipzig, in: ZfG 42(1994), S. 795-808
Finker, Kurt: Ernst Hadermanns Rolle im Nationalkomitee »Freies Deutschland«, in: Militärgeschichte 1/1988, S. 57-65
Fischer, Alexander: Der Weg zur Gleichschaltung der sowjetzonalen Geschichtswissenschaft 1945-1949, in: VfZ 10(1962), S. 149-177
Ders.: Neubeginn in der Geschichtswissenschaft. Zum Verhältnis von »bürgerlichen« und marxistischen Historikern in der SBZ/DDR nach 1945, in: GWU 31(1980), S. 149-158
Ders./Heydemann, Günther: Weg und Wandel der Geschichtswissenschaft und des Geschichtsverständnisses in der SBZ/DDR seit 1945, in: Dies. (Hrsg.): Geschichtswissenschaft in der DDR. Band 1: Historische Entwicklung, Theoriediskussion und Geschichtsdidaktik. Berlin 1988, S. 3-30
Dies. (Hrsg.): Geschichtswissenschaft in der DDR. Band 1: Historische Entwicklung, Theoriediskussion und Geschichtsdidaktik. Berlin 1988
Dies. (Hrsg.): Geschichtswissenschaft in der DDR. Band 2: Vor- und Frühgeschichte bis Neueste Geschichte. Berlin 1990
Fischer, Klaus: Die Emigration von Wissenschaftlern nach 1933. Möglichkeiten und Grenzen einer Bilanzierung, in: VfZ 39(1991), S. 535-549
Fischer, Uwe: Zur Historiographie der DDR über Probleme der bürgerlichen Umwälzung in Deutschland. Die Diskussion im Autorenkollektiv über das Lehrbuch der deutschen Geschichte (1789 bis 1871) in der ersten Hälfte der fünfziger Jahre, in: ZfG 29(1981), S. 1091-1105
Florath, Bernd: Mnemosyne war die Pille verschrieben. Oder: Über die Schwierigkeit der Historiker, sich selbst zu begreifen, in: Berliner Debatte Initial 2/1991, S. 150-158
Foitzik, Jan: Die Sowjetische Militäradministration in Deutschland. Organisation und Wirkungsfelder in der SBZ 1945-1949, in: APuZ, B 11/1990, S. 43-51
Ders.: Berichte des Hohen Kommissars der UdSSR in Deutschland aus den Jahren 1953/1954. Dokumente aus dem Archiv für Außenpolitik der Russischen Föderation, in: Materialien der Enquete-Kommission »Aufarbeitung von Geschichte und Folgen der SED-Diktatur in Deutschland« (12. Wahlperiode des Deutschen Bundestages), hrsg. vom Deutschen Bundestag, Baden-Baden 1995, Band II/2, S. 1350-1541
Förster, Günter: Die Juristische Hochschule des MfS (Anatomie der Staatssicherheit; MfS-Handbuch, Teil III/6). Berlin 1996
Franz, Günther: (Rezension), in: HZ 177(1954), S. 543-546
Ders.: Das Geschichtsbild des Nationalsozialismus und die deutsche Geschichtswissenschaft, in: Geschichte und Geschichtsbewußtsein. 19 Vorträge. Hrsg. Hauser, Oswald, Göttingen, Zürich 1981, S. 91-111
Franzke, Michael (Hrsg.): Die ideologische Offensive. Ernst Bloch, SED und Universität. Leipzig o. J. (1993)
Fricke, Dieter: (Rezension), in: ZfG 7(1959), S. 702-712
Fricke, Karl Wilhelm: Die DDR-Staatssicherheit. Entwicklung – Strukturen – Aktionsfelder. Köln 1982
Ders.: Opposition und Widerstand in der DDR. Ein politischer Report. Köln 1984
Ders.: Politik und Justiz in der DDR. Zur Geschichte der politischen Verfolgung 1945-1958. Bericht und Dokumentation. 2. Aufl., Köln 1990

Friedrich, Carl J.: Totalitäre Diktatur. Stuttgart 1957
Friedrich, Wolfgang-Uwe: Bürokratischer Totalitarismus – Zur Typologie des SED-Regimes, in: Ders. (Hrsg.): Totalitäre Herrschaft – totalitäres Erbe. GSR, Special Issue, Fall 1994, S. 1–21
Fuchs, Eckhardt: Zur Vorgeschichte und zum Verlauf des XI. Internationalen Historikerkongresses 1960 in Stockholm (Thesen), in: WZ KMU, Ges. R 37(1988), S. 485–489
Ders.: Nationale Wissenschaft und internationale *scientific community*. Gedanken zur Institutionalisierung eines »marxistischen Historismus« in den fünfziger Jahren, in: Berliner Debatte Initial 3/1995, S. 66–70
Fulbrook, Mary: Anatomy of a Dictatorship. Inside the GDR, 1949–1989. Oxford 1995
Dies.: Politik, Wissenschaft und Moral. Zur neueren Geschichte der DDR, in: GG 22(1996), S. 458–471
Dies.: Methodologische Überlegungen zu einer Gesellschaftsgeschichte der DDR, in: Bessel, Richard/Jessen, Ralph (Hrsg.): Die Grenzen der Diktatur. Staat und Gesellschaft in der DDR. Göttingen 1996, S. 276–297
Furet, François: Das Ende der Illusion. Der Kommunismus im 20. Jahrhundert. München, Zürich 1996
Gabelmann, Thilo: Thälmann ist niemals gefallen? Eine Legende stirbt. Berlin 1996
Gall, Lothar: Europa auf dem Weg in die Moderne 1850–1890. 2. Aufl., München 1989
Garton Ash, Timothy: The Uses of Adversity. Essays on the Fate of Central Europe. New York 1989
Ders.: Im Namen Europas. Deutschland und der geteilte Kontinent. München, Wien 1993
Gegenwartsaufgaben der Geschichtswissenschaft in der Deutschen Demokratischen Republik, in: ZfG 5(1957), S. 449–455
Geiss, Imanuel: Die westdeutsche Geschichtswissenschaft seit 1945, in: Jahrbuch des Instituts für deutsche Geschichte Tel Aviv 3(1974), S. 417–455
Geißler, Rainer: Die Sozialstruktur Deutschlands. Ein Studienbuch zur gesellschaftlichen Entwicklung im geteilten und vereinten Deutschland. Opladen 1992
Gericke, Hans Otto: Der Beitrag der Presse der Arbeiterparteien zur Verbreitung eines neuen Geschichtsbildes 1945/46 in der sowjetischen Besatzungszone, in: Anderle, Alfred (Hrsg.): Entwicklungsprobleme der marxistisch-leninistischen Geschichtswissenschaft in der UdSSR und in der DDR. Halle 1983, S. 148–155
Geschichte der deutschen Arbeiterbewegung. Band 1: Von den Anfängen der deutschen Arbeiterbewegung bis zum Ausgang des 19. Jahrhunderts. Hrsg. Institut für Marxismus-Leninismus beim ZK der SED, Berlin 1966
Die geschichtliche Aufgabe der DDR und die Zukunft Deutschlands, in: ZfG 10(1962), S. 758–786
Die Geschichtswissenschaft an der Humboldt-Universität – Traditionen, Leistungen, Wege. Joachim Streisand zum Gedenken. Berlin 1982 (Beiträge zur Geschichte der HUB; 6)
Geschichtswissenschaft im Dissens. Gespräch zwischen Wolfgang Küttler und Ilko-Sascha Kowalczuk über methodische Differenzen bei der Erforschung von DDR und DDR-Historiographie, Moderation: Rainer Land, in: Berliner Debatte Initial 4/1994, S. 99–104

Geschichtswissenschaftler in Mitteldeutschland. Bonn, Hannover, Hamburg, München 1965
Geyer, Dietrich: Georg Sacke, in: Wehler, Hans-Ulrich (Hrsg.): Deutsche Historiker. Band V, Göttingen 1972, S. 117–129
Ders.: Perestrojka in der sowjetischen Geschichtswissenschaft, in: Ders. (Hrsg.): Die Umwertung der sowjetischen Geschichte. Göttingen 1991, S. 9–31
Gibt es eine besondere deutsche geistige Krise? Ein Streitgespräch zwischen Alexander Abusch, Bernhard Bennedik, Günther Birkenfeld, Heinrich Deiters, Ferdinand Friedensburg, Klaus Gysi, Alfred Meusel, Ernst Niekisch, Josef Naas, Georg Zivier und Otto Dilschneider am 7. Februar 1947 (Stenographische Wiedergabe), in: Aufbau 3(1947)4, S. 305–325
Giles, Geoffrey J.: University History in the New German States. The Condition of the Archives, in: German History 10(1992), S. 366–391
Girnus, Wilhelm: Wer macht Geschichte? Zur Kritik der faschistischen Geschichtsfälschung. Berlin, Leipzig o. J. (1945/46)
Glaeßner, Gert-Joachim (Hrsg.): Die DDR in der Ära Honecker. Politik – Kultur – Gesellschaft. Opladen 1988
Ders.: Die andere deutsche Republik. Gesellschaft und Politik in der DDR. Opladen 1989
Glasser, M.: Über die Arbeitsmethoden der Klassiker des Marxismus-Leninismus. Berlin 1948
Goethe, Johann Wolfgang von: Gedenkausgabe der Werke, Briefe und Gespräche. Zürich, Stuttgart 1948ff. (*Artemisausgabe*)
Görl, Margit: Die Rolle der inneren Emigration in der Konzeption der Zeitschrift »Aufbau« 1945–1949, in: WZ Rostock, Ges. R. 34(1985)8, S. 39–45
Gosztony, Peter: Der Volksaufstand in Ungarn 1956, in: APuZ, B 37-38/1996, S. 3–14
Grab, Walter: Walter Markovs Weg und Werk, in: »Wenn jemand seinen Kopf bewußt hinhielt ...«. Beiträge zu Werk und Wirken von Walter Markov. Hrsg. Neuhaus, Manfred/Seidel, Helmut in Verbindung mit Diesener, Gerald/Middell, Matthias, Leipzig 1995, S. 17–21
Grau, Conrad: Leo Stern, in: Wegbereiter der DDR-Geschichtswissenschaft. Biographien. Hrsg. Heitzer, Heinz/Noack, Karl-Heinz/Schmidt, Walter, Berlin 1989, S. 318–340
Ders.: Eduard Winter, in: Wegbereiter der DDR-Geschichtswissenschaft. Biographien. Hrsg. Heitzer, Heinz/Noack, Karl-Heinz/Schmidt, Walter, Berlin 1989, S. 358–375
Grebing, Helga/Kramme, Monika: Franz Mehring, in: Wehler; Hans-Ulrich (Hrsg.): Deutsche Historiker. Band V, Göttingen 1972, S. 73–94
Grewe, W. G.: Rückblenden 1976–1951. Frankfurt/M. 1979
Griewank, Karl: Der neuzeitliche Revolutionsbegriff. Entstehung und Entwicklung. Aus dem Nachlaß hrsg. von Horn-Staiger, Ingeborg, Frankfurt/M. 1973 (ursprünglich Weimar 1955)
Groh, Dieter: Karl Marx, in: Wehler, Hans-Ulrich (Hrsg.): Deutsche Historiker. Band IV, Göttingen 1972, S. 25–39
Gropp, Rugard Otto: Geschichts- als Gesellschaftsproblematik, in: Einheit 2(1947), S. 651–664
Ders.: Die abstrakte Geschichtsbehandlung und ihre apologetische Bedeutung, in: Einheit 3(1948), S. 626–635; 743–747; 837–843; 1092–1096

Ders.: Voraussetzungen und aufbau der geschichtswissenschaft, in: pädagogik 4(1949)9, S. 18-28

Grosse, Willy: Anschlag auf die Einheit der Wissenschaft. »DDR« droht mit Spaltung der gesamtdeutschen wissenschaftlichen Gesellschaften, in: SBZ-Archiv 8(1957), S. 296-297

Große Sowjet-Enzyklopädie, Länder der Erde 1: Deutschland. Hrsg. der Übersetzung Kuczynski, Jürgen/Steinitz, Wolfgang, 2., verbess. Aufl., Berlin 1953

Die Große Sozialistische Oktoberrevolution und der revolutionäre Weltprozeß. Hrsg. Bartel, Horst u. a., Band 6, Berlin 1978

Grotewohl, Otto: Wo stehen wir, wohin gehen wir. Weg und Ziel der deutschen Sozialdemokratie. Berlin o. J. (1945)

Ders.: Dreißig Jahre später. Die Novemberrevolution und die Lehren der Geschichte der deutschen Arbeiterbewegung. Berlin 1948

Grübel, Egon: Realsozialistische Schönschrift, in: JHK 1995, S. 118-127

»Grundriss der Geschichte der deutschen Arbeiterbewegung«. Kritik einer Legende. Mit Beiträgen von Ernst Schraepler, Henryk Skrzypczak, Siegfried Bahne, Georg Kotowski, in: JfGMO 13(1964), S. 1-83

Grunwald, Sabine: Demokratie als Herrschaftsinstrument. Die Studentenratswahlen in der DDR 1950, in: DA 26(1993), S. 834-841

Gurland, A. R. L.: Einleitung, in: Lange, Max Gustav: Totalitäre Erziehung. Das Erziehungssystem der Sowjetzone Deutschlands. Stuttgart, Düsseldorf 1954, S. VIII-XXXVI

Gutsche, Willibald: Zur Imperialismus-Apologie in der BRD. »Neue« Imperialismusdeutungen in der BRD-Historiographie zur deutschen Geschichte 1898 bis 1917. Berlin 1975

Ders.: Heimatverbundenheit und Heimatgeschichte in unserer Gesellschaft, in: Einheit 35(1980), S. 813-819

Hacker, Jens: SED und nationale Frage, in: Spittmann, Ilse (Hrsg.): Die SED in Geschichte und Gegenwart, Köln 1987, S. 43-64

Ders.: Deutsche Irrtümer. Schönfärber und Helfershelfer der SED-Diktatur im Westen. Berlin, Frankfurt/M. 1992

Häder, Sonja: Von der »demokratischen Schulreform« zur Stalinisierung des Bildungswesens Der 17. Juni 1953 in Schulen und Schulverwaltung Ost-Berlins, in: Kocka, Jürgen (Hrsg.): Historische DDR-Forschung. Aufsätze und Studien. Berlin 1993, S. 191-213

Hagen, Manfred: DDR - Juni '53. Die erste Volkserhebung im Stalinismus. Stuttgart 1992

Hager, Kurt: Erinnerungen. Leipzig 1996

Hahn, Hans Henning/Olschowsky, Heinrich (Hrsg.): Das Jahr 1956 in Ostmitteleuropa. Berlin 1996

Hamacher, Heinz Peter: DDR-Forschung und Politikberatung 1949-1990. Ein Wissenschaftszweig zwischen Selbstbehauptung und Anpassungszwang. Köln 1991

Handel, Gottfried/Köhler, Roland (Hrsg.): Dokumente zur Sowjetischen Militäradministration in Deutschland zum Hoch- und Fachschulwesen 1945-1949. Berlin 1975

Hanstein, Wolfram von: Von Luther bis Hitler. Ein wichtiger Abriß deutscher Geschichte. Dresden 1946

Ders.: Deutschland oder deutsche Länder? Eine geschichtliche Betrachtung. 2. Aufl., Dresden 1947

Hardtwig, Wolfgang (Hrsg.): Über das Studium der Geschichte. München 1990
Harich, Wolfgang: Keine Schwierigkeiten mit der Wahrheit. Zur nationalkommunistischen Opposition 1956 in der DDR. Berlin 1993
Harig, Gerhard: Es geht um den Beitrag des deutschen Hochschulwesens und der deutschen Wissenschaft im Kampf um die Erhaltung des Friedens, die Einheit Deutschlands und den planmäßigen Aufbau des Sozialismus. Referat auf der zentralen Hochschulkonferenz am 19./20. 9. 1952. Berlin 1952
Haritonow, Alexandr: Sowjetische Hochschulpolitik in Sachsen 1945–1949. Weimar, Köln, Wien 1995
Harstick, Hans-Peter: Marxistisches Geschichtsbild und nationale Tradition. Zur Gegenwartslage der Geschichtswissenschaft in der DDR. Hannover 1988
Hartung, Fritz: Staatsgefüge und Zusammenbruch des Zweiten Reiches (Rezension), in: HZ 151(1935), S. 528–544
Harzendorf, Fritz: So kam es. Der deutsche Irrweg von Bismarck bis Hitler. Konstanz 1947
Haun, Horst: Die Studienreise der Delegation des Museums für Deutsche Geschichte in die Sowjetunion im September 1952, in: Die Große Sozialistische Oktoberrevolution und der revolutionäre Weltprozeß. Hrsg. Bartel, Horst u. a., Band 6, Berlin 1978, S. 245–259
Ders.: Zur Entwicklung der marxistisch-leninistischen Geschichtswissenschaft der DDR von der 2. Parteikonferenz bis zum IV. Parteitag der SED (Juli 1952 bis März 1954). Diss. A, Akademie für Gesellschaftswissenschaften beim ZK der SED, Berlin 1979 (Ms.)
Ders.: Die erste Periodisierungsdiskussion in der Geschichtswissenschaft der DDR. Zur Beratung über die Periodisierung des Feudalismus 1953/54, in: ZfG 27(1979), S. 856–867
Ders.: Das Karl-Marx-Jahr 1953 und die Entwicklung der marxistisch-leninistischen Geschichtswissenschaft in der DDR, in: JfG 20(1979), S. 165–201
Ders./Heinz, Helmut: Zur Gründung der »Zeitschrift für Geschichtswissenschaft«. Der erste Jahrgang der Zeitschrift, in: ZfG 29(1981), S. 226–238
Ders.: Die Diskussion über Reformation und Bauernkrieg in der DDR-Geschichtswissenschaft 1952–1954, in: ZfG 30(1982), S. 5–22
Ders.: Die Entwicklung der Forschungsgemeinschaft »Dokumente und Materialien zur Geschichte der deutschen Arbeiterbewegung« von 1950 bis 1953, in: BzG 24(1982), S. 514–521
Ders.: Das Auftreten von marxistischen Historikern der DDR 1955 in Rom – Die erstmalige Teilnahme einer Delegation der DDR-Geschichtswissenschaft an einem internationalen Historikerkongreß, in: Anderle, Alfred (Hrsg.): Entwicklungsprobleme der marxistisch-leninistischen Geschichtswissenschaft in der UdSSR und in der DDR. Halle 1983, S. 164–174
Ders.: Die Entstehung und Gründung der Deutschen Historiker-Gesellschaft. Probleme der Kooperation und Auseinandersetzung mit der bürgerlichen Geschichtswissenschaft in der zweiten Hälfte der fünfziger Jahre. Diss. B, Akademie für Gesellschaftswissenschaften beim ZK der SED, Berlin 1984 (Ms.)
Ders.: Zur Geschichte der Historiker-Gesellschaft der DDR. Der Gründungsprozeß (1952–1958), in: Wimi III/1985, S. 9–44
Ders.: Zur Geschichte der Historiker-Gesellschaft der DDR. Die Gründungskonferenz der Historiker-Gesellschaft der DDR, in: Wimi I/1986, S. 5–42

Ders.: Der X. Internationale Historikerkongreß 1955 in Rom und die Geschichtswissenschaft der DDR, in: ZfG 34(1986), S. 303–314
Ders.: Die Gründung der Hansischen Arbeitsgemeinschaft 1955 in Leipzig, in: WZ KMU, Ges. R 37(1988)5, S. 450–455
Ders.: Alfred Meusel, in: Wegbereiter der DDR-Geschichtswissenschaft. Biographien. Hrsg. Heitzer, Heinz/Noack, Karl-Heinz/Schmidt, Walter, Berlin 1989, S. 149–168
Ders.: Erste Theorie-Diskussionen in der Geschichtswissenschaft der DDR. Die Debatte von 1952/53 um Charakter und Wirkungsweise »gesellschaftlicher Gesetze«, in: hochschule ost 3(1994)2, S. 74–84
Havemann, Robert: Dokumente eines Lebens. Berlin 1991
Hehn, Jürgen von: Fortschrittliche Geschichtsbetrachtung. Die deutsche Ostkolonisation in der Perspektive der SED, in: SBZ-Archiv 4(1953), S. 261–262
Ders.: Die Sowjetisierung des Geschichtsbildes in Mitteldeutschland, in: Europa-Archiv 9(1954), S. 6929–6937, 6973–6977
Heiber, Helmut: Walter Frank und sein Reichsinstitut für Geschichte des neuen Deutschland. Stuttgart 1966
Ders.: Universität unterm Hakenkreuz. Teil 1: Der Professor im Dritten Reich. Bilder aus der akademischen Provinz. München, London, New York, Paris 1991
Heider, Magdalena: Politik – Kultur – Kulturbund. Zur Gründungs- und Frühgeschichte des Kulturbundes zur demokratischen Erneuerung Deutschlands 1945–1954 in der SBZ/DDR. Köln 1993
Heimpel, Hermann: (Rezension), in: GWU 5(1954), S. 624–625
Ders.: Über Organisationsformen historischer Forschung in Deutschland, in: HZ 189(1959), S. 139–222
Hein, Christoph: Die fünfte Grundrechenart, in: Ders.: Als Kind habe ich Stalin gesehen. Essays und Reden. Berlin, Weimar 1990
Heinemann, Manfred: Die Wiedereröffnung der Friedrich-Schiller-Universität Jena im Jahre 1945, in: Voigt, Dieter/Mertens, Lothar (Hrsg.): DDR-Wissenschaft im Zwiespalt zwischen Forschung und Staatssicherheit. Berlin 1995, S. 11–44
Heinz, Helmut: Das Lehrbuch der Politischen Grundschulen der SED von 1951. Die erste geschlossene marxistisch-leninistische Darstellung der Geschichte Deutschlands und der Geschichte der deutschen Arbeiterbewegung in der DDR, in: ZfG 24(1976), S. 1365–1381
Ders.: Die erste zentrale Tagung der Historiker der DDR 1952, in: ZfG 26(1978), S. 387–399
Ders.: Über die Entwicklung der marxistisch-leninistischen Geschichtswissenschaft der DDR 1950/51, in: BzG 21(1979), S. 16–25 (unter einem anderen Titel auch in: Die Große Sozialistische Oktoberrevolution und der revolutionäre Weltprozeß, Hrsg. Bartel, Horst u. a., Berlin 1978, Band 6, S. 225–244)
Ders.: Die Gründung des Museums für Deutsche Geschichte (1952), in: JfG 20(1979), S. 143–163
Ders.: Die Konzeption der ersten Ausstellung im Museum für Deutsche Geschichte 1952, in: ZfG 28(1980), S. 340–356
Heitz, Gerhard/Unger, Manfred: Heinrich Sproemberg, in: Wegbereiter der DDR-Geschichtswissenschaft. Biographien. Hrsg. Heitzer, Heinz/Noack, Karl-Heinz/Schmidt, Walter, Berlin 1989, S. 300–317
Heitzer, Helmut: Über unsere Stellung zu den westdeutschen bürgerlichen Historikern, in: ZfG 6(1958), S. 870–873

Ders.: Über das Geschichtsbild von Karl Marx und Friedrich Engels, in: Streisand, Joachim (Hrsg.): Die deutsche Geschichtswissenschaft vom Beginn des 19. Jahrhunderts bis zur Reichseinigung von oben. Berlin 1963, S. 339–354
Ders.: Andere über uns. Das »DDR-Bild« des westdeutschen Imperialismus und seine bürgerlichen Kritiker. Berlin 1969
Ders./Küttler, Wolfgang: Eine Revolution im Geschichtsdenken. Marx, Engels, Lenin und die Geschichtswissenschaft. Berlin 1983
Ders.: Rolf Rudolphs Verdienste bei der Gründung der Historiker-Gesellschaft und ihrer Entwicklung von 1958 bis 1962, in: Wimi III/1983, S. 59–68
Ders.: Walter Bartels Beitrag zur Entstehung der Zeitgeschichtslehre und -forschung in der DDR, in: WZ HUB, Ges. R. 34(1985), S. 795–799
Ders.: Das Akademie-Institut für Geschichte (1956 bis 1986), in: ZfG 34(1986), S. 892–909
Ders.: DDR. Geschichtlicher Überblick. 3., durchges. Aufl., Berlin 1986
Ders.: »Zeitgeschichte« 1945 bis 1958. Ihre Grundlegung als Spezialdisziplin der Geschichtswissenschaft der DDR, in: ZfG 35(1987), S. 99–115
Ders.: Rolf Rudolph, in: Wegbereiter der DDR-Geschichtswissenschaft. Biographien. Hrsg. Ders./Noack, Karl-Heinz/Schmidt, Walter, Berlin 1989, S. 231–242
Ders.: Entscheidungen im Vorfeld der 2. Parteikonferenz der SED (Februar bis Juli 1952), in: BzG 34(1992)4, S. 18–32
Helas, Horst: Revolutionär-demokratische Einigung oder junkerlich-bourgeoise Reichsgründung »von oben« 1849 bis 1871. Debatten im Autorenkollektiv für das Lehrbuch der deutschen Geschichte (1955 bis 1958), in: ZfG 33(1985), S. 794–808
Heller, Erdmute: Die arabisch-islamische Welt im Aufbruch, in: Benz, Wolfgang/Graml, Hermann (Hrsg.): Weltprobleme zwischen den Machtblöcken. Das Zwanzigste Jahrhundert III. 47.–48. Tsd., Frankfurt/M. 1994, S. 101–164
Heller, Klaus: Stalinistische Biologie, in: Burrichter, Clemens/Schödl, Günter (Hrsg.): »Ohne Erinnerung keine Zukunft!« Zur Aufarbeitung von Vergangenheit in einigen europäischen Gesellschaften unserer Tage. Köln 1992, S. 51–64
Hentilä, Seppo: Jaettu Saksa, jaettu historia. Kylmä historisota 1945–1990. Helsinki 1994
Herbst, Andreas/Ranke, Winfried/Winkler, Jürgen: So funktionierte die DDR. Bd. 2: Lexikon der Organisationen und Institutionen. Reinbek bei Hamburg 1994
Dies.: So funktionierte die DDR. Bd. 3: Lexikon der Funktionäre. Reinbek bei Hamburg 1994
Herrle, Theo: Nationalsozialismus und Altertumswissenschaft, in: Aufbau 3(1947)7, S. 29–32
Heydemann, Günther: Geschichtswissenschaft im geteilten Deutschland. Entwicklungsgeschichte, Organisationsstruktur, Funktionen, Theorie- und Methodenprobleme in der Bundesrepublik Deutschland und in der DDR. Frankfurt/M., Bern, Cirencester 1980
Ders.: Zwischen Diskussion und Konfrontation – Der Neubeginn deutscher Geschichtswissenschaft in der SBZ/DDR 1945–1950, in: Cobet, Christoph (Hrsg.): Einführung in Fragen an die Geschichtswissenschaft in Deutschland nach Hitler 1945–1950. Frankfurt/M. 1986, S. 12–29
Ders.: Geschichtswissenschaft und Geschichtsverständnis in der DDR seit 1945, in: APuZ, B 13/1987, S. 15–26

Ders.: »Die andere deutsche Klio«: Geschichtswissenschaft in der DDR und deutsche Geschichte, in: Streitfall Deutsche Geschichte. Geschichts- und Gegenwartsbewußtsein in den 80er Jahren. Essen 1988, S. 209–224
Hilferding, Rudolf: Das Finanzkapital. Eine Studie über die jüngste Entwicklung des Kapitalismus. Berlin 1947
Historikertagung in Berlin, in: pädagogik 1(1946)1, S. 53–56
Historiography of the Countries of Eastern Europe, in: AHR 97(1992)4
Historische Forschungen in der DDR. Analysen und Berichte. Sonderheft der ZfG, Berlin 1960
Historische Forschungen in der DDR. Analysen und Berichte. Sonderheft der ZfG, Berlin 1970
Historische Forschungen in der DDR. Analysen und Berichte. Sonderheft der ZfG, Berlin 1980
Hochschulalltag im »Dritten Reich«. Die Hamburger Universität 1933–1945. Hrsg. Krause, Eckart/Huber, Ludwig/Fischer, Holger, Berlin, Hamburg 1991 (3 Teile)
Hockerts, Hans Günter: Zeitgeschichte in Deutschland. Begriff, Methoden, Themenfelder, in: Kowalczuk, Ilko-Sascha (Hrsg.): Paradigmen deutscher Geschichtswissenschaft. Ringvorlesung an der Humboldt-Universität zu Berlin. Berlin 1994, S. 136–163
Hoetzsch, Otto: Die eingliederung der osteuropäischen geschichte in die gesamtgeschichte nach konzeption, forschung und lehre, in: pädagogik 1(1946)1, S. 33–42
Hofer, Walther: Geschichte zwischen Philosophie und Politik. Studien zur Problematik des modernen Geschichtsdenkens. Basel 1956
Ders.: Geschichtsschreibung als Instrument totalitärer Politik, in: Ders. (Hrsg.): Wissenschaft im totalen Staat. München, Bern 1964, S. 198–226
Hofmann, Jürgen: Ein neues Deutschland soll es sein. Zur Frage nach der Nation in der Geschichte der DDR und der Politik der SED. Berlin 1989
Hoffmann, Christhard: Deutsch-jüdische Geschichtswissenschaft in der Emigration. Das Leo-Baeck-Institut, in: Die Emigration der Wissenschaften nach 1933. Disziplingeschichtliche Studien. Hrsg. Strauss, Herbert A. u.a., München, London, New York, Paris 1991, S. 257–279
Hoffmann, Ernst: Über Tendenzen, die den weiteren Fortschritt unserer Geschichtswissenschaft hemmen, in: Einheit 12(1957), S. 1146–1163
Ders./Wagner, Raimund: Über den XI. Internationalen Historiker-Kongreß in Stockholm, in: Einheit 15(1960), S. 1602ff.
Hohlfeld, Birgit: Die Neulehrer in der SBZ/DDR 1945–1953. Ihre Rolle bei der Umgestaltung von Gesellschaft und Staat. Weinheim 1992
Hortzschansky, Günter/Rossmann, Gerhard: Zur Rolle Walter Ulbrichts bei der Ausarbeitung eines wissenschaftlichen Geschichtsbildes, in: Geschichtsunterricht und Staatsbürgerkunde 10(1968), S. 481–493
Höß, Irmgard: Trier – und wie weiter?, in: GWU 10(1959), S. 725–734
Hoyer, Siegfried: Zur Entwicklung der historischen Institute der Universität Leipzig. Vom Wiederbeginn des Studienbetriebes 1946 bis 1948, in: ZfG 40(1992), S. 437–451
Ders.: Die historischen Institute der Universität Leipzig von 1948 bis 1951, in: ZfG 42(1994), S. 809–823
Hübner, H(ans): Lehre und Forschung im Institut für Deutsche Geschichte an der Martin-Luther-Universität Halle Wittenberg, in: ZfG 1(1953), S. 495–498

Ders. (Hrsg.): Leo Stern im Dienst der Wissenschaft und sozialistischen Politik. Halle 1976
Hübner, Peter: Konsens, Konflikt und Kompromiß. Soziale Arbeiterinteressen und Sozialpolitik in der SBZ/DDR 1945–1970. Berlin 1995
Huhn, Willy: »Militaristischer Sozialismus«. Ein Beitrag zur Enthüllung der nationalsozialistischen Ideologie, in: Aufbau 2(1946)4, S. 368–381
Hühns, Erik: Heimat – Vaterland – Nation. Berlin 1969
Huschner, Anke: Der Beitrag des Hochschulwesens zur Herausbildung der sozialistischen Intelligenz in der ersten Hälfte der 50er Jahre. Diss. HU Berlin 1989
Dies.: Der 17. Juni 1953 an Universitäten und Hochschulen der DDR, in: BzG 33(1991), S. 681–692
Dies.: Deutsche Historiker 1946. Aus dem Protokoll der ersten Historiker-Tagung in der deutschen Nachkriegsgeschichte vom 21. bis 23. Mai 1946, in: ZfG 41(1993), S. 884–918
Dies.: Die Juni-Krise des Jahres 1953 und das Staatssekretariat für Hochschulwesen, in: JGMO 42(1994), S. 169–184
Iggers, Georg G.: Die deutschen Historiker in der Emigration, in: Faulenbach, Bernd (Hrsg.): Geschichtswissenschaft in Deutschland. Traditionelle Positionen und gegenwärtige Aufgaben. München 1974, S. 97–111
Ders.: Geschichtswissenschaft und autoritärer Staat. Ein deutsch-deutscher Vergleich (1933–1990), in: Berliner Debatte Initial 2/1991, S. 125–132
Ders.: Geschichtswissenschaft in der ehemaligen DDR aus der Sicht der USA, in: Jarausch, Konrad H. (Hrsg.): Zwischen Parteilichkeit und Professionalität. Bilanz der Geschichtswissenschaft der DDR. Berlin 1991, S. 57–73
Ders.: Geschichtswissenschaft im 20. Jahrhundert. Ein kritischer Überblick im internationalen Zusammenhang. Göttingen 1993
Institut für Marxismus-Leninismus beim ZK der SED. 1949–1989. Hrsg. Institut für Marxismus-Leninismus beim ZK der SED, Berlin o. J. (1989)
Der X. Internationale Kongreß für Geschichtswissenschaften in Rom (4.–11. September 1955), in: ZfG 4(1956), S. 773–799
Die Internationalen Kommissionen in Stockholm, in: ZfG 8(1960), S. 1878–1898
Jaeck, Hans-Peter: Genesis und Notwendigkeit. Studien zur Marxschen Methodik der historischen Erklärung 1845/46 bis 1859. Berlin 1988
Jahrbuch der DDR. Hrsg. Deutsches Institut für Zeitgeschichte. Berlin 1956
Jänicke, Martin: Der dritte Weg. Die antistalinistische Opposition gegen Ulbricht seit 1953. Köln 1964
Janka, Walter: Spuren eines Lebens. Reinbek bei Hamburg 1992
Jansen, Christian: Professoren und Politik. Politisches Denken und Handeln der Heidelberger Hochschullehrer 1914–1935. Göttingen 1992
Jarausch, Konrad H.: Deutsche Studenten. 1800–1970. Frankfurt/M. 1984
Ders. (Hrsg.): Zwischen Parteilichkeit und Professionalität. Bilanz der Geschichtswissenschaft der DDR. Berlin 1991
Ders./Middell, Matthias (Hrsg.): Nach dem Erdbeben. (Re-)Konstruktion ostdeutscher Geschichte und Geschichtswissenschaft. Leipzig 1994
Ders.: Die DDR denken. Narrative Strukturen und analytische Strategien, in: Berliner Debatte Initial 4-5/1995, S. 9–15
Jaspers, Karl: Lebensfragen der deutschen Politik. München 1963
Jenssen, Otto: Revision unseres Geschichtsbildes?, in: Einheit 1(1946), S. 125–127

Jesse, Eckhard: War die DDR totalitär?, in: APuZ, B 40/1994, S. 12–23
Ders. (Hrsg.): Totalitarismus im 20. Jahrhundert. Eine Bilanz der internationalen Forschung. Bonn 1996
Jessen, Ralph: (Rezension), in: DA 26 (1993), S. 480–482
Ders.: Professoren im Sozialismus. Aspekte des Strukturwandels der Hochschullehrerschaft in der Ulbricht-Ära, in: Sozialgeschichte der DDR. Hrsg. Kaelble, Hartmut/Kocka, Jürgen/Zwahr, Hartmut, Stuttgart 1994, S. 217–253
Ders.: Die Gesellschaft im Staatssozialismus. Probleme einer Sozialgeschichte der DDR, in: GG 21(1995), S. 96–110
Ders.: Vom Ordinarius zum sozialistischen Professor. Die Neukonstruktion des Hochschullehrerberufs in der SBZ/DDDR, 1945–1969, in: Bessel, Richard/Jessen, Ralph (Hrsg.): Die Grenzen der Diktatur. Staat und Gesellschaft in der DDR. Göttingen 1996, S. 76–107
Johansen, Henri: Der Irrweg einer Nation, in: Aufbau 3(1947)1, S. 91–92
John, Jürgen: Anmerkungen zu einer Publikation über die Wiedereröffnung der FSU im Jahr 1945, in: Alma Mater Jenensis, Universitätszeitung 7(1995)5, S. 5.
Ders.: »Nur aus dem Geistigen kann eine Wiedergeburt kommen«. Zum 50. Jahrestag der Wiedereröffnung der Universität Jena im Jahr 1945, in: Alma Mater Jenensis, Universitätszeitung Sonderausgabe, 28.11.1995
17. Juni 1953. Arbeiteraufstand in der DDR. Hrsg. Spittmann, Ilse/Fricke, Karl Wilhelm, 2., erw. Aufl., Köln 1988
Der 17. Juni – vierzig Jahre danach. Podiumsdiskussion mit Lutz Niethammer, Jochen Černý, Monika Kaiser, Armin Mitter, Arnulf Baring, Ilse Spittmann, in: Die DDR als Geschichte. Fragen – Hypothesen – Perspektiven. Hrsg. Kocka, Jürgen/Sabrow, Martin, Berlin 1994, S. 40–66
Just, Gustav: Zeuge in eigener Sache. Die fünfziger Jahre. Mit einem Geleitwort von Christoph Hein. Berlin 1990
Kabermann, Friedrich: Widerstand und Entscheidung eines deutschen Revolutionärs. Leben und Denken von Ernst Niekisch. Köln 1973
Kaminski, Andrzej J.: Konzentrationslager 1896 bis heute. Geschichte, Funktion, Typologie. München, Zürich 1990
Kämpf, Alfred: Die Revolte der Instinkte. Berlin 1948
Kampffmeyer, Hans: Arbeiterschicksal in Zahlen, in: Frankfurter Hefte 3(1948), S. 773–775
Kantorowicz, Alfred: Der Reichstagsbrand. Auftakt zur Weltbrandstiftung, in: Aufbau 3(1947)2, S. 111–118
Kapferer, Norbert: Das Feindbild der marxistisch-leninistischen Philosophie in der DDR 1945–1988. Darmstadt 1988
Kaplan, Karel: Die Überwindung der Regime-Krise nach Stalins Tod in der Tschechoslowakei, in Polen und in Ungarn. München 1986 (Krisen in den Systemen sowjetischen Typs, Studie Nr. 11)
Kappelt, Olaf: Braunbuch DDR. Nazis in der DDR. Berlin 1981
Karlsch, Rainer: Allein bezahlt? Die Reparationsleistungen der SBZ/DDR 1945–1953. Berlin 1993
Katsch, Günter: Zur Entwicklung der Geschichtswissenschaft an der Karl-Marx-Universität Leipzig. Von der demokratischen Neueröffnung bis zur Gründung der Sektion Geschichte, in: WZ KMU, Ges. R. 31(1982), S. 544–558
Ders./Loesdau, Alfred/Schleier, Hans: Forschungen zur Geschichte der Geschichts-

schreibung, -theorie und -methodologie, in: Historische Forschungen in der DDR 1960–1970. Analysen und Berichte. Berlin 1970 (= Sonderband der ZfG; 1970), S. 31–56

Katzer, Nikolaus: »Eine Übung im Kalten Krieg«. Die Berliner Außenministerkonferenz von 1954. Köln 1994

Kaufmann, Christoph: Agenten mit dem Kugelkreuz. Leipziger Junge Gemeinde zwischen Aufbruch und Verfolgung 1945–1953. Leipzig 1995

Keiderling, Gerhard: Berlin 1945–1986. Geschichte der Hauptstadt der DDR. Berlin 1987

Kende, Pierre: Zensur in Ungarn, in: Krisen in den Systemen sowjetischen Typs, Studie Nr. 9, München 1985, S. 45–58

Kielmansegg, Peter Graf: Erster Weltkrieg und marxistische Geschichtsschreibung, in: Deutsche Studien 7(1969), S. 244–255

Kinner, Klaus: Zur Herausbildung und Rolle des marxistisch-leninistischen Geschichtsbildes in der KPD im Prozeß der schöpferischen Aneignung des Leninismus 1918 bis 1923, in: JfG 9(1973), S. 217–280

Ders.: Die Entstehung der KPD im historischen Selbstverständnis der deutschen Kommunisten in der Zeit der Weimarer Republik, in: ZfG 26(1978), S. 972–982

Ders.: Marxistische deutsche Geschichtswissenschaft 1917 bis 1933. Geschichte und Politik im Kampf der KPD. Berlin 1982

Ders.: Der Kampf der KPD um die Aneignung und Verbreitung der wissenschaftlichen Weltanschauung der Arbeiterklasse, in: Altner, Peter/Kröber, Günter (Hrsg.): KPD und Wissenschaftsentwicklung 1919–1945. Berlin 1986, S. 38–51

Kircheisen, Inge (Hrsg.): Tauwetter ohne Frühling. Das Jahr 1956 im Spiegel blockinterner Wandlungen und internationaler Krisen. Berlin 1995

Kittsteiner, Hans-Dieter: Bewußtseinsbildung, Parteilichkeit, dialektischer und historischer Materialismus. Zu einigen Kategorien der marxistisch-leninistischen Geschichtsmethodologie, in: IWK 10(1974), S. 408–430

Klein, Angelika: Die Arbeiterrevolte im Bezirk Halle. Dokumente und Statistiken. Potsdam 1993

Klein, Fritz: Rede auf dem Institutsplenum des Instituts für allgemeine Geschichte am 16. Dezember 1991, in: hochschule ost, H. 2/1992, S. 5–12

Ders.: Was bleibt von der Geschichtswissenschaft der DDR?, in: Steinwachs, Burkhard (Hrsg.): Geisteswissenschaften in der ehemaligen DDR. Band 1: Berichte. Konstanz 1993

Ders.: Dokumente aus den Anfängen der ZfG (1953–1957), in: ZfG 42(1994), S. 39–55

Kleßmann, Christoph: Osteuropaforschung und Lebensraumpolitik im Dritten Reich, in: Lundgreen, Peter (Hrsg.): Wissenschaft im Dritten Reich. Frankfurt/M. 1985, S. 350–383

Ders.: Zwei Staaten, eine Nation. Deutsche Geschichte 1955–1970. Bonn 1988

Ders./Sabrow, Martin: Zeitgeschichte in Deutschland nach 1989, in: APuZ, B 39/1996, S. 3–14

Knoth, Nikola: Loyale Intelligenz? Vorschläge und Forderungen 1953, in: Černý, Jochen (Hrsg.): Brüche, Krisen, Wendepunkte. Neubefragung von DDR-Geschichte. Leipzig, Jena, Berlin 1990, S. 149–156

Knötzsch, Dieter: Innerkommunistische Opposition. Das Beispiel Robert Havemann. Opladen 1968

Kocka, Jürgen: Otto Hintze, in: Wehler, Hans-Ulrich (Hrsg.): Deutsche Historiker. Band III, Göttingen 1972, S. 41–64
Ders.: Zur jüngeren marxistischen Sozialgeschichte. Eine kritische Analyse unter besonderer Berücksichtigung sozialgeschichtlicher Ansätze in der DDR, in: Ludz, Peter Christian (Hrsg.): Soziologie und Sozialgeschichte. Aspekte und Probleme (Kölner Zeitschrift für Soziologie und Sozialpsychologie; Sonderheft 16). Opladen 1972, S. 491–514
Ders.: Der »deutsche Sonderweg« in der Diskussion, in: GSR 5(1982), S. 365–379
Ders.: Deutsche Geschichte vor Hitler. Zur Diskussion über den »deutschen Sonderweg«, in: Ders.: Geschichte und Aufklärung. Aufsätze. Göttingen 1989, S. 101–113
Ders.: Ein deutscher Sonderweg. Überlegungen zur Sozialgeschichte der DDR, in: APuZ, B 40/1994, S. 34–45
Ders.: Wissenschaft und Politik. Anmerkungen zur Geschichtswissenschaft im Dissens, in: Berliner Debatte Initial 5/1994, S. 85
Ders.: Vereinigungskrise. Zur Geschichte der Gegenwart. Göttingen 1995
Koenen, Gerd: Bolschewismus und Nationalsozialismus. Geschichtsbild und Gesellschaftsentwurf, in: Vetter, Matthias (Hrsg.): Terroristische Diktaturen im 20. Jahrhundert. Strukturelemente der nationalsozialistischen und stalinistischen Herrschaft. Opladen 1996, S. 172–207
Köhler, Anne: Nationalbewußtsein und Identitätsgefühl der Bürger der DDR unter besonderer Berücksichtigung der deutschen Frage, in: Materialien der Enquete-Kommission »Aufarbeitung von Geschichte und Folgen der SED-Diktatur in Deutschland« (12. Wahlperiode des Deutschen Bundestages), hrsg. vom Deutschen Bundestag, Baden-Baden 1995, Band V/2, S. 1636–1675
Köhler, Fritz: Das werktätige Volk, der wahre Schöpfer der Geschichte, in: ZfG 5(1957), S. 456–469
Köhler, Roland: Zur antifaschistisch-demokratischen Reform des Hochschulwesens der DDR 1945–1950. Diss. Leipzig 1968
Ders./Kraus, Aribert/Methfessel, Werner: Geschichte des Hochschulwesens der DDR (1945–1961). Überblick. Kapitel 1 und 2. Berlin 1976
Ders.: Die verpaßte Chance. Streit um eine demokratische Hochschulverfassung in der sowjetischen Besatzungszone 1946–1949, in: hochschule ost 4(1994)6, S. 72–84
Köhler, Werner: Die Vorbereitung des Zweiten Weltkrieges durch Hitlerdeutschland, in: Aufbau 3(1947)6, S. 468–472
Kołakowski, Leszek: Die Intellektuellen und die kommunistische Bewegung, in: Ders.: Der Mensch ohne Alternative. Von der Möglichkeit und Unmöglichkeit, Marxist zu sein. 6.-10. Tsd., München 1961, S. 40–56
Ders.: Diktatur der Wahrheit: ein quadratischer Kreis, in: Ders.: Der revolutionäre Geist. Stuttgart, Berlin, Köln, Mainz 1972, S. 81–98
Kolb, Eberhard: Die Weimarer Republik. 3., überarb. u. erw. Aufl., München 1993
Der Konflikt des Wissenschaftlers in der Sowjetzone. Ein Dokument der Entscheidung, in: SBZ-Archiv 4(1953), S. 378
Königer, H(einz): Zu einigen Aufgaben der deutschen Geschichtswissenschaft, in: Das Hochschulwesen 11/1956
Köpcke, Horst/Wiese, Friedrich-Franz: Mein Vaterland ist die Freiheit. Das Schicksal des Studenten Arno Esch. Rostock 1990

Kopp, Fritz: Historiker diskutieren über Dogmen. Der Revisionismus in der sowjetzonalen Geschichtswissenschaft, in: SBZ-Archiv 9(1958), S. 39–42
Ders.: Die Wendung zur »nationalen« Geschichtsbetrachtung in der Sowjetzone. 2., erw. Aufl., München 1962
Ders.: Kurs auf ganz Deutschland? Die Deutschlandpolitik der SED. Stuttgart 1965
Ders.: Die Lassalle-Frage in der »nationalen« Geschichtsbetrachtung der SED, in: Ludz, Peter Christian (Hrsg.): Studien und Materialien zur Soziologie der DDR (Kölner Zeitschrift für Soziologie und Sozialpsychologie, Sonderheft 8/1964). 2. Aufl., Opladen 1971, S. 285–308
Ders.: Der Nationsbegriff in West- und Mitteldeutschland, in: Geschichte und Geschichtsbewußtsein. 19 Vorträge. Hrsg. Hauser, Oswald, Göttingen, Zürich 1981, S. 167–182
Köpstein, Horst: Die Aufgaben des Instituts für Geschichte des deutschen Volkes an der Humboldt-Universität Berlin, in: ZfG 1(1953), S. 114–119
Kosing, Alfred: Die nationale und koloniale Frage, in: Wissenschaftliche Weltanschauung, Heft 5, Berlin 1960, S. 3–54
Ders./Schmidt, Walter: Zur Herausbildung der sozialistischen Nation in der DDR, in: Einheit 29(1974), S. 179–188
Ders.: Nation in Geschichte und Gegenwart. Studie zur historisch-materialistischen Theorie der Nation. Berlin 1976
Ders./Schmidt, Walter: Geburt und Gedeihen der sozialistischen deutschen Nation, in: Einheit 34(1979), S. 1068–1075
Ders.: Sozialistische Gesellschaft und sozialistische Nation in der DDR, in: Deutsche Zeitschrift für Philosophie 37(1989), S. 913–924
Kossok, Manfred: Klio – Die Muse mit dem Januskopf. Gedanken zur Krise der ostdeutschen Geschichtswissenschaft, in: 1999 6(1991)3, S. 78–95
Kotowski, Georg: Frühe Dokumente sowjetdeutscher Hochschulpolitik, in: JfGMO 5(1956), S. 327–344
Ders.: Zur Geschichte der Arbeiterbewegung in Mittel- und Ostdeutschland. Ein Literaturbericht, in: JfGMO 8(1959), S. 409–470
Kowalczuk, Ilko-Sascha: Der Unabhängige Historiker-Verband (UHV), in: hochschule ost 2(1993)5, S. 66–77
Ders.: Die Geschichtswissenschaft in der DDR und der Unabhängige Historiker-Verband. Eine Antwort an Peer Pasternack, in: hochschule ost 2(1993)7, S. 41–50
Ders.: Die studentische Selbstverwaltung an der Berliner Universität nach 1945, in: DA 26(1993), S. 915–926
Ders.: Die Historiker der DDR und der 17. Juni 1953, in: GWU 44(1993), S. 705–724
Ders.: »Wo gehobelt wird, da fallen Späne«. Zur Entwicklung der DDR-Geschichtswissenschaft bis in die späten fünfziger Jahre, in: ZfG 42(1994), S. 302–318
Ders.: Die Universitäten und der 17. Juni 1953, in: Horch und Guck, Heft 12 (Mai/Juni 1994), S. 33–42
Ders.: Zwei neue Bücher zur Geschichtswissenschaft in der DDR, in: Hure oder Muse? Klio in der DDR. Dokumente und Materialien des Unabhängigen Historiker-Verbandes. Hrsg. Eckert, Rainer/Kowalczuk, Ilko-Sascha/Stark, Isolde, Berlin 1994, S. 224–230

Ders.: Hartmut Zwahr über die Revolution von 1989, in: Hure oder Muse? Klio in der DDR. Dokumente und Materialien des Unabhängigen Historiker-Verbandes. Hrsg. Eckert, Rainer/Kowalczuk, Ilko-Sascha/Stark, Isolde, Berlin 1994, S. 251–256
Ders.: »Geschichtswissenschaft – Heute«. Einleitende Bemerkungen, in: Ders. (Hrsg.): Paradigmen deutscher Geschichtswissenschaft. Ringvorlesung an der Humboldt-Universität zu Berlin. Berlin 1994, S. 4–14
Ders. (Hrsg.): Paradigmen deutscher Geschichtswissenschaft. Ringvorlesung an der Humboldt-Universität zu Berlin. Berlin 1994
Ders.: Historische Gründe für das Scheitern der Selbsterneuerung an den ostdeutschen Universitäten, in: Berliner Debatte Initial 4/1994, S. 83–92
Ders.: Anfänge und Grundlinien der Universitätspolitik der SED, in: Friedrich, Wolfgang-Uwe (Hrsg.): Totalitäre Herrschaft – totalitäres Erbe. German Studies Review, Special Issue, Fall 1994, S. 113–130
Ders./Mitter, Armin: »Die Arbeiter sind zwar geschlagen worden, aber sie sind nicht besiegt!« Die Arbeiterschaft während der Krise 1952/53, in: Dies./Wolle, Stefan (Hrsg.): Der Tag X – 17. Juni 1953. Die »Innere Staatsgründung« der DDR als Ergebnis der Krise 1952/54. 2., durchges. Aufl., Berlin 1996, S. 31–74
Ders.: Volkserhebung ohne »Geistesarbeiter«? Die Intelligenz in der DDR, in: Ders./Mitter, Armin/Wolle, Stefan (Hrsg.): Der Tag X – 17. Juni 1953. Die »Innere Staatsgründung« der DDR als Ergebnis der Krise 1952/54. 2., durchges. Aufl., Berlin 1996, S. 129–169
Ders.: »Wir werden siegen, weil uns der große Stalin führt!« Die SED zwischen II. Parteikonferenz und IV. Parteitag, in: Ders./Mitter, Armin/Wolle, Stefan (Hrsg.): Der Tag X – 17. Juni 1953. Die »Innere Staatsgründung« der DDR als Ergebnis der Krise 1952/54. 2., durchges. Aufl., Berlin 1996, S. 171–242
Ders./Mitter, Armin: Orte des Widerstands, in: Dies./Wolle, Stefan (Hrsg.): Der Tag X – 17. Juni 1953. Die »Innere Staatsgründung« der DDR als Ergebnis der Krise 1952/54. 2., durchges. Aufl., Berlin 1996, S. 335–343
Ders./Mitter, Armin/Wolle, Stefan (Hrsg.): Der Tag X – 17. Juni 1953. Die »Innere Staatsgründung« der DDR als Ergebnis der Krise 1952/54. 2., durchges. Aufl., Berlin 1996
Ders.: Die Etablierung der DDR-Geschichtswissenschaft 1945 bis 1958, in: Eckert, Rainer/Kowalczuk, Ilko-Sascha/Poppe, Ulrike (Hrsg.): Wer schreibt die DDR-Geschichte? Ein Historikerstreit um Stellen, Strukturen, Finanzen und Deutungskompetenz. Berlin 1995, S. 5–18
Ders.: Die Durchsetzung des Marxismus-Leninismus in der Geschichtswissenschaft der DDR (1945–1961), in: Sabrow, Martin/Walther, Peter Th. (Hrsg.): Historische Forschung und sozialistische Diktatur. Beiträge zur Geschichtswissenschaft der DDR. Leipzig 1995, S. 31–58
Ders.: Von der Freiheit, Ich zu sagen. Widerständiges Verhalten in der DDR, in: Poppe, Ulrike/Eckert, Rainer/Kowalczuk, Ilko-Sascha (Hrsg.): Zwischen Selbstbehauptung und Anpassung. Formen des Widerstandes und der Opposition in der DDR. Berlin 1995, S. 85–115
Ders.: Artikulationsformen und Zielsetzungen von widerständigem Verhalten in verschiedenen Bereichen der Gesellschaft, in: Materialien der Enquete-Kommission »Aufarbeitung von Geschichte und Folgen der SED-Diktatur in Deutschland« (12. Wahlperiode des Deutschen Bundestages), hrsg. vom Deutschen Bundestag, Baden-Baden 1995, Band VII/2, S. 1203–1284

Ders.: Die DDR-Historiker und die deutsche Nation, in: APuZ, B 39/1996, S. 22–30
Ders.: Die Ereignisse von 1953 in der DDR. Anmerkungen zu einer »Retroperspektive zum Stand der zeitgeschichtlichen Aufarbeitung des 17. Juni 1953«, in: JHK 1996, S. 181–186
Ders.: Frost nach dem kurzen Tauwetter. Opposition, Repressalien und Verfolgungen 1956/57 in der DDR. Eine Dokumentation des Ministeriums für Staatssicherheit, in: JHK 1997 (i. D.)
Kröger, Martin/Thimme, Roland: Die Geschichtsbilder des Historikers Karl Dietrich Erdmann. Vom Dritten Reich zur Bundesrepublik. München 1996
Krönig, Waldemar/Müller, Klaus-Dieter: Anpassung, Widerstand, Verfolgung. Hochschule und Studenten in der SBZ und DDR. 1945–1961. Köln 1994
Dies.: Der Greifswalder Studentenstreik 1955, in: DA 27(1994), S. 517–525
Kuczynski, Jürgen: Warum studieren wir deutsche Wirtschaftsgeschichte, in: Aufbau 2(1946)4, S. 356–361
Ders.: Die Legende vom »deutschen Sozialismus«, in: Aufbau 2(1946)4, S. 433
Ders.: Betrachtungen zur deutschen Geschichtsschreibung, in: Aufbau 2(1946)7, S. 742–747
Ders.: Monopolisten und Junker – Todfeinde des deutschen Volkes. Berlin 1946
Ders.: Soll der Universitätslehrer Propganda treiben?, in: Forum 1(1947), S. 62
Ders.: Friedrich List. Vorkämpfer der deutschen Einheit, in: Aufbau 3(1947)5, S. 418–423
Ders.: Ein Beispiel für die Wissenschaft. Das Wirken Lujo Brentanos, in: Aufbau 3(1947)12, S. 379–385
Ders.: Studien zur Geschichte des deutschen Imperialismus. Band 1: Monopole und Unternehmerverbände. Berlin 1948
Ders.: Die Theorie der Lage der Arbeiter. Berlin 1948
Ders.: Stalin als Historiker. Vortrag im Marx-Engels-Lenin-Institut, in: Die Neue Gesellschaft 4(1950) 5, S. 322–330
Ders.: Parteilichkeit und Objektivität in Geschichte und Geschichtsschreibung, in: ZfG 4(1956), S. 873–888
Ders.: Rezension zu: Paul Kirn: Das Bild des Menschen in der Geschichtsschreibung von Polybios bis Ranke, in: ZfG 4(1956), S. 1267–1271
Ders.: Der Mensch, der Geschichte macht. Zum 100. Geburtstag von G. W. Plechanow am 11. Dezember 1956, in: ZfG 5(1957), S. 1–17
Ders.: Meinungsstreit, Dogmatismus und »Liberale Kritik«, in: Einheit 12(1957), S. 602–611
Ders.: Der Ausbruch des ersten Weltkrieges und die deutsche Sozialdemokratie. Berlin 1957
Ders.: Die Muse und der Historiker. Studie über Jacob Burkhardt, Hyppolite Taine, Henry Adams. Berlin 1974 (= JbfWG; Sonderband)
Ders.: Memoiren. Die Erziehung des J. K. zum Kommunisten und Wissenschaftler. 2. Aufl., Berlin, Weimar 1975
Ders.: Gegenwartsprobleme – Briefe und Vorträge. Berlin 1978
Ders.: Geschichte des Alltags des deutschen Volkes. Band 5: 1918–1945. Berlin 1982
Ders.: 60 Jahre Konjunkturforscher. Erinnerungen und Erfahrungen. Berlin 1984 (= JbfWG; Sonderband)
Ders.: Bemühungen um die Soziologie. Berlin 1986

Ders.: Schwierige Jahre – mit einem besseren Ende? Tagebuchblätter 1987 bis 1989. Berlin 1990
Ders.: Kurze Bilanz eines langen Lebens. Große Fehler und kleine Nützlichkeiten. Berlin 1991
Ders.: »Ein linientreuer Dissident«. Memoiren 1945–1989. Berlin, Weimar 1992
Ders.: Frost nach dem Tauwetter. Mein Historikerstreit. Berlin 1993
Ders.: »Nicht ohne Einfluß«. Macht und Ohnmacht der Intellektuellen. Köln 1993
Ders.: Ein hoffnungsloser Fall von Optimismus? Memoiren 1989–1994. Berlin 1994
Ders.: Ein Leben in der Wissenschaft der DDR. Münster 1994
Kühnl, Reinhard: Der deutsche Faschismus in Quellen und Dokumenten. Köln 1975
Kuhrt, Eberhard/Löwis, Henning von: Griff nach der deutschen Geschichte. Erbeaneignung und Traditionspflege in der DDR. Paderborn, München, Wien, Zürich 1988
Küttler, Wolfgang: Lenins Formationsanalyse der bürgerlichen Gesellschaft in Rußland vor 1905. Berlin 1978
Ders./Seeber, Gustav: Historischer Charakter und regionalgeschichtliche Anwendung des marxistisch-leninistischen Erbeverständnisses, in: ZfG 29(1981), S. 726–734
Ders.: Geschichte und Methode im Werk Lenins, in: Berthold, Werner (Hrsg.): Lenin als Historiker. Potsdam 1983, S. 7–116
Ders. (Hrsg.): Das geschichtswissenschaftliche Erbe von Karl Marx. Berlin 1983
Ders.: Zwischen Wissenschaft und Staatsaktion. Zum Platz der DDR-Historiographie in der »Ökumene der Historiker«, in: Berliner Debatte Initial 2/1991, S. 142–150
Ders.: Neubeginn in der ostdeutschen Geschichtswissenschaft, in: APuZ, B 17-18/1992, S. 3–13
Ders.: Zur Schließung des Instituts für deutsche Geschichte. Bericht über die Umsetzung der Wissenschaftsratempfehlungen am 17.12.1991, in: hochschule ost, H. 1/1992, S. 21–30
Ders.: Zum Platz der DDR-Sozialgeschichtsforschung in der internationalen Wissenschaftsentwicklung, in: BzG 34(1992)3, S. 55–66
Ders.: Geschichtstheorie und -methodologie in der DDR, in: ZfG 42(1994), S. 8–20
Ders.: Marxistische Geschichtswissenschaft heute, in: Kowalczuk, Ilko-Sascha (Hrsg.): Paradigmen deutscher Geschichtswissenschaft. Ringvorlesung an der Humboldt-Universität zu Berlin. Berlin 1994, S. 211–235
Lades, Hans: Die SED und die Nation, in: Deutsche Studien 12(1972), S. 32–45
Lammel, Hans-Joachim (Hrsg.): Dokumente zur Geschichte der Arbeiter-und-Bauern-Fakultäten der Universitäten und Hochschulen der DDR. Teil 1: 1945–1949. Berlin 1987; Teil 2: 1949–1966, Berlin 1988
Land, Rainer/Possekel, Ralf: Namenlose Stimmen waren uns voraus. Politische Diskurse von Intellektuellen in der DDR. Bochum 1994
Landesbeauftragte für die Unterlagen des Staatssicherheitsdienstes der ehemaligen DDR Sachsen-Anhalt und Vereinigung der Opfer des Stalinismus e.V., Landesgruppe Sachsen-Anhalt (Hrsg.): »Vom Roten Ochsen geprägt«. Lebensumstände politischer Häftlinge von 1944 bis 1956. o. O. (Magdeburg), o. J. (1996)
Lange, Max Gustav: Wissenschaft im totalitären Staat. Die Wissenschaft der Sowjetischen Besatzungszone auf dem Weg zum »Stalinismus«. Stuttgart, Düsseldorf 1955
Ders./Richert, Ernst/Stammer, Otto: Das Problem der »neuen Intelligenz« in der sowjetischen Besatzungszone. Ein Beitrag zur politischen Soziologie der kom-

munistischen Herrschaftsordnung, in: Veritas – Justitia – Libertas. Festschrift zur 200-Jahrfeier der Columbia University New York, überreicht von der Freien Universität Berlin und der Deutschen Hochschule für Politik Berlin. Berlin 1954, S. 191–246

Lehmann, Hartmut/Sheehan, James J. (Hrsg.): An Interrupted Past. German-speaking Refugee Historians in the United States after 1933. Cambridge 1991

Lemke, Michael: Die Berlinkrise 1958 bis 1963. Interessen und Handlungsspielräume im Ost-West-Konflikt. Berlin 1995

Lemmnitz, Alfred: Beginn und Bilanz. Erinnerungen. Berlin 1985

Lenin, Wladimir I.: Werke, Band 20. 3. Aufl., Berlin 1968

Ders.: Werke, Band 22. Berlin 1984

Lenk, Kurt: Probleme der Demokratie, in: Lieber, Hans-Joachim (Hrsg): Politische Theorien von der Antike bis zur Gegenwart. Bonn 1991, S. 933–989

Leonhard, Wolfgang: Die Revolution entläßt ihre Kinder. München (Bertelsmann-Lesering) o. J. (ursprünglich Köln 1955)

Ders.: Die Etablierung des Marxismus-Leninismus (1945–1955), in: APuZ, B 40/1994, S. 3–11

Lieber, Hans-Joachim: Ideologie und Wissenschaft im totalitären System, in: Hofer, Walther (Hrsg.): Wissenschaft im totalen Staat. München, Bern 1964, S. 11–37

Ders.: Zur Theorie totalitärer Herrschaft, in: Ders. (Hrsg): Politische Theorien von der Antike bis zur Gegenwart. Bonn 1991, S. 881–932

Lindau, Rudolf: Probleme der Geschichte der deutschen Arbeiterbewegung. Berlin 1947 (hier: 3. Aufl. 1950)

Ders.: Aus der Geschichte des Kampfes der deutschen Arbeiterklasse um Demokratie, in: Einheit 2(1947), S. 96–106

Ders.: März 1848. Die bürgerliche Revolution und ihre Lehren, in: Einheit 2(1947), S. 225–235

Ders.: Zur Vorgeschichte und Geschichte der deutschen Novemberrevolution, in: Einheit 2(1947), S. 1075–1086

Linke, Dietmar: Theologiestudenten der Humboldt-Universität. Zwischen Hörsaal und Anklagebank. Neukirchen-Vluyn 1994

Liszkowski, Uwe: Osteuropaforschung und Politik. Ein Beitrag zum historisch-politischen Denken und Wirken von Otto Hoetzsch. 2 Bände, Berlin 1988

Litván, György/Bak, János M. (Hrsg.): Die Ungarische Revolution 1956. Reform – Aufstand – Vergeltung. Wien 1994

Lönnendonker, Siegward: Freie Universität Berlin. Gründung einer politischen Universität. Berlin 1988

Losemann, Volker: Nationalsozialismus und Antike. Studien zur Entwicklung des Faches 1933–1945. Hamburg 1977

Loth, Wilfried: Stalins ungeliebtes Kind. Warum Moskau die DDR nicht wollte. Berlin 1994

Louis, Jürgen: Die LDP-Hochschulgruppe an der Friedrich-Schiller-Universität Jena, in: Frölich, Jürgen (Hrsg.): »Bürgerliche« Parteien in der SBZ/DDR. Zur Geschichte von CDU, LDP(D), DBD und NDPD 1945 bis 1953. Köln 1994, S. 143–174

Lozek, Gerhard: Illusionen und Tatsachen. Anachronistische BRD-Geschichtsschreibung über die DDR. Berlin 1980

Ders.: Die deutsche Geschichte 1917/18 bis 1945 in der Forschung der DDR (1945 bis Ende der sechziger Jahre), in: Schulin, Ernst (Hrsg.): Deutsche Geschichtswissenschaft nach dem II. Weltkrieg. 1945–1965. München 1989, S. 199–211

Lücke, Peter R.: Sowjetzonale Hochschulschriften aus dem Gebiet der Geschichte (1946–1963). Berlin, Bonn 1965

Ludz, Peter Christian: Entwurf einer soziologischen Theorie totalitär verfaßter Gesellschaften, in: Soziologie der DDR. Hrsg. Ders. (Kölner Zeitschrift für Soziologie und Sozialpsychologie, Sonderheft 8/1964). 2. Aufl., Köln, Opladen 1971, S. 11–58

Ders.: Parteielite im Wandel. Funktionsaufbau, Sozialstruktur und Ideologie der SED-Führung. Köln, Opladen 1968

Ders.: Zum Begriff der »Nation« in der Sicht der SED. Wandlungen und politische Bedeutung, in: DA 5(1972), S. 17–27

Luxemburg, Rosa: Briefe aus dem Gefängnis. Berlin 1946

Mai, Gunter: Der Alliierte Kontrollrat in Deutschland 1945–1948. Alliierte Einheit – Deutsche Teilung? München 1995

Major, Patrick: »Mit Panzern kann man doch nicht für den Frieden sein«. Die Stimmung der DDR-Bevölkerung zum Bau der Berliner Mauer am 13. August 1961 im Spiegel der Parteiberichte der SED, in: JHK 1995, S. 208–223

Malia, Martin: Vollstrecker Wahn. Rußland 1917–1991. Stuttgart 1994

Malycha, Andreas: Partei vor Stalins Gnaden? Die Entwicklung der SED zur Partei neuen Typs in den Jahren 1946 bis 1950. Berlin 1996

Manifest und Ansprachen. 4. Juli 1945. Berlin o. J. (1945)

Mannheim, Karl: Ideologie und Utopie. 7. Aufl., Frankfurt/M. 1985

Markov, Walter: Zur Krise der deutschen Geschichtsschreibung, in: Sinn und Form 2(1950)2, S. 109–155

Ders.: Kognak und Königsmörder. Historisch-literarische Miniaturen. Berlin, Weimar 1979

Ders.: Zwiesprache mit dem Jahrhundert. Dokumentiert von Thomas Grimm. Berlin und Weimar 1989

Ders., in: Grimm, Thomas: Was von den Träumen blieb. Eine Bilanz der sozialistischen Utopie. Berlin 1993, S. 69–89

Marx, Karl: Zur Kritik der Politischen Ökonomie, in: Ders./Engels, Friedrich: Werke, Band 13. 10. Aufl., Berlin 1985

Marx, Karl/Engels, Friedrich: Die deutsche Ideologie, in: Dies.: Werke, Band 3. 8. Aufl., Berlin 1983

Dies.: Manifest der Kommunistischen Partei, in: Dies.: Werke. Band 4. 10. Aufl., Berlin 1983, S. 461–493

Mehls, Hartmut: Zu den Ursachen der Grenzschließung am 13. August 1961 (Thesen), in: Utopie kreativ, August 1991, Heft 12, S. 71–78

Ders./Mehls, Ellen: 13. August. Berlin 1979

Ders.: Die Gründungsphase des Instituts für Geschichte an der Deutschen Akademie der Wissenschaften, in: ZfG 41(1993), S. 798–805

Mehring, Franz: Karl Marx. Geschichte seines Lebens. Prag 1933

Ders.: Historische Aufsätze zur preußisch-deutschen Geschichte. Berlin 1946

Ders.: Deutsche Geschichte vom Ausgange des Mittelalters. Ein Leitfaden für Lehrende und Lernende. Berlin 1947

Ders.: Über den historischen Materialismus. Berlin 1947

Ders.: Die deutsche Sozialdemokratie. Berlin 1960

Ders.: Die Lessing-Legende. Berlin 1967
Meier, Helmut/Schmidt, Walter (Hrsg.): Erbe und Tradition in der DDR. Die Diskussion der Historiker. Berlin 1988
Meinecke, Friedrich: Die deutsche Katastrophe. Betrachtungen und Erinnerungen. Zürich, Wiesbaden 1946
Ders.: Strassburg, Freiburg, Berlin. 1901–1919. Stuttgart 1949
Ders.: Ausgewählter Briefwechsel. Hrsg. Dehio, Ludwig/Classen Peter, Stuttgart 1962
Meiners, Jochen: Die doppelte Deutschlandpolitik. Zur nationalen Politik der SED im Spiegel ihres Zentralorgans »Neues Deutschland« 1946–1952. Frankfurt/M. 1987
Mertens, Lothar: Die Neulehrer in der SBZ/DDR, in: HM 6(1993), S. 211–224
Meuschel, Sigrid: Legitimation und Parteiherrschaft. Zum Paradox von Stabilität und Revolution in der DDR 1945–1989. Frankfurt/M. 1992
Meusel, Alfred: Intelligenz und Volk. Berlin 1947
Ders.: Kampf um die nationale Einheit in Deutschland. Berlin 1947
Ders.: Nationale Probleme in der deutschen Revolution von 1848, in: Aufbau 3(1948)8, S. 771–777
Ders.: Die deutsche Revolution von 1848. Mit einem Beitrag von Felix Albin (d. i. Kurt Hager). Berlin 1948
Ders.: Die wissenschaftliche Auffassung der deutschen Geschichte, in: Wissenschaftliche Annalen 1(1952), S. 397–407
Ders.: Thomas Müntzer und seine Zeit. Mit einer Auswahl der Dokumente des großen deutschen Bauernkrieges. Hrsg. Kamnitzer, Heinz, Berlin 1952
Ders.: Aus der Begrüßungsansprache bei der Eröffnung der Karl-Marx-Ausstellung des Museums für Deutsche Geschichte in Berlin am 2. Mai 1953, in: ZfG 1(1953), S. 485–486
Ders.: Der Ausbruch des ersten Weltkrieges und die deutsche Sozialdemokratie. Kritische Betrachtungen zu dem Buch von J. Kuczynski, in: ZfG 6(1958), S. 1049–1068
Meyer, Alfred G.: Lenins Imperialismustheorie, in: Wehler, Hans-Ulrich (Hrsg.): Imperialismus. 3. Aufl., Köln 1976, S. 123–154
Mirskaja, Elena Z.: Stalinismus und Wissenschaft. Die 30er Jahre: Präludium des großen Terrors, in: Gorzka, Gabriele (Hrsg.): Kultur im Stalinismus. Sowjetische Kultur und Kunst der 1930er und 50er Jahre. Bremen 1994, S. 46–57
Mitter, Armin: Die Ereignisse im Juni und Juli 1953 in der DDR. Aus den Akten des Ministeriums für Staatssicherheit, in: APuZ, B 5/1991, S. 31–41
Ders./Wolle, Stefan: Untergang auf Raten. Unbekannte Kapitel der DDR-Geschichte. München 1993
Ders.: »... gegen das Volk regieren« – Der Ausbau des Disziplinierungsapparates nach dem 17. Juni 1953, in: Der 17. Juni 1953 – Der Anfang vom Ende des sowjetischen Imperiums. 4. Bautzen-Forum der Friedrich-Ebert-Stiftung, 17. bis 18. Juni 1993. Leipzig 1993, S. 63–66
Ders.: »Ressentiments« und »proletarischer Internationalismus«. Die Einstellung der DDR gegenüber der VR Polen, in: Grucza, Franciszek (Hrsg.): Vorurteile zwischen Deutschen und Polen. Warschau 1994, S. 76–82
Ders.: Der »Tag X« und die »Innere Staatsgründung« der DDR, in: Kowalczuk, Ilko-Sascha/Mitter, Armin/Wolle, Stefan (Hrsg.): Der Tag X – 17. Juni 1953. Die »Innere Staatsgründung« der DDR als Ergebnis der Krise 1952/54. 2., durchges. Aufl., Berlin 1996, S. 9–29

Ders.: »Am 17. 6.. 1953 haben die Arbeiter gestreikt, jetzt aber streiken wir Bauern.« Die Bauern und der Sozialismus, in: Kowalczuk, Ilko-Sascha; Armin Mitter, Stefan Wolle (Hrsg.): Der Tag X – 17. Juni 1953. Die »Innere Staatsgründung« der DDR als Ergebnis der Krise 1952/54. 2., durchges. Aufl., Berlin 1996, S. 75–128
Mögen viele Lehrmeinungen um die eine Wahrheit ringen. 575 Jahre Universität Rostock. Hrsg. Rektor der Universität Rostock, Rostock 1994
Möglichkeiten und Formen abweichenden und widerständigen Verhaltens und oppositionellen Handelns, die friedliche Revolution im Herbst 1989, die Wiedervereinigung Deutschlands und das Fortwirken von Strukturen und Mechanismen der Diktatur, in: Materialien der Enquete-Kommission »Aufarbeitung von Geschichte und Folgen der SED-Diktatur in Deutschland« (12. Wahlperiode des Deutschen Bundestages), hrsg. vom Deutschen Bundestag, Baden-Baden 1995, Bd. VII/1-2
Moeller, R. G.: The Kaiserreich Recast? Continuity and Change in Modern German Historiography, in: JSH 17(1983/84), S. 655–683
Mommsen, Hans: Haupttendenzen nach 1945 und in der Ära des Kalten Krieges, in: Faulenbach, Bernd (Hrsg.): Geschichtswissenschaft in Deutschland. Traditionelle Positionen und gegenwärtige Aufgaben. München 1974, S. 112–120
Mommsen, Wolfgang J.: Die Geschichtswissenschaft und die Soziologie unter dem Nationalsozialismus, in: Wissenschaftsgeschichte seit 1900. 75 Jahre Universität Frankfurt. Frankfurt/M. 1992, S. 54–84
Ders.: Die Geschichtswissenschaft in der DDR. Kritische Reflexionen, in: APuZ, B 17-18/1992, S. 35–43
Morsey, Rudolf: Die Bundesrepublik Deutschland. Entstehung und Entwicklung bis 1969. 2. Aufl., München 1990
Mühlen, Patrick von zur: Der »Eisenberger Kreis«. Jugendwiderstand und Verfolgung in der DDR 1953–1958. Bonn 1995
Müller, Fritz Ferdinand: Die Anfänge der deutschen Kolonialpolitik in Ostafrika. Eine kritische Untersuchung an Hand unveröffentlichter Quellen. Berlin 1959
Müller, Klaus-Dieter: In den Händen des NKWD. Eine studentische Widerstandsgruppe im Spiegel persönlicher Erinnerungen und sowjetischer SMT-Archivalien, in: DA 28(1995), S. 179–189
Ders./Osterloh, Jörg: Die Andere DDR. Eine studentische Widerstandsgruppe und ihr Schicksal im Spiegel persönlicher Erinnerungen und sowjetischer NKWD-Dokumente. Dresden 1995
Müller, Marianne u. Egon Erwin: »... stürmt die Festung Wissenschaft!« Die Sowjetisierung der mitteldeutschen Universitäten seit 1945. Berlin 1953
Müller, Reinhard (Hrsg.): Die Säuberung. Moskau 1936. Stenogramm einer geschlossenen Parteiversammlung. Reinbek bei Hamburg 1991
Müller-Mertens, Eckhard: Eröffnungsrede und Schlußwort zur 35. (letzten) Jahrestagung der Hansischen Arbeitsgemeinschaft in der DDR, zugleich der ersten gesamtdeutschen Historikertagung nach Fall von Mauer und Grenzen, in: Hansische Geschichtsblätter 110(1992), S. V–IX
N., H.: Deutsche Vergangenheit – Deutsche Gegenwart, in: Aufbau 3(1947)4, S. 367–369
»Nach Hitler kommen wir.« Dokumente zur Programmatik der Moskauer KPD-Führung 1944/45 für Nachkriegsdeutschland. Hrsg. Erler, Peter/Laude, Horst/Wilke, Manfred, Berlin 1994

Naimark, Norman M.: The Russians in Germany. A History of the Soviet Zone of Occupation, 1945–1949. Cambridge (Mass.), London 1995
Namen und Schicksale der seit 1945 in der SBZ verhafteten und verschleppten Professoren und Studenten, hrsg. vom Verband ehemaliger Rostocker Studenten e.V., erw., erg. u. überarb. Reprint der 5. Aufl. von 1962, Rostock 1994
Die nationalsozialistische Christenverfolgung, in: Aufbau 3(1947)10, S. 236–239
Neuhäußer-Wespy, Ulrich: Nation neuen Typs. Zur Konstruktion einer sozialistischen Nation in der DDR, in: Deutsche Studien 13(1975), S. 357–365
Ders.: Erbe und Tradition in der DDR. Zum gewandelten Geschichtsbild der SED, in: Fischer, Alexander/Heydemann, Günther (Hrsg.): Geschichtswissenschaft in der DDR. Band 1: Historische Entwicklung, Theoriediskussion und Geschichtsdidaktik. Berlin 1988, S. 129–153
Ders.: Die SED und die deutsche Geschichte, in: Spittmann, Ilse (Hrsg.): Die SED in Geschichte und Gegenwart. Köln 1987, S. 98–111
Ders.: Geschichte der Historiographie der DDR. Die Etablierung der marxistisch-leninistischen Geschichtswissenschaft und die Rolle des zentralen Parteiapparates der SED in den fünfziger und sechziger Jahren. o. O. 1994 (Ms.)
Ders.: Der Parteiapparat als zentrale Lenkungsinstanz der Geschichtswissenschaft der DDR in den fünfziger und sechziger Jahren, in: Sabrow, Martin/Walther, Peter Th. (Hrsg.): Historische Forschung und sozialistische Diktatur. Beiträge zur Geschichtswissenschaft der DDR. Leipzig 1995, S. 145–179
Ders.: Die »Zeitschrift für Geschichtswissenschaft« 1956/57. Zur Disziplinierung der Historiker durch die SED in den fünfziger Jahren, in: DA 29(1996)4, S. 569–580
Ders.: Geschichtswissenschaft unter der SED-Diktatur. Die Durchsetzung der Parteilinie in den fünfziger Jahren, in: APuZ, B 39/1996, S. 15–21
Ders.: Die SED und die Historie. Die Etablierung der marxistisch-leninistischen Geschichtswissenschaft der DDR in den fünfziger und sechziger Jahren. Bonn 1996
Niekisch, Ernst: Deutsche Daseinsverfehlung. Berlin 1946
Ders.: Im Vorraum des Faschismus, in: Aufbau 2(1946)2, S. 122–137
Ders.: Das Reich der niederen Dämonen. Berlin 1953
Ders.: Erinnerungen eines deutschen Revolutionärs. Erster Band: Gewagtes Leben 1889–1945. Köln 1974 (ursprünglich 1958)
Ders.: Erinnerungen eines deutschen Revolutionärs. Zweiter Band: Gegen den Strom 1945–1967. Köln 1974
Niethammer, Lutz (Hrsg.): Der »gesäuberte« Antifaschismus. Die SED und die roten Kapos von Buchenwald. Dokumente. Berlin 1994
Nippel, Wilfried: (Rezension), in: Gnomon 66(1994), S. 342–347
Nipperdey, Thomas: Die Reformation als Problem der marxistischen Geschichtswissenschaft, in: Geyer, Dietrich (Hrsg.): Wissenschaft in kommunistischen Ländern. Tübingen 1967, S. 228–258
Ders.: Deutsche Geschichte 1866–1918. Erster Band: Arbeitswelt und Bürgergeist. 2. Aufl., München 1991
Noack, Karl-Heinz: Karl Griewank, in: Wegbereiter der DDR-Geschichtswissenschaft. Biographien. Hrsg. Heitzer, Heinz/Noack, Karl-Heinz/Schmidt, Walter, Berlin 1989, S. 75–92
Norden, Albert: Lehren deutscher Geschichte. Zur politischen Rolle des Finanzkapitals und der Junker. Berlin 1947

Ders.: Der Rathenau-Mord und seine Lehren. Zum 25. Jahrestag der Ermordung des Außenministers der Republik, in: Einheit 2(1947), S. 644–651
Ders.: So werden Kriege gemacht. Über Hintergründe und Technik der Aggression. Berlin 1950
Ders.: Um die Nation. Beiträge zu Deutschlands Lebensfrage. Berlin 1952
Ders.: Fragen des Kampfes gegen den Imperialismus. Berlin 1972
Ders.: Ereignisse und Erlebtes. Berlin 1981
Obermann, Karl: Deutsche Jugend zur Zeit der französischen Revolution, in: Aufbau 2(1946)7, S. 687–701
Ders.: Vorkämpfer der Menschenrechte. Samuel Pufendorf zum Gedächtnis, in: Aufbau 3(1947)1, S. 15–18
Ders.: Am Vorabend der Revolution von 1848, in: Aufbau 3(1947)5, S. 402–409
Ders.: Die deutschen Arbeiter in der Revolution von 1848. Berlin 1950
Ders.: Einheit und Freiheit. Berlin 1950
Ders.: Ein Jahr Institut für Geschichte an der Deutschen Akademie der Wissenschaften, in: ZfG 5(1957), S. 839–842
Oelßner, Fred: Der Marxismus der Gegenwart und seine Kritiker. 3., erw. und verbess. Aufl., Berlin 1952 (1. Aufl. 1948)
Ders.: Stalin – Die größte Koryphäe der Wissenschaft, in: Einheit 8(1953) Sonderheft, S. 386–397
Ders.: Aus der Rede zur Eröffnung der Karl-Marx-Ausstellung des Museums für Deutsche Geschichte zu Berlin (2. Mai 1953), in: ZfG 1(1953), S. 487–494
Overesch, Manfred: Buchenwald und die DDR oder Die Suche nach der Selbstlegitimation. Göttingen 1995
Papacostea, Serban: Captive Clio: Romanian Historiography under Communist Rule, in: EHQ 26(1996), S. 181–208
IV. Parlament der FDJ. 27. bis 30. Mai 1952. o. O., o. J.
Patze, Hans: Willy Flach zum Gedächtnis, in: JfGMO 8(1959), S. 349–363
Pätzold, Kurt: Gustav Mayer (1871 bis 1948), in: Berliner Historiker. Die neuere deutsche Geschichte in Forschung und Lehre an der Berliner Universität. Berlin 1985, S. 64–79
Ders.: Erich Paterna, in: Wegbereiter der DDR-Geschichtswissenschaft. Biographien. Hrsg. Heitzer, Heinz/Noack, Karl-Heinz/Schmidt, Walter, Berlin 1989, S. 182–202
Ders./Rosenfeld, Günter (Hrsg.): Sowjetstern und Hakenkreuz 1938 bis 1941. Dokumente zu den deutsch-sowjetischen Beziehungen. Berlin 1990
Ders.: What New Start? The End of Historical Study in the GDR, in: German History 10(1992), S. 392–404
Penny III, H. Glenn: The Museum für Deutsche Geschichte and German National Identity, in: CEH 28(1995)3, S. 343–372
Petzold, Joachim: Albert Schreiner, in: Wegbereiter der DDR-Geschichtswissenschaft. Biographien. Hrsg. Heitzer, Heinz/Noack, Karl-Heinz/Schmidt, Walter, Berlin 1989, S. 280–299
Ders.: Die Entnazifizierung der sächsischen Lehrerschaft 1945, in: Kocka, Jürgen (Hrsg.): Historische DDR-Forschung. Aufsätze und Studien. Berlin 1993, S. 87–103
Pfefferkorn, Otto: Alfred Meusel. Der Historiker neuen Typus, in: SBZ-Archiv 3(1952), S. 41–42
Pfundt, Karen: Die Gründung des Museums für Deutsche Geschichte in der DDR, in: APuZ, B 23/1994, S. 23–30

Dies.: Die Gründung des Museums für Deutsche Geschichte, in: Sabrow, Martin/ Walther, Peter Th. (Hrsg.): Historische Forschung und sozialistische Diktatur. Beiträge zur Geschichtswissenschaft der DDR. Leipzig 1995, S. 94–109

Philosophenlexikon. Hrsg. Lange, Erhard/Alexander, Dietrich, 2. Aufl., Berlin 1983

Pieck, Wilhelm: Zur Geschichte der KPD. 30 Jahre Kampf. Berlin 1949

Ders./Dimitroff, Georgi/Togliatti, Palmiro: Die Offensive des Faschismus und die Aufgaben der Kommunisten im Kampf für die Volksfront gegen Krieg und Faschismus. Referate auf dem VII. Kongreß der KI (1935). Berlin 1957

Pittwald, Michael: Zur Entwicklung völkischen Denkens in der deutschen Arbeiterbewegung. Der Nationalrevolutionär Ernst Niekisch, in: IWK 32(1996) 1, S. 3–22

Plechanow, Georgij W.: Über die Rolle der Persönlichkeit in der Geschichte. Berlin 1945

Ders.: Beitrag zur Geschichte des Materialismus. Berlin 1946

Podewin, Norbert: Walter Ulbricht. Eine neue Biographie. Berlin 1995

Poppe, Ulrike/Eckert, Rainer/Kowalczuk, Ilko-Sascha (Hrsg.): Zwischen Selbstbehauptung und Anpassung. Formen des Widerstandes und der Opposition in der DDR. Berlin 1995

Protokoll der Ersten Parteikonferenz der SED. 25. bis 28. Januar 1949. 2. Aufl., Berlin 1950

Protokoll der Verhandlungen des III. Parteitages der SED. 20. bis 24. Juli 1950, 1. Teil. Berlin 1951

Protokoll der Verhandlungen der II. Parteikonferenz der SED. 9. bis 12. Juli 1952 in der Werner-Seelenbinder-Halle zu Berlin. Berlin 1952

Protokoll der Verhandlungen des IV. Parteitages der SED. 30. März bis 6. April 1954. Berlin 1954

Protokoll der Verhandlungen des V. Parteitages der SED. 10. bis 16. Juli 1958. Berlin 1959

Protokoll der Verhandlungen des VIII. Parteitages der SED. Berlin 1971

Protokoll der 42. Sitzung: Der Volksaufstand am 17. Juni 1953, in: Materialien der Enquete-Kommission »Aufarbeitung von Geschichte und Folgen der SED-Diktatur in Deutschland« (12. Wahlperiode des Deutschen Bundestages), hrsg. vom Deutschen Bundestag, Baden-Baden 1995, Band II/1, S. 746–802

Protokoll der 76. Sitzung der Enquete-Kommission »Aufarbeitung von Geschichte und Folgen der SED-Diktatur in Deutschland« am Mittwoch, dem 4. Mai 1994, in: Materialien der Enquete-Kommission »Aufarbeitung von Geschichte und Folgen der SED-Diktatur in Deutschland« (12. Wahlperiode des Deutschen Bundestages), hrsg. vom Deutschen Bundestag, Baden-Baden 1995, Band IX, S. 676–777

Der Prozeß gegen Walter Janka und andere. Eine Dokumentation. Reinbek bei Hamburg 1990

Rammstedt, Otthein: Theorie und Empirie des Volksfeindes. Zur Entwicklung einer »deutschen Soziologie«, in: Lundgreen, Peter (Hrsg.): Wissenschaft im Dritten Reich. Frankfurt/M. 1985, S. 253–313

Ders.: Deutsche Soziologie 1933–1945. Die Normalität einer Anpassung. Frankfurt/M. 1986

Ratzel, L.: Marxismus und Forschung, in: Einheit 1(1946), S. 54–58

Rauch, Georg von: Das Geschichtsbild der Sowjetzone, in: JbR 1954, S. 101–119

Ders.: Das sowjetische und sowjetzonale Geschichtsbild, in: Schicksalsfragen der

Gegenwart. Handbuch politisch-historischer Bildung. Hrsg. Bundesministerium für Verteidigung, Innere Führung, Band 1, Tübingen 1957, S. 322–348

Ders.: Geschichte der Sowjetunion. 8., verbess. u. erw. Aufl., Stuttgart 1990

Recht, Justiz und Polizei im SED-Staat, in: Materialien der Enquete-Kommission »Aufarbeitung von Geschichte und Folgen der SED-Diktatur in Deutschland« (12. Wahlperiode des Deutschen Bundestages), hrsg. vom Deutschen Bundestag, Baden-Baden 1995, Bd. IV

Rehberg, Georg: Hitler und die NSDAP in Wort und Tat. Berlin 1946

Rexin, Manfred: Die Entwicklung der Wissenschaftspolitik in der DDR, in: Thomas, Rüdiger (Hrsg.): Wissenschaft und Gesellschaft in der DDR. 2. Aufl., München 1971, S. 78–121

Richert, Ernst: Macht ohne Mandat. Der Staatsapparat in der SBZ. 2., erw. u. überarb. Aufl., Köln, Opladen 1963

Ders.: »Sozialistische Universität«. Die Hochschulpolitik der SED. Berlin 1967

Richtlinien für den Unterricht in deutscher Geschichte. Teil 1–3. Berlin, Leipzig 1945/46

Riebau, Bernd: Geschichtswissenschaft und Nationale Frage in der Ära Honecker, in: DA 22(1989), S. 533–542

Riese, Werner: Die Reformation in der Historiographie der DDR, in: Deutsche Studien 7(1969), S. 202–208

Riesenberger, Dieter: Geschichte und Geschichtsunterricht in der DDR. Göttingen 1973

Ritter, Gerhard: Geschichte als Bildungsmacht. Ein Beitrag zur historisch-politischen Neubesinnung. Stuttgart 1946

Ders.: Gegenwärtige Lage und Zukunftsaufgaben deutscher Geschichtswissenschaft, in: HZ 170(1950), S. 1–22

Ders./Holtzmann, Walter (Hrsg.): Die deutsche Geschichtswissenschaft im Zweiten Weltkrieg. Bibliographie des historischen Schrifttums deutscher Autoren 1939–1945. Marburg 1951

Ders.: Ein politischer Historiker in seinen Briefen. Hrsg. Schwabe, Klaus/Reichardt, R.: Boppard am Rhein 1984

Ritter, Gerhard A.: Neuere Sozialgeschichte in der Bundesrepublik, in: Kocka, Jürgen (Hrsg.): Sozialgeschichte im internationalen Überblick. Ergebnisse und Tendenzen der Forschung. Darmstadt 1989, S. 19–88

Ders.: Der Neuaufbau der Geschichtswissenschaft an der Humboldt-Universität zu Berlin – ein Erfahrungsbericht, in: GWU 44(1993), S. 226–238

Ders.: The Reconstruction of History at the Humboldt University: A Reply, in: German History 11(1993), S. 339–345

Ders.: Der Umbruch von 1989/91 und die Geschichtswissenschaft. München 1995 (= Bayerische AdW, Philosophisch-Historische Klasse; Sitzungsberichte 1995, H. 5)

Robel, Gert: Vom Tod Stalins zur Ära Breshnew. Die RGW-Staaten seit 1953, in: Benz, Wolfgang/Graml, Hermann (Hrsg.): Europa nach dem Zweiten Weltkrieg 1945–1982. Das Zwanzigste Jahrhundert II. 40.–41. Tsd., Frankfurt/M. 1994, S. 351–468

Röhr, Werner: Entwicklung oder Abwicklung der Geschichtswissenschaft. Polemische Bemerkungen zu den Voraussetzungen einer Urteilsbildung über Historiker und historische Institutionen der DDR, in: Berliner Debatte Initial 4/1991, S. 425–434; 5/1991, S. 542–550

Die Rolle der technischen Intelligenz beim Aufbau des Sozialismus in der DDR, in: Einheit 8(1953), S. 217–227

Rosenfeld, Günter: Die Sowjetunion und das faschistische Deutschland am Vorabend des zweiten Weltkrieges, in: Eichholtz, Dietrich/Pätzold, Kurt (Hrsg.): Der Weg in den Krieg. Studien zur Geschichte der Vorkriegsjahre (1935/36 bis 1939). Berlin 1989, S. 345–380

Rosental, M. M.: Materialistische und idealistische Weltanschauung. Berlin 1947

Rößler, Ruth-Kristin (Hrsg.): Die Entnazifizierungspolitik der KPD/SED 1945–1948. Dokumente und Materialien. Goldbach 1994

Rothfels, Hans: Die Geschichtswissenschaft in den dreißiger Jahren, in: Filtner, Andreas (Hrsg.): Deutsches Geistesleben und Nationalsozialismus. Tübingen 1965, S. 90–107

Rudolph, Rolf: Die Gründungskonferenz der Deutschen Historiker-Gesellschaft, in: ZfG 6(1958), S. 590–593

Ders.: XI. Internationaler Historiker-Kongreß in Stockholm, in: ZfG 8(1960), S. 1789–1810

Ruffmann, Karl-Heinz: Warum müssen wir uns mit der Geschichtswissenschaft in der DDR beschäftigen?, in: GWU 31(1980), S. 129–132

Ders.: Autokratie, Absolutismus, Totalitarismus. Bemerkungen zu drei historischen Schlüsselbegriffen, in: Jesse, Eckhard (Hrsg.): Totalitarismus im 20. Jahrhundert. Eine Bilanz der internationalen Forschung. Bonn 1996, S. 43–52

Rühle, Jürgen: Der 17. Juni und die Intellektuellen, in: 17. Juni 1953. Arbeiteraufstand in der DDR. Hrsg. Spittmann, Ilse/Fricke, Karl Wilhelm, 2., erw. Aufl., Köln 1988, S. 178–196

Ders./Holzweißig, Gunter: Der 13. August 1961. Die Mauer von Berlin. 3., erw. Aufl., Köln 1988

Rumpler, Helmut: Parteilichkeit und Objektivität als Theorieproblem der DDR-Historie, in: Objektivität und Parteilichkeit in der Geschichtswissenschaft. Hrsg. Koselleck, Reinhart/Mommsen, Wolfgang J./Rüsen, Jörn, München 1977, S. 228–262

Rupieper, Hermann-Josef: Wiederaufbau und Umstrukturierung der Universität 1945–1949, in: Berg, Gunnar/Hartwich, Hans-Hermann (Hrsg.): Martin-Luther-Universität. Von der Gründung bis zur Neugestaltung nach zwei Diktaturen. Montagsvorträge zur Geschichte der Universität in Halle. Opladen 1994, S. 97–116

Rytlewski, Ralf/Opp de Hipt, Manfred: Die Bundesrepublik Deutschland in Zahlen. 1945/49–1980. Ein sozialgeschichtliches Arbeitsbuch. München 1987

Sabrow, Martin: DDR-Bild im Perspektivenwandel, in: Die DDR als Geschichte. Fragen – Hypothesen – Perspektiven. Hrsg. Kocka, Jürgen/Sabrow, Martin, Berlin 1994, S. 239–251

Ders.: Schwierigkeiten mit der Historisierung. Die DDR-Geschichtswissenschaft als Forschungsgegenstand, in: Ders./Walther, Peter Th. (Hrsg.): Historische Forschung und sozialistische Diktatur. Beiträge zur Geschichtswissenschaft der DDR. Leipzig 1995, S. 9–28

Ders.: Parteiliches Wissenschaftsideal und historische Forschungspraxis. Überlegungen zum Akademie-Institut für Geschichte (1956–1989), in: Ders./Walther, Peter Th. (Hrsg.): Historische Forschung und sozialistische Diktatur. Beiträge zur Geschichtswissenschaft der DDR. Leipzig 1995, S. 195–225

Ders.: Historia militans in der DDR. Legitimationsmuster und Urteilskategorien einer parteilichen Wissenschaft, in: Historicum. Zeitschrift für Geschichte, Frühling 1995, S. 18–25

Ders.: Geschichte als Herrschaftsdiskurs. Der Fall Günter Paulus, in: Berliner Debatte Initial 4-5/1995, S. 51–67

Ders.: Der »ehrliche Meinungsstreit« und die Grenzen der Kritik. Mechanismen der Diskurskontrolle in der Geschichtswissenschaft der DDR, in: Corni, Gustavo/ Sabrow, Martin (Hrsg.): Die Mauern der Geschichte. Historiographie in Europa zwischen Diktatur und Demokratie. Leipzig 1996, S. 79–117

Ders.: In geheimer Mission. Mitten im Kalten Krieg trafen sich deutsche Historiker aus Ost und West, in: Die Zeit (Nr. 16) vom 12. April 1996, S. 34

Ders.: Zwischen Ökumene und Diaspora. Die Westkontakte der DDR-Historiographie im Spiegel ihrer Reiseberichte, in: Berliner Debatte Initial 3/1996, S. 86–97

Ders./Walther, Peter Th. (Hrsg.): Historische Forschung und sozialistische Diktatur. Beiträge zur Geschichtswissenschaft der DDR. Leipzig 1995

Sachwörterbuch der Geschichte Deutschlands und der deutschen Arbeiterbewegung. 2 Bd., Berlin 1970

Salewski, Michael: Geschichte und Geschichtswissenschaft. Ihre Grundzüge im 19. und 20. Jahrhundert in Deutschland, in: Timmermann, Heiner (Hrsg.): Geschichtsschreibung zwischen Wissenschaft und Politik. Deutschland – Frankreich – Polen im 19. und 20. Jahrhundert. Saarbrücken-Scheidt 1987, S. 21–36

Sauermann, Uwe: Ernst Niekisch. Zwischen allen Fronten. München, Berlin 1980

SBZ-Handbuch. Staatliche Verwaltungen, Parteien, gesellschaftliche Organisationen und ihre Führungskräfte in der Sowjetischen Besatzungszone Deutschlands 1945–1949, Hrsg. Broszat, Martin/Weber, Hermann, München 1990

Schachermeyr, Fritz: Indogermanen und Orient. Ihre kulturelle und machtpolitische Auseinandersetzung im Altertum. Stuttgart 1944

Schäfer, Peter: Karl Griewank und die Jenaer Geschichtswissenschaft nach 1945, in: GWU 43(1992), S. 199–208

Scheel, Heinrich: Vor den Schranken des Reichskriegsgerichts. Mein Weg in den Widerstand. Berlin 1993

Scheidt, Wilhelm H.: Neue Wege der Geschichtsbetrachtung, in: Pandora 2(1946), S. 3–9

Schieder, Theodor: Die deutsche Geschichtswissenschaft im Spiegel des NS, in: HZ 189(1959), S. 1–104

Ders.: Nekrolog Hans Haussherr, in: HZ 192(1961), S. 512–514

Schilfert, Gerhard: Einige Bemerkungen zu dem Artikel von J. Kuczynski: »Der Mensch, der Geschichte macht«, in: ZfG 6(1958), S. 558–561

Ders.: Deutschland von 1648 bis 1789 (Vom Westfälischen Frieden bis zum Ausbruch der Französischen Revolution). Lehrbuch der deutschen Geschichte (Beiträge). Berlin 1959

Schirdewan, Karl: Aufstand gegen Ulbricht. Im Kampf um politische Kurskorrektur, gegen stalinistische, dogmatische Politik. Berlin 1994

Schleier, Hans: Die bürgerliche deutsche Geschichtsschreibung der Weimarer Republik. Berlin 1975

Ders.: Theorie der Geschichte – Theorie der Geschichtswissenschaft. Zu neueren theoretisch-methodologischen Arbeiten der Geschichtsschreibung in der BRD. Berlin 1975

Ders.: Zu Gustav Mayers Wirken und Geschichtsauffassung: Klassenkampf – Sozialreform – Revolution, in: Evolution und Revolution in der Weltgeschichte. Ernst Engelberg zum 65. Geburtstag. Hrsg. Bartel, Horst/Helmert, Heinz/Küttler, Wolfgang/Seeber, Gustav, Berlin 1976, Band 1, S. 301–326

Ders.: German Democratic Republic, in: Iggers, Georg G./Parker, Harold T. (Hrsg.): International Handbook of Historical Studies: Contemporary Research and Theory. West Port (Conn.) 1979, S. 325–342

Ders.: Geschichte der Geschichtswissenschaft: Grundlinien der bürgerlichen deutschen Geschichtsschreibung und Geschichtstheorien vor 1945. 2., überarb. Aufl., Potsdam 1988

Ders.: Joachim Streisand, in: Wegbereiter der DDR-Geschichtswissenschaft. Biographien. Hrsg. Heitzer, Heinz/Noack, Karl-Heinz/Schmidt, Walter, Berlin 1989, S. 341–357

Ders.: Vergangenheitsbewältigung und Traditionserneuerung? Geschichtswissenschaft nach 1945, in: Pehle, Walter H./Sillem, Peter (Hrsg.): Wissenschaft im geteilten Deutschland. Restauration oder Neubeginn nach 1945? Frankfurt/M. 1992, S. 205–219

Ders.: Epochen der deutschen Geschichtsschreibung seit der Mitte des 18. Jahrhunderts, in: Geschichtsdiskurs. Band 1: Grundlagen und Methoden der Historiographiegeschichte. Hrsg. Küttler, Wolfgang/Rüsen, Jörn/Schulin, Ernst, Frankfurt/M. 1993, S. 133–156

Schleifstein, Josef: Franz Mehring. Sein marxistisches Schaffen 1891–1919. Berlin 1959

Schmidt, Karl-Heinz: Als Stalin starb. Die Reaktion des SED-Regimes und der Bevölkerung im Spiegel interner Berichte, in: Schroeder, Klaus (Hrsg.): Geschichte und Transformation des SED-Staates. Beiträge und Analysen. Berlin 1994, S. 84–111

Schmidt, Walter: Forschungen zur Geschichte der marxistisch-leninistischen Geschichtswissenschaft der DDR, in: BzG 21(1979), S. 342–357

Ders.: Nation und deutsche Geschichte in der bürgerlichen Ideologie der BRD. Berlin 1980

Ders.: Nationalgeschichte der DDR und territorialstaatliches historisches Erbe, in: ZfG 29(1981), S. 399–404

Ders.: Was steckt hinter der These von der »gemeinsamen deutschen Geschichte«?, in: Bachmann, Peter/Diehl, Ernst/Heitzer, Heinz/Lozek, Gerhard (Hrsg.): Geschichte – Ideologie – Politik. Auseinandersetzungen mit bürgerlichen Geschichtsauffassungen in der BRD. Berlin 1983, S. 34–46

Ders.: Diskussionsprobleme der Geschichte der DDR-Geschichtswissenschaft. Zu den Kriterien der Konstituierung einer sozialistischen deutschen Geschichtswissenschaft in der DDR, in: Wimi I/1984, S. 90–97

Ders.: Zur Konstituierung der DDR-Geschichtswissenschaft in den fünfziger Jahren, in: Sitzungsberichte der AdW der DDR, Berlin 1984, Jahrgang 1983, Nr. 8 G, S. 5–23

Ders.: Forschungsstand und Forschungsprobleme der Geschichte der DDR-Geschichtswissenschaft, in: BzG 29 (1987), S. 723–733

Ders.: Die Sektion Geschichte der AdW als zentrales Leitungsorgan der DDR-Geschichtswissenschaft (1964–1969), in: WZ KMU, Ges. R. 37(1988), S. 456–465

Ders.: Horst Bartel, in: Wegbereiter der DDR-Geschichtswissenschaft. Biographien. Hrsg. Heitzer, Heinz/Noack, Karl-Heinz/Schmidt, Walter, Berlin 1989, S. 7–26

Ders.: Zum Begriff »deutsche Geschichte« in der Gegenwart, in: ZfG 37(1989), S. 5–19
Ders.: Zu den Aufgaben auf dem Gebiet der Nationalgeschichte, in: Einheit 44(1989), S. 763–766
Ders.: DDR und nationale Frage, selbstkritische Anmerkungen zur These von der sozialistischen deutschen Nation, in: Wimi I/1990, S. 54–62
Ders.: The nation in German history, in: Teich, Mikulas/Porter, Roy (Hrsg.): The national question in Europe in historical context. Cambridge 1993, S. 167–185
Ders.: Zu Leistungen, Grenzen und Defiziten der Erbedebatte der DDR-Historiker, in: Fromm, Eberhard/Mende, Hans-Jürgen (Hrsg.): Vom Beitritt zur Vereinigung. Schwierigkeiten beim Umgang mit deutsch-deutscher Geschichte. Berlin o. J. (1994), S. 106–116
Ders.: Das Zwei-Nationen-Konzept der SED und sein Scheitern. Nationsdiskussion in der DDR in den siebziger und achtziger Jahren, in: BzG 38(1996)4, S. 3–35
Schmutzler, Georg-Siegfried: Gegen den Strom. Erlebtes aus Leipzig unter Hitler und der Stasi. Göttingen 1992
Schneider, Ulrich: Berlin, der Kalte Krieg und die Gründung der Freien Universität 1945–1949, in: JfGMO 34(1985), S. 37–101
Schochow, Werner: Die Jahresberichte im Spannungsfeld zwischen Ost und West, in: JfGMO 9-10(1961), S. 319–324
Ders.: Ein Historiker in der Zeit. Versuch über Fritz Hartung (1883–1967), in: JfGMO 32(1983), S. 219–250
Scholze, Thomas/Blask, Falk: Halt! Grenzgebiet! Leben im Schatten der Mauer. Berlin 1992
Schönwalder, Karen: Historiker und Politik. Geschichtswissenschaft im Nationalsozialismus. Frankfurt/M., New York 1992
Schradi, Johannes: Die DDR-Geschichtswissenschaft und das bürgerliche Erbe. Das deutsche Bürgertum und die Revolution von 1848 im sozialistischen Geschichtsverständnis. Frankfurt/M., Bern, New York 1984
Schreiner, Klaus: Führertum, Rasse, Reich. Wissenschaft von der Geschichte nach der nationalsozialistischen Machtergreifung, in: Lundgreen, Peter (Hrsg.): Wissenschaft im Dritten Reich. Frankfurt/M. 1985, S. 163–252
Schrot, Gerhard: Forschung und Lehre zur Alten Geschichte an der Universität Leipzig, in: WZ KMU, Ges. R. 8(1958/59), S. 323–337
Ders.: Zur Entwicklung der marxistischen Geschichtswissenschaft an der Karl-Marx-Universität Leipzig, in: ZfG 7(1959), S. 1663–1677
Schubert, Charlotte: Phasen und Zäsuren des Erbe-Verständnisses der DDR, in: Materialien der Enquete-Kommission »Aufarbeitung von Geschichte und Folgen der SED-Diktatur in Deutschland« (12. Wahlperiode des Deutschen Bundestages), hrsg. vom Deutschen Bundestag, Baden-Baden 1995, Band III/3, S. 1773–1811
Schulin, Ernst: Friedrich Meinecke, in: Wehler, Hans-Ulrich (Hrsg.): Deutsche Historiker. Band I, Göttingen 1971, S. 39–57
Ders.: Geschichtswissenschaft in unserem Jahrhundert. Probleme und Umrisse einer Geschichte der Historie, in: HZ 245(1987), S. 1–30 [auch separat: München 1988 (Schriften des Historischen Kollegs; Vorträge 16)]
Ders. (Hrsg.): Deutsche Geschichtswissenschaft nach dem II. Weltkrieg. 1945–1965. München 1989
Schuller, Wolfgang: (Rezension), in: HZ 256(1993), S. 713–715

Schultz, Helga: Zu Inhalt und Begriff marxistischer Regionalgeschichtsforschung, in: ZfG 33(1985), S. 875–887

Dies.: Zu Problemen der Ländergeschichtsschreibung in der DDR, in: ZfG 36(1988), S. 675–683

Schulz, Eberhart: Leserbrief zum Beitrag von Natalija Timofejewa in Heft 2/1995, in: BzG 37(1995)4, S. 70–72

Schulze, Hagen: Walter Frank, in: Wehler, Hans-Ulrich (Hrsg.): Deutsche Historiker. Band VII, Göttingen 1980, S. 69–81

Schulze, Winfried: Deutsche Geschichtswissenschaft nach 1945. München 1989

Ders.: Der Neubeginn der deutschen Geschichtswissenschaft nach 1945. Einsichten und Absichtserklärungen der Historiker nach der Katastrophe, in: Schulin, Ernst (Hrsg.): Deutsche Geschichtswissenschaft nach dem II. Weltkrieg. 1945–1965. München 1989, S. 1–37

Ders.: Der Wandel des Allgemeinen: Der Weg der deutschen Historiker nach 1945 zur Kategorie des Sozialen, in: Teil und Ganzes. Zum Verhältnis von Einzel- und Gesamtanalyse in Geschichts- und Sozialwissenschaften. Hrsg. Acham, Karl/ Schulze, Winfried, München 1990, S. 193–216

Ders.: Die Frühe Neuzeit als Vorlauf der Moderne, in: Kowalczuk, Ilko-Sascha (Hrsg.): Paradigmen deutscher Geschichtswissenschaft. Ringvorlesung an der Humboldt-Universität zu Berlin. Berlin 1994, S. 64–80

Ders.: Berliner Geschichtswissenschaft in den Nachkriegsjahren, in: Exodus von Wissenschaften aus Berlin. Fragestellungen – Ergebnisse – Desiderate. Entwicklungen vor und nach 1933. Hrsg. Fischer, Wolfram/Hierholzer, Klaus u. a., Berlin, New York 1994, S. 184–197

Schumann, Peter: Gerhard Ritter und die deutsche Geschichtswissenschaft nach dem zweiten Weltkrieg, in: Mentalitäten und Lebensverhältnisse. Beispiele aus der Sozialgeschichte der Neuzeit. Rudolf Vierhaus zum 60. Geburtstag. Göttingen 1982, S. 399–415

Schütrumpf, Jörn: Zu einigen Aspekten des Grenzgängerproblems im Berliner Raum von 1948/49 bis 1961, in: JfG 31(1985), S. 333–358

Ders.: Wollte Adenauer wirklich die DDR? Thesen, angeregt durch Hartmut Mehls, in: Utopie kreativ, August 1991, Heft 12, S. 79–82

Schütte, Hans-Dieter: Zeitgeschichte und Politik. Deutschland- und block-politische Perspektiven der SED in den Konzeptionen marxistisch-leninistischer Zeitgeschichte. Bonn 1985

Schütz, Wilhelm Wolfgang (Hrsg.): Bewährung im Widerstand. Gedanken zum Deutschen Schicksal. Stuttgart 1956

Schwabe, Klaus: Ursprung und Verbreitung des alldeutschen Annexionismus in der deutschen Professorenschaft im Ersten Weltkrieg. Zur Entstehung der Intellektuelleneingaben vom Sommer 1915, in: VfZ 14(1966), S. 105–138

Ders.: Wissenschaft und Kriegsmoral. Die deutschen Hochschullehrer und die politischen Grundfragen des Ersten Weltkrieges. Göttingen, Zürich, Frankfurt/M. 1969

Schwarz, Hans-Peter: Mit gestopften Trompeten. Die Wiedervereinigung Deutschlands aus der Sicht westdeutscher Historiker, in: GWU 44(1993), S. 683–704

Ders.: Adenauer. Band 2: Der Staatsmann. 1952–1967. München 1994

SED und Intellektuelle in der DDR der fünfziger Jahre. Kulturbundprotokolle. Hrsg. Heider, Magdalena/Thöns, Kerstin, Köln 1990

Seemann, Jürgen: Hermann Duncker und seine Rostocker Zeit 1947–1949, in: Rostocker Wissenschaftshistorische Manuskripte H. 13/1986, S. 81–88

Segl, Peter: Mittelalterforschung in der Geschichtswissenschaft der DDR, in: Fischer, Alexander/Heydemann, Günther (Hrsg.): Geschichtswissenschaft in der DDR. Band 2: Vor- und Frühgeschichte bis Neueste Geschichte. Berlin 1990, S. 99–149

Die Sektionssitzungen des XI. Internationalen Historikerkongresses in Stockholm, August 1960, in: ZfG 9(1961), S. 144–185

Seton-Watson, Hugh: Rußland und Osteuropa, in: Mann, Golo (Hrsg.): Propyläen Weltgeschichte. Eine Universalgeschichte. Frankfurt/M., Berlin 1986, Bd. 10, S. 166–220

Siegrist, Hannes: Ende der Bürgerlichkeit? Die Kategorien »Bürgertum« und »Bürgerlichkeit« in der westdeutschen Gesellschaft und Geschichtswissenschaft der Nachkriegsperiode, in: GG 20(1994), S. 549–583

Smolka, Georg: Die deutsche Revolution 1848, in: Frankfurter Hefte 3(1948), S. 401–414

Sofsky, Wolfgang: Die Ordnung des Terrors: Das Konzentrationslager. 2. Aufl., Frankfurt/M. 1993

Solga, Heike: Auf dem Weg in eine klassenlose Gesellschaft? Klassenlagen und Mobilität zwischen Generationen in der DDR. Berlin 1995

Sozialgeschichte der DDR. Hrsg. Kaelble, Hartmut/Kocka, Jürgen/Zwahr, Hartmut. Stuttgart 1994

Der Sozialismus siegt. Zur historischen Bedeutung des V. Parteitages der SED, in: ZfG 6(1958), S. 945–958

Spiru, Basil (Hrsg.): September 1939. Berlin 1959

St., K.: Der Irrweg der deutschen Nation, in: Einheit 2(1947), S. 208–209

Stalin, Josef W.: Werke, Band 6. Berlin 1952

Ders.: Werke, Band 11. Berlin 1954

Ders.: Fragen des Leninismus. 7. Aufl., Berlin 1955

Stallmann, Herbert: Hochschulzugang in der SBZ/DDR 1945–1959. Sankt Augustin 1980

Staritz, Dietrich: Geschichte der DDR 1949–1985. Frankfurt/M. 1985 (erw. Neuausgabe 1996; zit. nach der Ausgabe von 1985)

Statistisches Jahrbuch der DDR 1955, 1. Jahrgang, Berlin 1956

Statistisches Jahrbuch für das Deutsche Reich, 56. Jahrgang, Berlin 1937

Steding, Christoph: Das Reich und die Krankheit der europäischen Kultur. Hamburg 1938

Steinberg, Hans-Josef: Friedrich Engels, in: Wehler, Hans-Ulrich (Hrsg.): Deutsche Historiker. Band III, Göttingen 1972, S. 29–40

Ders.: Karl Kautsky und Eduard Bernstein, in: Wehler, Hans-Ulrich (Hrsg.): Deutsche Historiker. Band IV, Göttingen 1972, S. 53–64

Steinmetz, Max: (Rezension), in: ZfG 1(1953), S. 968–978

Stern, Leo: Gegenwartsaufgaben der deutschen Geschichtsforschung. Berlin 1952

Ders.: Zur geistigen Situation der bürgerlichen Geschichtswissenschaft der Gegenwart. Rektoratsrede, gehalten bei der Inaugurationsfeier am 28. November 1953 in der Aula der Martin-Luther-Universität Halle-Wittenberg. Halle 1954 [auch in: ZfG 1(1953), S. 837–849]

Ders.: Für eine kämpferische Geschichtswissenschaft. Berlin 1954

Ders. (Hrsg.): Die Auswirkungen der ersten russischen Revolution von 1905-1907 auf Deutschland. Berlin 1954
Ders.: Die bürgerliche Soziologie und das Problem der Freiheit, in: ZfG 5(1957), S. 677-712
Ders: Festkolloquium anläßlich seines 80. Geburtstages. Halle 1982
Stern, Viktor: Stalin als Philosoph. Berlin 1949
Streisand, Joachim: Kategorien und Perspektiven der Geschichte. Anläßlich einiger Neuerscheinungen der Geschichtsphilosophie, in: ZfG 4(1956), S. 889-898
Ders.: Erfahrungen und Ergebnisse des 23. Deutschen Historikertages, in: Einheit 11(1956), S. 1086-1091
Ders.: Brief an die Redaktion der »Zeitschrift für Geschichtswissenschaft«, in: ZfG 6(1958), S. 619-620
Ders.: Deutschland von 1789 bis 1815 (Von der Französischen Revolution bis zu den Befreiungskriegen und dem Wiener Kongreß). Lehrbuch der deutschen Geschichte (Beiträge). Berlin 1959
Ders.: Alfred Meusels Weg vom bürgerlich-demokratischen Soziologen zum marxistisch-leninistischen Historiker, in: ZfG 23(1975), S. 1021-1031
Strobach, Hermann: Forschungen in den achtziger Jahren zur Geschichte von Kultur und Lebensweise des deutschen Volkes, in: ZfG 39(1991), S. 462-479
Strobel, Karl: Geisteswissenschaften und Ideologie. Fallbeispiel Altertumswissenschaft: SBZ und DDR, in: Ders. (Hrsg.): Die deutsche Universität im 20. Jahrhundert. Die Entwicklung einer Institution zwischen Tradition, Autonomie, historischen und sozialen Rahmenbedingungen. Vierow b. Greifswald 1994, S. 170-199
Thälmann, Ernst: Die Lehren des Hamburger Aufstandes, in: Ders.: Reden und Aufsätze zur Geschichte der deutschen Arbeiterbewegung. Band 1: Auswahl aus den Jahren Juni 1919 bis November 1928. Berlin 1955, S. 254-264
Thamer, Hans-Ulrich: Nationalsozialismus und Faschismus in der DDR-Historiographie, in: APuZ, B 13/1987, S. 27-37
Thieme, Frank: Geheimnisvolle Hilfestellung beim Aufbau des Sozialismus? Zur Funktion geheimer Promotionsverfahren in der DDR am Beispiel von Doktorarbeiten über die Sozialstruktur, in: DA 29(1996), S. 723-740
Thierfelder, Helmut: Zum Andenken an O. Th. Schulz, in: ZfG 2(1954), S. 337-338
Thomas, Rüdiger: Modell DDR. Die kalkulierte Emanzipation. München 1981 (Neuausgabe)
Timm, Albrecht: Das Fach Geschichte in Forschung und Lehre in der Sowjetischen Besatzungszone seit 1945. 4., erg. Aufl., Bonn, Berlin 1965
Timofejewa, Natalija: Die deutsche Intelligenz und die geistig-kulturelle Umgestaltung in der SBZ, in: BzG 37(1995)2, S. 21-33
Töpner, Kurt: Gelehrte Politiker und politisierende Gelehrte. Die Revolution von 1918 im Urteil deutscher Hochschullehrer. Göttingen, Zürich, Frankfurt/M. 1970
Trier – und wie weiter? Materialien, Betrachtungen und Schlußfolgerungen über die Ereignisse auf dem Trierer Historikertag am 25. 9. 1958. Hrsg. Engelberg, Ernst unter Mitwirkung von Werner Berthold und Rolf Rudolph, Berlin 1959
Ueberschär, Gerd R. (Hrsg.): Das Nationalkomitee »Freies Deutschland« und der Bund Deutscher Offiziere. Frankfurt/M. 1995
Ulbricht, Walter: Die Legende vom »deutschen Sozialismus«. Ein Lehrbuch für das schaffende Volk über das Wesen des deutschen Faschismus. Berlin 1945

Ders.: Entfaltet den Feldzug der Jugend für Wissenschaft und Kultur. Rede auf der 1. Funktionärskonferenz der FDJ am 26. November 1950. Berlin o. J.

Ders.: Die ideologisch-politisch-organisatorische Arbeit der Partei und die Vorbereitung der II. Parteikonferenz. Rede auf der 8. Tagung des ZK der SED vom 21. bis 23. Februar 1952. o. O. (Berlin), o. J.

Ders.: Brief an die Forschungsgemeinschaft »Dokumente und Materialien zur Geschichte der deutschen Arbeiterbewegung«, in: ZfG 1(1953), S. 835–836

Ders.: Zur Geschichte der deutschen Arbeiterbewegung. Aus Reden und Aufsätzen. Band II: 1933–1946. Berlin 1953

Ders.: Der Weg zu Frieden, Einheit und Wohlstand. Referat auf der 16. Tagung des ZK der SED am 17. September 1953. Berlin 1953

Ders.: Grundfragen der Politik der SED. Referat auf der 30. Tagung des ZK der SED am 30. Januar 1957. 5. Aufl., Berlin 1958

Um die Erneuerung der deutschen Kultur. Erste Zentrale Kulturtagung der KPD vom 3. bis 5. Februar (1946) in Berlin (Stenographische Niederschrift). Berlin 1946

Um die Erneuerung des Geschichtsbildes. Ein Streitgespräch zwischen Alexander Abusch, Günther Birkenfeld und Jürgen Kuczynski, in: Aufbau 3(1947)3, S. 243–246

Umstrittene Geschichte. Beiträge zur Vereinigungsdebatte der Historiker (= Berliner Debatte Initial 2/1991)

Unger, Manfred: Georg Sacke – Ein Kämpfer gegen den Faschismus, in: Karl-Marx-Universität Leipzig 1409–1959. Beiträge zur Universitätsgeschichte. Leipzig 1959, Band 2, S. 307–330

Verbeeck, Georgi: Kontinuität und Wandel im DDR-Geschichtsbild, in: APuZ, B 11/1990, S. 30–42

Vergangenheitsklärung an der Friedrich-Schiller-Universität Jena. Beiträge zur Tagung »Unrecht und Aufarbeitung« am 19. und 20. 6. 1992. Hrsg. Rektor der FSU Jena, Leipzig 1994

23. Versammlung deutscher Historiker in Ulm, in: ZfG 5(1957), S. 124–146; 325–352

Voigt, Dieter/Voss, Werner/Meck, Sabine: Sozialstruktur der DDR. Eine Einführung. Darmstadt 1987

Voigt, Gerd: Otto Hoetzsch 1876–1946. Wissenschaft und Politik im Leben eines deutschen Historikers. Berlin 1978

Volkmann, Hans-Erich: Deutsche Historiker im Umgang mit Drittem Reich und Zweitem Weltkrieg 1939–1945, in: Ders. (Hrsg.): Ende des Dritten Reiches – Ende des Zweiten Weltkrieges. Eine perspektivische Rückschau. München, Zürich 1995, S. 861–911

Vollnhals, Clemens (Hrsg.): Entnazifizierung. Politische Säuberung und Rehabilitierung in den vier Besatzungszonen 1945–1949. München 1991

Walther, Joachim: Sicherungsbereich Literatur. Schriftsteller und Staatssicherheit in der DDR. Berlin 1996

Walther, Peter Th.: Fritz Hartung und die Umgestaltung der historischen Forschung an der Deutschen Akademie der Wissenschaften zu Berlin, in: Sabrow, Martin/ Walther, Peter Th. (Hrsg.): Historische Forschung und sozialistische Diktatur. Beiträge zur Geschichtswissenschaft der DDR. Leipzig 1995, S. 59–73

Ders.: It Takes Two to Tango. Interessenvertretungen an der Deutschen Akademie der Wissenschaften zu Berlin in den fünfziger Jahren, in: Berliner Debatte Initial 4-5/1995, S. 68–78

Weber, Alfred: Abschied von der bisherige Geschichte. Überwindung des Nihilismus? Hamburg 1946
Weber, Hermann: Manipulationen mit der Geschichte. Der Stalinismus herrscht nach wie vor in der östlichen Geschichtsschreibung, in: SBZ-Archiv 8(1957), S. 275– 282
Ders.: Die SED sucht neue Traditionen. Zu einigen neueren Betrachtungen der Geschichte der KPD, in: SBZ-Archiv 9(1958), S. 287–290
Ders.: Die Novemberrevolution und die SED. Die Diskussionen der SED-Historiker über den Charakter der Novemberrevolution 1918, in: SBZ-Archiv 9(1958), S. 321–324
Ders.: Dichtung und Wahrheit. Die SED und der 40. Gründungstag der KPD, in: SBZ-Archiv 10(1959), S. 25–28
Ders.: Historiker mit politischem Auftrag. Deutsch-sowjetische Historikerkonferenz in Berlin, in: SBZ-Archiv 11(1960), S. 24–26
Ders.: Die neue Geschichtslegende der SED. Zum »Grundriß der Geschichte der deutschen Arbeiterbewegung«, in: SBZ-Archiv 13(1962), S. 313–318
Ders.: Ulbricht fälscht Geschichte. Ein Kommentar mit Dokumenten zum »Grundriß der Geschichte der deutschen Arbeiterbewegung«. Köln 1964
Ders.: Zwischen Stalinismus und Objektivität. Die achtbändige »Geschichte der deutschen Arbeiterbewegung«, in: SBZ-Archiv 17(1966), S. 249–253
Ders.: Parteigeschichte als parteiliche Geschichte. Zur Funktion und zum Inhalt der »Geschichte der SED. Abriß«, in: DA 11(1978), S. 1291–1299
Ders.: Geschichte der DDR. München 1985
Ders.: Neue Tendenzen? Differenzierungen der DDR-Geschichtsschreibung über den deutschen Kommunismus, in: DA 18(1985), S. 796–799
Ders.: Geschichte als Instrument der Politik. Zu den Thesen des ZK der SED »zum 70. Jahrestag der Gründung der KPD«, in: DA 21(1988), S. 863–872
Ders.: Die SED und die Geschichte der Komintern. Gegensätzliche Einschätzung durch Historiker der DDR und der Sowjetunion, in: DA 22(1989), S. 890–903
Ders.: Aufbau und Fall einer Diktatur. Kritische Beiträge zur Geschichte der DDR. Köln 1991
Ders.: »Weiße Flecken« und die DDR-Geschichtswissenschaft, in: Jarausch, Konrad H. (Hrsg.): Zwischen Parteilichkeit und Professionalität. Bilanz der Geschichtswissenschaft der DDR. Berlin 1991, S. 139–153
Ders.: Die DDR 1945–1990. 2., überarb. u. erw. Aufl., München 1993
Ders.: Die Instrumentalisierung des Marxismus-Leninismus, in: JHK 1993, S. 160– 170
Ders.: Schauprozeß-Vorbereitungen in der DDR, in: Kommunisten verfolgen Kommunisten. Stalinistischer Terror und ›Säuberungen‹ in den kommunistischen Parteien Europas seit den dreißiger Jahren. Hrsg. Ders./Staritz, Dietrich in Verbindung mit Bahne, Siegfried/Lorenz, Richard, Berlin 1993, S. 436–449
Weber, Max: Die drei reinen Typen der legitimen Herrschaft, in: Ders.: Gesammelte Aufsätze zur Wissenschaftslehre. 7. Aufl., Tübingen 1988, S. 475–488
Weber, Wolfgang: Biographisches Lexikon zur Geschichtswissenschaft in Deutschland, Österreich und der Schweiz. Frankfurt/M. 1984
Ders.: Priester der Klio. Historisch-sozialwissenschaftliche Studien zur Herkunft und Karriere deutscher Historiker und zur Geschichte der Geschichtswissenschaft 1800–1970. 2., durchges. u. erg. Aufl., Frankfurt/M., Bern, New York, Paris 1987

Wegbereiter der DDR-Geschichtswissenschaft. Biographien. Hrsg. Heitzer, Heinz/Noack, Karl-Heinz/Schmidt, Walter, Berlin 1989

Wegner-Korfes, Sigrid: Weimar – Stalingrad – Berlin. Das Leben des deutschen Generals Otto Korfes. Biografie. Berlin 1994

Wehler, Hans-Ulrich: Gustav Mayer, in: Ders. (Hrsg.): Deutsche Historiker. Band II, Göttingen 1971, S. 120–132

Ders. (Hrsg.): Deutsche Historiker. Band I–IX, Göttingen 1971-82

Ders.: Deutsche Gesellschaftsgeschichte. Dritter Band: Von der »Deutschen Doppelrevolution« bis zum Beginn des Ersten Weltkrieges. 1849–1914. München 1995

Weißbecker, Manfred: Entteufelung der braunen Barberei. Zu einigen neueren Tendenzen in der Geschichtsschreibung der BRD über Faschismus und faschistische Führer. Berlin 1975

Weißel, Bernhard (Hrsg.): W. I. Lenin und die Geschichtswissenschaft. Berlin 1970 (Übers. a. d. Russ.)

Welsh, Helga A.: Revolutionärer Wandel auf Befehl? Entnazifizierungs- und Personalpolitik in Thüringen und Sachsen (1945–1948). München 1989

Dies.: »Antifaschistisch-demokratische Umwälzung« und politische Säuberung in der sowjetischen Besatzungszone Deutschlands, in: Politische Säuberung in Europa. Die Abrechnung mit Faschismus und Kollaboration nach dem Zweiten Weltkrieg. Hrsg. Henke, Klaus-Dietmar/Woller, Hans, München 1991, S. 84–107

Wendt, Hartmut: Die deutsch-deutschen Wanderungen – Bilanz einer 40jährigen Geschichte von Flucht und Ausreise, in: DA 24(1991), S. 386–395

»Wenn jemand seinen Kopf bewußt hinhielt ...« Beiträge zu Werk und Wirken von Walter Markov. Hrsg. Neuhaus, Manfred/Seidel, Helmut in Verbindung mit Diesener, Gerald/Middell, Matthias, Leipzig 1995

Wentker, Herrmann: »Kirchenkampf« in der DDR. Der Konflikt um die Junge Gemeinde 1950–1953, in: VfZ 42(1994), S. 95–127

Wenzel, Otto: Kriegsbereit. Der Nationale Verteidigungsrat der DDR 1960 bis 1989. Köln 1995

Wer war wer in der DDR. Ein biographisches Handbuch. Hrsg. Barth, Bernd-Rainer/Links, Christoph/Müller-Enbergs, Helmut/Wielgohs, Jan, Frankfurt/M. 1995

Werkentin, Falco: Politische Strafjustiz in der Ära Ulbricht. Berlin 1995

Werner, Karl Ferdinand: Das NS-Geschichtsbild und die deutsche Geschichtswissenschaft. Stuttgart 1967

Ders.: Die deutsche Historiographie unter Hitler, in: Faulenbach, Bernd (Hrsg.): Geschichtswissenschaft in Deutschland. Traditionelle Positionen und gegenwärtige Aufgaben. München 1974, S. 86–96

Ders.: Machtstaat und nationale Dynamik in den Konzeptionen der deutschen Historiographie 1933–1940, in: Machtbewußtsein in Deutschland am Vorabend des Zweiten Weltkrieges. Hrsg. Knipping, Franz/Müller, Klaus-Jürgen, Paderborn 1984, S. 327–361

Wettig, Gerhard: Die beginnende Umorientierung der sowjetischen Deutschland-Politik im Frühjahr und Sommer 1953, in: DA 28(1995) 5, S. 495–507

Wilamowitz-Moellendorff, Ulrich von: Neujahr 1900. Rede zur Feier des Jahrhundertwechsels, gehalten im Namen der Universität Berlin am 13. Januar 1900, in: Strich, Fritz (Hrsg.): Deutsche Akademiereden. München 1924, S. 342–355

Willing, Matthias: Althistorische Forschung in der DDR. Eine wissenschaftsgeschichtliche Studie zur Entwicklung der Disziplin Alte Geschichte vom Ende des 2. Weltkrieges bis zur Gegenwart (1945–1989). Berlin 1991

Winkler, Heinrich August: Der deutsche Sonderweg, in: Merkur 35(1981), S. 793–804

Ders.: Der Weg in die Katastrophe. Arbeiter und Arbeiterbewegung in der Weimarer Republik 1930 bis 1933. Berlin, Bonn 1987

Ders.: Nationalismus, Nationalstaat und nationale Frage in Deutschland seit 1945, in: APuZ, B 40/1991, S. 12–24

Winter, Eduard: (Stellungnahme), in: ZfG 9(1961), S. 1482–1483

Ders.: Aus der Geschichte der Martin-Luther-Universität Halle im Jahre 1949. Erinnerungen, in: JfGsozL 23(1979) 2, S. 131–138

Ders.: Mein Leben im Dienst des Völkerverständnisses. Nach Tagebuchaufzeichnungen, Briefen, Dokumenten und Erinnerungen, Band 1. Berlin 1981

Wippermann, Wolfgang: »Deutsche Katastrophe« oder »Diktatur des Finanzkapitals«? Zur Interpretationsgeschichte des Dritten Reiches im Nachkriegsdeutschland, in: Denkler, H./Prümm, K. (Hrsg.): Die deutsche Literatur im Dritten Reich. Stuttgart 1976, S. 9–43

Ders.: Friedrich Meineckes *Die deutsche Katastrophe*. Ein Versuch zur deutschen Vergangenheitsbewältigung, in: Erbe, Michael (Hrsg.): Friedrich Meinecke heute. Berlin 1981, S. 101–121

Wissenschaftlicher Kommunismus. Lehrbuch für das marxistisch-leninistische Grundlagenstudium. 5. Aufl., Berlin 1981

Wolf, Hanna: Die Bedeutung des Marxismus für die Geschichtswissenschaft, in: Einheit 8(1953), S. 770–782

Wolf, Walter: Ein Institut für dialektischen Materialismus, in: Einheit 2(1947), S. 118–120

Wolkogonow, Dimitri: Stalin. Triumph und Tragödie. Ein politisches Porträt. Düsseldorf, Wien 1993

Wollweber, Ernst: Aus Erinnerungen. Ein Porträt Walter Ulbrichts, in: BzG 32(1990), S. 350–378

Worschech, Franz: Der Weg der deutschen Geschichtswissenschaft in die institutionelle Spaltung (1945–1965). Diss. Erlangen 1990 (Ms.)

Zagladin, Vadim V.: Der erste Erneuerungsimpuls. Eine Betrachtung zum 40. Jahrestag des XX. Parteitages der KPdSU, in: JHK 1996, S. 11–35

Zöllner, Walter: Karl oder Widukind? Martin Lintzel und die NS-»Geschichtsdeutung« in den Anfangsjahren der faschistischen Diktatur. Halle 1975

Ders.: Martin Lintzel, in: Wegbereiter der DDR-Geschichtswissenschaft. Biographien. Hrsg. Heitzer, Heinz/Noack, Karl-Heinz/Schmidt, Walter, Berlin 1989, S. 136–148

Zschaler, Frank: Zu einigen Besonderheiten bei der Gründung einer wirtschaftswissenschaftlichen Fakultät an der Berliner Universität, in: JbfWG 1986, Sonderband, S. 305–316

Zumschlinge, Marianne: Geschichte der Historiographie der DDR. Das Einwirken von Partei und Staat auf die Universitäten von 1945 bis 1971. Pullach 1994 (Ms.)

Zur Geschichte der marxistisch-leninistischen Geschichtswissenschaft, in: Wimi III/1980, S. 7–84

Zwahr, Hartmut: Ende einer Selbstzerstörung. Leipzig und die Revolution in der DDR. Göttingen 1993

Abkürzungsverzeichnis

Periodika sind kursiv gesetzt.

ABBAdW	Archiv der Berlin-Brandenburgischen Akademie der Wissenschaften	DBD	Demokratische Bauernpartei Deutschlands
ABF	Arbeiter-und-Bauern-Fakultäten	DHfK	Deutsche Hochschule für Körperkultur und Sport Leipzig
Abt.	Abteilung	DHG	Deutsche Historiker-Gesellschaft
AdW	Akademie der Wissenschaften	DIZ	Deutsches Institut für Zeitgeschichte
AfG	Akademie für Gesellschaftswissenschaften beim ZK der SED	Doz.	Dozent(in)
		dt.	deutsch
AHR	*The American Historical Review*	DZfPh	*Deutsche Zeitschrift für Philosophie*
APuZ	*Aus Politik und Zeitgeschichte. Beilage zu Das Parlament*	DZfV	Deutsche Zentralverwaltung für Volksbildung
		ehem.	ehemaliger
Ass.	Assistent(in)	*EHQ*	*European History Quarterly*
Aufbau	*Aufbau. Kulturpolitische Monatsschrift*	engl.	englisch
AVHD, MPI	Archiv des Verbandes der Historiker Deutschlands, Max-Planck-Institut für Geschichte Göttingen	EVG	Europäische Verteidigungsgemeinschaft
		Fak.	Fakultät
		FAZ	*Frankfurter Allgemeine Zeitung*
BAP	Bundesarchiv, Abteilungen Potsdam	FDGB	Freier Deutscher Gewerkschaftsbund
Bd.	Band		
BL	Bezirksleitung	FDJ	Freie Deutsche Jugend
Bl.	Blatt	FPO	Fakultätsparteiorganisation
BVG	Berliner Verkehrs-Gesellschaft	FSU	Friedrich-Schiller-Universität Jena
BZ	*Berliner Zeitung*		
BzG	*Beiträge zur Geschichte der Arbeiterbewegung*	FU	Freie Universität Berlin
		Gen.	Genosse(n), Genossin(nen)
CEH	*Central European History*	Ges.	Gesamt
C.I.S.H.	Comité International des Sciences Historiques	Ges. R	Gesellschaftswissenschaftliche Reihe
ČSR	Tschechoslowakische Republik	GI	Geheimer Informant des Ministeriums für Staatssicherheit
DA	*Deutschland Archiv*		
DAW	Deutsche Akademie der Wissenschaften	*GiS*	*Geschichte in der Schule*
		GSR	*German Studies Review*

GST	Gesellschaft für Sport und Technik	KPD(O)	Kommunistische Partei Deutschlands (Opposition)
GG	*Geschichte und Gesellschaft*	KPdSU	Kommunistische Partei der Sowjetunion
GWU	*Geschichte in Wissenschaft und Unterricht*	KPI	Kommunistische Partei Italiens
HA	Hauptabteilung	KPF	Kommunistische Partei Frankreichs
HfÖ	Hochschule für Ökonomie Berlin-Karlshorst	KPÖ	Kommunistische Partei Österreichs
HM	*Historische Mitteilungen*	KVP	Kasernierte Volkspolizei
HUB	Humboldt-Universität zu Berlin	KZ	Konzentrationslager
HZ	*Historische Zeitschrift*	LDP(D)	Liberal-Demokratische Partei (Deutschlands)
IfG	Institut für Gesellschaftswissenschaften beim ZK der SED	LOPM	ZK-Abteilung Leitende Organe der Partei und Massenorganisationen
IM	Inoffizieller Mitarbeiter des Ministeriums für Staatssicherheit	LPG	Landwirtschaftliche Produktionsgenossenschaften
IML	Institut für Marxismus-Leninismus beim ZK der SED	MdI	Ministerium des Innern
		MfDG	Museum für Deutsche Geschichte
IWK	*Internationale wissenschaftliche Korrespondenz zur Geschichte der deutschen Arbeiterbewegung*	MfS	Ministerium für Staatssicherheit
		MfV	Ministerium für Volksbildung
JbRG	*Jahrbuch der Ranke-Gesellschaft*	MLU	Martin-Luther-Universität Halle
JbfWG	*Jahrbuch für Wirtschaftsgeschichte*	NATO	North Atlantic Treaty Organization
JfG	*Jahrbuch für Geschichte*	*ND*	*Neues Deutschland*
JfGMO	*Jahrbuch für die Geschichte Mittel- und Ostdeutschlands*	NDPD	National-Demokratische Partei Deutschlands
JfGsozL	*Jahrbuch für Geschichte der sozialistischen Länder Europas*	NKFD	Nationalkomitee »Freies Deutschland«
		NKWD	Narodny Komissariat Wnutrennich Del (Volkskommissariat für Innere Angelegenheiten der UdSSR)
JHK	*Jahrbuch für Historische Kommunismusforschung*		
JSH	*Journal of Social History*	NL	Nachlaß
KJVD	Kommunistischer Jugendverband Deutschlands	NS	Nationalsozialismus, nationalsozialistisch
KL	Kreisleitung	NSDAP	Nationalsozialistische Deutsche Arbeiterpartei
KMU	Karl-Marx-Universität Leipzig		
KPD	Kommunistische Partei Deutschlands	NVA	Nationale Volksarmee

PDS	Partei des Demokratischen Sozialismus	SPÖ	Sozialdemokratische Partei Österreichs
Pg.	Parteigenosse	SU	Sowjetunion
Phil.	Philosophische	*Täg.Rund.*	*Tägliche Rundschau*
PHS	Parteihochschule »Karl Marx« beim ZK der SED	*taz*	*die tageszeitung*
		TH	Technische Hochschule
PO	Parteiorganisation	UA	Universitätsarchiv
Prof.	Professor(in)	UdSSR	Union der Sozialistischen Sowjetrepubliken
Prop.	Propaganda		
PV	Parteivorstand	UHV	Unabhängiger Historiker-Verband
SAP	Sozialistische Arbeiterpartei		
		u. ö.	und öfter
SAPMO B-Arch	Stiftung Archiv der Parteien und Massenorganisationen der DDR im Bundesarchiv	UPL	Universitätsparteileitung
		USA	United States of America
		USPD	Unabhängige Sozialdemokratische Partei Deutschlands
SBK	Struktur- und Berufungskommission		
		VHD	Verband der Historiker Deutschlands
SBZ	Sowjetische Besatzungszone		
		VfZ	*Vierteljahreshefte für Zeitgeschichte*
SD	Sicherheitsdienst der SS		
SDAPR	Sozialdemokratische Arbeiterpartei Rußlands	*Wimi*	*Wissenschaftliche Mitteilungen der Historiker-Gesellschaft der DDR*
SfH	Staatssekretariat für Hochschulwesen		
		Wiss.	Wissenschaft(en)
SED	Sozialistische Einheitspartei Deutschlands	*WZ*	*Wissenschaftliche Zeitschrift*
SKK	Sowjetische Kontrollkommission	ZDF	Zweites Deutsches Fernsehen
SMA	Sowjetische Militäradministration	*ZfG*	*Zeitschrift für Geschichtswissenschaft*
SMAD	Sowjetische Militäradministration in Deutschland	ZK	Zentralkomitee der SED
		ZS	Zentralsekretariat der SED
		1999	*1999. Zeitschrift für Sozialgeschichte des 20. und 21. Jahrhunderts*
SPD	Sozialdemokratische Partei Deutschlands		

Personenregister

*Seitenangaben mit einem * verweisen auf eine Fußnote. Kurzbiographien zu den wichtigsten Historikern finden sich u. a. in folgenden Werken: Bruch/Müller (Hrsg.): Historikerlexikon; Geschichtswissenschaftler in Mitteldeutschland; Weber: Biographisches Lexikon zur Geschichtswissenschaft; Wehler (Hrsg.): Deutsche Historiker; Wer war wer in der DDR.*

Abusch, Alexander (1902 – 1982) 45, 48, 53, 57, 58, 59, 60, 61, 64, 69, 71, 72, 79, 96, 129, 179
Ackermann, Anton (1905 – 1973) 38, 49, 50, 55, 87, 93, 96, 97, 98, 105, 106*, 115*, 154, 155, 156, 157, 158, 159, 179, 193, 241
Adam, Wilhelm (1893 – 1978) 148*
Adenauer, Konrad (1876 – 1967) 136, 138, 198, 271
Adler, Max (1873 – 1937) 180
Altheim, Franz (1898 – 1976) 150, 151, 265, 296
Altmann, Eva (geb. 1903) 101
Amalrik, Andrej (1938 – 1980) 342, 348
Anderle, Alfred (geb. 1925) 186, 280*
Anders, Helmut (geb. 1928) 227
Anders, Maria (geb. 1926) 186
Arendt, Hannah (1906 – 1975) 138
Aubin, Hermann (1885 – 1969) 174*, 199, 262*, 266*, 267, 269, 272, 276, 301

Badstübner, Rolf (geb. 1928) 186, 200*, 340
Baethgen, Friedrich (1890 – 1972) 149, 150, 151, 152, 153, 154
Bartel, Horst (1928 – 1984) 186, 250, 258, 294, 325
Bartel, Walter (1904 – 1992) 35, 75, 76, 77, 78, 162, 170, 179, 180, 181, 182, 183, 184, 236*, 272*, 280*, 283*, 312, 313, 314, 322
Barthel, Kurt (Kuba) (1914 – 1967) 221, 223
Bartmuß, Hans-Joachim (geb. 1929) 186, 283*

Bebel, August (1840 – 1913) 38, 50, 75
Becher, Johannes R. (1891 – 1958) 46, 47, 63, 64, 130, 170
Becker, Gerhard (geb. 1929) 186
Behrens, Friedrich (1909 – 1980) 105
Benjamin, Hilde (1902 – 1989) 299
Benser, Günter (geb. 1931) 186, 200*, 226, 258
Bensing, Manfred (geb. 1927) 186
Bergsträsser, Ludwig (1883 – 1960) 32
Bernhard, Hans-Joachim (geb. 1926) 176, 280*
Bernstein, Eduard (1850 – 1932) 38, 39
Berthold, Lothar (geb. 1926) 164, 186, 206, 207, 208, 258, 280*, 283*, 316*
Berthold, Rudolf (geb. 1922) 186, 190
Berthold, Werner (geb. 1923) 13*, 44, 45, 47*, 53*, 154, 186, 200*, 260*, 276*, 280*, 281*, 283*, 308
Bertsch, Herbert (Historiker, Potsdam) 280*
Berve, Helmut (1896 – 1979) 260
Biermann, Wolf (geb. 1936) 332
Birkenfeld, Günther (1901 – 1966) 72
Bismarck, Otto Fürst von (1815 – 1898) 34, 40, 69, 81, 249, 257, 324, 335, 336, 338
Bittel, Karl (1892 – 1969) 76, 162, 179, 180, 182, 183, 184, 204, 313
Blaschka, Anton (1892 – ?) 280*
Blaschke, Karlheinz (geb. 1927) 186, 190, 191
Bleiber, Helmut (geb. 1928) 186, 248*
Bleiber, Waltraut (geb. 1926) 192
Bloch, Ernst (1885 – 1977) 143
Bock (KPD-Landtagsabgeordneter, Lörrach) 251

397

Bock, Helmut (geb. 1928) 186, 257*, 340
Böhme, Hans-Joachim (geb. 1931) 87
Bondi, Gerhard (1911 – 1966) 179, 180, 181*, 182, 183
Bosl, Karl (geb. 1908) 260
Bramke, Werner (geb. 1938) 192
Brandt, Willy (1913 – 1992) 340
Brecht, Bertolt (1898 – 1956) 336
Brendler, Gerhard (geb. 1932) 192, 331, 336
Brentano, Lujo (1844 – 1931) 73
Brentjes, Burchard (geb. 1929) 127, 255
Brödel, Walter (geb. 1911) 328, 329
Broszat, Martin (1926 – 1989) 284*
Brugsch, Theodor (1878 – 1963) 129, 154
Brühl, Hans (geb. 1902) 53
Brühl, Reinhard (geb. 1924) 185*, 186, 190
Buber-Neumann, Margarete (1901 – 1989) 138
Bucharin, Nikolai I. (1888 – 1938) 177
Buchheim, Karl (1889 – 1982) 150, 151, 154
Bünger, Siegfried (geb. 1929) 192, 291
Burr, Victor (1873 – 1960) 150, 151, 154
Büttner, Kurt (geb. 1926) 186, 295
Büttner, Thea (geb. 1930) 186

Camus, Albert (1913 – 1960) 138
Canis, Konrad (geb. 1938) 192
Černý, Jochen (geb. 1934) 192
Chruschtschow, Nikita S. (1894 – 1971) 136, 138, 139, 236, 260, 290
Clausewitz, Karl Philipp Gottfried von (1780 – 1831) 246
Colbert, Jean-Baptiste (1619 – 1683) 207
Conze, Werner (1910 – 1986) 262, 281
Cornu, Auguste (1888 – 1981) 162, 174, 179, 180, 181, 182
Crüger, Herbert (geb. 1911) 145
Czok, Karl (geb. 1926) 186, 226, 294

Dahlem, Franz (1892 – 1981) 76, 87, 311
Dehio, Ludwig (1883 – 1963) 218, 265

Deiters, Heinrich (1887 – 1966) 70*, 79, 105
Delbrück, Hans (1848 – 1929) 155
Demps, Laurenz (geb. 1940) 192
Diehl, Ernst (geb. 1928) 186, 194, 201, 205, 212, 215, 232, 238, 239, 241, 255, 258, 280*, 307, 313, 325
Diesener, Gerald (geb. 1954) 13*, 147*
Diesner, Hans-Joachim (geb. 1922) 186, 190, 245, 272, 273, 280*, 281*
Dimitroff, Georgij (1882 – 1949) 44, 52
Djilas, Milovan (1911 – 1995) 29
Dlubek, Rolf (geb. 1929) 186, 198, 220, 232, 235*, 236*, 237, 238, 239, 240, 241, 256, 257*, 302, 312, 313, 325
Doernberg, Stefan (geb. 1924) 76, 186, 258, 280, 313, 323, 324, 341
Donnert, Erich (geb. 1928) 186, 273, 280*
Drechsler, Horst (geb. 1927) 186
Du Bois-Reymond, Emil (1818 – 1896) 32*
Dünow, Kurt (KPD/SED-Funktionär) 176
Duncker, Hermann (1874 – 1960) 38, 161, 179, 180, 182, 183, 184, 201

Eckermann, Walther (1899 – 1978) 57*, 162, 179, 180*, 181, 182, 272*
Ehrenwall, Liselotte von (Historikerin, HUB) 224
Eichholtz, Dietrich (geb. 1930) 186
Eildermann, Wilhelm (1897 – 1988) 225
Einhorn, Marion (geb. 1921) - 235*
Einicke, Ludwig (1904 – 1975) 272, 322
Einstein, Albert (1879 – 1955) 155
Eisler, Gerhart (1897 – 1968) 53
Engel, Evamaria (geb. 1934) 192
Engel, Gerhard (geb. 1934) 293
Engelberg, Ernst (geb. 1909) 34, 161, 169, 170, 173, 179, 180, 181, 182, 183, 184, 194, 200, 204, 205, 209, 215, 216, 220, 225, 226, 227, 235, 236, 238, 240, 246, 249, 250, 251, 252, 253, 255*, 256, 257, 258, 260*,

261, 262, 267, 272, 273*, 275, 276, 278, 280*, 281*, 284, 294, 298, 322, 324, 332, 336
Engels, Friedrich (1820 – 1895) 37, 38, 39, 40*, 44, 49, 66, 157, 163, 165, 167, 168, 177, 201, 246
Ennen, Edith (geb. 1907) 260
Erbstößer, Martin (geb. 1929) 186
Erdmann, Karl Dietrich (1910 – 1990) 37
Eschwege, Helmut (1913 bis 1992) 209, 210

Falk, Waltraud (geb. 1930) 186
Fechner, Max (1892 – 1973) 226
Finker, Kurt (geb. 1928) 187
Fischer, Alexander (1933 – 1995) 18, 64*
Fischer, Fritz (geb. 1908) 284*
Fischer, Uwe (Historiker, AfG) 13*
Flach, Willy (1903 - 1958) 269, 270
Flechtheim, Ossip K. (geb. 1909) 70*
Florin, Wilhelm (1894 – 1944) 46
Förder, Herwig (1913 – 1974) 170*, 172*, 187, 189, 190, 191, 325
Förster, Alfred (geb. 1928) 187
Franck, Hans-Heinrich (1888 – 1961) 129
François, Michel (1906 – 1981) 278
Frank, Walter (1905 – 1945) 33
Franz, Günther (geb. 1902) 36*, 214*
Freyer, Hans (1887 – 1969) 266, 267, 269
Fricke, Dieter (geb. 1927) 187, 200*, 258, 280*, 281*, 291, 301, 302, 311, 312, 325
Friederici, Hans-Jürgen (geb. 1922) 187
Friedrich, Walter (1883 – 1968) 134
Friedrich II. (1712 – 1786) 40, 69, 81, 324, 336
Fritze, Konrad (geb. 1930) 330
Fuchs, Gerhard (geb. 1928) 187, 280*
Furet, François (geb. 1927) 26

Gemkow, Heinrich (geb. 1928) 187, 217, 280*
Gentzen, Felix-Heinrich (1914 – 1969) 179, 180, 181, 182, 183, 217, 236*, 280, 294, 305, 315, 322
Gericke, Horst (geb. 1923) 187
Gierke, Otto von (1841 – 1921) 155
Giersiepen, Elisabeth (1920 – 1962) 187, 268*
Gießmann, Ernst-Joachim (geb. 1919) 87, 297
Girnus, Wilhelm (1906 – 1985) 64, 65, 66, 69, 87, 269, 270
Goebbels, Joseph (1897 – 1945) 156
Goethe, Johann Wolfgang von (1749 – 1832) 65
Goetz, Walther (1867 – 1958) 32
Göhring, Martin (1903 – 1968) 260
Goldhagen, Daniel Jonah (geb. 1959) 26
Gomułka, Władislaw (1905 – 1982) 311
Göring, Hermann (1893 – 1946) 52, 296
Goßweiler, Kurt (geb. 1917) 187, 189, 191, 331
Gottwald, Herbert (geb. 1937) 187, 189
Graml, Hermann (geb. 1928) 284*
Grau, Conrad (geb. 1932) 187
Griewank, Karl (1900 – 1953) 149, 150, 151, 152, 154, 175, 176, 194, 201, 203, 204, 206, 267
Groehler, Olaf (1935 – 1995) 187, 189
Gropp, Rugard Otto (1907 – 1976) 66, 67
Grotewohl, Otto (1894 – 1964) 56, 138, 140, 141, 175, 179, 260, 270
Grünberg, Carl (1861 – 1940) 180
Grundmann, Herbert (1902 – 1970) 195, 260, 277
Grünert, Heinz (geb. 1927) 187
Günther, Rigobert (geb. 1928) 151*, 187, 200*, 235*, 238, 268*, 280*, 283*, 294, 296, 297, 298
Gutsche, Willibald (1926 – 1991) 187, 200*

Haake, Paul (1873 – 1950) 149, 150, 151
Hadermann, Ernst (1896 – 1968) 148*, 152, 153

399

Hager, Kurt (geb. 1912) 79, 87, 101, 127, 132, 133, 137, 164, 165, 167, 168, 169, 170, 179, 194, 196, 201, 208, 220, 232, 236, 237, 238, 239, 241, 258, 274, 302, 303, 304, 322, 324, 331
Hahn, Herbert (1907 – ?) 298
Hämel, Josef (1894 – 1969) 275*
Hanstein, Wolfram von (1899 – ?) 64*
Harich, Wolfgang (1923 – 1995) 143, 144, 311, 315, 347*
Harig, Gerhard (1902 – 1966) 87, 111, 114, 176
Harnack, Adolf von (1851 – 1930) 155
Harnisch, Hartmut (geb. 1934) 192
Härtel, Gottfried (geb. 1925) 298
Hartmann, Nicolai (1882 – 1950) 70*
Hartung, Fritz (1883 – 1967) 95, 149, 150, 152, 153, 154, 155, 158, 159, 176, 196, 197, 203, 204, 205, 217, 247, 261, 272, 277
Harzendorf, Fritz (1889 – um 1965) 53
Hass, Gerhart (geb. 1931) 200*
Haun, Horst (geb. 1940) 13*, 164
Haussherr, Hans (1898 – 1960) 150, 151, 154, 174, 203, 241, 248, 261, 262*, 269, 270, 301
Havemann, Robert (1910 – 1982) 143, 293
Hegel, Georg Wilhelm Friedrich (1770 – 1831) 63
Heidenreich, Georg (Historiker, HUB) 224
Heidorn, Günter (geb. 1925) 187, 280*
Heimpel, Hermann (1901 – 1988) 95, 174*, 195, 197, 200, 214*, 260, 265, 268
Hein, Christoph (geb. 1944) 347
Heinke, Wolfgang (SED-Funktionär, KMU) 297
Heinrich I. (876 – 936) 207
Heinz, Helmut (Historiker, AfG) 13*
Heitz, Gerhard (geb. 1925) 187, 245, 280*
Heitzer, Heinz (1928 – 1993) 13*, 187, 200*, 258, 273*, 280*, 325
Helas, Horst (geb. 1946) 13*
Hellfaier, Karl-Alexander (geb. 1918) 301, 302
Henkelmann (Agrarwissenschaftler, Professor in Jena) 112*
Henselmann, Hermann (1905 – 1995) 105
Herbst, Wolfgang (1928 – 1995) 177, 187, 235*
Herrmann, Joachim (geb. 1932) 187
Herrnstadt, Rudolf (1903 – 1966) 224
Hertzsch, Erich (Theologe, Professor in Jena) 111*
Herz, Heinz (1907 – 1983) 161, 179, 180*, 181, 182, 202
Herzfeld, Erika (geb. 1921) 176
Hildebrandt, Gunther (geb. 1936) 200*
Hilferding, Rudolf (1877 – 1941) 50
Himmler, Heinrich (1900 – 1945) 296
Hinrichs, Carl (1900 – 1962) 154
Hintze, Otto (1861 – 1940) 158, 176
Hitler, Adolf (1889 – 1945) 26, 46, 52, 59, 60, 65, 79, 155, 156
Hoernle, Edwin (1883 – 1952) 38, 179
Hoetzsch, Otto (1876 – 1946) 148, 151, 152, 154, 159
Hoffmann, Edith (geb. 1929) 187
Hoffmann, Ernst (geb. 1912) 162, 164, 170, 179, 180, 181, 182, 183, 184, 204, 215, 235, 238, 239, 240, 272*, 280*, 301, 303, 322, 332
Hofmann, Joachim (geb. 1943) 339
Hofmeister, Adolf (1883 – 1956) 150, 154, 174, 201, 207
Hohl, Ernst (1886 – 1957) 150, 151, 154, 159, 203, 261
Höhnel, Karl 280*
Holborn, Hajo (1902 – 1969) 33
Holtzmann, Robert (1873 – 1946) 148, 152, 154
Honecker, Erich (1912 – 1994) 78, 87, 88, 113, 247*, 332, 333
Horn, Werner (geb. 1924) 187, 258, 294
Hörnig, Johannes (geb. 1921) 241, 249, 259, 316, 322
Hortzschansky, Günter (geb. 1926) 187
Höß, Irmgard (geb. 1919) 174, 206, 207, 267, 269, 275, 276*, 300*, 302, 304, 305
Hoyer, Siegfried (geb. 1928) 187
Hübner, Hans (geb. 1928) 187

Hühns, Erik (geb. 1926) 335
Hutschnecker, Josef *siehe* Spiru, Basil

Iggers, Georg G. (geb. 1926) 33
Irmscher, Johannes (geb. 1920) 280*, 281*

Jänicke, Martin (geb. 1938) 289
Janka, Walter (1914 – 1994) 143, 144
Jaspers, Karl (1883 – 1969) 84, 85
Joho, Wolfgang (1908 – 1991) 347*
Jordan, Karl (1907 – 1984) 260
Just, Gustav (geb. 1921) 347*

Kaeselitz, Hella (geb. 1930) 187
Kalbe, Ernstgert (geb. 1931) 192
Kalisch, Johannes (geb. 1928) 187
Kamnitzer, Heinz (geb. 1917) 162, 169, 172, 174, 179, 180, 181, 183, 184, 194, 198, 199, 201, 202, 204, 211, 214, 215, 216, 217, 220, 221, 222, 255*, 315
Kampffmeyer, Paul (1864 – 1945) 40
Kantorowicz, Ernst (1895 – 1963) 33
Kapp, Wolfgang (1858 – 1922) 75
Karl der Große (742 – 814) 45
Katsch, Günter (geb. 1939) 13*, 200*
Kautsky, Karl (1854 – 1938) 38, 39
Keiderling, Gerhard (geb. 1937) 192
Kellenbenz, Hermann (1913 – 1990) 260
Kern, Fritz (1884 – 1950) 180
Kertzscher, Günter (1913 – 1995) 148*
Kinner, Klaus (geb. 1946) 13*, 192
Klein, Fritz (geb. 1924) 148*, 170*, 172*, 176, 177, 187, 198*, 199*, 200*, 209, 216, 218*, 235, 238, 239, 240, 251, 257, 261, 267, 268*, 280*, 281*, 310, 311, 315
Kleinert, Horst (Historiker, KMU) 295, 297, 298
Klemm, Volker (geb. 1930) 192
Knittel, Fritz (stellv. Direktor des IML) 236
Koestler, Arthur (1905 – 1983) 138
Kogon, Eugen (1903 – 1987) 77*
Köhler, Fritz (geb. 1925) 238, 255*, 310, 313, 314, 315, 316

Köhler, Roland (geb. 1928) 187
Kołakowski, Leszek (geb. 1927) 344, 347
Köller, Heinz (geb. 1929) 188
Kölling, Miriam (geb. 1928) 235*
Königer, Heinz (geb. 1922) 235*, 236*, 261, 272*
Könnemann, Erwin (geb. 1926) 188
Korfes, Otto (1889 – 1964) 196, 197, 203, 214
Kosing, Alfred (geb. 1928) 333, 334, 340
Kossok, Manfred (1930 – 1993) 188, 226, 280*, 281*, 295, 298
Kötzschke, Rudolf (1867 – 1949) 150, 151
Kowalski, Werner (geb. 1929) 188
Krauss, Werner (1900 – 1976) 70*, 105
Kretzschmar, Hellmut (1893 – 1965) 150, 174, 196*, 280*
Krüger, Bruno (geb. 1926) 188
Kuczynski, Jürgen (geb. 1904) 35, 42*, 45, 47, 53, 62, 64, 70*, 71, 72, 73, 79, 101, 105, 154, 161, 170, 179, 180, 181, 182, 183, 203, 204, 209, 215, 217, 232, 235, 236, 238, 239, 240, 247, 248, 249, 250, 251, 252, 261, 263, 265, 272*, 280*, 281*, 306, 307, 308, 309, 310, 314, 315, 332
Kühn, Johannes (1887 – 1973) 150, 151, 154
Kuhne, Albrecht 272*
Kühnrich, Heinz (geb. 1935) 192
Kundel, Erich (geb. 1926) 188
Küttler, Wolfgang (geb. 1936) 188, 189, 190, 249

Laboor, Ernst (geb. 1927) 192, 206*
Lange, Dieter (1930 – 1990) 188
Langer, Herbert (geb. 1927) 188
Langhammer, Walter (geb. 1918) 298
Laschitza, Annelies (geb. 1934) 192, 258
Lassalle, Ferdinand (1825 – 1864) 59, 60, 251, 257
Laube, Adolf (geb. 1934) 192, 280*, 283*
Leidigkeit, Karl-Heinz (geb. 1928) 188

401

Lemke, Heinz (geb. 1925)   291
Lemmnitz, Alfred (geb. 1905)   133
Lenin, Wladimir I. (1870 – 1924)   25, 38, 39, 40, 41, 49, 50, 52, 65, 163, 165, 167, 168, 177, 212, 256
Leonhard, Wolfgang (geb. 1921)   87*, 138, 324
Ley, Robert (1890 – 1945)   65
Liebknecht, Karl (1871 – 1919)   38, 75, 275
Lindau, Rudolf (1888 – 1977)   35, 45, 46, 61, 64, 75, 161, 179, 180, 181, 182, 183, 184, 212, 215*, 312, 313
Lintzel, Martin (1901 – 1955)   108, 150, 151, 154, 174, 203, 222
List, Friedrich (1789 – 1846)   73
Litt, Theodor (1880 – 1969)   70*
Loch, Werner (1924 – 1986)   188
Loth, Heinrich (geb. 1930)   188
Lötzke, Helmut (geb. 1920)   272*, 280*
Lozek, Gerhard (geb. 1923)   13*, 188, 200*
Ludloff, Rudolf (Historiker, Jena)   273
Ludwig XVI. (1754 – 1793)   24
Lukács, György (Georg)   (1885 – 1971)   256
Luther, Martin (1483 – 1546)   40, 59, 75*, 81, 207, 324, 335, 336
Luxemburg, Rosa (1870 – 1919)   50

Mai, Joachim (geb. 1930)   188
Mammach, Klaus (geb. 1931)   192
Mann, Heinrich (1871 – 1950)
Mannheim, Karl (1893 – 1947)   85
Markov, Walter (1909 – 1993)   34, 48*, 67, 68, 69, 70, 105, 150, 151, 154, 161, 179, 180, 181*, 182, 183, 184, 194, 195, 196, 197, 198, 204, 209, 245, 257, 261, 262*, 272, 273, 276, 280*, 281, 284, 295, 311, 331
Marx, Karl (1818 – 1883)   37, 38, 39, 40*, 44, 47, 49, 60, 66, 68, 80, 157, 163, 165, 167, 168, 177, 201, 217, 257
Matern, Hermann (1893 – 1971)   215*
Materna, Ingo (geb. 1932)   192, 223*
Mau, Hermann (1913 – 1952)   150, 151, 154, 195

Mayer, Gustav (1871 – 1948)   34, 40, 180
Mayer, Hans (geb. 1907)   225
Mehls, Eckart (geb. 1935)   192
Meisner, Heinrich Otto (1890 – 1976)   174, 272, 280*
Mehring, Franz (1846 – 1919)   38, 39, 40, 50, 75, 207, 324
Meinecke, Friedrich (1862 – 1954)   32, 53, 57, 69, 70*, 71, 149, 150, 151, 155
Melsheimer, Ernst (1897 – 1960)   299
Merker, Paul (1894 – 1969)   45, 61
Meusel, Alfred (1896 – 1960)   35, 45, 62, 63, 64, 72, 73, 79, 105, 108, 149, 150, 151, 161, 169, 170, 172, 174, 176, 178, 179, 180*, 181, 182, 183, 193, 194, 196, 198, 201, 203, 204, 209, 211, 214, 215, 216, 231, 232, 233, 234, 235, 236, 247, 248, 251, 252, 255, 256, 257, 258, 261, 262*, 265, 266, 267, 268, 272*, 280*, 308
Meyer, Eduard (1855 – 1930)   155
Meyer, Eugen (1893 – 1972)   149, 150, 151, 154
Mielke, Georg (Historiker, HUB)   224
Mihalovicz, Sigismund (Monsignore)   138
Mikojan, Anastas I. (1895 – 1978)   139
Mitteis, Heinrich (1889 – 1952)   154
Mittenzwei, Ingrid (geb. 1929)   188, 336
Mittenzwei, Werner (geb. 1927)   336
Molotow, Nikolai A. (1906 – 1982)   251
Mommsen, Hans (geb. 1930)   284*
Morenz, Siegfried (1914 – 1970)   295, 296, 297, 298
Mothes, Kurt (1900 – 1983)   275
Mottek, Hans (1910 – 1993)   35, 162, 179, 180, 181, 183, 280*
Mühlpfordt, Günter (geb. 1921)   179, 180, 181, 183, 184, 194, 235, 238, 261, 262*, 268*, 273, 302, 303, 304, 311, 312, 316
Müller-Mertens, Eckhard (geb. 1923)   174, 188, 280*, 283*, 291, 292, 293, 311
Müntzer, Thomas (1490 – 1525)   75*, 336

Musiolek, Peter (1927 – 1991)   193
Naas, Josef (geb. 1906)   88, 93*
Napoleon I. Bonaparte (1769 – 1821)   55
Naumann, Gerhard (geb. 1929)   188
Naumann, Robert (1899 – 1978)   101
Neumann, Alfred (geb. 1909)   138
Niekisch, Ernst (1889 – 1967)   48, 53, 57, 58, 59, 60, 61, 64, 69, 72, 130, 154, 161, 174, 179, 180, 181, 182, 183, 184
Nietzsche, Friedrich (1844 – 1900)   63, 72, 81
Nichtweiß, Johannes (1914 – 1958)   162, 305, 306
Nimtz, Walter (geb. 1913)   215, 235, 272*, 280*, 332
Nipperdey, Thomas (1927 – 1992)   31
Noack, Karl-Heinz (geb. 1943)   200*
Norden, Albert (1904 – 1982)   51, 53, 54, 55, 56, 61, 72, 174, 179
Nussbaum, Helga (geb. 1928)   188

Obermann, Karl (1905 – 1987)   35, 45, 47, 73, 75, 79, 80, 162, 169, 170*, 172*, 174, 179, 180, 181, 182, 183, 204, 214, 215, 216, 217, 235, 248, 250, 255*, 261, 263, 267, 272*, 280*, 306, 322, 332
Oelßner, Fred (1903 – 1977)   50, 106*, 165, 167, 169, 170, 177, 179, 196, 203, 206, 241
Olechnowitz, Karl F. (1920 – 1975)   188
Oncken, Hermann (1869 – 1945)   148, 155
Orwell, George (1903 – 1950)   138
Otto, Helmut (geb. 1927)   188, 235
Otto, Karl-Heinz (geb. 1915)   170*, 332

Paine, Thomas (1737 – 1809)   75*
Pannach, Heinz (geb. 1920)   226, 227
Paterna, Erich (1897 – 1982)   35, 161, 169, 170, 179, 180, 181, 182, 183, 216, 276, 280, 291, 312, 322, 332
Pätzold, Kurt (geb. 1930)   188, 206, 208, 237, 269, 284

Paulus, Friedrich (1890 – 1957)   196
Paulus, Günter (geb. 1927)   177, 192, 235*, 268*
Perels, Ernst (1882 – 1945)   148
Peters, Jan (geb. 1932)   192, 280*, 291, 330
Petzold, Joachim (geb. 1933)   188, 200*, 235*
Pieck, Wilhelm (1876 – 1960)   38, 56, 76, 163, 179, 218
Pius XII. (1876 – 1958)   262
Planck, Max (1858 – 1947)   155
Plechanow, Georgij W. (1856 – 1918)   38, 49
Pokrowskij, Michail N. (1868 – 1932)   41, 42
Preller, Hugo (1886 – 1968)   150, 151, 201, 208
Pretzsch, Gerhard (geb. 1920)   272*
Prokop, Siegfried (geb. 1940)   192
Puchert, Berthold (geb. 1929)   188
Pufendorf, Samuel (1632 – 1694)   73

Radandt, Hans (geb. 1923)   188
Ranke, Leopold von (1795 – 1886)   309
Rathmann, Lothar (geb. 1927)   188, 190, 294
Richter, Werner (Historiker)   280*
Rienäcker, Günter (1904 – 1989)   105
Ritter, Gerhard (1889 – 1967)   69, 81*, 180, 194, 195, 196, 197, 198, 200, 203, 204, 260, 262, 276, 308
Ritter, Gerhard A. (geb. 1929)   345
Rocholl, Otto-Heinz (geb. 1912)   225, 226
Rompe, Robert (1905 – 1993)   87, 103, 105, 153
Rörig, Fritz (1882 – 1952)   149, 150, 152, 154, 159, 176
Rose, Günter (geb. 1929)   200*
Rosenberg, Alfred (1893 – 1946)   65
Rosenberg, Arthur (1889 – 1943)   34, 40
Rosenberg, Ethel (1916 – 1953)   225
Rosenberg, Hans (1904 – 1988)   33
Rosenberg, Julius (1918 – 1953)   225
Rosenfeld, Günter (geb. 1926)   188, 337*

Rothacker, Erich (1888 – 1965)   70*
Rothfels, Hans (1891 – 1976)   176, 267, 277, 279
Rudolph, Rolf (1930 – 1963)   188, 191, 273*, 280*, 294, 312, 332
Ruge, Wolfgang (geb. 1917)   193, 200*
Rüger, Adolf (geb. 1934)   192

Saar, Heinrich (geb. 1920)   145
Sacke, Georg (1901 – 1945)   33, 34
Schachermeyr, Fritz (1895 – 1984)   36*
Schacht, Hjalmar (1877 – 1970)   52
Scheel, Heinrich (1915 – 1996)   35, 179, 180, 181*, 182, 183, 184, 266, 280*, 307*, 325, 332
Schieder, Theodor (1908 – 1984)   37, 199
Schieder, Wolfgang (geb. 1935)   284*
Schildhauer, Johannes (1918 – 1995)   188, 189, 272*, 280*, 330
Schilfert, Gerhard (geb. 1917)   169, 170*, 174, 179, 180, 181, 183, 184, 198*, 204, 214, 216, 217, 235, 255, 256, 261, 262*, 266, 267, 268*, 272*, 276, 280*, 283*, 284, 308, 322, 329, 332
Schirdewan, Karl (geb. 1907)   112*, 138, 139, 145, 251, 292, 308
Schlechte, Horst (geb. 1909)   280*
Schleier, Hans (geb. 1931)   149, 201*
Schlesinger, Walter (1908 – 1984)   260
Schmidt, Siegfried (1930 – 1987)   188
Schmidt, Walter (geb. 1930)   13*, 188, 200*, 258, 325, 333*, 340
Schmiedt, Roland Franz (1914 – 1980)   170, 236*, 255*
Schmitt, Carl (1888 – 1985)   158*
Schmoller, Gustav von (1838 – 1917)   41, 155
Schmutzler, Georg-Siegfried (geb. 1915)   296
Schnabel, Franz (1887 – 1966)   195
Schneider, Friedrich (1887 – 1962)   150, 151, 154, 174, 201, 241, 261, 280*
Scholze, Siegfried (geb. 1928)   188
Schramm, Percy Ernst (1894 – 1970)   174, 260, 262

Schreiner, Albert (1892 – 1979)   35, 45, 53, 161, 163*, 169, 170, 176, 177, 179, 180, 181, 182, 183, 204, 216, 220, 232, 235, 238, 247*, 248, 251, 255*, 258, 261, 272*, 280*, 312, 313
Schröder, Wolfgang (geb. 1935)   188, 189, 200*
Schrot, Gerhard (1920 – 1966)   280*, 283*, 298
Schröter, Alfred (geb. 1930)   188
Schubart, Wilhelm (1873 – 1960)   150
Schultz, Helga (geb. 1941)   192
Schulz, Otto Theodor (1878 – 1954)   149, 150, 152
Schulze, Winfried (geb. 1942)   18, 276
Schumacher, Horst (1929 – 1989)   189
Schumann, Wolfgang (1925 – 1991)   189, 208, 258, 325
Schützler, Horst (geb. 1935)   192
Schwarz, Hanns (1898 – 1977)   129
Seeber, Eva (geb. 1932)   192
Seeber, Gustav (1933 – 1992)   189, 200*
Sellnow, Irmgard (geb. 1922)   192
Sielaff, Friedjof (1918 – 1996)   173, 214, 245, 271
Slánsky, Rudolf (1901 – 1952)   209, 210
Solta, Jan (geb. 1921)   189
Sonnemann, Rolf (geb. 1928)   189
Spengler, Oswald (1880 – 1936)   81
Spiru, Basil (d.i. Josef Hutschnecker) (1898 – 1969)   179, 180, 280*, 331
Sproemberg, Heinrich (1889 – 1966)   108, 150, 151, 154, 174, 176, 201, 205, 241, 261, 267, 280*
Stalin, Josef W. (1879 – 1953)   38, 41, 42, 46, 49, 61, 66, 103, 104*, 138, 139, 140, 163, 165, 167, 168, 177, 197, 203, 208, 209, 211, 212, 217, 219, 222, 251, 290, 294
Stark, Walter (geb. 1924)   189
Steding, Christoph (1903 – 1937)   36*
Stein, Heinrich Friedrich Karl, Reichsfreiherr vom und zum (1757 – 1831)   217
Steinitz, Wolfgang (1905 – 1967)   218
Steinmetz, Max (geb. 1912)   174, 179, 180, 181, 183, 198, 200, 214*, 261, 269, 272*, 273, 275, 276, 280*, 296

Stern, Leo (1901 – 1982) 35, 45, 108, 114*, 133, 162, 165, 166, 169, 170, 171, 173, 176, 179, 180, 181, 182, 183, 184, 194, 196, 197, 200, 203, 204, 205, 209, 214, 215, 216, 230, 231, 232, 233, 235, 236, 238, 240, 246, 247, 248, 249, 251, 252, 255, 261, 263, 265, 266, 267, 268*, 269, 271, 272*, 275, 276, 280*, 299, 300, 301, 302, 322
Stern, Wolf (1897 – 1961) 246
Stiehl, Wolfgang (geb. 1934) 127*
Stoecker, Helmuth (1920 – 1994) 174, 177, 189, 190, 239, 291, 292, 293
Stöckigt, Rolf (geb. 1922) 189
Streisand, Joachim (1920 – 1980) 170*, 174, 176, 184, 185, 189, 198*, 209, 216, 217, 218*, 235, 236*, 255*, 266, 268, 281*, 283*, 310, 311, 315, 322
Strobach, Hermann (geb. 1925) 189
Stroux, Johannes (1886 - 1954) 153*
Stulz, Percy (geb. 1928) 223*
Suhle, Arthur (1898 – ?) 245, 280*, 301

Thälmann, Ernst (1886 – 1944) 38, 42, 43, 44, 46, 56
Thierfelder, Helmut (geb. 1921) 275, 298
Thiessen, Peter Adolf (1899 – 1990) 322*
Thomas, Ludmilla (geb. 1934) 192
Thomas, Siegfried (1930 – 1985) 189
Timm, Albrecht (1915 – 1981) 174, 194, 201
Töpfer, Bernhard (geb. 1926) 189, 190, 245
Treitschke, Heinrich von (1834 – 1896) 156, 206
Troeltsch, Ernst (1865 – 1923) 155
Tropitz, Heinz (Historiker, MfDG) 235*
Tschuikow, Wassili I. (1900 – 1982) 90
Turski, Werner (SED-Funktionär, TH Dresden) 272*
Tzschoppe, Werner (SED-Funktionär, HUB) 133

Ulbricht, Walter (1893 – 1973) 38, 46, 51, 52, 53, 54, 56, 78, 87, 106*, 111, 112, 113, 114, 119, 122, 123, 131, 133, 138, 139, 140, 143, 145, 163, 164, 176, 179, 206, 207, 211, 217, 221, 225, 226, 229, 230, 234, 241, 249, 258, 259, 264, 268, 275, 289, 290, 292, 295, 299, 300, 302, 311, 312, 315, 321, 322, 323, 331, 333
Unger, Manfred (geb. 1930) 189
Unverzagt, Wilhelm (1892 – 1970) 176

Valentin, Veit (1885 – 1947) 32
Vetter, Klaus (geb. 1938) 192
Vogler, Günter (geb. 1933) 189, 200*
Voigt, Gerd (geb. 1931) 200*
Voßke, Heinz (geb. 1929) 189

Wächtler, Eberhard (geb. 1929) 189, 226, 227
Wagner, Raimund (1926 – 1982) 241, 280*
Wandel, Paul (geb. 1905) 87, 93, 96, 103, 105, 106*, 159, 169, 170, 211, 232
Weber, Alfred (1868 – 1958) 70*
Weber, Hermann (geb. 1928) 14*, 259, 264
Weber, Max (1864 – 1920) 24, 25, 155
Weber, Wilhelm (1882 – 1948) 32, 33
Wehler, Hans-Ulrich (geb. 1931) 41
Wehling, Wilhelm (geb. 1928) 189
Weidhaas, Hermann (1903 – 1978) 178
Weiss, Peter (1916 - 1982) 336*
Weißbecker, Manfred (geb. 1935) 192, 201*
Weißel, Bernhard (geb. 1921) 280*, 292
Welskopf-Henrich, Elisabeth-Charlotte (1901 – 1979) 174, 179, 180*, 181, 182, 268*, 284
Werner, Ernst (1920 – 1993) 189, 198*, 227, 272*, 280*, 283*, 298, 331
Wilamowitz-Moellendorff, Ulrich von (1848 – 1931) 155
Wilcken, Ulrich (1862 – 1944) 148
Wimmer, Walter (geb. 1930) 192, 200*, 258, 311

Winter, Eduard (1896 – 1982) 108, 174, 194, 205, 206, 222, 241, 245, 248, 261, 272, 276, 280, 332
Wohlgemuth, Heinz (1924 – 1995) 189
Wolf, Hanna (geb. 1908) 162, 179, 180, 181, 182, 183, 184, 196, 201, 258
Wolfgramm, Eberhard (1908 – 1981) 37, 280*
Wollweber, Ernst (1898 – 1967) 145, 292

Zaisser, Wilhelm (1893 – 1958) 196, 224
Zeise, Roland (geb. 1923) 189
Zetkin, Clara (1857 – 1933) 75
Zeuske, Max (geb. 1927) 189
Ziekursch, Johannes (1876 – 1945) 32
Zimmermann, Fritz (geb. 1930) 189
Zöller, Martin (geb. 1921) 189
Zschäbitz, Gerhard (1920 – 1970) 189, 331
Zwahr, Hartmut (geb. 1936) 189, 340*

Angaben zum Autor

ILKO-SASCHA KOWALCZUK,
geboren 1967 in Ostberlin, 1983 – 85 Lehre zum Baufacharbeiter, 1986 – 88 Pförtner, während dieser Zeit Abitur an einer Abendschule, 1988 – 89 Grundwehrdienst, 1990 – 95 Studium der Geschichte an der HUB (Stipendiat der Hans-Böckler-Stiftung), seit 1990 Mitglied des Unabhängigen Historiker-Verbandes, seit 1995 Promotionsstipendiat der Hans-Böckler-Stiftung an der Universität Potsdam, seit 1995 sachverständiges Mitglied der vom 13. Deutschen Bundestag eingesetzten Enquete-Kommission »Überwindung der Folgen der SED-Diktatur im Prozeß der deutschen Einheit«; lebt in Berlin in einer Lebensgemeinschaft, ein Sohn.
    Veröffentlichungen u. a.: (Mithrsg.), Berlin – Mainzer Straße. »Wohnen ist wichtiger als das Gesetz.« Berlin 1992; (Hrsg.), Paradigmen deutscher Geschichtswissenschaft. Berlin 1994; (Hrsg. gem. m. R. Eckert u. I. Stark), Hure oder Muse? Klio in der DDR. Berlin 1994; (Hrsg. gem. m. A. Mitter u. S. Wolle), Der Tag X – 17. Juni 1953. Die »Innere Staatsgründung« der DDR als Ergebnis der Krise 1952/54. Berlin 1995 (2. Aufl. 1996); (Hrsg. gem. m. U. Poppe u. R. Eckert), Zwischen Selbstbehauptung und Anpassung. Formen des Widerstandes und der Opposition in der DDR. Berlin 1995.

FORSCHUNGEN ZUR DDR-GESELLSCHAFT

Falco Werkentin
Politische Strafjustiz in der Ära Ulbricht
Vom bekennenden Terror zur verdeckten Repression
2. Auflage; 432 Seiten; ISBN 3-86153-150-X; 48 DM/sFr.; 351 öS

Roland Berbig u. a. (Hg.)
In Sachen Biermann
Protokolle, Berichte und Briefe zu den Folgen einer Ausbürgerung
2. Auflage; 408 Seiten; ISBN 3-86153-070-8; 38 DM/sFr.; 278 öS

Ilko-Sascha Kowalczuk, Armin Mitter, Stefan Wolle (Hg.)
Der Tag X – 17. Juni 1953
Die »Innere Staatsgründung« der DDR als Ergebnis der Krise 1952/54
360 Seiten; ISBN 3-86153-083-X; 38 DM/sFr.; 278 öS

Inge Bennewitz, Rainer Potratz
Zwangsaussiedlungen an der innerdeutschen Grenze
Analysen und Dokumente
2. Auflage; 312 Seiten; ISBN 3-86153-151-8; 38 DM/sFr.; 278 öS

Rüdiger Wenzke
Die NVA und der Prager Frühling 1968
Die Rolle Ulbrichts und der DDR-Streitkräfte bei der Niederschlagung
der tschechoslowakischen Reformbewegung
296 Seiten; ISBN 3-86153-082-1; 38 DM/sFr.; 278 öS

Ulrike Poppe, Rainer Eckert, Ilko-Sascha Kowalczuk (Hg.)
Zwischen Selbstbehauptung und Anpassung
Formen des Widerstandes und der Opposition in der DDR
432 Seiten; ISBN 3-86153-097-X; 38 DM/sFr.; 278 öS

Lothar Müller, Peter Wicke (Hg.)
Rockmusik und Politik
Analysen, Interviews und Dokumente
280 Seiten; ISBN 3-86153-096-1; 38 DM/sFr.; 278 öS

Guntolf Herzberg
Abhängigkeit und Verstrickung
Studien zur DDR-Philosophie
256 Seiten; ISBN 3-86153-110-0; 38 DM/sFr.; 278 öS

Dominik Geppert
Störmanöver
Das »Manifest der Opposition« und die Schließung
des Ost-Berliner »Spiegel«-Büros im Januar 1978
208 Seiten; ISBN 3-86153-119-4; 38 DM/sFr.; 278 öS

Ch. Links Verlag, Zehdenicker Straße 1, 10119 Berlin